딱돌(bTags gro)

몸에 걸침을 통한 오온의 자연해탈

구루 빠드마쌈바와

구루 빠드마쌈바와(Paḍmasambhava, 蓮花生)의 초상

구루 빠드마쌈바와의 연화광정토

응아얍의 적동산에 있는 공행모의 정토

구루 빠드마쌈바와는 여기에서 미래세가 다할 때까지 법을 설하면서 중생을 구제한다.

법성의 바르도에서 출현하는 42존 적정(寂靜)의 붓다들

법신의 본질인 릭빠(覺性)는 광명의 틱레(明点) 형태로 심장에 내재한다.
그 본연의 광채는 적정존의 형태로 심장에서 밖으로 표출된다.

법성의 바르도에서 출현하는 58존 분노의 헤루까들

법신의 본질인 릭빠(覺性)는 광명의 틱레(明点) 형태로 심장에 내재한다.
그 본연의 광채는 분노존의 형태로 뇌에서 밖으로 표출된다.

육도윤회도

개정 완역

티베트 사자의 서

일러두기

1. 밀교의 중요한 용어들은 국한문과 티베트어와 범어를 함께 사용하였다. 예를 들면, 싸만따바드라(보현여래)를 꾼뚜쌍뽀(普賢如來)로 옮긴 것과 같다.
2. 티베트불교 용어들 가운데 의역함으로써 자칫 오해의 소지가 있는 단어들은 직역을 하였다. 예를 들면, 룽(rLuṅ)의 경우 '바람(風)' 또는 '생명의 바람'으로 옮기고 '기(氣)' 또는 '풍기(風氣)' 등으로 옮기지 않았다.
3. 인명과 지명의 경우에는 대체로 범어와 티베트어 원음대로 표기하였으나, 범어 'Va'의 발음은 '왐'과 '밤'을 혼용하였으며, 'Ṛ'의 발음도 '르'와 '리'를 혼용하였다. 또한 티베트어 발음도 구어와 문어의 편차가 큰 관계로 혼용하였다. 티베트어 표기는 일본 도호쿠(東北)대학의 표기법을 따랐다.
4. [ ] 안의 내용은 저자가 원문의 이해를 돕기 위해서 삽입한 것이며, ( ) 안의 내용은 범어와 티베트어를 구분하지 않고 사용하였다.
5. 대본은 쎄랍디메(無垢慧)의 수정본 『바르도퇴돌첸모』(New Delhi, India: Chos spyod Publication, 2007)이며, 캔뽀도제가 편집한 『바르도퇴돌첸모』(청해, China: 샹깡텐마 출판사, 2002)와 탠 · 빼마틴래(Phran padma phrin las)의 수정본 『바르도퇴돌첸모』(Sikkim0 India) 등을 참고하였다.

개정 완역

티베트 사자의 서

빠드마쌈바와 지음
중암 선혜 역주

불광출판사

라띠 린뽀체

나의 한국 제자이기도 한 로쌍잠양(선혜문수), 중암 스님이 이번에 티베트불교에서 매우 중시하는 『바르도퇴돌(티베트 사자의 서)』을 오랜 시간에 걸쳐서 완역한 뒤, 상세한 주석을 달아서 한국 불자들을 위해 출간하게 된 것을 매우 기쁘게 생각한다.

그는 이미 티베트불교를 소개하는 『까말라씰라의 수습차제 연구』와 『밀교의 성불원리』 등을 비롯한 몇 권의 중요한 책들을 간행해서 티베트불교를 학문적으로 알리는 데 크게 노력해 오고 있다. 이것은 자칫 티베트불교를 주술화, 내지는 신비화해서 티베트불교의 참 모습을 호도하는 흐름을 방지하는 데 크게 도움이 되는 작업이 아닐 수 없다.

우리가 접하는 티베트불교는 외형적인 모습만을 볼 때 지극히 의례적이고 주술적인 경향이 농후한 것이 사실이다. 그러나 실제 수행의 분상에서 본다면, 티베트불교는 밀교가 중시되고 있음에도 불구하고 철저한 무아와 공성의 가르침 위에서 밀교를 이해하고 수행하는 현밀쌍수(顯密雙修)의 풍조를 엄격히 지켜 오고 있다.

특히 이번에 발간되는 『바르도퇴돌(티베트 사자의 서)』은 티베트 사람들에게 가장 친근한 경전 가운데 하나이자, 세계적으로 가장 널리 알려진 책이기도 하다. 이 책을 통해서 티베트 사람들의 심오한 사유와 수행 체계를 제대로 이해하는 계기가 되었으면 한다.

끝으로 우리가 반드시 겪으면서도 소홀히 방치하는 바르도를 붓다의 세 몸을 성취하는 절호의 기회로 삼고, 일상에서 수행해 나가는 밀교의 핵심을 잘 드러내 보인 사구게송을 소개하며 이 글을 맺는다.

정화의 대상인 삶과 죽음, 바르도의 거친 생철을
정화의 방법인 생기와 원만 두 차제의 연금술로,
정화의 결실인 법 · 보 · 화 삼신으로 바꿈에 자재하신
쌍운(雙運)의 바즈라다라(持金剛佛)님께 예배합니다.

간댄 싸르쩨의 승원장을 역임하고
화신의 존명을 라띠 린뽀체라 부르는
제쭌 · 장춥출팀최펠(至尊 · 菩提律儀法興)이
서기 2009년 6월 29일 월요일 낮에 쓰다.

초판 추천사

청전 스님

티베트불교에 대한 관심이 그 어느 때보다도 높아져 가는 참으로 중요한 시기에 밀교를 제대로 소개하는 또 한 권의 좋은 책이 간행된다. 지금 이 시대는 정신의 혼돈 속에서 수많은 종교들이 난립하여 서로 충돌할 뿐만 아니라, 불교 내부에서조차 대소승의 갖가지 수행법들이 차서를 무시하고 다투어 소개되는 탓에 불자들은 적지 않은 혼란에 직면하게 되었다. 특히 티베트 밀교에 관련된 각종 수행법들이 교학적 배경을 도외시하고 그냥 도입되는 시점에서 이 책이 차지하는 비중은 매우 크다고 하겠다. 적어도 불법을 닦는 공부인으로 밀교를 제대로 이해하기 위해서 반드시 읽어야 할 경전이기 때문이다.

우리는 이 책을 통해서 생의 참된 의미와 죽음의 바른 이해를 가질 수 있다. 나아가 죽음의 과정을 알고 죽음을 어떻게 받아들일 수 있는가를 알 수 있게 된다. 뿐만 아니라 한 걸음 더 나아가, 죽음의 순간과 바르도의 상태에서 성불하는 법을 배움으로서 그냥 방치하기 쉬운 우리의 죽음을 성불의 기회로 전용하는 큰 기회를 부여한다. 그러한 까닭에 지금 죽어 가고 있는 사람에게, 또한 이미 죽은 사람과 죽을 사람에게 어떻게 도움을 실제적으로 줄 수 있는가를 알게 된다.

한때 이 책은 서양 정신계가 경악을 금치 못하게 했던 충격적인 내용이기도 했다. 이 경서는 이미 1980년대 초역된 이래 우리 귀에도 꽤나 익숙해진 책으로, 그동안 일어판으로 또 영어판으로 번역된 책이 여러 종류가 나왔었다. 그러나 원전 전체의 완역도 아니었고, 모두 2차 자료들을 토대로 한 번역서들인 까닭에 원문의 참 뜻을 전달하는 데에 미흡했다고 본다. 그래서 이 경전의 우리말 완역판이 나오기를 은근히 기대해 온 지 퍽 오랜 시간이 흘렀다.

우선 이 경전은 글귀의 해석만으로는 이해하기 어려운 문장들로 구성되어 있는 관계로, 이것을 제대로 이해하기 위해서는 사전에 "티베트 사자의 서(바르도퇴돌)"의 직접적 배경이 되는 족첸딴뜨라(大圓滿續)의 교의를 바로 알지 않으면 안 된다. 만약 이것을 모르고 번역하는 경우에는 글이 난해해지는 것은 고사하고 잘못 옮기기가 일쑤이다. 그래서 이 경전은 적어도 자격을 갖춘, 티베트 밀교 수행을 하는 공부인만이 번역할 수 있는 경전이다. 또한 이 경전은 티베트불교 내의 모든 수행자들에게 공인된 수행 지침서로 최고의 권위를 갖고 있는 역사적인 정전이기도 하다. 처음으로 티베트에 밀교를 전했던 티베트불교 최고의 성인이신 구루 빠드마쌈바와(蓮花生)께서 수행 성취가 어려운 말세의 수행자들과 불자들을 위해서, 특별히 족첸딴뜨라의 핵심만을 가려 모아 편찬한 뒤 구두로 전수한 이 경전에는 바르도의 상태에서 닦지 않고 성불할 수 있는 수행의 비전·구결이 고스란히 담겨 있다. 그러므로 이 경서는 구루 빠드마쌈바와의 자비의 결정체이자 밀교 수행법의 정수이기도 하다.

티베트 원전을 우리말로 역경한다는 것이 어디 쉬운 일인가? 한 구절 마디마디에 숨은 이면의 뜻과 함께 생소한 단어를 우리말로 제대로 옮겨야 하는 어려움부터, 특히 용어의 뜻을 제대로 이해하기 위한 자기 체험이 필요하다. 그런데 이번에 티베트불교 수행에 20년을 한 길로 지켜 온 나의 숨은 도반 중암당께서 수년의 각고 끝에 번역의 완성을 보게 됐다. 우리는 출가해서 30년의 법우로서 그동안 서로 수행 경험을 나누고 있는 사이이다. 이것을 밑거름으로 서로 탁마하여 용기를 가지고 이 공부와 이 자리를 지켜 오는 것이다.

이 놀라운 경전의 출간과 함께 신비화로만 오해된 티베트 밀교가 바른 불법으로 자리를 잡고, 독자 제현의 수행길에 큰 밑거름이 되리라 확신한다. 또한 컴컴한 어둠 속에서 밝은 불빛만이 암흑을 몰아내듯이, 이 최고 최상의 금강승의 진리가 정법으로 자리 잡고, 잘못된 곁가지 법들은 진압해서 진리의 바른 길을 또렷이 보여 주리라 믿는다.

2010년 3월 초순, 북인도 다람쌀라에서
비구 청전 합장

능행 스님

거룩한 불·법·승 삼보님께 귀의하옵고, 양라쉬의 빤디따 빠드마쌈바와(蓮花生) 님께 예배하옵니다.

삼월 삼짇날 새들이 날아들고 봄꽃들이 만개한 참 좋은 날, 네팔에서 오랫동안 티베트 경전과 논서 들을 역경하고 계신 어른 스님의 노고에 깊은 감사와 고마움을 전합니다.

돌이켜 보면, 임종하는 불자들의 곁에서 그들의 삶을 돌보고 사는 저의 호스피스 임상의 현장에서 이 『티베트 사자의 서』는 그 실용 가치가 참으로 클 뿐만 아니라 얼마나 큰 힘이 되는지 모릅니다. 그러기에 이 책은 저에게 참으로 소중한 책이자, 가장 많이 실제의 삶에 응용하고 있는 책이기도 합니다. 지난 25년이란 긴 세월 동안 죽어 가는 수많은 사람들의 죽음을 돌보는 호스피스를 수행으로 삼고 구도의 삶을 살다 보니, 이 『티베트 사자의 서』는 나에게 삶과 죽음의 길을 밝혀 주는 달빛과 같은 의미를 가지고 있습니다. 다시 말해, 『티베트 사자의 서』는 원치 않는 임종을 앞에 두고 처음 맞이하는 길이자 일찍이 가본 적이 없는 길을 떠나는 사람들에게 길이 되어 주면서, 그냥 슬픔 속에서 놓쳐 버리기 십상인 죽음을 기회로 삼아 해탈과 열반에 이를 수 있는 방법을 제시하고 인도하여 주기 때문입니다.

특히 죽는 순간까지도 오로지 살기만을 생각한 채, 죽음에 대해 아무런 준비도 하지 않은 상태에서 죽음을 맞이해야 하는 사람들의 입장에선 죽음은 그저 당혹스럽고 막막하며, 완전히 길을 잃어버린 상태와 같고, 높이와 그 끝을 짐작할 수 없는 거대한 벽을 만난 것과 같은 정신적 충격이 발생하는 때입니다. 그때 환자 본인은 물론이거니와 가족조차 죽음이라는 현실에 대하여 그 어떤 대응책도 마련할 수 없는 무기력한 상태에 압도당해서, 이성적으로 무엇을 생각하고 판단하는 것 자체에 큰 어려움이 따르는 경우를 호스피스 임상에서 자주 목격할 수 있었습니다.

이렇게 환자와 가족들이 정신적으로 어찌할 바를 모르고 또 무엇을 하고자 하는 의지조차 상실하고 강물에 빠진 것과 같은 상태에 빠져 있을 때, 그들이 강물에 빠져 익사하지 않도록 『티베트 사자의 서』를 가지고 돕고 안내하는 사람들을 119 구조대원에 비유하면 적절할 것 같습니다. 119 구조대원에게는 이 『티베트 사자의 서』가 바로 사람의 목숨을 구할 수 있는 구제의 도구로서 그 역할을 충실히 할 수 있기 때문입니다.

저의 임종 호스피스 경험에 의하면, 이 『티베트 사자의 서』는 죽어가는 사람들에게 자신이 당면한 절망스러운 죽음의 상황 속에서 안전하게 구조되어 해탈과 정토세계에 안전하게 도착하는 것을 돕는 데 참으로 많은 도움을 줍니다. 뿐만 아니라, 『티베트 사자의 서』에서 임종할 때 단지 몸에 걸치는 것만으로도 악도에 태어나지 않고 선취와 정토에 탄생하고 해탈하는 비밀의 방편으로 설해진, 푸른 비단 천에 금색으로 그려진 "딱돌 만다라"는 임종하는 망자의 몸에 단지 걸어 주는 것만으로도 이승을 떠나가는 본인은 물론이거니와, 그 가족과 친지들에도 커다란 위안과 안도감을 갖게 해주는 효과가 있습니다.

이번에 불광출판사에서 새로이 간행하는 중암 스님의 『개정 완역 티베트 사자의 서』가 우리들 불자들에게 평소에 자신의 죽음에 대한 성찰과 대비를 할 수 있게 문사(聞思)의 길을 열어 주고, 나아가 제시된 가르침을 실제로 배우고 익혀서 얻게 되는 수행의 힘과 불보살님께 기원을 통해서 얻게 되는 호념과 가피를 통해서, 성불할 때까지 끝나지 않는 죽음과 환생을 성불의 길로 전용해서 죽음을 두려워하지 않는 진정한 보살의 삶을 준비하는 교재로서 널리 활용되기를 기원합니다. 더불어 죽어 가는 사람들에게 피안으로 가는 배와 같은 역할로 죽음이란 강물을 타고 속절없이 떠내려가는 사람들을 구할 수 있는 최고의 방편을 제공해 주시는 어른 스님께 깊이 감사의 마음을 담아 전합니다.

끝으로 네팔에서 긴 세월 작은 토굴에서 스스로 자적하며, 『법화경』의 자설서원(自說誓願)의 길을 따라 우리들이 접해 보지 못한 티베트의 불전과 소중한 논서 들을 역경해 주시는 크신 은혜에 감사드리며, 오래 오래 법체 건강하시고 해탈과 열반을 성취하시기를 기원합니다. 저 또한 이 『개정 완역 티베트 사자의 서』로 임종하는 분들에게 해탈의 길을 열어 주고, 제불보살님과 구루 린뽀체(蓮花生)의 호념과 가피가 임하게 해서, 그들이 해탈의 확신과 환희 속에 임종할 수 있도록 노력하겠습니다.

2020년 삼월 삼짇날

울산 석남사 근교 정토마을 자재요양병원 완화의료병동에서

능행 합장

닦지 않고 성불하는 법

이미 이 책은 동서양을 막론하고 널리 알려진 유명한 책이라 더 이상의 설명이 필요 없는 실정이다. 단지 수행의 분상에서 몇 마디 언급하고자 한다.

티베트불교에는 닦지 않고 성불하는 몇 가지 방법이 전해 오고 있다. 그것을 구루 빠드마쌈바와(蓮花生)께서, "이것은 불법을 닦지 않고도 성불하는 법이라 딱돌(몸에 걸침을 통한 자연해탈)이라 부른다. (중략) 이것을 낭송하는 소리를 듣는 이는 누구나 성불함으로써 퇴돌(들음을 통한 자연해탈)이라 부른다."고 말씀하셨듯이, 이 바르도퇴돌(티베트 사자의 서)은 즉신성불을 주창하는 밀교의 많은 수행법들 가운데서 단지 들음을 통해서 성불하는 길을 제시한 아주 특별한 법이다. 곧 이 가르침은 밀교의 관정, 또는 생기와 원만차제를 닦고 닦지 않음을 묻지 않고, 누구나 이 법을 믿고 실천하면 바르도의 상태에서 반드시 성불하는 비공통의 심오한 법인 것이다.

이 책은 보통 우리들이 알고 있는 것처럼 구루 빠드마쌈바와께서 직접 저술하신 것이 아니라, 그가 말세의 중생들을 위해서 방대한 족첸 딴뜨라(大圓滿續)의 핵심 교의들을 하나로 모아 바르도의 상태에서 닦음이 없이 단지 듣고 이해하는 것만으로 성불할 수 있도록 최후의 비방으로 편찬해서 구술한 것을 여제자 예시초걜(智海王)이 글자로 기록해서 숨겨 놓은 귀중한 경전이다. 예를 들면, 법성의 바르도에서 5일간 오종성불이 차례로 출현하는 법성의 현상도 임의로 지어낸 것이 아니라, 중근기의 유가행자의 각성(覺性)의 지혜 활력이 바르도의 상태에서 그와 같이 나타난다는 경전의 말씀을 그대로 옮겨 놓은 것이다. 특히 『꾼쌍툭끼멜롱(普賢心鏡續)』에서, "이 지혜의 [빛 무리의] 나타남 또한 상근의 지혜를 갖춘 자에겐 차례대로가 아닌 일시에 나타난다. 그들 이하는 의식 가운데 차례로 나타나며, 하루마다 출현하게 된다."고 설하였듯이, 이 책은 중하의 근기에 맞춰서 경문의 말씀을 정연하게 안배한 다음, 다시 그것을 알기 쉽게 요소요소에 설명을 붙여 놓은 경전인 것이다.

그러나 밀교의 근본 딴뜨라 경전들이 제대로 소개되지도 않고, 또 그런 것들에 대한 전문적인 학습과 수행이 없는 상태에서 거리낌 없이 밀교가 논의되는 우리의 현실에서, 단지 "사가행(四加行)" 등의 기초 수행들을 밀교의 진수로 오해하고 있는 대부분의 수행자들과 불자들로서는 이 경전의 가치와 목적을 제대로 인식조차 할 수 없는 실정이다. 이 경의 가치를 약설하면, 쎄랍디메(無垢慧)가 수정본 『바르도퇴돌』(Chos spyod Publication, 2007, New Delhi, India)을 발간하면서 간행사에서, "구승(九乘)의 최고 정점이자, 구극의 비밀인 무상유가의 특별법이자, 근전교법(近傳教法)인 심오한 복장(伏藏)에 속하는 『쌉최시토공빠랑돌(심오정맹밀의자연해탈)』은 구루 빠드마쌈바와의 화현들인 여덟 명의 링빠들 가운데 하나인 복장대사이자 성취자인 까르마 링빠의 심오복장법이다."라고 한 것과 같이, 이 『바르도퇴돌』의 가르침은 아눗따라 - 요가딴뜨라(무상요가딴뜨라)의 최고 정점에 서 있는 것이다.

이미 이 책은 세계적으로 2005년 규르메 도제(Gyurme Dorje)의 영어 완역본인 *The Tibetan Book Of The Dead*(London : Penguin Books, 2005)가 출간된 것을 비롯해, W. Y. 에반스 웬츠(W. Y. Evans-Wentz)와 F. 프리맨틀(F. Fremantle), 로버트 A. F. 셔먼(Robert A. F. Thurman)의 세 가지 영역본이 출간되었으며, 국내에도 에반스 웬츠의 영역본을 필두로 일어 등에서 중역된 대략 열 종류가 넘는 한글본이 출간되었다.

그러나 필자가 기존에 출간된 영역본들을 열람한 결과, 규르메 도제의 완역본을 제외한 나머지 번역본들은 『바르도퇴돌』의 완전한 번역이 아니다. 또한 그 교리적 배경이 되는 닝마(舊密)의 교학을 제대로 이해하지 못한 상태에서, 단지 신밀(新密)의 교학을 기반으로 글귀만을 번역한 수준에 불과해서 이 책의 심오한 가르침을 밝혀내기에는 역부족임을 알 수가 있었다. 더구나 밀교에 대한 전문 지식이 결여된 상태에서 중역된 한글본들은 논의의 여지조차 없다고 하겠다. 또한 구밀의 족첸딴뜨라의 교리에 입각해서 충실하게 번역된 규르메 도제의 영역본조차도 판본의 오류와 상위(相違)한 논설을 바로잡고 원문의 교리적 배경을 밝히기보다는 원문을 그냥 그대로 옮김으로써, 가장 진일보한 번역임에도 불구하고 본문의 내용을 근원적으로 이해하는 데 부족함이 많아 큰 아쉬움을 갖게 하였다.

그래서 이번에 이 책을 완역하면서 『바르도퇴돌』의 직접적 배경이 되는 족첸딴뜨라를 근거로 삼아, 판본 상에 나타난 오류와 교리의 상이점 등을 수정해서 바로잡고, 원문의 내용을 제대로 이해할 수 있도록 상세한 주석을 달아 그 뜻을 명확하게 밝히고자 노력하였다. 예를 들면, 이 책 14장 「분노의 붓다들이 출현하는 법성의 바르도」에서 "법신의 광명의 측면에서 분노의 헤루까(신)들이 나타나는 것임을 깨닫도록 하십시오!"라는 구절의 경우, 판본에 따라 법신과 보신으로 각각 다르게 나온다. 그 결과 에반스 웬츠의 영역본에는, "From the Radiance of the Dharma-Kaya(법신) emanate the Wrathful deities"로, 프리맨탈의 책에서는, "The saṃbhogakaya(보신) appears as the wrathful deities out of part the luminnosity"로 표기돼 적지 않은 혼란을 일으키고 있다.

본인의 연구에 의하면, 이 구절의 출처는 『맨악닝기공빠』인 것으로 보이며, 이 경의 「최니바르도(法性中有品十二)」에서, "법신의 공성의 측면에서 [42존의] 적정의 붓다들이 출현하고, 법신의 광명의 측면에서 58존의 분노의 헤루까들이 출현한다."라고 설함으로써, 원문의 출처와 그 의미를 명확히 하고 있다.

아무튼 이 책의 목적은 생시의 수행을 통해서 완전한 깨달음에 이르지 못한 중하의 밀교 수행자들과 일반 불자들이, 죽음과 더불어 반드시 통과하는 바르도의 상태에서 자연적으로 출현하는 자기 각성의 참모습이기도 한 청정한 법성의 광경과 그것이 자기의 현현임을 알아서 그것과 합일하여 성불하지 못하고 방치할 때, 번뇌와 업에 순응하여 윤회의 현상을 일으키는 법인, "부정한 윤회의 문으로 출현하는 길"을 있는 그대로 알려주어 각자의 근기에 맞는 성불의 도를 열어 주는 데 있다. 그러므로 경의 말씀을 의심 없이 믿고 따르면 소기의 결과를 누구나 얻게 되는 것이다. 그래서 구루 빠드마쌈바와께서는 『바르도퇴돌』을 구술하면서 말세의 불자들에게 다음과 같이 당부하셨다.

"이 『바르도퇴돌』을 만나는 것은 진실로 크나큰 행운이다. 복덕과 지혜의 두 자량을 쌓고, 죄장을 정화한 이들을 제외한 여타의 사람들은 만나기 어려운 희유한 법이며, 설령 만날지라도 또한 이해하기 어려운 법이다. 만약 누구든지 이 가르침을 듣고서 단지 삿된 소견만 일으키지 않는다면 그는 반드시 해탈하게 된다. 그러므로 이것을 극히 소중히 여기도록 하라. 이것은 일체법의 정수만을 가려 모은 제호와 같다. 그러므로 이 『바르도퇴돌』의 가르침을 단지 듣는 것만으로 해탈하고, 단지 애중히 여기는 것만으로 해탈한다."

끝으로 이 책을 번역하는 데 많은 도움을 주신 등명 윤윤호 거사님께 깊이 감사드린다.

2010년 3월 초순, 봄이 오는 양라쉬의 들꽃산방에서
중암 합장

바르도퇴돌에서 찾은 나의 해탈의 길

되돌아보면, 지금부터 20년 전에 내가 구루 빠드마쌈바와(蓮花生)의 수행 처소가 있는 네팔 양라쉬의 아수라 동굴 아래에, 작은 방을 얻어 거처를 정하고 살면서 읽기 시작한 책들 가운데 하나가 연화생 존자의 전기인 『빼마까탕(Pdma bkaḥ thaṅ)』이었다. 그 책을 통해서 비로소 연화생 존자께서 아수라 동굴에서 마하무드라(大印)를 성취하여 즉신성불하신 일과 수많은 비장 경전과 다른 성물들을 네팔과 티베트 등지에 널리 은닉한 일들과 과거세의 서원에 의해서 티베트 땅에 들어가 밀교를 전파한 일들을 알게 되었다.

또한 그 책 말미에는 "리우된마(七種親說祈願文)"라 부르는, 다섯 명의 마음의 제자들에게 각각 주신 자작의 기원문들이 있었다. 그 가운데 왕자 무띠짼뽀(Mu khri btsan po)에게 준 기원문의 사연을 읽고 크게 감명을 받음과 동시에 믿음을 통한 쉬운 방법의 해탈의 길이 있음을 새삼 깨닫게 된 적이 있다. 나의 삶은 큰 영향을 미쳤던 이 기원문의 사연 일부를 소개하면 다음과 같다.

"나모 구루! 아사리 빠드마쌈바와께서 서남방의 나찰[1]들을 제복하시기 위해 [54년 동안 머무시던] 티베트를 떠나심으로써, [인도로 가는 네팔의 접경 지역인] 궁탕(Guṅ thaṅ)의 고갯길에서 왕자 무띠짼뽀(Mu khri btsan po)[2]가 구루 린뽀체께 마지막 송별의 예배를 드린 뒤, 주위를 돌고 발에다 머리를 조아렸다. 슬픔에 겨워 구루의 옷소매를 잡고 눈물을 흘리면서, 비통한 목소리로 간청하였다. '아, 슬프도다! 구루 린뽀체이시여, 오오백세(五五百歲)의 혼탁한 시절, 망율(Maṅ yul)의 궁탕 지방, 이 설산자락에 나의 자손들이 자리를 잡고, 백성으로 전락하고 괴로워하리니, 아, 티베트 왕은 가련하도다! (중략) 부왕 티쏭데우짼(Khri sroṅ ldeḥu btsan)은 돌아가시고, 구루는 오디야나(Oḍḍiyāna) 땅으로 가시고, 나 무띠짼뽀를 티베트에 버려두었다. 부왕은 수명이 짧으시고, 구루는 자비가 적으시고, 우리는 복덕이 하찮고, 티베트 백성은 기쁨이 없도다! (중략) 이제 임종할 때 포와(意識轉移)는 누가 행하고, 죄장을 정화하는 의식은 누가 행하며, 그와 같은 고통들은 누가 없애는가? 아, 참으로 슬프도다! 대비의 지존이시여!' 이렇게 애절하게 절규한 뒤, 혼절하여 정신을 잃고 땅에 쓰러졌다.

구루 린뽀체께서 왕자를 가슴에 끌어안고 정신이 들게 한 뒤, 말씀하셨다. '숭앙과 공경이 굳건한 믿음의 아들이여, 부왕은 수명에 다해 운명하였고, 나는 지금 또한 중생의 이익을 행하는 일밖에 없다. 숙세의 서원의 힘으로 티베트에 왔으며, 믿음을 지닌 이들에게 직접 본신을 현

---

1 남섬부주의 서쪽 섬인 짜마라(Cāmaraḥ, 拂洲)는 나찰들이 사는 땅이며, 그 섬의 중앙에 솟아 있는 적동산정(赤銅山頂)에 다끼니(空行母)들의 정토인 연화광(蓮花光) 세계가 있다.

2 원문은 "쏠뎁리우뒨마(gSol ḥdebs leḥu bdun ma, 蓮師親說七種祈願文)" 가운데 왕자 무티째뽀(Mu khri btsan po)에게 주는 구루 린뽀체의 기원문으로, 평소에 간편하게 행할 수 있도록 직접 설해 준 짧은 기원문이다. 왕자 무띠짼뽀는 티쏭데우짼 왕의 둘째 아들이다.

시하니, 금생과 후생 그리고 바르도의 험로 셋에서, 나와 자주자주 만남으로써 괴로움은 소멸하고, 그대의 모든 죄장들은 남김없이, 나의 얼굴을 보는 것만으로 깨끗하게 된다. 그대는 금생과 열일곱 생애 동안 중생의 이익을 행하라. 그 뒤 오디야나의 다끼니의 땅에 오게 되니, 마음의 고통을 거두어라. 티베트 왕자여!' 이렇게 왕자를 위로하였다."

그때 나는 이 글을 보면서 문득 생각하였다. "믿음을 지닌 이들에게 직접 본신을 현시하니, 금생과 후생 그리고 바르도의 험로 셋에서, 나와 자주자주 만남으로써 괴로움은 소멸하고, 그대의 모든 죄장들은 남김없이, 나의 얼굴을 보는 것만으로 깨끗하게 된다. 그대는 금생과 열일곱 생애 동안 중생의 이익을 행하라."고 하신 그 언약이 언젠가 내가 겪게 될 가장 두렵고 무서운 바르도 상태에서 이루어진다면, 그때부터는 해탈과 성불을 일부러 추구하지 않아도 강물이 바다로 흘러가듯이 저절로 이루어지리라는 기대를 가지게 되었다.

그리고 얼마 뒤에 병이 들어 크게 앓다가 믿음과 기원의 힘으로 불보살님의 가피를 입게 되어 믿음을 통한 해탈에 확신을 갖게 되는 기회가 찾아왔는데, 사연은 다음과 같다. 여러 해 동안 참으로 많은 병고를 겪으면서 힘든 세월을 보내게 되었는데, 어느 날은 너무 아파서 고통을 참다가 정신이 혼미한 상태에서 잠에 들고 말았다. 그때 꿈결처럼 허공에서 들려오는 목소리가 있었다. 그 소리는 "지금 상태가 심각하니 진언을 염송하라."라고 말하면서 두 종류의 만뜨라를 일러 주었다. 그 소리를 들음과 동시에 그렇게 심했던 아픔과 고통은 어디론가 사라지고, 혼미하고 산란한 마음도 일순간 맑아짐으로써, 진언과 하나가 된 삼매 속에서 진언을 염송하다 아침에 깨어났다.

그렇게 없어진 줄 알았던 아픔과 고통은 깨어남과 동시에 다시 시작되었지만, 그때부터 아무리 아파도 두려워하지 않게 되었다. 자력이 모자랄 땐 오직 여래의 몸·말·뜻 삼밀(三密)의 청정한 가피의 힘만이 나를 곤경에서 구원할 뿐 나머지는 크게 도움이 되지 않았기에, 그때부터 자력으로만 해탈하려는 마음이 사라지고 불보살님의 호념과 가피 속에 해탈의 길을 가고자 하는 마음이 크게 일어났다. 또 한편으로 배우는 내 입장이 아닌 구원자인 불보살님의 입장에서 나 자신을 바라보고, 그들이 바라고 원하는 수행자가 되는 것이 더 중요한 것임을 인식함으로써, 수행에 대한 지금까지의 견해에 많은 변화가 생기게 되었다.

요약하면, 견고하지 못한 성근 염리심(厭離心) 위에 무아와 공성의 제대로 된 체험도 얻음이 없이, 자아가 충천한 마음으로 무조건 최상의 행법을 닦으면 성취한다는 일종의 욕심에 불과한 헛된 구도심으로 여태껏 수행한 것을 깊이 반성하고, 불보살님의 본원(本願)에 일심으로 귀의하고, 그들이 설한 삼승(三乘)의 교법과 현밀(顯密)의 차제에 어리석지 않고, 진솔한 출리심(出離心)과 공성의 정견을 얻기 위해 노력하기 시작하였다.

그 뒤 기회가 찾아와서 구루 빠드마쌈바와 님의 대비의 숨결이 살아 있는 『바르도퇴돌』을 우리말로 번역하면서, 나 같은 하근의 하근기도 바르도 상태에서 반드시 해탈할 수 있는 구체적인 길을 발견하고 안도의 숨을 내쉬게 되었다. 그러면 어떻게 하근의 하근기가 믿음을 통해서 바르도의 상태에서 해탈을 얻는 것인가? 본서의 15장 「육도[재생]의 환영이 출현하는 재생의 바르도」에서 설하길, "지금부터 전생의 몸은 점점 희미해져 가고, 내생의 몸이 점점 밝아 옵니다. 이것을 슬퍼하여 '내가 이처럼 고통스러우니, 이제 어떤 몸이 되었든지 하나 구해야겠다!'고 생각한 뒤, 이리저리 몸을 구해 쏘다님으로써 육도세계의 빛들이 출현하게 되고, 업력에 의해 장차 태어나게 되는 그곳의 빛이 강하게 비춰 옵니다."라고 하였는바, 바로 그때 전생에 맺은 불보살님과의 서약을 기억한 뒤 기원하는 것이다. 이것은 『바르도퇴돌』의 여섯 가지 기원문들 속에 자세히 나와 있다.

예를 들면, 대비관음이나 지장보살님과 같이 자기가 평소에 믿고 의지했던 불보살님께 간절히 기원하고 구원을 청하면 그 즉시 자기의 본존께서 출현하여, 죽음으로 인하여 잠시 헤어졌던 자기의 본존을 어머니와 아들이 다시 만나듯이, 무루의 기쁨과 행복 속에 재회함으로써 바르도의 공포에서 벗어나게 되는 것이다. 뿐만 아니라, 바르도의 상태에서 불보살님의 미묘한 음성의 법문을 듣고 환희하고, 또한 어떻게 해야 하는지를 알고, 불보살님을 친견함으로써 업장이 소멸되고 지혜가 크게 솟아나고, 불보살님의 인도를 받아 해탈의 길을 가게 되는 것이니, 이것은 생시에 확실한 신앙의 체험을 한 불자에게는 의심이 필요 없는 사실인 것이다.

그러므로 생시에 『바르도퇴돌』 본문에서 설하고 있는 "육도세계의 부정한 광명과 퇴치법, 육도세계의 부정한 자궁의 문을 막는 법, 자궁의 문을 막는 총체적 방법, 자궁에 들어가려는 유정을 저지하는 법, 단계적으로 자궁의 문을 막는 첫 번째 방법·두 번째 방법·세 번째 방법·네 번째 방법·다섯 번째 방법"에 대해서 세밀하게 공부해서 마음에 잊지 않는 것이 중요하다.

그리고 하근의 하근기가 바르도에서 해탈하기 위해서 반드시 갖추어야 할 요소를 정리하면 진솔한 염리심(厭離心)과 정결한 믿음의 둘이 필요하다. 먼저 윤회의 허물을 사유해서 육도세계의 부정한 욕락(欲樂)

에 대한 애착을 끊는 참된 염리심을 얻는 것이다. 만약 이것을 얻지 못하면 비록 각고수행을 통해서 증득한 깨달음의 힘이 코끼리처럼 강력할지라도 발목에 채운 쇠사슬을 끊지 못한 코끼리에게는 자유가 없듯이 육도의 윤회에서 벗어나지 못하기 때문이다.

다음은 정결한 믿음을 얻는 것이니, 불보살님의 구제의 본원(本願)을 진실로 믿고 의심을 제거한 뒤, 간절하게 기원해서 직접적인 현신(現身)이나 몽중에서 친견하여 해탈의 위안과 수기를 받고, 세세생생 선지식이 되어 성불할 때까지 지켜 주겠다는 언약을 위에서 언급한 왕자 무띠쨴뽀처럼 얻는 것이다. 이것은 하근의 하근기가 믿음을 통해서 얻는 낮은 단계의 해탈법이기에, 아라한 성자의 혜해탈(慧解脫)이나 보살성자가 법성의 진실을 보고 얻는 견도(見道)의 해탈처럼 높은 경지가 아닐지라도, 그 사람은 불보살님께서 직접 호념(護念)하여 성숙 해탈시키는 불자이기에 마치 사자의 새끼가 반드시 백수의 왕이 되는 것처럼 원생(願生)을 제외하고는 삼악도는 물론이거니와 윤회세계에 다시는 들어오지 않게 된다.

한마디 덧붙이면, 삼보를 믿고 연기법을 믿으며 열심히 살아가는 불자라고 할지라도 금생을 내생의 해탈을 위해 복혜의 자량을 쌓고 준비하는 삶의 과정으로 인식하지 못한다면, 그 삶은 단지 한 생의 행복과 성공을 위한 범속한 삶에 지나지 않아서 성불을 희구하며 살아가는 보살의 삶이 되지 못한다. 비록 하근의 하근에 불과할지라도 이와 같은 믿음을 통해서 해탈의 확신을 체험한 사람은 윤회 속에서도 생사의 고통이 클지라도 두려워만 하지 않고 용감한 전사처럼 인욕의 갑옷을 입고 보살의 길을 간다. 그럼으로써 성불할 그때까지 어디에서 어떤 생을 받든지 소중한 삶이 허무하게 끝나는 그러한 불행은 결코 있지 않을 뿐더러, 항상 불보살님을 뵙고 법을 듣고 위안을 얻는 무루의 기쁨이 있고, 해탈의 공덕이 점점 쌓여 가는 불멸의 행복이 있는 것이다.

끝으로 지난해 5월 불광출판사의 이상근 주간님이 기존에 출간된 『완역 티베트 사자의 서』를 다시 정비해서 출간하자고 제의함에 따라서, 기존 번역의 미진한 부분과 판본의 오탈자와 누락 등을 교정하여 재간하게 된 것을 기쁘게 생각한다. 또 힘들게 편집하고 출간을 위해서 애써주신 김소영 님께도 깊이 감사한다.

2020년 5월 하순, 여름이 시작되는 양라쉬의 들꽃산방에서
중암 합장

기존에 출간된 『완역 티베트 사자의 서』 가운데 미진한 곳들을 교정한 뒤 재간하면서, 이전에 소개하지 못하였던 본서의 티베트 원전인 『바르도퇴돌(中有聞法解脫)』에 대한 심도 깊은 이해를 위해서 1. 바르도퇴돌의 연원과 전승법계, 2. 바르도퇴돌의 출처와 모본, 3. 바르도퇴돌의 위상과 특점에 대하여 간략하게 소개하고자 한다.

1. 바르도퇴돌의 연원과 전승법계

보통 우리가 『티베트 사자의 서』라고 하는 경전의 본래 이름은 "바르도의 상태에서 법을 듣고 해탈하는 법"을 뜻하는 『바르도퇴돌(Bar do thos grol)』이다. 이 책은 우리나라뿐 아니라 세계적으로 널리 알려지고, 각국의 언어로 번역되어 많은 사람들이 익히 알고 있을지라도, 이 가르침의 연원과 전승법계가 제대로 알려진 바가 없기에 아는 사람이 드물다고 하겠다.

일찍이 복장대사(伏藏大師) 최걀링빠(Chos rgyal gliṅ pa)가 『바르도퇴돌』의 연원과 전승에 대하여 그의 정맹연원약설(靜猛淵源略說)[1]에서, "이 딴뜨라(密續)의 연원은 색구경천(色究竟天)의 밀엄찰토(密嚴剎土)의 위쪽에 있는 화염이 타오르는 화장터의 법계에 무량한 남녀의 분노존의 무리가 권속들과 함께 머무시니, 대지명(大持明)의 지위를 얻은 자를 제외하고는 어떤 누구도 거주할 수 없는 청정한 불토 그곳에서, [형상이 없는] 법신불 꾼뚜쌍뽀(普賢如來) 자신께서 [정묘한 형상의] 체촉헤루까(最勝飮血佛)의 모습으로 변형한 뒤"라고 설하였듯이, 『바르도퇴돌』의 가르침의 연원은 법신불 꾼뚜쌍뽀 자신의 자내증(自內證)의 교법으로, 일부의 주장처럼 후대에 티베트에서 만들어진 위경이 아닌 법신여래의 청정한 교설이다.

이제 전승법계의 놀라운 역사를 복장대사 갸쭌·남카최끼갸초(虛空法海)의 『정맹밀의해탈전승약사(靜猛密意解脫傳承略史)』[2]에 의거해서 개관하면 다음과 같다.

"적정(寂靜)과 분노존(忿怒尊)의 심오한 밀의(密意)를 통한 자연해탈 가운데 바르도에서 법을 듣고 깨달아 해탈하는 이 법의 전승을 믿음을 지닌 자들이 신뢰하도록 하기 위해 밝히고자 한다. '물의 근원이 설산에 유래함과 같이, 나 꾼뚜쌍뽀까지에 다다름을 설한다'고 함으로써, 여기에는 여래밀의전승(如來密意傳承)과 지명표지전승(持明標識傳承)과 보특가라

---

1 『시퇴로귀뒤빠(Shi khroḥi lo rgyus bsdus pa, 中陰法彙編7卷:祈願篇)』, 북경 민족출판사, 2011, China.

2 『쌉최시토공빠랑돌기귀빼로귀도르뒤빠노르뷔텡와(Zab chos shi khro dgoṅs pa raṅ grol gyi brgyud paḥi lo rgyus mdor bsdus pa nor buḥi phreṅ ba, 中陰法彙編1卷:歷史由來篇)』, 위와 같음.

이전(補特伽羅耳傳)의 셋이 있다.

전승 유래를 밝히는 필요성은 믿음을 일으키게 하고, 법의 연원의 청정함을 보이기 위함이니, 일월상합속(日月相合續)에서, '먼저 내력을 실제로 설하니, 내력을 실제로 설하지 않으면, 큰 비밀결정(秘密決定)의 이 가르침을 신뢰하지 않는 허물이 생긴다'고 설한 까닭에, 먼저 여래밀의전승은 세 분 부처님 사이에 전승이니, 법신불 꾼뚜쌍뽀 부모양존과 제6불 지금강불(持金剛佛)과 도사(導師) 금강살타불(金剛薩埵佛)이다.

[처음 여래밀의전승(如來密意傳承, rGyal ba dgoṅs brgyud)이니] 법신불 꾼뚜쌍뽀 부모양존은 자성청정의 내계인 색구경천(色究竟天)의 법계의 궁전에서, 무위(無爲)로 본래 천성적으로 성취되고, 현분(現分)과 공분(空分), 방편과 반야가 평등한 상태에서 머무는 세존이시니, 그 또한 법신은 번뇌의 더러움을 여의고, 어떤 본질로도 성립하지 않으며, 교화 대상의 지각 위에 얼굴과 손발을 지니고, 대비의 형상에 상호(相好)의 빛나는 몸을 건립하시고, 모든 희론의 유상(有相)을 여읜 상태에서 색구경천의 법계체성지의 오광명이 현란한 궁전에 머무신다.

세존 꾼뚜쌍뽀께서 [자내증의] 온전한 밀의를 제6불 지금강불에게 부촉한 뒤 대정병(大淨甁, sPyi blugs chen po)으로 가지하였다. 그와 같이 가지함으로써 교화 대상들에게 대비가 저절로 흘러들고, 교화 대상의 지각의 대경으로 상호를 갖춘 몸을 무량하게 현시하고, 사업의 모양으로 현시한 화신들을 거두어 지님이니, 말하자면 그가 바로 대비를 지니고 뛰어난 방편의 법주인 제6불 지금강불인 것이다. 제6불 지금강불의 밀의를 도사(導師) 금강살타에게 부촉한 뒤 가지하였다.

그 도사 금강살타 자신께서 무희론의 법계에서 마음이 자생의 지혜의 모양으로 움직임으로써, 수용신(受用身: 報身)으로 자생적으로 강림하고, 대지혜의 광선의 발산과 수렴을 통해서 36존의 몸이 자생적으로 머무는 광명의 명점(明点)으로부터 수용이 원만한 60처소를 현출하여 머물게 하였다. 무량한 붓다의 몸이 눈의 만다라에 실제로 나타난 뒤, 그들 또한 각자의 광명이 오종성(五種姓)의 붓다로 거두어지고, 각자의 종성으로부터 실제로 발출되었다.

그때 자신의 혀의 빛의 광명에서 자생의 문자의 소리가 스스로 발생하니, '모든 유정들을 위없는 보리에 안치하리라!'고 세 번 울려 퍼지고, 자기 마음의 자생의 지혜에서 법성의 꾼뚜쌍모(普賢佛母)가 스스로 출현한 뒤, 자생의 다함없는 대비가 시방에 발산되었다. 그 상태에서 길상하신 세존 금강살타의 몸과 무량한 권속들을 자기의 누림으로 모여지고, 대원만의 몸이 광명으로 빛났다. 그와 같이 오종성불 등의 무량한 각자의 만다라가 함께 자기의 누림으로 거두어지고, 대원만의 몸이 광명으로 빛남이 12번 발생하여 모든 법을 수용하고 갖춤으로써, 이때 모든 법의 자성을 소연(所緣)함을 거두어 모음을 여의었다. 그 뒤 대비의 대상들을 사유함이 자발적으로 일어났다.

그때 광명의 장엄이 미려한 처소인 작은 층옥(層屋)에, 심식(心識)의 왕인 세존 금강살타가 만다라의 법주로 출현하였다. 몸·말·뜻이 스스로 출생함을 전개하는 상태에서 대부동(大不動)의 본성으로 출현하였다. (중략) 세존 금강살타의 밀의로 대지명자(大持明者) 가랍도제(極喜金剛)를 가지하였다. 이 이상을 여래밀의전승이라 부른다.

다음은 지명표지전승(持明標識傳承, Rig ḥdzin brda brgyud)을 확정하고자 하니, 도사 금강살타의 가지로 말미암아 석가 세존께서 열반하신 뒤, 360

년이 되던 해 마가다의 금강보좌의 서쪽 [오디야나(Oḍḍiyāna)라 부르는 오늘날 파키스탄의 쓰와트 지방에 있는] 호수 다나꼬샤(Dhanakoṣa) 섬에 있는 장엄이 아름답고 원만한 길상작락적엄사(吉祥作樂積嚴寺)에서 부왕 우빠라자(Uparāja)와 왕비 명등광(明燈光, sNaṅ ba gsal baḥi ḥod) 사이에서 태어난 왕녀 쑤다르마(Sudharma, 善法)가 출가하여 비구니가 되었다. 그 섬의 서쪽 지역에 초가집을 짓고, 다끼니 데매닝댄마(bDe maḥi sñiṅ ldan ma)라 부르는 시녀와 함께 법을 수행하고 지냈다.

어느 날 저녁 꿈에 몸빛이 흰 사람이 오종성(五種姓)의 종자진언이 장식된 수정병(水晶甁) 하나를 자기 머리에 올려놓는 꿈을 꾸었다. 그때부터 공주의 몸이 불편해지고, 시간이 차서 아버지가 없는 아들이 오른쪽 옆구리 사이에서 태어났다. 비구니가 울면서 '아버지가 없는 이 같은 아들이 태어났다'고 길게 탄식하자, 시녀가 말하길, '이 아이는 붓다의 아들이다'라고 위로할지라도 듣지 않고, 쓰레기 더미에 내다 버리라고 하였다. 그때 광명과 소리와 무지개 등 부처님이 세상에 오실 때의 상징들이 숱하게 일어났다.

이에 비구니가 말하길, '내 아들이 진짜 부처님의 화신인가 보다. 지금 살아 있는지 살펴보라'고 함으로써, 시녀가 3일이 되던 아침에 살펴보니, 쓰레기 더미 속에서 상반신을 꼿꼿하게 하고, 얼굴에 잔잔한 미소를 띠고 있었다. 흰 비단으로 아기 몸을 감싸서 꺼낸 뒤 향수로 몸을 씻겼다. 동시에 하늘에서도 천신들이 아기 몸을 씻어 주고, 길상의 찬사를 노래하는 등의 경이로운 상징들이 많이 일어났다.

그 뒤 아기를 애지중지하여 키우니, 마을 사람들은 이 아이가 쓰레기 더미에 숨겨도 죽지 않고 살아남으로써, 이름 또한 회색시기(灰色尸起, Ro laṅs thal mdog)라고 지었다. 그 뒤 일곱 살이 되자 아이가 말하길, '나를 인도의 빤디따들의 처소로 데려다 달라' 하고, '어려운 질문들이 있다'고 하였다. 사람들이 말하길, '너는 겨우 일곱 살에 불과하고, 치아 하나도 새로 나지 않았다'고 하자, 아이가 말하길, '내가 해야 할 법담이 있다'고 하였다.

그 뒤 할아버지 우빠라자 왕과 5백 명의 빤디따들 모두를 만난 뒤, 회색시기가 그들에게 질문을 하자, 빤디따들 모두가 또한 대답하지 못했다. 그들이 물어 온 질문에 모두 막힘없이 대답함으로써, 모든 빤디따들이 믿음을 일으키고, 발에다 머리를 조아렸다. 왕이 말하길, '매우 환희로운 손자 하나가 생겼다'라고 함으로써, 그 이름을 가랍도제(dGaḥ rab rdo rje, 極喜金剛)라 불렀고, 또한 빤디따들은 혜생(慧生, Prajñābhava)이라고 이름 지었다.

그 뒤 북쪽 지방에 비인간들이 모여드는 일광보조(日光普照)라 부르는 산에서 32년 동안 선정을 수습함으로써, 땅이 진동하고, 소리와 광명과 꽃비가 내리고, 특별히 외도의 교법이 쇠락하였다. 그때 외도를 신봉하는 한 왕이 말하길, '이것은 불교가 흥성하고, 외도가 몰락하는 것이니, 그를 죽여라.'라고 명령하였다. 그러나 온갖 방법을 동원해서 죽이려 하였으나 성사시키지 못하였다. 아사리 가랍도제께서 허공 속으로 사라지자, 외도의 왕과 권속들이 함께 부끄러움을 일으키고 예배를 한 뒤, 불도를 믿게 되었다.

그 뒤 아사리 가랍도제께서 과거에 부처님이 설하신 모든 법장(法藏)과 특별히 자기 마음에 간직하고 있던 640만 게송의 자생의 대원만의 교법을 말라야(Malaya) 산의 보취흥교(寶聚興敎)의 봉우리에서 다끼니 구락법미(具樂法味, bDe baḥi ro ldan ma)와 작락무변공덕(作樂無邊功德, bDe byed yon tan mthaḥ yas ma) 둘과 함께 3년 동안 법장의 목록을 만든 뒤, 공행

현생(空行現生)이라는 동굴에 봉인하고, 다끼니 여신에게 보관을 부촉하고 머물도록 부탁하였다. 그 뒤 아사리 가랍도제께서 마가다의 금강보좌에서 동북쪽으로 5유순(由旬) 거리에 있는 청량시림(清涼尸林)에 머물면서, 다끼니 여신들에게 법을 설하였다.

그때 그 시기에 중국의 씽짜(Śiṅ rtsa)라는 곳에 선혜(善慧)라 부르는 장자와 명등녀(明燈女)라 부르는 어머니 사이에 쓰리씽하(吉祥獅子, Śrisiṅha)라는 아들이 있었는데, 그는 심신이 잘 다스려진 공덕을 지녔다. 어느 날 금주(金洲)라는 고을에 가고자 서쪽을 향해 나갔다. 한 마리 힘센 검은 낙타에 올라타서 변방에 도착하였을 때, 성관자재보살님께서 위쪽 하늘에 강림하신 뒤, '아, 복분을 지닌 선남자여, 결정과(決定果)의 정수를 원하면 청량시림으로 가라'고 예언하였다. 이에 배우고 단련한 힘과 속보(速步)와 신통력으로 청량시림에 도착하여 아사리 가랍도제와 만났다.

그가 참된 가르침을 설해 주길 청하자, 아사리께서 그가 숙업과 복분을 지님을 살펴본 뒤, 보석과 같은 모든 구결의 정수를 수여하였다. 또한 특별히 대원만의 640만 게송의 의미를 남김없이 25년에 걸쳐서 연마하고 수련함으로써, 깨달음의 확신을 얻게 되었다. 아사리 쓰리씽하께서 각지의 시림(尸林)에서 선정을 닦으며 머물렀다.

그때 오디야나의 아사리 빠드마쌈바와에게 비밀진언의 모든 수증(修證)의 법들의 성숙해탈을 함께 교수하였다. 특별히 자생의 대원만의 모든 교법의 정수를 다시 가려 모은 아띠라메(Ati bla med)와 양닥쎄르죄(Yaṅ dag gser mdzod)와 닝틱쌜와(sÑiṅ thig gsal ba)와 실천의 가르침들을 자격을 갖춘 법기에 부어 주니, 가득 차고 흘러나옴이 없는 모양으로 간직했다. (중략) 또한 아사리 쓰리씽하라 부르는 방편에 정통하고 대비를 지닌 그의 면전에서, 빤디따 무구우(無垢友, Dri med bśes gñen)와 심신이 잘 다스려진 공덕을 지닌 곌와예시도(rGyal ba ye śes mdo, 勝智經)와 오디야나의 아사리 빠드마쌈바와의 세 명의 다르마 형제에게 핵심에 도달케 한 상태에서 가지하였다.

그와 같이 지명표지전승의 내력을 확정한 뒤, 보특가라이전(補特伽羅耳傳, Gaṅ zag sñan brgyud)의 유래 또한 대성자 아사리 빠드마쌈바와로부터 전해진 전승자들의 이름과 사업은 다른 데서 알도록 하고, [랑떼르(Raṅ gter)에서,] '말세에 티베트의 닥뽀(Dvags po)와 꽁뽀(Koṅ po) 지방과 북쪽의 유정들에게 안락을 주기 위해서, 갈마부족의 위라(勇士)로 까르마(Karma)란 이름을 지닌 자가 광대한 이타 사업을 행하여지이다!'라고 기원을 한 뒤, [까르마 링빠(Karma gliṅ pa)를] 가지를 하였다."

위의 논설에 덧붙여 보특가라이전의 초기 전승을 조금 설명하면, 성취자 까르마 링빠가 그의 아들인 최제링빠(Chos rje gliṅ pa)에게 경전과 교계를 부촉하였고, 그가 구루 쑤르야짠드라·라쓰미(日月光)에게 전수하고, 그가 갸쭌·남카최끼갸초(虛空法海)와 가가·다르마싸뭇뜨라(吉祥法海) 등에게 전하니, 그들은 모두 뛰어난 복장대사(伏藏大師)들이었다. 이들 3대를 거쳐서 티베트 전역에 널리 전파된 『바르도퇴돌』은 오늘에 이르기까지 이어지고 있다. 여기서 초기 전승의 중요한 인물들인 세 명의 복장대사에 대한 간략한 전기를 소개하고자 한다. 구따이최중(Gu bkraḥi chos ḥbyuṅ, 구따佛教史)[3]에서는 이들 세 명의 약전(略傳)을 다음과 같이 설하였다.

---

3 『구따이최중(Gu bkraḥi chos ḥbyuṅ, 구따佛教史)』, pp.458~460, 구루따씨(Guru bkra śi), 중국

"닌다최제(Ñi dzla chos rje, 日月法主)는 어려서부터 법을 크게 신봉하고, 마음이 관대하며, 모든 이들이 좋아하고, 자비와 보리심을 지녔다. 모든 학문들을 섭렵하고, 특히 대원만(大圓滿)의 교의에 통달하였다. 10세가 되던 해부터 불법을 강설하고, 관정 등의 의식에 정통하였다. 교화대중에게 믿음을 일으키게 하였으며, 교화 사업을 광대하게 행하였다. 또한 닥뽀(Dvags po) 지방에서 롱뽀(Loṅ po, 地名)에 도착한 뒤, 법주 쑤르야짠드라·라쓰미와 만났다. 꿈과 인연이 일치함으로써 그에게 『쌉최시토공빠랑돌(靜猛密意自然解脫)』의 법들을 전수한 뒤, '그대는 예언서에서 설한 세 번째 전승자이다. 내가 이 법을 다른 사람에게는 한 글자도 또한 설하지 않았다. 떼르룽(伏藏預言書)에서, '세 번째 전승에 이르기까지는 오직 한 사람에게만 전하도록 하라. 세 번째 전승에서부터 교화의 사업이 크게 성행한다'라고 하였다. 그러므로 그대 또한 6년 동안은 누구에게도 이 법을 설하지 말고, 그대 스스로 수습토록 하라. 6년이 경과한 뒤 타인에게 설법함과 더불어 교화사업이 크게 번창한다. '까르마 링빠의 교화 사업은 북쪽에서 번성한다'고 하였으므로, 북쪽 지방에서 교화 사업이 성행한다고 예언되었다. '이 『쌉최시토공빠랑돌(深奧靜猛密意自然解脫)』 가운데서 「옥고데첸뽀티되착랑돌(Ḥog sgo bde chen poḥi khrid ḥdod chags raṅ grol, 下門大樂敎導貪着自然解脫)」은 10년 동안 누구에게도 설하지 말라. 그 뒤 전파함과 더불어 장애에서 벗어나게 된다'고 설하였다.

법주 쑤르야짠드라·라쓰미(Surya candra raxmi, 日月光)는 롱뽀(Loṅ po,

장학출판사, 1990, 청해, China.

地名)의 찌까르(rTsi dkar) 마을에서 태어났다. 가문은 랑(Rlaṅs)[4]이며, 아버지는 의사 양갤(Yaṅ rgyal)이다. 어려서부터 불법의 훈습이 각성되어 많은 고승들부터 법을 듣고 사유하였다. 법의 강설과 변론과 저술의 셋에 정통하고, 큰 깨달음을 지녔다. 저술로는 『갸초구꼬르(rGya mtsho dgu skor, 九種法海)』가 있다고 알려졌다. 인도의 복장대사 바즈라마띠(Vajramati, 金剛慧)와 라마공뒤(Bla ma dgoṅs ḥdus, 上師密意總集) 등에서 예언한 인물이다. 특별히 성취자 까르마 링빠의 아들인 닌다최제가 홑으로 전해진 교계들을 전수함으로써, 『쌉최시토공빠랑돌』의 법주가 되었다.

견줄 바 없는 법주 쑤르야짠드라·라쓰미의 제자가 갸쭌·남카최끼갸초(rGya btsun Nam mkhaḥ chos kyi rgya mtsho, 虛空法海)이니, 가문은 갸라와(rGya ra ba)[5]이며, 쳄(Tshem, 地名) 출신의 아버지 남카(Nam mkhaḥ, 虛空)와 어머니 데와빼마(bDe ba padma, 安樂蓮)의 아들로 경술(庚戌, 1430)년에 태어났다. 다섯 살 때부터 읽고 쓰기에 통달하고, 열두 살이 되는 해에 라마 둥최댄빠(Druṅ chos ldan pa)로부터 우바새의 계율을 받았다. 열세 살이 되는 해에 라마 응오리뽀(Ṅo bo ris po)로부터 사미계를 받고, 열여섯 살이 되는 해에 남갤쌍뽀(rNam rgyal dzaṅ po)로부터 족첸(大圓滿)의 교법을 청문하였다. 열여덟 살이 되는 해에 남카쎄녠(Nam mkhaḥ gśes gñen, 虛空友)으로부터 깔라짜끄라(Kālacakra, 時輪續)와 라마공뒤(上師密意總集)와 꾼릭(Kun rig, 普見續) 등의 무변한 법들을 청문하였다. 스물한 살에는 숙부가 법주로 있는 승원의 주인이 됨으로써 [까귀(bKaḥ brgud)와 닝마(sÑiṅ ma)의] 양파

---

4 랑(Rlaṅs, 朗)은 고대 티베트의 한 부족의 이름으로, 한자로 낭(朗)이라 부르는 가문의 씨족이라 한다.

5 갸라와(rGya ra ba)는 고대 티베트의 씨족의 이름이다.

의 교법에 통달하여 대적할 자가 없었다. (중략) 견줄 바 없는 법주 쑤르야짠드라·라쓰미로부터 『쌉최시토공빠랑돌』의 모든 법문들을 청문하였으며, 또한 [고(古) 딴뜨라의] 십만속(十萬續)과 신밀(新密)과 구밀(舊密)의 모든 법들을 청문하고 수습하였다. 스승께서도 또한, '예언된 인물을 법주로 인정한 뒤, 『바르도퇴돌』에 대한 교계와 교도와 이전(耳傳)의 구결 일체를 시여한 뒤, 법의 기밀을 열어 주고, 중생의 이익을 광대하게 행하라'고 말하였다."

위의 논설을 다시 정리하면, 이 『바르도퇴돌』의 가르침의 연원은 법신불 꾼뚜쌍뽀의 자내증의 경계에서 비롯하고, 그가 그의 화현들인 체촉헤루까와 바즈라다라에게 무언의 가지(加持)를 통해서 전승하고, 다시 오불여래를 비롯한 금강살타에게 전승되는 법계를 '여래밀의전승'이라 부른다. 금강살타가 인간의 대지명자(大持明者) 가랍도제에게 전승하고, 그가 아사리 쓰리씽하에게, 그가 구루 빠드마쌈바와에게 언설 대신 기호와 표시에 의해서 전승한 법계를 '지명표지전승'이라 부른다. 그 뒤 아사리 구루 빠드마쌈바와가 언설을 통해서 티베트의 제자들에게 전승하고, 복장대사 까르마 링빠와 그의 제자들을 통해서 널리 전파된 법계를 '보특가라이전'이라 부른다.

2. 바르도퇴돌의 출처와 모본

보통 『티베트 사자의 서』로 부르는 이 경전은 흔히 『바르도퇴돌(中有聞法解脫)』 또는 『바르도퇴돌첸모(中有聞法大解脫)』의 번역이라고 하지만, 정확하게는 『쌉최시토공빠랑돌래바르도퇴돌기꼬르슉쏘(深奧靜猛密意自

然解脫:中有聞法解脫法門集)』라는 긴 이름의 경전을 줄여서 부른 것이다.

이제 『바르도퇴돌』의 출처와 모본(母本)을 간략하게 정리하면, 먼저 그 출처는 일반적인 경전들처럼 티베트 대장경이 아니라, 복장대사 까르마 링빠가 14세기 중반 『바르도퇴돌』을 찾아낸 중앙 티베트의 감뽀다르(sGam po gdar) 설산자락이다. 그때 발굴한 여러 종류의 비장 법보들 가운데서 『쌉최시토공빠랑돌래바르도퇴돌기꼬르숚쏘』가 직접적인 모본이 된다.

그러나 『쌉최시토공빠랑돌(深奧靜猛密意自然解脫)』 외에도 『쌉최시토공빠랑돌래옥고데첸뻬티되착랑돌(深奧靜猛密意自然解脫:下門大樂敎導貪自然解脫)』과 『쌉최시토공빠랑돌래기된차개빠숚쏘(深奧靜猛密意自然解脫:讀誦品大集)』 등이 있는 가운데, 후자 역시 넓게는 모본에 포함시킬 수가 있다.

그리고 『바르도퇴돌』의 판본도 처음에는 하나였으나 현재에는 많은 종류가 유통되고 있으니, 그것은 『쌉최시토공빠랑돌래바르도퇴돌기꼬르숚쏘』가 티베트 전역에 전파되는 과정에서 각자의 전승법계와 전승 경로와 배경의 차이로 인해서, 수많은 종류의 이본(異本)들이 제작되어 널리 전파되는 과정을 겪었기 때문이라 본다. 그 결과 오늘날에 어렵지 않게 각처에서 간행된 다양한 유형의 상위한 판본들을 만나 볼 수가 있다.

여기서 간과하기 쉬운 사실 한 가지를 부연하면, 어떠한 연유로 오디야나의 아사리 빠드마쌈바와가 8세기 중반 티베트에 들어와서 수많은 밀전(密典)들을 번역하여 강설하고, 많은 밀전들의 각각의 성취행법들을 전수하고 전파하는 과정에서, 특별히 이 『쌉최시토공빠랑돌래바르도퇴돌기꼬르숚쏘』를 그 당시에 널리 전파하지 않고, 비장 경전으로 감뽀다르 설산에 은닉한 뒤, "무진(戊辰)과 기사(己巳)에 태어나는 갈마부에 속하는 위라(勇士)인 그 선근자[까르마 링빠]와 만나지이다!"라고 예언하면서, 당시로부터 5백 년이 지난 후에 이 『바르도퇴돌』의 가르침이 티베트에 전파되길 기원하였는가 하는 점이다. 많은 문헌들에 등장하는 구루 린뽀체의 자료들을 통해서 고찰하면, 다음과 같은 이유 등에 의해서 그렇게 하게 된 것임을 유추할 수가 있다.

먼저 본론에 들어가기 전에 아사리 빠드마쌈바와께서 법보(法寶)를 은닉하게 된 전체적인 목적과 까닭을 이해할 필요가 있다. 그것은 미래의 오탁(五濁)이 치성하고, 불법이 쇠락하는 말세에 불법이 하루라도 더 존속하게 하려고 했던 비책인 동시에, 또한 근기가 하열하고 수행의 복분이 보잘것없는 말세의 불자들이 자력으로 해탈하기 어려운 악한 시절에, 그들의 해탈의 복분으로 남겨 놓고자 했던 그의 대비에서 기인한 결과라고 할 수 있다.

이러한 뜻을 구루 린뽀체의 전기를 담은 『빠마까탕(Padma bkaḥ thaṅ, 蓮花遺敎)』의 제53장 「비장법보(秘藏法寶)와 복장대사(伏藏大師)」[6]에서 다음과 같이 설명하였다.

말세의 중생들은 교화하기 어려워
묘법을 글로 적어 비밀히 은닉하니
비장묘법을 버림이 어찌 옳겠는가?
이것을 단지 기록하는 것만으로도
여래의 교법이 크게 융성하게 되니,

6 『빠마까탕(蓮花遺敎, Padma bkaḥ thaṅ)』, p.328, 「떼르첸 우갠링빠(gTer chen Urgyan gliṅ pa)의 발굴」, 사천민족출판사, 1993,10. 성도, China.

이 대자비의 갈고리를 버리게 되면
말세 중생은 누구에게 기대를 하리!
마장을 짓지 말고 이것을 수호하라!

"까르마 링빠의 약전"에서는 개별적으로 이 『쌉최시토공빠랑돌래바르도퇴돌기꼬르숚쏘』를 비장한 목적과 이유에 대하여 "『랑떼르(Raṅ gter)』에서, '이 심오한 『쌉최시토공빠랑돌』을 널리 전파시키기 위하여 진귀한 비장물(秘藏物)로 감추도록 하라'고 하였다."라고 말하였다. 이와 같이 법을 전파하는 데 필요한 인물과 전파 시기 등의 여건이 미비했던 것이 주된 이유였다고 여겨지지만, 다른 한편으로는 앞에서 이미 말한 대로 말세 유정들의 해탈의 복분으로 남겨 주기 위한 큰 배려도 작용했다고 본다.

이러한 저의에 대하여 선지식 최잉똡댄(Chos dbyiṅs stobs ldan)은 그의 『도귀린뽀체죄숚(顯密文庫三卷)』[7]에서 다음과 같이 설하였다.

"그와 같이 극히 심오하고 신속한 이와 같은 길은 희유하고 비밀이 필요하여 만나기 어려운 도리를 대아사리 구루 빠드마쌈바와께서 설하시되, '에마! 모든 제법의 구경이자 모든 위없는 비밀진언도의 구극의 정수이며, 고통을 대락(大樂)으로 해탈시키는 방편이며, 지금 여기서 성불하여 해탈하는 길이며, 여타의 공통의 수레(乘)들과 섞임이 없이 더없이 지고하고 심오한 이 가르침은, 설령 황금을 자기의 몸만큼 짊어지고, 세

7 『도귀린뽀체죄숚(顯密文庫三卷)』, pp.492~493, 성도: 사천민족출판사, 2000, 성도, China.

상을 돌아다니며 찾을지라도 또한 이것은 얻지 못한다. 오디야나의 나빠드마쌈바와에게 여래의 부촉인 다끼니(空行母)의 심요(心要)를 위촉함으로써, 벌레 와싸카미(Vaśakami)의 귀가 하늘의 천둥소리를 용납하지 못해 두려움에 떨듯이, 복분이 엷고 지혜가 하열한 소승의 귀에는 대승의 위없는 이 방편도(方便道)를 용납하지 못하여, 두려움에 떨고 훼방을 함으로써 비밀로 간직한다. (중략) 위없는 비밀진언을 은밀하게 성취하기 위해서, 분별론자와 공론가(空論家)와 우둔한 자와 범부와 악인과 사견을 지닌 자들에게 비밀로 한다. 바람을 향해서도 또한 논설하지 않고 비밀로 행한다. 『쌉최시토공빠랑돌』 가운데서 「옥고데첸뾔티되착랑돌(Ḥog sgo bde chen poḥi khrid ḥdod chags raṅ grol, 下門大樂教導貪自然解脫)」은 비밀진언승의 정수의 정수이다. 어디에 있든 그곳이 극락세계이다. 지금 여기서 반드시 성불함을 스스로 얻는다. 삼세의 부처님들의 핵심의 의취의 뜻을 가려서 모은 제호의 정수인 이것을, 나와 같은 오디야나의 빠드마쌈바와가 후대의 탐애(貪愛)의 수행자들의 이익을 위해서 기록한다. 누구에게도 있지 않은 보석을 은닉하라. 미래의 혼탁한 말세에 비구의 가슴에 여인을 품는 시절, 삼율의(三律儀)가 상실된 채 진언사로 자처하는 시절, 여승이 분노하여 몰래 사람을 죽이는 시절, 탐착과 오독이 불처럼 타오르는 시절, 비구니와 비구가 사위와 며느리를 들이는 시절, 모두가 비밀진언의 방편도를 지원하는 시절, 사람의 수명이 오십이 되어 전쟁이 치성하는 시절, 그와 같은 시절에 이와 같은 가르침이 없는 모든 사람들은 악도에 떨어짐은 의심할 여지가 없다. 그러므로 탁세의 유정들의 이익을 위해 글자로 기록하여 감뽀다르 설산에 은닉하라.'고 하였다."

이제 『바르도퇴돌』의 모본에 포함할 수 있으며, 또한 『바르도퇴돌』에 나오지 않는 망자를 육도에서 구출하는 법인 「정맹전이인도심요축약(靜猛轉移引導心要縮約)」과 같은 의식 등을 설해서 보충하는 측면에서 서로 밀접한 관계를 맺고 있는 『쌉최시토공빠랑돌기된차개빠숙쏘(深奧靜猛密意自然解脫:讀誦品廣集)』[8]에 대하여 설명코자 한다.

이 경전은 모두 26품으로 구성되어 있으며, 분량은 보통 크기의 목판본으로 전체 656페이지에 이르고, 각 품의 구성과 순서는 다음과 같다.

1장 몸에 걸침을 통한 오온의 자연해탈의 섭의(攝義): 자연해탈정수(自然解脫精髓)(1~18페이지)[9]

2장 정맹백존의 법행(法行)을 통한 훈습의 자연해탈(19~54페이지)[10]

3장 심신정화(心身淨化)의 여명유가(黎明瑜伽)(55~74페이지)[11]

4장 상사전승의 기원문: 가피상운(加被祥雲)(75~86페이지)[12]

5장 삼신(三身)의 가피를 구하는 기원문(87~92페이지)[13]

6장 정맹합집갈마의궤근본주만(靜猛合集羯磨儀軌根本珠鬘): 감수자연

---

8 원명은 "까르마링빠쌉최시토공빠랑돌기된차개빠숙쏘(Karma gliṅ paḥi Zab chos shi khro dgoṅs pa raṅ grol gyi ḥdon cha rgyas pa bshugs so)"이다. 그러나 저자가 소유한 이 경전은 출판사와 출판 연대 등이 기록되어 있지 않다.

9 원명은 ""딱돌풍뽀랑돌기뒤된랑돌닝뽀숙쏘(bTags grol phuṅ po raṅ grol gyi don bsdus raṅ grol sñiṅ po bshugs so)"이다.

10 원명은 ""최쬐박착랑돌숙쏘(Chos spyod bag chags raṅ grol bshugs so)"이다.

11 원명은 "도제텍빼최쬐퉨시이낸조르기림빠쌉최시토공빠랑돌기응왼도랑귀종제숙쏘(rDo rje theg paḥi chos spyod thun bshiḥi rnal ḥbyor gyi rim pa Zab chos shi khro dgoṅs pa raṅ grol gyi raṅ rgyud sbyoṅ byed bshugs so)"이다.

12 원명은 "라마귀빼쏠뎁진랍띤풍숙쏘(bLa ma brgyud paḥi gsol ḥdebs byin rlabs sprin phuṅ bshugs so)"이다.

13 원명은 "쏠뎁꾸쑴롱양랑돌숙쏘(gSol ḥdebs sku gsum kloṅ yaṅs raṅ grol bshugs so)"이다.

해탈(感受自然解脫)(93~192페이지)[14]

7장 상사유가(上師瑜伽)의 기원문: 삼독불단자연해탈(三毒不斷自然解脫)(193~198페이지)[15]

8장 정맹밀의자연해탈갈마의궤감수자연해탈정수(靜猛密意自然解脫羯磨儀軌): 감수자연해탈정수(感受自然解脫精髓)(199~230페이지)[16]

9장 정맹밀의자연해탈염송(靜猛密意自然解脫念誦): 윤회열반자연해탈범천묘음(輪廻涅槃自然解脫梵天妙音)(231~238페이지)[17]

10장 보병생기소연의궤축약(寶甁生起所緣羯磨儀軌縮約)(239~240페이지)[18]

- 보병제존소연염송법(寶甁諸尊所緣念誦法)(241~242페이지)[19]
- 공양찬(供養讚)(243~244페이지)[20]
- 자생가지(自生加持)(245~246페이지)[21]

11장 칠부호법사업총집마원흉살자연해탈갈마소궤(七部護法事業總集魔怨凶煞自然解脫羯磨小軌)(247~254페이지)[22]

---

14 원명은 "시토뒤빼래장짜텡초르와랑돌슉쏘(Shi khro ḥdus paḥi las byaṅ rtsa phreṅ tshor ba raṅ grol bshugs so)"이다.

15 원명은 "꾸쑴라매쏠뎁둑쑴마빵랑돌슉쏘(sKu gsum bla maḥi gsol ḥdebs dug gsum ma spaṅ raṅ grol bshugs so)"이다.

16 원명은 "시토공빠랑돌래장초르와랑돌닝뽀슉쏘(Shi khro dgoṅs pa raṅ grol las byaṅ tshor ba raṅ grol sñiṅ po bshugs so)"이다.

17 원명은 "시토공빠랑돌기잡대창빼다양코르대랑돌슉쏘(Shi khro dgoṅs pa raṅ grol gyi ḥdzab bzlas tshaṅs paḥi sgra byaṅs ḥkhor ḥdas raṅ grol bshugs so)"이다.

18 원명은 "붐대찌이믹장뒤빠슉쏘(Bum bzlas spyiḥi dmigs byaṅ bsdus pa bshugs so)"이다.

19 원명은 "슝기붐빠라믹빼대빠출댄(gShuṅ gyi bum pa la dmigs paḥi bzlas pa tshul ldan)"이다.

20 원명은 "최빠슉쏘(mChod pa bshugs so)"이다.

21 원명은 "닥죽렌빠슉쏘(bDag ḥjug len pa bshugs so)"이다.

22 원명은 "까쑹담짼데된기틴래최꽁꾼뒤빼다걱둑빠랑돌기래장충와슉쏘(bKaḥ sruṅ dam can

12장 정맹백존(靜猛百尊)의 예배를 통한 죄장의 자연해탈(255~280페이지) [23]

13장 정맹백존의 예배를 통한 죄장의 자연해탈의 축약(281~284페이지)[24]

14장 정맹백존의 참회호곡을 통한 자연해탈(285~320페이지)[25]

15장 정맹백존헌공참회환정해탈심의만원차제(靜猛百尊獻供懺悔還淨解脫意滿次第)(321~360페이지)[26]

16장 칠부호법사업총집면색희만흉살자연해탈(七部護法事業總集面色喜滿凶殺自然解脫)(361~372페이지)[27]

17장 일체서언퇴실죄장참회왕지옥갱멸(一切誓言退失罪障懺悔王地獄坑滅)(373~392페이지)[28]

- 기원문(祈願文, sMon lam gdab pa)(393~398페이지)

18장 정맹전이인도심요축약(靜猛轉移引導心要縮約)(399~412페이지)[29]

---

sde bdun gyi phrin las chos skyoṅ kun ḥdus paḥi dgra bgegs gdug pa raṅ grol gyi las byaṅ chuṅ ba bshugs so)"이다.

23 원명은 "갸착딕딥랑돌셰자와바르도퇴돌기차락슉쏘(brGya phyag sdig sgrib raṅ grol shes bya ba bar do thos grol gyi cha lag bshugs so)"이다.

24 원명은 "착찰뒤빠슉쏘(Phyag ḥtshal bsdus pa)"이다.

25 원명은 "시퇴롱쌱죄빠랑돌슉쏘(Shi throḥi kloṅ bśags brjod pa raṅ grol bshugs so)"이다.

26 원명은 "깡쌱냠착랑돌기툭담깡왜림빠슉쏘(bsKaṅ bśags ñam chags raṅ grol gyi thugs dam bskaṅ baḥi rim pa bshugs so)"이다.

27 원명은 "까쑹담짼데뒨기틴래최꽁꾼뒤끼당꺙둑빠랑돌슉쏘(bKaḥ sruṅ dam can sde bdun chos sgyoṅ kun ḥdus kyi mdaṅs bskaṅ gdug pa raṅ grol shes bya ba bshugs so)"이다.

28 원명은 "냠착딕딥탐째쌱빼갤뽀나락동뚝슉쏘(Ñam chags sdig sgrib thams cad bśags paḥi rgyal po na rag doṅ sprugs bshugs so)"이다.

29 원명은 "시퇴내덴기참조르닝뽀르딜와슉쏘(Shi throḥi gnas ḥdren gyi mtshams sbyor sñiṅ por

19장 헌공참회퇴실지옥자연해탈지분: 사자전이육도자연해탈(獻供懺悔退失地獄自然解脫支分: 死者轉移六道自然解脫)(413~472페이지)[30]

- 귀의예배(歸依禮拜, gNas phyag)(473~474페이지)
- 가지청원(加持請願, Byin ḥbebs)(475~476페이지)

20장 정맹백존자연해탈관정약집(靜猛百尊自然解脫灌頂略集)(477~514페이지)[31]

- 흑중성신중사업권청(黑中性神衆事業勸請)(515~516페이지)[32]
- 상사본존정맹권속공찬(上師本尊靜猛眷屬供讚)(517~518페이지)[33]

21장 식자관정접촉유익(食子灌頂接觸有益)(519~524페이지)[34]

22장 사관정수지후차제명화(四灌頂受持後次第明花): 윤왕칠보관정(輪王七寶灌頂)(525~532페이지)[35]

- 팔길상관정(八吉祥灌頂)(533~534페이지)[36]
- 사자대공양만(死者大供養鬘, mChod rlabs mchod phreṅ)(535~536페이지)

23장 육도전이섭략(六道轉移攝略)(537~556페이지)[37]

---

dril ba bshugs so)"이다.

30 원명은 "나락강쌱냠착랑돌기찰락체대내덴도둑랑돌셰자와숙쏘(Na rag bskaṅ bśags ñam chag raṇ grol gyi cha lag tshe ḥdas gnas ḥdren ḥgro drug raṇ grol shes bya ba bshugs so)"이다.

31 원명은 "시토공빠랑돌기왕뒤숙쏘(Shi thro dgoṅs pa raṅ grol gyi dbaṅ bsdus bshugs so)"이다.

32 원명은 "마닝낙뽀양코르개(Ma niṅ nag po yaṅ ḥkhor brgyad)"이다.

33 원명은 "라마이담시토랍잠(bLa ma yi dam shi khro rab ḥbyams)"이다.

34 원명은 "또르왕렉빠된댄숙쏘(gTor dbaṅ reg pa don ldan bshugs so)"이다.

35 원명은 "왕시태채랑돌기제끼림빠쌜왜메똑셰자와숙쏘(dBaṅ bshi ḥphrad tshad raṅ grol gyi rjes kyi rim pa gsal baḥi me tog shes bya ba bshugs so)"이다.

36 원명은 "시토응에된닝뽀래중와(Shi thro ṅes don sñiṅ po las ḥbyuṅ ba bshugs so)"이다.

37 원명은 "릭둑내덴뒤빠숙쏘(Rigs drug gnas ḥdren bsdus pa bshugs so)"이다

- 관정약품(灌頂略品, dBaṅ bsdus pa)(557~562페이지)
- 점안(點眼, Rab gnas)(563~564페이지)
- 식자도안(食子圖案, Tor maḥi dpeḥu ris)(565~568페이지)
- 제천도식후수소회교계(諸遷度式後隨消晦敎誡)(569~572페이지)[38]

24장 중유기원문집(中有祈願文集)(573~588페이지)[39]

25장 일체의식전행지신귀마식자공법(一切儀式前行地神鬼魔食子供法)(589~592페이지)[40]

- 각종송주(各種誦呪, ḥdZab dbye)(593~594페이지)
- 보병염송(寶甁念誦, Bum bzlas)(595~596페이지)
- 사업권청(事業勸請, sDe bskul)(597~598페이지)

26장 정맹관정등연접백련화정만(靜猛灌頂等連接白蓮花晶鬘)(599~644페이지)[41]

- 세신약품(洗身略品, Khrus bsdus)(645~646페이지)
- 위패소각(位牌燒却, mTshaṅ byaṅ bsregs pa)(647~648페이지)
- 정맹력관정(靜猛力灌頂, Shi khroḥi tshal dbaṅ bskur)(649~650페이지)
- 정계(定界, mTshams gcod)(651~652페이지)
- 공양(供養, mChod pa)(653~654페이지)

---

38 원명은 "씬된기초강룽라자르촉빠디톨맨악(gŚin don gyi cho ga gaṅ ruṅ la sbyar chog paḥi gri khrol man ṅag)"이다.

39 원명은 "묀람직빠랑돌·바르도짜칙·바르도탱돌·바르직꿉마남슉쏘(Mon lam ḥjigs pa raṅ grol, Bar do rtsa tshig, Bar do ḥphraṅ sgrol, Bar do ḥjigs skyobs ma rnam bshugs so)"이다.

40 원명은 "초가탐째끼응왼두도와시닥당겍라또르마뷜탑슉쏘(Cho ga thams cad kyi sṅon du ḥgro ba gshi bdag daṅ bgegs la gtor ma ḥbul thabs bshugs so)"이다.

41 원명은 "시퇴왕쏙끼참조르뿐다리깨도쎌슉쏘(Shi throḥi dbaṅ sogs kyi mtsham sbyor puṇḍarikaḥi do śal bshugs so)"이다.

• 사자구원청(死者救援請)(655~656페이지)[42]

이상과 같은 26품으로 구성된 『쌉최시토공빠랑돌기된차개빠슉쏘』와 저자가 대본으로 삼고 있는 탠·빼마틴래(Phran Padma phrin las)가 발간한 『바르도퇴돌첸모』의 내용과 대조해 보면, 중복되는 8품이 있지만 이것을 제외하더라도 적지 않은 분량임을 알 수가 있다. 참고로 중복되는 8품은 다음과 같다.

① 7장 상사유가의 기원문: 삼독불단자연해탈
② 12장 정맹백존의 예배를 통한 죄장의 자연해탈
③ 14장 정맹백존의 참회호곡을 통한 자연해탈
④ 24장 중유기원문집

위의 24장 「중유기원문집」에는 『바르도퇴돌』의 원문에 수록된 네 가지 기원문인 「불보살님의 구원을 청하는 기원문」, 「여섯 바르도의 본송」, 「바르도의 공포에서 구원을 청하는 기원문」, 「바르도의 험로에서 구원을 청하는 기원문」을 따로 분리하지 않고 함께 수록하고 있어서 전체적으로 차이가 없다.

그리고 이상의 26품들 중에서 몇 페이지에 불과한 소품들을 제외하고, 후대에 편찬 또는 저술되어 편입된 것들도 있으며, 그것은 다음과 같다.

① 15장 「정맹백존헌공참회환정해탈심의만원차제」는 구루 빠드마쌈

42 원명은 "직룽내수쏙라뎁찍째슉쏘(ḥJigs ruṅ gnas su sogs la ldeb gcig bcas bshugs so)"이다.

바와의 「시퇴당깡재빠(Shi khroḥi mdaṅs bskaṅ mdzad pa)」에 의거하여 자신과 같이 우둔한 자를 위해서 편찬한 것을 까르마 링빠의 세 번째 전승자인 남카최끼갸초(虛空法海, 1430~?)가 술년(戌年) 장력(藏曆) 4월에 뻴최카르(dPal chos mkhar) 정상에서 기록한다고 밝혔다.

② 16장 「칠부호법사업총집면색희만흉살자연해탈」도 미년(未年) 술월(戌月)에 [남카최끼갸초가] 뻴린첸링(dPal rin ch en gliṅ)에서 기록한다고 밝혔다.

③ 18장 「정맹전이인도심요축약」은 쭌빠 · 섄팬타애(bTsun pa gShan phan mthaḥ yas)가 자신과 동년배의 경참사(經懺師)[43]들을 위해서 쓴 것이다.

④ 20장 「정맹백존자연해탈관정약집」은 도캄뙤(mDo khams stod, 上部多康)의 [이름 미상의] 탁발승이 저작한 것이다.

⑤ 23장 「육도전이섭략」은 앞의 19장 「헌공참회퇴실지옥자연해탈지분: 사자전이육도자연해탈」의 내용을 축약한 것으로, 족첸낸조르빠 · 빼마릭진(rdZogs chen rnal ḥbyor pa Padma rig ḥdzin)이 쓴 것이다.

⑥ 23장 「육도전이섭략」의 지분인 「제천도식후수소회교계」는 라뜨나 링빠(Ratna gliṅ pa, 1403~1479)의 툭제쌍뒤(Thugs rje gsaṅs ḥdus) 가운데서, 까르마착메(Karma chags med, 1613~1678)가 편집한 것이다.

⑦ 25장 「일체의식전행지신귀마식자공법」은 복장대사 니마닥빠(日稱, 1647~1710)가 산들의 왕인 설산 띠쎄(Ti se, Mount Kailash)에서 발굴한 것이다.

---

43 경참사(經懺師)는 가정을 방문하여 종교의식을 집전해 주는 승려를 말한다.

3. 바르도퇴돌의 위상과 특점

보통『바르도퇴돌』에 대해서 단순히 망자의 천도와 해탈을 위해서 독송해 주는 가피가 많은 경전 정도로 생각하는 것이 일반적 경향이다. 이것은 밀교의 심오한 법들 가운데 교리적으로 최고의 정점에 자리매김하는 대원만(大圓滿) 딴뜨라를 이해하지 못하고 직접 접해 본 적이 없는 불자들에게는 당연한 일이라고 하겠다.

이러한 선입견은『바르도퇴돌』의 가르침을 제대로 이해하는 데 장애로 작용할 여지가 많다. 일반적으로 성불은 각고정진의 수행을 통해서 이루어진다고 하는 사고방식이 지배적인데, 임종할 때 사자의 심장 만다라에서 붓다들이 출현한다는 교설은 대소승의 가르침을 벗어난 것이기에 받아들이기 어렵기도 하거니와, 그러한 이치는 알기도 어렵고 그것을 설하는 사람조차 없기에『바르도퇴돌』의 가르침을 불신하는 경우가 많이 있다.

이번에는『바르도퇴돌』의 가르침이 밀교 전체에서 차지하는 위상과 육체의 심장 만다라에 자생적으로 성취된 붓다들이 본래 존재하는 밀교의 비공통의 심오한 도리에 대해서 간략하게 언급하고자 한다.

먼저『바르도퇴돌』의 가르침이 밀교에서 차지하는 위상에 대하여, 라마 쎼랍디메(無垢慧)의 교정본인『바르도퇴돌첸모(Bar do thos grol chen mo)』[44]의 서문에서 설하길, "구승(九乘)의 최고 정점이자, 구극의 비밀인 무상유가(無上瑜伽)의 특별법이자, 근전교법(近傳敎法)인 심오한 복장(伏藏)에 속하는『쌉최시토공빠랑돌』은 구루 빠드마쌈바와의 화현들인 여

44 쎼랍디메(無垢慧)의 교정본『바르도퇴돌첸모』, Chos spyod Publication, 2007, New Delhi, India.

덟 명의 링빠(Gliṅ pa)들 가운데 하나인 복장대사이자 성취자인 까르마 링빠의 심오복장법(深奧伏藏法)이다."라고 한 바와 같이, 쌉데르(Zab gter, 深奧伏藏)라 부르는 심오한 복장법은 근기가 아닌 자들에게는 비밀로 치부해서 발설하지 않는 여래의 비밀의 의취를 담고 가장 높은 밀교의 가르침에 속한다.

또한 구루 빠드마쌈바와의 18가지 복장교법 가운데 하나인 쌉떼르의 의미에 대하여 『빼마까탕』의 「비장법보와 복장대사」에서 열 가지로 요약해서 다음과 같이 설하였다.

"두 번째의 쌉떼르는 일체가 심오하니, 심오한 용기(容器), 심오한 용지(用紙), 심오한 묵즙(墨汁), 심오한 문자(文字), 심오한 장소, 심오한 수호신, 심오한 발굴대사, 또한 발굴 시기, 교화하는 자, 교화를 입는 자 또한 심오하다."[45]

다음은 『바르도퇴돌』에서 중근과 하근기의 유가 수행자들의 해탈의 방편으로 제시하는 핵심 주제인 육체의 심장 만다라에서 자생적으로 성취된 붓다들이 자발적으로 출현하는 도리를 교리적인 관점에서 조금 설명하고자 한다.

보통 무상유가의 수행의 핵심이 ①죽음의 정광명을 법신으로 전용하고, ②바르도(中有)의 의생신(意生身)을 보신으로 전용하고, ③탄생을 화신으로 전용하는 법을 생시에 닦고 익혀서 성취하는 데에 귀결되

45 『빼마까탕』, p.330.

는 점에서는 차별이 없다고 하겠다. 그럴지라도, 이 『바르도퇴돌』에 설해진 비공통의 교설은 수행을 통해서 본존을 생기하고 본존의 형상으로 변성하는 것이 아니라, 죽음의 과정을 통해서 의식이 본래의 법성 상태로 되돌아 갈 때, 업의 장애가 일시적으로 소멸하여 자연적으로 출현하는 인위(因位)의 정광명과, 그리고 업과 무명의 힘에 의해서 다시 의식이 법성의 자리를 지키지 못하고 윤회세계로 순류하려고 시작할 때, 자발적으로 출현하는 정맹의 붓다들을 바르도의 상태에서 사자가 자기의 광경으로 인식하고, 그것과 합일해서 해탈하고 성불하는 점에 있어서 차이가 있는 것이다.

이와 같이 마음의 심오한 내적 현상을 『쌍걔랑채첸뽀(佛自住大續)』에서 설하길, "마음이 허파 안을 떠난 뒤, 숨은 코끝에서 끊어지고, [인위(因位) 상태의] 붓다가 심장 안에서 나온 뒤, 눈에서 위로 빠져 나갈 때, 윤회의 흐름이 역류한 뒤 모든 현상들이 [지혜의] 광명과 [붓다의] 몸으로 출현한다. 모든 현상들이 광명과 몸으로 나타나는 그것이 자기의 각성이 나타나는 법이자, 자기의 광경[현현]인 것이다. 자기의 본연의 광휘가 자기에 나타나는 것을 깨달음으로써, 자기의 광명과 몸과 둘이 아닌 하나로 녹아든 뒤 성불하니, 가르침의 붉은 밧줄을 모든 현상들이 광명과 몸으로 출현할 때 자른다."고 하였다.

다시 말해, 이러한 의식의 환멸과 순류의 미세한 과정을 이해하고 해탈의 길로 전용하는 것이 『바르도퇴돌』의 가르침이며, 또한 이것을 실현하는 기반이 생시에 밀교의 수행자가 자기의 범속한 육신이 즉신성불(卽身成佛)의 비의를 지닌 금강신(金剛身)의 자체임을 자각하고, 온처계(蘊處界)로 이루어진 유정의 몸과 그 의지처인 물질세계가 본래성불의 경계임을 깨닫는 것이 필요하다.

이 같은 밀법의 근거를 쌍와닝뽀(秘密藏續)의「승의세속보리심지혜생기품(勝義世俗菩提心智慧生起品二)」에서 설하되, "세존 작자(作者) 금강의(金剛意)이신 꾼뚜쌍뽀께서 남김 없는 일체의 자성이취(自性理趣)의 금강으로 명비(明妃: 佛母)인 소작모(所作母) 법(法) 꾼뚜쌍모(普賢佛母) 속으로 들어갔다. 들어감으로써 시방(十方)과 사시(四時)의 모든 여래들이 남김없이 하나의 자성으로 분리되지 않음으로써, 여래께서 여래성(如來性)의 찬설을 이와 같이 설하였다. '에 마 호! 금강온(金剛蘊)의 지분은 이정원만(二淨圓滿)[46]의 오불(五佛)로 알려졌다. 허다한 모든 온처계들은 보리살타의 만다라이며, 땅과 물 원소는 붓다로짜나(佛眼佛母)와 마마끼(自我母)이며, 불과 바람 원소는 빤다라와씨니(白衣佛母)와 싸마야따라(誓言度母)이며, 허공 원소는 다뚜이쓰와리(法界自在母)이다. 삼계는 본래부터 불국토이며, 모든 존재하는 법들은 남김없이 붓다 이외에 다름이 아니니, 붓다 이외의 다른 법을 붓다 자신도 또한 얻지 못한다'라고 설함으로써, 모든 여래들이 기뻐하였다. (중략) '에 마 호! 시방의 삼천대천세계는 본래부터 적멸이며, 삼계는 정토이며, 오탁악세는 안락의 처소이며, 오온은 원만붓다이며, 일체는 최승의 정수이니, [정수가 아닌] 다른 법을 붓다도 찾지 못한다. 붓다 자신 이외의 여타라고 하는 법을 찾을지라도 또한 붓다 자신도 얻지 못한다'라고 설함으로써, 일체가 본래부터 붓다임을 여래께서는 아시었다."고 함과 같다.

다시 이것을 요약하면, 『도귀린뽀체죄슉(顯密文庫三卷)』[47]에서, "오

---

46 이정원만(二淨圓滿)은 번뇌장과 소지장의 둘이 완전히 정화되어 여소유지(如所有智)와 진소유지(盡所有智)의 둘이 원만함을 말한다.

47 『도귀린뽀체죄슉(顯密文庫三卷)』, p.209.

대(五大)가 오불모(五佛母)로, 오온(五蘊)이 오불(五佛)로, 오독(五毒)이 오지(五智)의 본성으로 존재하는 만다라는 사의를 초월하니, 현상과 열반의 일체법이 본래부터 자연성취로 존재하고 있음이 자성대원만(自性大圓滿)이다. 이것을 통달하는 유가사는 윤회[현상]와 열반의 모든 제법에 대해 버리고 취함과 부정과 긍정함이 없이 자생지혜의 대만다라로 향유한다. 진실로 온갖 현상들 일체가 취사가 없는 만다라의 현시로 개시한 것이다."라고 함과 같이, 이것이 바르도의 상태에서 정맹백존(靜猛百尊)이 출현하게 되는 이유인 것이다.

예를 들면, 꾼쌍툭끼멜롱(普賢心鏡續)의 「랑랑기된(各自義理說品四)」에서[48], "심장 가운데 빛 방울의 형태로 인식되는 오광명이 모든 중생들에게 다 내재되어 있다. 그것이 [출현하는] 길은 눈을 통해서 나타나며, 하늘을 가득하게 채운다. 32상(相)을 갖추고, [80]종호(種好)를 구비한 몸이 32상을 만듦이 없이 심장 가운데 완비되어 발산한다. 스스로 발생하는 방편을 갖춘 몸이 가려짐이 없이 모든 중생들에게 다 내재되어 있다. [꾼뚜쌍뽀의] 유일한 마음의 의취들이 갖가지로 온전하게 출현하고 발산한다. 수렴과 발산이 없는 상태에서 깨달음이 일시에 출현한다. 심장 가운데 자생의 [오불의] 만다라가 소멸함이 없이 모든 중생들에게 빛난다. 이 만다라의 변화신들이 세간을 남김없이 채운다. 하나의 만다라가 다섯 쌍의 [오불의] 빛 무리로 나타난다. 이 지혜의 [빛 무리의] 나타남 또한 상근의 지혜를 갖춘 자에겐 차례대로가 아닌 일시에 나타난다. 그들 이하는 의식 가운데에 차례로 나타나며, 하루마다 출현하게 된다. 청정한 경계

48 『닝마귄붐(舊密十萬續, Na pa)』, pp.273~279, 참닥괸빠(mTsham brag dgon pa)의 목판 영인본, Butan.

로 대락(大樂)이 움직임이 없이 이동할 때, 바르도의 상태에서 그 광경들이 하나씩 출현하고, 그 증험을 하나씩 성취한다. (중략) 바른 분별이 마음의 흐름에 일어난 사람들에게는 이 광경들이 출현한다. 그 또한 일시에 나타남이 아닌 차례로 나타난다. (중략) 에 마 호! 청정한 법계로부터 다섯 가지 보석을 수인모(手印母)가 변화로 만들어 공양하지 않을지라도 스스로 갖추고, 청정한 지혜가 편만한 아름다운 무량궁전에 만듦이 없이 갖춰진 도리로, 오불의 부모양존들이 몸의 앞뒤가 구분조차 없이 서로 포옹한 모습에 찬란한 빛살을 시방으로 발산한다. 여섯 문자의 권속들에게 자생과 불이의 도리로 방사한다."라고 설함과 같다.

그렇다고 누구에게나 이러한 현상이 출현하는 것이 아니며, 이와 같은 현상이 실제로 출현하기 위해서는, 먼저 대원만 딴뜨라에서 생기차제에 해당하는 마하유가인 쌍와닝뽀(秘密藏續)의 정맹백존(靜猛百尊)의 교의와 행법에 통달함으로써, 유정과 기세간으로 구분하는 이 우주의 현상계를 세 가지의 만다라의 세계로 이해한 유가 수행자가 다시, 대원만의 관정을 받고 성취행법의 수행 등을 통해서 근기를 성숙해탈시킴으로써, 상근은 현생에서 이 법을 증득해서 무지개의 몸으로 해탈하여 바르도가 없이 성불하고, 중근과 하근의 수행자는 생시에 이것을 증득하지 못할지라도, 법성의 바르도와 재생의 바르도에서 자생적으로 출현하는 법성의 자기 광경이 출현할 때, 그것을 자기의 현상으로 인식해서 합일함으로써 또한 해탈하게 되는 것이다.

그렇다 할지라도 바르도의 상태에서는 갖가지 이유들로 인해서 착란을 일으키게 되는 경우가 허다하게 있으므로, 그들을 위한 확실한 해탈의 방책으로 해탈의 핵심들만 모아서 『바르도퇴돌』을 별도로 저술한 뒤, 미래의 유정들을 위해서 비장 경전으로 은닉하게 된 것이다. 이처럼

『바르도퇴돌』은 중하의 수행자가 바르도의 상태에서 7일에 한 번씩 작은 죽음을 겪으면서 경과할 때, 생시에 생기와 원만차제 등을 수행한 중하의 근기들이 임종과 법성과 재생의 바르도의 세 단계에서 바르도의 착란의 환영을 겪지 않고 해탈할 수 있도록, 생시에 닦고 익혔던 가르침들을 상기시키고 분명하게 기억시키고, 각자의 근기의 차별에 알맞은 해탈의 방법들을 차례대로 소개해서 일깨워 준다. 또한 구체적인 방법들을 제시해서 해탈할 수 있도록 해주는 것이 『바르도퇴돌』의 특점인 것이다.

이 『바르도퇴돌』이 지금강불과 같은 보신여래께서 직접 설한 경전이 아니고, 구루 빠드마쌈바와께서 말세의 유정들을 위해서 밀전의 핵심들을 추려 모은 뒤, 경전의 형태로 구술한 법문일지라도 이론의 여지가 없이 붓다의 소설(所說)로 높이 받드는 이유는 다음과 같다.

예를 들면, 『바르도퇴돌』의 중요한 내용들인 '임종의 바르도'와 '법성의 바르도'와 '재생의 바르도'에 설해진 허다한 법문들은 구루 빠드마쌈바와의 말씀이 아니라, 일월상합속(日月相合續) 등과 같은 대원만 딴뜨라의 많은 밀전들과 구사론과 같은 현밀의 경전에서 설해진 경문들이다. 이와 동시에, 발췌한 그것들을 차제에 맞게 잘 안배한 뒤 보충 설명까지 곁들여 놓음으로써 중하근기의 수행자들은 물론이거니와 그렇지 못한 일반 불자들까지도 임종의 순간부터 내생의 몸이 확정되는 49일간의 바르도 상태에서 각자의 근기에 맞는 해탈의 법들이 사다리의 디딤널처럼 배열되어 있을 뿐더러, 삼보에 대한 믿음만으로도 해탈할 수 있는 길을 제시해 줌으로써, 임종할 때 사자의 입장에서 이보다 더 실제적이고 소중한 가르침이 없기 때문에 경전으로 추앙받는 것이라 하겠다.

이것은 과장된 언사가 아니라 구승(九乘)으로 판석하는 모든 불교와 수행법에 통달하여 현생에서 정등각을 성취한 대아사리 구루 빠드마쌈바와의 견지에서 볼 때 실제로 그러한 것이다. 그렇기에 그는 거침없이, "에마! 모든 제법의 구경이자 모든 위없는 비밀진언도의 구극의 정수이며, 고통을 대락(大樂)으로 해탈시키는 방편이며, 지금 여기서 성불하여 해탈하는 길이며, 여타의 공통의 수레(乘)들과 섞임이 없이 더없이 지고하고 심오한 이 가르침은, 설령 황금을 자기의 몸만큼 짊어지고, 세상을 돌아다니며 찾을지라도 또한 이것은 얻지 못한다."라고 『바르도퇴돌』의 지고한 가치를 설파한 것이다.

이러한 『바르도퇴돌』의 교법이 여래의 청정한 교법으로 승인되는 요인을 몇 가지로 정리하면 다음과 같다. 첫째는 설법자가 청정함이니, 그는 아미타불의 화신으로 연꽃 가운데 화생으로 태어난 진정한 화신불(化身佛)로써 참된 귀의처이기 때문이다. 둘째는 법의 연원이 청정함이니, 설법의 내용이 대부분 구승(九乘)의 정점인 아띠요가(Ati yoga, 最極瑜伽)의 최승의 교설로 이설(異說)의 더러움이 조금도 있지 않기 때문이다. 셋째는 법의 의취가 심원하고 글과 뜻이 정연함이니, 교법에 오류가 없고 체제가 정연하여 누구나 이해하기 쉽고, 누구나 실천하면 반드시 해탈의 큰 결과를 낳는 여래의 교설과 같기 때문이다.

구루 빠드마쌈바와의 약전

8세기 초엽 인도 서쪽 지방으로, 현재 파키스탄의 쓰와트(Swāt) 계곡을 중심으로 번창했던 불교 왕국 오디야나(Oḍḍiyāna, 飛行國)[대당서역기(大唐西域記)의 오장나국(五仗那國)]의 눈먼 국왕 인드라부띠(Indrabhūti)가 자손이 없자 어느 날 삼보님께 광대하게 공양을 올리고 기원하였다. 이에 서방의 아미타불께서 인도와 티베트 땅에 교화의 시기가 도래함을 아시고, 미간에서 광명을 발출하여 다나꼬쌰(Dhanakośa) 호수를 비추자, 호수의 한 연꽃 속에서 상호를 갖춘 8세의 동자가 부모도 없이 스스로 출생하니, 그가 바로 제2의 붓다로 불리는 위대한 구루 빠드마쌈바와(蓮花生)이시다.

인드라부띠 왕이 배를 타고 나아가 맞이하고, 경이로운 마음으로 동자에게 묻기를, "에마호! 경이롭고 희유한 동자 특출한 그대, 아버지는 누구이시고, 어머니는 누구이신가? 고향은 어디이고, 종성은 어디에 속하는가? 음식은 무엇을 먹고, 여기서 무엇을 하는가?"라고 하자, 동자가 말하길, "나의 아버지는 각성(覺性)의 지혜이시고, 어머니는 공성과 대락의 보현불모이시며, 고향은 생멸이 없는 무생(無生)의 법계이고, 종성은 법계와 각성이 둘이 아닌 불이(不二)에 속하며, 음식은 심경(心境)을 나누는 이현(二現)의 분별을 먹고, 여기서 번뇌를 죽이는 행위를 수호합니다."라고 하였다. 이 뜻을 「리우뒨마(七種親說祈願文)」에서, "부모도 없이 스스로 태어난 화신의 동자, 인(因)도 연(緣)도 없이 호수에서 태어나, 무명에 전도된 중생들을 인도하는 성자, 붓다의 몸·말·뜻의 삼밀(三密)의 화현이신, 화신의 연화금강존자께 기원하옵니다."라고 밝혔다.

그 뒤 인드라부띠 왕이 동자를 왕자로 삼고, 다시 왕위를 물려주어 갤뽀토르쪽(寶髻王)이 되었으나 얼마 있지 않고 출가한 뒤, 중인도의 팔대시림(八大尸林)을 비롯한 인도의 전역과 네팔을 비롯한 각처를 다니며 빤디따(Paṇḍitaḥ, 智者)와 씻디(Siddhi, 成就者)들을 찾아다니면서 현교와 밀교를 비롯한 내외의 모든 가르침을 배우고 닦아서 통달하였다.

이후 네팔의 동쪽 지방의 마라띠까(Māratika) 동굴에서 불사의 금강신(金剛身)을 성취하고, 모든 삼매와 신통을 얻었다. 그때의 사정을 「리우뒨마」에서, "네팔 할레씨(Halesi)의 마라띠까 동굴에서, 불사의 수명자재지명(壽命自在持明)을 닦으실 때, 무량수불이 불사의 감로를 가지해서, 생사를 여읜 금강의 불괴신(不壞身)을 얻으신, 불사의 빠드마쌈바와께 기원합니다."라고 하였다.

비록 금강신을 성취하였을지도 마하무드라(大印)를 얻지 못하면 무의미하므로, 대인지명(大印持明)을 닦을 장소를 찾게 된다. 이러한 사정을 『까탕데응아(蓮花生五部遺敎)』에서, "그 뒤 수명자재지명(壽命自在持明)을 성취하였을지라도, 대인지명(大印持明)을 얻지 못한다면 제일의제(第一義諦)의 진실이 없음으로써 무의미하다고 여긴 뒤, 길상의 장소이자 땅의 정수를 찾기로 생각하였다."라고 밝혔다.

그 뒤 길상의 장소이자 땅의 정수인 카트만두 근교의 파핑(Pharphing) 마을에 있는 양레쐬(Yaṅ le śod) 동굴에 오셔서 3년의 수행을 통해서 마침내 대인지명을 성취하고, 성불함으로써 배움이 없는 무학

(無學)의 경지에 올라 제2의 붓다가 되셨다. 이러한 사정을 「리우된마」에서, "오갠(Orgyan)의 빠드마쌈바와 님께 기원하옵니다. 네팔의 팜팅(Pham thiṅ) 땅 양레쐬의 동굴에서, 청정한 여래장(如來藏)을 닦으실 때, 마라와 장애들을 금강궐(金剛橛)로 물리치고, 마하무드라의 성취를 그곳에서 얻으신, 도제퇴텡쨀(金剛髑髏鬘)께 기원합니다. 오갠의 빠드마쌈바와 님께 기원하옵니다."라고 밝혔다.

이렇게 성불하신 뒤 지난 과거세 연등불께서 입멸한 뒤 네팔 땅 마구따(Maguta)에서 닭 키우는 여인의 아들 네 형제가 보우다나트(Boudhanath)대탑을 건립하면서 세웠던, 먼 훗날 설원의 땅에 불교를 수립하고자 했던 전생의 서원을 이루고자 티베트로 갈 계획을 세우셨다. 동시에 미래의 유정들의 이익을 위해서 떼르(gTer, 伏藏)라 부르는 복장성물을 은닉하는 계획을 세우시고, 양레쐬의 동굴부터 은닉한 뒤 티베트 땅에 본격적으로 쌉떼르(dZab gter, 深奧伏藏)들을 비장하게 된다.

그때 법왕 티쏭데우짼(Khri sroṅ ldeḥu btsan)이 자기를 초청하는 사신을 네팔로 보낸 것을 신통으로 아시고 홀로 티베트로 출발하였다. 그곳에서 법왕과 친교사 쌴따락시따(寂護)와 대신인 예시왕뽀(Ye śes dbaṅ po)를 만나니, 그들 넷은 과거세 보우다나트 대탑을 건립한 네 형제였다. 그들이 쌈애(bSam yas) 승원을 건립하고, 처음 자티씩(Bya khri gzigs) 등의 7명의 예시칠인(豫試七人)을 선발한 뒤, 마가다의 비끄라마씰라(戒香寺)에서 설일체유부(說一切有部)의 비구 12명을 초빙하고, 예시칠인을 출가시켜서 티베트 승단을 조직하고, 현밀(顯密)의 방대한 전적들을 번역하는 역경사업을 주도하는 등의 광대한 사업을 펼침으로써, 오늘날 티베트불교의 초석을 놓았다.

이런 와중에서 중국 선종을 대표하는 마하연 화상과 인도의 아사리

까말라씰라(蓮華戒)와 벌렸던 쌈애(bSam yas)의 논쟁을 통해서 티베트불교는 중관사상의 위에 현밀을 겸수하는 불교로 발전하게 된다. 그러므로 오늘날 구루 빠드마쌈바와는 닝마빠(古派)의 개조이자, 법왕 티쏭데우짼과 쌴따락시따와 함께 사군삼존(師君三尊)으로 추앙한다.

정리하면, 구루 빠드마쌈바와께서는 티베트에 들어와서 오래 머문 뒤, 법왕 무티짼뽀(Mu khri btsan po, 798~804 재위)와 군신 25인을 비롯한 많은 사람들의 전송을 받으면서 육신 그대로 나찰의 땅인 짜마라(拂洲)의 적동산(赤銅山)에 있는 자신의 정토인 빠드마위마나(蓮花光)로 돌아갔으며, 그곳에서 나찰들을 교화함과 동시에 미래세가 다할 때까지 티베트를 비롯한 인간세계를 구제하고, 그의 권속들인 천신들과 다끼니 여신들에게 밀교를 설하시며 영원히 머문다고 알려졌다.

이러한 사정을 『칸도예시초갤남타르(空行母智海王傳記)』에서, "그 뒤 구루 린뽀체의 부모양존께서 티베트의 법왕의 공양처로 쌈애 승원의 위층 궁전에 머물면서, 군신과 왕비, 백성과 로짜와(譯經師) 모두에게 가르침을 널리 설하신 뒤, 다시 원숭이 해, 원숭이 달의 초열흘날에 서남방의 응아얍(拂洲)의 적동산으로 구루 린뽀체께서 햇빛을 타고 가셨다. 나 예시초갤(智海王)은 법왕 등의 여섯 곳의 중요한 수행도량의 일들을 위해서 계속 머물면서 중생의 교화사업을 행하고, 모든 땅 속에다 구루 린뽀체의 비장법보를 가득히 채웠다. 그 뒤 구루 린뽀체 님을 전송하기 위하여 법왕과 시주와 권속들과 함께 [네팔의 접경 지역인] 궁탕(Guṅ thaṅ)의 언덕에 올라간 뒤, 구루 린뽀체께 많은 예언과 가르침들을 청해서 듣고 비통한 심정으로 되돌아왔다."라고 적어놓았다. 길상원만!

까르마 링빠의 약전

까르마 링빠의 초상

본서의 발견자인 성취자 까르마 링빠(Karma gliṅpa, 1326~?)에 대하여 구루따시(Guru bkra śis, 19세기)가 지은 『구따이최중(구따佛教史)』(China: 중국장학출판사, 1990)에서는 다음과 같이 그의 전기를 간추려 기술하여 놓았다.

“『랑떼르(Raṅ gter)』에서, ‘이 심오한 『쌉최시토공빠랑돌(靜猛密意自然解脫)』을 널리 전파시키기 위하여 진귀한 비장물(秘藏物)로 감추도록 하라. 에 마! 이 비장 경전을 발굴하는 축복받은 선남자는, 훤칠한 키에 피부는 희고, 분노하는 모습에 침묵한다. 때로는 분노하고 때로는 어리석은 자와 같고, 때로는 천진한 어린아이 모습과 같다. 다끼니와 천신이 융합한 선근자는 큰 믿음에 반야의 혜근이 날카롭고, 무념과 무집착에 위라(勇士)의 위용을 갖추고, 무진(戊辰, 1328)과 기사(己巳, 1329)의 연간에 길상이란 이름을 갖고 태어난다. 그는 역경사 쪽로·루이걜첸(龍幢)의 화신이다’라고 하였다. 또한, ‘인간의 수명이 오십을 넘지 못하는 말세에는, 이와 같은 가르침을 받지 못한 사람들은 전부 악취에 떨어짐이 자명하다. 그러므로 탁세의 유정들의 이익을 위해, 글자로 기록하여 감뽀다르(sGam po gdar) 설산에 은닉하라. 그때 심장과 같이 소중한 한 뛰어난 법의 아들이, 성취자 닌다(Ñi dzla, 日月)의 이름을 가진 아버지의 아들로 태어난다. 까르마 링빠라 부르는 이 비범한 자의 오른쪽 허벅지에는 지혜의 눈과 같은 검은 반점이 박혀 있다. 무진(戊辰)과 기사(己巳)에 태어나는 갈마부에 속하는 위라(勇士)인, 그 선근자와 [이 비장 법보가] 서로 만나지이다’라고 설한 바와 같이, 까르마 링빠는 중앙 티베트의 닥뽀(Dawags po) 지방의 뙤케르둡(sTod khyer grub)에서 역시 떼르된(伏藏大師)이자 아버지인 125세의 닌다쌍걔(日月佛)의 여러 자식들 가운데 장남으로 출생하였다.

그의 나이 15세가 되던 해부터 예언과 기연이 합치하면서, 감뽀다르라 불리는, 마치 천녀가 춤을 추는 것과 같은 설산에서 『쌉최시토공빠랑돌』의 비장 법보들을 발굴하였다. 그리고 『빼마시토공빠랑돌(蓮花密意自然解脫)』 등도 역시 발굴하여 모셨다.

그는 14명의 큰 제자인 법주들에게, 『빼마시토공빠랑돌』에 관한 법들을 남김없이 전수하였으나, 『쌉최시토공빠랑돌』에 관한 법들은 엄중히 단속해서 소수의 선근자들에게만 전수하고 널리 전파시키지 않았다. 그렇지만 『바르도티둑(六種中有敎授法)』 등은 그 둘의 공통된 가르침인 까닭에, 관정과 여타의 심오한 구결들을 전수하였으나 한 사람에만 전하도록 했다.

『떼르룽(伏藏預言)』에서, '아사리의 업인모(業印母)로 바라문 여인 뻴께(吉祥女)의 탄생인 그 정숙한 여인을 명비(明妃)로 맞이해야 한다'고 하였으나, 인연이 꼬여서 대신 다른 여인을 아내로 맞이하였다. 그 결과 수명에 장애가 발생하여 젊은 시절에 요절하였다. 하지만 그는 무변한 공덕을 마음에 지녔으며, 어떠한 교화 사업일지라도 걸림 없이 수행해 내는 법력을 지녔다. 임종이 가까워졌음을 안 뒤, '내 몸에는 허다한 연꽃 모양 무늬들이 돋아나 있다'고 말하였으며, 또한 '허다한 신통력도 있다'고 하였다. 그 다음해 임종에 다다라 아들에게 『쌉최시토공빠랑돌』의 관정과 구결들을 전수하고, 다른 사람에게는 전하지 않았다. 그리고 말하길, '쑤르야짠드라(日月)의 이름을 지닌 선근자에게 이 법을 전수하라. 그가 교화 사업을 널리 전파한다'고 하였다."

차례

- **초판 추천사** 라띠 린포체 4
  청전 스님 6
- **개정판 추천사** 능행 스님 9
- **머리말** 닦지 않고 성불하는 법 12
- **재간사** 바르도퇴돌에서 찾은 나의 해탈의 길 17
- **바르도퇴돌의 개관** 24
- **구루 빠드마쌈바와의 약전** 54
- **까르마 링빠의 약전** 58

1편 바르도퇴돌의 전행 생시에 닦는 일상의 근행

1장 구루요가(上師瑜伽)의 기원문 66
2장 심신 정화를 위한 여명유가(黎明瑜伽) 72
3장 정맹백존의 법행(法行)을 통한 훈습의 자연해탈 98
4장 정맹백존의 예배를 통한 죄장의 자연해탈 142
5장 정맹백존의 면전참회를 통한 자연해탈 167
6장 한마음의 본성을 여실히 봄을 통한 자연해탈 209

2편 바르도퇴돌의 본행 해탈을 위한 기원문

7장 불보살님의 구원을 청하는 기원문 246
8장 여섯 바르도의 본송(本頌) 250
9장 바르도의 공포에서 구원을 청하는 기원문 256
10장 바르도의 험로에서 구원을 청하는 기원문 261
11장 몸에 걸침을 통한 오온의 자연해탈 267

3편 바르도퇴돌의 본행 네 가지 바르도의 출현

12장 법성의 바르도: 임종의 정광명의 바르도 310
13장 적정의 붓다들이 출현하는 법성의 바르도 329
14장 분노의 붓다들이 출현하는 법성의 바르도 360
15장 육도의 환영이 출현하는 재생의 바르도 388

4편 바르도퇴돌의 후행 죽음의 표상 관찰과 기만

16장 죽음의 표상 관찰을 통한 자연해탈 440
17장 죽음의 기만을 통한 공포의 자연해탈 464
18장 바르도의 선악의 본색을 보이는 교계 479

19장 바르도의 선악의 본색을 보이는 교계보결 496
20장 바르도퇴돌 전승 법계의 기원문 505
21장 바르도의 유정에게 베푸는 훈연회향 514

5편 바르도퇴돌의 보유 해탈왕생의 기원문

1 바르도의 삼신해탈(三身解脫) 기원문 518
2 바르도 정념해탈(正念解脫)의 기원문 525
3 바르도 멸환해탈(滅幻解脫)의 기원문 533
4 관음보살 육자진언의 공덕과 자구 해설 537
5 구루 빠드마쌈바와의 자생관정문 543
6 바즈라 구루 만뜨라의 공덕과 자구 해설 548
7 해탈을 위한 다라니들의 모음 558
8 육도윤회도의 해설 562

부록

• **정토를 간택하는 가르침** 까르마착메 570
• **참고문헌** 585
• **찾아보기** 588

1
편

바르도퇴돌*의 전행

생시에 닦는 일상의 근행

* 티베트어 원제목은 "쌉최시토공빠랑돌래바르도퇴돌기꼬르슉쏘(Zab chos shi khro dgoṅs pa raṅ grol las bar do thos grol gyi skor bshugs so)"이다. 글 뜻을 옮기면, '적정(寂靜)과 분노존(忿怒尊)의 심오한 밀의(密意)를 통한 자연해탈 가운데 바르도에서 법을 듣고 깨달아 해탈하는 법문집'이다.

1장 구루요가(上師瑜伽)의 기원문[1]

청정한 편만 법계의 적멸궁[2]에 계시는

무생과 무희론[3]의 법신의 스승님께

믿음과 존경으로 간절히 기원하옵니다!

---

1 원제목은 '삼신(三身)의 스승님들께 올리는 삼독(三毒)을 버림이 없이 스스로 해탈하는 요가 기원문(瑜伽祈願文)'을 뜻하는 "라매낸조르기쏠뎁둑쑴마빵랑돌(bLa maḥi rnal byor gyi gsol ḥdebs dug gsum ma spaṅs raṅ grol)"이다.

2 편만 법계의 적멸궁은 '최잉캽댈포당(Chos dbyiṅ khyab brdal pho braṅ)'의 옮김이다. 제법의 자성이 비어 있음(空)이 유위와 무위의 모든 법에 두루 미침으로써 편만(遍滿)이며, 일체의 불법을 낳고 기르며, 청명한 하늘처럼 번뇌와 소지의 두 장애가 소진함이 법계(法界)이며, 그것을 무량궁전으로 삼아 머무시기에 적멸궁(寂滅宮)이라 부른다.

3 무희론(無戱論)은 '뙤댈(sPros bral)'의 옮김이니, 여기서 희론은 무익하거나 사실이 아닌 헛된 논설을 뜻한다. 다시 말해, 사물의 참된 본성을 보지 못하고 허구를 사실로 주장하는 잘못된 갖가지 사유와 논리들로, 생(生)·멸(滅), 상(常)·단(斷), 거(去)·래(來), 일(一)·이(異) 여덟 가지로 정리해서 팔변희론(八邊戱論)이라 부른다.

무명과 우치를 버림 없이 해탈하온 뒤
무조작의 천생의 자연지[4]가 발현토록
법신의 가피인 본정관정[5]을 내려 주소서!

맑고 밝은 지혜의 대락(大樂)의 궁전에서
불멸의 지복 속에 계신 보신의 스승님께
믿음과 존경으로 간절히 기원하옵니다!

탐욕과 애착을 버림 없이 해탈하온 뒤
각성[6]이 대락의 지혜로 자연해탈하도록
보신의 가피인 천성관정[7]을 내려 주소서!

---

4 천생의 자연지(自然智)는 '랑중예시(Raṅ byuṅ ye śes)'의 옮김이니, 자생지(自生智), 본생지(本生智), 무사지(無師智), 또는 법계지(法界智) 등으로 부른다. 어떤 인위적 조작에서 비롯됨이 없이 본래 천연적으로 모든 유정들의 마음에 성취된 공지무별(空智無別)의 완전한 지혜를 말한다. 여기에서 오지(五智)와 오불(五佛)이 출현한다.

5 본정관정(本淨灌頂)은 '까닥랑왕(Ka dag raṅ dbaṅ)'의 옮김이다. 이것은 닝마(구밀)의 족첸(대원만)의 핵심 수행인 까닥텍최(Ka dag khregs chod, 本淨觀修)의 랑왕(Raṅ dbaṅ, 自灌頂)을 말한다. 법신의 가피를 통해 모든 장애를 일시에 끊고(텍최), 법계의 성품인 본래청정(까닥)의 공성 상태에 직입하여 법신을 성취하는 최상승법을 말한다. 여기서의 관정은 자생관정(自生灌頂)을 말하니, 채색 만다라와 같은 인위적 도량에서가 아니라 유정과 무정 일체가 그대로 법신의 만다라임을 알아서 사신(四身)의 지혜를 상징하는 네 가지 법수를 머리에 뿌릴 필요가 없이 법신으로부터 하강하는 관정을 스스로 받음이 자수관정이다. 이와는 달리 중하의 근기들은 이러한 삼신(三身)의 밀의를 스스로 깨닫지 못함으로써 채색 만다라를 건립한 뒤, 금강아사리를 통해서 관정 법구인 보병(寶甁) 속의 성수를 오신불(五身佛)을 변성시킨 뒤, 네 가지 관정을 받아서 사신을 성취하는 것이 일반적인 관정의 의미이다.

6 각성(覺性)은 '랑릭(Raṅ rig)'의 옮김이니, 자기 마음의 본성(本性)인 진여심(眞如心)을 말한다. 6장「한마음의 본성을 여실히 봄을 통한 자연해탈」의 주석 2를 참고하기 바란다.

7 천성관정(天成灌頂)은 '휜둡랑왕(lHun grub raṅ dbaṅ)'의 번역이자, 휜둡퇴갤(lHun grub thod rgal, 任運超越)의 랑왕(Raṅ dbaṅ)을 말한다. 휜둡퇴갤은 보신을 증득하는 법으로 법신의 성

청정하고 더러움이 없는 연화궁전에서
막힘없이 출현하는 화신의 스승님께
믿음과 존경으로 간절히 기원하옵니다!

사견과 성냄을 버림 없이 해탈하온 뒤
사념이 지혜이며 각성이 절로 빛나도록[8]
화신의 가피인 자탈관정[9]을 내려 주소서!

정광명이 밝게 빛나는 각성의 궁전에서
무루의 환희[10] 속의 삼신의 스승님께
믿음과 존경으로 간절히 기원하옵니다!

취법인 까닥텍최(본정관수)와 더불어 족첸의 핵심 수행법이다. 법신의 본질인 릭빠(覺性)가 광명의 틱레(明点) 형태로 심장 속에 내재하고, 그 본연의 광채가 적정존(寂靜尊)의 형태로 심장에서, 분노존(忿怒尊)의 형태로 뇌 속에서 각각 밖으로 표출된다. 이러한 릭빠의 본연적 활력인 광채를 휜둡퇴갤의 행법을 통해서 보신의 몸인 무지개 몸을 성취하는 것이다.

8 이 구절은 '랑낭예시랑릭랑쌜두(Raṅ snaṅ ye śes raṅ rig raṅ gsal du)'의 옮김이다. 다시 말해, 외경을 인식하는 분별들이 그대로 지혜인 까닭에 자기 각성이 소멸하지 않고 영원토록 스스로 밝게 빛나는 경지를 깨쳐서 스스로 해탈하도록 자생관정을 청하는 뜻이다.

9 자탈관정(自脫灌頂)은 '랑돌랑왕(Raṅ grol raṅ dbaṅ)'의 옮김이자, '랑싸르랑돌(Raṅ śar raṅ grol, 自生自脫)의 준말이다. 이것은 까닥텍최(본정관수)의 사대해탈법(四大解脫法) 가운데 하나로 자생의 본지(本智), 또는 각성(覺性)에서 스스로 출현하는 일체의 사념들을 어떠한 다스림 법도 쓰지 않고 자연히 해탈시키는 법을 말한다. 마치 뱀이 똬리를 스스로 풀어내듯이 스스로 일어나는 사념들을 자연스레 놓아둠으로써 물결이 물속으로 용해되듯 무분별의 법계 속으로 스스로 녹아들게 하는 것이다.

10 무루(無漏)의 환희는 '촉메데첸(Phyogs me bde chen)'의 옮김이다. 다시 말해, 번뇌와 유위의 업에서 생긴 유루(有漏)의 환희는 불완전하고 유한함에 비하여 붓다의 환희는 한 부분이 아닌 완전하고 다함이 없음을 말한다.

이원의 분별을 버림 없이 해탈하온 뒤
자생지혜가 삼신으로 자연성취되도록
삼신의 가피인 대락관정[11]을 내려 주소서!

자기 마음이 무변한 법신임을 모르고
무지와 미혹으로 생사 속에 유랑하는,
고통 속에 휘덮인 중생들은 가여워라!
모두가 청정한 법신을 얻게 하옵소서!

자기 마음이 지복의 보신임을 모르고
탐착과 애욕으로 생사 속에 유랑하는,
탐욕에 결박당한 중생들은 가여워라!
모두가 대락의 보신을 얻게 하옵소서!

자기 마음이 생즉탈[12]의 화신임을 모르고

---

11 대락관정(大樂灌頂)은 '데첸랑왕(bDe chen raṅ dbaṅ, 大樂自灌頂)'의 옮김이다. 밀교의 목적인 현생의 육신에서 구생의 지혜와 대락이 융합한 공락무별(空樂無別)의 최상의 몸인 바즈라다라(持金剛佛)를 성취하도록 수여하는 관정을 스스로 얻게 함을 말한다.

12 생즉탈(生則脫)은 '랑쌰르랑돌(Raṅ śar raṅ grol, 自生自脫)'을 뜻하는 쌰르돌(Śar grol)의 옮김이다. 이 뜻을 롱첸랍잠(Kloṅ chen rab ḥbyams)은 다음과 같이 설명하였다. "자기 각성이 법신임을 깨달음으로써 사념의 이합집산이 법신의 유희로 출현할 때, 황금 모래밭에서는 흙과 자갈들을 찾지 못하듯이, 어떤 사념이 일어나도 본래해탈의 꾼뚜쌍뽀(普賢如來)의 밀의를 벗어나지 않는다. 외경과 내심을 별개로 인식하는 일체의 법들이 불이의 대원만의 법계에서 적멸에 드니, 마치 멈춤 없이 흘러가는 것이 본성인 맑은 강물의 중심과 같이, 안과 밖의 구별이 없이 지혜의 법계에서 출현하며, 위아래가 없이 평등함이 가득하고, 방위가 없이 자생의 지혜로 출현하며, 한쪽에 치우침이 없이 법성의 유희로 출현하며, 자타가 없이 본성의 상태에 이르며, 처소와 시간이 없는 본초의 법계에 도달한다."

성냄과 이집[13]으로 생사 속에 유랑하는,
사견에 결박당한 중생들은 가여워라!
모두가 무애의 화신을 얻게 하옵소서!

자기 마음이 삼신과 하나임을 모르고
별개로 고집하는 이장[14]에 가로막혀서,
아직도 성불 못한 중생들은 가여워라!
모두가 붓다의 삼신을 얻게 하옵소서!

【 삼독(三毒)을 버림 없이 스스로 해탈함[15]이라 부르는, 삼신(三身)의 스승님들께 올리는 이 구루요가의 기원문을, 오디야나(Oḍḍiyāna, 飛行國)의 대아사리 구루 빠드마쌈바와(Paḍmasambhava, 蓮花生)가 편찬하다. 윤회의 세간이 존속할 때까지 이 청정한 가르침도 끝나지 않는다.

---

13 이집(二執)은 '니낭(gÑis snaṅ, 二現)'을 말하니, 곧 내심과 외경, 주관과 객관 등을 별개로 보는 이원적 분별을 말한다.

14 이장(二障)은 본성의 청정함을 가리는 번뇌장과 소지장을 말한다.

15 '삼독을 버림 없이 스스로 해탈함'이란, 족첸(대원만) 딴뜨라의 견해와 수행의 본질을 밝힌 것이다. 『응아규르귀붐똑죄(舊密十萬續講解天鼓論)』에서, "여타의 수레(乘)에서는 삼독을 끊음의 대상으로 삼으나, 여기[족첸]에서는 소연(所緣)을 여읜 정견의 대못으로 인(印)을 침으로써, 탐욕을 낙공(樂空)의 본질로, 성냄을 명공(明空)의 본질로, 우치를 지공(智空)의 본질로 삼독을 버림 없이 대도로 전용함으로써, 한 생에서 최승의 쌍운[합일]의 지위를 성취하는 희유한 방편이 발생한다."고 하였다. 또한, 『쌍개랑채첸뽀(佛自住大續)』에서는, "자기 각성이 법신이며, 자기 각성의 본질이 막힘없이 밝은 이것이 붓다의 밀의(密意)이다. 각성과 분리됨이 없는 까닭에 닦음이 없다. 생멸이 없다. 붓다의 밀의에는 닦음이 없다. 붓다의 밀의를 깨달으면 업과 선악이 없음이다."라고 설해서 닦음 없이 성불하는 길을 밝혔다.

이 비장 경전은 성취자 까르마 링빠(Karma gliṅ pa, 1326~?)가 중부 티베트의 감뽀다르(sGam po gdar)라 부르는, 마치 천녀가 춤을 추는 것과 같은 설산에서 발굴하여 모시다.】

2장 심신 정화를 위한 여명유가(黎明瑜伽)[1]

꾼뚜쌍뽀(普賢如來)[2]와 체촉헤루까(最勝飮血佛)[3]와 적정과 분노존의 무량한 성중들께 공경히 예배하옵니다.

1 이 품(品)은 번역의 대본인 『바르도퇴돌』 가운데는 들어 있지 않고, 대신 모본이 되는 "적정과 분노존의 심오한 밀의를 통한 자연해탈" 가운데 있다. 원제는 '적정과 분노존의 심오한 밀의를 통한 자연해탈의 전행(前行)인 자기 몸과 마음의 정화행인 금강승의 사분유가 차제법행(四分瑜伽次第法行)'을 뜻하는 "도제텍빠최쬐퉨시이낸조르기림빠쌉최시토공빠랑돌기응왼도랑귀종제(rDo rje theg paḥi chos spyod thun bshiḥi rnal ḥbyor gyi rim pa zab chos shi khro dgoṅs pa raṅ grol gyi raṅ rgyud sbyoṅ byed)"이다.

2 법신불을 뜻하는 티베트어 꾼뚜쌍뽀(Kun tu bzaṅ po)는 범어 싸만따바드라(Samantabhadra)의 옮김으로, 한역하면 보현여래(普賢如來)이다. 이 붓다는 『바르도퇴돌』에 나오는 정맹백존을 비롯한 모든 붓다들이 출현하는 근원인 까닭에 원초불(原初佛)이라 높여 부른다.

3 12장 「법성의 바르도: 임종의 정광명의 바르도」에서는 빠져 있으나 여기서는 법신불 싸만따바드라(보현여래)의 화현이자, 「법성의 바르도: 임종의 정광명의 바르도」에서 여덟째 날부터 출현하는 다섯 명의 근본 헤루까들의 원형이다. 범어는 마하위씻따-헤루까(Mahāviśista Heurka), 또는 마홋따라-헤루까(Mahottara Heruka)이다.

【 적정(寂靜)과 분노존(忿怒尊)의 심오한 밀의(密意)를 통한 자연해탈의 전행(前行)인 비공통의 자기 몸과 마음의 정화행법은 4단계로 이루어졌다. 이 가운데 첫 번째, 무명의 수면번뇌를 정화하는 여명유가를 오디야나(飛行國)의 대아사리 구루 빠드마쌈바와가 설시한 대법행(大法行)의 말씀대로 설한다. 】

여명유가(黎明瑜伽)[4]

께마 끼휘![5]
선근과 행운을 타고난 선남선녀들이여!
무명우치의 억센 힘에 휘둘리지 말고
굳은 결의와 정진으로 지금 일어나라!

무시이래로 지금 이 순간에 이르기까지
무명의 긴 긴 잠은 이것으로 충분하니
더 잠들지 말고 삼문의 선행[6]을 닦으라!

생로병사의 괴로움들을 알지 못하는가?
오늘 말고는 삶이 보장된 때가 없으니

---

4 여명유가(黎明瑜伽)는 불교도들이 하루를 새벽 · 오전 · 오후 · 밤의 넷으로 나누어 닦는 사분유가(四分瑜伽), 또는 사분정근(四分精勤) 가운데 새벽에 닦는 본존의 수습을 말한다.

5 께마 끼휘(Kye ma kyi hud), 께마(Kye ma) 따위는 슬픔을 나타내는 감탄사의 일종이다.

6 삼문(三門)의 선행(善行)은 몸 · 말 · 뜻 셋으로 짓는 열 가지 선업들을 말한다.

이제 수행에 매진할 시간이 도래하였다.

홀로 불멸의 안락을 닦는 호기인 지금은
나태의 늪 속에서 꾸물거릴 때가 아니니
죽음을 사유해서 수행의 끝장을 보아라!

삶은 짧아 겨를도 없고 사인은 무수하니
죽음을 두려워 않는 자긍심을 얻지 못하면
그대가 살아 있다 한들 무슨 소용 있으랴?

제법은 무아 공성이며 희론을 여의니
환술(幻術)과 아지랑이와 꿈과 영상과
건달바성과 메아리와 같음을 닦으라!

또한 물속의 달과 물거품과 안화(眼花)와
환화 따위의 제법의 여환십유[7]와 같이
윤회와 열반의 법도 그와 같음을 알라!

제법은 자성이 본래로 남이 없으니

---

7 여환십유(如幻十喩)는 세간의 모든 사물들이 허망하여 자아가 없음을 아지랑이 따위의 열 가지 현상에 비유한 것이니, 일반적으로 ①환술(幻術: 幻相), ②수중월(水中月), ③안화(眼花: 二重像), ④아지랑이(陽炎), ⑤꿈(夢), ⑥영상(影像), ⑦건달바성(乾達婆城: 尋香城), ⑧메아리(谷響), ⑨변화(變化), ⑩무지개(虹彩)의 열 가지이다. 그 외에도 허공 꽃(空花)과 파초(芭蕉)와 수포(水泡)와 번개 따위들이 많이 있다.

머묾도 멸함도 오고 감도 떠났으며,
가히 보지도 못하고 모양도 없으며
사유와 언설마저 뛰어 넘으니 이제
그 뜻을 깨치기 위한 때가 찾아왔다!

귀의와 기원

거룩한 스승님께 귀의하옵니다. 바(Bhya:).
거룩한 본존불께 귀의하옵니다. 바(Bhya:)
거룩한 다끼니[8]께 귀의하옵니다. 바(Bhya:)

께마! 께마! 덧없고 무상한 윤회의 법
해탈의 기약도 없는 업해의 수렁에서,
업고에 억눌리는 중생들은 가여워라!
괴로움의 바다를 말리도록 가지하소서!

무명과 업력에 짓눌린 중생들은 되려
행복을 갈구하여 고통의 업을 짓나니,
방편에 어리석은 중생들은 가여워라!
번뇌와 업장을 정화하도록 가지하소서!

---

8 다끼니(空行母)는 스승과 본존과 더불어 밀교 수행의 근본이 된다. 여기서 다끼니는 법성을 증득한 출세간의 여신들을 일컬으며, 이들도 구분하면 오불모(五佛母)와 바즈라요기니(金剛亥母) 등은 최상위의 다끼니들이자 밀교의 수행본존이 되고, 여타는 보살의 경계에 머무는 성녀들로 유가 수행자를 수호하고 인도하는 역할을 담당한다.

아집과 이집[9]에 결박당한 이 감옥으로
덫에 걸린 짐승들이 다시 걸려들듯이,
무명우치에 붙들린 중생들은 가여워라!
윤회의 철옥을 파괴하도록 가지하소서!

기약 없는 해탈 속에 이 업고의 육도를
물방아처럼 끝없이 위아래를 오가는,
무해탈의 윤회의 중생들은 가여워라!
육도의 자궁문을 막도록 가지하소서!

나고 늙고 그리고 병들어 죽는 고통들을
그만큼 보고도 두려움을 모르는 강심장,
무사안일 속에 가만[10]의 인신이 다하니
덧없음과 죽음을 기억토록 가지하소서!

---

9 아집(我執)은 자아의 실재를 고집함을, 이집(二執)은 능취(能取)의 내심과 소취(所取)의 외경을 별개로 보는 견해를 말한다.

10 가만(暇滿)은 불법을 배우고 닦는 데 필요한 팔유가(八有暇)와 십원만(十圓滿)을 합해서 부르는 용어이다. 여기서 팔유가(八有暇)는 불법을 닦을 수 없는 여덟 가지 나쁜 조건들인 팔무가(八無暇)를 버림을 뜻하니, 팔무가는 ①지옥에 태어남, ②아귀로 태어남, ③축생으로 태어남, ④변지(邊地)의 야만인으로 태어남, ⑤장수천(長壽天)에 태어남, ⑥부처님이 계시지 않을 때 태어남, ⑦업과(業果)를 부정하는 삿된 견해를 지님, ⑧몸의 감관에 결함이 있는 불구자로 태어남의 여덟 가지이다. 다음의 십원만(十圓滿)은 불법을 닦을 수 있는 열 가지의 원만한 조건들이다. ①사람으로 태어남, ②불법이 성행하는 중앙의 국토에 태어남, ③눈 등의 감관을 온전히 갖춤, ④무간업(無間業)을 짓지 않음, ⑤불교를 신앙함의 다섯은 자기에게 속하므로 자원만(自圓滿)이라 한다. ①부처님께서 세상에 출현하심, ②부처님께서 법을 설하심, ③불교가 존재함, ④불법을 수행함, ⑤수행에 필요한 선지식과 음식 등을 베푸는 시주가 있음의 다섯을 타원만(他圓滿)이라 하니, 불법을 닦는 데 필요한 조건들이 타인에게 속하기 때문이다.

무상은 믿지 못할 것임을 알지 못하고
다시 윤회의 삶을 연모하고 탐착해도,
인생은 행복의 갈망 속에 슬피 끝나니
윤회의 애착에서 돌아서게 가지하소서!

물질세계는 겁화와 겁수[11]에 파괴당하고
유정세계도 무상해 몸과 마음이 이별하며,
봄여름 사계도 덧없어 세월조차 허무하니
염리심[12]이 깊숙이 솟아나게 가지하소서!

작년과 금년, 차고 기우는 하늘의 달
낮과 밤, 찰나의 시간조차 무상하여라!
곰곰이 생각하면 나도 죽음을 만나니
해탈 수행에 각골정진토록 가지하소서!

---

11 주겁(住劫)이 완전히 끝나고 세계가 점차로 멸망해서 사라지는 일단의 장구한 시간을 괴겁(壞劫)이라 한다. 다시 말해, 안으로는 유정세간 가운데 최하층인 무간지옥에 유정이 태어나는 것이 멈추고, 밖으로는 겁화(劫火)와 겁수(劫水)와 겁풍(劫風)의 삼재(三災)가 차례로 발생해서 물질세간을 완전히 파괴하게 되는데, 이때 20중겁(中劫)의 시간이 소요된다. 『구사론(俱舍論)』에 의하면, 처음 겁화가 일어나서 삼계의 최하층인 무간지옥의 유정과 그 세계를 파괴하는 것으로부터 시작해서 초선천(初禪天)의 유정과 그 세계를 파괴하게 된다. 그 뒤에 겁수가 일어나서 이선천(二禪天)의 유정과 그 세계를 파괴하고, 그 뒤에 겁풍이 일어나서 삼선천(三禪天)의 유정과 그 세계를 파괴하고, 마지막에 일곱 개의 태양이 차례로 출현해서 유정과 물질세간을 완전히 파괴함으로써 20중겁의 괴겁이 끝나고, 허공만 남게 되는 공겁(空劫)이 시작한다고 하였다.

12 염리심(厭離心)은 윤회의 고통과 허물을 인식해서 세간의 집착을 버리고 해탈과 열반을 구하려는 출세간의 도심(道心)을 말한다.

가만의 사람 몸은 얻기조차 어려운데
염라왕이 질병으로 육신을 앗아 갈 때,
법 없이 빈손으로 가는 중생들은 가여워라!
절박한 구도심이 솟아나게 가지하소서!

께마! 께마! 희유하고 대자대비하신
부처님 당신에겐 자애함이 있사오니,
저와 육도중생들이 윤회의 고통에서
지금 여기에서 벗어나게 가지하소서!

외적 귀의처

저와 삼계육도의 무량한 중생들을
과거와 미래, 현재의 삼세에 걸쳐,
항상 호념하고 끊임없이 살피시는
스승님들께 예경하고 귀의합니다!

대인의 상호를 갖추신 양족존께선
무진한 이타행을 허공처럼 펴시니,
시방과 사시[13]에 머무는 여래선서

---

13 사시(四時)는 과거·현재·미래에 평등시(平等時)를 더한 것이다. 여기서 평등시는 롱첸랍잠(Kloṅ chen rab ḥbyams)이, "과거와 미래, 그리고 현재 셋은 유위(有爲)의 시간으로 세속이며, 불변하는 법성은 정해짐(不定)이 없으니 사유를 초월한 시간이다."라고 설하였듯이, 자생(自生)의 진여법성은 자성(自性)이 광명이고, 본질이 공성인 까닭에 생멸(生滅)과 거

제불세존들께 예경하고 귀의합니다!

번뇌의 애염을 여읜 적멸의 묘법인
성문과 연각, 대승의 불퇴전의 도[14]와,
경교와 비장 경전, 구결과 논전들의
거룩한 정법에 예경하고 귀의합니다!

무오류의 길이자 복전 중의 최상인
번뇌의 티끌을 여읜 지존한 성중이신
보살과 성문연각의 교법을 호지하는
거룩한 승가에 예경하고 귀의합니다!

내적 귀의처

삼세의 모든 붓다들의 본성이자
모든 최승 비밀 만다라의 주인이며,

래(去來) 등의 모든 희론(戲論)을 떠남으로써, 사물의 발생과 머무름과 소멸의 측면에서 관찰하면 진여법성은 삼세가 본래 차별이 없는 평등시인 것이다.

14 '대승의 불퇴전의 도(道)'라고 하는 데서 불퇴전(不退轉)은 곧 '각자의 경지에서 아래로 떨어지지 않음'의 뜻이니, 대반야경(大般若經卷)에서, "견도에 들어가면 무생법인(無生法忍)을 얻어서 다시 이승지(二乘地)에 떨어지지 않음으로 불퇴를 얻는다."고 설함과 같다. 여기에도 또한 셋이 있으니 『슝까뻬응애칙된쌜델(藏傳佛敎五明詞義詮釋)』에서, "일반적으로 대승의 가행도(加行道)의 인위(忍位)를 얻은 뒤에는 악도(惡道)에 떨어지지 않고, 초지(初地)를 얻은 뒤에는 윤회에 떨어지지 않고, 팔지(八地)에 오른 뒤에는 소승에 떨어지지 않고, 그 뒤부터는 정등각에서 퇴전하지 않고, 윤회에 들어오지 않는다. 단지 중생의 이익을 위한 화신은 제외한다."라고 하였다.

축복과 대비로 중생을 인도하는
거룩한 스승님들께 귀명합니다!

생멸과 희론조차 여읜 법신이어도
중생을 위해 정맹의 모습을 나퉈,
최승성취와 공통성취를 베푸시는
거룩한 이담(本尊)들께 귀명합니다!

법성의 하늘을 대비의 힘으로 날고
청정한 성소에서 대락을 베푸시며,
서언의 준수자에게 성취를 시여하는
거룩한 다끼니 성중들께 귀명합니다!

지혜에서 생긴 신통변화를 지니고
선악을 가리고 서언 준수를 따지며,
분부대로 수행자의 벗이 되어 주는
거룩한 호법 신중들께 귀명합니다!

비밀의 귀의처[15]

각성의 법신

원초부터 공성이며 희론조차 여의고
본질과 자성, 대비가 본래로 청정한,[16]
평등하고 원만한 광대 법계의 본성에[17]

---

15 이 비밀의 귀의처는 곧 법·보·화 삼신이 본래 갖추어진 자생의 자기 각성인 보리심에 귀의함을 말한다. 이 뜻을 『릭빠랑쌰르첸뽀(覺性自現大續)』에서, "[붓다의 삼신이] 몸에서 출현하는 법은 이와 같다. 각성이 법신의 본질이다. 각성의 [지혜의] 광명이 막힘 없음이 보신의 본질이다. 각성의 사념이 막힘 없음이 화신의 본질이다. 그러므로 몸에 삼신이 갖추어져 있다. (중략) 각성의 무분별이 법신의 본질이다. 각성이 막힘없이 빛남이 보신이다. 각성이 일체에 나타남이 화신이다."라고 설하였다. 또한 『꾼제걜뽀(普作王續)』에서도, "법신이 보리심이다. 보리심에서 법신이 [출현하니], 티끌만큼도 누가 조작함이 없다. 그러므로 붓다는 마음을 떠나서 달리 있지 않다. 보신도 보리심이다. 보리심에서 보신이 [출현하니], 마음에서 출현한 형색들에는 보신을 떠나서 다른 몸이 없다. 화신도 보리심이다. 보리심의 화현에서 중생의 이익을 행하는 것으로 다른 것이 없다. 삼세의 모든 붓다들도 보리심을 떠나서 달리 없다."고 하였다.

16 여기서 본질과 자성, 대비 셋은 '응오오랑신툭제(Ṅo bo raṅ bshin thugs rje)'의 옮김으로 법신이 소유한 세 가지 특성을 말한다. 이 뜻을 『쌍걔랑채첸뽀(佛自住大續)』에서, "붓다의 법신은 본질과 자성, 대비 세 가지 모양으로 머문다. 자기 각성이 투명하고 눈부시게 빛나는 이것이 붓다의 본질이다. 자기 각성이 광명의 빛 덩어리로 머무는 이것이 붓다의 자성이다. 오광명의 공간 속에 오종성불의 몸으로 머무는 이것이 대비다."라고 설하였다. 또한 『틱레꾼쌜첸뽀(大普光明点續)』에서, "본질과 법성과 법신이 분리되지 않는 가운데 자성의 광명의 다섯 공간이 빛나니, 대비의 정수인 오신불이 방위를 나누지 않은 상태로 존재함으로써 본질과 자성과 대비 셋인 것이다."라고 설하였다.

17 이 구절은 '냠족롱양첸뾔랑신라(mÑan dzogs lkoṅ yaṅs chen poḥi raṅ bshin la)'의 옮김으로 법신의 특성을 설명한 것이다. 먼저 냠족(평등원만)은, "제법의 자성이 본래로 평등하고, 대원만의 상태로 자연성취되어서, 어떠한 차별도 없어 일체에 편향됨을 여의고, 애집이 없는 상태로 머묾이다."라고 최잉똡댄의 『도귀린뽀체죄슉(顯密文庫)』 3권에서 설명하였다. 또한 롱양첸뽀(광대 법계)에 대하여, "불변의 법계라 함은 안과 밖이 없음이다. 광대함이란 전혀 협소함이 없음이니, 그것이 일체에 편만함과 거기에서 갖가지 광경들이 막힘없이 출현하는 기반임을 알라."고 『틱레꾼쌜첸뽀』에서 설하였다.

무착절려[18]의 상태에서 귀의합니다!

각성의 보신

천연 성취 자성은 본래 오불의 체성이며[19]

법계와 각성의 텅 빔과 밝음이 하나인

유일명점(唯一明点) 만다라[20]에서 빛나는,

자기 각성의 금강광명의 빛 사슬[21]에

무분별의 큰 밝음 속에서 귀의합니다![22]

---

18 무착절려(無着絶慮)는 '진메로대(ḥdzin med blo ḥdas)'의 옮김이다. 무착(無着)이란, 자아와 제법을 실집(實執)하는 모든 집착을 여읨을, 절려(絶慮)란, 모든 분별과 사유가 끊어짐을 말한다. 다시 말해, 무분별의 법성의 상태에 들어가 법신의 참모습을 보는 것을 말한다.

19 이 구절은 '휜둡랑신예내꾸응아이닥(lHun grub raṅ bshin ye nas sku lṅaḥi bdag)'의 옮김이다. 이것은 천연적으로 성취된 자성인 자기 각성의 금강과 같은 오광명의 빛 사슬이 곧 오불(五佛) 자체임을 말한 것이다. 이 뜻을 『틱레꾼쎌첸뽀』에서, "각성과 지혜가 모이고 흩어짐이 없는 까닭에, 방편의 막힘 없는 지혜와 반야가 불변함이 법성이다. 법성의 공간에서 각성이 이루어지고, 이 각성의 공간에서 오지(五智)의 광명이 성취되고, 이 광명의 공간에서 오신(五身)이 성취됨으로서 자성천연성취불(自性天然成就佛)이다."라고 하였다.

20 유일명점 만다라(唯一明点曼荼羅)는 티베트어 '틱레이낄코르(Thig leḥi dkyil ḥkhor)'의 옮김이다. 『틱레꾼쎌첸뽀』에서, "자기의 현현 이외에 여타가 없으며, 본질이 변하지 않음으로써 현현이 자기의 큰 광경으로 빛나는 까닭에 틱레냑찍(唯一明点)이다."라고 설하였다.

21 금강광명의 빛 사슬은 '외쎌도제루구귀(Ḥod gsal rdo rje lu gu rgyud)'의 옮김이다. 이것은 각성의 광휘가 본질적으로 오광명의 빛 덩어리로 존재함이 마치 끈으로 꿴 염주 모양과 같이 존재함으로서 그렇게 부른다.

22 이 구절은 '무분별의 스스로 가림 없이 밝게 빛나는 속에서'를 뜻하는 '똑메랑쎌젠빠르깝쑤치(rTog me raṅ gsal rjen par skyabs su mchi)'의 옮김이다.

각성의 화신

막힘없고 스스로 밝고 빛나는 편만한 대비의[23]
스스로 일어나고 스스로 해탈하는 사념들은
막힘없는 각성의 활력이 내뿜는 유희의 광선,[24]
무분별의 상태에서 중생의 무명을 멸하심에
삼세와 시종조차 없는 상태에서 귀의합니다![25]

대승의 발심

께마! 모든 법이 공성이자 무아임에도
그와 같이 모르는 중생들은 가여워라!
대비의 대상인 그들이 보리를 얻도록
저는 삼문의 선업 닦기를 분발합니다!

육도세계의 중생들의 행복을 위해
지금부터 무상정각을 얻을 때까지,
나 혼자만이 아닌 뭇 중생들을 위해

---

23 이 구절은 화신의 본질을 설명한 것으로 풀어 쓰면, '각성의 사념이 막힘이 없으며, 오묘한 방편의 지혜가 막힘없이 빛나고, 온갖 변화신이 일체에 두루 미치는 대비의 화신'을 뜻한다.

24 이 구절은 '쌰르돌각메릭짤롤빠쎄르(Śar grol ḥgags med rig rtsal rol paḥi zer)'의 옮김이다.

25 이 구절의 의미는 『틱레꾼쎌첸뽀』에서, "여타의 모두는 명언(名言)일 뿐이니, 진실한 의취가 그와 같이 머무름이 사물의 도리다. 자생의 지혜인 까닭에 원초불에는 원인이 없음으로써 처음과 끝이 없는 무시무종불(無始無終佛)이다."라고 한 것과 같이, 삼세도 없고 시종도 없는 법성의 상태에서 그와 같은 자기 각성의 활력인 대비의 보리심에 귀의함을 말한다.

위없는 보리를 얻으려 발심합니다!

측량조차 못할 고통의 바다 속에서
자승자박하는 무법자들은 가여워라!
대비의 대상들을 안락으로 인도코자
위없는 보리를 얻으려 발심합니다!

나와 무량한 중생들은 모두가 다
본래 그대로 붓다의 본성인 것이니,
이것을 인증하는 대보살이 되고자
위없는 보리를 얻으려 발심합니다!

세상이란 윤회의 바다가 환상이듯
유위의 일체법은 영원하지 못하여,
자성이 공하고 자아마저 없음에도
이것을 모르는 어린애 같은 범부들!

고로 십이연기의 윤회계에 떨어져
이름과 형상을 탐착하는 범부들이,
모두 붓다가 되도록 저는 몸·말·뜻
삼문(三門)의 선업 닦기를 분발합니다!

붓다와 달마, 승가의 삼보님께 저는
대보리를 얻을 때까지 귀의합니다!

제가 행한 보시 등의 이 선근들로
중생의 행복 위해 성불하게 하소서!
무량한 중생들을 하나도 버림 없이
모두 인도하는 스승이 되게 하소서!

사무량심의 수습

모든 중생들이 영원토록
안락 속에 머물게 하소서!
모든 중생들이 영원토록
고통과 그 원인을 여의게 하소서!

모든 중생들이 영원토록
고통 없는 안락을 누리게 하소서!
모든 중생들이 영원토록
분한과 탐욕을 여의고 평등 속에 머물게 하소서!

죄장의 정화와 백자진언

나의 정수리 연화일월 보좌 위에
스승이신 금강살타께서 계시오니,
몸빛은 수정처럼 희고 심장 위의
월륜 위엔 하얀 훔(ཧཱུྃ) 자가 빛나고
그 둘레를 백자진언이 에워쌌다.

금강살타의 진신에서 흘러내리는
하얀 감로수의 흐름이 내 정수리
대락륜(大樂輪) 속으로 흘러 들어와
나의 서언퇴실과 죄장을 정화한다.

길상하신 금강살타 세존이시여!
저와 중생들의 죄업과 장애들을,
하나도 남김없이 정화하기 위해
지금 지혜 감로수를 내려 주소서!

옴 바즈라 싸뜨와 싸마야 마누 빨라야, 바즈라 싸뜨와 뜨에노 빠띳타, 드리도 메 바와, 쑤또쇼 메 바와, 쑤뽀쇼 메 바와, 아누락또 메 바와, 싸르와 씻딤 메 쁘라얏차, 싸르와 까르마 쑤짜 메, 찟땀 쓰리얌 꾸루 훔, 하 하 하 하 호, 바가완 싸르와 따타가따, 바즈라 마 메 문짜, 바즈라 바와, 마하 싸마야 싸뜨와 아:

제가 법답게 알지 못하고 몽매해서
서언의 준수 경계를 어기고 퇴실하니
스승이며 의호인 당신은 구호하소서!

백부의 주존이신 금강살타 세존은[26]

---

26 이 구절은 '주존(主尊)이신 길상하신 집금강(執金剛)'을 뜻하는 '쪼오뻴댄도제진빠떼(gTso bo dpal ldan rdo rje ḥdzin pa ste)'의 옮김이다. 여기서 주존은 백부(百部)의 주존을, 집금강은

자비의 법주이며 중생의 도사이니
저와 중생들을 구호하여 주소서!
모든 죄장과 타죄와 더러움 등을
남김없이 씻어서 정화하여 주소서!

이러한 선근으로 저 또한 신속하게
지금 여기서 금강살타를 이룬 뒤에,
단 하나의 유정조차도 버림이 없이
당신의 경지로 속히 인도케 하소서!

금강살타여! 당신과 같은 색신과
권속과 수명의 한도와 정토 등과
당신의 아름다운 상호와 꼭 같은
그것을 저희들 또한 얻게 하소서!

금강수(金剛手)가 아닌 금강살타를 말한다. 『쌍개냠조르(諸佛平等和合續)』에서는 금강살타의 의미를 "금강살타는 제불의 실질이며, 금강살타는 대락의 지존이며, 대비밀의 환희이며, 일체의 주존으로 항상 머문다."고 하였다. 그러므로 여기서 일체는 곧 제불과 권속들을 모두 일컫는 말인 백부를 뜻한다. 다시 말해, 제불권속들을 그 속성에 의해 분류하면, 처음 다섯 부족(오종성불)으로 나눠지고, 하나의 부족은 다시 다섯 부족을 가짐으로써 25부족이 되고, 25부족마다 삼신(三身)과 지신(智身) 넷을 더함으로써 도합 100종성(種姓) 또는 100부족(部族)을 이룬다.

만다라[맨달][27] 공양

옴 바즈라 부미 아: 훔!

[만다라 법구의] 기판이

대력의 황금 땅으로 바뀐다.[28]

옴 바즈라 레케 아: 훔!

[만다라 법구의] 바깥 주변을

보석의 철위산이 둘러싼다.

맨달의 중앙에는 산왕(山王)인 수미산이 있으니

다섯 보석으로 건립되고 산세가 웅장하며,

산세가 수려하여 감탄이 저절로 일어나고

칠금산과 일곱 향수해[29]가 주위를 감쌌다.

---

27 여기서의 만다라(Maṇḍala, 曼荼羅)는 모래나 광목 등에 그려진 만다라가 아니라, 구리나 금과 은 등으로 만든 둥근 판 모양의 의식용 법구인 맨달(曼荼羅)을 말한다. 처음 티베트에서 맨달 작법을 수용해서 수행도로 삼은 것은 과거 까담빠의 조사들이며, 그들은 이것을 수복정죄의 방편으로 활용해서 성불의 두 자량을 쌓았다. 특별히 생기와 원만차제를 닦기 위한 전행(前行)의 하나로 크게 중시한다.

28 이 구절은 '시마왕첸쎄르기싸시르규르(gShi ma dbaṅ chen gser gyi sa gshir gyur)'의 옮김이다. 여기서 대력(大力)의 황금 땅이란, 대지가 유정무정의 모든 만물을 출생시키는 큰 힘을 소유한 까닭에 붙인 명칭이다.

29 칠금산(七金山)과 일곱 향수해(七香水海)란 수미산을 둥글게 에워싸고 있는 일곱 겹의 산과 바다를 말한다. 『구사론』에 의하면, ①쌍지산(雙持山)은 높이와 넓이가 각각 42,000유순이며, ②지축산(持軸山)은 높이와 넓이가 각각 21,000유순이고, ③담목산(檐木山)은 높이와 넓이가 각각 12,000유순이고, ④선견산(善見山)은 높이와 넓이가 각각 6,000유순이고, ⑤마이산(馬耳山)은 높이와 넓이가 각각 3,000유순이고, ⑥장애산(障礙山)은 높이와 넓이가 각각 1,200유순이며, ⑦지지산(持地山)은 높이와 넓이가 각각 600유순이라고 한다. 『시륜경(時輪經)』에 의하면, 일곱 향수해는 ①염해(鹽海), ②주해(酒海), ③수해(水海),

동쪽에는 쁘르와위데하, 남쪽에는 잠부위빠,
서쪽에는 아빠라고다니야, 북쪽에는 웃따라꾸루,
이렇게 사대주가 사방에 펼쳐져 있으며,

데하와 위데하, 짜마라와 아빠라짜마라,
쌰타와 웃따라만뜨리나, 꾸라와와 까우라와,
여덟 소주[30]가 사대주에 각각 딸려 있다.

하늘에는 일월과 라후와 께뚜[31]가 있고
[동승신주의 보산과 남섬부주의 여의수와
서우화주의 여의우와 북구로의 천생도와
윤왕칠보와 여의보병과 보산과
보당과 여덟 공양천녀 등등의][32]

---

④유해(乳海), ⑤낙해(酪海), ⑥수해(酥海), ⑦밀해(密海)이다.

30 여덟 소주(八小洲)는 사대주(四大洲) 각각에 딸린 두 개의 섬들을 말한다. 동승신주의 북쪽 섬인 데하(身洲)와 남쪽 섬인 위데하(勝身洲), 남섬부주의 서쪽 섬인 짜마라(拂洲)와 동쪽 섬인 아빠라짜마라(別拂洲), 서우화주의 북쪽 섬인 쌰타(小行洲)와 남쪽 섬인 웃따라만뜨리나(勝道行洲), 북구로주의 북쪽 섬인 꾸라와(惡音洲)와 서쪽 섬인 까우라와(惡音對洲)이다.

31 라후성(羅睺星)은 티베트 역법(曆法)에서 말하는 구요(九曜)의 하나로, 형상은 관측이 불가능하나 그 위치에 따라 월식을 일으킨다. 께뚜(劫火)는 라후미(羅睺尾)라고도 하며, 구요의 하나이다. 라후성 반대편에 위치한다.

32 이것들은 티베트불교에서 일반화된 37공맨달(三十七供曼荼羅) 의식에 사용되는 물품들을 말한다. 곧 바르는 향인 도향(塗香)과 꽃으로 장식된 황금의 대지 위에, 수미산과 사대주와 팔소주, 동승신주의 보산(寶山)과 남섬부주의 여의수(如意樹), 서우화주의 여의우(如意牛)와 북구로주의 천생도(天生稻), 해와 달, 윤왕칠보(輪王七寶)와 여의보병(如意寶甁), 보산(寶傘)과 보당(寶幢), 여덟 공양천녀(供養天女) 등의 37가지 공물을 관상으로 생기해서 안치한 뒤 공양한다.

인천의 재부와 진보를 다 갖춘 만다라를,
지존하신 스승님과 권속들께 바치오니
중생의 이락을 위해 대비로 받아 주소서!

옴 아 훔!
유정무정의 삼천대천세계의 무량궁전 가운데
수미와 대소주, 하늘을 덮는 온갖 공양 구름과,
인간과 천상의 무량한 진보들을 가득히 채워
지존하신 스승님과 화신의 정토에 바치오니,
대자비로 저희를 연민하여 받아 주시고 또한
일체중생이 화신의 정토에 태어나게 하소서!

옴 아 훔!
내 육신의 청정한 맥도(脈道)의 무량궁전에
광채가 찬란한 다섯 감각기관을 장엄하고,
내대와 내근[33]이 청정한 이 육신 만다라를
지존하신 스승님과 보신의 정토에 바치오니,
대자비로 저희를 연민하여 받아 주시고 또한
일체중생이 보신의 정토에 태어나게 하소서!

---

33 내대(內大)는 육신을 구성하는 내오대(內五大)를, 내근(內根)은 육신의 감각기관을 말한다.

옴 아 훔!
한 마음의 청정한 법신의 무량궁전 가운데
무소연과 밝음과 공성, 무집착의 상태 속에,
원래 존재하는 본래청정의 이 원시지혜[34]를
지존하신 스승님과 법신의 정토에 바치오니,
대자비로 저희를 연민하여 받아 주시고 또한
일체중생이 법신의 정토에 태어나게 하소서!

옴 아 훔!
환희가 솟아나는 이 절륜한 맨달을 바치오니
보리를 닦는 길에 장애들이 일어나지 않으며,
삼세의 제불여래의 심오한 밀의를 증득하여
윤회에 미혹되지 않고 열반에도 머물지 않고
허공계가 다하도록 중생들을 구제토록 하소서!

옴 아: 훔 마하구루 데와 다끼니 라뜨나 만달라 뿌자 메가 싸무드라 쓰파라나 싸마예 아: 훔!

전승 법계의 기원문

옴 아 훔!

---

34 원시지혜(原始智慧)는 '눅매예시(gÑug maḥi ye śes)'의 번역으로, 유정들의 마음에 본래부터 기본적으로 존재하는 붓다의 지혜를 말한다.

본초불이신 법신불 싸만따바드라와
제6불이신 바즈라다라(持金剛佛)[35]와,
구세의 주존이신 불심의 금강살타와
곌와공귀[36]의 전승자들께 기원합니다!

화신의 대지명 가랍도제(妙喜金剛)[37]와
여래의 법왕자 쓰리씽하(吉祥獅子)[38]와,
금강신의 성취자 빠마중내(蓮花生)[39]와

---

35 지금강불(持金剛佛)로 번역되는 바즈라다라(Vajradhara)는 오종성불(五種姓佛)이 결합한 최고의 보신불로, 밀교에서 추구하는 이상적인 붓다이다. 『림응아된쌜(五次第明燈)』에서는 지금강불의 의미를 "일체종성의 우두머리이고, 시초와 종말이 없으며, 본초의 붓다이고, 대명(大明)을 지닌 유정의 모습이고, 지혜의 본신이고, 자성광명의 본성이며, 삼계의 주인이고, 삼신의 본체이며, 삼승(三乘)의 법주이고, 삼세의 주존(主尊)이며, 삼금강(三金剛)의 본신이고, 이제(二諦)의 본질이다."라고 설명하였다.

36 곌와공귀(rGyal ba dgoṅs brgyud, 佛意傳承)는 본초불 싸만따바드라와 바즈라다라로부터 오불여래 등으로 전승되는 붓다들의 밀의(密意)의 전승을 말한다.

37 가랍도제(dGaḥ rab rdo rje, 極喜金剛)는 금강살타의 화신으로 알려져 있다. 화염산시림(火焰山尸林)에서 금강수보살로부터 6,400,000게송의 족첸 딴뜨라(大圓滿續)를 청문한 뒤, 문자로 기록해서 인간세계에 처음으로 전파한 족첸 딴뜨라의 시조이다.

38 쓰리씽하(Śrisiṅha, 吉祥獅子)는 티쏭데짼 왕의 초청으로 티베트에 들어온 인도의 고승으로, 잠뻴쎼녠으로부터 족첸을 전수받은 뒤 구결부(口決部)를 다시 외부(外部)·내부(內部)·비밀부(秘密部)·무상비밀부(無上秘密部) 넷으로 분류하여 이해하기 쉽게 만든 후 비장하였다.

39 빠마중내(Padma ḥbyuṅ gnas, 蓮花金剛)는 구루 빠드마쌈바와(蓮花生)를 티베트어로 옮겨서 부르는 이름이다. 닝마빠(古派)의 개조이자, 제2의 붓다로서 티베트에서 법왕 티쏭데짼과 아사리 쌴따락시따(寂護)와 함께 사군삼존(師君三尊)으로 추앙받는 인물이다. 특히 티베트에 밀교를 전수함과 동시에 수많은 비장 경전들과 성물들을 은닉해서 후대의 중생들을 이롭게 하고, 여래의 교법이 지상에 장구히 머물도록 기원하였다. 티베트 교화를 마친 뒤 열반에 들지 않고 육신 그대로 나찰들의 땅인 응아얍(拂洲)의 적동산(赤銅山)에 있는 자신의 정토인 빠드마위마나(蓮花光)로 돌아갔다고 한다.

릭진다귀[40]의 전승자들께 기원합니다!

쌉떼르[41]의 법주인 까르마 링빠와
마음의 아들인 닌다최제(日月法主)와,
탁세의 구호자 닌다외쎄르(日月光)와
강싹낸귀[42]의 전승자들께 기원합니다!

근본전승의 중추가 되는 스승님들과
현공일여의 적정과 분노의 세존들과,
바다와 같은 다끼니와 호법신중들의
수행삼존[43]의 성중들께 기원합니다!

기틀대로 교화하는 구전법계 스승이시여!
당신의 교법이 크게 쇠퇴하고 조락하여,
탁세에 태어난 유가행자는 낙망하오니

---

40 릭진다귀(Rig ḥdzin rda brgyud, 持明標傳)는 여래의 밀의가 나찰의 위드야다라 로대탑댄(智方便)과 인간의 위드야다라 리짜비(無垢稱) 등을 통해서 전승되는 까닭에 그렇게 부른다. 특히 티베트에서는 구밀(舊密)에서 보존하는 비공통의 특수한 구결로서, 단지 기호와 표시 등을 통해서 묘법을 소개하는 구루의 전승을 말한다.

41 쌉떼르(Zab gter, 深奧伏藏)는 18가지 복장법(伏藏法) 가운데 하나이며, 부정한 번뇌의 착란이 소진한 청정한 마음 위에 나타나는 심오한 정상복장(淨相伏藏)을 말한다.

42 강싹낸귀(Gaṅ zag sñan brgyud, 補特伽羅耳傳)는 8세기경에 티베트에서 구루 빠드마쌈바와와 비말라미뜨라(無垢友) 등이 제자들에게 내밀유가(內密瑜伽)의 구결을 직접 설한 뒤, 점차 구전으로 이어져오는 구이전승(口耳傳承)의 가르침을 말한다.

43 수행삼존(修行三尊)은 '짜쑴(rTsa gsum, 三根本)'의 옮김으로, 가피의 근본인 스승님과 성취의 근본인 본존불과 조력과 식멸의 근본인 다끼니와 호법신의 셋을 말한다.

일체중생을 윤회의 수렁에서 건져 주소서!

슬픈 곡조로 애절하게 당신을 부르오니
숙세의 강렬한 서언을 지금 상기하시어,
허공 속에 미려한 상호의 존안을 현시해
일체중생을 윤회의 수렁에서 건져 주소서!

문공일여[44]의 청아한 범음[45]을 발출하고
당신의 보배로운 마음의 창고를 연 뒤,
대지와 대비의 눈부신 광선을 발산하여
일체중생을 윤회의 수렁에서 건져 주소서!

말세의 모든 중생들을 지금 구제하여 주소서!
사관정[46]의 청정한 법수를 지금 부어 주소서!
번뇌로 혼란한 네 마음[47]을 지금 풀어 주소서!
일체중생을 윤회의 수렁에서 지금 건져 주소서!

---

44 문공일여(聞空一如)는 귀로 듣는 소리는 본래 자성이 없어 공성과 둘이 아님을 말한다.

45 범음(梵音)은 범천왕의 우레와 같이 크고 아름다운 음성을 말한다.

46 사관정(四灌頂)은 신금강을 성취하는 보병관정(寶甁灌頂)과 어금강(語金剛)을 성취하는 비밀관정(秘密灌頂), 의금강을 성취하는 반야관정(般若灌頂)과 무학쌍운(無學雙運)의 지금강불(持金剛佛)의 과위를 얻게 하는 구의관정(句義灌頂) 또는 제사관정(第四灌頂) 넷을 말한다.

47 네 마음은 '귀시(rGyud bshi, 四續)'의 옮김이다. 이것은 사관정을 받고 나서 닦는 네 단계의 부정한 심상속(心相續)을 의미하는 것으로 보인다.

여래선서의 사신[48]의 과위를 지금 내려 주소서!
무량한 부모님들과 허공처럼 무변한 중생들을
남김없이 다 인도하는 큰 스승이 되게 하소서!
일체중생을 윤회의 수렁에서 지금 건져 주소서!

사관정의 획득

지존하신 스승님 부모양존의 정문에서
옴(ༀ) 자의 눈부신 백색 광명이 솟아나와
내 미간의 백호 속으로 흘러 들어와,
보병관정을 받고 몸의 죄장을 맑히니
제게 신금강의 성취를 베풀어 주소서!

지존하신 스승님 부모양존의 인후에서
아:(ཨཱཿ) 자의 눈부신 적색 광명이 솟아나와
내 어문(語門)의 혀끝으로 흘러 들어와,
비밀관정을 받고 말의 죄장을 맑히니
제게 어금강의 성취를 베풀어 주소서!

지존하신 스승님 부모양존의 심장에서
훔(ཧཱུྃ) 자의 눈부신 청색 광명이 솟아나와

48 사신(四身)은 붓다의 몸을 성격에 따라 구분한 것으로 자성신(自性身)·지혜법신·수용보신·변화신(變化身) 넷을 말한다.

내 심장 만다라 가운데로 흘러 들어와,
지혜관정을 받고 뜻의 죄장을 맑히니
제게 심금강의 성취를 베풀어 주소서!

지존하신 스승님 부모양존의 배꼽에서
흐리(ཧྲཱི) 자의 눈부신 녹색 광명이 솟아나와
내 배꼽 짜끄라 가운데로 흘러 들어와,
삼문을 각각으로 보는 분별장애를 씻고
불이일미의 구생의 제4관정을 받는다!

거룩하고 존귀하신 스승이시여!
나의 정수리 연화의 꽃술 위에
이별 없이 영원토록 좌정하소서!
진리의 큰 은총으로 섭수하시어
삼금강[49] 성취를 베풀어 주소서!

스승이시여! 당신과 같은 색신과
권속과 수명의 한도와 정토 등과,
당신의 아름다운 상호와 꼭 같은
그것을 저희들 또한 얻게 하소서!

---

49 삼금강(三金剛)은 붓다의 신금강(身金剛)과 어금강(語金剛), 의금강(意金剛) 셋을 말하며, 이것은 곧 붓다의 화신과 보신, 법신 셋을 성취함을 뜻한다.

【 이 법구들은 적정과 분노존의 심오한 밀의를 통한 자연해탈의 전행인 자기 몸과 마음의 정화행법의 보유로 이용해도 좋다.

이 금강승의 유가행법은 복장대사 까르마 링빠의 장자인 최제링빠(Chos rje gliṅ pa)의 수행구결이다. 이것을 그의 마음의 아들인 구루 쑤르야짠드라·라쓰미(Surya candra raxmi, 日月光)가 글자로 기록하다. 】

3장 정맹백존의 법행(法行)을 통한 훈습의 자연해탈[1]

꾼뚜쌍뽀(싸만따바드라)와 체촉헤루까(최승음혈불)와 적정과 분노존의 세존들과 청정한 백부종성의 성중들께 공경히 예배합니다. 제가 바르도(中有)에서 해탈한 뒤에도 모든 유정들이 삼신(三身)의 진실 속에 머무르게 하소서!

【 선근과 복분을 타고난 믿음 깊은 선남선녀들이여! 적정과 분노존의 성중들이 운집한 이 광명의 법행(法行)을 하루 세 때 잊지 않고 일심으로 염송하고 수습하라. 】

---

1 원제목은 "최쬐박착랑돌(Chos spyod bag chags raṅ grol)"이다. 글 뜻은 '릭빠(覺性)의 눈부신 광명의 법을 닦고 익힘을 통해서, 자기의 몸과 마음이 제불보살이 운집한 만다라임을 모르는 무지를 깨닫고, 몸과 마음, 언어의 죄장과 누습을 정화하여 스스로 해탈하는 법'이다.

열 가지 선업의 수습

【 처음 선업의 공덕을 닦고 쌓는 열 가지 수행법은 다음과 같다. 영원한 귀의처인 삼보자존과 정맹백존을 자기의 전면 허공 속에 관상(觀想)으로 앙청하여 모신 뒤 다음과 같이 수습하라. 】

귀의(歸依)

옴 아 훔!
가없는 허공계의 무변한 불국토에 머무시는
바다와 같은 선서들과 무량한 정맹세존들과,
거룩한 삼보자존과 수행의 본존이신 이담과
바다와 같이 무량한 다끼니와 호법신중들께,
지금부터 원만보리를 성취하는 그 순간까지
한순간도 여읨이 없이 공경히 귀의하옵니다.

앙청(仰請)

법성의 광대무변한 진여의 법계에서[2]
지혜와 방편, 대비의 몸으로 화현해,
시방세계와 사시[3]에 항상 머무시는
무량한 적정과 분노존의 세존들께선
중생의 이락을 위해 예에 강림하소서.

---

2 이 구절은 '최니잉끼랍잠롱양내(Chos ñid dbyiṅs kyi rab ḥbyams kloṅs yaṅs nas)'의 옮김이다.

3 사시(四時)는 과거·현재·미래의 삼시(三時)에 평등시(平等時)를 더한 것이다. 다시 말해, 윤회계의 삼시와 법성의 무시간(無時間) 넷을 말한다.

청좌(請坐)

청정한 외현세계인 이 지혜 만다라의
온갖 보석으로 장엄한 사자보좌 위에,
더러움을 여읜 청정한 연꽃 속에 펴진
반야와 방편을 상징하는 일월의 법좌에
무루의 대환희로 앉으시길 청하옵니다.

예배(禮拜)

싸만따바드리의 바가의 비밀궁전[4]에서
싸만따바드라의 무루의 대희열[5]로부터,

---

4 바가의 비밀궁전은 연꽃으로 상징되는 불모 싸만따바드리(普賢佛母)의 여음(女陰)을 말한다. 밀교에서 여성의 성기는 제법이 발생하는 장소이자 터전으로 비유한다. 『롱쌜(虛空淸海界明續)』에서, "불모의 여음의 하늘은 모든 붓다들의 심오한 비밀 만다라이다. 사지(四智)의 본성에서 불이의 관정을 베푼다."라고 하였듯이, 불모의 바가는 밀교의 모든 깨달음과 공덕들이 산출되는 바탕이자 법계이다. 그러므로 『디메썈귀(一切懺悔無垢王續)』에서, "호! 삼천대천세계의 광대무변한 이 공간은 승의에 있어서 법계이며, 불모의 하늘이며, 바가의 광대한 공간이며, 청정한 자성 만다라인 여기에 머무는 선서(善逝)의 권속과 바다와 같이 무변한 제불들께 예배합니다."라고 하였다. 더 내밀한 뜻은 밀교의 경궤들을 열람하기 바란다.

5 무루의 대희열은 '싹빠메빠르데(Zag pa med par bde)'의 옮김이다. 이것은 정맹백존이 무루의 안락과 희열에서 출현한 것임을 밝힌 것이다. 이 뜻을 『쌍와닝뽀(秘密藏續)』에서 다음과 같이 설하였다. "그 뒤 능작(能作)의 금강의(金剛意)인 세존 싸만따바드라께서 모든 일체법의 자성인 금강으로, 소작(所作)의 법인 불모 싸만따바드리 [여음(女陰)] 속으로 들어갔다. [그곳에] 들어감으로 해서 시방(十方)과 사시(四時)에 [안주하는] 모든 여래들 전부가 하나의 자성으로 분리됨이 없어, 여래께서 여래 자신에게 찬사를 이와 같이 행했다. '에 마호! 금강온(金剛蘊)의 지분[오온]들은 원만한 붓다인 오불(五佛)로 알려졌다. 허다한 처계(處界)[육근육경]들의 일체가 보살들의 만다라이며, 땅과 물 원소는 붓다로짜나(佛眼佛母)와 마마끼(有我佛母)이다. (중략) 삼계는 본래로 붓다의 정토이며, 존재하는 모든 제법들은 붓다 외에 다른 것이 아니다. 붓다가 아닌 여타의 법을 붓다가 [찾을지라도] 얻지 못한다'고 말씀하였다."

출생하신 지혜의 붓다들인 정맹백존의
부모양존과 그 권속들께 예배하옵니다.

공양(供養)

바다와 같이 무량한 정맹의 제불여래께
안과 밖과 비밀의 광대한 삼종공양[6]을,
실제로 올리옵고 또한 마음으로 빚어서
중생의 이락 위해 바치오니 드시옵소서.

참회(懺悔)

무시이래로 지금까지 삼독에 이끌려서
악도에 윤회하는 원인으로 짓고 쌓은,
삼문의 죄업과 장애와 나쁜 습기들을
부끄럽게 여기고 간절히 참회하옵니다.

---

6 삼종공양은 외공(外供)·내공(內供)·비밀공(秘密供) 셋을 말하며, 여기에 진실공(眞實供)을 합해서 사공(四供)이라 한다. 외공은 일상의 공양물들인 꽃과 향, 등불, 도향, 음식 다섯 가지 등을 올리는 것으로 여기에는 실물공양과 마음으로 빚어서 올리는 의변공양(意變供養)이 있다. 내공은 사관정(四灌頂) 가운데 비밀관정과 연계해서 올리는 공양으로 대변·소변·인육·인혈(人血)·정액 등의 오감로(五甘露)가 있다. 비밀공은 반야관정 시에 금강아사리가 삼매의 상태서 산출하는 사희(四喜)의 공양을 말한다. 『쌍축(秘密儀軌)』에서, "[이근(二根)이] 결합한 교합의 대공양인, 방편과 지혜가 둘이 아닌 불이의 교합의 최승환희를 대길상의 만다라의 성중에게 바칩니다."라고 한 것과 같다. 진실공은 구의관정(句義灌頂)과 더불어 제일의의 대락의 지혜를 바치는 것을 말한다. 곧, "본초부터 자기 각성이 청정한 붓다로서, 공양의 대상과 행위와 물품 셋을 보고 얻지 못하는 무희론의 마하무드라(大印) 이것이 최승의 대락이다."라고 한 것과 같다.

수희(隨喜)

법계의 하늘을 가득 덮는 세간만물과
안락정토와 이타의 행위와 복덕들과,
보리심과 복혜의 공덕을 낳고 기르는
모든 선업들을 수희하고 찬탄하옵니다.

청전법륜(請轉法輪)

시방정토에 계시는 티끌처럼 수많은
제불여래께선 모든 중생들을 위하여,
구제의 본원으로 그 마음을 책려해
무변한 허공계를 가득히 채우시는
비밀법륜을 굴려 주시길 청하옵니다.

청불주세(請佛住世)

괴로운 윤회세계가 다하여질 때까지
중생을 위해 널리 이락을 베푸시며,
법계의 제불께선 한 분도 빠짐없이
열반에 들지 않고 머무시길 청하옵니다.

회향(廻向)

제가 짓고 쌓은 삼세의 선업으로
허공계에 충만한 모든 중생들이,
위없는 대승의 법기를 이룬 뒤에
정맹의 지위를 속히 얻게 하소서.

정맹백존의 만뜨라

옴 아: 훔 보디찟따 마하쑤카 즈냐나 다뚜 아:[7]

옴 루루 루루 훔 뵤 훔[8]

바즈라싸뜨와의 죄업 정화

생함이 없는 청정한 법계정토로부터
멸함이 없는 청명한 대명점 무량궁의
보석법좌의 연화일월의 보좌 위에서,
조작 없는 내 마음의 공성의 활력에서
명공의 각성이 금강살타로 출현한다.[9]

눈부신 하얀 몸빛에 미소를 머금은

---

7 16문자로 이루어진 이 자생의 만뜨라(OṂ ĀḤ HŪṂ BODHICITTA MAHĀSUKHA JÑĀNA DHĀTU ĀḤ)는 42적정의 붓다들의 밀의가 하나로 결합한 진언이다. 이것에 의해 분별의 덩어리가 본래청정의 대지혜의 법계 속에서 해탈한다.

8 여덟 인자문자(因子文字)로 구성된 이 만뜨라(OṂ RULU RULU HŪṂ BHYOḤ HŪṂ)는 분노하는 헤루까 60명의 밀의가 하나로 결합한 진언이다. 이것에 의해 번뇌의 분별들이 본래청정 대지혜의 법계 속에서 해탈하게 된다.

9 이 구절은 '랑릭쎌똥도제쎔빠르쌰르(Raṅ rig gsal stoṅ rdo rje sems par śar)'의 옮김이다. 자기 각성(릭빠)의 본질인 밝음(明)과 비어 있음(空)이 하나의 미묘한 색신으로 나타난 것이 금강살타임을 말한다. 그러므로 부뙨 린뽀체(1290~1364)는 정화행법의 주존인 금강살타(Vajrasattva)의 본뜻을, "두 자량의 길상(吉祥)함을 구족하고, 금강처럼 부서지지 않는 모양으로 장엄한 것이 금강살타이니, 이것이 전체적인 의미이다. 여기에서 금강(vajra)은 방편의 지혜이며, 살타(sattva)는 반야의 지혜이니, 이 둘이 각각이 아닌 일미(一味)임으로 길상(Śrī)이다. 이것은 내밀한 뜻이다. 또 금강은 일체가 공성이자 광명이며, 살타는 그것을 통효하는 지혜이며, 이 둘이 하나로 화합한 쌍운(雙運)이 금강살타이다."라고 『밀집금강명등(密集金剛明燈)』에서 설명하였다.

일면이비(一面二臂)의 금강살타께서,
금강저를 쥔 오른손은 가슴에 대고
금강령을 쥔 왼손은 배에 드리우니,
금강저는 명공일여[10]의 진실을 뜻하고
금강령은 현공일여[11]의 진실을 뜻한다.

머리는 오불보관[12]으로 장엄하시고
몸에는 보신을 상징하는 장식물들인
비단 법의와 보석 장신구를 걸치셨다.

오른발은 펴고 왼발은 접은 모습의
유희의 자세[13]로 보좌 위에 계시니,
심장 가운데 금강의 [백색] 훔 자를
백자주가 에워싸고 눈부시게 빛난다.

---

10 명공일여(明空一如)는 마음의 본성이 밝음을 여의지 않음이 명(明)이며, 동시에 그 자성이 비어서 자취가 없음이 공(空)이다. 밝음 속에 공이 드러나되 서로 화합하여 어기지 않는 이것이 마음의 본성이다.

11 현공일여(現空一如)는 모든 세간 현상들은 그 체성이 비어 있는 동시에, 비록 자성이 비어 있음에도 불구하고 사물이 무지개처럼 나타나서 상속되는 이치가 공성과 현상이 상응하고 화합하여 배척하지 않는 연기의 도리를 말한다.

12 오불보관(五佛寶冠)은 오종성불(五種姓佛)을 상징하는 보관으로, 앞부분은 오불을 상징하는 다섯 연꽃잎으로 되어 있고, 가운데는 머리칼을 묶은 정발(頂髮)이 솟아 있으며, 양 옆에는 비단의 띠가 달려 있다.

13 금강살타의 앉은 모양은 보통 양발을 교차한 금강가부좌를 취하나, 판본에 따라서 보살의 좌법으로 알려진 유희(遊戱)의 자세를 취하기도 한다.

옴 바즈라 싸뜨와 싸마야 마누 빨라야, 바즈라 싸뜨와 뜨에노 빠띳타, 드리도 메 바와, 쑤또쇼 메 바와, 쑤뽀쇼 메 바와, 아누락또 메 바와, 싸르와 씻딤 메 쁘라얏차, 싸르와 까르마 쑤짜 메, 찟땀 쓰리얌 꾸루 훔, 하 하 하 하 호, 바가완 싸르와 따타가따, 바즈라 마 메 문짜, 바즈라 바와, 마하 싸마야 싸뜨와 아:[14]

【 [심장의 월륜 위의 훔 자와] 백자진언에서 광명이 발산되어, [시방법계의 중생들을 비춰 그들의 죄장을 정화한 뒤, 시방의 제불보살님들의 모든 공덕을 빛의 형태로 거두어 모은 뒤, 다시 심장의 백자진언으로 수렴되어] 자리이타(自利利他)를 완수한 뒤 분별의 장애를 정화한다.

그러므로 정맹백존의 정수인 이 청정한 만뜨라를 번뇌와 소지의 두 장애를 소멸하기 위해서 산란 없이 전심으로 염송하라.】

---

14 이 백자진언(百字眞言)은 Thinlay Ram Shashni의 『도귀래중왜쌍악똘와(顯密眞言解說)』(Sarnath, India: Central Institute of Higher Tibetan Studies, 2003)에서 인용하여 보궐하였으며, 본문 중의 '쓰레야'는 독송의 편의를 위해 '쓰리얌'으로 고쳤다. 영문 표기는 다음과 같다. "OṂ VAJRA SATTVA SAMAYA MANU PĀLAYA VAJRA SATTVA TVENO PATIṢṬHA DṚḌHO ME BHAVA SUTOṢYO ME BHAVA SUPOṢYO ME BHAVA ANURAKTO ME BHAVA SARVA SIDDHIṂ ME PRAYACCHA SARVA KARMA SUCA ME CITTAṂ ŚRIYAM KURU HŪṂ HA HA HA HA HA HO BHAGAVĀN SARVA TATHĀGATA VAJRA MĀ ME MUÑCA VAJRA BHAVA MAHĀ SAMAYA SATTVA ĀḤ"

42적정존(寂靜尊)의 육신 만다라[15]의 수습

【 이와 같이 [번뇌의 장애와 분별의 장애인] 이장(二障)을 정화한 뒤, 정맹백존의 청정한 성중들을 자기의 육신 만다라에 생기(生起)해서 수습하고 기원을 드리도록 하라. 그리고 바르도의 기원은 다음과 같이 행하라. 】

심장의 다르마 짜끄라(法輪) 36존의 수습

자기 자신인 금강살타[16]의 보배로운 심장의 무량궁전 가운데, [오대원소의 청질(淸質)인] 오정(五精)이[17] 오광명의 명점(明点) [일원상(一圓相)][18] 으로 빛난다. 오성지(五聖智)가 눈부시게 빛나는 이 만다라 가운데 사자와 코끼리, 준마와 공작, 금시조의 보좌가 있다. 그 위에 연꽃과 일월이 포개진 각각의 법좌에는 36존의 적정의 붓다[19]들이 각성의 밝음과 공성이

---

15 보통 정맹백존의 만다라로 알려진 우리의 육체는 더욱 세분하면 21,312명의 붓다들이 머물고 출현하는 대장엄 만다라이다. 그러므로 『땐빠탐째끼부찍(一切教法獨子續)』에서, "자기 심장 가운데 오종성불이 권속들과 함께 (중략) 보배로운 광명이 불타는 몸으로 자기 심장 가운데 머문다. 자기 뇌 가운데 붓다의 분노신인 바즈라헤루까 (중략) 까르마헤루까와 모든 분노신의 무리들이 실제로 머물고 있다. (중략) 자기 몸에는 21,000개의 붓다의 마을이 존재한다. 그 모든 마을을 붓다의 몸들이 가득 채우고 있다. 여래선서의 몸들이 자기 몸의 맥도(脈道) 안을 가득히 채우며 머문다."라고 설하였다.

16 이것은 생기와 원만차제에서 자기 정수리 위에 관상으로 생기한 금강살타가 빛으로 용해되어 자기 몸속으로 흘러들어 죄장을 정화한 뒤, 최후에는 자신 또한 금강살타의 몸으로 변형되어 불이의 상태를 이루므로 그렇게 말한다.

17 오정(五精)은 '당마응아(Dwaṅs ma lṅa)'의 옮김이다. 오대원소를 청질(淸質)과 탁질(濁質)로 구분할 때, 청질인 오정은 오광명의 지혜의 빛과 청정한 몸으로 나타나고, 탁질은 윤회세계의 부정한 산하대지로 출현한다.

18 명점(明点)은 둥근 점을 뜻하는 '틱레(Tig le)'의 옮김이다. 내밀한 뜻은 "틱레(明点)는 [열반과 윤회의 일체법이 출생하는] 법계이다."라고 『쌍닝뀐쪽델(秘密心髓王續寶註)』에서 설한 것과 같다. 롱쏨최쌍, 『롱쏨최쌍기쑹붐(絨桑. 曲松文集 1冊)』(성도, China: 사천 민족출판사, 1999)

19 이것은 법성의 바르도에서 출현하는 42명 적정의 세존들 가운데 육도세계의 육불(六佛)을

서로 막힘없는 오광명의 몸으로 눈부시게 빛난다.

옴 아 훔!
나의 심장 가운데 명점의 법계 속에
본초불이자 불변광명(不變光明)의 몸인
청색 몸빛의 법신불 싸만따바드라와
백색 몸빛의 법계모 싸만따바드리가,
금강가부좌에 법계정인[20]을 맺으시고
불이의 교합상(交合相)을 현시하시며
명공일여의 연화일월좌에 앉아 계신다.
삼세제불들의 대시조이신 본초불께[21]
예배와 공양, 귀의와 기원을 드리오니,
저희들의 생명이 다해 몸이 바뀜과 동시
법성의 청정한 광명이 밝아 오는 그때,
싸만따바드라는 앞에서 끌어 주시고
싸만따바드리는 뒤에서 밀어주시어
싸만따바드라와 불이의 경지로 인도하소서!

제외한 불세존들을 말한다.

20 싸만따바드라(普賢如來)는 금강가부좌를 하고 있으며, 그 위에 성적으로 교합한 싸만따바드리(普賢佛母)는 연화좌(蓮華坐)를 하고 있다. 수인도 부존은 오른손을 위에 포갠 법계정인(法界定印)을, 모존은 왼손을 위에 얹은 법계정인을 각각 맺고 있다. 다른 오불모(五佛母)들도 연화좌를 취한다.

21 본초불 싸만따바드라를 대시조(大始祖)로 받드는 것은 보통 모든 붓다들의 조상으로 알려진 비로자나불을 비롯한 오방불(五方佛)마저 출생시키는 가장 원초가 되기 때문에 대시조 또는 최승의 붓다라 부른다.

【 만약 망자의 추선을 위하여 기원을 행하려면 '저희들' 대신 망인(亡人)의 이름을 넣도록 한다. 】

옴 아 훔!

[나의] 보배로운 심장 짜끄라(心輪)의 중앙 맥판(脈瓣) 위, 법계체성지[22]의 찬란한 광명의 법계 속에, 눈부신 청색[23] 몸빛의 비로자나불[24]과 다뜨위스와리(法界自在母)께서 불이의 교합상을 맺고, 각각 법륜[25]과 금강령[26]을 손에 잡고, 금강가부좌에 명공불이의 모습을 나투며 [사자의 보좌 위에] 앉아 계신다.

중앙의 [밀엄찰토(密嚴刹土)에 계시는] 여래부족의 주존(主尊)이신 비로자나불 합체존께 예배와 공양, 귀의와 기원을 드립니다.

---

22 『도제쎔빠닝기멜롱(金剛薩埵心鏡續)』에서, "각성이 불변함이 법계체성지(法界體性智)의 본질이다. 각성이 편사와 편향됨이 없음이 법계체성지의 본질이다. 각성이 내심과 외경의 경계를 벗어남이 법계체성지의 본성이다. 각성이 가장자리가 없음이 법계체성지의 본질이다."라고 설하였다.

23 원문은 '눈부신 백색'을 뜻하는 '까르쌜(dKar gsal)'이나 '청색'으로 고쳤다. 이유는 『바르도퇴돌』의 전편에 걸쳐 상이하게 나오는 비로자나불과 금강살타의 역할과 색상을 일치시키기 위함이다. 『바르도퇴돌』은 구루 빠드마쌈바와께서 족첸 딴뜨라의 핵심 교설들을 취합 편찬해서 구술한 관계로 통일성을 잃게 된 것이다.

24 롱첸랍잠의 『쌍델촉쭈뮌쎌(秘密藏十方暗黑除滅論)』에서, "대아사리 비말라미뜨라(無垢友)의 『린뽀체된마(寶燈論)』에서 '머무름이 없는 법계의 만다라를 꾼쌍얍윰(普賢父母尊)이라 한다. 여기에서 보신을 일으키면, 그것을 오종성불이라 한다. 변화신으로 중생의 이익을 행하면 금강저를 쥔 금강살타이며, [변화신이] 무수한 탓으로 말하지 못한다'고 설한 것과 같이, 보신불의 만다라로 스스로 나타날 때 오불의 주존은 비로자나불이니, 곧 꾼쌍얍윰이다."라고 설하였다.

25 최잉똡댄의 『도귀린뽀체죄슉』 3권에서, "비로자나불(大日如來)은 번뇌의 그물을 절단하고, 법 바퀴를 굴리는 표시로 오른손에 법륜을 들고 있다."고 설명하였다.

26 금강령(金剛鈴)은 금강저(金剛杵)와 한 쌍이며, 공성과 반야의 지혜를 상징한다.

저희들의 생명이 다해 몸이 바뀜과 동시에, 청정한 법성의 바르도의 광경이 출현하는 그때, 모질고 두터운 무지로 인하여 [그것을 깨닫지 못하고] 윤회의 수렁 속을 유랑할 때, 법계체성지의 밝은 광명의 길로 비로자나불은 앞에서 이끄시고, 다뜨위스와리는 뒤에서 밀어주시어, 두려운 바르도의 험로에서 구원하여 주소서! 붓다의 정등각지(正等覺地)로 인도하여 주소서!

옴 아 훔!

[나의] 보배로운 심장 짜끄라의 동쪽 맥판 위, 대원경지[27]의 찬란한 광명의 법계 속에, 눈부신 백색[28]의 금강살타불과 붓다로짜나(佛眼佛母)께서 불이의 교합상을 맺고, 각각 금강저[29]와 금강령을 손에 잡고, 금강가부좌에 명공불이의 모습을 나투며 [코끼리 보좌 위에] 앉아 계신다.

[동방의 금강살타 합체존의] 우측에는 백색의 끄시띠가르바(지장보살)가 새싹[30]과 금강령을 들고 계시며, 왼쪽에는 백색의 마이뜨레야(미륵보살)가 용목(龍木)[31]과 금강령을 들고 계신다. 앞쪽에는 백색의 라쓰야(구희

---

27 『도제쎔빠닝기멜롱(金剛薩埵心鏡續)』에서, "각성이 밝게 빛나고 맑음이 대원경지(大圓鏡智)의 본질이다. 각성이 둥근 광명으로 머묾이 대원경지의 본질이다. 각성이 편향됨이 없음이 대원경지의 본질이다. 각성이 밝게 빛나도 뒤섞임이 없음이 대원경지의 본질이다."라고 하였다.

28 원문은 '눈부신 청색'을 뜻하는 '팅쎌(mThiṅ gsal)'이나 '백색'으로 고쳤다.

29 "금강살타[아축불(不動如來)]는 공성과 대비가 둘이 아님을 나타내는 표시로 오른손에 금강저를 들고 있다."고 『도제쎔빠닝기멜롱』에서 설명하였다.

30 "끄시띠가르바는 지혜의 싹을 틔어줌으로서 보석으로 된 새싹을 들고 있다."고 하였다.

31 "마이뜨레야는 번뇌의 열독을 없앰으로서 나가목(龍木)을 들고 있다."고 하였다.

천모)가 유희 자세로 거울[32]을 들고 계시며, 뒤쪽에는 백색의 쁘스빠(구화천모)가 유희의 자세로 연꽃[백련][33]을 들고 계신다. 금강부족의 주존과 남녀 보살 여섯 분들께 예배와 공양, 귀의와 기원을 드립니다.

저희들의 생명이 다해 몸이 바뀜과 동시에, 청정한 법성의 바르도의 광경이 출현하는 그때, 모질고 두터운 성냄으로 인하여 [그것을 깨닫지 못하고] 윤회의 수렁 속을 유랑할 때, 대원경지의 밝은 광명의 길로 금강살타불은 앞에서 이끄시고, 붓다로짜나 불모는 뒤에서 밀어주시어, 두려운 바르도의 험로에서 구원하여 주소서! 붓다의 정등각지로 인도하여 주소서!

옴 아 훔!
[나의] 보배로운 심장 짜끄라의 남쪽 맥판 위, 평등성지[34]의 찬란한 광명의 법계 속에, 눈부신 금색의 라뜨나쌈바와(보생여래)와 마마끼(有我佛母)께서 불이의 교합상을 맺고, 각각 보주[35]와 금강령을 손에 잡고, 금강가부좌에 명공불이의 모습을 나투며 [준마의 보좌 위에] 앉아 계신다.

[남방의 보생여래 합체존의] 우측에는 금색의 싸만따바드라(보현보살)가

---

32 "라쓰야(具嬉天母)는 모든 형색(形色)이 여래장(如來藏)의 본질임을 나타냄으로서 금강권(金剛拳)을 쥔 모습을 하거나 또는 거울을 쥐고 있다."고 하였다.

33 "쁘스빠(具花天母)는 37보리도품(菩提道品)을 표시함으로서 꽃바구니를 들고 있다."고 하였다.

34 『도제쎔빠닝기멜롱』에서, "각성이 동요가 없이 머무름이 평등성지(平等性智)의 본질이다. 각성이 좋고 나쁨을 떠남이 평등성지의 본질이다. 각성이 분별의 경계에서 벗어남이 평등성지의 본질이다."라고 하였다.

35 "라뜨나쌈바와는 유정들의 희원을 채워주고, 공덕을 자연성취한 표시로 여의보주를 들고 있다."고 『도제쎔빠닝기멜롱』에서 설명하였다.

이삭[36]과 금강령을 들고 계시며, 왼쪽에는 금색의 아까쌰가르바(허공장보살)가 이검[37]과 금강령을 들고 계신다. 앞쪽에는 금색의 말라(구만천모)가 유희의 자세로 주만(珠鬘)[38]을 들고 계시며, 뒤쪽에는 금색의 두빠(구향천모)가 향로[39]를 들고 유희의 자세로 계신다. 보생부족의 주존과 남녀보살 여섯 분들께 예배와 공양, 귀의와 기원을 드립니다.

저희들의 생명이 다해 몸이 바뀜과 동시에, 청정한 법성의 바르도의 광경이 출현하는 그때, 모질고 두터운 교만으로 인하여 [그것을 깨닫지 못하고] 윤회의 수렁 속을 유랑할 때, 평등성지의 밝은 광명의 길로 보생여래는 앞에서 이끄시고, 마마끼 불모는 뒤에서 밀어주시어, 두려운 바르도의 험로에서 구원하여 주소서! 붓다의 정등각지로 인도하여 주소서!

옴 아 훔!
[나의] 보배로운 심장 짜끄라의 서쪽 맥판 위, 묘관찰지[40]의 찬란한 광명의 법계 속에, 눈부신 적색의 아미따바(아미타불)와 빤다라와씨니(白衣佛母)께서 불이의 교합상을 맺고, 각각 연꽃[41]과 금강령을 손에 잡고, 금강

---

36 "싸만따바드라는 중생의 심원을 채워 줌으로서 보석으로 된 이삭을 들고 있다."고 하였다.

37 "아까쌰가르바는 번뇌의 상속을 단절시킴으로서 이검을 들고 있다."고 하였다.

38 "말라(具鬘天母)는 방편과 반야가 분리되지 않음을 표현함으로서 보석의 주만(珠鬘)을 들고 있다."고 하였다.

39 "두빠(具香天母)는 계율의 향기로 기쁨을 누리게 함으로서 향로를 들고 있다."고 하였다.

40 『도제쌤빠닝기멜롱』에서, "각성이 [제법의] 차별성을 깨달음이 묘관찰지(妙觀察智)의 본질이다. 각성이 [제법의] 다양함을 깨달음이 묘관찰지의 본질이다. 각성이 일체에 나타남이 묘관찰지의 본질이다. 각성이 일체를 봄이 묘관찰지의 본질이다."라고 하였다.

41 "아미따바는 탐애가 근원적으로 청정하며, 묘관찰지로 유정들을 호념하는 표시로 연꽃을

가부좌에 명공불이의 모습을 나투며 [공작의 보좌 위에] 앉아 계신다.

[서방의 아미타불 합체존의] 우측에는 적색의 아왈로끼떼쓰와라(관자재보살)가 연꽃[42]과 금강령을 들고 계시며, 왼쪽에는 적색의 만주쓰리(문수보살)가 푸른 연꽃[43]과 금강령을 들고 계신다. 앞쪽에는 적색의 기따(가음천모)가 유희의 자세로 비파[44]를 들고 계시며, 뒤쪽에는 적색의 알로까(명등천모)가 유희의 자세로 등불[45]을 들고 계신다. 연화부족의 주존과 남녀 보살 여섯 분들께 예배와 공양, 귀의와 기원을 드립니다.

저희들의 생명이 다해 몸이 바뀜과 동시에, 청정한 법성의 바르도의 광경이 출현하는 그때, 모질고 두터운 탐욕으로 인하여 [그것을 깨닫지 못하고] 윤회의 수렁 속을 유랑할 때, 묘관찰지의 밝은 광명의 길로 아미타불은 앞에서 이끄시고, 빤다라와씨니는 뒤에서 밀어주시어, 두려운 바르도의 험로에서 구원하여 주소서! 붓다의 정등각지로 인도하여 주소서!

옴 아 훔!

[나의] 보배로운 심장 짜끄라의 북쪽 맥판 위, 성소작지[46]의 찬란한 광명

들고 있다."고 하였다.

42 "아왈로끼떼쓰와라는 번뇌의 더러움을 입지 않도록 연꽃을 들고 있다."고 하였다.

43 원문은 '이검(利劍)'이나 4장 「정맹백존의 예배를 통한 죄장의 자연해탈」에서는 '푸른 연꽃'으로 나온다. 또 바르도퇴돌의 모태가 되는 『쌍와닝뽀』에는 '우뜨빨라(青蓮花)'로 나오고, 『도귀린뽀체죄슉』에서도, "문수보살은 번뇌를 해소함으로서 청련화를 들고 있다."고 하였다.

44 "기따(歌音天母)는 진리의 법음을 울리는 표시로 비파를 들고 있다."고 하였다.

45 "알로까(明燈天母)는 무명의 어둠을 없애는 표시로 등불을 들고 있다."고 하였다.

46 『도제쎔빠닝기멜롱』에서, "각성이 애씀이 없음이 성소작지(成所作智)의 본질이다. 각성이 법계에 완결됨이 성소작지의 본질이다. 각성이 무생의 법계에 완결됨이 성소작지의 본질

의 법계 속에, 눈부신 녹색의 아목가씻디(불공성취불)와 싸마야따라(誓言度母)께서 불이의 교합상을 맺고, 각각 갈마금강저[47]와 금강령을 손에 잡고, 금강가부좌에 명공불이의 모습을 나투며 [금시조 보좌 위에] 앉아 계신다.

[북방의 불공성취불 합체존의] 우측에는 녹색의 싸르와니와라나위스깜빈(제개장보살)이 경전[48]과 금강령을 들고 계시며, 왼쪽에는 녹색의 바즈라빠니(금강수보살)가 금강저[49]와 금강령을 들고 계신다. 앞쪽에는 녹색의 간다(도향천모)가 유희의 자세로 해라(海螺)[50]를 들고 계시며, 뒤쪽에는 녹색의 나르띠(무도천모)가 유희의 자세로 음식[51]을 들고 계신다. 갈마부족의 주존과 남녀 보살 여섯 분들께 예배와 공양, 귀의와 기원을 드립니다.

저희들의 생명이 다해 몸이 바뀜과 동시에, 청정한 법성의 바르도의 광경이 출현하는 그때, 모질고 두터운 질투로 인하여 [그것을 깨닫지 못하고] 윤회의 수렁 속을 유랑할 때, 성소작지의 밝은 광명의 길로 불공성취불은 앞에서 이끄시고, 싸마야따라는 뒤에서 밀어주시어, 두려운 바르도의 험로에서 구원하여 주소서! 붓다의 정등각지로 인도하여 주소서!

이다. 각성이 불멸의 상태에 완결됨이 성소작지이다."라고 하였다.

47 "아목가씻디는 갖가지 사업으로 유정들의 번뇌를 파괴하는 표시로 갈마금강저 또는 이검을 들고 있다."고 하였다.

48 "싸르와니와라나위스깜빈은 유정들에게 법을 열어 보임으로 [경전의] 보함을 들고 있다."고 하였다.

49 "바즈라빠니는 고통을 파괴하는 표시로 금강저를 들고 있다."고 하였다.

50 "간다(塗香天母)는 습기의 더러움을 씻는 표시로 향수가 담기 해라를 들고 있다."고 하였다.

51 "나르띠(舞蹈天母) 또는 나이베댜(神供天母)는 [손에 음식을 들고] 유정들에게 즐거움을 일으킴으로 해서 춤사위 자태로 금강령을 손에 들고 흔든다."고 하였다.

옴 아 훔!

[나의] 보배로운 심장 짜끄라의 동문 맥판 위에, 백색의 [뜨라이로꺄(三界)] 비자야(勝利明王)와 바즈라앙꾸쌰(金剛鐵鉤母)가 불이의 교합상을 맺고, 춤을 추며 나타난다.

[나의] 보배로운 심장 짜끄라의 남문 맥판 위에, 금색의 야만따까(閻魔敵明王)와 금색의 바즈라빠쌰(金剛絹索母)가 불이의 교합(交合)을 맺고 춤을 추며 나타난다.

[나의] 보배로운 심장 짜끄라의 서문 맥판 위에, 적색의 하야그리와(馬頭明王)와 적색의 바즈라쓰릉칼라(金剛鐵鏈母)가 불이의 교합상을 맺고, 춤을 추며 나타난다.

[나의] 보배로운 심장 짜끄라의 북문 맥판 위에, 녹색의 암르따꾼달리(甘露旋明王)와 녹색의 바즈라간따(金剛振鈴母)가 불이의 교합상을 맺고, 춤을 추며 나타난다.

이들 만다라의 네 문을 수호하는 여덟 화신의 남녀 명왕(明王)들께 예배와 공양, 귀의와 기원을 드립니다.

저희들의 생명이 다해 몸이 바뀜과 동시에, 청정한 법성의 바르도의 광경이 밝아 오는 그때, 모질고 두터운 습기로 인하여 [그것을 깨닫지 못하고] 윤회의 수렁 속을 유랑할 때, 사성지(四聖智)[52]가 화합한 밝은 광명의 길로 네 분노명왕들은 앞에서 이끄시고, 네 수문천모들은 뒤에서 밀어주

52 여기서 사성지(四聖智)는 불공성취불의 성소작지(成所作智)를 제외한 나머지 법계체성지(法界體性智)와 대원경지(大圓鏡智)와 평등성지(平等性智)와 묘관찰지(妙觀察智)의 네 지혜를 말한다.

시어, 두려운 바르도의 험로에서 구원하여 주소서! 붓다의 정등각지로 인도하여 주소서!

여섯 짜끄라(脈輪) 6불의 수습

옴 아 훔!

[나의] 정수리 마하쑤카 짜끄라(大樂輪)의 맥판 위, 찬란한 광명의 법계 속에, 투명한 백색 명점(明点)의 빛나는 만다라에서, 비파[53]를 들고 서 계신 천상계의 붓다이신 백색의 인드라샤따끄라뚜(帝釋王佛)여! [저희들의] 교만을 꺾으시어 천상에 태어나는 부정한 자궁의 문을 막아 주소서!

[나의] 야생소의 뿔을 닮은 침골 짜끄라(枕骨輪)의 찬란한 광명의 법계 속에, 투명한 녹색 명점의 빛나는 만다라에서, 갑옷과 투구[54]를 들고 서 계신 수라계의 붓다이신 녹색의 웨마찟뜨라(淨心如來)여! [저희들의] 질투를 꺾으시어 아수라계에 태어나는 부정한 자궁의 문을 막아 주소서!

[나의 심장 짜끄라의] 수정(水晶)의 대롱 같은 명맥(命脈)의 찬란한 광명의 법계 속에, 투명한 금색 명점의 빛나는 만다라에서, 석장(錫杖)[55]을 들고 서 계신 인간계의 붓다이신 금색의 싸꺄씽하(釋迦獅子)여! [저희들의] 탐욕을 꺾으시어 인간계에 태어나는 부정한 자궁의 문을 막아 주소서!

[나의] 똬리처럼 감긴 배꼽 짜끄라(臍輪)의 찬란한 광명의 법계 속에,

---

53 "천상계의 붓다 인드라샤따끄라뚜(Indra-Shatakratu)는 천신들에게 사법인(四法印)을 설함으로써 비파를 들고 있다."고 『도귀린뽀체죄슉』 3권에서 설명하였다.

54 "아수라계의 붓다 웨마찟뜨라(Vemacitra)는 아수라들을 투쟁을 통해서 교화함으로써 갑주를 들고 있다."고 하였다.

55 "인간계의 붓다 싸꺄씽하(석가사자)는 인간들에게 십선(十善)을 가르쳐 보임으로써 석장과 발우를 들고 있다."고 하였다.

투명한 청색 명점의 빛나는 만다라에서, 경전[56]을 들고 서 계신 축생계의 붓다이신 청색의 드루와씽하(獅子善住佛)여! [저희들의] 무지를 꺾으시어 축생계에 태어나는 부정한 자궁의 문을 막아 주소서!

[나의] 음부 호락륜(護樂輪)의 맥판 위, 찬란한 광명의 법계 속에, 투명한 적색 명점의 빛나는 만다라에서, 작은 보함[57]을 들고 서 계신 아귀계의 붓다이신 적색의 즈왈라무카(火焰口佛)여! [저희들의] 인색함을 꺾으시어 아귀계에 태어나는 부정한 자궁의 문을 막아 주소서!

[나의] 똬리처럼 감긴 발바닥 짜끄라(足輪)의 찬란한 광명의 법계 속에, 투명한 흑색 명점의 빛나는 만다라에서, 불과 물[58]을 들고 서 계신 지옥계의 붓다이신 흑색의 다르마라자(法王佛)여! [저희들의] 성냄을 꺾으시어 지옥계에 태어나는 부정한 자궁의 문을 막아 주소서!

육도의 중생을 구제하는 여섯 화신의 붓다들께 예배와 공양, 귀의와 기원을 드립니다.

저희들의 생명이 다해 몸이 바뀜과 동시에, 부정한 재생[육도]의 바르도의 광경이 출현하는 그때, 모질고 두터운 습기로 인하여 [그것을 깨닫지 못하고] 윤회의 수렁 속을 유랑할 때, 사성지가 화합한 밝은 광명의 길로 상계의 세 부처님은 앞에서 이끄시고, 하계의 세 부처님은 뒤에서 밀어주

---

56 "축생계의 붓다 드루와씽하(Dhruvasiṅha)는 축생들의 무지와 어리석음의 굴레를 벗겨줌으로써 경권을 들고 있다."고 하였다.

57 "아귀계의 붓다 즈왈라무카(Jvālamukha)는 아귀들의 기갈의 고통을 덜어줌으로써 보함을 들고 있다."고 하였다.

58 "아왕랑고[지옥의 붓다 다르마라자(Dharmarāja)]는 지옥의 과환을 열어 보임으로써 불과 물을 들고 있다."고 하였다.

시어, 육도의 부정한 광명의 길에서 구원하여 주소서! 붓다의 정등각지로 인도하여 주소서!

옴 아 훔!
42적정의 붓다들이 찬란한 위광 속에 눈부신 광명을 발산하니, 온화하고 미려하며 평화로운 모습에, 32상과 80종호를 갖추시고, 아름다운 장신구로 몸을 꾸미신, 금강 법계의 적정의 세존들께 예배와 공양, 귀의와 기원을 드립니다.

저희들의 생명이 다해 몸이 바뀜과 동시에, 청정한 법성의 바르도의 광경이 출현하는 그때, 모질고 두터운 오독(五毒)으로 인하여 [그것을 깨닫지 못하고] 윤회의 수렁 속을 유랑할 때, 오성지(五聖智)가 빛나는 밝은 광명의 길로 적정의 세존들은 앞에서 이끄시고, 법계자재모와 불모들은 뒤에서 밀어주시고, 만다라의 사문을 수호하는 명왕들과 천모들은 주위에서 받쳐 주소서! 두려운 바르도의 험로에서 구원하여 주소서! 붓다의 정등각지로 인도하여 주소서!

옴 아 훔!
자연[생시]의 바르도에 [저희들이] 머무는 이때, 42적정의 붓다들께서는 제 육신의 보배로운 심장 만다라의 무량궁전 안에, 오광명의 빛 무리의 몸으로 각각 좌정하소서!

저희들의 생명이 다해 몸이 바뀜과 동시에, 42적정의 붓다들께서는 심장 만다라를 떠나, 전면의 하늘 속에 허공을 가득 채우며 출현하소서! 아름다운 장신구와 법의를 입으신 무량한 본존과 권속들께서는 무지개 광명 속에서 밝음과 비어 있음이 하나인 오광명의 몸으로 출현하소서! 오성지의 광명의 길이 찬란한 빛줄기[빛줄]로 뻗치게 하소서! 오광명의 빛방울과 소리와 빛과 광선으로 뻗치게 하소서! 밝고 눈부시며 미려한 광휘가 법성의 본연의 소리와 함께 나의 심장에 꽂히듯이 출현하게 하소서!

오성지의 눈부신 광명과 함께 착란을 일으키는 육도의 부정한 여섯 광명의 길이 저에게 비칠 때, 아! 자비로운 적정의 붓다들이시여! 자애로운 세존들께서는 대비를 아끼지 마시고, 부정한 광명의 길로 제가 들어가지 않게 하소서! 사성지가 화합한 광명의 길로 저를 인도하여 주소서! 부정한 육도의 길에서 돌아오게 하소서!

위드야다라[59]의 육신 만다라의 수습

옴 아 훔!

[나의] 인후 짜끄라(咽喉輪)의 맥판 위, 무지개와 광명이 서려 있는 만다라의 중앙 맥판 위에, 오색 광명으로 빛나는 최승의 이숙지명[60]인 빠드마나르떼쓰와라(蓮花歌舞王)가 붉게 빛나는 홍색의 즈냐나다끼니(智慧空行

59 위드야다라(Vidyadhara, 持明者)의 위드야(Vidya, 明)는 무지의 반대인 밝음을 의미하고, 다라(Dhara, 持)는 지님을 뜻한다. 곧 밀법을 닦아 최승실지와 공통실지를 증득한 성취자를 말한다. 또한 명(明)은 본존의 대락(大樂)과 지혜를 말하며, 지(持)는 이것을 수행의 심오한 방편으로 닦고 지님을 뜻하나, 일반적으로 밀교의 생기차제를 수행해서 일분의 증오를 얻은 유가행자를 의미한다.

60 최승의 이숙지명(異熟持明)은 사종지명(四種持明)의 하나로, 본존의 심금강(心金剛)을 성취한 지명이다.

母)와 공성과 대락의 교합상을 맺은 채, 만도[61]와 선혈의 해골 잔[62]을 들고 춤을 추며, 허공을 향해 응시인[63]을 맺고 나타납니다. [붓다의 신업(身業)의 화현인] 신밀지명(身密持明)들께서는 모든 유정들을 구원하소서!

옴 아 훔!

[나의] 인후 짜끄라의 동쪽 맥판 위에, 눈부신 하얀 몸빛에 미소를 머금은 등지의 위드야다라[64]가 출현합니다. 엷은 미소를 띠고 희게 빛나는 백색의 다끼니와 교합한 채, 만도와 선혈의 해골 잔을 들고 춤을 추며, 허공을 향해 응시인을 맺고 나타납니다. [붓다의 의업(意業)의 화현인] 의밀지명(意密持明)들께서는 모든 유정들을 구원하소서!

옴 아 훔!

[나의] 인후 짜끄라의 남쪽 맥판 위에, 눈부신 금색 몸빛에 미소를 머금은 수명자재의 위드야다라[65]가 출현합니다. 엷은 미소를 띠고 금빛으로 빛나는 금색의 다끼니와 교합한 채, 만도와 선혈의 해골 잔을 들고 춤을

---

61 만도(Kartri, 彎刀)는 교만 등의 여섯 가지 번뇌의 더러움을 끊음을 상징한다.

62 선혈의 지혜와 방편의 해골 잔은 지혜와 방편이 합일한 붓다의 최상의 지혜를 상징한다. 이 해골잔(까빨라)에 대하여 『금강해모속(金剛亥母續)』에서 "까(Ka)는 일체에 머물지 않음이며, 빠(pa)는 불생(不生)과 무생(無生)이며, 라(la)는 이사절려(離思絶慮)이다."라고 설하였다.

63 응시인(凝視印)은 무상유가의 생기차제를 닦아 얻는 여덟 가지 공통성취의 하나이다. 예를 들면, 멀리 있는 과일을 바라보는 것만으로 자기 앞에 도달하거나 본래의 자리로 되돌아가는 등의 신통력을 말한다.

64 등지(登地)의 위드야다라(持明)는 사종지명(四種持明)의 하나로 제법의 자성이 공함을 아는 체실공(諦實空) 증득한 지명이다.

65 수명자재(壽命自在)의 위드야다라(持明)는 불사의 금강신(金剛身)을 증득한 지명이다.

추며, 허공을 향해 응시인을 맺고 나타납니다. [붓다의 공덕의 화현인] 공덕지명(功德持明)들께서는 모든 유정들을 구원하소서!

옴 아 훔!

[나의] 인후 짜끄라의 서쪽의 맥판 위에, 눈부신 적색 몸빛에 미소를 머금은 마하무드라의 위드야다라[66]가 출현합니다. 엷은 미소를 띠고 붉게 빛나는 적색의 다끼니와 교합한 채, 만도와 선혈의 해골 잔을 들고 춤을 추며, 허공을 향해 응시인을 맺고 나타납니다. [붓다의 어업(語業)의 화현인] 어밀지명(語密持明)들께서는 모든 유정들을 구원하소서!

옴 아 훔!

[나의] 인후 짜끄라의 북쪽의 맥판 위에, 눈부신 녹색 몸빛에 분노와 미소를 함께 머금은 임운성취의 위드야다라[67]가 출현합니다. 분노와 미소를 함께 띠고 초록색으로 빛나는 녹색의 다끼니와 교합한 채, 만도와 선혈의 해골 잔을 들고 춤을 추며, 허공을 향해 응시인을 맺고 나타납니다. [붓다의 사업의 화현인] 사업지명(事業持明)들께서는 모든 유정들을 구원하소서!

옴 아 훔!

모든 위드야다라와 위라[68]와 다끼니의 성중들께 예배와 공양, 귀의와

---

66 마하무드라(大印)의 위드야다라(持明)는 대인(大印)의 지혜의 몸을 성취한 지명이다.

67 임운성취(任運成就)의 위드야다라(持明)는 구경의 오신(五身)을 성취한 지명이다.

68 위라(Vīra, 勇士)는 사마(四魔)를 파괴하고 제압해서 구경의 실지를 가지하는 다까(空行)와 다끼니(空行母)를 달리 부르는 말이다.

기원을 드립니다. 저희들의 생명이 다해 몸이 바뀜과 동시에, 청정한 법성의 바르도의 광경이 출현하는 그때, 모질고 두터운 습기로 인하여 [그것을 깨닫지 못하고] 윤회의 수렁 속을 유랑할 때, 구생지혜의 밝은 광명의 길로 용사와 지명들은 앞에서 이끄시고, 불모와 다끼니 여신들은 뒤에서 밀어주시어, 두려운 바르도의 험로에서 구원하소서! 청정한 다끼니의 정토로 인도하소서!

옴 아 훔!
자연[생시]의 바르도에 머무는 이때, 모든 위드야다라와 위라와 다끼니의 성중들은 제 육신의 보배로운 인후 짜끄라의 만다라의 무량궁전에 오광명의 빛 무리의 몸으로 좌정하소서!

저희들의 생명이 다해 몸이 바뀜과 동시에, 모든 위드야다라 성중들은 인후의 만다라 궁전을 떠나, 허공을 가득 채우며 전면의 하늘 속에 출현하소서! 천상의 음악과 온갖 종류의 노래와 춤을 추며, [북과 경골 피리[69]와 보당(寶幢)과 화개(華蓋)와 화번(華幡) 등으로] 세상을 뒤덮고, 요란하게 울려대고, 흔들고, 휘날리며 출현하소서! 구생지혜의 광명의 길이 찬란한 빛줄기로 뻗치게 하소서! 무지에서 오는 축생계의 [흐릿한 초록빛] 광명의 길이 함께 비칠 때, 위드야다라 성중들은 자비를 아끼지 마시고, 그 부정한 빛의 길로 제가 들어가지 않게 하소서! [무지한 축생계의 부정한 길로부터 저를 돌아오게 하소서!] 구생지혜의 광명의 길로 저를 인도하여 주소서! 그것이 바르도임을 깨닫도록 대비로 섭수하여 주소서! 여래의 아들인

---

69 경골(脛骨) 피리는 남녀의 정강이뼈로 만들며, 남녀의 위라(勇士)들을 부를 때 사용한다.

위드야다라가 되도록 관정을 내려 주소서!

60분노존(忿怒尊)[70]의 육신 만다라의 수습

12근본 헤루까[71]의 육신 만다라의 수습

옴 아 훔!

나의 금강살타 정수리의 화염이 치성하는 천령개(天靈蓋)의 무량궁전에, 무지개의 광명과 화염이 타오르는 띨라까(明点)의 광명의 법계 속에, 선혈을 마시는 분노의 헤루까 세존들이 무리지어 서 있다.

옴 아 훔!

나의 천령개 짜끄라(大樂輪)의 중앙 맥판 위, 무지개의 광명과 화염이 타오르는 띨라까의 광명의 법계 속에, [아디붓다(本初佛)인] 싸만따바드라(보현여래)의 변화인 삼면육비(三面六臂)의 체촉헤루까(최승음혈불)께서 마하끄로데쓰와리(大忿怒自在母)와 불이의 합체로 지복의 희열 속에 보좌 위에 서 있다. 가운데 얼굴은 흑갈색에 오른쪽은 희고 왼쪽은 적색이며,

---

70 분노존이란 분노하는 모습을 한 붓다인 헤루까를 말한다. 그들이 출현하는 원인에는 반야에서 일어나는 분노와 지혜의 분노, 대비의 분노와 사업수인(事業手印)에서 일어나는 분노 네 가지가 있다. 예를 들면, 사업수인에서 일어나는 분노에 대하여 『공빠뒤빠(如來密意攝續)』에서, "매우 흉악하고 잔악한 자들에게 평화로운 적정의 모습으로는 효과가 없다. 반야와 방편의 수인으로부터 모든 여래들이 분노의 모습을 일으킨다."고 설한 것과 같다.

71 헤루까(Heruka)란 피를 마시는 분노존들을 통칭하는 용어이자, 헤바즈라(喜金剛)와 짜끄라쌈바라(勝樂金剛) 등의 이담을 부르는 명칭이기도 하다.

오른쪽 세 손에 차례로 금강저와 카땀가[72]와 작은 북을 들고, 왼쪽 세 손에 차례로 금강령과 선혈의 해골 잔과 창자의 올가미를 들고 계신다. 모든 헤루까들의 주존이신 체촉헤루까 양존께서는 모든 유정들을 인도하여 주소서!

옴 아 훔!
나의 천령개 짜끄라의 중앙 맥판 위의, 무지개의 광명과 화염이 타오르는 띨라까의 광명의 법계 속에, 비로자나불의 변화인 삼면육비의 붓다헤루까(如來飮血佛)[73]께서 붓다끄로데쓰와리(如來忿怒自在母)[74]와 불이의 합체로 지복의 희열 속에 보좌 위에 서 있다. 가운데 얼굴은 암적색에 오른쪽은 희고 왼쪽은 적색이며, 오른쪽 세 손에 차례로 법륜과 부월[75]과 이검[76]을 들고, 왼쪽 세 손에 차례로 금강령과 쟁기[77]와 선혈의 해골 잔을 들고 계신다. 여래부족의 주존이신 붓다헤루까 양존께서는 모든 유정들을 인도하여 주소서!

---

72 카땀가(Khatvanga, 骨杖)는 본존의 대락의 본성과 승의 보리심의 자성을 표현한다.

73 붓다헤루까의 역할에 대하여 『토왜하촉착찰왜초가(忿怒尊禮拜儀式)』에서, "모든 중생들을 그와 같이 교화하고 [해탈의 경지로] 가게 만들며, 반야의 허공겁(虛空劫)으로 노쇠를 말리고, 어리석은 모습으로 어리석음을 파괴하는 붓다헤루까님께 정례합니다."라고 설하였다.

74 붓다끄로데쓰와리에 대하여 『토왜하촉착찰왜초가』에서, "몸으로 누리는 갖가지 수용(受用)들을 보지 않고, 반야바라밀이 구경에 달해 어리석음이 청정하며, 인계(印契)의 형상공양으로 [부존을] 기쁘게 하시는 불모 붓다끄로데쓰와리님께 정례합니다."라고 하였다.

75 부월(斧鉞)은 다르마의 성취를 방해하는 번뇌의 마군과 천마(天魔)를 파괴하는 무기이다.

76 이검(利劍)은 반야의 지혜를 상징하며, 깨달음을 방해하는 요소들을 파괴하는 무기이다.

77 쟁기는 용(龍) 등의 지하세계 존재들의 부정한 까르마를 파괴하는 무기이다.

옴 아 훔!

나의 천령개 짜끄라의 동쪽 맥판 위의, 무지개의 광명과 화염이 타오르는 띨라까의 광명의 법계 속에, 금강살타불의 변화인 삼면육비의 바즈라헤루까(金剛飮血佛)[78]께서 바즈라끄로데쓰와리(金剛忿怒自在母)[79]와 불이의 합체로 지복의 희열 속에 보좌 위에 서 있다. 가운데 얼굴은 암청색에 오른쪽은 희고 왼쪽은 적색이며, 오른쪽 세 손에 차례로 금강저와 선혈의 해골 잔과 부월을 들고, 왼쪽 세 손에 차례로 금강령과 선혈의 해골 잔과 쟁기를 들고 계신다. 금강부족의 주존이신 바즈라헤루까 양존께서는 모든 유정들을 인도하여 주소서!

옴 아 훔!

나의 천령개 짜끄라의 남쪽 맥판 위의, 무지개의 광명과 화염이 타오르는 띨라까의 광명의 법계 속에, 보생여래의 변화인 삼면육비의 라뜨나헤루까(寶生飮血佛)[80]께서 라뜨나끄로데쓰와리(寶生忿怒自在母)[81]와 불이

---

78 바즈라헤루까의 역할에 대하여 『토왜하촉착찰왜초가』에서, "지혜의 금강저로 번뇌와 윤회를 파괴하며, 방편을 지닌 도겁(刀劫)으로 사물을[실재로 집착하는 분별을] 파괴하고, 성난 모습으로 성냄을 파괴하는 바즈라헤루까님께 정례합니다."라고 설하였다.

79 바즈라끄로데쓰와리에 대하여 『토왜하촉착찰왜초가』에서, "마음으로 누리는 갖가지 수용들을 보지 않고, 대비가 구경에 달해 성냄이 청정하며, 분별의 감촉공양으로 [부존을] 기쁘게 하시는 불모 바즈라끄로데쓰와리님께 정례합니다."라고 하였다.

80 라뜨나헤루까의 역할에 대하여 『토왜하촉착찰왜초가』에서, "여의주처럼 일체의 소망을 채워주며, 무아의 사마타(止)의 방편을 지닌 수겁(水劫)으로 씻고, 교만한 모습으로 교만을 파괴하는 라뜨나헤루까님께 정례합니다."라고 설하였다.

81 라뜨나끄로데쓰와리에 대하여 『토왜하촉착찰왜초가』에서, "공덕으로 누리는 갖가지 수용들을 보지 않으며, 보시바라밀이 구경에 달해 교만이 청정하며, 삼매의 미각공양으로 [부존을] 기쁘게 하시는 불모 라뜨나끄로데쓰와리님께 정례합니다."라고 하였다.

의 합체로 지복의 희열 속에 보좌 위에 서 있다. 가운데 얼굴은 암황색에 오른쪽은 희고 왼쪽은 적색이며, 오른쪽 세 손에 차례로 보주와 카땀가와 곤봉[82]을 들고, 왼쪽 세 손에 차례로 금강령과 선혈의 해골 잔과 삼지창[83]을 들고 계신다. 보생부족의 주존이신 라뜨나헤루까 양존께서는 모든 유정들을 인도하여 주소서!

옴 아 훔!
나의 천령개 짜그라의 서쪽 맥판 위의, 무지개의 광명과 화염이 타오르는 띨라까의 광명의 법계 속에, 아미타불의 변화인 삼면육비의 빠드마헤루까(蓮花飮血佛)[84]께서 빠드마끄로데쓰와리(蓮花忿怒自在母)[85]와 불이의 합체로 지복의 희열 속에 보좌 위에 서 있다. 가운데 얼굴은 암적색에 오른쪽은 희고 왼쪽은 청색이며, 오른쪽 세 손에 차례로 연꽃과 카땀가와 곤봉을 들고, 왼쪽 세 손에 차례로 금강령과 선혈의 해골 잔과 작은 북을 들고 계신다. 연화부족의 주존이신 빠드마헤루까 양존께서는 모든 유정들을 인도하여 주소서!

---

82 곤봉(Danda, 棍棒)은 분노의 신들이 손에 지니는 법구로 오독을 파괴하는 무기이다.

83 삼지창(Triśula, 三枝槍)은 여러 가지 의미가 내포되어 있다. 삼독을 멸하여 삼계의 승리를 뜻하기도 하며, 여래의 삼신을 뜻하기도 하고, 스승과 이담과 다끼니 셋을 뜻하기도 한다.

84 빠드마헤루까의 역할에 대하여 『토왜하촉착찰왜초가』에서, "윤회의 진흙 밭에서 피어나는 연꽃처럼 탄생하며, 위빠싸나(觀)의 불타는 화겁(火劫)으로 일체를 태우며, 탐욕의 모습으로 탐욕을 파괴하는 빠드마헤루까님께 정례합니다."라고 설하였다.

85 빠드마끄로데쓰와리에 대하여 『토왜하촉착찰왜초가』에서, "말씀으로 누리는 갖가지 수용들을 보지 않고, 지계바라밀이 구경에 달해 탐욕이 청정하며, 경전의 음성공양으로 [부존을] 기쁘게 하시는 불모 빠드마끄로데쓰와리님께 정례합니다."라고 하였다.

옴 아 훔!
나의 천령개 짜끄라의 북쪽 맥판 위의, 무지개의 광명과 화염이 타오르는 띨라까의 광명의 법계 속에, 불공성취불의 변화인 삼면육비의 까르마헤루까(羯磨飮血佛)[86]께서 까르마끄로데쓰와리(羯磨忿怒自在母)[87]와 불이의 합체로 지복의 희열 속에 보좌 위에 서 있다. 가운데 얼굴은 암녹색에 오른쪽은 희고 왼쪽은 적색이며, 오른쪽 세 손에 차례로 이검과 카땀가와 곤봉을 들고, 왼쪽 세 손에 차례로 금강령과 선혈의 해골 잔과 쟁기를 들고 계신다. 갈마부족의 주존이신 까르마헤루까 양존께서는 모든 유정들을 인도하여 주소서!

옴 아 훔!
선혈을 마시는 모든 헤루까들의 근본인 열두 명의 헤루까 부모양존께 예배와 공양, 귀의와 기원을 드립니다.

저희들의 생명이 다해 몸이 바뀜과 동시에, 청정한 법성의 바르도 광경이 출현하는 그때, 모질고 두터운 착란으로 인하여 [그것을 깨닫지 못하고] 윤회의 수렁 속을 유랑할 때, 오성지가 구족된 밝은 광명의 길로 선혈을 마시는 헤루까 세존들은 앞에서 이끄시고, 헤루까 불모들은 뒤에서 밀어주시어, 두려운 바르도의 험로에서 구원하소서! 붓다의 정등각

---

86 까르마헤루까의 역할에 대하여 『토왜하촉착찰왜초가』에서, "사업(事業)의 바다로 중생의 이익을 행하며, 객관사물에 막힘없는 겁풍(劫風)으로 이동하고, 질투의 모습으로 질투를 파괴하는 까르마헤루까님께 정례합니다."라고 설하였다.

87 까르마끄로데쓰와리에 대하여 『토왜하촉착찰왜초가』에서, "사업으로 누리는 갖가지 수용들을 반연하지 하지 않고, 인욕바라밀이 구경에 달해 질투가 청정하며, 계율의 향기공양으로 [부존을] 기쁘게 하시는 불모 까르마끄로데쓰와리님께 정례합니다."라고 하였다.

지로 인도하여 주소서!

여덟 마따라(本母)[88]의 육신 만다라의 수습

옴 아 훔!

나의 천령개 짜끄라의 동쪽 맥판 위 광명의 법계 속에, 백색의 가우리(具藏忿怒母) 여신이 [시체의 보좌 위에서 윤회의 분별을 깨뜨리기 위해] 오른손에 샤와단다[89]를, 왼손에 선혈의 해골 잔을 들고 서 있다.

천령개 짜끄라의 남쪽 맥판 위 광명의 법계 속에, 금색의 짜우리(匪賊忿怒母) 여신이 [시체의 보좌 위에서 반야와 방편의 합일을 위해] 손에 화살 메긴 활[90]을 들고 서 있다.

천령개 짜끄라의 서쪽 맥판 위 광명의 법계 속에, 적색의 쁘라모하(大癡忿怒母) 여신이 [시체의 보좌 위에서 윤회에 빠뜨리지 않기 위해] 마까라[91]를 장식한 승리의 깃발[92]을 들고 서 있다.

천령개 짜끄라의 북쪽 맥판 위 광명의 법계 속에, 녹색[93]의 웨딸리(起尸忿怒母) 여신이 [시체의 보좌 위에서 불변의 법성을 상징하는] 금강저와 선

---

88 티베트어로 마모(Ma mo)라 부르는 이들 여덟 장소의 마따라(Mātaraḥ, 本母) 여신들은 인간의 살과 지방을 파먹고 즐기는 딴뜨라의 여신들로 알려졌다. 그들의 내밀한 뜻은 청정한 안식(眼識)을 비롯한 여덟 가지 청정한 알음이(八識)들을 상징한다. 또한 이들 팔식이 윤회를 일으키는 근본자리이며, 그것을 정화하는 까닭에 여덟 장소의 수인모(手印母)라 부른다.

89 샤와단다(Shavadanda, 尸棍)는 마른 시체에 나무 손잡이가 달린 법구로, 분노의 여신들이 지니는 일종의 무기이다.

90 활은 반야를, 화살은 방편을 상징한다.

91 마까라(Makara, 摩羯)는 바다의 괴물로, 12궁도(宮圖)의 하나이다.

92 승리의 깃발은 사마(四魔)의 정복을 상징한다.

93 원문에는 '검은 녹색'으로 되어 있으나 '녹색'으로 고쳤다.

혈의 해골 잔을 들고 서 있다.

천령개 짜끄라의 동남쪽 맥판 위 광명의 법계 속에, 적황색의 뿍까씨(熏香忿怒母) 여신이 [시체의 보좌 위에서 번뇌의 처소에서 건져 내기 위해] 오른손에 창자[94]를 들고 먹으며 서 있다.

천령개 짜끄라의 남서쪽 맥판 위 광명의 법계 속에, 암녹색의 가쓰마리(鄙賤忿怒母) 여신이 [시체의 보좌 위에서 윤회의 세계를 삼키기 위해] 왼손에 선혈의 해골 잔을 들고, 금강저로 저어 마시며 서 있다.

천령개 짜끄라의 서북쪽 맥판 위 광명의 법계 속에, 담황색의 짠달리(凶猛忿怒母) 여신이 [시체의 보좌 위에서 악견(惡見)을 분쇄하기 위해] 심장[95]과 시체의 살을 씹고 서 있다.

천령개 짜끄라의 북동쪽 맥판 위 광명의 법계 속에, 암청색의 쓰마쌰니(尸林忿怒母) 여신이 [시체의 보좌 위에서 윤회의 처소를 파괴하기 위해] 시체[96]의 머리와 몸통을 분리하며 서 있다.

옴 아 훔!
이들 여덟 장소의 가우리 등의 마따라(本母) 여신들에게 예배와 공양, 귀의와 기원을 드립니다.

저희들의 생명이 다해 몸이 바뀜과 동시에, 청정한 법성의 바르도 광경이 출현하는 그때, 모질고 두터운 착란으로 [그것을 깨닫지 못하고] 윤회의 수렁 속을 유랑할 때, 소리와 빛과 광선의 [청정한 팔식(八識)의] 밝은

94 창자는 제법의 실상이 비실재의 본성임을 증득한 것을 상징한다.

95 심장과 허파는 욕망의 파괴를 상징한다.

96 시체는 무지와 방일 등을 상징하고, 그것을 분리함은 무지와 방일을 정복함을 상징한다.

광명의 길로 가우리를 비롯한 네 여신들은 앞에서 이끄시고, 뿍까씨를 비롯한 네 여신들은 뒤에서 밀어주시어, 두려운 바르도의 험로에서 구원하소서! 붓다의 정등각지로 인도하여 주소서!

여덟 삐싸찌(鬼母)[97]의 육신 만다라의 수습

옴 아 훔!

나의 천령개 짜끄라의 동쪽 바깥 맥판 위에, 사자 머리를 한 자갈색의 씽하무키(獅面忿怒母) 여신이 [윤회의 근본을 휘젓기 위하여 갈기 털을 흔들며] 시체를 입에 물고 서 있다.

천령개 짜끄라의 남쪽 바깥 맥판 위에, 호랑이 머리를 한 적색의 브야그리무키(虎面忿怒母) 여신이 [윤회의 집착을 절복하기 위하여 두 눈을 부릅뜨고] 양손을 아래로 교차한 채 서 있다.

천령개 짜끄라의 서쪽 바깥 맥판 위에, 여우 머리를 한 흑색의 쓰르갈라무키(狐面忿怒母) 여신이 [번뇌의 근본을 정화하기 위하여] 창자[98]를 먹으며 서 있다.

천령개 짜끄라의 북쪽 바깥 맥판 위에, 늑대 머리를 한 암청색의 쓰와나무키(狼面忿怒母) 여신이 [윤회의 구덩이를 부수기 위하여 두 눈을 부릅뜨고] 두 손으로 시체를 씹으며 서 있다.

---

97 티베트어로 타멘마(Thra men ma)라 부르는 이들 삐싸찌(Piśācī, 鬼母) 여신들은 인육을 파먹는 비인(非人), 또는 귀녀(鬼女)를 말한다. 내적 의미는 여덟 가지 알음이(識)의 대상이 되는 청정한 여덟 대경(八境)을 상징한다. 다시 말해, 다섯 감관의 알음이들의 대경인 모양(色)·소리(聲)·향기(香)·맛(味)·닿음(觸), 의식(意識)의 대경인 법진(法塵)과 염오식(染汚識)과 아뢰야식(阿賴耶識)의 대경이 되는 내외의 모든 법들을 깨끗이 하는 까닭에 여덟 처소의 수인모(手印母)라 부른다.

98 4장 「정맹백존의 예배를 통한 죄장의 자연해탈」에서는 허파와 심장으로 나온다.

천령개 짜끄라의 동남쪽 바깥 맥판 위에, 독수리 머리를 한 백황색의 그르드라무키(鷲面忿怒母) 여신이 [삼독을 뿌리째 자르기 위하여] 어깨에 시체를 걸치고 서 있다.

천령개 짜끄라의 남서쪽 바깥 맥판 위에, 대머리 독수리 머리를 한 암적색의 깡까무키(吃尸鳥面忿怒母) 여신이 [윤회의 구덩이에서 구출하기 위하여] 시체를 들고 서 있다.

천령개 짜끄라의 서북쪽 바깥 맥판 위에, 까마귀 머리를 한 흑색의 까까무키(烏面忿怒母) 여신이 [번뇌를 끊고 말리기 위하여] 해골 잔과 이검을 들고 서 있다.

천령개 짜끄라의 북동쪽 바깥 맥판 위에, 올빼미 머리를 한 암청색[99]의 울루까무키(梟面忿怒母) 여신이 [윤회의 악견에서 끄집어내기 위하여] 오른손에 금강저[100]를 들고 서 있다.

옴 아 훔!
이들 여덟 처소의 주인인 삐싸찌(鬼母) 여신들에게 예배와 공양, 귀의와 기원을 드립니다.

저희들의 생명이 다해 몸이 바뀜과 동시에, 청정한 법성의 바르도 광경이 출현하는 그때, 모질고 두터운 착란으로 인하여 [그것을 깨닫지 못하고] 윤회의 수렁 속을 유랑할 때, 자기 각성의 현현인 팔경(八境)의 청

99 원문에는 '담청색'으로 되어 있으나 '암청색'으로 고쳤다.

100 본문에는 금강저 하나만 나오나, 14장 「분노의 붓다들이 출현하는 법성의 바르도」에서는 금강저와 이검을 들고 있으며, 4장 「정맹백존의 예배를 통한 죄장의 자연해탈」에서는 쇠갈고리와 선혈의 해골 잔을 각각 들고 있다. 지물이 각각 다르게 나타나게 된 것은 인용된 경문의 차이 때문이다.

정한 광명의 길로 씽하무키를 비롯한 네 여신들은 앞에서 이끄시고, 그르드라무키를 비롯한 네 여신들은 뒤에서 밀어주시어, 두려운 바르도의 험로에서 구원하여 주소서! 붓다의 정등각지로 인도하여 주소서!

네 수문천모의 육신 만다라의 수습

옴 아 훔!

나의 천령개 짜끄라의 동문 맥판 위에, 말 머리를 한 백색의 앙꾸쌰(金剛鐵鉤母) 여신이 쇠갈고리[101]와 선혈의 해골 잔을 들고 서 있다.

천령개 짜끄라의 남문 맥판 위에, 돼지 머리를 한 황색의 빠쌰(金剛絹索母) 여신이 올가미[102]와 선혈의 해골 잔을 들고 서 있다.

천령개 짜끄라의 서문 맥판 위에, 사자 머리를 한 적색의 쓰릉칼라(金剛鐵鏈母) 여신이 쇠사슬[103]과 선혈의 해골 잔을 들고 서 있다.

천령개 짜끄라의 북문 맥판 위에, 뱀 머리를 한 녹색의 간따(金剛振鈴母) 여신이 금강령과 선혈의 해골 잔을 들고 서 있다.

옴 아 훔!

붓다의 화신인 네 지혜의 수문천모들에게 예배와 공양, 귀의와 기원을 드립니다.

저희들의 생명이 다해 몸이 바뀜과 동시에, 청정한 법성의 바르도

---

101 긴 자루가 달린 쇠갈고리(鐵鉤)는 생사의 윤회로부터 중생을 낚아서 해탈의 길로 인도함을 상징한다.

102 올가미는 지혜로 마군을 묶는 것을 뜻한다.

103 쇠사슬은 12인연의 윤회의 사슬로부터 해방을 상징한다.

광경이 밝아 오는 그때, 모질고 두터운 착란으로 [그것을 깨닫지 못하고] 윤회의 수렁 속을 유랑할 때, 네 가지 탄생(四生)의 착란의 문을 파괴하고, 네 가지 사업[104]의 청정한 문을 연 뒤, 앙꾸쌰와 빠쌰 두 여신은 앞에서 이끄시고, 쓰릉칼라와 간따 두 여신은 뒤에서 밀어주시어, 두려운 바르도의 험로에서 구원하여 주소서! 붓다의 정등각지로 인도하여 주소서!

28존 이쓰와리[105] 여신의 육신 만다라의 수습

옴 아 훔!

나의 천령개 짜끄라의 동쪽 외랑(外廊)의 작은 맥판 위에, [병고와 재난을 없애는] 식멸업(息滅業)을 수행하는 여섯 이쓰와리(瑜伽自在母) 여신들이 서 있다.

야크 머리에 흑갈색[106] 몸빛의 마누락샤씨(牦牛面人羅刹母) 여신이 금강저와 [선혈의 해골 잔을] 들고, 뱀 머리에 담황색 몸빛의 브라흐마니(蛇面梵天母) 여신이 [금강저와] 연꽃을 들고, 표범 머리에 담녹색 몸빛의 라우드리(豹面鄔摩天母) 여신이 [금강저와] 삼지창을 들고, 몽구스 머리에 담청색 몸빛의 와이스나위(鼬面遍入天母)[107] 여신이 [금강저와] 법륜을 들고, 마웅

---

104 사업(四業)은 식멸업과 증익업, 회유업과 주살업 넷을 말한다.

105 일반적으로 이쓰와리(Iśvarī)는 루드라(凶猛神)로 불리는 욕계와 색계에 존재하는 대자재천을 비롯한 대천신들의 배우자들을 말한다. 내밀한 의미는 다섯 근본 헤루까의 활력에서 출현한 출세간의 여신들로 인체의 짜끄라(脈輪) 가운데 있으면서 범부가 성불할 때 그와 같이 출현한다고 알려졌다.

106 원문은 '담갈색(淡褐色)'이나 분노존의 바르도에 나오는 색상과 맞추기 위해 '흑갈색'으로 바꿨다.

107 다른 이름은 로와(Lovā, 吉祥女)이며, 티베트어는 뺄모(dPal mo, 吉祥女)로 비슈뉴(遍入天)의

(馬熊) 머리에 담홍색 몸빛의 까우마리(馬熊面童女天母)[꾸마리(Kumārī)] 여신이 [금강저와] 단창[108]을 들고, 곰 머리에 하얀 몸빛의 인드라니(熊面帝釋天母) 여신이 [금강저와] 창자의 올가미를 들고 서 있다.

동쪽의 작은 맥판에서 출현하여 식멸업을 수행하는 여섯 명의 이쓰와리 여신들이여! 바르도의 공포와 두려움을 없애는 식멸의 사업을 행하여 주소서!

옴 아 훔!
나의 천령개 짜끄라의 남쪽 외랑의 작은 맥판 위에, [수복을 늘리는] 증익업(增益業)을 수행하는 여섯 이쓰와리 여신들이 서 있다.

박쥐 머리에 황색 몸빛의 바즈라뼁갈라(飛鼠面金剛天母) 여신이 [보주와] 계도[109]를 들고, 마까라(摩羯) 머리에 적황색 몸빛의 싸우미(摩羯面寂靜天母)[싼띠(Śāntī)] 여신이 [보주와] 보병을 들고, 전갈 머리에 적황색 몸빛의 암르따(全蠍面甘露天母) 여신이 [보배와] 연꽃을 들고, 새매 머리에 담황색 몸빛의 짠드리(鷹面白月天母) 여신이 [보주와] 금강저를 들고, 여우 머리에 녹황색 몸빛의 단디(狐面執棍天母) 여신이 [보주와] 곤봉을 들고, 호랑이 머리에 암황색 몸빛의 락샤씨(虎面羅刹天母) 여신이 [보주와] 해골 잔의 선혈을 마시고 서 있다.

아내이다.

108 단창(短槍)은 모든 사견과 악견들을 찔러서 파괴함을 상징한다.

109 계도(Kśura, 戒刀)는 번뇌의 더러움과 부정한 까르마를 베어 버림을 상징한다.

남쪽의 작은 맥판에서 출현하여 증익업을 수행하는 여섯 이쓰와리 여신들이여! 바르도에서 지혜가 자라나는 증익의 사업을 행하여 주소서!

옴 아 훔!
나의 천령개 짜끄라의 서쪽 외랑의 작은 맥판 위에, [신귀를 부리는] 회유업(懷柔業)을 수행하는 여섯 이쓰와리 여신들이 서 있다.

독수리 머리에 적록색 몸빛의 박샤씨(鷲面食呑天母) 여신이[연꽃과] 곤봉을 들고, 말 머리에 적색 몸빛의 라띠(馬面歡喜天母) 여신이[연꽃과] 시체의 몸통을 들고, 금시조 머리에 담홍색 몸빛의 루디라마디(金翅鳥面醉血天母) 여신이[연꽃과] 곤봉을 들고, 개 머리에 적색 몸빛의 에까짜라니-락샤씨(狗面獨行羅刹天母) 여신이[연꽃과] 금강저를 들고, 관모조(冠毛鳥) 머리에 적색 몸빛의 마노하리까[110] 여신이[연꽃과] 화살 메긴 활을 들고, 사슴 머리에 적록색 몸빛의 씻디까리[111] 여신이[연꽃과] 보병을 들고 서 있다.

서쪽의 작은 맥판에서 출현하여 회유업을 수행하는 여섯 이쓰와리 여신들이여! 바르도에서 자재함을 얻게 회유의 사업을 행하여 주소서!

옴 아 훔!
나의 천령개 짜끄라의 북쪽 외랑의 작은 맥판 위에, [흉신을 죽이는] 주살업(誅殺業)을 수행하는 여섯 이쓰와리 여신들이 서 있다.

---

110 마노하리까(冠毛鳥面奪魂天母)는 욕계의 천신인 까마(Kāmā, 欲愛)의 아내이다.

111 씻디까리(鹿面成就天母)는 재물의 천신인 와쑤락시따(Vasurakṣīta, 護財)의 아내이다.

늑대 머리에 청록색 몸빛의 와유데비(狼面風神天母) 여신이 [십자금강저와] 깃발을 들고 휘날리며, 야생면양 머리에 적록색 몸빛의 아그나이(野羊面火神天母)[112] 여신이 손에 [십자금강저와] 쑬라[113]를 들고, 돼지 머리에 암녹색 몸빛의 와라히(猪面繩亥天母) 여신이 [십자금강저와] 송곳니가 달린 올가미[114]를 들고, 작은 까마귀 머리에 적록색 몸빛의 짜문디(小烏面作老天母)[115] 여신이 [십자금강저와] 어린애의 시체를 들고, 코끼리 머리에 암녹색 몸빛의 부자나(象面大鼻天母) 여신이 [십자금강저와] 시체를 들고, 뱀 머리에 청록색 몸빛의 와루나니(蛇面水神天母) 여신이 [십자금강저와] 뱀의 올가미[116]를 들고 서 있다.

북쪽의 작은 맥판에서 출현하여 주살업을 수행하는 여섯 이쓰와리 여신들이여! 바르도의 착란을 파괴하는 주살의 사업을 행하여 주소서!

옴 아 훔!
나의 천령개 짜끄라의 [외랑(外廊) 밖] 동문에 뻐꾸기 머리를 한 백색의 바즈라마하깔리(杜鵑面金剛大黑天母) 여신이 쇠갈고리를 들고 서 있다.

---

112 판본에는 '미모(Mi mo, 人母)'로 되어 있으나 화신(Agnā, 火神)을 뜻하는 메모(Me mo, 火母)의 오기이다.

113 쑬라(śula, 貫戟)는 금속으로 만든 긴 죽창과 같은 것으로, 죄인의 항문에서 머리통을 꿰는 형구이다. 원만차제를 완성하여 일체의 부정한 까르마를 정화하고 완성을 성취하였음을 상징한다.

114 송곳니가 달린 올가미는 삼독 가운데서 무지를 결박함을 상징한다.

115 판본에는 '가제(dGaḥ byed, 作喜)'로 되어 있으나 갠제(rGan byed, 作老)의 이름이다.

116 뱀의 올가미는 성냄의 결박을 상징한다.

천령개 짜끄라의 [외랑 밖] 남문에 염소머리를 한 황색의 바즈라마하차갈라(山羊面金剛大羱天母) 여신이 올가미를 들고 서 있다.

천령개 짜끄라의 [외랑 밖] 서문에 사자머리를 한 적색의 바즈라마하꿈바까라니(獅面金剛大雜瓶天母) 여신이 쇠사슬을 들고 서 있다.

천령개 짜끄라의 [외랑 밖] 북문에 뱀 머리를 한 녹색의 바즈라람보다라(蛇面金剛大腹天母) 여신이 금강령을 들고 서 있다.

변화의 사업을 수행하는 네 명의 이쓰와리들인 수문천모들이여! 바르도에서 부정한 탄생의 자궁의 문을 차단하는 사업을 행하여 주소서!

옴 아 훔!
이들 28명의 유가자재의 여신들에게 예배와 공양, 귀의와 기원을 드립니다.

저희들의 생명이 다해 몸이 바뀜과 동시에, 청정한 법성의 바르도의 광경이 밝아오는 그때, 모질고 두터운 착란으로 [그것을 깨닫지 못하고] 윤회의 수렁 속을 유랑할 때, 소리와 빛과 광선의 밝은 광명의 길로 동쪽의 일곱 이쓰와리 여신들은 앞에서 이끄시고, 남쪽의 일곱 이쓰와리 여신들은 뒤에서 밀어주시고, 서쪽의 일곱 이쓰와리 여신들은 주위에서 받쳐 주시고, 북쪽의 일곱 이쓰와리 여신들은 원적을 궤멸하소서! 두려운 바르도의 험로에서 구원하여 주소서! 붓다의 정등각지로 인도하여 주소서!

옴 아 훔!
자연[생시]의 바르도에 머무는 이때, 60명의 선혈을 마시는 분노의 헤루까 성중들께서는, 제 머리의 천령개(大樂輪) 만다라의 무량궁전에 오광명 빛 무리의 몸으로 눈부시게 좌정하소서!

저희들의 생명이 다해 몸이 바뀜과 동시에, 분노의 헤루까 성중들께서는 천령개의 무량궁전을 떠나, 삼천대천세계를 남김없이 가득 채우며 출현하소서! 갖가지 장신구와 복식을 갖춘 두려운 모습의 본존과 권속들이시여! 법성의 소리와 빛과 광선의 법계 속에서, 분노하는 모습에 아름답고 용맹스러우며, 공포의 옷차림을 한 성중들이시여! 사납고 거칠며 저주와 진노의 고함을 내지르고, 몸에는 자비와 성냄과 독한 분노의 불길이 타오르며, 인골의 재와 기름과 핏방울을 몸에 바르고, 선혈이 떨어지는 코끼리 가죽과 사람 가죽을 몸에 걸치고, 호랑이 가죽으로 하반신을 두르고, 해골의 주만(珠鬘)과 검은 뱀을 목에 걸치고, 전신에는 화염이 타오르며, "하(Ha) 하(Ha) 훔(Hūṃ) 팻(Phags) 때려라! 죽여라!"[117] 하고 천둥처럼 고함을 지르고, 갖가지 짐승들 머리에 온갖 지물들을 휘날리고 변화를 현시하며, 삼계를 가득히 진동시키며, 온갖 소리와 빛과 광선과 공포의 광경들이 저에게 출현하는 그때, 아! 자비로운 분노의 헤루까 성중들이시여! 크게 자애로운 분들이여! 대비를 아끼지 마시옵소서!

사납고 모진 습기로 인하여 [그것이 자기의 현현임을 깨닫지 못하고] 윤회의 수렁 속을 유랑할 때, 두렵고 무서운 공포의 환영이 없는 광명의 길로, 분노의 헤루까 성중들은 앞에서 이끄시고, 헤루까 불모들은 뒤에서 밀어주시고, 마따라(本母)와 삐싸찌(鬼女)와 수문천모들은 주위에서 받

---

117 여기서 하(Ha)는 분노존들이 적방을 제압할 때 상대방을 위협하는 웃음소리이고, 훔(Hūṃ)은 사귀(邪鬼)와 마라를 파괴하는 분노성이고, 팻(Phags)은 모든 흉악한 무리들을 파괴해서 안락에 안치하는 분노성이다.

쳐 주소서! 여덟 뽀르제마[118]는 저희들을 윤회의 상태에서 해탈로 인도하시고, 갖가지 동물 머리의 이쓰와리 여신들은 장애를 막아 주시고, 네 수문천모들은 탄생의 네 문을 파괴하여 주소서! 두려운 바르도의 험로에서 구원하여 주소서! 붓다의 정등각지로 인도하여 주소서!

옴 아 훔!
정든 벗들 여의고 홀로 유랑하며
각성의 현현인 공의 영상이 나타날 때,
제불께선 대비의 신력을 현시하시여
바르도의 공포가 일지 않게 하소서!

지혜의 오광명이 출현하는 그때
두려움과 무서움을 일으키지 않고
그것이 나의 빛임을 깨닫게 하소서!
정맹의 모습들이 출현하는 그때
두려움 없는 큰 기쁨과 확신으로
그것이 바르도임을 깨닫게 하소서!

악업의 영향으로 한없이 고뇌할 때
본존께선 이 고통을 멸하여 주소서!
법성의 소리가 천둥처럼 울려 올 때

118 본장에는 뽀르제마(sPor byed ma, 轉移天母)라고만 나오나 4장 「정맹백존의 예배를 통한 죄장의 자연해탈」에는 각자의 이름이 나온다.

모두가 대승의 법음이 되게 하소서!
업보 따라 정처 없이 떠도는 그때
대비관음보살은 이 몸을 구원하소서!

습기와 악업으로 크게 고통당할 때
빛과 희열의 삼매가 출생케 하소서!
다섯 원소가 적으로 나타나지 않고
오불의 청정한 세계를 보게 하소서!

법계를 전승하는 스승들의 가피와
무량한 적정과 분노성중의 자비와
그리고 나의 순결한 심원의 힘으로
모든 발원들이 지금 이루어지이다!

【이 정맹백존(靜猛百尊)의 법행과 기원문을 함께 날마다 세 때에 힘써 닦으라. 설령 오무간(五無間) 죄업을 지었을지라도 금생에서 그것이 깨끗이 소멸되며, 지옥의 불구덩이조차 휘저어 부순 뒤, 위드야다라(持明)와 여래의 정토에 화생하게 되니, 이것은 의심할 여지가 없다. 또한 본초불 싸만따바드라(보현여래)께서도 직접, "만약 어떤 이가 규툴다와(大幻罔續)의 적정과 분노존의 만다라의 성중들에게 예배하면, 서언의 퇴실(退失)들이 모두 정화되고, 오무간 지옥의 죄업들이 정화되고, 지옥의 구덩이를 휘저어 부수고, 위드야다라와 여래의 정토에 태어난다."고 설하였다.

그와 같이 법행을 여법하게 닦는 공덕은 불가사의하니, 만다라의 성중들의 명호를 단지 한 차례 귀로 듣는 것만으로도 악도에 태어나지 않으며 최후에는 성불한다고 하였다. 본초불 싸만따바드라께서 직접, "만약 어떤 남녀의 유가행자가 이 만다라의 성중들의 명호를 단지 한 번 귀로 듣는 것만으로도 큰 지옥에 떨어지지 않는다."고 설하셨고, 또한 "규툴다와의 자성 만다라(自性曼荼羅)의 성중들에게 어떤 이가 공경히 예배하면 모든 서언의 퇴실들이 깨끗이 정화되고, 서언을 회복한 뒤 실지(悉地)를 성취한다."고 설하였다.

이것을 수습하는 공덕은 언설을 초월하는 까닭에, 자신의 육신을 정맹백존의 만다라로 명료하게 출생시키는 광명의 법행을 힘써 닦도록 하라. 금생에서 공통과 최승의 실지를 얻을 뿐만 아니라, 수명이 다하여 육신을 떠나는 순간 법성의 바르도에서 정맹백존의 모습이 나타날 때, 그들과 둘이 아닌 하나의 몸으로 녹아든 뒤 성불하게 된다. 그러므로 부지런히 닦도록 하라. 가사 백 명의 살인귀들에게 쫓기는 상황에서도 이 글뜻을 유실하지 않도록 깊이 새겨 잊지 않도록 하라. 억념토록 하라. 받아지니도록 하라. 독송토록 하라. 통달토록 하라. 여실하게 사유토록 하라.

정맹백존이 하나로 화합한 이 광명의 법행(法行)은 『바르도퇴돌』의 수습이자, 정맹(靜猛)의 갈마의궤(羯磨儀軌)인 『시퇴래장초르와랑돌(靜猛羯磨感受自然解脫, Shi khroḥi las byaṇ tshor ba raṇ grol)』의 세 가지 법 가운데 정수인 『바르도쎌와릭빠랑돌(中有覺性自然解脫, Bar do gsal ba rig pa raṇ grol)』의 보유이자, 『꽁싹냠착랑돌(酬供懺罪退失自然解脫, bKoṇ bśags ñam chag raṇ grol)』의 본행(本行)이며, 행운을 타고난 선근자들의 해탈의 길이다.

이 「정맹백존의 법행을 통한 습속의 자연해탈」은 윤회의 세계가 다 할 때까지 끝나지 않는다. 싸마야! 갸! 갸! 갸! 게오![119]

정맹백존 회집의 법행을 통한 습속의 자연해탈 기원문은 윤회의 세계가 비지 않을 때까지 또한 끝나지 않는다. 성취자 까르마 링빠(1326~?)가 발굴하여 모시다.】

119 이것은 캔뽀도제가 편집한『바르도퇴돌』에서 발췌하여 보충하였다.

4장 정맹백존의 예배를 통한 죄장의 자연해탈[1]

본초불 싸만따바드라와 체촉헤루까와 적정과 분노존의 세존들과 백부종성의 청정한 성중들께 공손한 마음으로 정례합니다. 모든 죄업과 장애들을 다 정화한 뒤, 모든 유정들이 여래의 정토를 누리도록 인도하게 하소서!

【 청정한 백부종성의 무량한 정맹의 성중들에게 죄장을 정화하기 위해 올리는, 백존예참법(百尊禮懺法)인 예배를 통한 죄장의 자연해탈을 열어 보이니, 날마다 세 때에 걸쳐 빠짐없이 힘써 닦도록 하라. 】

---

1 원제목은 "갸착딕딥랑돌(brGya phyag sdig sgrib rań grol)"이다.

본초불(本初佛)

나모!

[귀명(歸命)하나이다] 본초불이자 불변광명의 몸이시며, 청정한 의식이자 모든 붓다들의 아버지이시며, 감청색 하늘 몸빛에 금강가부좌에 법계정인[2]을 맺고 계시는 법신불 싸만따바드라[꾼뚜쌍뽀]께 정례합니다.

[귀명하나이다] 삼세의 모든 붓다들을 낳으시는 어머니이시며, 청정한 법체[3]는 더러움을 여읜 수정처럼 희고, 지복의 대락 속에 부존(父尊)을 환희롭게 포옹하고 계시는 불모 싸만따바드리[꾼뚜쌍모]께 정례합니다.

오종성불(五種姓佛)

[귀명하나이다] 우치[무지]를 버림 없이 본래 청정[4]하시며, 청정한 식온(識

---

2 법계정인(法界定印)은 선정인(禪定印), 또는 정인(定印)을 뜻하는 '냠샥(mÑam gshag)'의 옮김이다.

3 법체는 계(界)를 뜻하는 '캄(Kham)'의 옮김이니, 싸만따바드라의 청정한 의식의 대경이 되는 싸만따바드리의 몸은 법계(法界)가 된다. 또한 싸만따바드라가 합체상으로 나타나는 것은 청정한 밀엄찰토에서는 법신이 법성, 또는 법계와 차별 없는 하나이기 때문이다. 이 뜻을 『틱레꾼쎌첸뽀(普光大明点續)』에서 다음과 같이 설하였다. "법성에서 법신이 출현함은 거울에 태양이 나타남과 같다. 법성에 법신이 편만함은 우유와 버터와 같다. 법성의 정수로 각성이 머무름은 허공 속의 태양과 같다. 법성을 무분별의 법신으로 가려냄은 검의 칼등과 칼날과 같다. 뒤섞임이 없이 완전함은 비단 천막과 그림자와 같다. 갖가지가 둘이 아님은 나무와 그림자와 같다. 바탕에서 활력이 뻗쳐나가고 되돌아옴은 바다와 하천들과 같다."

4 '우치[무지]를 버림 없이 본래 청정하다'는 뜻은, 윤회의 열반의 모든 법들이 터전이 되는 아뢰야(阿賴耶, 일체의 터전), 또는 자성신(自性身)이 본래 각성의 지혜임을 모르고 착란을 일으킴이 무명인 까닭에 아뢰야의 본성을 회복해 가지면 우치가 지혜와 비어 있음이 하나인 지공(智空)의 본질로 해탈하기 때문에 우치를 버리지 않는다고 말한다.

蘊)[5]의 법계체성지의 광명 속에서, 법륜과 금강령을 손에 잡으시고, 사자보좌 위에서 고요히 좌정하고 계시는, 최승의 미묘심(微妙心)[6]인 푸른 하늘 몸빛[7]의 비로자나불께 정례합니다.

[귀명하나이다] 성냄을 버림 없이 본래 청정[8]하시며, 청정한 색온(色蘊)[9]의 대원경지의 광명 속에서, 금강저와 금강령을 손에 잡으시고, 코끼리 보좌 위에서 고요히 좌정하고 계시는, 최승의 묘색신(妙色身)[10]인 하얀 소라 몸빛[11]의 바즈라싸뜨와께 정례합니다.

[귀명하나이다] 교만을 버림이 없이 본래 청정[12]하시며, 청정한 수온(受蘊)의 평등성지의 광명 속에서, 보주와 금강령을 손에 잡으시고, 준마

---

5 원문은 '색온(色蘊)'이나 적정의 바르도에 출현하는 오불과 통일하기 위해 '식온(識蘊)'으로 고쳤다.

6 원문은 '최승의 묘색신(妙色身)'이나 적정의 바르도에 출현하는 오불과 통일하기 위해 '최승의 미묘심(微妙心)'으로 고쳤다.

7 원문은 '하얀 소라고둥 몸빛'이나 '감청색 하늘 몸빛'으로 고쳤다.

8 '성냄을 버림 없이 본래 청정하다'는 뜻은, 성냄이 본래 각성의 지혜의 자기 활력임을 알면, 각성의 밝음과 비어 있음이 하나인 명공(明空)의 본질로 해탈하기 때문에 성냄을 버리지 않는다고 말한다. 다시 말해, 『팍람꾀빠(聖寶道安置續)』에서, "본래로 청정한 아뢰야(일체의 터전)에는 붓다와 중생, 그 둘이 존재하지 않는다. 아뢰야를 깨달은 붓다는 [청정한] 몸과 지혜의 상태로 존재하고, 그것을 깨닫지 못한 중생은 [부정한] 몸과 습기의 상태로 존재한다."고 하였듯이, 팔식(八識)인 이 아뢰야식이 법계로 소멸하여 청정한 대원경지(大圓鏡智)로 바뀌는 것이다.

9 원문은 '식온(識蘊)'이나 '색온(色蘊)'으로 고쳤다.

10 원문은 '최승의 미묘심(微妙心)'이나 '최승의 묘색신(妙色身)'으로 고쳤다.

11 원문은 '감청색 하늘 몸빛'이나 '하얀 소라고둥 몸빛'으로 고쳤다.

12 '교만을 버림 없이 본래 청정하다'는 뜻은, 각성의 본래 공덕인 평등성지(平等性智)가 금색 광명으로 빛날 때 그것을 깨닫지 못하고, 제법의 무차별성을 알지 못한 채, 자아를 붙잡음으로써 교만이 일어나고 번뇌의 염오식(染汚識)으로 바뀌는 것이다. 그러므로 각성의 본래 상태를 회복하게 되면 칠식(七識)인 염오식이 법계로 소멸하여 자연히 평등성지로 바뀌기 때문에 그렇게 말한다.

보좌 위에서 고요히 좌정하고 계시는, 최승의 공덕신(功德身)인 금색 몸빛의 라뜨나쌈바와께 정례합니다.

[귀명하나이다] 탐욕을 버림이 없이 본래 청정[13]하시며, 청정한 상온(想蘊)의 묘관찰지의 광명 속에서, 연꽃과 금강령을 손에 잡으시고, 공작보좌 위에서 고요히 좌정하고 계시는, 최승의 묘음신(妙音身)인 적동색 몸빛의 아미타불께 정례합니다.

[귀명하나이다] 질투를 버림이 없이 본래 청정[14]하시며, 청정한 행온(行蘊)의 성소작지의 광명 속에서, 십자금강저와 금강령을 손에 잡으시고, 금시조 보좌 위에서 고요히 좌정하고 계시는, 최승의 사업신(事業身)인 초록빛 터키석 몸빛의 아목가씻디께 정례합니다.

---

13 '탐욕을 버림 없이 본래 청정하다'는 뜻은, 탐욕이 본래 안락과 비어 있음이 둘이 아닌 낙공(樂空)의 본질임을 알면 육식(六識)인 의식이 법계로 소멸하고 제법의 차별성을 밝게 아는 묘관찰지(妙觀察智)로 자연히 바뀌기 때문이다. 이 뜻을 『틱레꾼쌜첸뽀』의 「시이된쌔빠(因位義理說品三)」에서 다음과 같이 설하였다. "인위의 광경의 근본은 자기와 각성과 동류로부터도 벗어나니, 단지 동류가 될 뿐인 여덟 알음이(八識)로부터 해탈한다. 그 또한 어떻게 해탈하는가 하면, 늘어나고 줄어듦이 없음으로써 아뢰야식에서 해탈한다. 자아를 붙잡음이 없음으로써 번뇌의 염오식(染汚識)에서 해탈한다. 외경을 붙잡음이 없음으로써 의식(意識)에서 해탈한다. 나고 멸함이 없음으로써 [눈 알음이(眼識) 등의] 다섯 감관의 알음이(五根識)에서 해탈하여 벗어난다."

14 '질투를 버림 없이 본래 청정하다'는 뜻은 다음과 같다. 각성의 활력이 오지(五智)로 나타나고, 성소작지가 다섯 감관을 통해서 나타날 때, 다섯 감관의 대상이 되는 오경(五境)이 자기 각성의 현현임을 알지 못하고 별개로 보는 분별에서 질투가 일어나 선악의 업을 짓게 된다. 이 뜻을 『틱레꾼쌜첸뽀』의 「왼땐기낭왜툴시(功德現成錯亂根本說品十四)」에서, "불이의 기본[상태]에서 대광경이 일어나니, 불이의 상태에서 움직임이 없을지라도 공덕의 힘에 의해 나타난다. 갖가지로 나타나는 공덕에 착란을 일으킴으로써 공덕이 허물로 출현하고, 위에서와 같이 깨달음으로써 허물이 공덕으로 해탈한다."고 하였다. 그래서 각성을 회복할 때, 질투가 법계로 소멸하여 성소작지로 바뀔 때, 모든 세간현상에 막힘이 없고 무위의 상태에서 교화사업을 행해서 중생의 이익을 수행하게 된다. 그러므로 위의 같은 경에서, "각성의 형체가 없는 지혜는 형색의 사물이 아님으로 공덕의 문이 광대하니, 활력이 방소에 구애됨이 없이 일체에 막힘없이 나타남이 성소작지이다."라고 하였다.

오종성불모(五種姓佛母)[15]

[귀명하나이다] 청정한 허공 원소(空大)[16]의 본성이자, 여래부족[17]의 어머니이시며, 청유리(青琉璃)[18] 몸빛에 법륜과 금강령을 손에 들고, 지복의 대락 속에 부존을 환희롭게 포옹하고 계시는, 불모 다뜨위스와리(法界自在母)께 정례합니다.

[귀명하나이다] 청정한 땅 원소(地大)[19]의 본성이자, 금강부족[20]의 어머니이시며, 백월[21]의 몸빛에 금강저와 금강령을 들고, 지복의 대락 속

15 『쌍와닝뽀(秘密藏續)』에서, "청정한 불모들인 나타남[허공]의 본성[다뚜위스와리]과 딱딱함[지대]의 본성[붓다로짜나]과 부드러움[수대]의 본성[마마끼]과 따뜻함[화대]의 본성[빤다라와씨니]과 움직임[풍대]의 본성[싸마야따라] 등의 불모의 무리와 둘이 아닌"이라 해서, 오대원소가 곧 오불모(五佛母)임을 설하였다. 이처럼 오대가 오불모로 출현하는 법에 대하여 『팍람꾀빠(聖寶道安置續)』의 「쌍개썜짼니남개빠르땐빠(佛衆生平等差別品四)」에서, "본래로 청정한 아뢰야(일체의 터전)에는 붓다와 중생, 그 둘이 존재하지 않는다. 아뢰야를 깨달은 붓다는 [청정한] 몸과 지혜의 상태로 존재하고, 그것을 깨닫지 못한 중생은 [부정한] 몸과 습기의 상태로 존재한다."고 하였듯이, 각성의 본질이 되는 청정한 오대원소의 오광명이 청정한 오불모의 몸으로 나타난 것이다.

16 허공 원소의 공능에 대하여 『릭빠랑쌰르첸뽀(覺性自現大續)』의 「치이중와응아(外五大性相品十九)」에서, "[각성의] 지혜로 [밝음과 비어 있음이 둘이 아닌] 명공일여(明空一如)의 상태로 녹아듦이 또한 허공 원소이다."라고 설하였다.

17 여래부족의 의미를 『릭빠랑쌰르첸뽀』에서, "각성의 본질에 그와 같이 들어감으로써 여래부족이라 말한다."고 하였다.

18 원문은 '하얀 달빛'이나 '청유리(青琉璃)'로 고쳤다. 허공 원소의 색이 청색인 까닭이다.

19 땅 원소의 공능에 대하여 『릭빠랑쌰르첸뽀』에서, "본초부터 청정함의 본성으로 본질이 불변함이 또한 땅 원소이다."라고 하였다.

20 금강부족의 의미를 『릭빠랑쌰르첸뽀』에서, "각성의 본질에는 나고 죽음이 없는 까닭에 금강부족이라 한다."고 하였다.

21 원문은 청색을 의미하는 '청유리'이나 '백색'으로 고쳤다. 붓다의 색온은 번뇌와 죄장을 벗어난 청정한 땅 원소로 만들어진 까닭에 몸빛이 백색이 된다. 그러므로 『틱레꾼썔첸뽀』의 「중왜챈니쌰르룩팀룩(五大性相出現隱滅品二十)」에서, "청질의 땅 원소로부터 백색 광선이 발생한다. 그로부터 탁질(濁質)의 대지가 나타난다."고 설하였다.

에 부존을 환희롭게 포옹하고 계시는, 불모 붓다로짜나(佛眼佛母)께 정례합니다.

[귀명하나이다] 청정한 물 원소(水大)[22]의 본성이자, 보생부족[23]의 어머니이시며, 금색 몸빛에 보주와 금강령을 들고, 지복의 대락 속에 부존을 환희롭게 포옹하고 계시는 불모 마마끼(有我佛母)께 정례합니다.

[귀명하나이다] 청정한 불 원소(火大)[24]의 본성이자, 연화부족[25]의 어머니이시며, 붉은 수정 몸빛에 연꽃과 금강령을 들고, 지복의 대락 속에 부존을 환희롭게 포옹하고 계시는, 불모 빤다라와씨니(白衣佛母)께 정례합니다.

[귀명하나이다] 청정한 바람 원소(風大)[26]의 본성이자, 갈마부족[27]의 어머니이시며, 초록색 인드라 보석 몸빛에 갈마금강저와 금강령을 들고, 지복의 대락 속에 부존을 환희롭게 포옹하고 계시는, 불모 싸마야따라(誓言度母)께 정례합니다.

---

22 물 원소의 공능에 대하여 『릭빠랑쌰르첸뽀』의 「치이중와응아」에서, "각성의 지혜로 세 공간을 하나로 아우름이 또한 물 원소이다."라고 하였다.

23 보생부족의 의미를 『릭빠랑쌰르첸뽀』에서, "각성의 본질에서 갖가지 [공덕들이] 발생함으로써 보생부족이라 한다."고 하였다.

24 불 원소의 공능에 대하여 『릭빠랑쌰르첸뽀』에서, "각성의 지혜로 일을 처리함이 또한 불 원소이다."라고 하였다.

25 연화부족의 의미를 『릭빠랑쌰르첸뽀』에서, "각성의 본질에는 허물이 없이 청정한 까닭에 연화부족이라 한다."고 하였다.

26 바람 원소의 공능에 대하여 『릭빠랑쌰르첸뽀』에서, "각성의 지혜로 부동의 법계에 들어감이 또한 바람 원소이다."라고 하였다.

27 갈마부족의 의미를 『릭빠랑쌰르첸뽀』에서, "각성의 본질에서 모든 사업들이 일어남으로써 갈마부족이라 한다."고 하였다.

팔대 남성 보살[28]

[귀명하나이다] 눈 알음이(眼識)를 버림 없이[29] 본래 청정하시며, 설산 같은 하얀 몸빛에 새싹과 금강령을 들고, 중생의 이락을 수행하시는 남성 보살 끄시띠가르바(지장보살)의 발 아래 정례합니다.

[귀명하나이다] 귀 알음이(耳識)를 버림 없이[30] 본래 청정하시며, 구름 같은 하얀 몸빛에 용목(龍木)과 금강령을 들고, 중생의 이락을 수행하시는 남성 보살 마이뜨레야(미륵보살)의 발 아래 정례합니다.

[귀명하나이다] 코 알음이(鼻識)를 버림 없이[31] 본래 청정하시며, 호박(琥珀) 같은 금색 몸빛에 이삭과 금강령을 들고, 중생의 이락을 수행하시는 남성 보살 싸만따바드라(보현보살)의 발 아래 정례합니다.

---

28 팔대 남녀 보살들의 위격에 대하여 『도귀린뽀체죄슉』 3권에서 다음과 같이 설하였다. "그 또한 '오종성불이 대각(大覺) 자체인 것과 같이, 자신의 현현인 대비의 본성에서 출현한 권속들 역시 일체의 장애가 정화되고, 모든 공덕들을 남김없이 성취함으로써 붓다 그 자체인 까닭에, 대지위(大地位)에 머무는 보살들보다 수승하다'고 설한 것처럼, 오종성불의 권속인 이들 여덟 명의 남녀 보살들은 명칭이 보살일 뿐 그들은 지위가 여래와 동등한 세존들이다."

29 『쌍와닝뾔』를 해설한 『도귀린뽀체죄슉(顯密文庫)』 3권에 의하면, "눈 알음이(眼識)로 형색을 보는 것에 비하여 크게 탁월한 붓다의 눈으로 다섯 대경(五境)에 들어가고, 법성을 한 맛으로 관조하는 측면에서 바라봄이 끄시띠가르바이다."라고 하였다.

30 『도귀린뽀체죄슉』 3권에 의하면, "귀 알음이(耳識)로 소리를 듣는 것에 비하여 크게 탁월한 붓다의 귀로 다섯 대경에 들어가고, 진여를 한 맛으로 듣는 측면에서 들음이 마이뜨레야이다."라고 하였다. 그리고 원문은 '마이뜨레야' 대신 '바즈라빠니'로 나오나 편의상 고쳤다. 이것은 『바르도퇴돌』이 팔대 남녀 보살을 팔식(八識)과 사경(四境), 사시(四時)에 배대하고 있음에 비하여, 『쌍와닝뾔』는 사식(四識)과 사근(四根), 사경(四境)과 사시(四時)에 배대해서 설한 까닭이다.

31 『도귀린뽀체죄슉』 3권에 의하면, "코 알음이(鼻識)로 향기를 맡는 것에 비하여 크게 탁월한 붓다의 코로 다섯 대경에 들어가고, 무생(無生)을 한 맛으로 느끼는 측면에서 냄새를 맡음이 싸만따바드라이다."라고 하였다. 그리고 원문은 '싸만따바드라' 대신 '아까샤가르바'이다.

[귀명하나이다] 혀 알음이(舌識)를 버림 없이[32] 본래 청정하시며, 황금 같은 금색 몸빛에 이검과 금강령을 들고, 중생의 이락을 수행하시는 남성 보살 아까싸가르바(허공장보살)의 발 아래 정례합니다.

[귀명하나이다] 몸 알음이(身識)를 버림 없이[33] 본래 청정하시며, 산호(珊瑚) 같은 붉은 몸빛에 연꽃과 금강령을 들고, 중생의 이락을 수행하시는 남성 보살 아왈로끼떼쓰와라(관자재보살)의 발 아래 정례합니다.

[귀명하나이다] 의식(意識)을 버림 없이[34] 본래 청정하시며, 황단(黃丹) 같은 적황색 몸빛에 푸른 연꽃과 금강령을 들고, 중생의 이락을 수행하시는 남성 보살 만주쓰리(문수보살)의 발 아래 정례합니다.

[귀명하나이다] 아뢰야식(阿賴耶識)을 버림 없이 본래 청정하시며, 수련(睡蓮) 같은 초록색 몸빛에 경전과 금강령을 들고, 중생의 이락을 수행하시는 남성 보살 싸르와니와라나위스깜빈(제개장보살)의 발 아래 정례합니다.

---

32 『도귀린뽀체죄숚』 3권에 의하면, "혀 알음이(舌識)로 맛을 아는 것에 비하여 크게 탁월한 붓다의 혀로 다섯 대경에 들어가고, 불이(不二)를 한 맛으로 맛보는 측면에서 맛을 앎이 아까싸가르바이다."라고 하였다. 그리고 원문은 '아까싸가르바' 대신 '아왈로끼떼쓰와라'이다.

33 『도귀린뽀체죄숚』 3권에 의하면, "범부의 몸 알음이(身識)에 비해 크게 탁월한 붓다의 몸으로 몸의 감촉의 대상인 다섯 대경에 들어가는 까닭에 아왈로끼떼쓰와라이다."라고 하였다. 그리고 원문은 '아왈로끼떼쓰와라' 대신 '사대명왕'이다.

34 『도귀린뽀체죄숚』 3권에 의하면, "뜻(意)의 대경인 법처(法處)의 생김에는 능촉(能觸)의 뜻과 소촉(所觸)의 총의(總義, 마음 상에 나타나는 사물의 개념을 말함)인 갖가지 대경들 둘이 만남으로써 고통과 안락, 긍정과 부정 등의 뜻 알음이(意識)가 생김에 비하여 크게 탁월한 모든 장애가 없는 붓다의 지혜가 개념[총의]의 집착에 의뢰함이 없이 현전하고, 모든 탐애와 분노를 여읨을 상징하기 위해 만주쓰리로 지혜의 활력에서 스스로 나타남과 같이 또한 나고 멸함이 없는 지혜(無生滅智), 언설의 여읜 지혜(不可言說智), 헤아림을 벗어난 지혜(不可了解智), 모양이 없음을 통달한 지혜(無相通達智) 넷이다."라고 하였다. 그리고 원문은 '만주쓰리' 대신 '사문(四門)의 사대명왕'이다.

[귀명하나이다] 말나식(末那識)[염오식(染汚識)]을 버림 없이 본래 청정하시며, 에메랄드 같은 초록색 몸빛에 금강저와 금강령을 들고, 중생의 이탁을 수행하시는 남성 보살 바즈라빠니(금강수보살)의 발 아래 정례합니다.

팔대 여성 보살

[귀명하나이다] 형색(色塵)을 버림 없이[35] 본래 청정하시며, 수정 같은 하얀 몸빛에 거울과 금강령을 들고, 삼세의 선서(善逝)들께 공양하여 눈 감관(眼根)을 즐겁게 하시는, 여성 보살 라쓰야(구희천모)의 발 아래 정례합니다.

[귀명하나이다] 과거의 분별을 버림 없이[36] 본래 청정하시며, 진주 같은 하얀 몸빛에 백련과 금강령을 들고, 삼세의 선서들께 공양하여 즐겁게 하시는, 여성 보살 쁘스빠(구화천모)의 발 아래 정례합니다.

[귀명하나이다] 제법[37]의 분별을 버림 없이[38] 본래 청정하시며, 홍화

---

35 『도귀린뽀체죄슉』 3권에 의하면, "눈에 보임(所見)의 명비는 지혜가 현현하는 경계인 형색(色)이니 곧 라쓰야이다."라고 하였다.

36 『도귀린뽀체죄슉』 3권에 의하면, "과거 시간의 명비는 이전에 알려진 법이 없어짐에 비해 크게 탁월한 과거의 법을 그와 같이 명백한 본성을 과거 시간에 탐착함과 걸림이 없는 지혜로 비춰봄에 들어가는 상징으로 쁘스빠로 나타난다."고 하였다. 그리고 원문은 '쁘스빠' 대신 '두빠'이다.

37 여기서의 제법은 '최짼(Chos can)'의 옮김이며, 의식의 대경이 되는 개념과 추상 등의 법진(法塵)을 뜻한다.

38 『도귀린뽀체죄슉』 3권에 의하면, "뜻(意)의 대경인 제법(法塵)을 부정하고 긍정하는 자아를 잡음이 없고, 그 자성이 자아가 성립되지 않음이 꿈과 같고, 대희(大喜)와 동사(同事)로써 모든 유정들을 섭수하는 상징으로 짝독마로 나타난다. 세간만물과 윤회와 열반의 일체는 그 본질이 사물과 형상으로 성립되지 않으니, 본래부터 자성이 없는 환상과 같고, 이행(利行)과 평사(平捨)로써 모든 유정들을 적멸로 인도하는 표시로 딜부마로 나타난다."고 하였다.

같은 붉은 금색 몸빛에 주만(珠鬘)과 금강령을 들고, 삼세의 선서들께 [희열의] 수인(手印)을 지어 즐겁게 하시는 여성 보살 말라(구만천모)의 발 아래 정례합니다.

[귀명하나이다] 향기(香塵)를 버림 없이[39] 본래 청정하시며, 황금 같은 금색 몸빛에 훈향과 향로를 들고, 삼세의 선서들께 공양하여 코 감관(鼻根)을 즐겁게 하시는 여성 보살 두빠(구향천모)의 발 아래 정례합니다.

[귀명하나이다] 소리(聲塵)를 버림 없이[40] 본래 청정하시며, 아욱 꽃 같은 붉은 몸빛에 비파를 연주하여, 삼세의 선서들께 공양하여 귀 감관(耳根)을 즐겁게 하시는 여성 보살 기따(가음천모)의 발 아래 정례합니다.

[귀명하나이다] 미래의 분별을 버림 없이[41] 본래 청정하시며, 홍련과 같은 붉은 몸빛에 등불을 들고, 삼세의 선서들께 공양을 올려 눈 감관(眼根)을 즐겁게 하시는 여성 보살 알로까(명등천모)의 발 아래 정례합니다.

[귀명하나이다] 현재의 분별을 버림 없이[42] 본래 청정하시며, 수련 같은 녹색 몸빛에 향수가 담긴 해라(海螺)를 들고, 삼세의 선서들께 공양하

39 『도귀린뽀체죄숚』 3권에 의하면, "코에 맡아짐(所嗅)의 [명비는 지혜가 현현하는 경계인 향기(香)이니] 곧 두빠이다."라고 하였다. 그리고 원문은 '두빠' 대신 '기따'이다.

40 『도귀린뽀체죄숚』 3권에 의하면, "그와 같이 귀에 들림(所聞)의 [명비는 지혜가 현현하는 경계인 소리(聲)이니] 곧 기따이다."라고 하였다. 그리고 원문은 기따 대신 말라이다.

41 『도귀린뽀체죄숚』 3권에 의하면, "미래 시간의 [명비는] 대경이 실현되지 않음에 비해 크게 탁월한 미래의 모든 제법들을, 산사자(山査子) 열매를 손바닥에 쥐고 있음과 같이 현재에 봄으로써, 미래 시간에 탐착과 걸림 없이 자재한 지혜로 비춰봄에 들어가는 상징으로 알로까로 나타난다."고 하였다.

42 『도귀린뽀체죄숚』 3권에 의하면, "현재 시간의 [명비는] 근현식(根現識, 자기 감관을 통해 직접 생기는 알음이(識)인 안식(眼識) 따위를 말함)에 단지 나타남에 비해 크게 탁월한 모든 제법이 은폐됨이 없이 드러나, 현재시간에 탐착함과 걸림이 없는 지혜로 비춰 봄에 들어가는 상징으로 간다로 나타난다."고 하였다. 그리고 원문은 '간다' 대신 '쁘스빠'이다.

여 몸 감관(身根)을 즐겁게 하시는 여성 보살 간다(도향천모)의 발 아래 정례합니다.

[귀명하나이다] 미진(味塵)을 버림 없이[43] 본래 청정하시며, 바다와 같은 녹색 몸빛에 음식을 들고, 삼세의 선서들께 공양하여 혀 감관(舌根)을 즐겁게 하시는 여성 보살 나르띠(무도천모)의 발 아래 정례합니다.

만다라 네 문의 남녀 명왕

[귀명하나이다] 상견(常見)을 버림 없이 본래 청정하시며, 하얀 몸빛에 곤봉과 금강령을 들고, 분노존의 모습으로 만다라의 동문에서 장애를 절복하는 명왕 비자야(승리명왕)께 정례 합니다.

[귀명하나이다] 단견(斷見)을 버림 없이 본래 청정하시며, 금색 몸빛에 샤와단다(尸棍)와 금강령을 들고, 분노존의 모습으로 만다라의 남문에서 장애를 절복하는 명왕 야만따까(염마적명왕)께 정례합니다.

[귀명하나이다] 아견(我見)을 버림 없이 본래 청정하시며, 붉은 몸빛에 쇠사슬과 금강령을 들고, 분노존의 모습으로 만다라의 서문에서 장애를 절복하는 명왕 하야그리와(마두명왕)께 정례합니다.

[귀명하나이다] 상견(相見)[44]을 버림 없이 본래 청정하시며, 초록색 몸빛에 십자금강저와 금강령을 들고, 분노존의 모습으로 만다라의 북문

---

43 『도귀린뽀체죄슉』 3권에 의하면, "혀에 맛봄(所嘗)의 [명비는 지혜가 현현하는 경계인 맛(味)이니] 곧 유희의 기쁨인 나르띠이다."라고 하였다.

44 원문은 '챈마르따와(mTshan mar lta ba)'이다. 세간의 모든 현상들은 본래부터 본질이 없는 환상과 같은 존재임에도, 마치 고유한 자성과 실체를 가지고 있는 것으로 착각하는 잘못된 견해를 말한다.

에서 장애를 절복하는 명왕 암르따꾼달리(감로선명왕)께 정례합니다.

[귀명하나이다] 무량한 비심(悲心)으로 육도의 중생들을 윤회의 세계로부터 끌어내며, 하얀 몸빛에 [찍어 당기는] 쇠갈고리를 들고, 부존인 비자야와 불이의 교합을 환희롭게 맺고 계시는, 바즈라앙꾸쌰(금강철구모)께 정례합니다.

[귀명하나이다] 무량한 자심(慈心)으로 중생들의 이락을 수행하시며, 금색 몸빛에 [잡아 얽는] 밧줄을 들고, 부존인 야만따까와 불이의 교합을 환희롭게 맺고 계시는, 바즈라빠쌰(금강견색모)께 정례합니다.

[귀명하나이다] 무량한 희심(喜心)으로 중생들을 기꺼이 섭수하시며, 붉은 몸빛에 [잡아 묶는] 쇠사슬을 들고, 부존인 하야그리와와 불이의 교합을 환희롭게 맺고 계시는, 바즈라쓰릉칼라(금강철련모)께 정례합니다.

[귀명하나이다] 무량한 사심(捨心)으로 중생들에 대하여 친소를 버리시고, 초록색 몸빛에 [불러들이는] 금강령을 들고, 부존인 암르따꾼달리와 불이의 교합을 환희롭게 맺고 계시는, 바즈라간따(금강진령모)께 정례합니다.

육도세계의 육불

[귀명하나이다] 교만이 본래 청정하시며, 하얀 몸빛에 [사법인(四法印)을 들려주는] 비파를 들고, 화신의 형상으로 중생을 교화하시는, 천상계의 붓다인 인드라샤따끄라뚜(제석왕불)께 정례합니다.

[귀명하나이다] 질투가 본래 청정하시며, 초록색 몸빛에 몸을 보호하는 갑주를 들고, 화신의 형상으로 중생을 교화하시는, 수라계의 붓다인 웨마찟뜨라(정심여래)께 정례합니다.

[귀명하나이다] 탐욕이 본래 청정하시며, 금색 몸빛에 [십선(十善)을 보여주는] 석장을 들고, 화신의 형상으로 중생을 교화하시는, 인간계의 붓다인 싸꺄씽하(석가사자)께 정례합니다.

[귀명하나이다] 우치가 본래 청정하시며, 검푸른 몸빛에 [무지의 얽매임을 풀어주는] 경권을 들고, 화신의 형상으로 중생을 교화하시는, 축생계의 붓다인 드루와씽하(사자선주불)께 정례합니다.

[귀명하나이다] 간탐이 본래 청정하시며, 붉은 몸빛에 [기갈을 없애주는] 보함을 들고, 화신의 형상으로 중생을 교화하시는, 아귀계의 붓다인 즈왈라무카(화염구불)께 정례합니다.

[귀명하나이다] 분노가 본래 청정하시며, 검은 몸빛에 냉난을 베푸는 불과 물을 들고, 화신의 형상으로 중생을 교화하시는, 지옥계의 붓다인 다르마라자(법왕불)께 정례합니다.

여섯 근본 헤루까 부존

[귀명하나이다] 흑갈색 몸빛에 삼면육비의 분노의 형상을 하시니, 오른쪽 얼굴은 희고 왼쪽은 붉고 가운데 얼굴은 검은 갈색이며, 오른쪽 세 손에 차례로 금강저와 카땀가(骨杖)와 작은 북을 들고, 왼쪽 세 손에 차례로 금강령과 선혈의 해골 잔과 창자의 올가미를 들고 계시는 체촉헤루까(최승음혈불)께 정례합니다.

[귀명하나이다] 적갈색 몸빛에 삼면육비의 분노의 형상을 하시니, 오른쪽 얼굴은 희고 왼쪽은 붉고 가운데 얼굴은 붉은 갈색이며, 오른쪽 세 손에 차례로 법륜과 부월과 이검을 들고, 왼쪽 세 손에 차례로 금강령과 쟁기와 선혈의 해골 잔을 들고 계시는 붓다헤루까(여래음혈불)께 정례합니다.

[귀명하나이다] 암청색 몸빛에 삼면육비의 분노의 형상을 하시니, 오른쪽 얼굴은 희고 왼쪽은 붉고 가운데 얼굴은 검은 청색이며, 오른쪽 세 손에 차례로 금강저와 선혈의 해골 잔과 부월을 들고, 왼쪽 세 손에 차례로 금강령과 선혈의 해골 잔과 쟁기를 들고 계시는 바즈라헤루까(금강음혈불)께 정례합니다.

[귀명하나이다] 암황색 몸빛에 삼면육비의 분노의 형상을 하시니, 오른쪽 얼굴은 희고 왼쪽은 붉고 가운데 얼굴은 어두운 금색이며, 오른쪽 세 손에 차례로 보배와 카땀가와 곤봉을 들고, 왼쪽 세 손에 차례로 금강령과 선혈의 해골 잔과 삼지창을 들고 계시는 라뜨나헤루까(보생음혈불)께 정례합니다.

[귀명하나이다] 암적색 몸빛에 삼면육비의 분노의 형상을 하시니, 오른쪽 얼굴은 희고 왼쪽은 푸르고 가운데 얼굴은 검은 적색이며, 오른쪽 세 손에 차례로 연꽃과 카땀가와 곤봉을 들고, 왼쪽 세 손에 차례로 금강령과 선혈의 해골 잔과 작은 북을 들고 계시는 빠드마헤루까(연화음혈불)께 정례합니다.

[귀명하나이다] 암녹색 몸빛에 삼면육비의 분노의 형상을 하시니, 오른쪽 얼굴은 희고 왼쪽은 붉고 가운데 얼굴은 검은 녹색이며, 오른쪽 세 손에 차례로 이검과 카땀가와 곤봉을 들고, 왼쪽 세 손에 차례로 금강령과 선혈의 해골 잔과 쟁기를 들고 계시는 까르마헤루까(갈마음혈불)께 정례합니다.

여섯 근본 헤루까 불모

[귀명하나이다] 암청색 몸빛에 금강저를 오른손에 들고, 왼손에 든 해골

잔의 선혈을 부존(父尊)[체촉헤루까]의 입에 받치며, 지복의 대락 속에 부존과 환희롭게 교합하고 계시는 불모 마하끄로데쓰와리(대분노자재모)께 정례합니다.

[귀명하나이다] 적갈색 몸빛에 법륜을 오른손에 들고, 왼손에 든 해골잔의 선혈을 부존[붓다헤루까]의 입에 받치며, 지복의 대락 속에 부존과 환희롭게 교합하고 계시는 불모 붓다끄로데쓰와리(여래분노자재모)께 정례합니다.

[귀명하나이다] 담청색 몸빛에 금강저를 오른손에 들고, 왼손에 든 해골 잔의 선혈을 부존[바즈라헤루까]의 입에 받치며, 지복의 대락 속에 부존과 환희롭게 교합하고 계시는 불모 바즈라끄로데쓰와리(금강분노자재모)께 정례합니다.

[귀명하나이다] 담황색 몸빛에 보주를 오른손에 들고, 왼손에 든 해골잔의 선혈을 부존[라뜨나헤루까]의 입에 받치며, 지복의 대락 속에 부존과 환희롭게 교합하고 계시는 불모 라뜨나끄로데쓰와리(보생분노자재모)께 정례합니다.

[귀명하나이다] 담홍색 몸빛에 연꽃을 오른손에 들고, 왼손에 든 해골잔의 선혈을 부존[빠드마헤루까]의 입에 받치며, 지복의 대락 속에 부존과 환희롭게 교합하고 계시는 불모 빠드마끄로데쓰와리(연화분노자재모)께 정례합니다.

[귀명하나이다] 담녹색 몸빛에 십자금강저를 오른손에 들고, 왼손에 든 해골 잔의 선혈을 부존[까르마헤루까]의 입에 받치며, 지복의 대락 속에 부존과 환희롭게 교합하고 계시는 불모 까르마끄로데쓰와리(갈마분노자재모)께 정례합니다.

여덟 마따라(本母) 여신

[귀명하나이다] 분노하는 마모(本母)의 모습으로 시체의 보좌 위에서, 태깔스런 자태로 윤회의 분별을 깨뜨리기 위해, 오른손에 샤와단다(尸棍)를, [왼손에 선혈의 해골 잔을 들고] 중생의 이락을 행하시는, 동쪽 맥판 위의 백색의 가우리(구장분노모) 여신께 정례합니다.

[귀명하나이다] 분노하는 마모의 모습으로 시체의 보좌 위에서, 태깔스런 자태로 반야와 방편을 합일시키기 위해, 화살 메긴 활을 들고 중생의 이락을 행하시는, 남쪽 맥판 위의 금색의 짜우리(비적분노모) 여신께 정례합니다.

[귀명하나이다] 분노하는 마모의 모습으로 시체의 보좌 위에서, 태깔스런 자태로 윤회 속에 빠뜨리지 않기 위해, 마까라(마갈)의 깃발을 손에 들고 중생의 이락을 행하시는, 서쪽 맥판 위의 적색의 쁘라모하(대치분노모) 여신께 정례합니다.

[귀명하나이다] 분노하는 마모의 모습으로 시체의 보좌 위에서, 태깔스런 자태로 불변의 법성을 깨닫도록 하기 위해, 금강저와 선혈의 해골 잔을 손에 들고 중생의 이락을 행하시는, 북쪽 맥판 위의 녹색[45]의 웨딸리(기시분노모) 여신께 정례합니다.

[귀명하나이다] 분노하는 마모의 모습으로 시체의 보좌 위에서, 태깔스런 자태로 번뇌의 처소에서 건져내기 위해, 창자를 먹으며 중생의 이락을 행하시는, 동남쪽 맥판 위의 적황색의 뿍까씨(훈향분노모) 여신께 정례합니다.

---

45 원문은 '암녹색'이나 '녹색'으로 고쳤다.

[귀명하나이다] 분노하는 마모의 모습으로 시체의 보좌 위에서, 태깔스런 자태로 윤회를 삼켜 버리기 위해, 해골 잔의 선혈을 들이키며 중생의 이락을 행하시는, 남서쪽 맥판 위의 암녹색의 가쓰마리(비천분노모) 여신께 정례합니다.

[귀명하나이다] 분노하는 마모의 모습으로 시체의 보좌 위에서, 태깔스런 자태로 삿된 견해를 분쇄하기 위해, 시체의 심장을 들고, 살을 씹으며[46] 중생의 이탁을 행하시는, 서북쪽 맥판 위의 담황색의 짠달리(흉맹분노모) 여신께 정례합니다.

[귀명하나이다] 분노하는 마모의 모습으로 시체의 보좌 위에서, 태깔스런 자태로 윤회의 의지처[몸]를 갈라놓기 위해, 시체를 분리하며 중생의 이락을 행하시는, 북동쪽 맥판 위의 암청색의 쓰마쌰니(시림분노모) 여신께 정례합니다.

여덟 삐쌰찌(鬼母) 여신

[귀명하나이다] 사자 머리에 입에다 시체를 물고, 윤회의 근본을 휘젓기 위해 갈기 털을 흔들며, 삐쌰찌의 모습으로 중생의 이락을 행하시는, 흑갈색의 씽하무키(사면분노모) 여신께 정례합니다.

[귀명하나이다] 호랑이 머리에 두 팔을 아래로 교차한 채, 윤회의 집착을 절복하기 위해 두 눈을 부릅뜨고, 삐쌰찌의 모습으로 중생의 이락을 행하시는, 적색의 브야그리무키(虎面忿怒母) 여신께 정례합니다.

---

46 원문은 '시체의 머리와 몸통을 분리'하는 것이나, 3장 「정맹백존의 법행(法行)을 통한 훈습의 자연해탈」과 일치시키기 위하여 고쳤다.

[귀명하나이다] 여우 머리에 계도(戒刀)를 휘날리며, 번뇌의 근원을 정화하기 위해 허파와 심장을 먹으며, 삐싸찌의 모습으로 중생의 이락을 행하시는, 흑색의 쓰르갈라무키(호면분노모) 여신께 정례합니다.

[귀명하나이다] 늑대 머리에 시체를 씹으며, 윤회의 구덩이를 부수기 위해 두 눈을 부릅뜨고, 삐싸찌의 모습으로 중생의 이락을 행하시는, 암청색의 쓰와나무키(낭면분노모) 여신께 정례합니다.

[귀명하나이다] 독수리 머리에 어깨에 시체를 걸치고, 삼독을 뿌리째 자르기 위해 창자를 끄집어내며, 삐싸찌의 모습으로 중생의 이락을 행하시는, 백황색의 그르드라무키(취면분노모) 여신께 정례합니다.

[귀명하나이다] 대머리 독수리의 얼굴에 시체를 들고, 윤회의 구덩이에서 구출[47]하기 위해 시체를 어깨에 걸치며, 삐싸찌의 모습으로 중생의 이락을 수행하시는, 암적색의 깡까무키(흘시조면분노모) 여신께 정례합니다.

[귀명하나이다] 까마귀 머리에 이검을 휘날리며, 번뇌를 구제하고 멸하기 위해 해골 잔의 선혈을 마시며, 삐싸찌의 모습으로 중생의 이락을 행하시는, 흑색의 까까무키(오면분노모) 여신께 정례합니다.

[귀명하나이다] 올빼미 머리에 쇠갈고리를 들고, 윤회의 삿된 견해에서 끄집어내기 위해 선혈의 해골 잔을 들고, 삐싸찌의 모습으로 중생의 이락을 행하시는, 암청색의 울루까무키(효면분노모) 여신께 정례합니다.

---

47 원문은 '윤회를 감수하기 위해'이나, 11장 「몸에 걸침을 통한 오온의 자연해탈」에 설해진 '윤회의 구덩이에서 구출하기 위해'로 고쳤다.

만다라 사문의 네 수문천모

[귀명하나이다] 만다라의 동문에서 수문천모의 모습으로 쇠갈고리를 들고, 무량한 비심(悲心)으로 윤회의 처소에서 중생을 끄집어내며, 중생의 이락을 행하시는 말 머리의 백색의 바즈라앙꾸쌰(금강철구모) 여신께 정례합니다.

[귀명하나이다] 만다라의 남문에서 수문천모의 모습으로 올가미를 들고, 무량한 자심(慈心)으로 악견을 결박하며, 중생의 이락을 행하시는 돼지 머리의 황색의 바즈라빠쌰(금강견삭모) 여신께 정례합니다.

[귀명하나이다] 만다라의 서문에서 수문천모의 모습으로 쇠사슬을 들고, 무량한 희심(喜心)으로 무명과 번뇌를 포박하며, 중생의 이락을 행하시는 사자 머리의 적색의 바즈라쓰릉칼라(금강철련모) 여신께 정례합니다.

[귀명하나이다] 만다라의 북문에서 수문천모의 모습으로 금강령을 들고, 무량한 사심(捨心)으로 오독의 분별을 파괴하며, 중생의 이락을 행하시는 뱀 머리의 녹색의 바즈라간따(금강진령모) 여신께 정례합니다.

여덟 뽀르제마(移住天母, sPor byed ma)[48]

[귀명하나이다] 청정한 법성의 온전한 현현인 삼계를 정토로 누림으로써 사람 가죽[49]을 몸에 걸치고, [왼손에 선혈의 해골 잔을 들고], 삼계에서 중생을

---

48 뽀르제마(移住天女, sPor byed ma)는 "정맹백존의 예배를 통한 죄장의 자연해탈"로 옮기는 "갸착딕딥랑돌(brGya phyag sdig sgrib raṅ grol)"에만 나온다. 그러므로 일반적으로 정맹백존(靜猛百尊)이라 하지만 실제로는 원초불 싸만따바드라 부모양존과 여덟 뽀르제마를 합한 정맹백십이존(靜猛百十二尊)이 된다.

49 이 구절의 뜻을 좀 더 설명하면, "청정한 법성에서 일체가 또한 나타나고, 나타난 온갖 것

[해탈세계로] 이주시키는 태양광선의 밧줄을 던지는 샥펜마(日光索投母, Shags ḥphen ma)께 정례합니다.

[귀명하나이다] 분별의 고질병을 영원히 없애기 위해 다섯 번뇌[50]를 정화하며, 선혈의 해골 잔을 들고, 단창을 던지며, 대비의 신묘한 방편으로 인간을 [해탈세계로] 이주시키는 둥퉁펜마(短槍投擲母, mDuṅ thuṅ ma)께 정례합니다.

[귀명하나이다] 무명의 중생을 법계로 들여놓기 위해 [법성의 대락의 몸으로부터 움직임이 없이] 삼계를 진압하며, 선혈의 해골 잔을 가슴에 들고, 장엄한 모습으로 삼계에서 중생을 [해탈세계로] 이주시키는 딜톨마(振鈴轉移母, Dril ḥkhrol ma)께 정례합니다.

[귀명하나이다] [대비가 일체를 덮으며][51] 백황색 미려한 몸빛에 식멸(息滅)과 증익(增益)에 자재한 몸으로, 오욕(五慾)을 제복하는 선혈의 해골 잔을 가슴에 대고, 천신을 [해탈세계로] 이주시키는, 금강 금시조를 들고 계시는 쿵톡마(執金翅天母, Khyuṅ thogs ma)께 정례합니다.

[귀명하나이다] [잔악한 고통을 완전히 소멸하기 위해] 검푸른 장대한 몸으로 대전투[52]를 물리치는 금강의 유성화살(流星矢)을 쏘며, 아수라들을 [해탈세계로] 이주시키는, 해골 잔의 선혈을 마시는 까르다펜마(流星矢射天母, sKar mdaḥ ḥphen ma)께 정례합니다.

을 갖가지로 변화시키는 몸을 지니며, 삼계를 정토로 이용함으로써 몸에 인피를 걸친다." 고 『디메쌱귀(一切懺悔無垢王續)』에서 설하였다.

50 다섯 번뇌는 탐욕·성냄·우치·교만·의심을 말한다.

51 원문에는 본래 없으나 『디메쌱귀』에서 인용하여 보유하였다.

52 천신과 아수라 사이에서 벌어지는 전쟁을 말한다.

[귀명하나이다] [전도된 견해를 절복하기 위해] 검붉은 몸빛에 회유(懷柔)와 주살(誅殺)에 자재한 몸으로, [윈손에 선혈의 해골 잔을 들고], 안과 밖의 두 장애를 정화해서 안락을 주기 위해, 금강뇌화(金剛雷火)의 꽃다발을 던져 아귀를 [해탈세계로] 이주시키는, 록탱진마(執雷鬘天母, Glog pheṅ ḥdzin ma)께 정례합니다.

[귀명하나이다] 몸의 오른편은 희고 왼편은 검으며, 식멸과 주살에 자재한 몸으로, 무지를 말리기 위해 해골 잔의 선혈을 마시며, 축생을 [해탈세계로] 이주시키는, 독수리 깃털을 들고 계시는 락쌰뎁마(捕羔鷲天母, Glags śa rdeb ma)[53]께 정례합니다.

[귀명하나이다] [팔고(八苦)와 십육고(十六苦)를 소멸하기 위해] 암황색 몸빛에 주살과 증익에 자재한 몸으로, 지옥을 비우기 위해 해골 잔의 선혈을 마시며, 지옥의 중생을 [해탈세계로] 이주시키는, 이검을 들고 있는 랠디진마(執劍天母, Ral gri ḥdzin ma)께 정례합니다.

식멸업(息滅業)을 행하는 여섯 이쓰와리

[귀명하나이다] 흑갈색 몸빛에 금강저와 선혈의 해골 잔을 들고 계시는, 야크 머리의 마누락샤씨(모우면인나찰모) 여신께 정례합니다.

[귀명하나이다] 담황색 몸빛에 금강저와 연꽃을 들고 계시는, 뱀 머리의 브라흐마니(사면범천모) 여신께 정례합니다.

[귀명하나이다] 담녹색 몸빛에 금강저와 삼지창을 들고 계시는, 표범

53 락쌰뎁(gLags śa rdeb)은 '옥대해조(玉帶海雕)'로 번역되며, 산 절벽에 사는 독수리의 일종으로 새끼 양과 토끼 등을 채가는 맹금류이다.

머리의 라우드리(표면오마천모) 여신께 정례합니다.

[귀명하나이다] 담청색 몸빛에 금강저와 법륜을 들고 계시는, 몽구스 머리의 와이스나위(유면편입천모) 여신께 정례합니다.

[귀명하나이다] 담홍색 몸빛에 금강저와 단창을 들고 계시는, 마웅(馬熊) 머리의 까우마리(마웅면동녀천모) 여신께 정례합니다.

[귀명하나이다] 하얀 몸빛에 금강저와 창자의 올가미를 들고 계시는, 곰 머리의 인드라니(웅면제석천모) 여신께 정례합니다.

증익업(增益業)을 행하는 여섯 이쓰와리

[귀명하나이다] 금색 몸빛에 보주와 계도를 들고 계시는, 박쥐 머리의 바즈라빵갈라(비서면금강천모) 여신께 정례합니다.

[귀명하나이다] 적황색 몸빛에 보주와 보병을 들고 계시는, 마까라(마갈) 머리의 싸우미(마갈면적정천모)[싼띠(Śānti)] 여신께 정례합니다.

[귀명하나이다] 적황색 몸빛에 보주와 연꽃을 들고 계시는, 전갈 머리의 암르따(전혈면감로천모) 여신께 정례합니다.

[귀명하나이다] 담황색 몸빛에 보배와 금강저를 들고 계시는, 새매 머리의 짠드라(응면백월천모) 여신께 정례합니다.

[귀명하나이다] 녹황색 몸빛에 보주와 곤봉을 들고 계시는, 여우 머리의 단디(호면집곤천모) 여신께 정례합니다.

[귀명하나이다] 암황색 몸빛에 보배와 해골 잔의 선혈을 마시는, 호랑이 머리의 락샤씨(호면나찰천모) 여신께 정례합니다.

회유업(懷柔業)을 행하는 여섯 이쓰와리

[귀명하나이다] 적록색 몸빛에 연꽃과 곤봉을 들고 계시는, 독수리 머리의 박샤씨(취면식탄천모) 여신께 정례합니다.

[귀명하나이다] 붉은 몸빛에 연꽃과 시체의 몸통을 들고 계시는, 말 머리의 라띠(마면환희천모) 여신께 정례합니다.

[귀명하나이다] 담홍색 몸빛에 연꽃과 곤봉을 들고 계시는, 금시조 머리의 루디라마디(금시조면취혈천모) 여신께 정례합니다.

[귀명하나이다] 붉은 몸빛에 연꽃과 금강저를 들고 계시는, 개 머리의 에까짜라니-락샤씨(구면독행나찰천모) 여신께 정례합니다.

[귀명하나이다] 붉은 몸빛에 연꽃과 화살 메긴 활을 들고 계시는, 관모조(冠毛鳥) 머리의 마노하리까(관모조면탈혼천모) 여신께 정례합니다.

[귀명하나이다] 적록색 몸빛에 연꽃과 보병을 들고 계시는, 사슴 머리의 씻디까리(녹면성취천모) 여신께 정례합니다.

주살업(誅殺業)을 행하는 여섯 이쓰와리

[귀명하나이다] 청록색 몸빛에 십자금강저와 깃발을 들고 계시는, 늑대 머리의 와유데비(낭면풍신천모) 여신께 정례합니다.

[귀명하나이다] 적록색 몸빛에 십자금강저와 쑬라(貫戈)를 들고 계시는, 야생면양 머리의 아그나이(야양면화신천모) 여신께 정례합니다.

[귀명하나이다] 암녹색 몸빛에 십자금강저와 송곳니가 달린 올가미를 들고 계시는, 돼지 머리의 와라히(저면승해천모) 여신께 정례합니다.

[귀명하나이다] 적록색 몸빛에 십자금강저와 어린애의 시체를 들고 계

시는, 작은 까마귀 머리의 짜문디(소오면작로천모)[54] 여신께 정례합니다.

[귀명하나이다] 암녹색 몸빛에 십자금강저와 시체를 들고 계시는, 코끼리 머리의 부자나(상면대비천모) 여신께 정례합니다.

[귀명하나이다] 청록색[55] 몸빛에 십자금강저와 뱀의 올가미를 들고 계시는, 뱀 머리의 와루나데비(사면수신천모) 여신께 정례합니다.

만다라 외랑(外廊)의 네 수문천모

[귀명하나이다] 금강저와 쇠갈고리를 들고 계시는 백색의 수문천모인, 뻐꾸기 머리의 바즈라[마하깔리(두견면금강대흑천모)] 여신께 정례합니다.

[귀명하나이다] 보배와 올가미를 들고 계시는 금색의 수문천모인, 염소 머리의 바즈라[마하차갈라(산양면금강대완천모)] 여신께 정례합니다.

[귀명하나이다] 연꽃과 쇠사슬을 들고 계시는 홍색의 수문천모인, 사자 머리의 바즈라[마하꿈바까라니(사면금강대잡병천모)] 여신께 정례합니다.

[귀명하나이다] 십자금강저와 금강령을 들고 계시는 녹색의 수문천모인, 뱀 머리의 바즈라[람보다라(사면금강대복천모)] 여신께 정례합니다.

예참(禮懺)을 드리는 법

【 이 행법을 닦는 남녀 유가행자들은 먼저 몸에 걸친 모든 장식물들을 벗어놓고, 지심으로 정맹백존(靜猛百尊)의 발 아래 오체투지를 행한 다

54 판본에는 '바즈라(Vajrā)'로 되어 있으나 '갠제(rGan byed, 作老)'의 오기이다.

55 판본에는 '녹색'으로 되어 있으나 '청록색'으로 고쳤다.

음, 아름다운 곡조로 찬양하고 삼세에 걸쳐 쌓은 죄장들을 진실로 부끄럽게 여기고 간절히 참회토록 하라.

정맹백존과 십존[56]의 성중들께 예배와 참회를 통해 죄장을 소멸하는 이 지존한 죄장의 자연해탈법은, 『나락깡쌱(Na rag bskaṅ bśag, 獻供懺悔解脫)』[57] 등 모든 의식들을 행해서 얻는 큰 공덕들보다도, 이것을 닦아 얻는 공덕은 헤아릴 수 없다. 그러므로 「정맹백존의 예배를 통한 죄장의 자연해탈」을 힘써 닦도록 하라.

이 「정맹백존의 예배를 통한 죄장의 자연해탈」은 윤회세계가 다할 때까지 또한 끝나지 않는다. 『바르도퇴돌』의 지분이 되는 『나락깡쌱』을 보유하는 「정맹백존의 세 가지[광본과 중본과 약본의] 갈마의궤(羯磨儀軌)」의 요의를 간추려 열어 보인 매우 심오한 이 가르침을 모든 사람들에게 전파토록 하라. 또한 하루 세 차례씩 빠짐없이 근수토록 하라. 미래세의 유가행자들이여! 싸마야!

이것은 성취자 까르마 링빠가 발굴하여 모신 비장 경전이다. 싸르와 망갈람! 쓔밤! 】

---

56 판본에는 '암녹색'으로 되어 있으나 '녹색'으로 고쳤다.

57 십존(十尊)은 체촉헤루까 부모양존과 여덟 뽀르제마(轉移天母)를 더한 숫자이다.

5장 정맹백존의 면전참회를 통한 자연해탈[1]

싸만따바드라와 체촉헤루까와 적정과 분노존의 성중들께 공히 예배하오니, 서언의 어김과 깨어짐이 정화되어 회복되게 하소서!

【『정맹의 심오한 밀의를 통한 자연해탈』 중에서 서언의 어김과 깨어짐을 버림 없이 맑아지도록 하기 위해, 「정맹백존의 면전참회를 통한 자연해탈」을 보이니, 이것을 힘써 닦으라. 후대의 선남선녀들이여! 싸마야!

여기에는 여섯 가지가 있으니, 무언의 이참(理懺)과 적정존의 면전참회, 분노존의 면전참회와 루드라(凶神)의 통곡참회, 사견(邪見)의 참회와 제불의 공통참회이다. 이것을 각각 열어 보이고자 한다.】

1 원제목은 "시퇴롱쌱죄빠랑돌(Shi throḥi kgoṅ bśags brjod pa raṅ grol)"이며, 글 뜻은 '적정과 분노의 세존들의 마음의 내계에 서언의 어김을 고백하여 스스로 해탈하는 참회문'이다.

1) 무언의 이참[2]

【 제불여래의 대비와 서언에 안주하는 유가에 자재한 천신의 무리들이 무언의 참회를 다음과 같이 설하였다. 】

앙청과 청좌

옴 승묘한 지혜 몸인 이 자성 만다라는
만월처럼 희론의 표출이 있지 않아도,
대비가 눈부신 햇살처럼 일체에 평등하니
예에 오셔서 자리한 뒤 저를 호념하소서!

정맹의 예배

아: 언설을 여읜 동요 없는 반야의 법신[3]
대락을 누리시는 보신의 오부족 붓다들과,
대비와 방편으로 드넓게 유희하는 화신의
적정과 분노의 삼신의 붓다들께 예배합니다.

---

2 '무언(無言)의 이참(理懺)'이란 제법의 공한 성품을 관조해서 선악과 유무 등의 분별과 희론을 초월하여 법계의 실상에 계합하는 참회법이니, 『천수경』에서, "죄무자성종심기, 심약멸시죄역망, 죄망심멸양구공, 시즉명위진참회(罪無自性從心起, 心若滅時罪亦亡, 罪亡心滅兩俱空, 是則名爲眞懺悔)"라 한 것과 같다. 또한 이것은 『디메쌱귀(一切懺悔無垢王續)』의 제4품 「지혜의 성중과 분한의 참회」에 해당한다.

3 원문은 "죄메쎼랍미요최끼꾸(brJod me śes rab mi gyo chos kyi sku)"이다. 여기서 '언설을 여윔(죄메)'이란, 법신은 본질이 공하고 비어 있어 가히 언설로 그 모습을 그리지 못하고, 사유의 경계를 떠났음을 뜻한다. '반야(쎼랍)'란, 법신의 자성이 막힘없는 반야의 광명으로 빛남으로써 오지(五智)의 광명과 오불(五佛)의 근원이 됨을, '부동(미요)'이란, 법신의 대비가 일체에 나타나도 [밝음과 비어 있음이 하나인] 명공일여(明空一如)의 본성에서 조금도 움직이지 않고 벗어나지 않음을 말한다. 또한 『릭빠랑쌰르첸뽀(覺性自現大續)』에서, "언설의 변제를 떠난 이 대법신이 모두에게 존재할지라도 일체가 깨닫지 못한다."고 하였다.

세 가지 공양

훔 실제의 공양물과 뜻으로 빚어 만든
보현보살의 신비로운 구름공양(雲供)을,
청명한 하늘 속에 가득히 진설하옵고
안과 밖, 비밀의 세 공양을 올리옵니다.

비밀의 대락공양

꾼뚜쌍모의 여음의 비밀궁전 속에서
무량한 붓다들의 만다라가 남김 없이,
부즉불리의 묘경에서 일미를 이루니
불이의 보리심으로 희열을 누리소서![4]

정견의 서약

마음의 본성인 법계의 하늘은 광대하고
제법은 청정하여 본래 광명으로 빛나며,
유가의 묘경은 사유와 언설조차 떠나니
대평등의 보리심에 영원토록 귀경합니다.

---

4 이것은 일체가 현공일여(現空一如)의 보리심임을 설한 것이다. 『꾼제걜뽀(普作王續)』에서, "법신이 보리심이다. 보리심에서 법신이 [출현하니], 티끌만큼도 누가 조작함이 없다. 그러므로 붓다는 마음을 떠나서 달리 있지 않다. 보신도 보리심이다. 보리심에서 보신이 [출현하니], 마음에서 출현한 형색들에게는 보신을 떠나서 다른 몸이 없다. 화신도 보리심이다. 보리심의 화현에서 중생의 이익을 행하는 것으로 다른 것이 없다. 삼세의 모든 붓다들도 보리심을 떠나서 달리 없다."고 설하였다.

호념의 간구

꾼뚜쌍뽀의 대원만은 본래로 편만하니
안과 밖, 비밀로 구획된 이 만다라에서
청정한 세간은 남녀 천신들의 본향이며,

과거와 미래의 자연성취의 부모존들이
대비밀과 대희열의 본신인 꾼뚜쌍모의
여음의 광대한 하늘 속으로 모여 들어
둘이 아닌 하나의 대명점[5]으로 빛난다.[6]

무조작과 무희론의 묘각신(妙覺身)[7]과
갖가지로 출현하는 지복의 불괴신[8]이
이합(離合)을 여읜 이 비밀 만다라에서,

지존한 오종성불의 부모양존들과
남녀의 대보살들과 육도의 육불과,
화신의 여덟 명왕과 수문천모 등의

---

5 대명점(大明点)은 '틱레첸뽀(Thig le chen po)'의 옮김으로 일원상(一圓相)을 뜻한다. 다시 말해, "자기의 현현 이외에 여타가 없으며 본질이 변하지 않음으로써, 현현이 자기의 대광경으로 빛나는 까닭에 틱레냑찍(唯一明点)이다."라고 한다.

6 이 게송은 안의 만다라를, 아래 게송은 비밀 만다라를 각각 표현하고 있다. 그러나 판본마다 조금씩 차이가 있어 다르게 해석할 여지가 많다고 본다.

7 묘각신(妙覺身)은 '장춥닝뾔꾸(Byaṅ chub sñiṅ poḥi sku)'의 옮김이다.

8 불괴신(不壞身)은 '융둥하(gYuṅ druṅ lha)'의 옮김으로, 견고하여 파괴됨이 없는 몸으로 불멸의 희열 속에 존재하는 보신불을 뜻한다.

법계와 차별 없는 화신의 무리들과,[9]
금강천모들과 시종천녀들의 주인인
오부종성의 헤루까 부모존 열 명과,
여덟 장소의 마따라와 여덟 처소의
삐싸찌 여신과 네 명의 수문천모와
지혜의 화신인 많은 천녀들 무리와,

친모처럼 자애롭고 이모처럼 인자한
선악을 따지고 서언 준수를 추적하는,
내외의 다끼니와 스물여덟 이쓰와리와
증인의 금강호법은 저를 호념하소서!

율의와 서언퇴실의 참회

훔! 대비의 계승자며 금강유가사인
저희가 중생의 안락 위해 발심하고,
위없는 정등각의 불지를 얻기 위해
바다 같은 교법의 각각의 계율들과,[10]

붓다의 몸·말·뜻과 상응하는 최고의 율의인
위월이 힘들고 늘 준수하는 금강서언계의,

---

9 이 구절의 본문은 '잉메잉니(dByiṅs med dbyiṅs ñid)'이나, 쎄랍디메의 판본처럼 '에르메잉니(dByer med dbyiṅs ñid)'로 옮겼으며, 캔뽀도제의 판본에는 이 구절을 포함해서 대략 세 구절이 빠져 있다.

10 각각의 계율은 보통 십선계와 성문계와 보살계와 밀교의 서언계 등을 말한다.

전체와 개별의 증상서언들을 연이어
받아 지니고 지킴을 서약하였습니다.

비록 오래 내던지거나 어기지도 않고
뜻에서 벗어나거나 배심이 없음에도,
아직 머물러 쉴 틈이 있다는 나태함에
구경에 못 이르고 정신력도 하열하여,
알아차림[11]도 흩어지고 방일에 떨어져
수습에 매진 않고 녠둡[12]에 게으른 등,
몸·말·뜻 세 가지 근본 서언계들을
때론 알고 때로는 모르는 무지한 탓에
붓다의 성언과 서언을 위범하였습니다.

더구나 "서언이 깨어진 유가행자와는
잠시라도 만나서 말하지 않는다."라는
경의 말씀대로 법답게 행하지 못하여
규약을 어기고 잘잘못도 구별 못함과,
예지가 부족해서 그 허물조차 모르고
그들과 섞여서 서언의 어김을 보태고,

---

11 알아차림(正知)은 대상을 잊지 않고 기억하는 바른 기억(正念)이 제대로 유지되는지를 올바르게 살피는 마음의 작용을 말한다.

12 녠둡(bsÑen sgrub, 近修)은 밀교의 수습행법으로 본존의 진언 등을 의궤에 따라 염송하고 본존의 형상을 수습하여 본존과 일체가 되는 것을 말한다.

서언을 깬 자와 법기가 아닌 자들에게
비밀법문을 설하고 파계를 두려워 않는
그 위약들로 서언퇴실의 장애를 입으니,
금생의 불행과 내생에서 받을 장애들을
스스로 뉘우치고 드러내어 참회하오니
신중의 엄한 책벌이 제게 없게 하소서!

자애로운 대비로 저를 호념하시고 또한
불이의 법계에 견고 불견하게 안치하고,
무소연의 큰 버림[13] 속에 머무셔도 또한
불이의 진실의의 청정을 제게 내려주소서!

언설을 여읜 무희론의 승의(勝義)에선
분별의 대상을 전혀 보지 못함에도,
오직 세속의 환상의 힘에 이끌려서
불심을 어김을 드러내어 참회하오니
허물이 있으면 제 잘못을 사하소서!

---

13 '무소연(無所緣)의 큰 버림(平捨)'는 '미믹땅뇸(Mi dmigs btaṅ sñoms, 無緣平捨)'의 옮김이다. 여기서 무소연이란 멀고 가깝고, 좋고 나쁨 등의 대상의 차별을 보지 않음을, 버림이란 좋고 나쁨 등이 본래 평등한 것임을 알아 마음에 이원의 분별을 일으키지 않고 평등하게 대함을 말한다. 이것은 모든 법들이 열 가지 평등성에 의해 차별 없이 동등한 것임을 말한다. 그 열 가지 평등성(十平等性)이란, 무성(無性)의 평등성이며, 무상(無相)의 평등성이며, 사변무생(四邊無生)의 평등성이며, 불생(不生)의 평등성이며, 원리(遠離)의 평등성이며, 본래청정(本來淸淨)의 평등성이며, 이희론(離戱論)의 평등성이며, 무취무사(無取無捨)의 평등성이며, 모든 법들은 몽환(夢幻), 그림자(光影), 메아리(谷聲), 물속의 달(水月), 거울 속의 영상(鏡像), 변화(變化)의 평등성이며, 유비유(有非有)의 평등성이다.

시작조차 없는 윤회의 시초로부터
업력에 이끌려 저희들이 윤회하며,
번뇌와 사견의 독물을 마심으로써
괴로운 질병에 억눌려 신음하오니,
의왕 같으신 자비로운 세존께서는
감로와 같은 해탈의 법약을 베풀어,
번뇌와 착란의 질병들을 치유하고
위없는 깨달음 속에서 살게 하소서!
대비의 자존(慈尊) 발 아래 귀의하옵고
불심을 어김을 드러내어 참회합니다.

지견이 졸렬하여 법성을 못 깨치고[14]
수행이 일천하여 본존을 수습할 때,
본존의 모습을 떠올려도 밝지 않고
송주도 부족하고 독음도 격을 잃고,
바다와 같은 제불의 마음을 어김을
정맹의 부처님들 면전에 참회합니다.
대비의 세존들께 용서를 청하옵니다.
지혜의 성중들의 발 아래 참회합니다.

정진이 용렬해 스승은 흡족치 못하고
자애가 옹졸해 형제를 거두지 못하고

---

14 어떤 판본에는 '지견(知見)이 높다고 말하여도 법성을 못 깨치고'로 나온다.

우쭐한 마음에 남에게 구결을 흘리고,
지켜야 할 몸·말·뜻의 근본 서언들을
어리석은 까닭에 알게 모르게 본의를
깎고 덧붙이고 어기고 착오한 모두를,
정맹의 부처님들 면전에 참회합니다.

대비의 세존들께 용서를 청하옵니다.
바다와 같은 제불회상에 참회합니다.
드러내 참회하오니 맑아지게 하소서!
불이의 진실의의 청정을 내려주옵소서!
싸 마 야!

2) 42적정존(寂靜尊)의 면전참회[15]

【 대보신불의 서언에 안주하는 대유가자재의 천신들이 법성의 적정존들에게 다음과 같이 참회하였다.】

옴 보현양존은 듣고 호념하소서!
색심(色心)이 본래 붓다 자체이며
보현양존의 밀의 또한 그렇건만,
그와 같이 저는 깨닫고 알지 못해
보현양존의 마음과 전혀 어긋나니

---

15 『디메쌱귀』의 제9품 「법성의 적정존의 참회」에 해당한다.

대비세존은 저의 허물을 사하소서!

오종성불께서는 듣고 호념하소서!
오온(五蘊)이 본래 붓다 자체이며
오종성불의 밀의 또한 그렇건만,
그와 같이 저는 깨닫고 알지 못해
오종성불의 마음과 전혀 어긋나니
대비세존은 저의 허물을 사하소서!

오불성모께서는 듣고 호념하소서!
오대(五大)가 본래 붓다 자체이며
오불성모의 밀의 또한 그렇건만,
그와 같이 저는 깨닫고 알지 못해
오불성모의 마음과 전혀 어긋나니
대비불모는 저의 허물을 사하소서!

여덟 남성 보살은 듣고 호념하소서!
팔식(八識)이 본래 붓다 자체이며
팔대보살의 밀의 또한 그렇건만,
그와 같이 저는 깨닫고 알지 못해
팔대보살의 마음과 전혀 어긋나니
대비세존은 저의 허물을 사하소서!

여덟 여성 보살은 듣고 호념하소서!

사경사시[16]가 본래 붓다 자체이며
팔대모존의 밀의 또한 그렇건만,
그와 같이 저는 깨닫고 알지 못해
팔대모존의 마음과 전혀 어긋나니,
대비모존은 저의 허물을 사하소서!

육도의 육불께선 듣고 호념하소서!
여섯 번뇌가 본래 붓다 자체이며
육도육불의 밀의 또한 그렇건만,
그와 같이 저는 깨닫고 알지 못해
육도육불의 마음과 전혀 어긋나니,
대비세존은 저의 허물을 사하소서!

네 수문명왕께선 듣고 호념하소서!
사변(四邊)[17]이 본래 붓다 자체이며
사대명왕의 밀의 또한 그렇건만,
그와 같이 저는 깨닫고 알지 못해
분노명왕의 마음과 전혀 어긋나니,
대비세존은 저의 허물을 사하소서!

---

16 여기서 사경사시(四境四時)는 의식의 경계가 되는 팔경(八境)을 뜻한다. 사경(四境)은 색(色)·성(聲)·향(香)·미(味) 넷을, 사시(四時)는 과거·미래·현재·부정시(不定時) 넷을 말한다.

17 상견(常見)·단견(斷見)·아견(我見)·상견(相見)을 말한다.

네 수문천모께선 듣고 호념하소서!
사무량심이 본래 붓다 자체이니
사대천모의 밀의 또한 그렇건만,
그와 같이 저는 깨닫고 알지 못해
수문천모의 마음과 전혀 어긋나니,
대비모존은 저의 허물을 사하소서!

【대보신불의 서언에 안주하는 대유가자재의 천녀들이 법성의 적정존들께 다음과 같이 잘못을 참회하였다.】

옴 제 마음이 슬기를 타고나지 못해
나의 온(蘊)·계(界)·처(處)의 셋들을,
적정 만다라의 세존들로 닦지 못함을
42적정존은 저의 허물을 사하소서!

제 마음이 슬기를 타고나지 못해
오온을 오종성불로 닦지 못하고,
무지한 마음에 나로 알아 그르치니
오불여래[18]는 저의 허물을 사하소서!

제 마음이 슬기를 타고나지 못해

---

18 원문은 '보현여래의 성중'을 뜻하는 '꾼뚜쌍뽀촉(Kun tu bzaṅ poḥi tshogs)'이나, 문맥에 맞게 오불여래로 고쳤다.

오대를 오종불모로 닦지 못하고,
무지한 마음에 나로 알아 그르치니
오불성모[19]는 저의 허물을 사하소서!

제 마음이 슬기를 타고나지 못해
팔식을 팔대보살로 닦지 못하고,
무지한 마음에 나로 알아 그르치니
팔대보살[20]은 저의 허물을 사하소서!

제 마음이 슬기를 타고나지 못해
사경사시를 모존으로 닦지 못하고,
무지한 마음에 나로 알아 그르치니
팔대모존[21]은 저의 허물을 사하소서!

제 마음이 슬기를 타고나지 못해
여섯 번뇌를 육불로 닦지 못하고,
무지한 마음에 나로 알아 그르치니
육도육불은 저의 허물을 사하소서!

---

19 원문은 '보현불모의 성중'을 뜻하는 '꾼뚜쌍뫼촉(Kun tu bzaṅ moḥi tshogs)'이나, 문맥에 맞게 오불성모로 고쳤다.

20 원문은 '보살의 성중'을 뜻하는 '장춥쎔빠촉(Byaṅ chub se.ms paḥi tshogs)'이나, 문맥에 맞게 팔대보살로 고쳤다.

21 원문은 '여성보살의 성중'을 뜻하는 '장춥쎔매촉(Byaṅ chub se.ms maḥi tshogs)'이나, 문맥에 맞게 팔대모존으로 고쳤다.

제 마음이 슬기를 타고나지 못해
사무량을 네 명왕으로 닦지 못하고,
무지한 마음에 나로 알아 그르치니
사대명왕은 저의 허물을 사하소서![22]

제 마음이 슬기를 타고나지 못해
사변을 네 수문천모로 닦지 못하고,
무지한 마음에 나로 알아 그르치니
수문천모는 저의 허물을 사하소서![23]

제 마음이 슬기를 타고나지 못해
색심을 보현양존으로 닦지 못하고,
무지한 마음에 나로 알아 그르치니
보현양존은 저의 허물을 사하소서!

제 마음이 슬기를 타고나지 못해
무명의 착란으로 잘못을 저지르니,
번뇌의 악업으로 본존을 내버리고
유혹에 휘말리어 스승을 저주하고,
오만에 빠져 금강형제와 반목하고
우쭐한 마음에서 밀주를 퍼트리고

22 이 게송은 캔뽀도제의 『바르도퇴돌』에서 보궐하였다.

23 위와 같다.

인색한 탓에 젯날[24]에 공양을 않고
악우의 꼬임에 의궤비밀을 흘리고,

고행이 부실해 마군을 제압 못하고
분노와 강제와 넘치고 모자란 탓에
발생한 갖가지 서언의 퇴실 따위와,
처음 생을 받은 무시이래로 금생의
이 몸을 얻기까지 세세생생 지어온
모든 죄악과 불선을 다 참회합니다.

시절과 종성(種姓)의 어어짐을 아시는[25]
일체지자께선 저의 허물을 사하소서!
성자이시오니 쾌히 저를 가납하소서!
중생이기에 잘못과 착란이 발생하고
그도 환상이오니 참회를 받아주소서!
방편에 능하시니 맑음을 내리옵소서!

【시방에서 운집한 대유가자재의 남녀 천신들 일체가 적정의 성중들에게 다음과 같이 참회하였다.】

---

24 젯날은 밀교에서 본존과 다끼니와 수호신들께 공양을 올리는 날이다. 일반적으로 음력 8일, 보름, 그믐, 또는 음력 10일과 25일 등이다.

25 이 구절은 '뒤릭귄켄(Dus rigs rgyun mkhyen)'의 옮김이며, 다른 판본에는 '뒤릭뒤켄(Dus rig dus mkhyen)'으로 나오기도 한다.

옴 보석 같은 불심의 꾼뚜쌍뽀여!
삼계세간을 조복하는 부존이시여!
진여법계로 섭수하는 모존이시여!
내 몸이라 분별해 환영의 몸에 홀려서[26]
서언을 깨뜨려서 후회가 막급하니
보현양존은 저의 허물을 사하소서!

보석 같은 불심의 오종성불이시여!
삼계세간을 조복하는 부존이시여!
진여법계로 섭수하는 모존이시여!
내 몸이라 분별해 환영의 몸에 홀려서
서언을 깨뜨려서 후회가 막급하니
오불양존은 저의 허물을 사하소서!

보석 같은 불심의 남녀 보살이시여!
삼계세간을 조복하는 부존이시여!
진여법계로 섭수하는 모존이시여!
내 몸이라 분별해 환영의 몸에 홀려서
서언을 깨뜨려서 후회가 막급하니
남녀 보살은 저의 허물을 사하소서!

---

26 이 구절의 원문은 '내 몸이라고 [실재하는 것으로] 분별함으로써 환영의 몸에 현혹당함'을 뜻하는 '닥뤼똑빼규매꾸뤼씽(bDag lus rtog pas sgyu maḥi sku bsuls śiṅ)'이다.

보석 같은 불심의 화신의 육불이여!
삼계유정을 조복하고 물질세간을
진여법계서 완전히 해탈시키어도,
내 몸이라 분별해 환영의 몸에 홀려서
서언을 깨뜨려서 후회가 막급하니
화신육불은 저의 허물을 사하소서!

보석 같은 불심의 남녀 명왕이시여!
삼계세간을 조복하는 부존이시여!
진여법계로 섭수하는 모존이시여!
내 몸이라 분별해 환영의 몸에 홀려서
서언을 깨뜨려서 후회가 막급하니
남녀 명왕은 저의 허물을 사하소서!

3) 분노존의 면전참회[27]

【정등각의 서언에 안주하는 대유가자재의 천신들이 분노존의 만다라에 유정의 이익을 위해 다음과 같이 참회하였다.】

옴 원초의 자성평등의 만다라에서
이원을 애집하는 자아를 초탈 못해,

27 『디메쌱귀』의 제10품 「분노존 만다라의 헤루까의 참회」에 해당한다.

불이의 법성의 진실을 알지 못함을
불이의 법신은 저의 허물을 사하소서!

막힘 없이 빛나는 승의의 문을 열치고
정명한 월광의 법계에서 몸을 일으켜,
대각명점[28]의 광명으로 일체를 비추는
정명보조신[29]은 저의 허물을 사하소서!

생함이 본래 없는 진여의 법계로부터
과위의 공덕이 낳은 몸으로 출현하고,
대력의 붓다 몸을 차례로 낳는 터전인
대력의 만다라를 밝게 떠올리지 못함을
지혜의 화염궁은 저의 허물을 사하소서!

대락의 본성에서 수인신으로 출현하여[30]
여섯 지혜의 지물[31]들을 각자 지님을,

---

28 대각명점(大覺明点)은 '장춥틱레(Byaṅ chub thig le)'의 옮김이다.

29 정명보조신(淨明普照身)은 '꾼낭당왜꾸(Kun snaṅ daṅḥi sku)'의 옮김이며, 꾼뚜쌍뽀의 변형인 대보신불 체촉헤루까(最勝飮血佛)를 뜻하는 것으로 본다. 이것은 위와 같은 경에서 인용하였다.

30 이 구절은 캔뽀도제의 판본에서 인용하였으며, 저자의 대본에는 '대락의 본성을 수인신(手印身)으로 의지하며'를 뜻하는 '데첸니라착개꾸르뗀찡(bDe chen ñid la phyag rgyaḥi skur brten ciṅ)'으로 나온다. 이 구절의 뜻은 헤루까 세존의 본질이 공성과 대락의 둘을 떠나서 존재하지 않음을 말한다.

31 헤루까 세존들이 들고 있는 금강저와 법륜 등 여섯 가지 지물을 말하며, 이들은 여섯 가지

그와 같이 명료하게 떠올리지 못함을
오부 헤루까는 저의 허물을 사하소서!

부존과 불이로 교합한 최승색신이며
연화의 의취를 탐하는 허공 법계에서,
불이의 보리심의 광명을 발산하시는
오분노불모는 저의 허물을 사하소서!

불심에서 출생한 지혜의 분노여신이자
팔식의 변화인 팔대시림의 다끼니들인,[32]
가우리 여신들 마음과 전혀 어긋나니
여덟 마따라는 저의 허물을 사하소서!

대비가 적정의 상태에서 요동 없어도
사견과 상집(相執)을 소멸하기 위해서,
맹렬한 화염 속에 송곳니를 드러내고
날개를 단 흉맹한 모습으로 화현하신,
씽하무키 등의 마음과 전혀 어긋나니

지혜를 상징한다. 다시 말해, 헤루까 세존의 좌우 첫손에 든 두 지물은 대원경지와 일체종지를 표시하고, 가운데 좌우 손에 든 지물들은 법계체성지와 평등성지를, 마지막의 지물들은 묘관찰지와 성소작지를 각각 표시한다. 그러므로 육지(六智)는 오지(五智)에 일체종지(一切種智)를 합한 여섯 지혜를 말한다.

32 이 구절은 『디메쌱귀』의 제10품 「분노존 만다라의 헤루까의 참회」에서 인용하였으며, 저자의 대본에는 '팔식(八識)의 지혜의 다끼니'를 뜻하는 '남쎼걔끼예쎼칸도마(rNam śes brgyad kyi ye śes bkhaḥ ḥgro ma)'로 나온다.

여덟 뻬싸찌는 저의 허물을 사하소서!

장엄이 절륜한 무량궁전의 만다라에서
찍어 당기고 묶고, 채우고 희열을 베푸는,[33]
앙꾸쌰 등의 마음과 전혀 어긋나니
네 수문천모는 저의 허물을 사하소서!

주살업 등을 성취한 유가자재녀로
선과 불선을 공정하게 재결하시는,
이쓰와리의 마음과 전혀 어긋나니
바다같이 무변한 모존과 자매의
성중들은 저의 허물을 사하소서!

자연성취의 자성 만다라 가운데서
대비가 평등한 본지에서 부동해도,
미세한 삼마지가 현전하지 못하니
공덕존[34]들은 저의 허물을 사하소서!

저희들이 생명을 받은 무시이래로

---

33 이 구절은 네 수문천모들이 쇠갈고리 등으로 마군을 파괴하는 것을 의미한다. 다시 말해, 심신에 깃들여 수행을 방해하는 마라의 심장을 쇠갈고리로 찍어 당기고, 그 목을 비단 올가미로 묶고, 쇠사슬로 그 손발을 채우고, 금강령을 흔들어 마라를 분쇄하여 수행자의 마음을 기쁘게 위로함을 말한다.

34 공덕존(功德尊)은 원문의 '왼땐진빠(Yon tan ḥdzin pa)'의 옮김으로 위드야다라(持明尊)를 의미한다.

금생의 이 육신을 얻기 이전까지
무명의 업력으로 삼유에 윤회하며,
내지 사람 몸 받아 태어난 곳마다
오무간과 근오무간 중죄를 비롯한
온갖 악업들 전부와 스스로 짓고,
남을 시켜 사주한 것과 또 그것을
즐기고 기뻐한 죄업들을 뉘우치니,
대각자존은 저를 호념하시고 또한
정화와 성취를 주시길 청하옵니다!

【서언에 안주하는 시방의 대유가자재자들이 다음과 같이 참회하였다.】

훔 겁화처럼 타오르는 화염 속에
오독이 전화된 지혜의 헤루까들이
다섯 법계자재 분노모와 교합하고,

가우리 등 내부의 네 다끼니와
뿍까씨 등 외부의 네 요기니와,
씽하무키 등 사방의 네 귀모와
그르드라 등 간방의 네 귀모와,[35]

35 본래 원문은 '갖가지 동물 머리에 [윤회의 근본을 부수기 위해 시체 등을] 먹어 치우는 씽하무키(獅面忿怒母) 등과' 또 '날개를 단 무서운 형상으로 네 간방에 머물면서 [삼독을 자르기 위해 창자를 꺼내는] 그르드라무키(鷲面忿怒母) 등의 삐싸찌(鬼母)'이다.

화염이 치솟는 중간 회랑에 서 있는
스물여덟 명의 이쓰와리 여신들과,
낚고 묶고 채우고 희열을 시여하는
네 수문천모 등의 헤루까 형상들을
아직도 분명하게 떠올리지 못하며,
근본진언 염송도 기준에 미달하고
수인의 경지에도 도달하지 못하고,
신찬과 또르마로 수공보결[36] 못함을
분노성중은 저의 허물을 사하소서!

【시방에서 운집한 남녀의 대유가자재자들이 헤루까 만다라에 다음과 같이 각각 참회하였다.】

옴 처음 이 비밀계율을 수지한 뒤
준수를 서약해도 서언이 풀어져서,[37]
다섯 헤루까 마음과 전혀 어긋나니
대비자존은 저의 허물을 사하소서!

교합의 성유가를 분별 집착한 장애로

---

36 수공보결(酬供補缺)은 '깡쏘(bsKaṅ gso)'라 부르며, 본존과 성중들에게 감사의 뜻으로 또르마(食子)와 공양물을 올려 심의를 기쁘게 하고, 서언을 깨뜨리는 등 퇴실의 죄과를 회복하는 의식을 말한다.

37 이 구절은 '위월이 어려운 금강서언계를 준수하길 승인하였으나 서언이 해이해져'를 뜻하는 '다까캐랑담래옐규르떼(ḥDaḥ dkaḥ khas blaṅs dam las gyel gyur te)'의 옮김이다.

오분노불모의 마음과 전혀 어긋나니
분노자재모는 저의 허물을 사하소서!

약물과 명비[38]를 실제 이행하지 않아
식육의 가우리 마음과 전혀 어긋나니
여덟 마따라는 저의 허물을 사하소서!

오육 오감로[39]를 의궤대로 진설 못해
귀녀 씽하무키 마음과 전혀 어긋나니
여덟 삐싸찌는 저의 허물을 사하소서!

동서남북 사문의 차별을 분별치 못해
말머리 앙꾸쌰 마음과 전혀 어긋나니
네 수문천모는 저의 허물을 사하소서!

서언을 세우고도 육도를 제복 못해서
천모와 이모의 마음과 전혀 어긋나니
11다끼니[40]는 저의 허물을 사하소서!

---

38 약물(藥物)은 밀교의 예식용으로 사용하는 성수(聖水)를 만들기 위해 보병(寶甁) 안에 넣는 25가지 물품 가운데 불수참(佛手參), 죽황(竹黃) 등의 다섯 가지 약재를 말한다. 명비(明妃)는 성애유가의 실천 시에 필요한 자격을 갖춘 지혜의 여성을 말한다.

39 오육(五肉)은 밀종에서 내공(內供)의 용품으로 사용하는 다섯 가지 고기들인 코끼리 고기(象肉)·사람 고기(人肉)·말고기(馬肉)·개고기(狗肉)·소고기(牛肉)이다. 오감로(五甘露)도 내공(內供)에 사용하는 용품으로, 대변·소변·남정(男精)·여혈(女血)·골수(骨髓)[인육(人肉)] 다섯 가지를 말한다.

40 11명 다끼니는 일곱 천모와 이들의 자매인 네 이모(姨母) 등 11명의 여신을 말한다. 이들은 호법여신인 빨댄하모(dPal ldan lha mo, 吉祥天母)[쓰리데비(Śrīdevī)]에 속한 천녀들이다.

생활이 넉넉지 못해 헌신[41]을 못하여
헌신의 감독자 마음과 전혀 어긋나니
28이쓰와리는 저의 허물을 사하소서!

은둔처에 안주 않고 잡사에 분망하여
성소감독[42]의 마음과 전혀 어긋나니
성소 감독자는 저의 허물을 사하소서!

스승을 부모의 현존으로 알지 못하여
금강 아사리의 마음과 전혀 어긋나니
금강왕[스승]은 저의 허물을 사하소서!

삼매가 없어 정맹의 차별을 열지 못해
도제걜텝[43]의 마음과 전혀 어긋나니
밀교의 법등자는 저의 허물을 사하소서!

나태에 빠져 무드라의 흐름이 끊어져
갈마 궤범사의 마음과 전혀 어긋나니

---

41 헌신(獻新)은 음식과 수확물 따위 가운데 일부를 떼어서 먼저 신불께 올리는 공양을 말한다.

42 성소(聖所)의 감독은 밀교 경전에서 예언된 수행처소를 지키는 남녀 수호신들을 말한다.

43 도제걜텝(rDo rje rgyal thebs, 金剛代行)은 밀법 의궤를 담당하는 호법신의 일종으로 보인다. 『다똘쎄르기멜롱(古藏文辭典)』에서, "보처(補處) 또는 법왕자(法王子)의 이름이다."라고 하였다. 규르메 도제의 *The Tibetan Book Of The Dead*에서는 'the assistant vajra-master'로 옮겼다.

갈마 아사리는 저의 허물을 사하소서!

성유가를 닦을 때 기준에 미달하여
지혜명비[44]의 마음과 전혀 어긋나니
비밀명비는 저의 허물을 사하소서!

주살해 해탈시킬 때 삼매력이 없어
주살차사의 마음과 전혀 어긋나니
주살대장[45]은 저의 허물을 사하소서!

화신의 분노모의 뜻에 계합하지 못해
구인차사[46]의 마음과 전혀 어긋나니
신속차사[47]는 저의 허물을 사하소서!

게으름의 탓으로 자애심이 끊어져
형제자매의 마음과 전혀 어긋나니

---

44 지혜명비(智慧明妃)는 '반야를 지닌 자긍(自矜)에 찬 모습의 다끼니'를 뜻하는 '쎼랍넴마(Śes rab sñems ma)'의 옮김이다.

45 주살대장(誅殺大將)은 '돌깅닥뽀(sGrol giṅ dag po)'의 옮김이다. 밀교에서 원적을 주살하여 해탈시키는 위맹의식을 담당하는 신중인 주살차사(誅殺差使)의 우두머리이니, 이는 천신 가나빠띠(Gaṇapati, 象鼻天)의 화신이다.

46 여기서 구인차사(拘引差使, ḥGugs ḥdren pho ña)는 위맹의식을 행할 때 사마원적(邪魔怨賊)을 소환해서 데려오는 '낑까리(Kiṅkarī, 女性差使)'를 말한다. 이들은 빨댄하모(吉祥天母)의 화신들이다.

47 신속차사(迅速差使)는 '곽제래재(mGyogs byed las mdzad)'의 옮김으로, 낑까리의 우두머리를 뜻하는 것으로 보인다.

금강동문은 저의 허물을 사하소서!

잡담으로 서언의 버림 등을 따지는
준수 추적[48]의 마음과 전혀 어긋나니
서언감독은 저의 허물을 사하소서!

수용을 탕진하여 여타의 헌신을 미루어
외호의 지모[49]들 마음과 전혀 어긋나니,
대비의 자존은 저의 허물을 사하소서!
용서하옵고 정화와 성취를 내려주소서!

4) 루드라(凶猛神)의 통곡참회[50]

【 크게 길상하신 헤루까 세존의 서언에 안주하는 루드라의 주신(主神)들과 권속들이 다음과 같이 참회하였다. 】

옴 대비세존 금강살타불의 몸빛은
소라처럼 해맑고 자용이 수려하며,

---

48 준수 추적(遵守追跡, Phyi naṅ rjes gcod)은 서언의 준수 여부를 안과 밖으로 감찰하고 조사하는 것을 말한다.

49 외호의 지모(外護地母, Phyi ḥkhor brtan ma)는 만다라의 외곽에서 불법을 수호하는 토지신과 산신 등의 여성 신령들을 말한다.

50 『디메쌱귀』의 제11품 「루드라(凶猛神)의 통곡참회」에 해당한다. 여기서의 루드라(Rudraḥ)는 자아를 집착하여 번뇌를 일으켜 악업을 쌓은 뒤 천신으로 태어난 자들로, 대자재천과 범천왕을 비롯한 28명의 대천신들을 말한다.

신광은 십만의 일월처럼 눈부시고
대웅의 광채는 삼천대천을 비추네!

삼계의 인도자 천인사로 칭송받는
육도의 중생들의 유일한 친구이신
대비의 자존은 저희를 호념하소서!

제가 시원조차도 모르는 세월부터
정로를 잃고 사도에 빠져 윤회하며,
악업과 불선을 행해 잘못을 범하니
과거의 모든 죄업들 다 참괴합니다.

한순간 강악한 업보의 힘에 떠밀려
괴로운 생사의 바다 속에 침몰하니,
분노의 독한 불길은 심신을 태우며
무지의 어둠에 덮여 지혜가 둔하고,
의식은 탐욕의 갯벌 속에 침몰하고
교만의 험산은 악도 속으로 내몰고,
질투의 강풍에 윤회 속에 휘돌리고
아견의 질긴 밧줄은 심신을 옭매고,
욕망의 불꽃에 오물구렁에 떨어지고
참지 못할 고통이 비처럼 퍼부으니
이 같은 고통은 견딜 수가 없사옵고,
죄악의 무서운 업력은 맹화와 같아

마음과 육근의 싹을 불태워 말려서,
환영 같은 오온육신이 참지 못하니
대비자존은 어찌 참고 보시나이까?

저같이 우매하고 죄업 많은 악인은
업보로 욕계의 루드라로 태어나니,
탄생을 후회하고 악업에 한숨짓고
절망에 통회해도 되돌릴 길이 없고,
업력의 기세가 급류의 물살 같으니
어찌 업력의 물길을 바로 돌리리오!

성숙한 업과는 모두 자업자득이니
입문해도 교법을 어겨 득이 없고
몸·말·뜻 셋은 흉수에 떨어지고[51]
사납고 모진 붉은 업풍에 쫓겨서,
저희는 과거 셀 수 없는 겁 동안
윤회의 어두운 감옥에서 유랑하니,
자애로운 당신의 대비의 가피로써
악업과 번뇌의 장애들을 정화한 뒤,
어머니처럼 인자한 자존의 발 아래
지금 저희들을 거두어 안치하소서!

---

51 이 구절은『디메쌱귀』의 제11품「루드라의 통곡참회」에서 보궐한다.

태양처럼 타오르고 달빛처럼 빛나는
대비의 존안을 봄에 싫증이 없건만,
무시이래 무명의 탁한 까풀이 덮인
봉사 같은 눈알로는 보지 못했으니,
가여운 중생들의 자존인 당신께선
과거 어디에 머물러 계시었습니까?[52]

모진 업력은 정녕 참기조차 어려워
두렵고 무서움에 모골이 솟구칠 때,
이 호곡의 참회를 절절히 읊조리고
애달픈 곡조로 통곡하며 호소합니다.

자존께서 대비로 지금 호념 않으면
어느 날 죽어 몸과 마음이 이별하여,
친족과 헤어져 염왕에게 끌려갈 때
세속식구는 아무런 소용조차 없어라!

업력에 이끌려서 나 홀로 유랑할 때
제게는 기댈 곳도 돕는 이도 없으니,
어떠한 지체도 시간의 놓침도 없게
지금 곧 해탈의 주살법을 행하소서!

---

52 다른 판본에는 '지금 어디에 계시옵니까?'를 뜻하는 '다따강나슉(Da lta gaṅ na bshugs)'으로 나온다.

악업에 시달리는 저와 같은 범부는
무시이래 그릇된 분별로 말미암아,
삼계의 윤회에서 해탈하지 못하고
무량겁 동안 끝도 없는 삶 속에서,
혈육의 몸뚱이를 한량 없이 받으니
살과 뼈를 쌓으면 세상에 가득차고,
피와 고름을 모으면 바다를 이루고
유업을 쌓으면 측량조차 못하나이다.

삼계에 생사를 쉼이 없이 반복하며[53]
지은 선업들도 의미 없이 탕진하니,
그토록 살아온 무수한 삶들 속에서
위없는 대보리를 얻기 위해 오로지
한생의 일대사로 삼아 정진했다면,
그렇게 실천한 업은 실로 막중해서
필경 구경의 열반도 이루었으리라!

업력이 모질고 번뇌가 강강한 탓에
혈육의 그물 같은 몸 얻어 윤회하며,
극심한 고통의 윤회의 감옥에 갇혀
감당 못할 무진한 괴로움을 맛보니,
이 같은 죄악 모두는 자업자득이니

53 이 구절의 원문은 '캄쑴당씽께씨카귀꺙(Khams gsum bgraṅs śiṅ skye śi kha brgyud kyaṅ)'이다.

숙세의 모든 죄업 자존께 참회하니,[54]
대비자존은 악업의 상속을 자르고
이 번뇌의 업풍을 물리쳐 주옵소서!

전도된 무명의 모진 업력에 이끌려
무지의 암흑 속에 영원히 갇혔는데
자존은 어찌 혜등을 켜지 않습니까?
악업과 숙업의 익음을 못 견디는데
자존은 어찌 구하려 들지 않습니까?

사견의 험지에 떨어져 앓고 있는데
어찌 대비의 손길을 뻗지 않습니까?
삼독의 난치병에 날마다 신음하는데
어찌 방편의 법약으로 치료 않습니까?

업보가 익어서 고통의 불길이 거센데
어찌 청량한 법우를 내리지 않습니까?
괴로운 생사의 늪에 빠져 앓고 있는데
어찌 방편의 낚시를 던지지 않습니까?

삼계윤회의 처소에서 닦고 또 닦아서
어느 날 제가 보리의 도과를 얻을 때,

---

54 이 구절은 『디메쌱귀』의 제11품 「루드라의 통곡참회」에서 보궐한다.

대비가 무슨 소용, 무의미할 뿐입니다.
저의 사나운 숙업의 유업을 방치하면
고맙다고 말할 필요가 어디 있습니까?

대웅이신 당신껜 대비의 힘이 있고
숙세에 맺은 업연들 또한 강력하니,
방치하고 무심하고 게으름 핌이 없이
대비세존은 지금 깊이 살피옵소서!
윤회의 수렁에서 저희를 건져낸 뒤
삼신의 큰 경지로 속히 인도하소서!

5) 사견(邪見)의 참회[55]

【세존께서 제불여래들의 의취에 머물면서 사견(邪見)의 참회를 다음과 같이 설하였다.】

옴 진여의 법계는 희론이 절무한데
색심의 둘을 봄은 크나큰 잘못이며,
사물의 상을 집착함은 실로 미혹이니[56]

---

55 이것은 『디메쌱귀』의 제13품 「해탈의 길, 사견(邪見)의 참회」에 해당한다.

56 여기서 '사물의 상을 집착함(dŃos po mtshan mar ḥdzin pa)'은 사물의 표상을 실유하는 것으로 분별해서 집착하는 실집(實執)을 말하니, 이것이 곧 무명으로 모든 번뇌를 일으키는 원인이 된다.

무희론의 대락의 법계에 참회합니다.

꾼뚜쌍뽀에겐 좋고 나쁨이 절무한데
호오의 둘을 봄은 크나큰 피폐이며,
청탁의 둘을 분별함은 실로 미혹이니
좋고 나쁨을 여읜 법계에 참회합니다.

평등한 법성엔 크고 작음이 절무한데
붓다와 중생을 봄은 크나큰 잘못이며,
대소의 둘을 분별함은 실로 미혹이니
절대평등의 대락의 법계에 참회합니다.

보리의 마음엔 나고 죽음이 절무한데
금생과 내생을 봄은 크나큰 피폐이며,
생사의 둘을 분별함은 실로 미혹이니
생사 없는 불변의 법계에 참회합니다.

원만한 명점에는 모서리가 절무한데
형색의 둘을 봄은 크나큰 잘못이며,
우각의 둘을 잡음은 실로 미혹이니
일원상의 명점[57]의 법계에 참회합니다.

---

57 일원상(一圓相)의 명점은 '완전하게 동그란 둥근 점'을 뜻하는 '꾼둠틱레(Kun zlum thig le)'의 옮김이다.

삼세에 변함이 없는 여여한 법성에
시종의 둘을 봄은 크나큰 잘못이며,
변이의 둘을 잡음은 실로 미혹이니
삼세에 불변하는 법계에 참회합니다.

자생의 지혜는 구함이 필요 없는데
인과의 둘을 봄은 크나큰 피폐이며,
수득[58]의 둘을 잡음은 실로 미혹이니
애씀을 여읜 자생 법계에 참회합니다.

각성의 지혜엔 상주단멸이 절무한데
상단의 둘을 봄은 크나큰 슬픔이며,
유무의 둘을 잡음은 실로 미혹이니[59]
상단을 여읜 지혜 법계에 참회합니다.

청정한 법계에는 중변(中邊)[60]이 없는데
중앙과 가두리를 봄은 크나큰 피폐이며,
중변의 둘을 분별함은 실로 미혹이니
중변을 여읜 청정한 법계에 참회합니다.

---

58 수득(修得)은 '힘써 닦고 얻음'을 의미하는 '쫄둡(rTsol sgrub)'의 옮김이다.

59 이 구절은 『디메쌱귀』의 제13품 「해탈의 길, 사견(邪見)의 참회」에서 보궐한다. 저자의 대본에는 '외경과 내심'으로 나온다.

60 중변(中邊)은 가운데(中央)와 가장자리(邊) 둘을 말한다.

무량궁전은 안쪽과 바깥이 절무한데
안팎의 둘을 봄은 크나큰 피폐이며,
광협의 둘을 잡음은 실로 미혹이니
내외광협을 여읜 법계에 참회합니다.

보현불모의 여음에는 고저가 없는데
상하의 둘을 봄은 크나큰 슬픔이며,
고저의 둘을 잡음은 실로 미혹이니
고저가 없는 바가 법계[61]에 참회합니다.

법신에는 일체의 차별이 절무한데
심경의 둘을 봄은 크나큰 피폐이며,
유정무정 둘을 분별함은 미혹이니
법신의 불변의 법계에 참회합니다.[62]

갖가지 행위들은 꾼상[63]의 유희인데
분별로 별개로 봄은 크나큰 피폐이며,

---

61 여기서 바가 법계는 '불모(佛母)의 하늘 또는 허공'을 뜻하는 '윰기카잉(Yum gi mkhaḥ dbyiṅs)'의 의역이다. 여성의 성기를 뜻하는 '바가(bHa ga)'의 내밀한 의미는 제불여래가 출생하는 만다라 궁전이자, 제법이 출생하는 법계이다.

62 이 구절은 『디메쌱귀』의 제13품 「해탈의 길, 사견(邪見)의 참회」에는 "불이의 지혜의 몸에 참회합니다."로 나온다.

63 이것은 '부존(父尊)'을 뜻하는 '얍(Yab)'의 옮김이니, 곧 법신의 꾼뚜쌍뽀(Kun tu bzaṅ po, 普賢如來)의 공성의 멈춤이 없는 활력을 뜻한다.

이름에 걸려 잘못 분별함은 미혹이니
각성의 무분별의 법계에 참회합니다.

각성의 지혜가 안에서 출현 못하는
무명의 우치심은 크나큰 피폐이며,
무색법을 상으로 잡음은 미혹이니
지혜의 자성의 법계에 참회합니다.

무생의 진리를 깨닫지 못함으로써
중생의 착란심은 크나큰 잘못이며,[64]
무생법을 나와 내 것으로 잡음을
무생의 대락의 법계에 참회합니다.

법성의 오의가 마음에 불명하여
세속현상을 환영으로 알지 못해,
재물에 집착하는 마음이 생기니
무생, 무착의 법성에 참회합니다.

윤회의 자성이 없음을 알지 못해
형상의 법을 항상 실유로 집착하여,[65]

---

64 이 구절은 『디메썍귀』에서 보궐한다.

65 이 구절은 '사물의 표상의 법을 항상 집착하여'를 뜻하는 '응오뽀챈매쵀라딱뚜진(dṄos po mtshan maḥi chos la rtag tu ḥdzin)'의 옮김이며, 『디메썍귀』의 제13품「해탈의 길, 사견(邪見)의 참회」에서 보궐하였고, 저자의 대본에는 '항상' 대신 '자아'로 나온다.

불선의 행업으로 행복을 추구함을
흠 없는 보리의 법계에 참회합니다.

제법평등의 진실이 평등함을 모르고
가족과 삿된 벗을 영원히 집착하는,
무지한 범부의 마음은 큰 잘못이니
평등한 대락의 법계에 참회합니다.

법성의 진실한 뜻을 조우하지 못해
진실한 일을 버리고 불선에 분주해,
붓다의 성언을 놓고 속사에 홀림을
법성의 대락의 법계에 참회합니다.

각성의 지혜가 본지에서 해탈 못해
각성의 진의를 버리고 산란에 힘쓰는,
이같이 무의미한 중생은 가련해라!
산란함이 절멸한 법계에 참회합니다.

지혜의 성중들과 호법의 수호신들과
서언을 교언대로 행하는 유가사에게,
불각으로 견해의 착오·장애가 생김을
저는 수치와 후회의 맘으로 참회합니다.

6) 제불의 공통참회[66]

【 회중에 모인 권속들이 기뻐하여 몸·말·뜻 화신의 세 붓다들께 다음과 같이 참회하였다. 】

옴 삼세의 제불선서와 보살성중과
금강호법신은 빠짐없이 호념하소서!

처음 위없는 대보리심을 일으키고
수득한 지명자의 깨침의 경지에서,
몸·말·뜻 삼금강을 닦아 얻으려
본존과 금강아사리와 법연을 맺고,
허다한 비밀서약들을 받아 지니니
서약을 지켜서 어김이 없어야 하며,
그렇지 않으면 업과 보응에 의해서
되려 금강지옥에 태어나는 것임에도,
허나 탐욕과 분노, 어리석음과 교만과
질투에 휘말려서 죄업을 지으니,
밀법의 등불이신 금강 아사리를
크게 저주하여 서언을 위배하고,
서언을 함께 한 금강 형제자매를
해치는 마음과 비뚤게 보는 등의

66 『디메쌱귀』의 제16품 「교부(交付)의 참회와 수희」에 해당한다.

신업서언[67]의 어김을 참회합니다.

본존의 형상이 흐리게 떠오르고[68]
송주가 녠둡의 기준에 미달하고,
여섯 차례 행하는 공양행과 특히
녠둡의 수공의식을 행하지 않고,
교언과 의궤대로 작법하지 못한
구업서언[69]의 어김을 참회합니다.

금강아사리의 자애로운 은덕으로
귓가에 속삭여 가슴속에 심어준[70]
비요를 누설하여 서언을 능멸하고,
비밀법명을 남에게 흘리는 따위의[71]
의업서언[72]의 어김을 참회합니다.

---

67 신업서언(身業誓言)은 내외와 비밀의 3서언으로 나뉘고, 각각은 또 세 가지 서언들로 구성되어 총 아홉 가지가 있다.

68 여기서 본존의 형상은 '본존(本尊)의 눈 등의 모양과 수인(手印), 지물(持物), 복장(服裝), 장식물(裝飾物) 등의 일체를' 뜻하는 '이담하이착갸(Yi dam lha yi phyag rgya)'의 옮김이자, 이러한 본존의 모습을 떠올릴 때 마음속에 명료하게 떠오르지 않음을 말한다.

69 구업서언(口業誓言)도 신업서언처럼 총 아홉 가지가 있다.

70 한국의 선종 등에서 법을 전수하는 것을 구전상승(口傳相承)이라 부름에 반해, 인도와 티베트에서는 이전상승(耳傳相承)이라 부른다.

71 이것은 다른 판본에는 보유한 것이며, 저자의 대본에는 '밀어(密語) 또는 주어(呪語)'를 뜻하는 '쌍칙(gSaṅ tshig)'으로 나온다.

72 의업서언(意業誓言)도 신업서언처럼 총 아홉 가지가 있다.

제법의 평등성을 깨닫지 못하여
지분서언[73]을 어김을 참회합니다.

해태와 무관심으로 잠에 떨어져
녠듑 서언의 어김을 참회합니다.
몸·말·뜻으로 준칙을 못 지켜
삼업서언[74]의 어김을 참회합니다.

【회중에 모인 일반 권속들이 기뻐하여 다음과 같이 참회하였다.】

지존한 스승님의 면전에 풍성하게
용품들을 공양 못함을 참회합니다.

---

73 지분서언(支分誓言)은 지분삼매야계(支分三昧耶戒)라고 한다. 모두 다섯 항목으로 구성되며, 총 25가지가 있다. 곧 ①탐욕, ②진애, ③우치, ④교만, ⑤질투의 버려서는 안 되는 오불기(五不棄), ⑥대변, ⑦소변, ⑧인육, ⑨남정(男精), ⑩여혈(女血)의 당연히 취해야 하는 오원취(五願取), ⑪살생, ⑫불여취(不與取), ⑬음행, ⑭망어(妄語), ⑮기어(綺語)의 마땅히 버려야 하는 오응기(五應棄), ⑯오온, ⑰사대, ⑱오지(五智), ⑲오불(五佛), ⑳오불모(五佛母)의 마땅히 알아야 하는 오응지(五應知), ㉑불부(佛部), ㉒금강부(金剛部), ㉓보부(寶部), ㉔연화부(蓮花部), ㉕갈마부(羯磨部)의 마땅히 성취해야 하는 오소성(五所成)의 25가지이다.
또한 근본서언(根本誓言)은 모두 14가지가 있으며, 어기게 되면 근본타죄(根本墮罪)에 떨어진다. 곧 ①금강아사리를 능멸함, ②여래선서의 교언을 어김, ③금강형제에게 분한을 품음, ④자심(慈心)을 버림, ⑤적백의 두 보리심을 버림, ⑥불법을 비방함, ⑦비밀을 누설함, ⑧오온의 육신을 경멸함, ⑨자성청정의 정법을 의심함, ⑩주살을 행할 대상에 대해서 자애를 베풂, ⑪명언(名言)을 여읜 묘법을 분별하고 계탁함, ⑫유정의 신심을 파괴함, ⑬묘약(妙藥) 등의 성물을 복용하지 않음, ⑭지혜의 여성을 저주함 등이다.

74 삼업서언(三業誓言)은 몸·말·뜻 세 서언을 말하며, 모두 27가지 서언들로 구성되는데, 각각 내외와 비밀의 셋으로 구분되고, 각각은 또 세 서언들로 구성되었다.

본존과 성중의 면전서 관상행법에[75]
취사와 분별을 행함을 참회합니다.

사부족 다끼니 여신들[76]의 면전에
서언의 준수를 어김을 참회합니다.
호법신중 면전에 연월마다 행하는
또르마 공양의 미룸을 참회합니다.

과거 · 현재 · 미래의 부모님 면전에
은혜 갚음이 미흡함을 참회합니다.
동문의 금강형제와 자매들 면전에
서언과 자애의 결핍을 참회합니다.

육도세계의 유정들 면전에 대비와
이타의 마음이 적음을 참회합니다.
별해탈 계율들과 보살의 학처들과
위드야다라의 밀주의 서언 등들을

---

75 여기서 관상행법(觀想行法)은 '응왼똑(mṄon rtogs)'의 옮김으로, 밀교의 생기차제(生起次第)의 현관(現觀) 또는 수증(修證)을 말한다. 이것은 ①순연(順緣)을 이룸과 자량의 쌓음, ②역연(逆緣)을 없앰과 호신륜(護身輪)의 수습, ③두 진언을 염송한 뒤 죽음을 법신으로 전용함을 닦음, ④인(因)의 지금강(持金剛)을 생기한 뒤 바르도에서 보신으로 전용함을 닦음, ⑤과(果)의 지금강을 생기한 뒤 탄생을 화신으로 전용함을 닦음 등의 13현관수습차제(現觀修習次第)로 구성되어 있는바, 이것에 대해 멋대로 취사하는 분별을 참회하는 것이다.

76 사부족(四部族)의 다끼니는 여래부족을 제외한 금강부족, 보생부족, 연화부족, 갈마부족에 속한 다끼니 여신들을 말한다.

어기고 퇴실한 일체를 참회합니다.

이제 감춤이 없고 다시금 수호하며
삼세에 지은 죄장들을 다 참회하니,
심신을 맑혀 몸·말·뜻 삼금강과
공통실지와 최승실지를 하사하소서!

【이것과 연계해서 금강살타의 백자진언을 염송하고 참회토록 하라.】

[옴 바즈라 싸뜨와 싸마야 마누 빨라야, 바즈라 싸뜨와 뜨에노 빠띠타, 드리도 메 바와, 쑤또쇼 메 바와, 쑤뽀쇼 메 바와, 아누락또 메 바와, 싸르와 씻딤 메 쁘라얏차, 싸르와 까르마 쑤짜 메 찟땀 쓰리얌 꾸루 훔, 하 하 하 하 호, 바가완 싸르와 따타가따, 바즈라 마 메 문짜, 바즈라 바와, 마하 싸마야 싸뜨와 아]

【『깡쌱남착랑돌(酬供懺罪退失自然解脫)』의 보유로, 이 「정맹백존의 면전참회를 통한 자연해탈」을 보이니, 이것을 근수하라! 후세의 선남선녀들이여! 미래의 선근자와 만나지이다!

이 「정맹백존의 면전참회를 통한 자연해탈」을 오디야나(飛行國)의 대아사리 구루 빠드마쌈바와가 『디메쌱귀(一切懺悔無垢王續)』에서 발췌하여 신다.

윤회의 세간이 빌 때까지 이 청정한 가르침도 또한 끝나지 않는다. 싸마야! 갸! 갸! 갸! 떼르갸! 배갸! 때갸! 성취자 까르마 링빠의 비장 경전이다.】

6장 한마음의 본성을 여실히 봄을 통한 자연해탈[1]

릭빠(覺性)[2]가 스스로 투명하신 삼신의 붓다들께 예배합니다.

【 이 『적정과 분노존의 심오한 밀의를 통한 자연해탈』 가운데서 「한마

1 원제목은 "릭빠응뙤쩨르통랑돌(Rig pa ṅo sprod gcer mthoṅ raṅ grol)"이며, '각성을 바로 가리켜 보여서 그것을 적나라하게 통견하도록 해서 스스로 해탈하게 만든다'는 뜻이다. 또한 본문은 1구가 9언으로 이루어진 모두 378행의 미려한 장문의 시가이다.

2 릭빠(Rig pa, 覺性)는 범어 '위드야(Vidya, 明)'의 옮김이다. 마음, 심식(心識), 이지(理智), 명지(明知), 이해(理解) 등을 나타내는 술어이며, 영어로는 의식, 자각(自覺), 앎을 뜻하는 Awareness로 번역하고 있다. 특히 닝마빠에서는 무명의 마음에 대비하여 본래 여실하게 깨어 있는 마음의 본성을 나타내는 매우 중요한 용어로 사용한다. 그러므로 『틱레꾼쌜첸뽀(大普光明点續)』에서, "릭빠는 법신과 의리(義理)를 앎과 물질에서 벗어남과 무명에서 벗어남이다."라고 하였으며, 또한 "무명과 물질에서 벗어나 청정한 심식(心識)의 본질로 존재함으로써 릭빠(覺性)이다. 원인(因)과 조건(緣)에서 벗어난 까닭에 자생(自生)이다. [객진번뇌가] 홀연히 발생함이 없고 원초부터 존재하는 각성의 주체가 됨으로써 예시(智慧)이다."라고 하였다. 그러나 일반적으로 단순히 마음, 한마음, 본심(本心), 본성(本性), 각성(覺性), 자성(自性), 법신(法身), 본각(本覺), 본지(本智), 원명(元明), 명각(明覺), 명심(明心) 등으로 다양하게 표현한다.

음의 본성을 여실히 봄을 통한 자연해탈」을 열어 보인다. 이와 같이 자기의 각성을 소개하니 잘 사유토록 하라. 선근을 타고난 선남선녀들이여! 싸마야! 갸! 갸! 갸! 】

한마음의 소개

에 마 호![3]

윤회와 열반 모두에 편재하는 한마음[4]

그것이 본성이건만 또한 알지 못한다.

밝음과 슬기[5]가 끊임없이 뻗치어도

그것을 사람들은 또한 알지 못한다.

---

3 '에 마 호(E Ma Ho)'는 놀람을 뜻하는 감탄사이며, 여기서는 희유함을 일으키는 제불여래들의 무진한 법음의 수레바퀴를 찬양한 것이다. 곧, 어밀(語密)의 본성은 이것을 설명하는 소리와 법의 이름과 문자의 일체를 초월하여 있음에도 불구하고, 제불께서 중생의 근성에 맞게 완전한 묘음으로 갖가지 음성과 무량한 언어들로 분명하게 나타내 보임으로써 놀랍고 희유한 것이다.

4 『쌍와닝뽀』에서 마음에 대하여, "뿌리가 없는 마음은 일체법의 근원이다. 마음은 문자의 자성이니, 문자는 여의보운(如意寶雲)이다."라고 설하였다. 이 뜻을 『도귀린뽀체죄슉』 3권에서, "모든 법은 마음에 의거한다. 마음은 자성이 청정한 광명에 의지한다. 그러므로 바탕과 근원이 전혀 성립하지 않는 자성의 허공과 같은 마음이 윤회와 열반의 더럽고 깨끗한 온갖 법들의 근원이니, 『도하(Dohā, 道歌)』에서, '한마음은 일체의 종자이다. 그곳에서 생사와 열반이 출현하고, 소망의 과실을 시여하는 여의주와 같은 마음에 예배한다'고 설한 것과 같다. 그 또한 하나의 수정(水晶)에서 여러 조건에 의해 불과 물이 발생함과 같이, 심경(心境)의 이원을 일으키고 일으키지 않음과 알고 모름에 의해서 하나의 마음에 윤회와 열반이 나타날지도, 그 또한 실제로는 두 가지가 있는 것이 아니다."라고 하였다.

5 밝음과 슬기는 '쎌릭(gSal rig)'의 옮김이다. 『시래시낭차출꼬르(因地因位光景出現法): 유콕쑹붐2(玉科曲勇絨卓全集中二)』에서, "지금 그대로의 의식의 밝음(gSal ba)과 슬기(Rig pa)의 두 면을 가리는 것이니,"라고 하였듯이, 밝음은 객진번뇌에 물들지 않음으로써 밝고 빛남이며, 슬기는 일체의 대경에 들어가고 그것을 아는 까닭에 슬기이다.

비록 막힘없이 일체에 나타날지라도
그것을 사람들은 또한 알지 못한다.

이 한마음의 실상을 깨우쳐주기 위해
삼세제불이 팔만사천의 무량한 법문을
설하시니, 다 이것을 깨치기 위함이며
여타를 제불께서 설하심이 전혀 없다.

비록 경문이 허공처럼 광대무변하여도
한마음을 보여주는 삼구[6]에 불과하니,
붓다의 심의를 바로 열어 보인 이것이
선후가 없이 각성에 직입하는 그것이다.

한마음을 알고 모름의 중요성

께 호![7]
귀담아 들으렴, 법연 깊은 선남선녀들이여!
마음이란 누구나 다 아는 일상의 말이지만
바로 알지 못하고, 잘못 깨닫고, 단면만 봐서,

---

6 여기서 삼구(三句)는 짧은 말을 뜻하는 티베트 관용구이니, 예를 들면, "말 세 마디도 할 힘이 없고, 세 걸음도 딛을 힘이 없다(Tshig gsum śod dbaṅ daṅ gom gsum spo dbaṅ med)."라고 함과 같다.

7 '께 호(Kye ho)'는 '께마호!', '께마오!' 등과 같이 법성의 신비로움을 표현하는 일종의 감탄사이다.

있는 그대로의 참모습을 깨치지 못함으로써
논의조차 못할 숱한 종파의 학설들이 생겼다.

그 또한 범부들은 한마음을 깨닫지 못해
자기의 본성을 스스로 알지 못한 까닭에,
삼계육도를 윤회하며 괴로움을 향수하니
자기 마음을 자기가 알지 못한 허물이다.

외도와 이교들은 그릇되게 깨침으로써
상주와 단멸의 양변에 떨어져 전도하니
자기 마음을 바로 알지 못한 허물이다.

성문과 연각은 인무아의 일면만을 깨닫고
진각으로 말해도 여실히 깨닫지 못함이니,
그 또한 각자의 경론과 종파 견해에 묶여
한마음의 광명을 보지 못한 채 가려 있다.[8]

성문연각은 내심과 외경에 집착해 가림을 입고
중관논사는 이제의 양변에 집착해 가림을 입고,
끄리야와 짜르야, 요가 딴뜨라의 수행자들은[9]

8 이 구절은 저자의 대본에는 없으며, 다른 판본인 『따라나태델빠나촉(覺囊答羅那塔頌詞釋)』(China: 북경 민족출판사, 2006)에서 보유하였다.

9 이것은 끄리야(事續) · 짜르야(行續) · 요가(瑜伽) 딴뜨라 셋은 견해의 분상에선 차별이 없으

본존의 근수[10]라는 양변에 집착해 가림을 입고,
마하요가와 아누요가 딴뜨라[11]의 수행자들은
법계와 각성[12]의 양변에 집착해 가림을 입는다.
이들은 불이를 이원으로 보아 잘못을 범하니
불이의 합일을 얻지 못하면 성불하지 못한다.
일체가 마음이며 윤회와 열반이 차별 없건만
취사와 분별로 각자의 수레를 타고 윤회한다.

각성에 삼신이 만듦 없이 자연성취 됐건만[13]

나 행위의 방면에서 차별이 있다. 이 점을 쫑카빠의 『응악림첸모(密宗道次第廣論)』에서 다음과 같이 설명하였다. "그와 같은 [세간의] 욕락(慾樂)을 수행의 도로 삼는 방편이 공성과 본존유가인 것이다. 그 둘을 실천함에 있어서 [목욕재계 등의] 허다한 외사(外事)에 의거함이 끄리야 딴뜨라의 교화의 종성이며, 외사와 내면의 싸마디(定)의 둘이 평등함이 그다지 많지 않음에 의거함이 짜르야 딴뜨라의 교화의 종성이며, 외사와 내면의 싸마디의 둘 가운데서 선정이 위주가 되고, 적은 외사에 의거함이 요가 딴뜨라의 교화의 종성이며, 외사에 의거함이 없이 요가 딴뜨라에 비해서 위가 없는 요가를 생기함이 무상요가 딴뜨라의 교화의 종성이다."

10 본존근수(本尊近修)는 본존과의 합일을 위한 수습과 성취를 말한다. 여기에는 네 가지 지분이 있는 관계로 흔히 넨둡시(bsÑen sgrub bshi, 四近修)라 부른다. 서언(誓言)을 일으키는 넨빠(親修)와 자기의 근문(根門)을 가지하는 네르둡(近修)과 신(身)·구(口)·의(意) 셋을 가지하는 둡빠(修證)와 자신을 모든 종성의 주인인 금강살타로 봉인하는 둡빠첸뽀(大修證) 넷을 말한다.

11 마하요가(Mahāyoga, 大瑜伽)와 아누요가(Anuyoga, 無比瑜伽)는 아띠요가(Atiyoga, 最極瑜伽)와 함께 구밀(舊密)에서 세우는 구승(九乘) 가운데 세 가지 방편유가를 말한다. 마하유가는 수행자의 오온과 오대 등을 오불과 오불모로 일으키는 생기차제(生起次第)에 해당하고, 아누요가는 그것을 완성시키는 원만차제(圓滿次第)에 해당하고, 아띠요가는 그 둘이 본래부터 자연히 완성됨을 알고 구현시키는 대원만차제를 말한다.

12 법계(法界)와 각성(覺性)은 최잉(法界)과 릭빠(覺性)의 합성어인 '잉릭(dByiṅs rig)'의 옮김이다. 이것은 법계와 각성을 별개로 보는 마하요가와 아누요가의 견해를 말한다.

13 이 각성에 삼신이 갖춰진 도리를 『릭빠랑쌰르첸뽀(覺性自現大續)』에서, "출현하는 법은 이

이것은 아니라고 멀리 돌아가는 졸책으로
오도와 십지를 밟는 어리석음에 산란한다.[14]
여래의 의취는 사유를 초월하여 있건마는
대상과 형상을 닦고 염송함으로써 착오한다.[15]

고로 인위적 수법과 행위들을 모두 버려라.
한마음을 여실지견하여 자연해탈하는 법을
이같이 개시하니 제법이 본래해탈임을 알라.
고로 대원만[16]에선 일체가 그대로 완전하다.
싸마야! 갸! 갸! 갸!

와 같다. 각성이 법신의 본질이다. 각성의 [지혜의] 광명이 막힘이 없음이 보신의 본질이라 말한다. 각성의 억념(댄제)이 막힘이 없음이 화신의 본질이라 말한다. 그러므로 몸에 삼신이 갖추어져 있다. 삼신의 청정한 현상[광경]에 하나를 갖추고, 둘을 갖추고, 일체를 갖춘다. 지혜의 광명이 막힘없이 빛나고, 청정한 광명의 지혜의 빛살이 발산된다. 무분별의 청정한 각성에 오광명의 빛살이 막힘없이 빛나고, 무집착과 자연해탈 [각성에] 안과 밖과 비밀의 모든 법들을 갖춘다. 일(事)을 버린 각성에 소작(所作)과 능작(能作)의 모든 법들을 일시에 갖춘다. 마음을 여읜 각성에 갖가지 분별들을 일시에 갖춘다. 삼신이 몸에 갖추어진 도리가 그와 같다."라고 하였다.

14 이 구절은 '지도(地道)를 밟기를 헤아리는 어리석음이 본뜻에 산란한다'를 뜻하는 '싸람찌왜몽빠된라옐(Sa lam brtsi baḥi rmoṅs pa don la gyel)'이다.

15 이 구절은 『따라나태델빠나촉』에서 보유하였다.

16 대원만(大圓滿)은 '족빠첸뽀(rdZogs pa chen po)'의 옮김이며, 닝마빠(舊密)에서 설하는 모든 교법들의 정점인 구경의 가르침이다. 이 뜻을 『쌍와닝뽀』에서는, "금강온(金剛蘊)의 지분은 오불(五佛)로 알려졌으며, (중략) 삼계는 본래 붓다의 정토이며, 존재하는 일체의 모든 법들은 붓다 자체일 뿐 다른 것이 아니다."라고 설하였다.

한마음의 이름

마음이란 전광석화 같은 명철한 물건은[17]
존재해도 또한 하나의 자취조차 없으며,
일어나면 생사와 열반, 고락의 근원이니
논설하면 11가지 수레[18]의 주장과 같다.

마음은 이름도 무변해 사람마다 다르니
어떤 이들은 마음, 마음[19]이라 부르고,
어떤 외도는 아뜨만(自我)이라 이름하며,
성문들은 인무아, 인무아[20]라 부르고,
유식논사는 유심(唯心)[21]이라 이름하며,
어떤 이들은 반야바라밀다라 부르고,
어떤 이들은 여래장(如來藏)이라 이름하며,
어떤 이들은 마하무드라(大印)라 이름하며,
어떤 이들은 유일명점(唯一明点)[22]이라 부르고,

---

17 이 구절은 '쎔셰쎄르왜릭릭뚜르뚜르뽀(Sems shes zer baḥi rig rig tur tur po)'의 옮김이다.

18 여기서 11가지 수레는 불교의 구승(九乘)에 범부와 외도의 가르침을 더한 것으로, 세간과 출세간의 모든 가르침을 일컫는다.

19 여기서 마음은 '쎔니(Sems ñid)'의 옮김이다.

20 저자의 대본에는 '담악(gDams ṅag, 教誡)'으로 되어 있으나, 『따라나태델빠나촉』에는 '인무아(人無我)'로 나오며, 이것이 더 본의에 맞는 것이라 생각된다.

21 여기서 마음은 '쎔(Sems)'의 옮김이다.

22 유일명점은 '틱레냑찍(Thig le ñag gcig)'의 옮김이다. 『틱레꾼쎌첸뽀』에서, "자기의 현현 이외에 여타가 없으며 본성이 변하지 않음으로써, 현현이 자기의 큰 광명으로 빛나는 까닭에 유일명점이다."라고 설하였다.

어떤 이들은 다르마다뚜(法界)라 이름하며,

어떤 이들은 아뢰야[23]라 이름하며,

어떤 이들은 평상심[24]이라 지칭한다.

한마음을 바로 가리킴

한마음을 바로 가리켜 보임을 소개하면,[25]

---

23 아뢰야(Ālāya, 一切所依)는 티베트어로 '꾼시(Kun shi)'라고 번역한다. 이 뜻을 롱첸랍잠의 『쌍델촉쭈뮌쎌(秘密藏十方暗黑除滅論)』에서, "그 또한 꾼시(一切所依)는 일체이니, 일체가 의지하는 터전이다. 『랑까르쎅빠(入楞伽經)』에서, '아뢰야는 일체의 터전이니, 윤회와 그와 같이 또한 해탈의 터전이다'라고 설하였다. 그 또한 부정한 윤회로 나타날 때는 그것의 의지처가 되어서 분리되지 않은 것처럼 있을지라도, 또한 [해탈로 나타날 때는] 청정한 법성인 법계체성지의 이름을 얻는다. 일체의 지혜가 이것에 의지한다."고 설명하였다.

24 평상심(平常心)은 평범한 마음을 뜻하는 '타맬쎼빠(Tha mal śes pa)'의 옮김이다. 본뜻은 본지(本智)를 의미하는 릭빠(覺性)의 다른 이름이다. 또한 족첸(大圓滿)과 마하무드라(大印)의 수행에서 중요한 의미를 지닌 용어이기도 하다. 닝마빠의 족첸 딴뜨라의 까닥텍최(本淨觀修)의 지침서인 아꽁똑댄(A sky oṅ rtogs ldan)의 『텍최티익남카띤댈(本淨觀修教導無雲天空)』에서, "지금 편안히 풀려 있는 평상심은, 문구로는 가히 [그 경계를] 설명하지 못하며, 언설과 사의를 초월하였다. 어디에 걸림도 없고, 안과 밖 일체에 두루 한다. [분별의] 버림도 [의식의] 집중도 여읜 본연의 상태에 편히 머무르라."고 함으로써, 평상심은 완전히 깨어 있는 의식의 본래 상태임을 말하였다. 또한 까귀빠의 닥뽀뺀첸(1367~1449)은 『착첸다외(大印月光釋)』에서, "그 또한 감뽀빠(1079~1153)의 『촉최첸모(大會衆傳法)』에서, '이제 윤회에서 해탈하길 원하면 제법의 근본인 평상심(平常心)을 반드시 알아야 한다. 평상심이라 부르는 이 자심(自心)은 그 어떠한 종류의 법에 의해서 또한 물듦이 없으며, 그 어떠한 세간의 의식에 의해서 또한 오염됨이 없으며, 침몰과 혼몽과 분별 그 어떠한 것에 의해서 또한 가림을 입지 않고 본래대로 머문다. 그것을 깨달으면 그것이 [구생의] 명지(明知)이며, 알지 못하면 그것이 구생의 무명(無明)인 것이다. 그것을 깨달으면 마음이라 부르며, 본질이라 부르며, 구생의 지혜라 부르며, 평상심이라 부르며, 본성이라 부르며, 무희론(無戲論)이라 부르며, 광명이라 부른다'라고 설한 것은, 평상심의 본질을 인식함과 명칭의 이명(異名)과 그것을 알면, 일반의 공덕에 비하여 크게 뛰어난 도리들을 널리 설한 것이다."라고 하였다.

25 이 구절은 위의 『따라나태델빠나촉』에서 인용한 것으로, 저자의 대본에는 "이것을 세 뜻을 통해 들어가는 법을 소개하면"을 뜻하는 "이니된쑴죽출응오뙤나(ḥDi ñid don gsum ḥjug

과거 생각은 자취 없이 밝게 비어 있고
미래 생각은 나지 않아 맑고 명징하고
현재 생각은 조작 없는 본성에 머문다.

이때 평상의 임의로운 마음의 본색을
자기 스스로 여실하게 비추어 볼 때,
관조하여도 보임이 없는 또랑또랑한
각성이 가림이 없이 초롱초롱 빛난다.

실체가 전혀 없는 텅 빈 고요함 속에
밝음과 공성이 하나로 섞여 찬연하며,[26]
상주도 아니니 어떠한 실질도 없으며
단멸도 아니니 광휘가 투철히 빛난다.

하나도 아니니 다수로 보임이 분명하고[27]
다수도 아니니 분리되지 않는 일미이니,
이것이 여타에서 비롯하지 않는 자기의

---

tshul ṅo sprod na)"라고 하였다.

26 이 구절은 명공불이(明空不二)를 말하니, 자심의 성품이 밝음을 여의지 않으므로 명(明)이며, 이 밝은 마음은 일체의 모양과 색깔 등을 완전히 여읨으로서 공(空)이며, 이 둘이 서로 분리되지 않으므로 쌍입무별(雙入無別)이며, 언설을 초월하므로 불가언설(不可言說)이며, 본래로 성취된 것이므로 원리조작(遠離造作)이다.

27 이 구절은 '찍뚜마인두마르릭찡쌜(gChig tu ma yin du mar rig ciṅ gsal)'의 옮김이다. 이것은 마음의 본성이 공하여 그 본질이 하나(一)인 것도 아니며, 다름(異) 또는 여럿(多)인 것도 아님을 말한다.

한마음의 실상을 그대로 소개한 것이다.

한마음과 삼신

여기엔 삼신이 나눠짐 없이 하나로 머무니
실체가 비어서 없음이 공성의 법신이며
공성의 광휘가 빛남이 수용의 보신이며
광휘가 막힘없이 출현함이 변화의 화신이며
삼신이 하나로 녹아짐이 한마음의 본성이다.

한마음에 들어가는 길

한마음에 직입하는 비결을 소개하면
현재의 자기 마음이 바로 그것이다.

조작함 없이 스스로 밝은 이것인데
어찌 마음을 깨닫지 못한다고 말하는가?
여기에는 닦음조차 전혀 필요 없는데
어찌 닦아도 이루지 못한다고 말하는가?

현전하여 있는 각성이 바로 이것인데
어찌 마음을 얻지 못한다고 말하는가?
밝음과 슬기가 끊임없는 바로 이것인데
어찌 마음을 보지 못한다고 말하는가?

맘으로 생각하는 자가 바로 그것인데
어찌 찾아도 얻지 못한다고 말하는가?
여기에는 행함조차 전혀 필요 없는데
어찌 행해도 얻지 못한다고 말하는가?

조작 없이 본지에 머무르면 그만인데
어찌 편히 머물지 못한다고 말하는가?
무위의 상태로 올연히 머물면 족한데
어찌 그것을 하지 못한다고 말하는가?

밝음(明)과 슬기(覺), 비어 있음(空) 셋은[28]
차별 없는 하나로 본래 자연성취인데
어찌 닦아도 얻지 못한다고 말하는가?
인(因)도 연(緣)도 없는 자생자취[29]인데
어찌 애써도 얻지 못한다고 말하는가?

사념이 일어남과 해탈은 동시적인데
어찌 다스려도 효과가 없다 말하는가?
지금 인식하는 마음이 바로 그것인데

---

28 밝음(明)과 슬기(覺), 비어 있음(空) 셋이 하나인 도리를 『파람꾀빠(ḥPhags lam bkod pa, 聖道安置續)』에서, "[본자리를 찾음도 넷이니] 공성의 본자리와 각성의 본자리, 밝음의 본자리와 도리의 본자리이다. 이들은 별개가 아니며 하나의 본질이다."라고 하였다.

29 자생자취(自生自就)는 '스스로 생겨나고 스스로 성취됨'을 뜻하는 '랑중휜듑(Raṅ byuṅ lhun grub)'의 옮김이다.

어찌 이것을 알지 못한다고 말하는가?

한마음의 여섯 가지 비유

마음은 비어서 진실로 기반이 없으며
마음은 실체가 없어서 빈 하늘과 같다.
같은지 같지 않은지 마음을 관조하라!

비어도 아예 없는 단견이 본래 아니며
자생의 지혜가 실로 원초부터 빛나니
절로 생하고 절로 빛나는 태양과 같다.[30]
같은지 같지 않은지 마음을 관조하라!

각성의 지혜가 실로 단멸되지 않음이
유유히 흘러가는 강물의 물살과 같다.
같은지 같지 않은지 마음을 관조하라!

갖가지 흐르는 사념은 실로 인식 못하니[31]
움직여도 실체 없는 하늘의 바람과 같다.

---

30 이 구절은 『따라나태델빠나촉』에서 인용하였으며, 저자의 대본에는 '랑중랑라니매닝뽀다(Raṅ byuṅ raṅ la ñi maḥi sñiṅ po ḥdra)'로 나온다.

31 『따라나태델빠나촉』에는 '분별과 흐르는 억념은 알지(인식) 못함이 분명함'을 뜻하는 '남똑규댄응외쑹메빠르응에(rNam rtog rgyu dran ṅos bzuṅ med par ṅes)'로 나온다.

같은지 같지 않은지 마음을 관조하라!

모든 외현들은 실로 자기의 현현이니
그것은 거울 속에 나타난 영상과 같다.[32]
같은지 같지 않은지 마음을 관조하라!

모든 상(相)은 실로 본자리서 해탈하니
스스로 생멸하는 하늘의 구름과 같다.
같은지 같지 않은지 마음을 관조하라!

마음 밖엔 법이 없다

마음을 여의고는 달리 한 법도 없도다.
마음을 떠나 관찰할 견해도 달리 없다.[33]

마음을 여의고는 달리 한 법도 없도다.
수행으로 닦아야 할 법이 달리 있지 않다.[34]

---

32 이 구절은 '외현(外現, 外境)은 자기의 현현(顯現)이니 마치 거울 속에 나타난 영상과 같다'는 뜻의 '낭와르랑낭멜롱쑥낸다(sNaṅ bar raṅ snaṅ me loṅ gzugs brñan ḥdra)'의 옮김이다.

33 이 구절은 『중음법휘편(中陰法彙編)』 5권 『밀종편(密宗篇)』에 실려 있는 「본성을 여실히 봄을 통한 자연해탈」에서 보유하였다. 또한 이 구절은 뜻은 본래로 무생(無生)의 마음은 상견(常見)과 단견(斷見) 등의 일체의 견해와 희론을 여읨으로 어떤 견해도 성립하지 않음을 뜻한다. 그러므로 구루 빠드마쌈바와의 유훈게에서, "나는 가네. 갖가지 견해들을 버리고 떠나네. 갖가지 견해들을 버리고 갈 때, 밤낮 닦음이 없이 일어남이 없이 가네."라고 함과 같다.

34 구루 빠드마쌈바와(蓮花生)의 유훈게(遺訓偈)에서, "나는 가네. 갖가지 수행들을 버리고 떠

마음을 여의고는 달리 한 법도 없도다.
행위로 행해야 할 법이 달리 있지 않다.[35]

마음을 여의고는 달리 한 법도 없도다.
서언으로 수호할 법이 달리 있지 않다.[36]
마음을 여의고는 달리 한 법도 없도다.
증과(證果)로 수증할 법이 달리 있지 않다.[37]
마음을 비춰보라, 거듭거듭 비춰보라!

한마음의 광휘

밖으로 허공을 향해 바라볼지라도
마음이 발산하는 진원지도 없으며,
안으로 마음을 주시해 살펴보아도

나네. 갖가지 수행들을 버리고 갈 때, 수행의 장애인 침도(沈掉)에서 벗어나서 가네."라고 함과 같다.

35 구루 빠드마쌈바와의 유훈게에서, "나는 가네. 갖가지 행위들을 버리고 떠나네. 갖가지 행위들을 버리고 갈 때, 현상계에 어리석지 않고 일체를 알고 가네."라고 함과 같다.

36 선지식 채카와(mChad kha ba)의 수심칠사(修心七事, Blo sbyoṅ don bdun ma)에서, "착란의 현상을 사신(四身)으로 전용함으로써, 공성이 위없는 수호이다."라고 설하였으며, 이 뜻을 1대 달라이 라마의 텍첸로종기담빠(大乘修心訣敎授)에서, "이와 같이 작해(作害) 따위들이 실재가 아님을 닦는 것이 최상의 수호인 것이니, 딴뜨라(密續)에서, '공성을 요해(了解)함이 최상의 수호이니, 여기에는 다른 수호의 예식들이 필요하지 않다'고 설하였으며,"라고 하였다.

37 구루 빠드마쌈바와의 유훈게에서, "나는 가네. 갖가지 증과(證果)들을 버리고 떠나네. 갖가지 증과들을 버리고 갈 때, 정등각을 성취하여 붓다가 되어서 가네."라고 함과 같다.

분별을 일으키는 발출자도 없으며
마음은 미동조차 없이[38] 투명하다!

각성의 밝고 비어 있음이 법신이니
청명한 하늘에 태양이 떠오름 같이,
모양이 없으되 일체를 활연히 아니[39]
이것을 알고 모름은 차이가 크도다!

한마음의 경이로움

아, 놀라워라!
본래 남이 없는 이 자생의 광명이
부모도 없는 각성의 아들이라니!
아, 놀라워라!
누가 만듦도 아닌 천생의 지혜라니!
아, 놀라워라!
난 적도 없고 죽음도 없는 것이라니!
아, 놀라워라!
올연하게 빛나도 보는 자가 없다니!
아, 놀라워라!

---

38 이 구절은 '타토메빠(Phra ḥphro med pa)'의 옮김이다.

39 이 구절은 『따라나태델빠나촉』에서는 '분별이 없으며 일체를 활연히 앎'을 뜻하는 '남똑미응아찌르양싸레르켄(rNam rtog mi mṅaḥ cir yaṅ sa ler mkhen)'으로 나온다.

생사에 전전해도 나빠짐이 없다니!
아, 놀라워라!
붓다가 되어서도 좋아짐이 없다니![40]
아, 놀라워라!
누구에나 있건만 아무도 모른다니!
아, 놀라워라!
이것을 버리고 다른 도과를 바라다니![41]
아, 놀라워라!
이것이 자기건만 다른 곳에서 찾다니!

한마음의 정점

에 마!
지금 각성이 형체도 없이 밝게 빛나는
이것이 모든 견해들 가운데 정점이다.
소연도 없고 편만하며 일체를 벗어난[42]
이것이 모든 수행들 가운데 정점이다.

---

40 이 구절은 『따라나태델빠나촉』에서 인용한 것으로 저자의 대본에는 "붓다를 볼지라도 좋아짐이 없다."로 나온다.

41 이 구절은 위의 같은 판본에서 인용한 것으로, 저자의 대본에는 '디샌대부샌식레와차르(ḥDi gshan ḥbras bu gshan shig re ba mthsar)'로 나온다.

42 여기서 '소연(所緣)도 없고'라고 함은 각성(覺性)의 보리심이 특정한 대상에 대해서 소연하지 않고 일체를 평등하게 소연함으로써 붓다의 무연자비(無緣慈悲)의 터전이 됨을 말한다. 『따라나태델빠나촉』에는 '소연(所緣)도 없고, 두루 덮으며, 사념을 벗어난 이것'을 뜻하는 '믹메캅댈로당댈와디(ḥMigs med khyab brdal blo daṅ bral ba ḥhi)'로 나온다.

조작도 집착도 없이 탄연하게 머무는[43]
이것이 모든 도행들 가운데 정점이다.
구함이 없이도 본래로 자연히 성취된
이것이 모든 도과들 가운데 정점이다.[44]

네가지 흠 없는 대승

흠 없는 네 가지 대승을 열어 보이니,
견해에 티끌만 한 흠도 없는 대승이
현재의 투명한 마음 이것이며 또한
밝고도 흠이 없기에 수레라 부른다.

수습에 티끌만 한 흠도 없는 대승이
현재의 투명한 마음 이것이며 또한
밝고도 흠이 없기에 수레라 부른다.

행위에 티끌만 한 흠도 없는 대승이
현재의 투명한 마음 이것이며 또한
밝고도 흠이 없기에 수레라 부른다.

---

43 이것은 『따라나태델빠나촉』의 구절이며, 저자의 대본에는 '마쬐직뗀훅빠르죄빠디(Ma mcos ḥjig rten lhug par brjod pa ḥdi)'로 나온다.

44 여기서 말하는 견수행(見修行) 셋과 도과(道果) 넷은 아띠요가(最極瑜伽)의 수행인 '까닥텍최(本淨觀修)'의 요체이다.

도과에 티끌만 한 흠도 없는 대승이
현재의 투명한 마음 이것이며 또한
밝고도 흠이 없기에 수레라 부른다.

네 가지 불변의 대못

견고불변의 네 가지 대못을 보이니,
견고하여 변치 않는 견해의 대못이
현재의 투명한 마음 바로 이것이니
삼세에 변치 않는 까닭에 대못이다.

견고하여 변치 않는 수습의 대못이
현재의 투명한 마음 바로 이것이니
삼세에 변치 않는 까닭에 대못이다.

견고하여 변치 않는 행위의 대못이
현재의 투명한 마음 바로 이것이니
삼세에 변치 않는 까닭에 대못이다.

견고하여 변치 않는 도과의 대못이
현재의 투명한 마음 바로 이것이니
삼세에 변치 않는 까닭에 대못이다.

무시간의 경지

삼세를 하나로 융합하는 비결을 보이니
과거를 쫓지 말고 과거의 생각을 버려라!
미래를 기대 말며 의식의 연결을 끊어라!
현재를 잡지 말고 무위의 허공에 머물라!

여기엔 수행도 없으니 전혀 닦으려 말라!
산란도 없나니 부동의 억념을 의지하라![45]
닦음도 산란도 없는 본성을 직시하라![46]
각성이 스스로 알고 스스로 밝게 빛나니
그렇게 출현하는 그것을 보리심이라 한다.

여긴 닦음도 없고 인식경계도 떠나고
산란도 없으며 본성이 스스로 빛난다.
현현과 공성이 본래 스스로 해탈이며
밝음과 공성이 진리의 몸인 법신이니,
붓다를 단계적으로 얻지 않고 실현하니
그 순간 바즈라싸뜨와의 진신을 본다.

---

45 이것은 따라나타의 판본에서 인용한 것이며, 캔뽀도제의 대본에는 '산란도 없나니 부동의 억념이 빛난다'를 뜻하는 '엥쑤메데엥메댄빠쌜(Yeṅs su med de yeṅs med dran pas gsal)'로 나온다.

46 이 구절의 원문은 '곰메엥메응앙라쩨르기뙤(sGom med yeṅs med ṅaṅ la cer gyis ltos)'이며, 규르메 도제는 "Nakedly observe [all that arises] in this modality, which is without meditation and distraction!"(*The Tibetan Book Of The Dead*, London: Penguin Books, 2005)으로 옮겼다.

여섯 가장자리[변제][47]의 소멸

여섯 변제를 소멸하는 비결을 보이니,[48]

견해의 소멸

비록 견해가 다름이 다양하고 많아도
자기 각성인 마음은 자생의 지혜이니
여기엔 봄(能見)과 대상(所見)의 둘이 없다.[49]

보는 것을 멈추고 보는 자를 추찰하라.[50]
보는 자를 찾아도 가히 얻지 못하면,
그때 견해가 소멸한 경계에 듦이자

---

47 원문에는 여섯 변제로 되어 있으나 내용을 보면 네 가지뿐으로 '사업(事業)'과 '지도(地道)'가 빠져 있다고 본다. 이 둘을 『최남꾼뛰(數稱詞釋義大全)』에서는 『롱첸죄된맨악죄(融欽竅訣藏)』의 여섯 가지 구경의 규결(竅訣)을 다음과 같이 설명하고 있다. "사업(事業)을 이루고자 원하면 얻는 자를 추찰하라. 그를 찾아도 얻지 못하면 추구하지 않아도 자연히 성취함이다. 십지(十地)와 오도(五道)를 밟아 가고자 원하면 밟는 자를 추찰하라. 그를 찾아도 얻지 못하면 진실의 본지에 도달함이다."

48 이 구절의 원문은 '여섯 변제가 소멸한 경지로 인도하는 비결을 보이니'이다.

49 봄(能見)과 보이는 대상(所見)은 '따자따제(lTa bya lta byed)'의 옮김이다. 여기서 봄(能見, lTa byed)은 보는 자의 보는 행위를, 보이는 대상(所見, lTa bya)은 관찰의 대상을, 보는 자는 '따캔뽀(lTa mkhan po)'이며, 또한 행위의 주체인 보는 자와 행위인 봄의 둘을 능견(能見)이라 한다.

50 이 구절은 『따라나태델빠나촉』에서의 '따와마따따캔뽀니촐(lTa ba ma lta lta mkhan po ñid tshol)'과 저자의 대본과 다른 판본에서의 '따와암따나따왜캔뽀촐(lTaḥam lta na lta baḥi mkhan po tshol)'의 의역이니, 보는 자가 성립하지 않으면 보는 행위도, 보는 대상의 셋이 성립하지 않기 때문이다. 참고로 이 구절의 영어 번역 두 가지를 소개하면, 먼저 규르메 도제는 "Without focusing on the view, search for the observer!"(*The Tibetan Book Of The Dead*, London: Penguin Books, 2005)라고 옮겼고, 로버트 셔먼은 "Seek the viewer in viewing and not viewing"(*The Tibetan Book Of The Dead*, India: Harper Collins Publishers, 2004)으로 옮겼다.

모든 견해의 구경에 또한 이름이다.[51]

대상(所見)과 봄(能見)이 전혀 없어도[52]
본래 아무것도 없는 공허가 아니며
지금 이 순간 자기 각성이 투명하니,
이것이 족빠첸뽀(大圓滿)의 정견이며
여기엔 각불각(覺不覺) 둘이 또한 없다.

닦음의 소멸

비록 닦음이 다름이 다양하고 많아도
또한 자기 각성인 무애의 평상심이니
여기엔 대상(所修)과 닦음(能修)의 둘이 없다.[53]

---

51 『롱첸죄뒨맨악죄』에서 견해의 구경을 다음과 같이 설명하였다. "견해를 깨닫고자 원하면 깨닫는 자를 추찰하라. 그를 찾아도 얻지 못하면 [생멸(生滅)·상단(常斷)·유무(有無)·현공(現空) 등의] 사변(四邊)의 그물에서 해탈함이다."

52 여기서 '대상(所見)과 봄(能見)이'는 '따자따규(lTa bya lta rgyu)'의 옮김이며, 대본에는 '따와따규(lTa ba lta rgyu)', 다른 판본에는 '따왜따규(lTa bas lta rgyu)'로 나온다. 여기서 '대상(所見)과 봄(能見)이 전혀 없어도'라는 이 구절은 법계와 각성이 둘이 아닌 '잉릭예르메(dByiṅs rig dbyer med)'의 뜻이니, 『틱레꾼쎌첸뽀』에서, "각성과 지혜가 모이고 흩어짐이 없는 까닭에, 방편의 막힘없는 지혜와 반야가 불변함이 법성이다. 법성의 공간에서 각성이 이루어지고, 이 각성의 공간에서 오지(五智)의 광명이 성취되고, 이 광명의 공간에서 오신(五身)이 성취됨으로서 자성천연성취불(自性天然成就佛)이다."라고 함과 같다.

53 이 구절은 '바이자바이제니쑤메빠라(Bhai bya bhai byed gñis su med pa la)'의 옮김이다. 여기서 '바이제(Bhai byed)'는 수행의 주체와 닦는 행위의 둘을, '바이자(Bhai bya)'는 닦는 대상이니, 예를 들면, 초선(初禪) 등의 선정 닦음의 대상을 말하며, 전문 용어로는 능수(能修)와 소수(所修)라 한다.

닦음을 그치고 닦는 자를 추찰하라.[54]
닦는 자를 찾아도 가히 얻지 못하면,
그때 닦음이 소멸한 경계에 듦이자
모든 닦음의 구경에 또한 이름이다.[55]

대상(所修)과 닦음(能修)이 전혀 없어도[56]
혼침에 빠지고 들뜸에 떨어짐 없이[57]
지금 조작 없는 한마음이 투명하니,
이것이 꾸밈없는 등인의 선정[58]이니

---

54 이 구절은 저자의 대본에는 '닦음과 닦지 않음을 [내려놓고] 닦는 자를 추찰하라'를 뜻하는 '바이당미바이바이왜캔뽀촐(Bhai daṅ mi bhai baḥi mkhan po tshol)'이며, 『따라나태델빠나촉』의 '곰빠마곰녜빼캔뽀촐(Goms ma sgom rñed paḥi mkhan po tshol)'과 다른 판본의 '곰당미곰곰빼캔뽀촐(bsGoms daṅ mi bsgom sgom paḥi mkhan po tshol)' 등의 의역이다.

55 위의 『롱첸죄뒨맨악죄』에서, "선정을 닦기를 원하면 닦는 자를 추찰하라. 그를 찾아도 얻지 못하면 사념의 흐름이 실로 없음을 사유함이다."라고 하였다.

56 이 구절은 저자의 대본의 '닦아야 할 대상과 닦음이 전혀 없어도'를 뜻하는 '바이자바이규찌양메빠라(Bhai bya bhai rgyu ci yaṅ med pa la)'의 번역이며, 쎼랍디메(無垢慧)의 교정본에는 '곰자곰규찌양메빠라(sGom bya bsgom rgyu ci yaṅ med pa la)'로 나오고, 『따라나태델빠나촉』에는 '곰빠르자규찌양메빠라(sGom par bya rgyu ci yaṅ med pa la)'로 나온다.

57 이 구절은 『따라나태델빠나촉』 에서 인용한 것으로 원문은 '징묵팁괴왕두마쏭와르(Byiṅ rmugs ḥthib rgod dbaṅ du ma soṅ bar)'이다. 저자의 대본에는 '띠묵텝괴왕두마쏭와르(gTi mug s daṅ mi bsgom sgom paḥi mkhan po tshol)'로 나온다. 여기서 혼침(昏沈)이란, 선정을 닦을 때 몸과 마음이 거칠고 무거워 감당하지 못함이 혼매(昏昧)며, 마음이 집중의 대상을 붙잡음이 느슨하거나, 또는 대상을 주시함이 명료하지 못함이 침몰(沈沒)이다. 또한 들뜸이란 마음이 한 가지 대상에 집중하지 못하고 좋아하는 바깥 대상으로 생각이 달아나는 도거(掉擧)를 말한다.

58 등인(等引)의 선정은 '냠빠르샥빠쌈땐(mÑam par bshag pa bsam gtan)'의 옮김이다. 여기서 등지란, 마음이 혼침(昏沈)과 들뜸(掉擧)에 빠지지 않고, 고요함(止)과 깨어 있는(觀) 상태에 의식이 밝게 머무는 것을 말한다.

여기엔 입정과 미정 둘이 또한 없다.[59]

행위의 소멸

비록 행위가 다름이 다양하고 많아도
자기 각성인 지혜의 유일명점[60]일 뿐
여기엔 대상(所行)과 행함(能行)의 둘이 없다.[61]

행함을 쉬고 행하는 자를 추찰하라.
행위자를 찾아도 가히 얻지 못하면,
그때 행위가 소멸한 경계에 듦이자
모든 행위의 구경에 또한 이름이다.[62]

행해야 할 행위가 본래 없을지라도
습기와 착란의 힘에 휘달리지 않고
지금 조작 없는 한마음이 투명하니,
가식과 취사를 조금도 행하지 않는

---

59 여기서 입정(入定)과 미정(未定)은 '선정에 머물고(입정), 머물지 못함(미입정)'을 뜻하는 '내당미내(gNas daṅ mi gnas)'의 옮김이다.

60 앞의 주석 22를 참고하기 바란다.

61 여기서 '대상(所行)과 행함(能行)'은 '째자당니쬐제(sPyad bya daṅ ni spyod byed)'의 옮김이다. 쬐제(sPyod byed, 能行)는 실행하는 사람과 행위를, 째자(sPyad bya, 所行)는 삼승(三乘)에서 설하는 각각의 계율과 여러 가지의 행위들을 말하며, 전문 용어로는 능행(能行)과 소행(所行)이라 한다.

62 위의 『롱첸죄뒨맨악죄』에서 행위의 구경에 대해, "행위를 행하고자 원하면 행하는 자를 추찰하라. 그를 찾아도 얻지 못하면 차별 없는 본지에서 해탈함이다."이라 하였다.

이것이 실로 청정한 행위인 것이니
여기엔 맑음과 탁함 둘이 또한 없다.

도과의 소멸

비록 도과가 다름이 다양하고 많아도
자기 각성인 마음에 삼신이 성취되니
여기엔 얻는 대상과 얻음의 둘이 없다.[63]

도과를 얻으려 말고 얻는 자를 추찰하라.[64]
얻는 자를 찾아도 가히 얻지 못하면,
그때 도과가 소멸한 경계에 듦이자
모든 도과의 구경에 또한 이름이다.[65]

어떠한 도과도 얻으려고 함이 없어도
취사와 희망과 의려에 휘달리지 않고
지금 천성의 한마음이 스스로 빛나고,
삼신이 나에게 현전해 있음을 깨치는

---

63 얻는 자와 대상은 '둡자당니둡제(bsGrub bya daṅ ni sgrub byed)'의 옮김이다. 얻는 자인 '둡제(sGrub byed)'는 도과(道果)를 닦아 얻으려는 사람을, 대상인 '둡자(bsGrub bya)'는 수행을 통해서 얻는 도과를 말하며, 전문 용어로는 능증(能證)과 소증(所證)이라 한다.

64 이 구절은 『따라나태델빠나촉』에서 인용하였으며, 원문은 '대부마둡둡캔데니촐(ḥBras bu ma sgrub bsgrub mkhan de ñid tshol)'이다. 저자의 대본에는 '대부둡캔데니응에끼촐(ḥBras bu sgrub mkhan de ñid ṅed kyi tshol)'로 나온다.

65 위의 『롱첸죄뒨맨악죄』에서 행위의 구경에 대해, "도과를 이루고자 원하면 얻는 자를 추찰하라. 그를 찾아도 얻지 못하면 삼신이 자기에게 갖추어짐이다."라고 하였다.

이것이 곧 본래성불의 도과인 것이다.

한마음의 이명들

상주단멸의 팔변[66]을 여읜 이 각성은
어떤 변제에도 속하지 않아 중도이며,
억념과 명지가 멈춤이 없어 각성이며
공함이 각성의 본질이기에 여래장이다.[67]

이 뜻을 알면 모든 지식들의 구경이니[68]
그러므로 또한 반야바라밀다라 부르며,
사유마저 초월하고 모든 변제를 여의니
그러므로 마하무드라(大印)라 이름 한다.

이것을 깨닫고 깨닫지 못함의 차이로
윤회와 열반, 안락과 괴로움들 모두의
근원인 되는 까닭에 아뢰야라 부르며,
조작 없는 평상의 본디에 머무를 때의
의식이 투명한 이것을 평상심이라 한다.

---

66 팔변(八邊)은 법성의 진실을 바로 보지 못하고 논하는 희론들인, 상주(常住)와 단멸(斷滅), 태어남(生)과 멸(滅)함, 가고(去) 옴(來), 하나(一)와 다수(異) 여덟 가지를 말한다.

67 이 구절의 원뜻은 '비어 있음(空)은 각성의 본질이니, 그러므로 여래장의 이름을 붙인다'이다.

68 이 구절은 『따라나태델빠나촉』에서 보유하였으며, 저자의 대본에서는 '이 뜻을 알면 모든 것에 있어서 최승에 도달한다(ḥDi don śes na kun gyis rab tu phyin)'라고 한다.

그럴듯하고 듣기 좋은 숱한 이름들도[69]
실제는 현재의 한마음 이것일 뿐이니,
이것이 아니라고 달리 추구하는 것은
준마를 얻고서 그 자취를 찾음과 같다.

그처럼 삼계를 뒤져도 찾지를 못하듯[70]
붓다는 마음을 여의고는 얻지 못하니,
이것을 모르고 밖에서 마음을 구해도
밖에서 자기를 찾음이니 어찌 얻으랴!

비유하면 한 바보가 군중 틈에 섞여서
공연을 관람할 때 자기를 잊고 말하길,
누가 자기를 못 봤냐고 찾고 다님처럼
자기를 남으로 착각해 찾아다님과 같다.

한마음을 알고 모름의 결과

존재의 실상을 바로 보지 못함으로써

---

69 이 구절의 원문은 '멋지게 고안하고 많은 듣기 좋은 이름을 갖가지로 시설할지라도 또한(bZaṅ rtog sñan miṅ maṅ po ci btags kyaṅ)'이다.

70 이 구절의 원문은 '삼계 위에서 기억해 볼지라도 얻지 못함'을 뜻하는 '똥쑴톡뚜댄깡녜미씨(sToṅ gsum thog tu dran kyaṅ rñed mi srid)'이며, 다른 판본들에서는 'thog tu dran kyaṅ' 대신 'thags su bran kyaṅ' 또는 'thag tu bran yaṅ'으로 나오나, 'thog tu ḥded kyaṅ'의 오기로 보고 고쳤다.

외경이 마음임을 몰라 윤회에 걸리고[71]
마음이 붓다임을 몰라 열반을 가리니,
열반과 윤회의 둘을 알고 알지 못하는
한순간의 갈림 외엔 어떤 차별도 없다.[72]

사물을 마음과 별개로 보아 착란해도[73]
착란과 착란하지 않음의 본성은 하나니,
유정의 마음 흐름엔 둘이 있지 않으니
마음을 무위의 본자리에 두면 해탈한다.

착란 자체가 마음임을 알지 못한다면
법성의 진실을 영원히 깨닫지 못하니,
마음에서 절로 일어나고 절로 생하는
그것을 자기가 스스로 관조토록 하라.

잘 관조하라, 처음 이 착란의 생각들이[74]

---

71 이 구절은 『따라나태델빠나촉』에서 보유하였다. 저자의 대본과 다른 판본에는 '외경이 마음임을 몰라 윤회에 해탈하고(sNaṅ ba sems su ma śes ḥkhor bar grol)'로 나오나 '돌(grol)'은 '골(gol, 錯誤)'의 오류라고 본다.

72 이 구절의 원문은 '한순간에 차별을 가르고 [존재의 실상은 윤회와 열반의] 중간에서 차별이 없다'를 뜻하는 '깨찍찍기바르라제닥메(sKad cig gcig gis bar la bye brag med)'이다.

73 이 구절의 원문은 '자기가 [사물을] 마음 외의 별개로 봄으로써 착란한다'를 뜻하는 '랑기쎔래샌두통왜퉅(Raṅ gis sem las gshan du mthoṅ bas ḥkhrul)'이다.

74 이 구절은 '이들 생각들이 처음 어디에서 일어나며'를 뜻하는 '낭와디닥당뽀강래중(sNaṅ ba ḥdi dag daṅ po gaṅ las byuṅ)'의 의역이다.

어디에서 일어나 중간에 어디에 머물며
최후에는 어디로 향해 가는지 관찰하라.

비유하면, 연못가의 까마귀들과 같으니
연못을 날아가도 연못을 떠나지 않듯이,
생각도 그와 같이 마음에서 일어나기에
마음에서 일어나 마음속으로 사라진다.

마음이란 전지전견의 이 허령한 물건은[75]
본디 명공(明空)이 차별 없는 허공같이,
스스로 생겨난 자생의 지혜가 본래부터
투명하게 확립되어진 이것이 법성이다.

그러한 표상은 모든 외적 현상들이
또한 자기의 마음임을 아는 것이며,
그 마음이 밝게 깨어 있고 투명함이
허공 같은 것임을 깨닫는 그것이다.

비록 허공에다 법성을 비유해 보여도
단지 진실의 일면만 보이는 상징이니,

75 이 구절은 원뜻은 '마음이란 일체를 다 알고(全知), 일체를 다 보며(全見), [본질이] 비어서 없고 [자성이] 빛나는 이것은'을 뜻하는 '쎔니꾼쎄꾼릭똥쌜디(Sem ñid kun śes kun rig stoṅ gsal ḥdi)'이다.

마음은 밝게 알고 공적하며 투명해도
허공은 밝게 앎이 없는 완공(頑空)이니,
마음의 실질을 허공에 빗대진 못해도
동요 없는 그 성품 속에 밝게 머물라.[76]

일체가 한마음

세간에 존재하는 이들 온갖 현상들이
하나도 실체가 없어 무너져 버리듯이,
현상과 존재, 윤회와 열반의 모두는
단지 한마음이 만든 관념적 표상이다.[77]

어느 때 자기 마음의 흐름이 바뀔 때
외경으로 변한 그것의 표상이 생기니
고로 일체는 마음의 표출에 불과하니,[78]

---

76 이 구절은 『따라나태델빠나촉』의 '엥쑤메끼데깨응앙라쑉(Yeṅs su med kyi de kaḥi ṅaṅ la shog)'의 번역이며, 저자의 대본과 다른 판본에는 '분별이 없이'를 뜻하는 '엥쑤메끼(Yeṅs su med kyis)'로 나온다.

77 이 게송의 원문은 '갖가지 세속의 현상 이것들은 또한, 하나조차 체실유(諦實有)로 성립 않고 괴멸하듯이, 비유하면 현상과 존재, 윤회와 열반의 모든 일체가, 자기의 한마음의 인상(印象)이다'를 뜻하는 'sNṅ ba kun rdzob sna tshogs ḥdi, gcig kyaṅ bden par ma grub ḥjig pa bshin, dper na snaṅ srid ḥkgor ḥdas thams cad kun, raṅ gi sems ñid gcig puḥi mthoṅ snaṅ yin'의 번역이다.

78 이 게송의 뜻은 『입능가경(入楞伽經)』에서 "그렇게 범부들이 분별함과 같이, 외경이 존재하는 것이 아니니, 습기에 가려지고 덮인 마음이, 사물의 모양으로 온전히 출현한다."라고 함과 같다.

육도중생은 각자의 심적 표상을 보고
외도들은 단멸과 상주의 둘로써 보며
아홉 수레(九乘)는 각자의 견해로 보니,
그렇게 갖가지로 보아 각기 다르듯이
다르게 인식하고 고집함으로 착오한다.[79]

일체의 현상이 단지 마음임을 깨달아서
표상이 생겨도 집착이 없음이 붓다이다.
현상엔 착란이 없고 집착으로 착란하니
착념이 마음임을 알면 스스로 해탈한다.

일체의 현상들은 마음의 현현이다.
기세간의 물질도 마음의 현현이며
육도의 유정들도 마음의 현현이며
인천의 행복들도 마음의 현현이며
삼악도의 고통도 마음의 현현이며,

번뇌무명과 오독도 마음의 현현이며
자생지혜의 각성도 마음의 현현이며

---

79 이렇듯 외경과 내심을 별개로 보면 상주와 단멸 등의 잘못에 떨어져 윤회하나, 외경이 곧 마음임을 알면 해탈하니, 『입능가경(入楞伽經)』에서, "외경이 있는 것이 아니고 마음이며, 외경을 보는 것은 전도인 것이니, 정리로 여실히 관찰하는 자들의, 소집[所執: 외경(外境)]과 능집[能執: 내심(內心)]이 소멸한다."라고 하였다.

망상과 윤회습기도 마음의 현현이며[80]
바른 분별과 열반도 마음의 현현이며,

마군과 사귀의 장애도 마음의 현현이며
선신과 성취의 미경도 마음의 현현이며
갖가지 분별의 출현도 마음의 현현이며[81]
무분별에 일념 안주도 마음의 현현이며,

사물의 형상과 색깔도 마음의 현현이며
무상(無相)과 무희론도 마음의 현현이며
하나와 다수, 불이도 마음의 현현이며[82]
유무가 성립치 않음도 마음의 현현이다.

마음을 떠나서는 현상이 있지 않으니
막힘 없는 마음에서 모든 현상이 나며,
비록 나타나도 바다의 물과 물결처럼
둘이 아니니 마음의 본성에서 해탈한다.

---

80 이 구절은 『따라나태델빠나촉』에서 보유하였다.

81 이것은 『따라나태델빠나촉』에서 인용한 것이며, 저자의 대본은 "갖가지 청정함"을 뜻하는 "남빠르닥빠나촉(rNam par dag pa sna tshogs)"으로 나온다.

82 이 구절은 '하나와 다수, 불이(不二)로 나타남도 마음이다'를 뜻하는 '찍당두마니메낭와 앙쎔(gCig daṅ du ma gñis me snaṅ baḥaṅ sems)'의 옮김이다. 또 이것은 중관의 정견인 공성을 결택하는 오대인(五大因) 가운데 '이일이인(離一異[多]因)과 파유무생인(破有無生因)'을 뜻한다.

한마음의 결택

부단한 명명처에 온갖 이름을 붙여도[83]
실제로는 한마음 밖에는 달리 없으며,
한마음 또한 기반과 터전이 없음으로
어디서 볼지라도 일면도 보지 못한다.

실체를 보지 못하고 아무것도 없으나
공으로 보지 못하니 깨어서 투명하고
별개로 보지 못하니 명공이 하나이다.

지금 자기의 마음이 투명하게 빛나니
그렇다 해도 그것을 가려낼 줄 모르고,[84]
자성이 있지 않아도 실지로 증험하니
이것을 체득하면 누구나 다 해탈한다.

이둔을 가리지 않고 이것을 증득해도

---

83 이 구절은 '끊임없이 [발생하는 사물들인 이들] 명명처(命名處)에다 온갖 이름들을 붙여도'를 뜻하는 '딱자마각밍독찌딱꺙(bTags bya ma ḥgags miṅ ḥdogs ci btags kyaṅ)'의 옮김이다. 여기서 명명처로 옮기는 딱자(bTags bya)는 비록 고유한 자성이 본래 없을지라도 세속의 진리상에서 실재하는 것으로 인정해서 명칭을 붙일 수 있는 사물을 말한다. 예를 들면, 사람의 이름을 붙일 수 있는 명명처, 내지 시설처(施設處)는 오온(五蘊)인 것과 같다.

84 이 구절의 원문은 '그렇다고 말해도 그것을 [그렇게] 하는 것을 알지 못한다'를 뜻하는 '인빠르재꺙데니제미쎄(Yin par byas kyaṅ de ñid byed mi śes)'이나, 여기서 제(Byed)는 '가려내고 구별함'을 뜻하는 에(ḥByed)가 더 적절하다고 본다. 참고로 『따라나태델빠나촉』에는 '민빠르재꺙데니예미쎄(Min par byas kyaṅ de ñid ḥbyed mi śes)'로 나온다.

마치 깨와 우유가 기름의 원료이지만
짜고 휘젓지 않으면 생겨나지 않듯이,
모든 중생들이 붓다의 성품을 지녀도
닦지 않으면 중생은 성불하지 못하며
만약 닦는다면 목동도 또한 성불한다.

강설이 어눌해도 한마음을 결택하니
제 입으로 맛을 본 설탕의 달콤함을
타인이 그 맛을 그려 내지 못하듯이,
한마음을 못 보면 학자도 착란하니
비록 구승의 강설과 학문에 박통해도,
직접 보지 못하고 소문으로 알듯이
붓다의 경계는 잠깐도 접근 못한다.

이것을 깨치면 선악이 그 자리서 풀리고[85]
만약 깨닫지 못하면 어떤 선악을 행하든
선취와 악도의 윤회에서 벗어나지 못한다.[86]

마음이 명공의 지혜임을 깨달으면

---

85 이 구절은 '[한마음의 실상을] 깨치면 선과 악이 [법성의] 그 자리에서 [녹아져서] 해탈함'을 뜻하는 '디니똑나게딕랑싸르돌(ḥDi ñid rtogs na dge sdig raṅ sar grol)'이다.

86 이 구절은 『따라나태델빠나촉』의 '랑쎔똥쌜예시똑짜나(Raṅ sems stoṅ gsal ye śes rtogs tsa na), 게딕팬뇌강양마둡오(dGe sdig phan gnod gaṅ yaṅ ma grub bo)'의 보유이며, 저자의 대본에선 '윤회에서 벗어나지 못한다' 대신에 '윤회의 업을 쌓는다'로 나온다.

선악과 손익이 아예 있지 않으니,[87]
허공에 물방울이 달라붙지 않듯이
공성 가운데는 선악의 경계가 없다.

고로 한마음을 있는 그대로 보여 주는
본성을 여실히 봄을 통한 자연해탈은
지극히 심오하니, 이것을 익히도록 하라.
쌉갸! [88]갸! 갸! 갸!

【에 마! 본성을 여실히 봄을 통한 자연해탈의 법을, 미래의 혼탁한 세상에 출현하는 선근자들을 위해, 현밀의 경궤와 수행구결과 스스로 체험한 심오한 의취들을 하나로 모아 간명하게 설한다.

지금은 전파할 때가 아니므로 비장 법보로 감추니[89]
미래세의 법연 깊은 선근자와 반드시 만나지이다!
싸마야! 갸! 갸! 갸!

이 「한마음의 본성을 여실히 봄을 통한 자연해탈」은 오디야나의 대아사리 구루 빠드마쌈바와가 지어서 완결하다. 이 기원문은 윤회의 세간이 빌

87 이 구절과 앞 구절 둘은 『따라나태델빠나촉』에서 보유하였으며, 저자의 대본에는 '자기 마음이 공성의 지혜임을 깨달으면, 선악의 경계가 성립하지 않는다'로 나온다.

88 쌉갸(Zab rgya)는 '깊이 봉인함'을 뜻한다.

89 이 구절은 『따라나태델빠나촉』에서 보유하였으며, 저자의 대본에는 '지금 전파하고 또한 비장 법보로 감춘다'로 나온다.

때까지 또한 다하지 않는다. [갸! 갸! 갸! 싸르와 망갈람 에까쁘리짜 쓰와띠!] 】[90]

90 『따라나태델빠나촉』에서 보유하였다.

2
편

바르도퇴돌의 본행

해탈을 위한 기원문

7장 불보살님의 구원을 청하는 기원문[1]

【 자신이 임종할 때나 또는 평소에 닦도록 하라. 모든 불보살님들께 구원을 청하는 기원문을 독송하는 법은, 먼저 삼보님께 풍성한 실물공양(實物供養)과 마음으로 공물을 빚어 만든 의성공양(意成供養)[2]을 올린 다음, 손에 싱그러운 선향을 들고 간절한 심정으로 다음과 같이 기원토록 하라. 】

오, 시방세계에 계시는 제불보살님이시여! 무량한 대비심을 갖추신 분들이여! 일체를 다 아시는 큰 지혜를 갖추신 분들이여! 다섯 가지 청정

1 원제목은 "쌍개당장춥셈빠남라라다댄빼뢴람직빠랑돌(Saṅs rgyas daṅ byaṅ chub sems pa rnams la ra mdaḥ sbran paḥi smon lam ḥjigs pa raṅ grol)"이다. 뜻 위주로 옮기고, 윤문도 하였다.

2 의성공양(意成供養)은 '이끼뚤빼최빠(Yi kyis sprul paḥi mchod pa)'의 옮김으로 의변공양(意變供養)이라고도 한다. 실제로는 없으나 원하는 물건 등을 마음으로 생성해서 올리는 공양으로 실물공양과 더불어 공덕을 쌓는 중요한 방법의 하나이다. 예를 들면, 우주를 만다라로 관상해서 올리는 티베트불교의 맨달(曼荼羅)공양도 여기에 속한다.

한 눈[3]을 갖추신 분들이여! 무량한 자애심을 갖추신 분들이여! 중생의 어진 귀의처인 거룩하신 분들이여! 이제 일심으로 우러러 청하오니, 대비의 큰 신력으로 이곳[청정한 도량]에 강림하시옵소서! 저희들이 정성을 다해 올린 실물공양과 의성공양을 거두어 드시옵소서!

오, 대자대비하신 분들이여! 위없는 일체종지[4]와 무연의 대자비[5]와 무진한 이타사업과 고통을 뽑아내는 불가사의한 신통력을 갖추신 거룩하신 제불보살님이시여! 지금 ○○○(임종자의 이름)가 이 세상에서 저 세상으로 떠나가고 있습니다. 이승을 떠나 저승으로 가고 있습니다.

오, 대자대비하신 분들이여! 죽음의 고통이 한없이 크고 클지라도, 지금 그에게는 친구도 없으며, 구원하는 자도 없으며, 의지할 곳도 없으며, 보살피는 자도 없습니다. 금생의 생명의 빛[6]은 꺼지고, 미지의 다른

---

3 다섯 가지 청정한 눈(五眼)은 '눈을 갖추심'을 뜻하는 '짼당댄빠(sPyan daṅ ldan pa)'의 의역이자, 부처님이 소유하신 육안(肉眼)과 천안(天眼), 혜안(慧眼), 법안(法眼), 불안(佛眼) 다섯 가지를 말한다. 육안은 일체의 형색을 보거나 또는 100유순에서 300유순 안에 있는 일체의 사물을 정확히 식별하는 눈을 말한다. 천안은 허공에 편만한 세간의 모든 형색을 보는 눈을 말하며, 혜안은 모든 유위법과 무위법에 대하여 전혀 분별을 일으키지 않는 지혜를 말하며, 법안은 연기(緣起)의 법을 통달한 지혜를 말하며, 불안은 존재하는 일체법의 성상(性相)에 완전히 통탈한 지혜를 말한다.

4 일체종지(一切種智)는 '[일체를] 모두 보고 아심'을 뜻하는 '켄빼예시(mKyen paḥi ye śe)'의 의역이자, 부처님이 소유하신 완전한 지혜를 말한다. 쉽게 설명하면, 현상계에 존재하는 모든 사물들의 차별상을 남김없이 아는 진소유지(盡所有智)와 모든 사물들의 본성을 여실하게 아는 여소유지(如所有智)를 말한다.

5 무연(無緣)의 대자비는 '자애의 대비'를 뜻하는 '쩨왜툭제(brTse baḥi thugs rje)'의 의역으로 오직 부처님만이 소유하는 큰 자비를 말한다. 다시 말해, 자비를 베푸는 자와 자비의 대상과 자비의 행위 셋이 자성이 없는 환영 같음을 알아서 일체에 얽매임이 없이 모든 유정들을 차별함이 없이 평등하게 베푸는 자비를 말한다.

6 금생의 생명의 빛은 '체디이낭와(Tshe ḥdiḥi snaṅ ba)'의 옮김이다. 일부 영어 번역본에서 '금생의 인식(perception of this life)'으로 옮기는 경우도 있다. 이 생명의 빛을 티베트 사람들은 흔히 등불에 비유해서, "수(壽)는 등잔의 기름과 같고, 명(命)은 심지와 같고, 혼(魂)은 불빛

세상으로 떠나가고 있습니다. 바르도의 깊은 어둠 속으로 들어가고 있습니다. 끝없는 절벽 아래로 떨어지고 있습니다. 어두운 수풀 속으로 들어가고 있습니다. 무서운 업보의 환영에 쫓기고 있습니다. 황량한 들판으로 달아나고 있습니다. 거대한 해일에 휩쓸리고 있습니다. 사나운 업풍에 휘날리고 있습니다. 정처도 없이 유랑하고 있습니다. 험난한 전쟁터에 들어가고 있습니다. 잔인한 악마에게 붙잡혀가고 있습니다. 염라왕의 사자들을 두려워하여 떨고 있습니다. 업의 세계에서 다시 업의 세계로 들어가고 있습니다. 지금 그에게는 아무런 힘도 없습니다. 친구도 없이 홀로 가야만 하는 때가 도래하였습니다.

오, 대자대비하신 분들이여! 이 고독한 ○○○의 어진 귀의처가 되어 주시옵소서! 안락한 의지처가 되어 주시옵소서! 든든한 보호자가 되어 주시옵소서! 바르도의 암흑에서 구원하여 주시옵소서! 사나운 붉은 업풍에서 구제하여 주시옵소서! 염라왕의 공포에서 구출하여 주시옵소서! 바르도의 길고도 험난한 길에서 구호하여 주시옵소서!

오, 대자대비하신 분들이여! 가없는 대자비를 아끼지 마시옵고, 구원을 베풀어 주시옵소서! 삼악도[7]에 떨어지지 않게 지켜 주시옵소서! 숙세의 크신 구제의 서언을 잊지 마시고 자비의 신력을 신속하게 베풀어 주시옵소서!

오, 대자대비하신 제불보살님이시여! 이 고독한 ○○○에게 끝없는 대자비와 신묘한 방편과 불가사의한 신통력을 아끼지 마시옵소서! 크나큰 자비로 거두어 주시옵소서! 악업의 힘에 떨어지지 않게 막아 주시

과 같다."고 설명한다.

7 삼악도(三惡道)는 지옥·아귀·축생 등 고통이 가득한 비천한 세계를 말한다.

옵소서!

오, 거룩하신 삼보자존이시여! 일심으로 우러러 청하오니, 저희들을 두렵고 무서운 바르도의 고통에서 구원하여 주시옵소서!

【 이 기원문을 간절한 믿음과 존경으로 죽음을 앞둔 자신은 물론 모든 사람들이 세 번씩 읽도록 하라. 윤회의 세간이 비지 않을 때까지 이 청정한 가르침도 또한 끝나지 않는다. 싸마야!

이 기원문은 오디야나의 대아사리 구루 빠드마쌈바와가 짓고, 유가성취성녀 예시초갤[8]이 기록하여 비장하다. 후일 성취자 까르마 링빠가 감뽀다르의 설산에서 발굴하여 모시다. 】

---

8 예시초갤(Ye śe mtsho rgyal, 智海王)은 '다끼니 예시초갤'로 부르며, 구루 빠드마쌈바와의 명비(明妃)이자, 묘음천녀(妙音天女)의 화신으로 알려졌다. 특히 불망(不忘) 다라니를 얻어 구루 빠드마쌈바와의 『바르도퇴돌』 등을 비롯한 모든 법문들을 기억하여 글자로 편찬하였다.

8장 여섯 바르도의 본송(本頌)[1]

적정과 분노의 세존들께 정례하옵니다.

아! 나에게 생존의 바르도가[2]
환상처럼 나타나 오는 이때,
인생은 짧아 시간도 없기에
나태와 산란을 단호히 끊고
문·사·수[3]의 수행 길에 들어가리라!

---

1 원제목은 "바르도둑기짜칙(Bar do drug gi rtsa tshig)"이다. 뜻을 위주로 옮기고, 윤문도 하였다.

2 이 구절은 '닥라께내바르도(bDag la skyes gnas bar do)'의 옮김이다. 여기서 '께내바르도'는 '자연적으로 이승에 태어나서 살아가고 있는 중간 상태, 또는 기간'을 뜻한다. 그러므로 일부 영어 번역본에서 '탄생의 바르도(the bardo of birth)'로 옮기는 것은 탄생의 순간인 생유(生有)를 뜻하는 것이므로 바른 번역이라 할 수 없다.

3 문사수(聞思修)는 '퇴쌈곰(Thos bsam sgom)'의 옮김이자, 불법을 성취하는 세 가지 수행법

현상과 마음을 큰 도로 바꾸어서[4]
법·보·화 삼신을 닦아서 증득하리라!
소중한 사람 몸을 한번 얻은 이때
산란에 떨어져 소일하지 않으리라!

아! 나에게 꿈의 바르도가[5]
환상처럼 나타나 오는 이때,
무지한 송장처럼 누워 있지 않고
부동의 정념으로 본성에 머물며,
꿈을 인지하여 꿈속의 변화들을
수면광명[6] 으로 닦아 얻으리라!

이다. 먼저 타인에게서 불법을 듣고 배워 바르게 이해함이 문(聞)이며, 그 이해한 법의 의미를 경문과 교리에 의거해서 사유한 뒤 불변의 정견을 결택함이 사(思)이며, 그렇게 들음과 사유를 통해서 법의 의심을 끊고 의취를 반복해서 닦고 익힘이 수(修)이다.

4 현상과 마음은 '낭쎔(sNaṅ sem, 境心)'의 번역으로, 여기서 '낭와(sNaṅ ba)'는 '사념, 인식, 생각과 광명, 외경, 광경 따위'를 함께 뜻해서 제대로 판정하기 어려운 용어이다. 그래서 에반스 웬츠는 'appearances and of mind'로, 프리맨틀은 'projections and of mind'로, 셔먼은 'perceptions and of mind'로, 규르메 도제는 'perceptual experience and [the nature of] mind'로 각각 옮겼다. 이 구절은 형상을 갖춘 두 색신과 형상이 없는 법신 셋을 얻겠다는 의미이므로 현상과 마음으로 보는 것이 적절하다고 보니, 『바르도퇴돌』에서도 오온을 오불로, 오대를 오불모로, 팔식(八識)을 여덟 남성 보살로, 팔경(八境)을 여덟 여성 보살로 설하고 있기 때문이다. 특히 『틱레꾼쌜첸뽀』에서 "낭와(sNaṅ ba) 모두는 대경[현상]이다. 대경[현상] 모두는 머묾과 현현과 객관사물이다."라고 정의하였듯이, '낭쎔'은 딴뜨라 문헌에서 '현상과 마음'을 지칭하는 전문용어로 주로 쓰이고 있다. 예를 들면, "나는 현상과 마음을 일미로 깨달은 요기이므로 장애가 일어나지 않는다."라고 한 것과 같다.

5 꿈의 바르도는 '밀람바르도(rMi lam bar do)'의 옮김이며, 수면에 든 뒤 깨어나기 전까지 주간의 습기가 꿈으로 나타나는 시간을 말한다.

6 수면광명(睡眠光明)은 수면의 상태에서 겪는 법성의 광명을 말한다. 다시 말해, 임종의 정광명의 발생과 같이 수면단계에서 일어나는 네 현상[아지랑이, 연기, 반딧불, 촛불의 떨림]과 사

짐승처럼 몽매하게 잠들지 않고
수면과 정광명의 화합을 닦으리라![7]

아! 나에게 선정의 바르도가[8]
환상처럼 나타나 오는 이때,
산란과 착란의 일체를 버리고
동요도 없고 집착도 없으며
변제도 끊어진 상태에 머물며[9]
생원차제에 견고함을 얻으리라![10]
세사를 끊고 한길로 닦는 지금
번뇌와 착란의 소용돌이 속에

공(四空)[공, 극공, 대공, 일체공]이 임종 때와 같이 [뚜렷하게 발생하지 않고] 순식간에 일어난 뒤 수면의 정광명이 발생한다. 수면광명에서 꿈의 몸(夢身)이 발생함과 죽음의 정광명에서 중유의 의생신(意生身)이 발생하는 것이 서로 유사함으로써, 생시에 이 수면광명을 임종의 정광명으로, 꿈의 몸을 바르도의 의생신으로 인식해서 닦는 것을 말한다. 자세한 것은 졸저 『밀교의 성불원리』(정우서적)를 참고하기 바란다.

7 이 구절은 '니당응왼숨데빠냠렌쩨(gÑid daṅ mṅon sum ḥdres paḥi ñams len gces)'의 의역이며, 밀교에서 임종의 바르도에서 발생하는 정광명과 수면의 상태에서 발생하는 정광명이 유사한 까닭에 그 둘을 생시에 화합해서 닦는 유가행법을 설명한 것이다.

8 하루의 밤낮 동안에 법성을 관조하는 선정에 머무는 시간을 '삼매선정의 바르도'라 부른다. 그러므로 밤낮의 현상을 수행의 분상에서 본존불의 신·구·의 셋으로 인식하여 닦게 되면 그것은 선정의 바르도가 되고, 만약 일체의 현상을 실재하는 것으로 미집하게 되면 그것은 범부의 '자연생시의 바르도'가 된다. 또한 유가행자가 죽음을 맞이하는 순간과 법성과 재생의 바르도 상태에서 선정에 드는 것도 '선정의 바르도'에 포함된다.

9 이 구절은 '타댈응앙라족(mThaḥ bral ṅaṅ la ḥjog)'의 옮김이다. 여기서 '타댈응앙'은 곧, 유무(有無), 상단(常斷), 거래(去來), 일이(一異) 따위의 희론의 변제(邊際)가 끊어진 법성의 상태를 말한다고 본다.

10 생원차제는 밀교의 수행법인 생기차제(生起次第)와 원만차제(圓滿次第) 둘을 말하며, 또한 '견고함'이란 각각의 차제에서 요구하는 표준적인 선정을 확실하게 얻는 것을 말한다.

다시는 결코 빠지지 않으리라!

아! 나에게 임종의 바르도가[11]
환상처럼 나타나 오는 이때,
모든 애착과 분한들을 버리고[12]
정광명의 가르침을 밝게 기억하는
법성의 상태에 일념으로 들어가,
생멸을 여읜 무위의 하늘 속에
의식을 쏘아서 법계와 합일하며,[13]
혈육이 뭉친 유루신[14]을 버릴 때
그것이 덧없는 환상임을 알리라!

아! 나에게 법성의 바르도가[15]

---

11 임종의 바르도는 '치캐바르도(ḥChi khaḥi bar do)'의 옮김이며, 몸을 구성하는 다섯 가지 쌓임인 오온(五蘊)이 차례로 은멸하기 시작해서 죽음의 정광명이 출현하기까지의 시간을 말한다.

12 이 구절은 '꾼라착쎔셰진빵재내(Kun la chags sems she ḥdzin spaṅ byas nas)'의 옮김이나, 다른 판본에는 분한(憤恨)을 뜻하는 '셰진(she ḥdzin)' 대신에 탐착을 뜻하는 '셴진(shen ḥdzin)'으로 나오기도 한다.

13 이것은 생시에 법성을 증득한 유가행자가 임종 시에 법성과 합일하는 법신의 포와(의식전이)를 말한다. 원문은 '자기 각성을 생멸이 없는 하늘 속으로 발사하리라'를 뜻하는 '랑릭께메남캐잉쑤포(Raṅ rig skyes me nam mkhaḥi dbyiṅs su ḥpho)'이다.

14 유루신(有漏身)은 번뇌가 흘러나오는 중생의 오온(五蘊)의 화합체인 부정한 몸뚱이를 말한다. 유루(有漏)에는 욕루(慾漏) · 유루(有漏) · 무명루(無明漏) · 견루(見漏) 네 가지가 있으며, 이것을 사루(四漏)라고 한다.

15 이 법성의 바르도는 '최니바르도(Chos ñid bar do)'의 옮김이자, 사자의 의식이 육신을 떠난 뒤 아직 업의 환영들이 나타나지 않고, 법성의 청정한 광경이 적정과 분노존의 모습과 오광명의 명점(明点)과 소리와 빛의 밧줄 형태 등으로 의식 가운데 나타나는 일단의 시간을 말한다.

환상처럼 나타나 오는 이때,
모든 두려움과 공포심을 버리고[16]
무엇이 나타나든 마음의 표출이며[17]
그것이 바르도의 현상임을 알리라!
일대사가 끝나는 중대한 시점에서
내 마음의 표출인 정맹의 세존들을
이젠 겁내고 무서워하지 않으리라!

아! 나에게 재생의 바르도[18]가
환상처럼 나타나 오는 이때,
강렬한 희원을 마음속에 품고
숙업의 선연을 굳게 이어 주며,[19]
부정한 자궁의 문을 막은 뒤
해탈의 길로 돌아옴을 기억하리라!

---

16 이 구절은 '일체를 겁내고 무서워하고 두려워하는 마음을 버리고'를 뜻하는 '꾼라응앙딱직낭빵재내(kun la sṅṅs skrag ḥjigs snaṅ spaṅs byas nas)'의 옮김이다.

17 이 구절은 '무엇이 나타나든 자기의 표출이자 각성[마음]임을 깨달으리라'를 뜻하는 '강쌰르랑낭릭빠응오쎄빠르죽(Gaṅ śar raṅ snaṅ rig pa ṅo śes par ḥjug)'의 의역이다.

18 여기서 재생(再生)의 바르도는 '씨빠바르도(Srid pa bar do)'의 옮김이다. 정확히는 '자연적으로 육도(六道)에 재생하는 바르도'를 뜻하는 '룩중씨빼바르도(Lugs ḥbyuṅ srid paḥi bar do)'이다. 여기서 룩중(Lug ḥbyuṅ, 順流)은 죽음의 과정에서 자연적으로 발생하는 것을 뜻하며, 씨빠(srid paḥ, 有)는 유(有)로 번역되는 중생세계를 뜻하며, 중유의 상태에서 다시 태어나기 위해 육도중생의 몸을 구하고 찾는 바르도를 의미한다. 이것을 보통 중유(中有), 또는 중음(中陰)이라 한다.

19 이 구절은 '쌍뽀래끼토라낸기튀(bZaṅ po las kyi ḥphro la nan gyis mthud)'의 옮김이다. 재생의 바르도에서 해탈을 얻거나, 선취에 태어나도록 숙업의 선연 또는 복분이 끊어지지 않게 다시 이어 주는 것을 말한다.

지금 인내심과 순결한 생각이
나에게 절실히 필요한 이때,
남녀의 교합에 질투를 버리고
스승의 합체로 그들을 닦으리라![20]

죽음도 생각 않는 태평한 맘으로
덧없는 세상일에 매달려 골몰하다
빈손으로 돌아가는 지금 허둥대니,
정녕 필요한 건 해탈도를 아는 일
어찌 아직도 불법을 닦지 않는가?

진리를 성취하신 선현들은 말하셨네!
"스승의 교훈을 가슴에 담지 않음은
자기가 자신을 속임이 아닌가?"라고.

【윤회의 세간이 비지 않을 때까지 이 여섯 바르도의 기원문도 또한 끝나지 않는다. 싸마야!】

---

20 '[남녀의 교합에] 질투를 버리고, 스승의 합체로 [그들을] 닦으리라'는 '믹쎄르빵라라마얍윰곰(Mig ser spaṅs la bla ma yab yum sgoms)'의 옮김이다. 이것은 바르도의 유정이 자궁에 들어가는 주된 원인이 집착과 질투와 분노 셋인 까닭이다. 교합하는 남녀를 스승의 합체존으로 보고 공경함으로써 질투와 분노를 일으키지 않게 되어 자궁에 들어가는 것을 피할 수 있게 된다.

9장 바르도의 공포에서 구원을 청하는 기원문[1]

적정과 분노의 세존들께 정례하옵니다.[2]

께마!
수명이 다해 생명의 빛이 꺼지고
가족과 친구가 더는 돕지 못하고
홀로 바르도의 험로를 유랑할 때,
적정과 분노형상의 제불세존께선
대비의 신력을 아낌없이 베푸시어
무명의 검은 안개 거두어 주소서!

1 원제목은 "바르되묀람직꼅마(Bar doḥi smon lam ḥjigs skyobs ma)"이다. 뜻을 위주로 옮기고, 윤문도 하였다.

2 이 구절은 쎄랍디메(無垢慧)가 편집한 『바르도퇴돌』(New Delhi, India: Chos spyod Publication, 2007)에서 인용하였다.

정든 벗들 여의고 나 홀로 유랑하며
마음의 표출인 공의 영상이 나타날 때,[3]
제불께선 대비의 신력을 베푸시어
바르도의 공포가 일지 않게 하소서!

다섯 지혜의 오광명[4]이 출현할 때
공포를 버리고 나임을 알게 하소서!
적정과 분노존의 형상이 나타날 때
두려움을 버리고 자기임을 확신하고[5]
그것이 바르도임을 깨닫게 하소서!

악업의 영향으로 괴로움을 당할 때
정맹의 세존께선 고통을 멸해 주소서!
법성의 소리가 천둥처럼 울려 올 때
모두가 대승의 법음이 되게 하소서!

구호도 없이 업보 따라 유랑할 때

---

3 이 구절은 '랑낭똥빠쑥낸차뒤데르(Raṅ snaṅ stoṅ paḥi gzugs brñan ḥchar dus der)'의 옮김이다. 여기서 공(空)의 영상(影像)들은 자기의 각성 본연의 활력에서 나타나는 오불과 오광명 등의 청정한 공의 영상들과 번뇌의 마음에 쌓여 있는 업의 습기에서 발생하는 좋고 나쁜 등의 부정한 공의 영상들 두 가지가 있다. 또한 공의 영상이라 말함은 그러한 모양과 현상들이 고유한 실체가 없고 단지 사념과 업이 물질화되어 나타나는 까닭에 공의 영상이라 말한다.

4 다섯 지혜는 오종성불(五種姓佛)이 소유한 오지(五智)를 말하며, 그것이 빛나는 광명으로 나타날 때, 식온의 비로자나불은 청색 광명으로, 색온의 금강살타는 백색 광명으로, 수온의 보생여래는 금색으로, 상온의 아미타불은 적색으로, 행온의 불공성취불은 녹색으로 각각 나타난다.

5 이 구절은 '미직뎅톱바르도응오쎄쏙(Mi ḥjigs gdeṅ thob bar do ṅo śes śog)'의 옮김이다.

정맹의 세존께선 저를 구원하소서!
습기와 악업으로 고통을 겪을 때
빛과 희열의 삼매가 출현케 하소서![6]

재생의 바르도에 홀연히 화생할 때
마라의 그릇된 예언이 없게 하소서![7]
어디든 사념의 힘으로 닿는 곳마다
악업의 착란의 공포가 없게 하소서!

사나운 들짐승이 무섭게 포효할 때
모두 육자진언 법음이 되게 하소서!
어둠과 비바람과 한설에 내몰릴 때
밝은 지혜의 하늘눈을 얻게 하소서!

동등한 업보의 바르도의 유정들이
질투를 버리고 선취에 나게 하소서!
번뇌의 열기로 목 타고 허기질 때
기갈과 한열의 고통이 없게 하소서!

---

6 어떤 판본에서는 이 게송 다음에 "오대원소들이 적으로 일어나지 않고, 오종성불의 정토를 보게 하소서!"라는 구절이 추가되어 있다.

7 이 게송은 하근의 수행자가 재생의 바르도에서 육도의 환영을 끊고 붓다의 삼신과 정토 등에 화생할 때, 윤회세계로 돌아오라고 속삭이는 마라의 유혹을 말한 것으로 보인다.

내생의 부모님이 교합함을 볼 때
정맹의 부모합체[8]로 보게 하소서!
탄생에 자재하고 이타의 사업 위해
미려한 대장부의 몸 얻게 하소서!

아름다운 상호의 색신을 얻은 뒤
내 이름과 모습을 보고 듣는 이는
모두가 속히 해탈을 얻게 하소서!

악업은 미미해도 뒤따르지 않으며
선업은 자라나고 수순하여지이다!
태어나는 곳이면 어디가 되었든지
세세생생 본존을 뵈옵도록 하소서!

태어나는 즉시 걷고 말할 줄 알며
과거의 생들을 빠짐없이 기억하고
불망의 다라니[9] 또한 얻게 하소서!
크고 작은 세간의 온갖 학문들을[10]

---

8 정맹의 부모합체(父母合體)는 평화로운 모습과 분노하는 모습의 부처님과 불모의 교합상(交合相)을 뜻한다. 이렇게 봄으로써 분노와 질투를 일으키지 않아 육도의 재생을 피할 수가 있다. 또한 이것은 방편과 반야 또는 자비와 지혜의 합일을 표시하는 밀교의 상징이기도 하다.

9 불망(不忘)의 다라니는 한 번 듣고 본 것을 다시 잊지 않는 것을 말하며, 억념과 삼매가 근본이 된다. 이 불망다라니를 얻게 하는 진언에는 문수보살의 "옴아라빠짜나디" 등이 있다.

10 이 구절의 원문은 '크고 작고 중간과 갖가지의 학문(Yon tan che chuṅ ḥbriṅ daṅ sna tshogs pa)'이다.

보고 듣는 것만으로 알게 하소서!

태어나는 곳마다 길상이 충만하고
중생들은 모두가 행복하여지이다!
적정과 분노존의 형상과 명호들과
권속과 수명과 불국토의 공덕들을
저희도 그와 같이 다 얻게 하소서!

본초불 싸만따바드라의 가피와
무량한 적정과 분노존의 자비와,
청정한 법계의 진리의 위신력과
진언사의 일념 정진의 가피로써
발원한 그대로 이룩되어지이다!

【이 바르도의 공포에서 구원을 청하는 기원문은 윤회의 세간이 비지 않을 때까지 또한 끝나지 않는다.】

쌀와다 망갈람 쓰리 요바반뚜, 나마 쌀와 따타가따 흐리다야, 아누가떼, 옴 꾸룸기니 쓰와하!

【한 차례 염송하면 억겁에 쌓은 죄업이 남김없이 소멸된다.】

옴 바즈라 싸뜨와 훔, 흐아 아 쌰 싸 마 하, 옴 쑤쁘라 띳타 바즈라예 쓰와하!

10장 바로도의 험로에서 구원을 청하는 기원문[1]

스승님과 본존과 다끼니 여신들께 정례하옵니다.
대자대비로 바르도의 험로에서 인도하여 주소서!

아, 이 몸이 이원의 착란으로[2]
윤회의 수렁 속을 유랑할 때,
산란을 여읜 문·사·수 셋의
적연부동한 밝은 광명의 길로,
법계 스승님은 앞에서 이끄시고[3]

1 원제목은 "바르도탱돌기묀람(Bar do ḥthraṅ sgrol gyi smon lam)"이다. 뜻을 위주로 옮기고, 윤문도 하였다.

2 이원(二元)의 착란은 '툴빠(ḥKhrul pa, 錯亂)'의 옮김이며, 외경과 내심을 별개로 보는 잘못된 분별을 말한다.

3 어떤 판본에는 '구생지혜의 광명의 길로, 위라(勇士)와 위드야다라(持明者)들께서는 길을

불모와 다끼니는 뒤에서 미시어,
바르도의 험로에서 구원하소서!
붓다의 정등각지로 인도하소서!

아, 이 몸이 무지의 악업으로[4]
윤회의 수렁 속을 유랑할 때,
법계체성지의 밝은 광명의 길로
비로자나불은 앞에서 이끄시고
다뜨위스와리는 뒤에서 미시어,
바르도의 험로에서 구원하소서!
붓다의 정등각지로 인도하소서!

아, 이 몸이 성냄의 악업으로
윤회의 수렁 속을 유랑할 때,
대원경지의 밝은 광명의 길로
금강살타는 앞에서 이끄시고
붓다로짜나는 뒤에서 미시어,
바르도의 험로에서 구원하소서!
붓다의 정등각지로 인도하소서!

인도하시고'를 뜻하는 '핸께예시쌜왜외람라 빠오릭진남끼람나동(lHan skyes ye śes gsal baḥi ḥod lam la, dPaḥ bo rig ḥdzin rnas kyis lam sna droṅs)'로 되어 있다.

4 무지의 악업은 '띠묵닥뽀(gTig mug drag po, 사나운 무지)'의 옮김이다.

아, 이 몸이 교만의 악업으로
윤회의 수렁 속을 유랑할 때,
평등성지의 밝은 광명의 길로
보생여래는 앞에서 이끄시고
마마끼 불모는 뒤에서 미시어,
바르도의 험로에서 구원하소서!
붓다의 정등각지로 인도하소서!

아, 이 몸이 탐욕의 악업으로
윤회의 수렁 속을 유랑할 때,
묘관찰지의 밝은 광명의 길로
아미타여래는 앞에서 이끄시고
빤다라와씨니는 뒤에서 미시어,
바르도의 험로에서 구원하소서!
붓다의 정등각지로 인도하소서!

아, 이 몸이 질투의 악업으로
윤회의 수렁 속을 유랑할 때,
성소작지의 밝은 광명의 길로
불공성취불은 앞에서 이끄시고
싸마야따라는 뒤에서 미시어,
바르도의 험로에서 구원하소서!
붓다의 정등각지로 인도하소서!

아, 이 몸이 습기의 악업으로
윤회의 수렁 속을 유랑할 때,
구생지혜의 밝은 광명의 길로
용사와 지명들은 앞에서 이끄시고
불모와 다끼니들은 뒤에서 미시어,
바르도의 험로에서 구원하소서!
붓다의 정등각지로 인도하소서!

아, 이 몸이 착란의 악업으로
윤회의 수렁 속을 유랑할 때,
공포를 여읜 밝은 광명의 길로
정맹의 세존들은 앞에서 이끄시고
불모와 다끼니들은 뒤에서 미시어,
바르도의 험로에서 구원하소서!
붓다의 정등각지로 인도하소서!

께마!
허공 원소들이 적으로 일어나지 않고[5]

---

5 이것은 법성의 본래 광경이 광명과 광선, 소리들로 나타날 때, 그 실상을 바로 알지 못하고 남으로 착각함으로써 원적과 마라로 보게 되는 것이다. 이 뜻을 『맨악닝기공빠(教誡極密意王續)』에서 다음과 같이 설명하였다. "[법성의 바르도에서] 5일 동안 허공과 객관 사물과 삼계 전체가 광명과 [붓다의] 몸으로 출현한다. 모든 현상들이 광명과 몸으로 출현하는 그것을 자가 각성의 광휘로 깨달음으로써, 자신이 광명과 둘이 아닌 하나로 녹아든 뒤 성불한다. 선남자여, 지금 이것을 알려주지 않으면 적정존의 몸이 마하깔라(大黑天)로 출현하고, 분노의 신들이 염라왕의 모습으로 출현함으로써 자기의 현현이 마라가 되어 윤회에 유랑

청색 부처님[비로자나]의 정토를 보게 하소서![6]

땅 원소[7]들이 적으로 일어나지 않고

백색 부처님[금강살타]의 정토를 보게 하소서!

물 원소[8]들이 적으로 일어나지 않고

금색 부처님[보생여래]의 정토를 보게 하소서!

불 원소들이 적으로 일어나지 않고

적색 부처님[아미타불]의 정토를 보게 하소서!

바람 원소들이 적으로 일어나지 않고

녹색 부처님[불공성취불]의 정토를 보게 하소서!

무지개 원소들이 적으로 일어나지 않고

다양한 부처님의 정토를 보게 하소서!

소리와 빛과 광선이 적으로 일어나지 않고

무량한 적정과 분노존의 정토를 보게 하소서!

모든 소리가 자기의 소리임을 알게 하소서!

하게 된다."

6 이 구절은 뜻은 '청정한 허공 원소가 청색 부처님[비로자나불의 몸과] 정토로 출현함을 보게 하소서!'이다. 이렇게 '허공 원소가 청색 부처님[비로자나불]과 그의 정토' 등으로 출현하는 원인은 부정한 다섯 원소가 청정한 오대(五大)로 바뀌면서 각 원소의 고유한 빛이 지혜의 빛과 몸으로 나타나기 때문이다. 이것을 『맨악닝기공빠』에서 다음과 같이 설명하였다. "어느 날 자신이 임종할 때 윤회의 흐름이 역류하여 모든 현상들이 광명과 [붓다의] 몸으로 나타난다. 하늘 전체[허공 원소(空大)]가 청색 광명으로 출현한다. 푸른 광명 속에 감청색 몸빛의 비로자나불이 사자의 보좌 위에 앉아 계신다. 모든 땅 원소(地大)들이 백색 광명으로 출현한다. 흰 광명 속에 하얀 몸빛의 금강살타불이, 모든 물 원소(水大)들이 금색 광명으로, 모든 불 원소(火大)들이 적색 광명으로, 모든 바람 원소(風大)들이 녹색 광명으로 출현한다. 초록빛 광명 속에 녹색의 불공성취불이 출현하여 앉아 계신다."

7 원문은 '물 원소'이나 '땅 원소'로 고쳤다.

8 원문은 '땅 원소'이나 '물 원소'로 고쳤다.

모든 빛들이 자기의 빛임을 알게 하소서!

모든 광선이 자기의 광선임을 알게 하소서!

바르도가 본래 자기의 본성임을 알게 하소서!

법·보·화 삼신의 정토를 실현하게 하소서!

【이 기원문은 대아사리 구루 빠드마쌈바와가 짓다. 윤회의 세간이 비지 않을 때까지 이 기원문도 또한 끝나지 않는다. 싸마야!】

11장 몸에 걸침을 통한 오온의 자연해탈[1]

본초불 싸만따바드라(普賢如來)의 부모양존과
무량한 적정과 분노의 성중들께 예배하옵니다.

【 정맹백존(靜猛百尊)의 진언이 하나로 모아진「몸에 걸침을 통한 오온의 자연해탈」인 딱돌(bTags gro)을 적는다. 】

에 마 호!
이것을 가지는 유가사는 행운이 무량하도다!
이것을 만나는 유가사는 행운이 무량하도다!
이것을 지니는 유가사는 행운이 무량하도다!

1 원제목은 '몸에 걸침을 통한 오온의 자연해탈'을 뜻하는 "딱돌풍뽀랑돌(bTags grol phuṅ po raṅ grol)"이다.

이것을 낭송하는 유가사는 행운이 무량하도다!

이것은 스스로 출현한 정맹백존의 만뜨라(眞言)이다!
이것은 선정이 필요 없는 읽어서 해탈하는 법이다!
이것은 닦음이 필요 없는 걸쳐서 해탈하는 법이다!
이것은 정화가 필요 없는[2] 닿아서 해탈하는 법이다!
이것은 사유가 필요 없는 느껴서 해탈하는 법이다!
이것은 단지 만나는 것만으로 해탈하는 법이다!
이것은 다섯 가지 쌓임인 오온(五蘊)의 자연해탈이며,
선근자들이 누리는 큰 경계로다!

본초불 싸만따바드라(普賢如來)의 극선의 의취가 아띠 요가(最極瑜伽)의 자생진언(自生眞言)으로 다음과 같이 출현하였다.[3]

옴 아 훔, 에마 끼리끼리, 마쓰따 발리발리, 싸미따 쑤루쑤루, 꾼달리 마쑤마쑤, 에까릴리 쑤바쓰따예, 짜끼라 불리따, 짜예싸문따 짜르야 쑤가예, 비띠싸나 브야굴리예, 싸까리 두까니, 마따리 베따나, 빠랄리 히싸나, 마카르뜨 껠라나, 쌈부라따 마이까 짜라땀바, 쑤르야 가따라에 바샤

---

2 이 구절은 '장미괴(sByaṅs mi dgos)'의 옮김으로, 보통 '익힘이 필요 없음'을 뜻한다. 그러나 여기서는 닦음 없이 성불하는 법인 '딱돌'의 의취에 비춰 볼 때 번뇌와 죄업 등의 '정화가 필요 없는' 쪽이 더 타당하다고 본다.

3 이 장에 나오는 싸만따바드라(普賢如來)의 합체존의 진언을 비롯한 많은 진언들은 저자의 판본의 부정확성으로 인해, 정맹백존의 진언 등을 『닌다카조르(日月相合續)』 등에서 인용 보유한 규르메 도제의 *The Tibetan Book Of The Dead*(London: Penguin Books, 2005)의 표기를 대부분 따랐다. 그리고 독송하기 쉽도록 임의로 글자 사이를 구분하기도 하였다.

나, 라나비띠 싸구띠빠야, 구라구라 빠가카라날람, 나라나라이 타라빠딸람, 씨르나 씨르나 베싸라쓰빨람, 붓다붓다 치싸싸겔람, 싸싸 - 리리 - 리리 - 이이 - 마마 - 라라 - 라하 아 -

(OṂ ĀḤ HŪṂ EMA KIRIKIRI MASTA BHALIBHALI SAMITA SURUSURU KUNDHALI MASUMASU EKARILI SUBHASTAYE CAKIRA BHULITA CAYESAMUNTA CARYA SUGHAYE BHITISANA BHYAGHULIYE SAKARI DHUKANI MATARI BHETANA PARALI HISANA MAKHARTA KELANA SAMBHURATA MAIKA CARATAMBA SURYA GHATARAYE BASHANA RANABHITI SAGHUTIPAYA GHURAGHURA PAGHAKHARANALAM NARANARAYI THARAPAṬALAṂ SIRNASIRNA BHESARASPALAṂ BHUDDHABHUDDHA CHIŚASAGHELAṂ SASĀ ṚṜ ḶḸ IĪ MAMĀ RARĀ LAHA Ā)

이 싸만따바드라의 밀의에 의해서, 의집[4]의 릭빠(覺性)가 자연해탈하여, [진언광명의] 금강의 빛 고리[5]로 해탈한다.[6] 보현여래와 분리됨이 없이 하나로 본래청정의 [보현의 경계에서] 해탈시키는 지존한 26음절의 진언에 의해서, [다비할 때] 구름 없는 청명한 하늘이 출현한다.

---

4 의집(意執)은 '이진(Yi ḥdzin)'의 옮김이며, 번뇌의 분별을 행하는 의식 작용을 뜻한다.

5 금강의 빛 고리(金剛光明連環)는 '도제루구귀(rDo rje lu gu rgyud)'의 옮김이다. 이것은 둥근 구슬같이 생긴 희고 붉은 따위의 다섯 가지 빛 방울들이 마치 염주처럼 실로 꿰어 있는 것으로 각성이 소유한 오광명의 활력을 비유한 것이다.

6 이 구절의 원문은 쎼랍디메의 판본에서 인용하였으며, 원문은 '이진릭빠랑돌와, 도제루구귀두돌(Yi ḥdzin rig pa raṅ grol ba, rDo rje lu gu rgyud du grol)'이다. 또한 『린뽀체된마바르와(寶燈熾燃續)』에서도, "눈이 원소의 조건이 없는 데에 머묾으로써, 자기 각성이 빛 고리로 출현하는 그것을 구름 없는 하늘에서 잡도록 하라."고 설하였다.

본초불 싸만따바드리(普賢佛母)의 극선의 의취가 아띠요가의 자생진언으로 출현하니, 이것은 범속한 몸·말·뜻 셋을 본래 청정의 [보현의 경계에서] 해탈시키는 만뜨라의 정수이다.

옴 아 훔, 에마 끼리끼리, 마쓰따발리, 싸미따 쑤루쑤루, 꾼달리 마쑤, 에까릴리 쑤바쓰따예, 짜따불리따, 짜예싸문따 짜르야 쑤가예, 비띠싸나 브야구예, 끼리다끼니 다까 마하보리, 따나빠라리히, 싸난카라 따껠람, 쌈붓다라따, 메가짜라 빠땀, 따빠 쑤르야 가따라 아-, 마나빠라 비호, 띵구랄라, 마쓰민 싸구띨라, 따야 구라구라, 랑가칼라 나날람, 나라나랄람, 이타르빠탈람, 씨르나씨르나 비싸랄람, 싸껠람, 싸싸 - 리리 - 리리 - 이이 - 마마 - 라라 -

(OṂ ĀḤ HŪṂ EMA KIRIKIRI MASTA BHALI SAMITA SURUSURU KUNDHALI MASU EKARILI SUBHASTAYE CATABHULITA CAYESAMUNTA CARYA SUGHAYE BHITISANA BHYAGHUYE KIRIDHAKINI DAKA MAHĀBHORI TANAPARALIHĪ SANAṆKHARA TAKELAṂ SAMBHUDDARATA MEGACARA PATAM TAPA SURYA GHATARA Ā MANAPARA BHIHO TIṄGHURALA MASMIN SAGHUTILA TAYA GHURAGHURA RĀṆGAKHALA NARALAṂ NARANARALAṂ ITHARPATALAṂ SIRNASIRNA BHISARALAṂ SAKELAṂ SASĀ ṚṜ ḶḸ IĪ MAMĀ RARĀ)

이 싸만따바드리의 밀의에 의해서, 제법의 법상[7]을 잡는 각성이 무념무생(無念無生)[8] 속에서 해탈하게 하는 [만뜨라의] 정수이다.[9] 보현불모와 분리됨이 없이 하나로 본래청정[10]의 [보현의 경계에서] 해탈시키는 지존한 29음절의 진언에 의해서, [다비할 때] 구름 없는 청명한 하늘이 출현한다.

에 마 호! 깨달음의 공덕을 완전하게 갖춤을 표시하는 상징으로, 탐애를 물리치는 25가지 만뜨라(진언)를 열어 보인다.[11]

---

7 제법의 법상(法相)은 '최끼챈니(Chos kyi mtshan ñid)'의 옮김이며, 모든 사물들의 고유한 자상(自相), 또는 자성(自性)을 말한다.

8 무념무생(無念無生) 또는 염공무생(念空無生)은 '각성의 사념의 발산이 공(空)하고 생함이 없는 무생(無生) 속에서'를 뜻하는 '릭빠규똥께메두(Rig pa ḥgyu stoṅ skye med du)'의 옮김이니, 『틱레꾼쌜첸뽀』에서, "규와(ḥgyu ba, 사념의 발산) 모두는 [각성의] 활력[활동]이다. 무호흡의 규와는 무분별의 활력이다."라고 하였다.

9 이 구절은 남카최끼갸초(虛空法海)의 『딱돌콜로첸뫼락렌씬디(身繫解脫大曼茶羅修證備忘錄)』에 의거해서 교정한 '최끼챈니진빼릭빠규똥께메두(Chos kyi mtshan ñid ḥdzin paḥi rig pa ḥgyu stoṅ skye med du), 돌와르제빼닝뽀인(Grol bar byed paḥi sñiṅ po yin)'의 번역이다. 이 구절은 판본마다 큰 차이를 보이는데 쎄랍디메의 판본에는 "최끼챈니진빠이릭빠규똥께메두(Chos kyi mtshan ñid ḥzin pa yis rig paḥi ḥgyu stoṅ skye med du), 돌와르제빼닝뽀인(Grol bar byed paḥi sñiṅ po yin)"으로 나온다. 또 다른 판본에는 "최끼챈니댄빠이릭빠규르똥께메두(Chos kyis mtshan ñid ldan pa yi rig pa ḥgyur stoṅ skye med du), 돌와르챈니진빠이릭빠규르똥께메두(Grol bar mtshan ñid ḥdzin pa yi rig pa ḥgyur stoṅ skye med du), 돌와르제빼닝뽀인(Grol bar byed paḥi sñiṅ po yin)"으로 나온다. 또한 아사리 쓰리씽하의 『딱돌맨빠부찍쌍델(顯身解脫敎法獨子續秘註)』에는, "제법의 법상을 잡는 각성을 사념의 발산이 공(空)해서 전혀 없음으로 해탈시키는 정수이다."를 뜻하는 "챈니진빼릭빠규똥찌메두돌와르제빼닝뽀(mTshan ñid ḥdzin paḥi rig pa ḥgyu stoṅ ci med du grol bar byed paḥi sñiṅ po)"로 나온다.

10 본래청정은 '까닥(Ka dag, 本淨)'의 옮김으로, '본래부터 가리고 덮음과 습기의 더러움과 무지의 어두움과 번뇌의 더러움이 깨끗함'을 말한다.

11 이 자생의 25진언 명점을 만나고 몸에 지니는 공덕에 대하여 『툭쌍와첸뽀(諸佛大密心續)』에서 다음과 같이 설하였다. "이것과 만나는 선근자가 중생의 이익을 행하고자 원하면, 이것을 적은 청정한 경권을 어떤 사람이 저승으로 떠날 때, 사자의 정수리 또는 몸에다 걸어주고 화장하면, 광명이 발산하고 무지개 또한 출현한다. 억념의 마음이 법계에서 해탈하

1) [다섯] 감관의 탐착을 물리치기 위하여, '까르마 락샤 기함띠(KARMA RAKṢA GHIHAṂTI)'를 보이니, 번뇌마(煩惱魔)를 제복하고 스스로 해탈함으로써, [다비할 때] 해맑은 홍색 무지개가 출현한다.

2) 오온(五蘊)의 탐착을 물리치기 위하여, '비까라나 쏘 가드 글링(BHIKARAṆA SO GAD GLIṄ)'을 보이니, 오온마(五蘊魔)를 제복하고 스스로 해탈함으로써, [다비할 때] 해맑은 금색 무지개가 출현한다.

3) 모든 외경(外境, 五境)에의 집착을 물리치기 위하여, '부가릴라 바두뜨리(BHUGARILA BHADHUTRI)'를 보이니, 천자마(天子魔)를 제복하고 스스로 해탈함으로써, [다비할 때] 해맑은 흰색 무지개가 출현한다.

4) 마음의 사물[12]을 날려 보내기 위하여, '라마깔라 싸미케(RAMĀKALA SAMIKHYE)'를 보이니, 사마(死魔)를 제복하고 스스로 해탈함으로써, [다비할 때] 해맑은 녹색 무지개가 출현한다.

5) [좋고 나쁜] 느낌[13]을 본자리에서 단절시키기 위하여, '마땀파페 라미띠(MATAMPHAPHERAMITI)'를 보이니, 아뢰야식(阿賴耶識)이 본래청정의 상태에서 스스로 해탈함으로써, [다비할 때] 해맑은 청색 무지개[14]가 걸린다.

고 소리 또한 발생한다. 오도(五道)와 십지(十地)를 일시에 초월하고 대지 또한 진동한다."

12 마음의 사물은 '쎔끼응오뽀(Sem kyi dṅos po)'의 옮김이다. 『딱돌땐빠부찍쌍델』에서, "마음은 망상분별을, 사물은 삼신(三身)을 뜻한다."고 하였다.

13 [좋고 나쁜] 느낌은 '중초르(Byuṅ thsor)'의 옮김이다. 위의 같은 책에서, "중초르(Byuṅ thsor)'는 안락과 고통의 둘이다."라고 하였다.

14 해맑은 청색 무지개가 걸리는 것은 아뢰야식이 청색을 본질로 하는 허공 원소를 성품으로 삼기 때문이다.

6) 윤회와 열반의 모든 법들의 현현을 자기의 현현으로 인식[15]하기 위하여, '카따 렉샤싸 믹 를룽(KHAṬA REKṢASA MIK RLUṄ)'을 보이니, 자기의 현현들이 본래청정의 상태에서 스스로 해탈함으로써, [다비할 때] 몸이 비단을 펼쳐 놓음과 같이 된다.

7) 릭빠(覺性)가 [해탈의] 견고한 성채에 진입토록[16] 위하여, '에까라나 베짝샤(EKARANA BHECAKṢA)'를 보이니, 물러남이 없는 불퇴지(不退地)[17]를 얻음으로써, [다비할 때] 싸리람(Śarīraṃ, 紅色靈骨)이 출현한다.

8) 착란의 상속을 근절하기 위하여, '야리 무뜨라 싸굴리(YARI MUTRA SAGHULI)'를 보이니, 삼계가 본래청정의 상태에서 해탈함으로써, [다비할 때] 추리람(Churīraṃ, 青色靈骨)이 출현한다.

9) 육도세계를 차례로 해탈시키기 위하여, '야씨람 를룽 빨라야(YASIRAṂ RLUṄ PALAYA)'를 보이니, 육도의 유정들이 본래청정의 상태에서 해탈함으로써, [다비할 때] 냐리람(Ñarīraṃ, 綠色靈骨)이 출현한다.

10) 윤회의 구렁에서 구출하기 위하여, '마마 꼴리남 싸만따(MAMA KOLINAM SAMANTA)'를 보이니, 악도의 구덩이를 파괴해 버림으로써, [다비할 때] 빤짜람(Pañcaraṃ, 五色靈骨)이 출현한다.

---

15 이 구절은 『딱돌땐빠부찍쌍델』에 의한 해석이니, "'뒤촉(ḥDus tshogs)'은 윤회와 열반의 법을 남김없이 모두이며, '낭와(sNaṅ ba)'는 현전해 있음이며, '응오쑹치르(Ṅos gzuṅ phyir)'는 자기의 현현으로"라고 하였다. 원문은 "뒤촉낭와응외쑹치르(ḥDus tshogs snaṅ ba ṅos gzuṅ phyir)"이다.

16 이 구절은 '릭빠쬔라르숙빼치르(Rig pa btson rar gshug paḥi phyir)'의 번역이며, 또한 '쬔라(bTson ra, 監獄)' 대신 '짼싸(bTsan sa, 城砦)'로 고쳤다. 『딱돌땐빠부찍쌍델』에서, "'릭빠((rig pa)'라는 상집(相執)의 각성, 망상분별 이것이, '짼싸르(bTsan sar, 城砦)'라는 본자리를 잡는 각성의 금강의 빛 고리에, '숙빼치르(gShug paḥi phyir)'라는 깊은 핵심에 의지한 뒤"라고 하였다.

17 법성을 증득하는 견도(見道)의 진실 또는 팔지(八地)의 불퇴전의 지위를 얻은 보살성자의 경계를 말한다.

11) 일체를 불변의 진실에 들여 놓기[18] 위하여, '가릴람 바리맘띠(GHARILAṂ BARIMAṂTI)'를 보이니, 진실한 도리에 귀의함으로써, [다비할 때] 쎄르리람(Serrīraṃ, 金色靈骨)이 출현한다.

12) [제법이] 유희하는 [법성의] 근원[19]을 날려 버리기 위하여, '부가씽하 팡갈라(BUGASIṄHA PHAṄGALA)'를 보이니, 스스로 나타나고 스스로 해탈[20]함으로써, [다비할 때] 갖가지 무지개들이 현란하게 출현한다.

13) 애착의 사슬을 끊어 버리기 위하여, '라미씨삐 케따빠(RAMISIPI KHETAPA)'를 보이니, 탐착의 대상들이 법계에서 해탈함으로써, [다비할 때] 하늘이 청명해진다.

14) 광명의 빛 고리에 전념하기[21] 위하여, 비쿠말라 바땀께(BHIKHUMALA

---

18 이것은 『딱돌땐빠부찍쌍델』에 의한 해석이며, 원문은 '최잰투르두슉빼치르(Chos can thur du gshug phyir)'이다. 『딱돌땐빠부찍쌍델』에서, "'최짼(chos can)은 일체'이다. '투르두(Thur du)'는 뜻이 변함이 없음의 이고, '슉빼치르(gShug paḥi phyir)'는 유일명점(唯一明点)에"라고 하였다.

19 화현(化現) 또는 유희(遊戱)의 근원은 '롤빼중쿵(Rol paḥi byuṅ khuṅs)'의 옮김이다. 이것은 부정한 윤회계의 모든 법들이 몸과 말과 마음의 변화임을 말한다. 이 뜻을 『틱레꾼쌜첸뽀』에서, "윤회의 자기 상속의 유희는 안과 밖과 물질계와 유정세계에 거두어지는 법들 가운데, 형상으로 나타난 것은 몸이니, 물속의 달처럼 잡지 못한다. 모든 소리와 언어는 말이니, 메아리와 같아 자성이 없다. 모든 기억과 분별은 마음이니, 물에 그림을 그리듯이 잡아도 자기 상속[주체]이 있지 않다. 그와 같이 형상들은 몸의 유희[현현]이며, 소리와 언어 모두는 말의 유희이며, 기억과 분별 모두는 마음의 유희이다. 그와 같이 깨닫지 못하고 유상(有相)의 상속을 붙잡는 그것이 윤회의 유희이다."라고 설하였다.

20 스스로 나타나고 스스로 해탈함은 '랑싸르랑두돌(Raṅ śar raṅ du grol)'의 옮김이다. 이 뜻을 『도귀린뽀체죄슉』 3권에서, "물에 물결이 가라앉듯이 어떤 분별이 일어나든 한순간 스스로 생겼다가 스스로 그침으로써 일어남과 해탈이 동시에 발생하는 그때, 자기의 고요하고 맑은 각성에 머무름이 사마타(止)이니, 나타나는 복덕자량과 생기차제를 자연성취한다. 스스로 일어나고 해탈함이 위빠사나(觀)이니, 나타나지 않는 지혜자량과 원만차제를 성취함으로써, 합일의 쌍운(雙運)의 자성으로 [그것이] 원초부터 마음에 자연성취적으로 머문다."라고 하였다.

21 여기서 '전념하기'는 '아르라때빠(Ar la gtad pa)'의 옮김이니, 『딱돌땐빠부찍쌍델』에서, "아

BATAṂKE)'를 보이니, 증오증장상[22]을 이룸으로써, [다비할 때] 무지개로부터 갖가지 문양들이 하늘에 출현한다.

15) [오부종성의] 본존의 무드라(身印)를 보기 위하여, '싸마니와 데라바(SAMANIVA DHERABA)'를 보이니, 명지여량상[23]에 도달함으로써, [다비할 때] 본존의 형상이 출현한다.

16) 전도된 견해와 수행[24]을 바루기 위하여, '바즈라싸뜨와 드리도메(VAJRASATTVA ḌṚḌHOME)'를 보이니, 각성이 스스로 온전하게 됨으로써, [다비할 때] 해맑은 흰색 무지개[25]가 출현한다.

17) 오도(五道)와 십지(十地)를 일시에 끊기 위하여, '게빠 쑤가르 남예(GHEPA SUGHAR NAMYE)'를 보이니, 오도와 십지를 일시에 완성함으로써, [다비할 때] 법성의 본연의 소리가 출현한다.

18) [진실을 모르는] 분별[26]의 망견(妄見)을 근절하기 위하여, '다르마 빠띠

르라때빠(Ar la gtad pa)는 가로막고 가림이 없이 전념하기 때문이다."라고 하였다.

22 이것은 족첸 딴뜨라에서 설하는 낭와시(sNaṅ ba bshi, 四相) 가운데 하나인 '법성의 깨달음이 자라나는 상태'인 증오증장상(證悟增長)[냠낭공펠기낭와(Ñams snaṅ goṅ ḥphel gyi snaṅ ba)]을 말한다.

23 이것은 사상(四相) 가운데 하나인 '각성이 여실하게 회복되는 상태'인 명지여량상(明智如量相)[릭빠채펩끼낭와(Rig pa tshad pheqs kyi snaṅ ba)]을 말한다.

24 '전도된 견해와 수행'은 '따곰록빠(lTa sgom log pa)'의 번역으로 일반적으로 외도들의 그릇된 깨달음인 상주[영원]와 단멸[허무] 등의 변집견(邊執見)과 계금취(戒禁取) 등의 잘못된 수행을 말한다.

25 해맑은 흰색 무지개가 걸리는 것은 색온(色蘊)의 금강살타가 백색을 본질로 하는 땅 원소를 성품으로 삼기 때문이다.

26 여기서 분별은 '사찰의(伺察意)'로 번역하는 이쬐(Yid spyod)의 옮김이다. 사찰의는 사물의 진실을 날조하는 증익견(增益見)을 끊는 올바른 체험과 바른 논리에 의지하지 않고, 단지 마음의 허망한 분별 또는 부정확한 지적인 분석에 의지해서 사물의 진실을 파악하고 그것을 진리로 확정하는 잘못된 마음의 작용을 말한다.

싸굴리(DHARMA PATI SAGHULI)'를 보이니, 잘못됨이 법성의 본자리에서 해탈함[27]으로써, [다비할 때] 하얀 광선이 출현한다.

19) 붓다의 삼신(三身)을 행도로 삼기 위하여, '라쓰미 싸마카르 가드르쩨(RASMI SAMAKHAR GADRCE)'를 보이니, 삼신을 행도로 삼음으로써, [다비할 때] 광명의 현상이 출현한다.

20) [법성의] 광경을 실제로 일으키기 위하여, '루빠 싸미 미딸리(RŪPA SAMI MITALI)'를 보이니, [다비할 때] 나신해탈[28]과 동시에 바람과 쎄르부[29]가 일어난다.

21) [사대원소의] 소리의 집착을 완전히 끊기 위하여, '응아띠 발라 길리싸(ṄATI BALA GILISA)'를 보이니, 불가언설의 법성의 경계에서 해탈함으로써, [다비할 때] 무지개와 광명을 볼 때 무념무상을 이룬다.

22) 대선정(大禪定)의 경지를 제압하기 위하여,[30] '갓차 빠얌빠 에땀(GHACCHA PAYAMPA ETAṂ)'을 보이니, 오도와 십지를 일시에 끊음[초월함]으로써, [다비할 때] 무지개와 광명을 볼 때 무분별이 발생한다.

23) 여래의 사업을 마지막에 발출하기 위하여,[31] '까르마 에까누싸

---

27 이 구절은 '골싸랑싸르돌내쑤(Gol sa raṅ sar grol nas su)'의 옮김이며, 쎄랍디메의 판본에서 인용하였다. 저자의 대본에는 '공싸랑싸르최내(Goṅ sa raṅ sar chos nas)'로 나온다.

28 나신해탈(裸身解脫)은 '쩨르돌(gCer grol)'의 옮김으로, 옷으로 가리고 덮지 않은 나체처럼 법계의 실상을 있는 그대로 여실하게 보아서 해탈함을 말한다.

29 쎄르부(Ser bu, 微風)는 바람의 다른 이름이다.

30 '대선정의 경지를 제압함'은 법성에 본래 갖추어진 자성의 대선정으로 사마타를 닦아 얻는 사선(四禪)과 무색정(無色定) 등을 제압하는 것이다. 이 뜻을 『닌다카조르(日月相合續)』에서, "[법성의 바르도 상태에서] 그때 자기 심장으로부터 극도로 미세한 하나의 광명이 출현한다. 그것이 모든 붓다들의 심장에 연결되어 나타나니, 그것을 자기의 마음으로 인식하게 되면, 무분별의 선정에 자연적으로 머물게 된다."라고 설하였다.

31 '여래의 사업을 마지막에 발출하기'는 '틴래타루융왜치르(ḥPhrin las mthaḥ ru dbyuṅ ba

(KARMĀ EKANUSA)'를 보이니, 법신의 본질과 자성과 대비 셋[32] 으로 해탈함으로써, [다비할 때] 작은 사리(舍利)들이 허다하게 출현한다.

24) 성불의 집착을 물리치기 위하여,[33] '싼뜨리 마마 까르마따(SANTRI MAMA KARMĀTA)'를 보이니, 법·보·화 삼신이 본래청정의 상태에서 해탈함으로써, [다비할 때] 하늘이 청명하고 무지개가 현란하게 뜬다.

25) 불자들의 자리를 찾기 위하여,[34] '응알라케 빠낄리싸(ṄALAKHE PAKILISA)'를 보이니, 이것을 몸에 걸치고, 진언의 숨결을 접촉하는

---

phyir)'의 옮김이니, 『딱돌땐빠부찍쌍델』에서, "'틴래(ḥPhrin las)'는 붓다의 사업이다. '타루(mThaḥ ru)'는 이생의 마지막에 숨이 끊어짐과 '융왜치르(dByuṅ ba phyir)'는 애씀이 없이 자연히 성취하게 위해서"라고 하였다.

32 법신의 본질과 자성과 대비 이 셋은 법신이 소유한 세 가지 속성을 말한다. 『쌍걔랑채첸뽀(佛自住大續)』에서, "붓다의 법신은 본질·자성·대비 세 모양으로 머문다. 자기 각성이 투명하고 눈부시게 빛나는 이것이 붓다의 본질이다. 자기 각성이 광명의 빛 덩어리로 머무는 이것이 붓다의 자성이다. 오광명의 공간 속에 오종성불의 몸으로 머무는 이것이 대비이다. [붓다의 법신이] 본질과 자성과 대비 셋으로 모이고 흩어짐이 없이 자기의 심장 가운데 머문다."라고 설하였다.

33 '성불의 집착을 물리치기 위하여'는 '쌍걔응왼셴독빼치르(Saṅs rgyas mṅon shen bzlog paḥi phyir)'의 옮김이다. 『딱돌땐빠부찍쌍델』에서, "'쌍걔(Saṅs rgyas)'는 착란이 해소(解消, Saṅs)된 안락과 지혜가 만개(滿開, rGyas)한 자기 광경이며, '응왼셴(mṄon shen)'은 공통승(共通乘)이 붓다가 자생인 것을 알지 못하고, 의수(意修, Yid bsgom)의 습기로 얻고자 원하는 것을, '독빼치르(bZlog paḥi phyir)'는 삼신(三身)의 자기 광경이 자생으로 [출현함이다]"라고 하였다. 또한 족첸(大圓滿) 딴뜨라에서는 현교와는 달리 닦음을 통한 성불을 말하지 않는다. 이미 우리 몸 안에 붓다가 현존하기 때문이다. 그러므로 『꾼제걜뽀(普作王續)』에서, "추구하면 붓다를 법계에서 얻지 못한다. 이미 만들어진 까닭에 조작이 필요 없다. 이미 이루어진 까닭에 지금 닦을 필요가 없다. 무분별과 무념에 평등하게 안주하라."라고 설하였다.

34 이 구절은 '걜쌔남끼내쨀치르(rGyal sras rnams kyi gnas btsal phyir)'의 옮김이다. 『딱돌땐빠부찍쌍델』에서, "'불자(佛子, rGyal sras)'는 정등각 붓다의 종성을 지님이며, '들(rNams)'은 유루의 몸이 보이지 않게 무여열반에 들어감이다. '자리를 찾기 위하여(gNas btsal phyir)'는 본질이 남이 없는 자리는 인식을 여의고, 자성이 가림이 없는 자리는 안과 밖을 여의고, 대비가 막힘없는 자리는 친소를 여읨이다."라고 하였다.

모두가 해탈함으로써, [다비할 때] 무지개와 작은 사리들이 허다하게 출현한다.

에 마 호! 싸만따바드라와 싸만따바드리의 불이의 의취가 하나로 스스로 출생하니, 각각의 진언에 의해서 해탈한다. 이것이 법성 본연의 소리가 스스로 출현하여 형성된 음절인, 25가지 진언의 명점(明点)들이다.

에 마 호! 그 뒤 싸만따바드라와 싸만따바드리께서 불이의 교합을 맺고, 남녀의 변화신들을 현시함으로써, 적정과 분노존의 백부종성(百部種姓)의 만다라가 출현하였다.

먼저 42명 적정존의 밀의가 복된 선근자들이 누리는 경계로서, 구름을 열치고 나타나는 태양처럼 법계의 하늘을 뚫고 출현하니, 자생의 밀의가 이처럼, '옴 아 훔 보디찟따 마하쑤카 즈냐나 다뚜 아(OṂ ĀḤ HŪṂ BODHICITTA MAHĀSUKHA JÑĀNA DHĀTU ĀḤ)'의 [16문자] 진언들로 나타났다. 42명 적정존의 의취가 하나로 융합한 이것에 의해서 분별의 덩어리가 본래청정의 대지혜의 법계에서 해탈함으로써, [다비할 때] 16문자의 금강진언의 소리가 울리고, 무지개와 광명과 보석 같은 영골(靈骨)[사리]들이 무수하게 출현한다.

에 마 호! 그 뒤 42적정존의 붓다들의 의취가 다음과 같이 각각 출현하였다.

오부종성의 붓다들의 종자진언[35]으로 '옴 훔 쓰와 암 하(OṂ HŪṂ SVĀ ĀṂ HĀ)'[36]의 자생의 다섯 인자문자(因子文字)가 출생하였다. 오온이 자연해탈한 뒤 오성지(五聖智)로 출현함으로써, [다비할 때] 다섯 가지 영골이 출현한다.

오부종성의 불모들의 종자진언으로 '뭄 람 맘 뺨 땀(MŪṂ LĀṂ MĀṂ PYĀṂ TĀṂ)'의 자생의 다섯 인자문자가 출생하였다. 오대(五大)가 자연해탈한 뒤 오불모(五佛母)와 불이의 상태로 해탈함으로써, [다비할 때] 오색 무지개가 나타난다.

비로자나불(大日如來)의 밀의가 '옴 지나 직(OṂ JINA JIK)'[37]으로 출생하니, 이것에 의하여 색온(色蘊)[38]이 법계체성지로 해탈한다. [다비할 때] 해맑은 백색 무지개가 출현한다. 여래부족의 최상의 영골은 심장에서 생겨나는 오색의 빤짜람(Pañcaraṃ, 五色靈骨)이며, 오종성불의 몸을 성취함이다.

바즈라싸뜨와(金剛薩埵佛)의 밀의가 '훔 바즈라 드릭(HŪṂ VAJRA ḌHRĪK)'[39]으로 출생하니, 이것에 의하여 식온(識蘊)이 대원경지로 해탈

---

35 종자진언(種子眞言)은 바른 씨앗이 소정의 열매를 산출하듯이 잘못됨이 없는 인위(因位)의 근본진언도 바른 과덕을 탄생시키므로 종자진언이라 한다.

36 오불의 종자진언들은 오성지(五聖智)와 오종불신(五種佛身)의 본성을 표시한다.

37 '지나직'은 승자(勝者)의 승리를 뜻한다. 곧, "무분별의 법계는 불선의 무더기에서 승리하고, 그로부터 발생하는 현재와 미래의 형색 또한 여래의 청정한 색신인 비로자나불로 일어난다."고 『도귀린뽀체죄슉』 3권에서 설함으로써 색온을 비로자나불로 주석한 것이다.

38 법성의 바르도에 나오는 식온(識蘊)의 비로자나불이 여기서 색온(色蘊)과 법계체성지로 나타나는 것은 '딱돌'에 인용된 경문과 '법성의 바르도'에 인용된 경문이 다르기 때문이다.

39 '바즈라 드릭'의 바즈라는 "현상과 공성이 둘이 아님이 금강이니, 그것을 파지함으로써 아

한다. [다비할 때] 해맑은 청색 무지개가 나타난다. 금강부족의 최상의 영골은 혈액에서 생겨나는 청색의 추리람(Churiraṃ, 靑色靈骨)이며, 깨달음의 공덕이 자라남이다.

라뜨나쌈바와(寶生如來)의 밀의가 '쓰와 라뜨나 드릭(SVĀ RATNA ḌHRĪK)'[40]으로 출생하니, 이것에 의하여 수온(受蘊)이 평등성지로 해탈한다. [다비할 때] 해맑은 금색 무지개가 나타난다. 보생부족 최상의 영골은 황수[41]에서 생겨나는 금색의 쎄르리람(Seriraṃ, 金色靈骨)이며, 모든 소망을 성취함이다.

아미타불(無量光佛)의 밀의가 '암 아로릭(ĀṂ ĀRORIK)'[42]으로 출생하니, 이것에 의하여 상온(想蘊)이 묘관찰지로 해탈한다. [다비할 때] 해맑은 홍색 무지개가 나타난다. 연화부족 최상의 영골은 살점에서 생겨나는 홍색의 싸리람(Śariraṃ, 紅色靈骨)이며, 무생(無生)의 진리를 성취함이다.

아목가씻디(不空成就佛)의 밀의가 '하 쁘라갸 드릭(HĀ PRAJÑĀ ḌHRĪK)'[43]으로 출생하니, 이것에 의하여 행온(行蘊)이 성소작지로 해탈한다. [다비할 때] 해맑은 녹색 무지개가 나타난다. 갈마부족 최상의 유골은 골수에서 생성되는 녹색의 냐리람(Ñariraṃ, 綠色靈骨)이며, 화신의 몸

축(不動)[바즈라싸뜨와(金剛薩埵)]이다."라고 해서, 금강살타를 식온으로 설명한 것이다.

40 '라뜨나 드릭'의 라뜨나는 보석을, 드릭은 붙잡음을 말한다. "유정들의 모든 소망들을 채워줌으로써 보생(寶生)이다."라고 『도귀린뽀체죄숚(顯密文庫)』 3권에서 설하였다.

41 황수(黃水)는 호르몬에 해당하는 내분비물(內分泌物)이다. 내분비샘에서 분비되어 체액과 같이 체내를 순환하며 모든 신체기관에 여러 가지 중요한 작용을 행하는 물질의 총칭이다.

42 '아로릭'은 "교화의 대상인 유정들을 애집함으로써 아미타(無量光)이다."라고 『도귀린뽀체죄숚』 3권에서 설하였다.

43 '쁘라즈냐 드릭'은 "유정들을 이익을 위해 갖가지 지혜를 지님으로써 아목가씻디(不空成就)이다."라고 『도귀린뽀체죄숚』 3권에서 설하였다.

을 성취함이다.

불모 다뚜위스와리(法界自在母)의 밀의가 '뭄 다뚜위쓰와리(MŪṂ DHĀTUVĪŚVARĪ)'[44]로 출생하니, 허공의 나타남[현상]이 스스로 해탈함으로써, [다비할 때] 해맑은 청색 무지개가 걸린다.[45]

불모 붓다로짜나(佛眼佛母)의 밀의가 '람 드웨샤라띠(LĀṂ DVEṢARATI)'[46]로 출생하니, 땅 원소가 스스로 해탈함으로써, [다비할 때] 해맑은 백색 무지개[47]가 걸린다.

불모 마마끼(有我佛母)의 밀의가 '맘 모하라띠(MĀṂ MOHARATI)'[48]

---

44 '다뚜위스와리'는 "허공 원소의 본성이 청정함으로 법계자재모(法界自在母)이다."라고 『도귀린뽀체죄숙』 3권에서 설하였다.

45 이것은 부정한 다섯 원소가 땅과 물, 불과 바람, 허공으로 나타나듯이, 청정한 다섯 원소가 오지와 오광명으로 나타남을 말한다. 그러므로 『틱레꾼쌜첸뽀(大普光明点續)』에서, "청질(清質)의 오대 원소의 특성은 딱딱함이 없이 견고하고, 축축함이 없이 수렴하고, 움직임이 없이 이동하고, 뜨거움이 없이 태우고, 두루 미침이 없이 두루 미치는 광채이니, 법성과 법신으로 바뀜이 없다. 비유하면, 딱딱함이 없는 땅 원소는 법성과 법신과 둘이 아니다. 청정하고 무애하며 더러움이 없고, 일체가 그 상태에 거두어진다. 축축함이 없이 수렴하는 물 원소는 법성과 법신과 차별이 없다. (중략) 두루 미치는 지혜의 광휘를 갖춘 허공 원소는 두루 미침이 없는 광휘이다. 탁질의 원소들은 오광명의 본질로 해탈하고, 오광명은 청질의 다섯 원소의 본질로 은멸한다."라고 설하였다.

46 '드에샤라띠'는 "제불여래의 여성 대신(大臣)임으로 붓다로짜나(佛眼母)이다."라고 『도귀린뽀체죄숙』 3권에서 설하였다.

47 원문에는 '금색의 무지개'이나, '백색의 무지개'로 고쳤다. 그 이유는 청정한 땅 원소에서 백색의 광명이 출현하기 때문이다. 이 뜻을 『틱레꾼쌜첸뽀』에서, "청질의 땅 원소로부터 백색의 광선이 발생한다. 그러부터 탁질의 대지가 나타난다. 그와 같이 청질의 원소들로부터 네 가지 광선이 발생한다. 그로부터 네 가지 탁질[물과 불과 바람과 허공]이 나타난다." 라고 설하였다.

48 '모하라띠'는 "유정들을 자기의 소유로 여김으로 마마끼(有我母)이다."라고 『도귀린뽀체죄숙』 3권에서 설하였다.

로 출생하니, 물 원소가 스스로 해탈함으로써, [다비할 때] 해맑은 금색 무지개[49]가 걸린다.

불모 빤다라와씨니(白衣佛母)의 밀의가 '빰[50] 라가라띠(PĀṂ RĀGARATI)'[51]로 출생하니, 불 원소가 스스로 해탈함으로써, [다비할 때] 해맑은 홍색 무지개가 걸린다.

불모 싸마야따라(誓言度母)의 밀의가 '땀 바즈라라띠(TĀṂ VAJRARATI)'[52]로 출생하니, 바람 원소가 스스로 해탈함으로써, [다비할 때] 해맑은 녹색 무지개가 걸린다.

여덟 명의 남성 보살들의 종자진언으로, '끄심 마이 훔 뜨람 흐리 뭄 틀림 짐(KṢIṂ MAI HŪṂ TRĀṂ HRĪḤ MŪṂ THLĪṂ JIṂ)'의 자생의 여덟 인자 문자가 출생하니, 여덟 가지 의식(八識)들이 스스로 해탈하여 여덟 보살들과 불이의 상태를 이룬다. 그래서 [다비할 때] 작은 사리들이 허다하게 출현한다.

[끄시띠가르바(地藏菩薩)의 밀의가] '끄심 히라자야 쓰와하(KṢIṂ HIRĀJĀYA SVĀHĀ)'로 출생하니, 눈 알음이(眼識)가 스스로 해탈하여 지장보살과 불이의 상태를 이룬다.

---

49 원문은 '청색의 무지개'이나 청정한 물 원소의 색깔인 '금색의 무지개'로 고쳤다.

50 다른 판본에는 '뺨(PYĀṂ)', '퍔(PHYĀṂ)', '뱌(BHYĀ)' 등으로 나온다.

51 '라가라띠'는 "번뇌의 더러움을 입지 않음으로 빤다라와씨니(白衣母)이다."라고 『도귀린뽀체죄슉』 3권에서 설하였다.

52 '바즈라 라띠'는 "[갖가지 방편을 상징하는] 갈마금강저로 유정들을 윤회에서 구원함으로써 싸마야따라(誓言度母)이다."라고 『도귀린뽀체죄슉』 3권에서 설하였다.

[마이뜨레야(彌勒菩薩)의 밀의가] '마이 다라니 쓰와하(MAI DHARAṆĪ SVĀHĀ)'로 출생하니, 귀 알음이(耳識)가 스스로 해탈하여 미륵보살과 불이의 상태를 이룬다.

[싸만따바드라(普賢菩薩)의 밀의가] '훔 싸라자야 쓰와하(HŪṂ SARĀJĀYA SVĀHĀ)'로 출생하니, 코 알음이(鼻識)가 스스로 해탈하여 보현보살과 불이의 상태가 된다.

[아까쌰가르바(虛空藏菩薩)의 밀의가] '뜨람 아 가르바야 쓰와하(TRĀṂ Ā GARBHAYAḤ SVĀHĀ)'로 출생하니, 혀 알음이(舌識)가 스스로 해탈하여 허공장보살과 불이의 상태를 이룬다.

[아왈로끼떼쓰와라(觀音菩薩)의 밀의가] '흐리 하 훔 빠드마 바따마 쓰와하(HRĪḤ HA HŪṂ PADMA BHATAMAḤ SVĀHĀ)'로 출생하니, 몸 알음이(身識)가 스스로 해탈하여 관자재보살과 불이의 상태를 이룬다.

[만주쓰리(文殊菩薩)의 밀의가] '뭄 쓰리 암 라가야 쓰와하(MŪṂ ŚRĪ ĀṂ RĀGĀYA SVĀHĀ)'로 출생하니, 뜻 알음이(意識)가 스스로 해탈하여 문수보살과 불이의 상태를 이룬다.

[싸르와니와라나위스깜빈(除蓋障菩薩)의 밀의가] '틀림 니쌰 람바야 쓰와하(THLĪṂ NISĀ RAMBHĀYA SVĀHĀ)'로 출생하니, 아뢰야식(阿賴耶識)이 스스로 해탈하여 제개장보살과 불이의 상태를 이룬다.

[바즈라빠니(金剛手菩薩)의 밀의가] '짐 꾸루빠니 흐리 쓰와하(JIṂ KURUPĀṆI HRĪḤ SVĀHĀ)'로 출생하니, 염오(染汚)의 말나식(末那識)이 스스로 해탈하여 금강수보살과 불이의 상태를 이룬다.

이들 여덟 명의 남성 보살들의 밀의에 의해서 팔식(八識)의 무더기가 스스로 해탈함으로써, [다비할 때] 갖가지 무지개의 광명들이 현란하게 일어난다.

여덟 명의 여성 보살들의 종자진언으로, '훔 훔 뜨람 자 흐리 왐 호 아(HŪṂ HŪṂ TRĀṂ JAḤ HRĪḤ VAṂ HOḤ ĀḤ)'의 자생의 여덟 인자문자가 출생하니, 여덟 대경(八境)의 분별들이 스스로 해탈하여 여덟 여성 보살들과 불이의 상태를 이룬다. 그래서 [다비할 때] 갖가지 천상의 꽃비가 하늘에서 내린다.

[라쓰야(具嬉天母)의 밀의가] '훔 라쓰예 싸마야 쓰뜨왐(HŪṂ LĀSYE SAMAYA STVAṂ)'으로 출생하니, 색진(色塵)의 분별이 스스로 해탈하여 라쓰야와 불이의 상태를 이룬다.

[뿌스빠(具花天母)의 밀의가] '훔 뿌스뻬 아웨쌰 쓰뜨왐(HŪṂ PUṢPE ĀVEŚĀ STVAṂ)'으로 출생하니, 과거의 분별이 스스로 해탈하여 뿌스빠와 불이의 상태를 이룬다.

[말라(具鬘天母)의 밀의가] '뜨람 말레 싸마야 호(TRĀṂ MĀLYE SAMAYA HOḤ)'로 출생하니, 법진(法塵)의 분별이 스스로 해탈하여 말라와 불이의 상태를 이룬다.

[두빠(具香天母)의 밀의가] '자 두뻬 쁘라웨쌰야 쓰뜨왐(JAḤ DHŪPE PRAVEŚAYA STVAṂ)'으로 출생하니, 향진(香塵)의 분별이 스스로 해탈하여 두빠와 불이의 상태를 이룬다.

[기따(歌吟天母)의 밀의가] '흐리 기띠 라가라 함(HRĪḤ GĪTI RĀGARA HAṂ)'으로 출생하니, 성진(聲塵)의 분별이 스스로 해탈하여 기따와 불이의 상태를 이룬다.

[알로까(明燈天母)의 밀의가] '왐 디빠 쑤키니(VAṂ DĪPA SUKHINĪ)'로 출생하니, 미래의 분별이 스스로 해탈하여 알로까와 불이의 상태를 이룬다.

[간다(塗香天母)의 밀의가] '호 간데 찟따 호(HOḤ GANDHE CITTA HOḤ)'

로 출생하니, 현재의 분별이 스스로 해탈하여 간다와 불이의 상태를 이룬다.

[나르띠(舞蹈天母)의 밀의가] '아 느르띠 라가야미(ĀḤ NṚTI RĀGAYĀMI)'로 출생하니, 미진(味塵)의 분별이 스스로 해탈하여 나르띠와 불이의 상태를 이룬다.

이들 여덟 명의 여성 보살들의 밀의에 의해서 여덟 대경(八境)의 분별들이 스스로 해탈함으로써, [다비할 때] 의식의 전이가 일어날 때, 하늘에서 꽃비가 내리고 천악이 울린다.

육도세계의 여섯 붓다들의 종자진언으로, '끄림 쁘람 뜨룸 끄샴 쓰룸 예(KRIṂ PRAṂ TRUṂ KṢAṂ SRUṂ YE)'의 자생의 여섯 인자문자가 출생하니, 여섯 번뇌[53]들이 스스로 해탈하여 육도에 탄생하는 자궁의 문을 파괴한 뒤, 육도에 화신을 현시함이 무진하여 끊어짐이 없고, [다비할 때] 작은 사리들이 허다하게 출현한다.

천상계의 붓다 인드라 샤따끄라뚜(帝釋王佛)의 밀의가 '옴 무니 끄림 쓰와하(OṂ MUNI KRIṂ SVĀHĀ)'로 출생하니, 교만의 업력으로 태어나는 천상계의 자궁의 문을 막는다.

수라계의 붓다 웨마찟뜨라(淨心如來)의 밀의가 '옴 무니 쁘람 쓰와하(OṂ MUNII PRAṂ SVĀHĀ)'로 출생하니, 질투의 업력으로 태어나는 수라

53 여섯 번뇌들은 육도세계에 각각 태어나는 원인이 된다.

계의 자궁의 문을 막는다.

인간계의 붓다 싸꺄씽하(釋迦獅子)의 밀의가 '옴 무니 뜨룸 쓰와하(OṂ MUNI TRUṂ SVĀHĀ)'로 출생하니, 탐욕의 업력으로 태어나는 인간계의 자궁의 문을 막는다.

축생계의 붓다 드루와씽하(獅子善住佛)의 밀의가 '옴 무니 끄샴 쓰와하(OṂ MUNI KṢAṂ SVĀHĀ)'로 출생하니, 우치의 업력으로 태어나는 축생계의 자궁의 문을 막는다.

아귀계의 붓다 즈왈라무카(火焰口佛)의 밀의가 '옴 무니 쓰룸 쓰와하(OṂ MUNI SRUṂ SVĀHĀ)'로 출생하니, 인색함의 업력으로 태어나는 아귀계의 자궁의 문을 막는다.

지옥계의 붓다 다르마라자(法王佛)의 밀의가 '옴 무니 예 쓰와하(OṂ MUNI YE SVĀHĀ)'로 출생하니, 성냄의 업력으로 태어나는 지옥계의 자궁의 문을 막는다.

이들 여섯 명의 화신 붓다들의 밀의에 의해서 부정한 육도세계의 탄생의 문을 막은 뒤, 청정한 화신의 몸으로 중생의 이락을 행하며, [다비할 때] 갖가지 모양의 오색 구름이 하늘에 출현한다.

만다라의 네 문을 수호하는 여덟 남녀 분노명왕들의 종자진언으로, '훔 훔 훔 훔 자 훔 왐 호(HŪṂ HŪṂ HŪṂ HŪṂ JAḤ HŪṂ VAṂ HOḤ)'의 여덟 인자문자가 출생하니, 네 가지 탄생의 문을 파괴한 뒤 사무량(四無量)이 일어남으로써, [다비할 때] 네 가지 색깔의 무지개가 출현한다.

명왕 비자야(勝利明王)의 밀의가 '옴 바즈라 끄로다 비자야 훔(OṂ VAJRA

KRODHA VIJAYA HŪṂ)'으로 출현하니, 상견(常見)의 분별에서 스스로 해탈한 뒤, 모든 식멸업(熄滅業)을 성취한다.

명왕 야만따까(閻魔敵明王)의 밀의가 '옴 바즈라 야만따까 훔(OṂ VAJRA YAMĀNTAKA HŪṂ)'으로 출현하니, 단견(斷見)의 분별에서 스스로 해탈한 뒤, 모든 증익업(增益業)을 성취한다.

명왕 하야그리와(馬頭明王)의 밀의가 '옴 빠드만따끄리뜨 하야그리와 훔(OṂ PADMĀNTAKṚT HAYAGRIVA HŪṂ)'으로 출현하니, 아견(我見)의 분별에서 스스로 해탈한 뒤, 모든 회유업(懷柔業)을 성취한다.

명왕 암르따꾼달리(甘露旋明王)의 밀의가 '옴 바즈라 끄로다 암르따꾼달리 훔(OṂ VAJRA KRODHA AMṚTAKUṆḌALĪ HŪṂ)'으로 출현하니, 상견(相見)의 분별에서 스스로 해탈한 뒤, 모든 주살업(誅殺業)을 성취한다.

이들 네 분노명왕의 밀의에 의해서 상주와 단멸 등의 네 가장자리 견해가 스스로 해탈한 뒤, 네 가지 사업을 성취함으로써, [다비할 때] 백색과 황색, 홍색과 녹색 무지개의 광명이 출현한다.

수문천모 바즈라앙꾸쌰(金剛鐵鉤母)의 밀의가 '옴 바즈라 앙꾸쌰 자(OṂ VAJRA AṄKUŚA JAḤ)'로 출현하니, 화생(化生)의 문을 막고, 무량한 비심(悲無量心)이 일어난다.

수문천모 바즈라빠쌰(金剛羂索母)의 밀의가 '옴 바즈라 빠쌰 훔(OṂ VAJRA PĀŚĀ HŪṂ)'으로 출현하니, 태생(胎生)의 문을 막고, 무량한 자심(慈無量心)이 일어난다.

수문천모 바즈라쓰릉칼라(金剛鐵鏈母)의 밀의가 '옴 바즈라 쓰포따 왐(OṂ VAJRA SPHOTĀ VAṂ)'으로 출현하니, 난생(卵生)의 문을 막고, 무량한 희심(喜無量心)이 일어난다.

수문천모 바즈라간따(金剛振鈴母)의 밀의가 '옴 바즈라 간따 호(OṂ VAJRA GHAṆṬĀ HOḤ)'로 출현하니, 습생(濕生)의 문을 막고, 무량한 사심(捨無量心)이 일어난다.

이들 42명의 적정존들의 마음에서 출현한 자생의 밀의에 의해서, [여덟 가지 의식의] 분별의 무더기와 다섯 가지 쌓임인 오온이 스스로 해탈함으로써, [다비할 때] 경이로운 영골과 사리와 무지개와 광명들이 출현한다.

에 마 호! 선혈을 마시는 60명의 분노의 헤루까[54]들의 밀의가 복된 선근자들의 수용의 경계로서 구름을 열치고 나타나는 태양처럼 법계를 뚫고 스스로 출생하니, 그 자생의 밀의가 '옴 루루 루루 훔 뵤 훔(OṂ RULU RULU HŪṂ BHYOḤ HŪṂ)'의 여덟 인자문자로 출현하였다. 60명의 분노의 헤루까들이 하나로 화합한 이 밀의에 의해서, 번뇌의 분별들이 본래 청정의 대지혜의 법계 속에서 해탈함으로써, [다비할 때] 루루(RULU) 등의 여덟 문자의 금강의 진언성이 울리고, 흔들림이 없는 해맑은 하얀 불빛이 출현한다.

에 마 호! 선혈을 마시는 60명의 분노의 헤루까들의 밀의가 각각 스스로 출생하니, 여섯 근본 헤루까들의 종자진언으로 '훔 훔 훔 훔 훔 훔(HŪṂ

---

54 60명의 분노의 헤루까들은 평화로운 모습을 한 붓다들의 변형이다. 이 뜻을 『도제쎔빠규툴다와(金剛薩埵幻網續)』에서, "그 뒤 모든 제불께서 교화 대상의 생각의 차별로 말미암아, 허공 끝에 이르도록 무수한 금강분노존의 몸으로 변성한 뒤, 흉신들을 제복하는 분노존의 만뜨라와 무량궁전을 출생시켰다."라고 설하였다.

HŪṂ HŪṂ HŪṂ HŪṂ HŪṂ)'의 자생의 여섯 인자문자가 출현하였다. 이것에 의하여 여섯 번뇌[55]가 스스로 해탈한 뒤, 여섯 근본 헤루까들과 불이의 상태로 해탈한다. 그래서 [다비할 때] 여섯 가지 색깔의 불꽃이 출현한다.

여섯 헤루까 불모들의 종자진언으로 '훔 훔 훔 훔 훔 훔(HŪṂ HŪṂ HŪṂ HŪṂ HŪṂ HŪṂ)'의 자생의 여섯 인자문자가 출현하였다. 이것에 의하여 여섯 대경(六境)의 분별들이 스스로 해탈한 뒤, 여섯 헤루까 불모들과 불이의 상태로 해탈한다. 그래서 [다비할 때] 여섯 가지 색깔의 무지개의 광명이 출현한다.

체촉헤루까(最勝飮血佛)의 밀의가 '옴 마하끄로다 마하쓰리 헤루까 훔 팻(OṂ MAHĀKRODHA MAHĀŚRĪ HERUKA HŪṂ PHAṬ)'으로 출생하니, 이것에 의하여 무명의 번뇌가 본래청정의 법계에서 해탈한다. [다비할 때] 흑갈색의 불꽃이 오른쪽으로 선회하고, 체촉헤루까와 분리됨이 없이 불이의 상태를 이룸으로써, 불퇴지(不退地)에서 해탈하니 여기에는 추호의 의심이 없다.

붓다헤루까(如來飮血佛)의 밀의가 '옴 붓다끄로다 마하쓰리 헤루까

---

55 여섯 번뇌는 무명, 우치, 성냄, 교만, 탐착, 질투를 말한다. 각각의 뜻을 『닌다카조르』에서, "번뇌는 여섯 가지이다. 무명이란 인위[기본 상태]의 착란분별의 측면을 붙잡음이다. 우치는 반야의 측면에서 착란함이다. 성냄은 일으키는 차례의 측면에서 착란함이다. 교만은 견해의 측면에서 착란함이다. 탐착은 현상의 측면에서 착란함이다. 질투는 깨닫지 못함의 측면에서 착란함이다. 이들을 비롯한 번뇌는 생각들을 붙잡는 심(心)과 억념들을 붙잡는 의(意)와 연결하는 습기와 모든 의심들의 기반이 되는 분별과 대경과 사물을 붙잡는 부분 등으로 셀 수 없이 많다."라고 설하였다.

훔 팻(OṂ BUDDHAKRODHA MAHĀŚRĪ HERUKA HŪṂ PHAṬ)'으로 출생하니, 이것에 의하여 우치의 번뇌가 본래청정의 법계에서 해탈한다. [다비할 때] 해맑은 하얀 불꽃이 위로 방사하고, 붓다헤루까와 분리됨이 없는 불이의 상태로 해탈함은 추호의 의심이 없다.

바즈라헤루까(金剛飮血佛)의 밀의가 '옴 바즈라끄로다 마하쓰리 헤루까 훔 팻(OṂ VAJRAKRODHA MAHĀŚRĪ HERUKA HŪṂ PHAṬ)'으로 출생하니, 이것에 의하여 성냄의 번뇌가 본래청정의 법계에서 해탈한다. [다비할 때] 해맑은 암청색 불꽃이 동쪽으로 방사하며, 바즈라헤루까와 분리됨이 없이 동방의 묘희세계(妙喜世界)에 탄생함은 추호의 의심이 없다.

라뜨나헤루까(寶生飮血佛)의 밀의가 '옴 라뜨나끄로다 마하쓰리 헤루까 훔 팻(OṂ RATNAKRODHA MAHĀŚRĪ HERUKA HŪṂ PHAṬ)'으로 출생하니, 이것에 의하여 교만의 번뇌가 본래청정의 법계에서 해탈한다. [다비할 때] 해맑은 금색 불꽃이 남쪽으로 방사하며, 라뜨나헤루까와 분리됨이 없이 남방의 길상세계(吉祥世界)에 탄생함은 추호의 의심이 없다.

빠드마헤루까(蓮花飮血佛)의 밀의가 '옴 빠드마 끄로다 마하쓰리 헤루까 훔 팻(OṂ PADMAKRODHA MAHĀŚRĪ HERUKA HŪṂ PHAṬ)'으로 출생하니, 이것에 의하여 탐욕의 번뇌가 본래청정의 법계에서 해탈한다. [다비할 때] 해맑은 암적색 불꽃이 서쪽으로 방사하며, 빠드마헤루까와 분리됨이 없이 서방의 극락세계에 탄생함은 추호의 의심이 없다.

까르마헤루까(羯磨飮血佛)의 밀의가 '옴 까르마 끄로다 마하쓰리 헤루까 훔 팻(OṂ KARMAKRODHA MAHĀŚRĪ HERUKA HŪṂ PHAṬ)'으로 출생하니, 이것에 의하여 질투의 번뇌가 본래청정의 법계에서 해탈한다. [다비할 때] 해맑은 암녹색 불꽃이 북쪽으로 방사하며, 까르마헤루까와 분리됨이 없이 북방의 묘업세계(妙業世界)에 탄생함은 추호의 의심이 없다.

마하끄로데쓰와리(大忿怒自在母)의 밀의가 '옴 마하 끄로데쓰와리 쓰뜨왐(OṂ MAHĀ KRODHEŚVARĪ STVAṂ)'으로 출생하니, 이것에 의하여 법진(法塵)의 분별이 스스로 해탈함으로써, [다비할 때] 연기가 오른쪽으로 선회하며 오르고, 마하끄로데쓰와리와 분리됨이 없이 하나로 해탈한다.

붓다끄로데쓰와리(如來忿怒自在母)의 밀의가 '옴 붓다 끄로데쓰와리 쓰뜨왐(OṂ BUDDHA KRODHEŚVARĪ STVAṂ)'으로 출생하니, 이것에 의하여 색진(色塵)의 분별이 스스로 해탈함으로써, [다비할 때] 연기가 위쪽으로 선회하고, 붓다끄로데쓰와리와 분리됨이 없이 하나로 해탈한다.

바즈라끄로데쓰와리(金剛忿怒自在母)의 밀의가 '옴 바즈라 끄로데쓰와리 쓰뜨왐(OṂ VAJRA KRODHEŚVARĪ STVAṂ)'으로 출생하니, 이것에 의하여 성진(聲塵)의 분별이 스스로 해탈함으로써, [다비할 때] 연기가 동쪽으로 선회하고, 바즈라끄로데쓰와리와 분리됨이 없이 하나로 해탈한다.

라뜨나끄로데쓰와리(寶生忿怒自在母)의 밀의가 '옴 라뜨나 끄로데쓰와리 쓰뜨왐(OṂ RATNA KRODHEŚVARĪ STVAṂ)'으로 출생하니, 이것에 의하여 향진(香塵)의 분별이 스스로 해탈함으로써 [다비할 때] 연기가 남쪽으로 선회하고, 라뜨나끄로데쓰와리와 분리됨이 없이 하나로 해탈한다.

빠드마끄로데쓰와리(蓮花忿怒自在母)의 밀의가 '옴 빠드마 끄로데쓰와리 쓰뜨왐(OṂ PADMA KRODHEŚVARĪ STVAṂ)'으로 출생하니, 이것에 의하여 미진(味塵)의 분별이 스스로 해탈함으로써 [다비할 때] 연기가 서쪽으로 선회하고, 빠드마끄로데쓰와리와 분리됨이 없이 하나로 해탈한다.

까르마끄로데쓰와리(羯磨忿怒自在母)의 밀의가 '옴 까르마 끄로데쓰와리 쓰뜨왐(OṂ KARMA KRODHEŚVARĪ STVAṂ)'으로 출생하니, 이것에 의하여 촉진(觸塵)의 분별이 스스로 해탈함으로써, [다비할 때] 연기가 북쪽으로 선회하고, 까르마끄로데쓰와리와 분리됨이 없이 하나로 해탈한다.

열두 명의 헤루까 주존들의 밀의가 그들의 마음을 열치고 스스로 출생하니, 이 심오한 밀의에 의해서 번뇌의 분별 더미들이 스스로 해탈함으로써, 오종성불의 세계에 태어남에 자재함을 얻는다.

여덟 마따라(本母) 여신들의 종자진언으로 '하 하 하 하 하 하 하 하(HA HA HA HA HA HA HA HA)'의 자생의 여덟 인자문자가 출현하였다. 여덟 가지 알음이(八識)의 분별들이 스스로 해탈함으로써, [다비할 때] 불꽃이 오른쪽으로 선회하며 방사한다.

백색의 가우리(具藏忿怒母) 여신의 밀의가 '옴 바즈라 가우리 하(OṂ VAJRA GAURĪ HA)'로 출현하니, 번뇌의 분별을 파괴한다.

황색의 짜우리(匪賊忿怒母) 여신의 밀의가 '옴 바즈라 짜우리 하(OṂ VAJRA CAURĪ HA)'로 출현하니, 육도의 유정들을 상계로 이주시킨다.

적색의 쁘라모하(大癡忿怒母) 여신의 밀의가 '옴 바즈라 쁘라모하 하(OṂ VAJRA PRAMOHĀ HA)'로 출현하니, 육도에 떨어지지 않게 구출한다.

녹색[56]의 웨딸리(起尸忿怒母) 여신의 밀의가 '옴 바즈라 웨딸리 하(OṂ VAJRA VETĀLĪ HA)'로 출현하니, 불변하는 법성의 밀의 속에서 해탈케 한다.

적황색의 뿍까씨(熏香忿怒母) 여신의 밀의가 '옴 바즈라 뿍까씨 하(OṂ VAJRA PUKKAŚĪ HA)'로 출현하니, 번뇌의 상태에서 전이시킨다.

암녹색의 가쓰마리(鄙賤忿怒母) 여신의 밀의가 '옴 바즈라 가쓰마리

56 원문은 '암녹색'이나 문맥에 맞춰 '녹색'으로 고쳤다.

하(OṂ VAJRA GHASMARĪ HA)'로 출현하니, 윤회의 처소에서 구출한다.

담황색의 짠달리(凶猛忿怒母) 여신의 밀의가 '옴 바즈라 짠달리 하(OṂ VAJRA CAṆḌĀLĪ HA)'로 출현하니, 번뇌와 삿된 분별에서 떼어놓는다.

흑청색의 쓰마싸니(尸林忿怒母) 여신의 밀의가 '옴 바즈라 쓰마싸니 하(OṂ VAJRA ŚMAŚĀNĪ HA)'로 출현하니, 번뇌의 의지처에서 벗어나게 한다.

이들 여덟 명의 가우리 여신들의 밀의에 의해서 윤회의 상태에서 벗어나며, [다비할 때] 불꽃이 오른쪽으로 선회하며 오른다.

여덟 명의 삐싸찌(鬼母) 여신들의 종자진언으로 '헤 헤 헤 헤 헤 헤 헤 헤(HE HE HE HE HE HE HE HE)'의 자생의 여덟 인자문자가 출현하였다. 여덟 대경(八境)의 분별이 스스로 해탈함으로써, [다비할 때] 불꽃의 사슬이 방출된다.

씽하무카(獅面忿怒母) 여신의 밀의가 '옴 바즈라 씽하무키 헤(OṂ VAJRA SIṂHAMUKHĪ HE)'로 출현하니, 윤회의 상태에서 청정하게 한다.

브야그리무카(虎面忿怒母) 여신의 밀의가 '옴 바즈라 브야그리무키 헤(OṂ VAJRA VYĀGHRĪMUKHĪ HE)'로 출현하니, 윤회가 본래청정토록 한다.

쓰르갈라무카(狐面忿怒母) 여신의 밀의가 '옴 바즈라 쓰르갈라무키 헤(OṂ VAJRA ŚṚGĀLAMUKHĪ HE)'로 출현하니, 번뇌의 근원에서 청정하게 한다.

쓰와나무카(狼面忿怒母) 여신의 밀의가 '옴 바즈라 쓰와나무키 헤

(OṂ VAJRA ŚVĀNAMUKHĪ HE)'로 출현하니, 윤회의 구덩이를 파괴한다.

그르드라무카(鷲面忿怒母) 여신의 밀의가 '옴 바즈라 그르드라무키 헤(OṂ VAJRA GṚḌHRAMUKHĪ HE)'로 출현하니, 삼독을 뿌리째 자른다.

깡까무카(吃尸鳥面忿怒母) 여신의 밀의가 '옴 바즈라 깡까무키 헤(OṂ VAJRA KAṄKAMUKHĪ HE)'로 출현하니, 윤회의 구덩이에서 구출한다.

까까무카(烏面忿怒母) 여신의 밀의가 '옴 바즈라 까까무키 헤(OṂ VAJRA KĀKAMUKHĪ HE)'로 출현하니, 번뇌를 [제법이] 유희하는 법계에서 청정하게 한다.

울루무카(梟面忿怒母) 여신의 밀의가 '옴 바즈라 울루무키 헤(OṂ VAJRA ULŪMUKHĪ HE)'로 출현하니, 삿된 분별의 의지처에서 벗어나게 한다.

이들 여덟 명의 삐싸찌 여신들의 밀의에 의해서 여덟 대경의 분별에서 해탈한다.

네 수문천모의 종자진언으로 '자 훔 왐 호(JAḤ HŪṂ VAṂ HOḤ)'의 자생의 네 인자문자가 출현하니, 네 가지 탄생의 문을 파괴한 뒤, 사무량(四無量)이 마음에 일어난다.

말 머리를 한 백색의 앙꾸싸(金剛鐵鉤母) 여신의 밀의가 '옴 바즈라 앙꾸쌰 자(OṂ VAJRA AṄKUŚA JAḤ)'로 출현하니, 윤회의 처소에서 구출한다.

돼지 머리를 한 황색의 빠쌰(金剛絹索母) 여신의 밀의가 '옴 바즈라 빠쌰 훔(OṂ VAJRA PĀŚĀ HŪṂ)'으로 출현하니, 삿된 분별을 결박한다.

사자 머리를 한 적색의 쓰릉칼라(金剛鐵鏈母)[57] 여신의 밀의가 '옴 바즈라 쓰뽀따 왐(OṂ VAJRA SPHOṬĀ VAṂ)'으로 출현하니, 무명의 번뇌를 구속한다.

뱀 머리를 한 녹색의 간따(金剛振鈴母) 여신의 밀의가 '옴 바즈라 간따 호(OṂ VAJRA GHAṆṬĀ HOḤ)'로 출현하니, 오독(五毒)의 분별을 파괴한다.

스물여덟 명의 갖가지 동물머리를 한 이쓰와리(自在天母) 여신들의 종자진언으로, '뵤 뵤(BHYOḤ BHYOḤ)'[58]의 자생의 스물여덟 인자문자가 출현한다. 이것에 의해서 착란의 분별 더미들이 정화됨으로써, [다비할 때] 소리와 빛과 광선 셋이 출현한다.[59]

[야크(牦牛) 머리에 선혈의 해골 잔을 들고 있는 담갈색 몸빛의] 마누락샤씨(牦牛面人羅刹母) 여신의 밀의가 '옴 마누락샤씨 뵤(OṂ MANURĀKṢASĪ BHYOḤ)'로 출현한다.

---

57 원문은 '쓰뽀따(SPHOṬĀ)'이나 본서에서는 '쓰릉칼라'로 통일하였다.

58 종자진언 '뵤(BHYOḤ)'는 누이동생을 뜻하는 바기니(Bhagini)와 아내를 뜻하는 바라야(Bharayā) 두 단어의 합성어로, 그녀들을 출생시키는 종자진언이기도 하다.

59 저자의 대본과 여타의 판본에는 실제로 28명의 이쓰와리 여신들 가운데 18명의 진언만이 기록되어 있는 관계로, 『분노금강권속총집(忿怒金剛眷屬總集續)』(데게, 古怛特羅 No.831)에서 보궐하였다.

[뱀 머리에 연꽃을 들고 있는 담황색 몸빛의] 브라흐마니(蛇面梵天母) 여신의 밀의가 '옴 브라흐마니 뵤(OṂ BRAHMĀṆĪ BHYOḤ)'로 출현한다.

[표범 머리에 삼지창을 들고 있는 담녹색 몸빛의] 라우드리(豹面鄔摩天母) 여신의 밀의가 '옴 라우드리 뵤(OṂ RAUDRĪ BHYOḤ)'로 출현한다.

[곰 머리에 금강저를 들고 있는 하얀 몸빛의] 인드라니(熊面帝釋天母) 여신의 밀의가 '옴 인드라니 뵤(OṂ INDRĀṆĪ BHYOḤ)'로 출현한다.

[마웅(馬熊) 머리에 단창을 들고 있는 담홍색 몸빛의] 까우마리(馬熊面童女天母) 여신의 밀의가 '옴 까우마리 뵤(OṂ KAUMĀRĪ BHYOḤ)'로 출현한다.

[몽구스 머리에 법륜을 들고 있는 담청색 몸빛의] 와이스나위(鼬面遍入天母) 여신의 밀의가 '옴 와이스나비 뵤(OṂ VAIṢṆĀVĪ BHYOḤ)'로 출현한다.

[박쥐 머리에 계도를 들고 있는 황색 몸빛의] 바즈라뼁갈라(飛鼠面金剛天母) 여신의 밀의가 '옴 바즈라 뼁갈라 뵤(OṂ VAJRA PIṄGALĀ BHYOḤ)'로 출현한다.

[마까라(摩羯) 머리에 보병을 들고 있는 적황색 몸빛의] 싸우미(摩羯面寂靜天母) 여신의 밀의가 '옴 싸우미 뵤(OṂ SAUMĪ BHYOḤ)'로 출현한다.

[전갈 머리에 연꽃을 들고 있는 적황색 몸빛의] 암르띠(全蠍面甘露天母) 여신의 밀의가 '옴 암르따 뵤(OṂ AMṚTĀ BHYOḤ)'로 출현한다.

[여우 머리에 곤봉을 들고 있는 녹황색 몸빛의] 단다니(狐面執棍天母) 여신의 밀의가 '옴 단다니 뵤(OṂ DAṆḌAṆĪ BHYOḤ)'로 출현한다.

[호랑이 머리에 선혈의 해골 잔을 들고 있는 암황색 몸빛의] 락샤씨(虎面羅刹天母) 여신의 밀의가 '옴 락샤씨 뵤(OṂ RĀKṢASĪ BHYOḤ)'로 출현한다.

[독수리 머리에 곤봉을 들고 있는 적록색 몸빛의] 박샤씨(鷲面食呑天母) 여신의 밀의가 '옴 박샤씨 뵤(OṂ BHAKṢASĪ BHYOḤ)'로 출현한다.

[말 머리에 시체를 들고 있는 적색 몸빛의] 라띠(馬面歡喜天母) 여신의 밀의

가 '옴 라띠 뵤(OṂ RATĪ BHYOḤ)'로 출현한다.

[금시조 머리에 곤봉을 들고 있는 담홍색 몸빛의] 루디라마디(金翅鳥面醉血天母) 여신의 밀의가 '옴 루디라마디 뵤(OṂ RUDHIRAMADĪ BHYOḤ)'로 출현한다.

[개 머리에 금강저를 들고 있는 적색 몸빛의] 에까짜라니 – 락샤씨(狗面獨行羅刹天母) 여신의 밀의가 '옴 에까짜라니 뵤(OṂ EKACĀRAṆĪ BHYOḤ)'로 출현한다.

[관모조(冠毛鳥) 머리에 활과 화살을 들고 있는 적색 몸빛의] 마노하리까(冠毛鳥面奪魂天母) 여신의 밀의가 '옴 마노하리까 뵤(OṂ MANOHĀRIKĀ BHYOḤ)'로 출현한다.

[사슴 머리에 보병을 들고 있는 적록색 몸빛의] 씻디까리(鹿面成就天母) 여신의 밀의가 '옴 씻디까리 뵤(OṂ SIDDHIKARĪ BHYOḤ)'로 출현한다.

[늑대 머리에 깃발을 들고 있는 청록색 몸빛의] 와유데비(狼面風神天母) 여신의 밀의가 '옴 와유데비 뵤(OṂ VĀYUDEVĪ BHYOḤ)'로 출현한다.

마하마라나(大死天母)[60] 여신의 밀의가 '옴 마하마라나 뵤(OṂ MAHĀMĀRAṆĪ BHYOḤ)'로 출현한다.

[야생면양 머리에 쑬라(貫戟)를 들고 있는 적록색 몸빛의] 아그나이(野羊面火神天母) 여신의 밀의가 '옴 아그나이 뵤(OṂ AGNĀYĪ BHYOḤ)'로 출현한다.

[돼지 머리에 송곳니가 달린 밧줄을 들고 있는 암녹색 몸빛의] 와라히(猪面繩亥天母) 여신의 밀의가 '옴 와라히 뵤(OṂ VĀRĀHĪ BHYOḤ)'로 출현한다.

[작은 까마귀 머리에 어린아이 시체를 들고 있는 적록색 몸빛의] 짜문디(小烏面作

---

60 "갸착딕딥랑돌(정맹백존의 예배를 통한 자연해탈)" 등에서는 마하마라나 대신에 짠드라(鷹面白月天母) 여신이 등장한다.

老天母) 여신의 밀의가 '옴 짜문디 뵤(OṂ CĀMUṆḌĪ BHYOḤ)'로 출현한다.

[코끼리 머리에 시체를 들고 있는 암녹색 몸빛의] 부자나(象面大鼻天母) 여신의 밀의가 '옴 부자나 뵤(OṂ BHUJANĀ BHYOḤ)'로 출현한다.

[뱀 머리에 뱀 올가미를 들고 있는 녹색 몸빛의] 와루나니(蛇面水神天母) 여신의 밀의가 '옴 와루나니 뵤(OṂ VĀRUṆANĪ BHYOḤ)'로 출현한다.

[뻐꾸기 머리에 쇠갈고리를 들고 있는 백색 몸빛의] 마하깔리(杜鵑面金剛大黑天母) 여신의 밀의가 '옴 마하깔리 뵤(OṂ MAHĀKĀLĪ BHYOḤ)'로 출현한다.

[염소 머리에 올가미를 들고 있는 황색 몸빛의] 마하차갈라(山羊面金剛大羱天母) 여신의 밀의가 '옴 마하차갈라 뵤(OṂ MAHĀCHĀGALĀ BHYOḤ)'로 출현한다.

[사자 머리에 쇠사슬을 들고 있는 홍색 몸빛의] 마하꿈바까르니(獅面金剛大雜瓶天母) 여신의 밀의가 '옴 마하꿈바까르니 뵤(OṂ MAHĀKUMBHAKARṆĪ BHYOḤ)'로 출현한다.

[뱀 머리에 금강령을 들고 있는 녹색 몸빛의] 바즈라람보다라(金剛大腹天母) 여신의 밀의가 '옴 바즈라 람보다라 뵤(OṂ VAJRA LAMBODARĀ BHYOḤ)'로 출현한다.

스물여덟 명의 이쓰와리(Iśvarī) 여신들의 밀의에 의해서 바르도의 착란의 환영들이 스스로 정화됨으로써, 의식전이가 일어날 때 소리와 빛과 광선, 불과 연기가 발생한다.

에 마 호! 사마(四魔)를 정복하고 스스로 해탈하는 [만다라의 네 문을 수호하는] 네 분노명왕의 심오한 자생의 밀의가, 걸림 없이 울부짖는 사자의 포효처럼 다음과 같이 출생하였다.

[꾸마라깔라싸(童子寶甁明王)의 밀의가] '옴 바즈라 끄로다 께마께리 까리마쓰따 발리 발리 아따 에까라쑬리 바싸띠 에닐라닐라 까에비나 아비씬짜(OṂ VAJRA KRODHA KYEMA KYERI KARIMASTA BHALI BHALI ATA EKARASULI BHASATI ENILANILA KĀEBINA ABHISIÑCA)'로 출현한다. 사자의 포효로써 오온마(五蘊魔)를 절복하는 붓다꾸마라깔라싸(佛童子寶甁明王)의 몸과 둘이 아닌 하나로 녹아든 뒤, 자생의 법계에서 해탈한다.

[야만따가 - 바즈라헤루까(閻魔敵金剛飮血明王)의 밀의가] '옴 바즈라 끄로다 마하무드라 즈냐나 오자쓰와 훔 쓰파라나 팻 쓰와하(OṂ VAJRA KRODHA MAHĀMUDRA JÑĀNA OJASVĀ HŪṂ SPHARAṆA PHAṬ SVĀHĀ)'로 출현한다. 사자의 포효로써 번뇌마(煩惱魔)를 절복하는 바즈라헤루까(金剛飮血明王)의 몸과 둘이 아닌 하나로 녹아든 뒤 성불한다. 오독의 가장자리에서 스스로 해탈한 뒤, 화신과 재화신(再化身)을 현시해서 중생의 이익을 수행한다.

[암르따꾼달리(甘露旋明王)의 밀의가] '옴 바즈라 끄로다 암르따꾼달리 훔 친다친다 빈다빈다 하나하나 다하다하 빠짜빠짜 훔 팻(OṂ VAJRA KRODHA AMṚTAKUṆḌALĪ HŪṂ CHINDHA CHINDHA BHINDHA BHINDHA HANA HANA DAHA DAHA PACA PACA HŪṂ PHAṬ)'으로 출현한다. 사자의 포효로써 천자마(天子魔)를 절복하는 암르따꾼달리(甘露旋明王)의 몸과 둘이 아닌 하나로 녹아든 뒤 성불한다. 악도의 고통에서 스스로 해탈한 뒤, 여래의 사업을 차별 없이 성취한다.

[하야그리와(馬頭明王)의 밀의가] '옴 바즈라 끄로다 하야그리와 흐리 싸르와 따타가따 마하빤짜 옴 아유르 즈냐나 마하뿌녜 띠스타 옴(OṂ VAJRA KRODHA HAYAGRIVA HRĪḤ SARVA TATHĀGATA MAHĀPAÑCA OṂ ĀYUR JÑĀNA MAHĀPUṆYE TIṢṬA OṂ)'으로 출현한다. 사자의 포효로써

사마(死魔)를 절복하는 세존 하야그리와(馬頭明王)의 수명성취를 얻은 뒤, 대락(大樂)의 법성 속에 머물며, 무명의 번뇌를 발본하고, 오독을 버림 없이 본자리에서 해탈한다.

[네 명왕의 밀의에 의해서] 무시이래의 윤회의 습기와 사마(四魔)를 파괴한 뒤, 여래의 사신(四身)을 증득하여 해탈함으로써, [다비할 때] 경이로운 영골과 무지개와 광명과 사리가 출현한다.

[이들 60명의 헤루까들의 밀의에 의해서 착란과 분별의 무더기가 본래 청정 속에서 스스로 해탈함으로써, 소리와 빛과 광선과 그리고 화염과 연기가 오른쪽으로 선회하고, 무지개의 광명과 경이로운 영골과 사리, 여타의 상서로운 징표들이 출현한다.][61]

에 마 호! 육도의 유정들을 법계에서 해탈시키는 종자진언인 화신의 걸림 없는 밀의가 '흐아 아 하 쌰 싸 마(ḤA A HA ŚA SA MA)'의 여섯 문자[62]로 출현하였다. 생멸을 여읜 이 심오한 밀의는 육도의 중생들을 법계에서 해탈시키는 여섯 자생의 진언명점(眞言明点)이다. 그러므로 [다비할 때] 허다한 작은 사리들과 갖가지 무지개의 광명들이 출현한다.

에 마 호! 청정한 백부종성(百部種姓)의 심오한 밀의가 비밀의 백자진언

---

61 이 구절은 규르메 도제의 *The Tibetan Book Of The Dead*에서 인용하여 보궐하였다.

62 이 여섯 문자는 육도를 파괴하고 해탈시키는 심오한 진언이다. 『틱레쌍와데코니(秘密眞性明点續)』에서, "법성의 흐아(ḤA)와 일체법의 아(A), 지혜의 하(HA)와 반야의 쌰(ŚA), 불변하는 본질의 싸(SA)와 평등성의 문자 마(MA)이다. 입을 맞대고 있는 여섯 문자의 금강의 소리와 희고 붉은 색실이 빛살로 뻗친다."라고 설하였다.

(百字眞言)이며, 금강살타의 각성의 법계에서 자생의 진언문자로 다음과 같이 출생하였다.

옴 바즈라 싸뜨와 싸마야 마누 빨라야, 바즈라 싸뜨와 뜨에노 빠띳타, 드리도 메 바와, 쑤또쑈 메 바와, 쑤뽀쑈 메 바와, 아누락또 메 바와, 싸르와 씻딤 메 쁘라얏차, 싸르와 까르마 쑤짜 메 찟땀 쓰리얌 꾸루 훔, 하 하 하 하 호 바가완 싸르와 따타가따, 바즈라 마 메 문짜, 바즈라 바와, 마하 싸마야 싸뜨와 아:
(OṂ VAJRA SATTVA SAMAYA MANU PĀLAYA VAJRA SATTVA TVENO PATIṢṬHA DṚḌHO ME BHAVA SUTOṢYO ME BHAVA SUPOṢYO ME BHAVA ANURAKTO ME BHAVA SARVA SIDDHIṂ ME PRAYACCHA SARVA KARMA SUCA ME CITTAṂ ŚRIYAṂ KURU HŪṂ HA HA HA HA HA HO BHAGAVĀN SARVA TATHĀGATA VAJRA MĀ ME MUÑCA VAJRA BHAVA MAHĀ SAMAYA SATTVA ĀḤ)

백부종성의 밀의가 하나로 모아진 이 비밀진언에 의해서, 서언의 어김과 죄장들을 버림 없이 스스로 해탈함으로써, [다비할 때] 경이로운 영골과 무지개와 광명과 빛살들이 출현하고, 법성의 소리가 삼계에 진동한다.

에 마 호! 무생(無生)의 법계에서 해탈케 하는, 최승의 모음주[63]가 자생

63 16모음주(母音呪)는 42적정존들 가운데 싸만따바드라를 비롯한 육도의 여섯 붓다들을 출생하는 종자진언이 된다. 약설하면, 모음 아(A)는 제법이 생함이 없는 진여법계로 싸만따바드리(보현불모)의 종자진언이다. 끄샤(KṢA)는 제법이 두루 다하고 사의가 끊어진 청정한 지혜로 싸만따바드라(보현여래)의 종자진언이다. 이(I)는 모든 천신들을 교화하는 천상

의 16문자로 다음과 같이 출현하였다.

아 아 - 이 이 - 우 우 - 리 리 - 리 리 - 에 아이 오 아우 암 아(A Ā I Ī U Ū Ṛ Ṝ Ḷ Ḹ E AI O AU AṂ AḤ)

이들 여덟 쌍의 불생(不生)의 16문자가 불멸의 금강소리를 발출하고, [다비할 때] 하늘이 청명하게 된다.

에 마 호! 불멸(不滅)의 법계 속에서 해탈시키는, 최승의 자음주[64]가 자생의 34문자로 다음과 같이 출현하였다.

까 카 가 가 응아, 짜 차 자 자 냐, 따 타 다 다 나, 따 타 다 다 나, 빠 파 바 바 마, 야 라 라 와, 쌰 샤 싸 하 끄샤 (KA KHA GA GHA ṄA, CA CHA JA JHA ÑA, ṬA ṬHA ḌA ḌHA ṆA, TA THA DA DHA NA, PA PHA BA BHA MA, YA RA LA VA, ŚA ṢA SA HA KṢA)

이들 연속부절하는 여덟 절의 34문자가 불멸의 금강소리를 발출한다.

계의 붓다 인드라샤따그라뚜의 종자진언이다. 우(U)는 인간계의 붓다 싸캬씽하(석가사자)의 종자진언이다.

64 34자음주(子音呪)는 오종성불을 비롯한 남녀보살들과 사대명왕들의 종자진언이다. 예를 들면, 자음 타(ṬHA)는 식온(識蘊)의 진실을 통달하는 문으로 비로자나불의 종자진언이다. 따(ṬA)는 색온(色蘊)의 진실을 통달하는 문으로 금강살타[부동여래]의 종자진언이다. 다(ḌA)는 수온(受蘊)의 진실을 통달하는 문으로 보생여래의 종자진언이다. 다(ḌHA)는 상온(想蘊)의 진실을 통달하는 문으로 아미타불의 종자진언이다. 나(ṆA)는 행온(行蘊)의 진실을 통달하는 문으로 불공성취불의 종자진언이 됨과 같다.

이 영구불변하는 가르침의 의취에 의해서, [다비할 때] 무지개와 광명과 사리가 출현한다.

에 마 호! 제법의 상속을 [단절하여] 해탈시키는, 최승의 연기장진언[65]이 자생의 39문자로 다음과 같이 출현하였다.

예 다르마 헤뚜 쁘라바와 헤뚬 떼샴 따타가또 흐야와다뜨 떼샴 짜 요 니로다 에왐 와디 마하쓰라마나 쓰와하(YE DHARMĀ HETU PRABHAVĀ HETUṂ TEṢĀṂ TATHĀGATO HYAVADAT TEṢĀṂ CA YO NIRODHA EVAṂ VĀDĪ MAHĀŚRAMAṆAḤ SVĀHĀ)[66]

이들 제법의 상속을 해탈시키는 12음절의 39문자가 불멸의 금강소리를 발출하니, [다비할 때] 증식사리[67]와 무지개와 광명들이 현란하게 일어난다.

---

65 이 연기장진언(緣起藏眞言)의 뜻은 "모든 법들은 원인으로부터 발생한다. 그 원인을 여래께서 말씀하셨다. 그것을 없애는 그러한 법을, 큰 사문(沙門)께서 이와 같이 말씀하셨다." 이다. 부연하면, 원인에서 발생한 제법이란 십이인연 가운데 식(識), 명색(名色), 육입(六入), 촉(觸), 수(受), 생(生), 노사(老死) 일곱 가지이다. 그 원인은 무명(無明), 애(愛), 취(取)의 번뇌 셋과 행(行), 유(有)의 업의 길 두 가지이다. 원인을 소멸하는 길은 사성제 가운데 열반의 진리인 멸제(滅諦)와 열반에 이르게 하는 길인 팔정도 등의 도제(道諦)이다. 또 원인에서 발생한 제법은 생로병사 등의 괴로움인 진리인 고제(苦諦)를, 그것의 원인은 모든 고통의 원인을 설명한 집제(集諦)를 말한다. 다시 말해, 연기장 진언은 십이연기를 통해 발생하고 소멸하는 현상계의 순환 도리를 밝히고, 그 윤회의 고리를 끊는 길인 사성제의 가르침을 진언화한 것이다.

66 이것은 Thinlay Ram Shashni의 『도귀래중왜쏭악똘와(顯密眞言解說)』(Central Institute of Higher Tibetan Studies 간행)에서 보궐하였다.

67 증식사리(增殖舍利)는 '펠둥(ḥPhel gduṅ)'의 옮김으로 영골이나 사리에서 자생으로 자라나는 새끼 사리들을 말한다.

여래의 [식멸(熄滅)·증익(增益)·회유(懷柔)·주살(誅殺)의] 네 가지 사업을 보유하는 자생의 보궐진언이 다음과 같이 출현하였다.

싼띰 꾸루예 쓰와하(ŚĀNTIṂ KURUYE SVĀHĀ)
질병과 귀난(鬼難)과 팔난(八難)과 죄장들 모두가 각성의 법계에서 소멸되게 하소서!
뿌스띰 꾸루예 쓰와하(PUṢṬIṂ KURUYE SVĀHĀ)
수명과 복덕과 국토들 모두가 각성의 법계에서 자라나게 하소서!
바샴 꾸루예 쓰와하(BAŚAṂ KURUYE SVĀHĀ)
삼보와 윤회와 열반 모두가 각성의 법계에 귀복되게 하소서!
마라야 팻 쓰와하(MĀRAYA PHAṬ SVĀHĀ)
원적과 마군, 오독과 삼독 모두가 각성의 법계에서 파괴되게 하소서!

제불여래의 모든 가르침들의 유일한 결정체[아들]인 이 자생의 밀의가 모든 중생들의 이익을 위하여 스스로 출생하였다. 여의주와 같은 이 신묘한 도리에 의해서 금생에 온갖 소망들을 이루고, 내생에는 반드시 성불한다.

딱돌을 그리는 법

【 이 원형의 진언 만다라를 네 손가락 넓이의 상품의 푸른 감색 종이 위에다 붓다의 색깔인 금물로 정자로 정결하게 쓰라. 위아래가 뒤집힘이 없이 바로 한 뒤 비단으로 감싸라. 서언을 잘 받드는 청정한 유가사가

음력 8일 귀성(鬼星)[68]과 합하는 시간에 이것을 축복가지 한 뒤, [목숨이 다할 때까지] 몸에 걸거나 지니도록 하라.

이것에 의하여 가히 설명할 수 없는 선악의 두 가지 업들이 자라난다. 그러므로 모든 유정들의 이익을 위하여 모든 선업들은 부지런히 닦으며, [제법의] 무생(無生)을 수습토록 하라. 죄악은 비록 작은 것이라도 짓지 말라. 이와 같이 행하는 사람은 비록 이전에 오무간(五無間)의 죄업을 지었을지라도, 이것을 만남으로써 악도에 떨어지지 않는다.

또한 이것은 불법을 닦지 않고도 성불하는 법이라 딱돌(몸에 걸침을 통한 자연해탈)이라 부른다. 이 진언 만다라를 보는 이는 누구나 성불함으로써 통돌(보는 것을 통한 자연해탈)이라 부른다. 이것을 접촉하는 이는 누구나 성불함으로써 렉돌(접촉을 통한 자연해탈)이라 부른다. 이것을 낭송하는 소리를 듣는 이는 누구나 성불함으로써 퇴돌(들음을 통한 자연해탈)이라 부른다. 이것을 낭송하여 숨결이 닿는 이는 누구나 성불함으로써 초르돌(느낌을 통한 자연해탈)이라 부른다.

이것을 보지 않은 붓다는 과거에도 하나도 없었으며, 또한 미래에도 하나도 없다. 그러므로 이것은 모든 가르침의 정수이다. 이것을 사경한 것을 보는 이들은 누구나 성불하게 된다. 그러므로 서사하여 몸에 지니도록 하라. 이것을 독송하고 여법하게 사유토록 하라. 그리하여 그 의취를 완전하게 통달토록 하라.

숙세의 선근이 없는 자들에겐 이것을 비밀로 하여 은닉하라. 왜냐하면 공덕을 쌓지 못한 자들은 이것을 마음에 수용하지 못하기 때문이

---

68 귀수(鬼宿)라고도 하며, 이십팔수의 스물세 번째 별자리의 별이다. 대한(大寒) 때 해가 뜨고 질 무렵에 천구(天球)의 정남쪽에 나타난다고 한다.

다. 만약 이것을 훼방하면 지옥에 떨어지니, 마치 아귀에겐 음식이 불로 보임과 같다. 그렇기에 이것은 비밀의 교계이며, 선근자의 경계이다.

이것을 만나기는 진실로 어렵고, 만나도 마음에 받아들이기는 더욱 어렵다. 그러므로 이것을 만나는 자는 누구든 환희로운 마음을 일으키고 공손히 받아 지니도록 하라. 임종 시에도 이것을 몸에서 분리시키지 말라. [다비 시에도 이것을 몸에서 분리시키지 말라.] 이것을 보고, 듣고, 억념하고, 접촉함을 통해서 해탈하게 된다.

이것으로 정맹백존의 밀의를 하나로 모은 「몸에 걸침을 통한 오온의 자연해탈」을 완결한다. 싸마야! 갸! 갸! 갸!

이것을 만나는 유가행자는 이익이 크다. 윤회의 세간이 다할 때까지 이 심오한 가르침도 또한 끝나지 않는다.

이것을 정결히 사경하여 가지한 힘에 의해서 악업과 죄장이 남김없이 정화되고, 살덩이의 육신이 무지개의 몸으로 바뀌게 하소서! 】

3
편

바르도퇴돌의 본행

네 가지 바르도의 출현

12장 법성의 바르도: 임종의 정광명의 바르도[1]

광명이 변조하신 법신의 아미타와
보신의 연화부족 정맹의 본존들과
중생의 구호자인 화신불 연화생의
거룩한 삼신의 스승님께 정례하옵니다.

【 보통[중근]의 유가행자들로 하여금 바르도[2]에서 해탈하게 하는 방편인 [바르도의 상태에서 법을 듣고 깨달아 크게 해탈하는 경전으로 널리 알려진] 이 『바르도퇴돌(中有聞法解脫)』은 크게 서분, 본문, 후분 셋으로 구성되어 있다.

---

1 이것은 "최니바르되쌜뎁퇴돌첸모(Chos ñid bar doḥi gsal ḥdebs thos grol chen mo)"의 번역이다. 본뜻은 '법성(法性)의 바르도를 분명하게 기억시켜 줌을 듣고서 크게 해탈하는 법'이다.

2 바르도(中有)는 죽음과 탄생의 사이에 존재하는 기간 또는 세계, 생명체를 말하며, 흔히 중음(中陰)이라 부른다.

처음의 서분은 불법을 크게 닦은 선근자[3]들의 해탈법이다. 사자를 안내하는 인도차례의 첫 가르침[4]을 실행하면, 상근의 유가행자들은 이 가르침에 의해서 반드시 해탈하게 된다. 만약 이것으로 해탈하지 못하면, 임종의 바르도에서 [의식을 발출시키는] 포와(의식전이)[5]의 행법을 기억하여 스스로 해탈을 실행하라. 이것에 의해 중근의 유가행자들은 반드시 해탈하게 된다. 만약 이것으로도 해탈하지 못하면, 법성의 바르도에서 이 바르도퇴돌의 가르침을 주의 깊게 듣도록 하라.

먼저 유가행자들은 죽음의 징조들을 『바르도퇴돌』의 16장 「죽음의 표상 관찰을 통한 자연해탈」의 가르침과 같이 관찰토록 하라. 그 뒤 죽음의 징조들이 확실하게 나타나면, 그때 의식전이 행법을 기억하여 스스로 해탈을 실행토록 하라. 여기서 의식전이가 잘 이루어지면 바르도퇴돌을 읽어 줄 필요가 없다.

만약 의식전이가 제대로 이루어지지 않았으면, 이 『바르도퇴돌』을 사자의 시신 곁에서 독송하여 주되, 발음이 분명하고 문장을 명확하게

---

3 여기서 선근자(善根者)는 '래짼(Las can)'의 옮김이다. 탠·빠마틴래(Phran padma phrin las)의 수정본에서 보유하였으며, 저자의 대본과 다른 판본에는 '몸을 지닌 자'를 뜻하는 '뤼짼(Lus can)'으로 나오기도 한다.

4 최상근의 유가행자가 임종하는 법으로, 죽음의 징조가 완전히 드러났을 때 임종의 바르도를 기다리지 않고 스스로 법신의 세계로 천화하는 것을 말한다. 예를 들면, 까귀빠의 위대한 성취자 멜롱도제(Me loṅ rdo rje, 1243~1303)는 회공 만다라(回供曼茶羅)를 올리는 법회에서 대중들에게 유언의 시를 노래한 뒤, 그의 의식이 차 주전자만 한 크기의 흰 광명으로 바뀌어 정수리로부터 허공으로 솟아올랐다. 그 뒤 점점 커져서 무지개의 광명과 빛의 방울들로 하늘을 덮은 것과 같다. 이것은 생시에 정광명을 인식해서 청정한 환신(幻身)인 무지개의 몸을 성취한 자들이 현시하는 경계이다.

5 포와(ḥPho ba, 意識轉移)는 임종 시에 사자의 의식을 정수리의 브라흐마의 문을 통해서 몸 밖으로 순간적으로 이동시켜 법신 등으로 해탈하는 수행법이다.

읽어 주도록 하라.

만일 시신이 없는 경우에는 사자가 쓰던 침상이나 방 안에 자리를 잡은 뒤, 먼저 진리의 힘[6]을 선포하고 사자의 의식을 초혼(招魂)토록 하라. 사자가 앞에 앉아서 이것을 경청하고 있다고 관상(觀想)한 뒤 읽어 주도록 하라. 이때 가족과 친척과 친구들이 슬피 울거나 곡성을 내어서는 결코 안 되므로 엄중히 단속[7]토록 하라.

시신이 있는 경우에는 바깥 숨이 끊어지고 내호흡이 남아 있는 사이에, 스승이나 도반 또는 믿음이 돈독한 사람이거나 형제, 친구들이 사자의 귀에 입술을 가까이 대고 이 『바르도퇴돌』을 읽어 주도록 하라. 그러나 귀에 닿지 않게 주의하라.

『바르도퇴돌』을 실제로 독송하는 법은 다음과 같다. 먼저 가산이 넉넉하면 풍성하게 공양물을 마련해서 불·법·승 삼보님께 올리도록 한다. 그렇지 못한 경우에는 어떠한 공양물이든 형편대로 올린 다음, 마음으로 생성한 무량한 공양물들을 올리도록 하라. 그 다음 「불보살님의 구원을 청하는 기원문」을 세 번 또는 일곱 번을 읽어 주도록 한다. 그 다음 「여섯 바르도의 본송」과 「바르도의 공포에서 구원을 청하는 기원문」과 「바르도의 험로에서 구원을 청하는 기원문」 등을 사자의 귀에다 세 번

---

6 진리의 힘에는 여러 의미가 있다. 예를 들면, 법계의 진리와 그 진리를 깨달은 붓다와 진리를 닦는 승가 셋에 귀의함으로써 생겨나는 가피력과 관음보살의 "옴마니빳메훔"의 육자진언을 염송함으로써 발생하는 불가사의한 신력 등을 말한다. 비유하면, 태양의 광명이 어둠을 제하듯이 진리의 빛이 업과 번뇌와 무명의 세력을 파괴함과 같다.

7 그렇게 하면 사자로 하여금 세간에 집착하는 마음을 일으켜 법성의 광명을 깨닫지 못하게 만들어서, 해탈을 방해하는 동시에 육도세계에 다시 돌아오게 하기 때문이다.

또는 일곱 번을 낭랑하게 읽어 주도록 한다. 그 다음 『바르도퇴돌』을 세 번 또는 일곱 번을 읽어 주되, 그때의 형편에 맞게 한다.

이 『바르도퇴돌』의 본문은 임종의 바르도에서 죽음의 정광명[8]을 일깨워 줌과 법성의 바르도를 일깨워 주고 잘 기억시킴과 재생[육도]의 바르도에서 부정한 자궁의 문을 막는 방법을 설명한 세 부분으로 구성되어 있다.】

1) 첫 번째 임종의 정광명의 바르도[9]

【처음 임종의 바르도에서 정광명을 일깨워 줌은 다음과 같다. 정광명을 비록 잘 이해할지라도 실제로 인식하지 못한 사람들과, 인식은 하였을지라도 닦고 익힘이 부족한 사람들과, 일반 범부로서 이 가르침을 받고 닦은 적이 있는[10] 모든 부류의 사람들에게 읽어 주도록 하라. 만약 [기본적으로 누구에게나 존재하는] 이 인위(因位)의 정광명[11]을 깨닫게 되면, 누구

---

8 죽음의 정광명(淨光明)은 깨달음의 유무에 관계없이 모든 유정들에게 차별 없이 발생하는 본래의 광명인 까닭에 인위(因位)의 정광명이라 부른다. 이것은 임종 시 전신의 생명의 바람들이 심장의 아와두띠(中脈) 안으로 은멸할 때, 정수리의 하얀 보리심이 하강하고, 배꼽의 붉은 보리심이 상승하여 심장의 불괴명점(不壞明点) 속에서 서로 만나 융합함으로써 발생하는 원초의 근원적 광명으로 법성의 광명이라 부른다. 상세한 것은 졸저 『밀교의 성불원리』(정우서적)를 참고하기 바란다.

9 이것은 '치캐바르도(ḥChi khaḥi bar do)'의 번역이며, 첫 번째 바르도라 부르기도 한다. 이유는 이것이 죽음의 시작으로 오온(五蘊)과 사대(四大)가 차례로 은멸하는 과정을 거쳐서 임종의 정광명이 출현하기 때문이다. 이 정광명이 나타날 때가 실제의 죽음이다.

10 캔뽀도제의 『바르도퇴돌』에는 "이 가르침을 받고 닦은 적이 없는"으로 나온다.

11 인위(因位)의 정광명은 '시이외쌜(gShiḥi ḥod gsal)'의 옮김이며, 임종 시에 누구에게나 자연적으로 발생하는 법성광명에 대하여 특별히 인위의 정광명이란 명칭을 붙인 것은, 수행을 통해서 증득한 도위(道位)의 광명이나 구경(究竟)의 광명은 과위의 광명으로서 법성을 증득한 것이기에 윤회에서 해탈함에 비하여 이것은 그렇지 못하기 때문이다.

나 바르도가 없이 위대한 초월의 길을 통해서 [법계와 합일한 뒤] 무생(無生)의 법신을 얻게 된다.

읽어 주는 사람은, 생전에 사자가 가르침을 받았던 근본스승이 참석해서 읽어 주면 가장 좋다. 그렇지 못한 경우에는 금강서언(金剛誓言)을 함께 세웠던 도반이거나, 같은 법계의 선지식이거나, 아니면 음성이 맑고 글을 명료하게 읽을 줄 아는 사람이 여러 차례 반복해서 읽어 주도록 한다. 그렇게 하면, 사자가 스승께서 일러준 그 의미들을 기억하는 순간, 인위의 정광명을 인식해서 그대로 해탈하게 된다. 이것은 추호의 의심이 없다.

읽어 주는 시기는, 사자의 바깥 숨이 끊어지고 내호흡(內呼吸)[12]이 남아 있을 때까지이다. 이때 전신의 생명의 바람[13]들이 지혜의 통로인 아와두띠[14] 안으로 소멸함과 동시에, 모든 분별과 희론을 여읜 정광명의 마음이 활연히 밝아 온다.[15] 그 뒤 생명의 바람이 역류해서 라싸나(우

---

12 외호흡의 단절과 더불어 심장이 멎는 것 등을 죽음의 판정 기준으로 삼는 현대의학과는 달리, 밀교에서는 외호흡이 멎고 나서 의식이 4단계의 소멸과정을 마친 뒤, 사자의 의식이 육체를 떠나기 전까지 약 3일 반 정도 내호흡이 계속된다고 한다.

13 생명의 바람은 범어 '바유(Vāyu, 風)'의 옮김으로 생명을 지탱하는 숨과 맥도에 존재하는 기(氣)들을 통틀어 말한다. 여기서 생명의 바람은 근본오풍(根本五風)과 지분오풍(支分五風)을 말하며, 더 세분하면 2만 1천에 달하는 무수한 종류가 있다.

14 아와두띠(Avadhūtī, 中脈)는 밀교에서 설하는 미세한 육신을 구성하는 근본삼맥(根本三脈) 가운데, 인체의 중앙에 위치하는 맥이자 모든 맥들의 기본이 되는 맥도(脈道)이다. 이곳에서 처음 좌우의 두 맥인 라싸나(右脈)와 랄라나(左脈)가 나오고, 점차로 분화해서 모두 72,000의 맥도를 형성하게 된다. 상세한 것은 졸저인 『밀교의 성불원리』(정우서적)를 참고하기 바란다.

15 '모든 분별과 희론을 여읜 정광명의 마음이 활연히 밝아 온다'는 '의식이 희론을 여읜 정광명으로 활연히 출현한다'는 뜻의 '셰빠외쌜뙤댈두학기차르로(Śes pa ḥod gsal spros bral du lgag gis ḥchar ro)'이다.

맥)와 랄라나(좌맥)[16]의 어느 한 맥도(脈道) 속으로 들어가게 되면, [몸 밖에서 체험하는] 법성의 바르도의 현상들이 확연히 나타나게 된다. 그러므로 생명의 바람이 좌우의 두 맥도 속으로 들어가기 전까지 읽어 주도록 한다. [왜냐하면, 몸 밖에서 체험하는 두 번째 법성의 바르도가 시작되기 때문이다.] 이 기간은 바깥 숨이 끊어진 뒤 내호흡이 남아 있을 때까지이며, 단지 한 끼의 식사 시간 [약 20분] 정도이다.

바깥 숨이 끊어지자마자 곧바로 의식전이를 행하면 가장 좋다. 만약 그렇지 못한 경우에는 다음과 같이 읽어 주도록 하라.】

오! 고귀한 가문의 자손이신 ○○○(망자의 이름)이시여! 이제 진리의 길을 찾아야 할 때가 도래하였습니다. 그대의 숨이 끊어지는 순간 그대에게 첫 번째 바르도의 인위의 정광명이라 부르는, 생전에 스승님께서 일러주신 그것이 바깥 숨이 끊어짐과 동시에 나타납니다. [제법이 법계로 은멸하여] 법성(法性)[17]이 허공처럼 텅 비어서 가림이 없고, [분별의 마음이 소멸하여] 투명하고 비어 있으며, 가장자리와 가운데가 없는 청정하고 생생한 하나의 각성이 출현하여 옵니다. 그때 그대는 그것을 인식해서 그 정광명의 상태 속에 머물도록 하십시오. 저 또한 그때 그것을 알려드리도록 하겠습니다.

---

16 라싸나(Rasanā, 右脈)와 랄라나(Lalanā, 左脈)는 각각 방편과 지혜의 맥도로 인체의 생명의 바람들이 이동하는 통로이자, 밀교에서 깨달음의 실현법으로 이용하는 풍(風)·맥(脈)·정(精) 셋 가운데 하나이다.

17 일부 판본에는 법성을 뜻하는 '최니(Chos ñid)' 대신에 일체법(一切法)을 뜻하는 '최탐째(Chos thams cad)'로 나오나 '법성'이 옳다고 본다. 왜냐하면, 모든 부정한 사물들이 법성의 상태로 은멸한 뒤 청정한 법성의 광경이 나타나고, 그것을 인식의 경계로 삼는 청정한 각성의 출현을 말하기 때문이다.

【 이 말을 사자의 바깥 숨이 끊어지기 전에 귓가에 대고 여러 차례 반복해서 들려주어 그것을 확실히 기억하게 하라. 그 뒤 사자의 숨이 멈추려 하면, 오른쪽 옆구리를 바닥에 닿게 눕혀서 사자(獅子)의 자세를 취하게 한 뒤, 목의 동맥을 세게 누르도록 하라. 수면에 들게 하는 목의 두 동맥의 맥동이 멎도록 강하게 누름으로써, 전신의 생명의 바람들이 아와두띠 안으로 들어간 뒤 흘러나오지 않고, 사자의 의식이 정수리에 있는 브라흐마의 황금 문[18]을 통해서 반드시 빠져나오게 된다. 정광명의 출현을 일깨워 줌도 그때 행하도록 하라.

또한 이때 첫 번째 바르도의 법성광명[임종의 정광명]이라 부르는 전도됨이 없는 하나의 법신의 마음이 모든 유정들의 의식 위에 나타나게 된다. 그 또한 바깥 숨이 멎고 내호흡이 끊어지지 않고 남아 있는 사이로, 전신의 생명의 바람들이 아와두띠 속으로 은멸하는 때이다. 이것을 보통 사람들은 "의식을 잃어버렸다."고 말한다.

그 상태가 지속되는 시간은 정해짐이 없다. 몸 상태가 좋고 나쁨과 몸의 맥(脈)과 생명의 바람을 수련한 [풍유가(風瑜伽)의] 수준에 달려 있다. 일단의 수행 체험이 있거나, 견고한 사마타[선정]가 있거나, 건실한 맥을 지닌 사람들에게는 장시간 지속되는 경우가 있다. 사자가 이것을 확실하게 인식할 수 있도록 그의 몸에서 누런 액체가 흘러나올 때까지, 이 정광명을 일깨워 주는 일을 반복해서 정성껏 행하도록 하라.

큰 죄업을 지었거나, 맥이 허약한 사람들에게는 단지 손가락 한 번 튕기는 짧은 시간만큼도 지속되지 못하는 경우도 있으며, 어떤 사람들

18 이것은 의식이 빠져 나오는 육체의 문들 가운데서 최상의 문으로, 낮게는 무색계에 태어나거나 정토에 화생하고, 높게는 붓다의 삼신으로 해탈하게 된다.

에게는 한 식경(食頃)의 시간만큼 머무는 경우도 있다. 그렇지만 대부분의 현밀의 경궤(經軌)에서 3일 반[19] 동안 의식을 상실한다고 설하였다. 그러므로 이 정광명의 상태가 대부분의 사람들에게 3일 반 동안 지속되는 것이므로, 이때 사자에게 정광명을 일깨워 줌을 힘써 행하도록 하라.

읽어 주는 법은, 사자가 혼자서 행할 수 있으면 그 스스로 처음부터 죽음의 은멸과정을 기억도록 하라. 만일 스스로 행할 수 없으면, 스승이거나 제자 또는 도반이거나 지인 한 사람이 그의 곁에서 사대(四大)의 은멸과정을 다음과 같이 명확하게 알려주도록 하라.】

이제 흙 원소가 물 원소로 은멸하는 현상과 물 원소가 불 원소로 은멸하는 현상과 불 원소가 바람 원소로 은멸하는 현상과 바람 원소가 의식 속으로 은멸하는 현상들이 차례로 나타납니다.

[그것은 이와 같습니다. 흙 원소가 물 원소로 은멸할 때 봄날의 들판에서 아지랑이가 일렁임과 같은 현상이 의식 위에 일어납니다. 물 원소가 불 원소로 은멸할 때 푸른 연기가 솟아남과 같은 현상이 일어나며, 불 원소가 바람 원소로 은멸할 때 반딧불이 반짝임과 같은 현상이 일어나며, 바람 원소가 의식 속으로 은멸할 때 촛불이 타오름과 같은 현상이 일어납니다.

네 가지 원소가 은멸한 다음에는 거친 식온(識蘊)이 은멸함으로써 미세한 의식들이 차례로 나타납니다. 처음 80자성의 분별의 마음이 현명(顯明)의 마음으로 은멸할 때, 하얀 달빛과 같은 광경이 출현합니다. 이 40자성의 현명의 마음이 현명증휘(顯明增輝)의 마음으로 은멸할 때, 붉은 햇빛과 같은 광경이 출현합니다. 이 33자성의 현명증휘의 마음이 현명근득(顯明近得)의 마음으로 은멸할 때, 짙은 어둠이 내리는 밤하늘과 같은 광경

---

19 일부 영어 번역본 등에서 '4일 반'으로 옮기고 있는 것은 오역이다.

이 출현합니다. 7자성의 현명근득의 마음이 죽음의 정광명으로 은멸하면, 여명의 빛처럼 투명한 광명이 출현하게 됩니다. 이것이 바로 죽음의 정광명이자, 법성의 광명입니다.][20]

【 이러한 은멸의 현상들을 순서대로 분명하게 기억하게 하라. 그 뒤 사대의 은멸이 완결되면 곧바로 아래와 같이 보리심을 일으키게 하라.】

【 사자가 출가한 사문이면 다음과 같이 사자의 귀에다 대고 나직이 들려주도록 하라. 】

오, 고귀한 스님이시여! 산란함이 없이 다음과 같이 발심토록 하십시오.

【 그리고 사자가 도반이거나 다른 사람인 경우에는, 그의 이름을 부른 뒤에 다음과 같이 들려주도록 하라. 】

오, 고귀한 가문의 자손이시여! 이제 죽음이라 불리는 것이 찾아왔습니다. 그대는 다음과 같이 발심토록 하십시오.

"아! 나에게 죽음의 시간이 찾아왔다. 이제 이 죽음에 의지해서 오로지 대자대비와 위없는 보리심을 일으키리라. 허공계에 가득한 모든 유정들의 행복을 위해서 반드시 성불하리라!"고 발심토록 하십시오.

또한 특별히, "나는 이제 모든 유정들의 이익과 안락을 위해 죽음의 정광명을 법신(法身)으로 깨달으리라. 그 상태에서 마하무드라(大印)의

---

20 이 부분은 저자가 은멸 과정을 요약하여 보탠 것으로, 상세한 것은 졸저인 『밀교의 성불원리』(정우서적)를 참고하기 바란다.

최승성취[21]를 얻은 뒤 모든 유정들의 이익을 수행하리라. 설령 그것을 얻지 못할지라도 바르도에서 이것이 바르도임을 분명히 인식하리라. 그리하여 바르도에서 합일의 마하무드라[22]를 성취한 뒤, 일체에 수순하는 변화신을 현시해서 허공계에 가득한 모든 유정들의 이익을 행하리라!"고 염원하는 위없는 보리심을 일으키도록 하십시오. 이 강렬한 발심의 희원을 간직한 채, 생전에 그대가 닦고 익혔던 그 가르침의 행법들을 기억도록 하십시오.

【이 말을 사자의 귓가에 입술을 가까이 대고서 분명하게 일러주도록 하라. 한순간도 산란함이 없이 생전의 닦고 익힌 수행법들을 명확히 기억하도록 일깨워 주라. 그 뒤 바깥 숨이 완전히 끊어지면 수면에 들게 하는 목의 동맥을 세게 누르고 나서, 이 말을 명확하게 들려주도록 하라.】

【만약 사자가 출가자이거나 자기보다 뛰어난 선지식이면 다음과 같이 말하라.】

오, 고귀한 스님이시여! 지금 당신에게 인위의 정광명이 나타나 있습니

---

21 이것은 원만차제를 닦은 유가행자가 임종의 바르도에서 죽음의 정광명을 인식한 뒤, 그 죽음의 정광명에서 일어날 때 그 정광명의 운반체가 되는 극도로 미세한 생명의 바람(五光明風)을 어떠한 본존의 색신으로 변화시켜 성불하는 경우로, 법성의 바르도가 발생하지 않는다.

22 이것은 임종의 바르도에서 정광명을 인식하지 못한 유가행자가 법성의 바르도에서 적정과 분노의 세존들이 출현할 때, 생전에 생기차제나 원만차제를 닦을 때와 같이 그들이 자기 내심의 표출임을 깨달아서 그들과 합일함으로써 보신의 몸으로 성불하는 경우이다. 여기서 합일은 정광명과 환신(幻身)이 결합한 최고의 상태를 말한다.

다. 그것을 깨닫도록 하십시오. 선정의 상태에 들어가 그것과 합일토록 하십시오.[23]

【 출가승이 아닌 일반 사자인 경우에는 다음과 같이 말해 주도록 하라. 】

오, 고귀한 가문의 자손이신, ○ ○ ○(망자 이름을 부름)이시여! 귀담아 잘 듣도록 하십시오. 지금 그대에게 법성의 청정한 광명이 나타나 있습니다. 그것을 깨닫도록 하십시오.

오, 고귀한 가문의 자손이시여! 지금 그대 마음[24]의 본질은 텅 비어 있습니다. 물질과 모양, 색깔 등의 어떠한 실질도 전혀 없이 텅 비어 있는 이것이 바로 법성(法性)의 싸만따바드리[25]입니다. 그대 마음이 텅 비어 있을지라도 그것은 그냥 비어 있는 공허함이 아니며, 그 마음이 막힘없이 빛나고, 해맑고, 또렷한 이것이 바로 각성(覺性)[26]의 싸만따바드라입니다. 그 마음이 일체의 상(相)을 여의고 본질이 비어 있음과 그 마음이 또렷하게 빛나는 두 가지가 서로 분리됨이 없는 이것이 붓다의 법신

---

23 이 구절은 '체득의 상태에 들어가도록 하십시오'를 뜻하는 '냠렌기톡뚜죽빠르슈(Ñams len gyi thog tu ḥjug par shu)'의 뜻 옮김이다.

24 여기서의 마음은 쎼빠(Śes pa)와 릭빠(Rig pa)의 합성어인 '쎼릭(Śes rig, 識明)'의 옮김이다. 이 쎼빠와 릭빠는 동의어로서 앎을 뜻하는 식(識)과 지(知), 지(智)와 심(心) 등의 다양한 의미를 내포한다. 참고로 규르메 도제는 'conscious awareness'로, 에반스 웬츠는 'thy present intellect'로 각각 옮겼다.

25 싸만따바드리(普賢佛母)와 싸만따바드라(普賢如來)는 한마음의 두 측면인 체(體)와 용(用)을 각각 상징한다. 그래서 각성의 싸만따바드라는 능행(能行)의 작자가 되고, 법성의 싸만따바드리는 활동의 경계가 된다.

26 각성(覺性)은 본명(本明), 본각(本覺), 각명(覺明) 등의 뜻으로, "무명과 물질에서 벗어나, 청정한 심식(心識)의 본성으로 존재함으로서 각성[릭빠]이다."라고 딴뜨라 경에서 설하였다.

입니다. 그 마음이 빛남과 비어 있음이 분리됨이 없이 [명공불이(明空不二)의] 큰 광명 속에 머무는 여기에는, 나고 죽음이 있지 않습니다. 이것이 바로 불변광명불[27]입니다. 이것을 깨닫는 것으로 충분합니다. 그대 마음의 본성이 맑고 투명한 이것이 바로 붓다임을 깨달은 뒤, 자기 각성의 본모습을 관조하는 이것이 모든 부처님들의 의취[28]에 머무는 것입니다.

【 이것을 세 번 또는 일곱 번을 반복해서 명확하게 읽어 주도록 하라. 그렇게 함으로써 사자는, 첫째는 생전에 스승님으로부터 받은 가르침을 상기하게 된다. 둘째는 자기의 명징한 마음이 본래 광명임을 깨닫게 된다. 셋째는 자기의 참모습을 깨달은 뒤 법신과 부즉불리(不卽不離)의 상태에서 반드시 해탈하게 된다. 이것에 의해서 사자가 최초의 법성광명을 깨닫게 되고, 그리하여 [법신의 몸으로] 해탈하게 된다. 】

2) 두 번째 법성광명의 바르도

【 사자가 최초의 법성광명[정광명]은 깨닫지 못한 것으로 의심이 가면, 그 다음 두 번째 법성광명이라 부르는 것이 출현하게 된다. 그 시기는 바깥 숨이 끊어진 뒤 한 식경쯤[29]이 지나서 출현한다. 선악의 업에 의해

---

27 불변광명불(不變光明佛)을 진여의 광명을 뜻하니 『틱레꾼쌜첸뽀』에서, "자기의 자성이 더러움이 없고, 지혜의 자기 광채가 막힘없이 빛나는 그것이 일체의 앞이 되고, 각성이 자기 광명과 함께 불변하는 까닭에 원초불변광명불(原初不變光明佛)이다."라고 하였다. 그러므로 이것은 법신의 광명인 동시에 아미타불(無量光佛)의 광명이기도 하다.

28 여기서 의취(意趣)는 심의(心意), 의향(意向), 밀의(密意)를 뜻하는 '공빠(dGoṅs pa)'의 옮김이다.

29 여기서 몸 밖에서 경험하는 두 번째 법성광명이 한 식경(食頃)쯤 지난 뒤에 출현한다고 한

서 좌우의 두 맥도 가운데 어느 한 곳으로 생명의 바람들이 들어간 뒤, 몸의 [아홉 구멍 가운데] 어느 하나[30]를 통해서 몸 밖으로 빠져나오게 된다. 이때 사자의 의식이 [혼절에서 깨어나서] 또렷하게 밝아온다.

그 또한 한 끼의 식사 시간 동안이라고 말할지라도, 맥도의 좋고 나쁨과 수행력이 있고 없음 등에 따라서 각자 다르다. 그때 사자의 의식이 몸 밖으로 빠져나올지라도 자신이 죽었는지 아닌지를 분명하게 깨닫지 못한다. 그리고 가족과 친지들을 예전처럼 보게 되고, 그들이 우는 소리를 또한 듣게 된다. 무서운 업(業)의 환영들도 아직 나타나지 않고, 염라왕의 소름끼치는 공포도 찾아오지 않는 그 기간에 이 가르침을 정성껏 읽어 주도록 하라.

여기에는 생기차제와 원만차제[31]의 두 가지 가르침이 있다. 사자가 원만차제를 닦은 유가행자이면 그의 이름을 세 번 부르고 나서, 앞에서 말한 법성광명을 일깨워 주는 가르침을 반복해서 읽어 주도록 하라. 만약 생기차제의 유가행자이면 그의 어느 한 본존(本尊)[32]의 행법과 관련된 [본존불을 내면에 생기해서 합일을 꾀하는] 성취행법을 기억하게 다음과 같

것은 중병 등으로 인해 맥들이 허약해서 정광명이 발생함과 동시에 소멸하여 곧바로 사자의 의식이 몸을 떠나는 경우를 말한 것이며, 일반적으로는 3일 반 뒤에 경험하게 된다.

30 사자의 의식이 몸을 빠져나오는 인체의 문 또는 구멍은 아홉 가지가 있으며, 사자가 어느 곳에 탄생하는가에 따라 나가는 문이 각각 결정된다. 예를 들면, 지옥에 태어나는 사자는 그 의식이 항문을 통해서 빠져나가게 된다.

31 생기차제(生起次第)와 원만차제(圓滿次第)는 아눗따라유가 딴뜨라의 핵심 수행이다. 생기차제는 범속한 몸·말·뜻 셋을 본존의 청정한 몸·말·뜻 삼금강(三金剛) 또는 삼밀(三密)로 변화시키는 관상행법(觀想行法)이 위주가 되고, 원만차제는 본존의 삼금강을 실현하기 위해 인체의 풍(風)·맥(脈)·정(精) 셋을 수련하는 유가 수련이 위주가 된다.

32 본존(本尊)은 '이담(Yi dam)'의 옮김으로 수행의 본존을 말한다. 다시 말해, 어느 한 본존의 관정을 받고나서 그 행법을 닦을 때 주체가 되는 불보살과 명왕(明王)과 다끼니 여신 등을 총칭하는 용어이다. 때문에 원불(願佛)과 의미가 꼭 같은 것이 아니다.

이 읽어 주도록 하라.】

오, 고귀한 가문의 자손이시여! 그대의 본존을 닦도록 하십시오. 결코 산란해서는 안 됩니다. 강렬한 희원으로 그대의 본존에게 집중토록 하십시오. 비록 본존의 모습이 그렇게 출현할지라도 물속의 달과 같아서 자성이 없습니다. 그와 같이 닦도록 하십시오. 결코 거친 살과 피로 뭉친 몸체로 닦아서는 안 됩니다.

【만약 사자가 일반 사람이면 다음과 같이 말해 주도록 하라.】

오, 고귀한 가문의 자손이시여! 대자대비하신 관세음보살님을 닦도록 하십시오.

【이와 같이 일깨워 줌으로써 바르도를 전혀 인지하지 못하는 사자들도 틀림없이 인식하게 된다. 비록 생전에 스승님께서 알려주었을지라도, 크게 닦아 익히지 못했으면 자기 스스로 바르도를 분명하게 인식하지 못한다. 그러므로 스승이나 도반이 바르도를 분명하게 인식할 수 있도록 일깨워 줌이 필요하다. 또한 생전에 오랫동안 수행하였을지라도, 임종 시에 위중한 병으로 착란을 일으켜서 기억을 잃어버린 사람들에게도 이것을 반드시 읽어 줄 필요가 있다. 또한 생시에 [생기차제와 원만차제의] 행법을 닦고 익혀 왔을지라도, 율의를 파하였거나 근본서언[33]을 범해서 악도에

33 근본서언(根本誓言)은 밀교의 서언계(誓言戒) 가운데 핵심이 되는 14근본타죄(根本墮罪)를 말한다. 이것은 나무의 뿌리와 같아서 한 번 범하면 회복의 길이 없으며 반드시 악도에 떨

떨어지게 되는 사람들에게도 이것을 반드시 읽어 줄 필요가 있다.

첫 번째 바르도에서 법성광명을 깨달으면 가장 좋다. 만약 그렇지 못하면, 두 번째 바르도에서 법성광명을 일깨워 줌으로써 사자의 의식이 각성되어 해탈하게 된다.

두 번째 바르도에서 환신[34]이라 부르는, 그 자신이 죽었는지 아닌지를 분명히 인식하지 못하는 하나의 투명한 의식이 출현한다. 그때 사자가 이 가르침을 받게 되면, 법성의 모자광명[35]의 합일을 이룸으로써 업의 지배를 받지 않게 된다. 마치 태양 빛이 어둠을 멸함과 같이, 도위의 광명[36]이 업의 힘을 파괴해서 해탈하게 된다.

[사자의 의식이 몸 밖으로 빠져나온 직후인] 두 번째 바르도에서 의생신[37]이 홀연히 생겨나고, 그 의식은 생전과 같이 말소리를 알아듣는다. 그때 이 가르침을 사자가 받게 되면 해탈하게 될 뿐 아니라, 혼란한 업의 환영들

어지게 된다. 그러나 여타의 서언들은 범할지라도 참회행법을 통해서 회복할 수 있다.

34 저자의 대본에는 청정환신(清淨幻身, Dag paḥi sgyu lus)으로, 다른 판본에는 부정환신(不淨幻身, Ma dag paḥi sgyu lus) 또는 환신(幻身, sGyu lus) 등으로 나와서 적지 않게 혼란을 일으키고 있다. 원칙적으로는 부정환신이 맞으나, 여기서는 범부들이 부정한 업과 습기로 받는 의생신(意生身)도 포함하는 환신(幻身)으로 옮겼다. 이유는 청정환신과 부정환신 둘은 정확하게 원만차제에서 수행자가 의식이 깨어 있는 상태에서 얻는 해탈의 몸으로 자신이 죽었는지 아닌지를 인식하지 못하는 범부의 환신과는 다르기 때문이다.

35 모자광명(母子光明)은 임종 시에 발생하는 죽음의 정광명을 어머니의 광명에, 수행의 과정에서 성취하는 깨달음의 광명을 아들광명에다 비유한 것이다.

36 도위(道位)의 광명은 수행의 과정에서 법성을 깨달아 성취하는 지혜의 광명을 말한다. 여기에는 가행도(加行道)와 견도(見道), 수도(修道)에서 증득하는 분증(分證)의 유학도(有學道)의 광명과 구경각(究竟覺)의 무학도(無學道)의 광명이 있다.

37 의생신(意生身)은 정확히 '의생환신(意生幻身)'을 뜻하며, 티베트어 '이끼뤼(Yi kyi lus)'와 범어 '마노마야까야(Mano-maya kāya)'의 옮김이다. 곧, 색온(色蘊)으로 형성된 물질적 몸이 아니라 단지 수(受)·상(想)·행(行)·식(識)의 사명온(四名蘊)만으로 만들어진 의식체인 까닭에 의생신으로, 또한 환화와 같은 몸인 까닭에 환신(幻身)이라 부른다.

이 미처 나타나지 않음으로써 어떠한 곳으로든지 쉽게 인도할 수가 있다. 이와 같이 비록 인위의 정광명을 인지하지 못하였을지라도, 두 번째 바르도에서 법성광명을 깨달음으로써 또한 [보신의 몸으로] 해탈하게 된다.】

3) 세 번째 법성광명의 바르도

【두 번째 바르도에서 해탈하지 못하면, 그 뒤 세 번째 바르도라 부르는 법성의 바르도가 출현하게 된다. 이 세 번째 바르도에서 업의 환영들이 나타남으로써, 그때 법성의 바르도를 일깨워 주는 이 『바르도퇴돌』을 읽어 주는 것이 매우 중요하다. [왜냐하면 사자를 해탈시키는] 큰 힘과 효과가 있기 때문이다.

그때 사자는 가족과 친지들이 슬피 울며 애통해 하고, 음식은 더 이상 차려지지 않고, 옷은 벗겨지고, 자리는 치워지고, 자기는 가족과 친지들을 볼지라도 그들은 사자를 보지 못한다. 또한 사자는 그들이 자기를 부르는 소리를 들을 수가 있을지라도, 자기가 부르는 소리는 그들이 듣지 못함으로써 크게 낙심한 채 떠나게 된다.

그때 소리와 빛과 광선 세 가지 현상이 출현함으로써 두려움과 무서움과 공포 셋에 질려서 기절하게 된다. 그때 법성의 바르도를 일깨워 주는 이 가르침을 읽어 주도록 하라. 먼저 사자의 이름을 세 번 부른 뒤, 다음과 같이 명확하게 들려주도록 하라.】

오, 고귀한 가문의 자손이시여! 산란한 마음을 버리고, 강렬한 염원으로 귀담아 잘 듣도록 하십시오. 바르도에는 여섯 가지[38]가 있습니다. 그것

---

38 여섯 가지 바르도는 무시이래의 윤회의 시초로부터 바르도가 없는 열반의 경지에 이르기

은 ①자연적 생존의 바르도, ②꿈의 바르도, ③선정삼매의 바르도, ④임종의 바르도, ⑤법성의 바르도, ⑥순류의 재생[육도]의 바르도입니다.

오, 고귀한 가문의 자손이시여! 이제 그대에게 세 가지 바르도가 나타납니다. 임종의 바르도와 법성의 바르도와 그리고 순류의 재생[육도]의 바르도[39] 세 가지가 출현하는 가운데, 어제까지 임종의 바르도에서 법성광명이 출현하였으나 그것을 깨닫지 못하였습니다. 그래서 여기까지 유랑하게 된 것입니다. 이제 그대에게 법성의 바르도와 재생[육도]의 바르도 두 가지가 출현하게 됩니다. 제가 일러주는 가르침들을 그대는 산란함이 없이 모두 기억하도록 하십시오.

오, 고귀한 가문의 자손이시여! 지금 죽음이라 부르는 그것이 찾아왔습니다. 이제 이 세상을 떠나 저 세상으로 가게 됩니다. 그대 혼자만이 가는 것이 아닙니다. 이것은 모든 사람들에게 일어나는 일입니다. 그러니 이생에 대한 애착과 미련을 갖지 않도록 하십시오. 설령 그렇게 붙잡고 놓지 않으려 애써 보아도 더 이상 머무를 힘이 없습니다. 비록 그렇게 할지라도 윤회에 유랑하는 것밖엔 다른 것이 없습니다. 그러므로 더 이상 이승에 집착하지 말고, 애착하지 마십시오. 대신 불·법·승 삼보만을 오로지 기억토록 하십시오.

오, 고귀한 가문의 자손이시여! 법성의 바르도에서 온갖 공포의 환

까지의 일단의 기간을 여섯 단계로 편의상 구분한 것으로, 학설에 따라서 여러 가지의 구별법이 있다.

39 순류의 재생[육도]의 바르도는 선악의 업의 흐름에 의해서 마치 강물이 흘러가듯 육도세계에 다시 태어나는 까닭에 순류(順流)라고 부른다.

영들이 나타나 엄습할지라도, 그대는 이 말을 잊지 않고, 글 뜻을 잘 기억한 채 떠나도록 하십시오. 이것이 바르도의 환영을 깨닫게 해주는 열쇠가 됩니다.

아! 나에게 법성의 바르도가
환상처럼 나타나 오는 이때,
모든 두려움과 공포심을 버리고
무엇이 나타나든 마음의 표출이며
그것이 바르도의 현상임을 알리라!
일대사가 끝나는 중대한 시점에서
마음의 표출들인 정맹의 성중들을
이젠 겁내고 무서워하지 않으리라!

그대는 이 법구를 낭랑하게 읊조리고, 글 뜻을 기억한 채 떠나도록 하십시오. 이것이 어떠한 공포의 환영들이 나타날지라도 모두가 내 마음의 표출임을 반드시 깨닫게 해주는 긍경이 됩니다. 그러므로 결코 잊지 않도록 하십시오.

오, 고귀한 가문의 자손이시여! 그대의 몸과 마음이 서로 분리될 때, 법성의 청정한 광경[40]이 나타납니다. 미세하고 맑으며, 밝고 눈부시며, 본

---

40 법성의 광경[현상]은 '최니닥빼낭와(Chos ñid dag paḥi snaṅ ba)'의 옮김이다. 『맨악닝기공빠(教誡極密意王續)』에서는 법성의 광경을 다음과 같이 설명하고 있다. "자기 심장 가운데 하얀 연꽃 보좌 위에, 나타나도 자성이 없는 마치 참깨 꽃봉오리 크기거나 말 꼬리를 열 등분한 정도의 [오대원소의 청질(淸質)인] 오정(五精)이 오광명의 형태로 머문다. 금강살타의 거울에

성이 찬란하고 두려운 광경이 봄날의 들판에서 피어나는 아지랑이처럼 일렁거리며 나타납니다. 그것을 두려워하지 마십시오. 무서워하지 마십시오. 겁내지 마십시오. 그것이 그대 법성의 본연의 자기 광휘임을 깨닫도록 하십시오.

그 광명의 빛 속에서 법성 본연의 소리가 격렬하고 사납게 우르릉거리며 들려옵니다. 마치 천개의 천둥소리가 동시에 때리듯이 격하게 소리치며 들려올지라도, 그 또한 그대 법성 본연의 소리이니 그것을 두려워하지 마십시오. 무서워하지 마십시오. 겁내지 마십시오.

지금 그대에겐 습기의 의생신[41]이라 부르는 하나만이 있을 뿐, 피와 살로 뭉친 거친 몸뚱이가 없는 까닭에, 그 어떤 소리와 빛과 광선이 나타날지라도 그대를 해치지 못합니다. 그대에겐 죽음이 없습니다. 단지 그것들이 그대 [법성의] 본연의 현상임을 아는 것으로 충분합니다. 그것이 바르도임을 깨닫도록 하십시오.

오, 고귀한 가문의 자손이시여! 그와 같이 그것이 자기 [법성의] 현상임을 깨닫지 못하면, 비록 인간세상에서 그처럼 수행하였을지라도 지금 이 가르침을 받지 못하면, 소리와 빛과 광선 셋에 의해서 두려움과 무서움과 공포에 떨게 됩니다. 만약 이 가르침의 진실을 알지 못하면, 소리와 빛과 광선 세 가지의 의미를 깨닫지 못한 채 육도세계에 끝없이 유랑하게 됩니다.

눈을 대고 들여다보면, [법성의 광경이] 미세하고 맑으며, 밝고 눈부시며, 자성이 찬란하고, 두려우며, 봄날의 들판에서 아지랑이가 흐르듯이 일렁거리며 나타난다. 그와 같이 체험하고, 깨달으며, 친숙토록 하라."

41 습기의 의생신(意生身)은 업과 습기, 번뇌 등을 정화해서 성취한 보신불의 청정한 의생신과는 달리 번뇌와 업의 습기에서 생겨난 범부의 부정한 바르도의 몸을 말한다.

13장 적정의 붓다들이 출현하는 법성의 바르도[1]

첫째 날[2]

오, 고귀한 가문의 자손이시여! 그대는 3일 반 동안 의식을 잃고 지냈습니다. 의식이 깨어나자 내게 무슨 일이 일어났는가를 생각하게 됩니다. 그대는 지금 바르도 상태에 들어와 있음을 깨닫도록 하십시오.

이때 윤회의 흐름이 역류[3]하여 모든 현상들이 [청정한] 빛과 [붓다의]

1 "적정(寂靜)의 붓다들이 출현하는 바르도"의 원어는 "시왜바르되차르출땐빠(Shi baḥi bar doḥi ḥchar tshul bstan pa)"로, 의미는 '고요하고 평온한 모습의 붓다들이 출현하는 바르도를 나타내 보임'이다.

2 원문에는 본래 '첫째 날'이란 표기가 없으나 편의상 구분하였다.

3 '윤회의 흐름이 역류'한다는 의미는, 생시의 분별의 마음이 죽음의 정광명 상태로 역류한 뒤, 다시 현명근득과 현명증휘, 현명과 80자성의 거친 의식 상태로 전개되는 과정에서, 잠재된 습기와 업들이 깨어나 활동하지 않는 짧은 시간 동안의 청정한 의식 상태를 말한다.

몸으로 출현[4]합니다. 하늘은 전체가 청색[5]으로 나타납니다.

그때 청색[6]의 비로자나불께서 법계에 편만한 띨라까(一圓相)[7]의 중앙정토인 아까니스타(密嚴刹土)에서 출현합니다. 비로자나불께서 사자보좌 위에 앉아 계시며, 손에는 여덟 바퀴 살의 법륜을 들고, 불모 아까싸다뜨 - 위쓰와리(虛空界自在母)와 교합한 모습으로 [무지개와 광명 속에서] 그대에게 나타납니다.[8]

---

4 '모든 현상들이 [청정한] 빛과 [붓다의] 몸으로 출현'하는 까닭은 분별의 마음이 소멸하고 진여의 각성이 나타나기 때문이다. 이 뜻을 『쌍걔랑채첸뽀(佛衆生內住續)』에서, "각성이 마음과 분리됨으로써 외경과 내심을 가르는 분별을 여읜다. 각성이 가림 없이 그대로 드러남으로써 자기 광명이 외경[빛과 몸]으로 나타난다. 외경이 지혜의 표출임을 알아서 해탈한다. [걸림 없는] 지혜의 몸(智身)은 형상을 갖지 않음으로써 선업과 악업의 익음(異熟)으로부터 해탈한다."라고 하였다.

5 하늘이 청색으로 나타나는 것은 부정한 허공 원소가 소멸하고 청정한 허공 원소가 법성의 본질로 출현하기 때문이다. 곧, 청정한 허공 원소로부터 청색의 광선이 발생하는 까닭에 법성의 하늘이 청색으로 나타나는 것이다. 이때 혈육의 몸뚱이는 보배로운 광명이 불타는 오종성불의 작은 무리의 만다라로 해탈하고, 분별의 마음은 무분별의 지혜로 해탈하게 된다. 그러므로 『쌍걔랑채첸뽀』에서, "바깥 대경인 땅과 돌과 산과 바위가 공성의 법성으로 해탈한 뒤, 모든 현상이 광명의 만다라로 해탈하고 나타난다."라고 하였다.

6 원문은 '백색'이나 식온(識蘊)을 상징하는 '청색'으로 고쳤다.

7 편만한 띨라까(明点)는 법계의 근원이 되는 극도로 미세한 풍심(風心)의 화합체인 불괴명점(不壞明点)을 말한다. 이 풍심이 곧 의식이며, 여기에서 나머지 사온(四蘊)들이 출생한다. 그러므로 의식을 상징하는 비로자나불이 만다라의 중심에 자리 잡고, 나머지 사불(四佛)들이 사방에 위치한다. 이것은 법계를 상징하는 일원상(一圓相)과 그 의미가 같다고 할 수 있다.

8 바르도의 첫날에 출현하는 비로자나불의 속성에 대하여 『맨악닝기공빠』의 「최니바르도(法性中有品十二)」에서 다음과 같이 설하였다. "[만다라의] 연꽃의 중앙에는 각성(覺性)의 본질이 비어 있는 측면에서 법계체성지의 자기 광휘가 청색으로 빛난다. 그 과덕(果德)이 영상으로 나타난 몸이 길상하신 세존 비로자나불이다. 불변하는 법성의 상징으로 몸빛이 청색이며, 진실한 밀의가 불생의 법성 가운데 거두어지는 상징으로 대보리인(大菩提印)을 맺는다. 마음이 각성의 지혜로 무명을 파괴하는 표시로 지물(持物)인 법륜을 들고 있다. (중략) [방편과 반야가 모이고 흩어짐이 없는 표시로 허공 원소인 명비 아까싸다뜨위쓰와리와 포옹한 채 불이의 상태로 앉아 계신다.] 법좌는 몸에 세 가지 힘을 갖춘 상징으로 사자보좌이다. 몸에 번뇌

청정한 식온(識蘊)의 광명인 법계체성지(法界體性智)의 맑고 투명하며, 눈부시고 찬란한 한 줄기 청색 광명이 비로자나불 합체존의 심장에서 발산되어 그대 앞에 나타납니다. 찬란한 빛살이 세찬 눈부심을 일으키며 [심장에] 꽂히듯이 비춰옵니다. 그와 함께 천상계의 흐릿한 백색 광명 또한 [그 지혜광명에] 붙어서 그대 앞에 꽂히듯이 나타납니다. 그때 그대는 무지(無知)[9]의 업력으로 법계체성지의 눈부신 청색 광명에 대하여 두려움과 공포를 일으킨 뒤 달아나게 되고, 대신 천상계의 흐릿한 백색 광명에 호감을 갖게 됩니다.

그때 그대는 밝고 눈부시며, 맑고 찬란한 최상의 그 지혜광명을 두려워하지 마십시오! 무서워하지 마십시오! 그것은 법계체성지라 부르는 여래의 광선입니다. 간절한 마음으로 그것을 믿고 흠모하여 받아들이도록 하십시오! 또한, '이 빛은 비로자나불의 대비의 광선이다'라고 생각한 뒤, 간절히 기원토록 하십시오! 그 빛은 비로자나불께서 바르도의 험로에서 그대를 맞이하기 위해서 현시한 것입니다. 바로 비로자나불의 대비의 광선입니다.

천상계의 흐릿한 백색 광명을 좋아하지 마십시오! 그것에 집착하지 마십시오! 애집하지 마십시오! [그것은 그대의 견고한 무지의 악업이 쌓은 습

의 더러움이 없는 상징으로 연화보좌이며, 그 위에 방편과 반야가 모이고 흩어짐이 없는 표시로 일월의 보좌에 앉아 계신다."

9 원문은 '악업'이지만 '무지'로 고쳤다. 그 이유는 무지와 성냄, 교만과 탐욕, 질투 다섯이 본래로 법계와 대원, 평등과 관찰, 사업 다섯 가지 지혜로 본래 성취된 까닭이다. 다시 말해, 오대(五大)가 오불모(五佛母)로, 오온(五蘊)이 오불(五佛)로, 오독(五毒)이 오지(五智)의 본성으로 존재하는 만다라는 사유를 초월하니, 현상과 열반의 일체법이 본래부터 자연성취로 존재하고 있음이 자성대원만(自性大圓滿)이기 때문이다.

기가 그대를 맞이하기 위해 나타난 빛의 길입니다.」[10] 만약 그 빛을 탐착하게 되면 천상계에 유랑하게 되어 육도에 윤회하게 됩니다. 그것은 해탈의 길을 가로막는 장애이니, 눈으로 보려고 하지 마십시오! 오로지 투명하고 눈부신 그 청색 광명만을 흠앙토록 하며, 비로자나불 합체존께 강렬한 희원을 일으킨 뒤, 저를 따라 다음과 같이 기원토록 하십시오!

아, 이 몸이 무지의 악업으로
윤회의 수렁 속을 유랑할 때,
법계체성지의 밝은 광명의 길로
비로자나불은 앞에서 이끄시고
다뜨위스와리는 뒤에서 미시어,
바르도의 험로에서 구원하소서!
붓다의 정등각지로 인도하소서!

【 이렇게 간절한 믿음과 흠모의 마음으로 기원드림으로써, 비로자나불 합체존의 심장 속으로 무지갯빛으로 녹아든 뒤, 중앙의 정토인 아까니스타(밀엄찰토)에서 보신의 몸으로 성불[11]하게 됩니다. 】

---

10 이 구절은 캔뽀도제가 편집한『바르도퇴돌』에서 인용, 보유하였다.

11 이것은 바르도의 상태에서 마음이 지혜광명의 빛 덩어리로 해탈하는 법 가운데 자기 각성이 광명으로 들어가 해탈하는 법을 말한 것이다. 이 뜻을『쌍걔랑채첸뽀』의「돌출땐빠(解脫法品四)」에서 다음과 같이 설하였다. "자기 각성이 광명으로 들어감은, [모든] 현상이 광명의 몸으로 출현하는 그것이 자기 각성의 자기 광휘가 자기에게 나타난 것임을 깨달음으로써 자기 광명이 붓다의 몸으로 녹아들어 성불함이다. 그것이 자기 각성이 광명으로 들어가는 저쪽으로 들어감이다."

둘째 날

【 그와 같이 일깨워 줄지라도, 사자는 성냄과 죄업과 장애의 나쁜 영향들로 인해 빛과 광선을 두려워하여 달아나게 된다. 그래서 간절하게 기원을 드릴지라도 마음이 착란을 일으킴으로써, 둘째 날에는 금강살타(金剛薩埵) 성중들과 지옥계의 악업에서 생긴 흐릿한 회색 광명 둘이 사자를 맞이하기 위해서 나타난다.

사자를 일깨워 주기 위해 그의 이름을 세 번 부른 뒤에, 다음과 같이 들려주도록 하라. 】

오, 고귀한 가문의 자손이시여! 산란함이 없이 귀담아 잘 듣도록 하십시오. 바르도의 둘째 날에는 청정한 땅 원소의 백색 광명[12]이 나타납니다.

그때 동방의 정토인 아비라띠(妙喜世界)로부터 백색[13]의 바즈라싸뜨와(金剛薩埵佛)[14]께서 코끼리 보좌 위에 앉아, 손에 오고금강저를 들고, 불모 붓다로짜나(佛眼佛母)와 교합한 모습으로 그대에게 나타납니

---

12 원문은 '청정한 물 원소의 백색 광명'이나 '청정한 땅 원소의 백색 광명'으로 고쳤다. 이것은 사자의 부정한 다섯 원소가 청정한 법성으로 융해되어 청질(淸質)의 다섯 원소로 변화하여, 부정한 땅 원소가 청정한 땅 원소로 바뀔 때 나타나는 광명이 곧 백색 광명이기 때문이다. 이와는 달리 부정한 땅 원소에서 대지와 산하 등이 나타난다. 이 뜻을 『맨악닝기공빠』의 「시왜꾸차르룩(寂靜尊出現品五)」에서, "모든 땅 원소가 백색 광명으로 출현한다. 백색 광명 속에 하얀 몸빛의 바즈라싸뜨와가 손에 오고금강저(五股金剛杵)를 들고, 코끼리 보좌 위에 앉아 계신다. 불모 붓다로짜나와 교합하고 계신다. 모든 물 원소가 금색 광명으로 출현한다. 금빛 광명 속에 황금 몸빛의 라트나쌈바와가 손에 보주를 들고, 준마보좌 위에 앉아 계신다. 불모 마마끼와 교합하고 계신다."고 설하였다.

13 원문은 '청색'이나 '백색'으로 고쳤다. 이유는 앞의 주석 12와 뒤의 주석 15를 참고하기 바란다.

14 원문은 '바즈라싸뜨와-악쇼브야(Vajrasattva-Akṣobhya, 金剛薩埵-不動佛)'이다.

다.[15]

권속들인 끄시띠가르바(地藏菩薩)와 마이뜨레야(彌勒菩薩) 두 남성 보살과 라쓰야(具嬉天母)와 쁘스빠(具花天母) 두 여성 보살이 에워싼 모양의 여섯 명의 붓다들이 [무지개와 광명 속에서] 그대에게 나타납니다.[16]

청정한 색온(色蘊)의 광명인 대원경지(大圓鏡智)의 희고 눈부시며, 맑고 투명한 한 줄기 백색 광명이 금강살타 합체존의 심장에서 발산되어 그대 앞에 나타납니다. 그 찬란한 빛살이 [심장에] 꽂히듯이 세찬 눈부심을 일으키며 비춰 옵니다. 그와 함께 지옥계의 흐릿한 회색 광명 또한 그 지혜광명에 붙어서 그대 앞에 꽂히듯이 나타나옵니다. 그때 그대는 성냄의 업력으로 대원경지의 눈부신 백색 광명에 대하여 두려움과 공포를 일으킨 뒤 달아나게 되고, 대신 지옥계의 흐릿한 회색 광명에 호감을 갖게 됩니다.

그때 그대는 찬란하고 눈부시며, 맑고 투명한 백색 광명을 두려워하지 마십시오! 그것이 [대원경지의] 지혜의 광명임을 깨닫도록 하십시오!

---

15 바르도의 둘째 날의 광경에 대하여 『맨악닝기공빠』에서 다음과 같이 설하였다. "[만다라] 동쪽의 연꽃잎에는 각성의 자성이 밝게 빛나는 측면에서 대원경지의 자기 광휘가 백색으로 빛난다. 그 과덕(果德)이 영상으로 나타난 몸이 세존 바즈라싸뜨와이다. 법[번뇌]의 더러움에 물들지 않는 표시로 몸빛이 백색이다. 땅 원소를 온전히 갖추고 그것을 제압한 표시로 [손가락 끝으로 땅을 누르는] 촉지인(觸地印)을 맺는다. 마음이 각성의 지혜에서 변치 않고, 붓다의 오신(五身)과 오지(五智)를 갖춘 표시로 지물인 [끝이 다섯 갈래로 갈라진] 오고금강저를 들고 계신다. (중략) 방편과 반야가 모이고 흩어짐이 없는 표시로 땅 원소인 불모 붓다로짜나와 포옹한 채 불이의 상태로 앉아 계신다. 법좌는 불변하는 법성을 상징하는 코끼리 보좌이다. 그 위에 번뇌의 더러움에 물들지 않는 상징으로 연화보좌와 일월의 보좌에 앉아 계신다."

16 권속들의 의미에 대하여 "부존인 바즈라싸뜨와의 막힘없는 방편의 지혜의 측면을 맡는 보살로 두 남성 보살이 출현하고, 불모인 붓다로짜나의 불변하는 반야의 법성의 측면을 맡는 보살로 두 여성 보살이 출현한 것이다."라고 『맨악닝기공빠』에서 설하였다. 다른 24명의 남녀 보살들도 그와 같다.

간절한 마음으로 그것을 믿고 흠모하여 받아들이도록 하십시오! 또한 '이 빛은 금강살타의 대비의 광명이다. 나는 여기에 귀의하리라!'라고 생각한 뒤, 간절한 믿음으로 기원토록 하십시오! 그 빛은 금강살타께서 바르도의 공포에서 그대를 맞이하기 위해서 현시한 것입니다. 바로 금강살타의 자비광선의 갈고리입니다. 그러므로 간절히 믿고 이해토록 하십시오!

지옥계의 흐릿한 회색 광명을 좋아하지 마십시오! 그것은 그대의 사나운 성냄의 악업이 쌓은 죄장이 그대를 맞이하기 위해서 나타난 빛의 길입니다. 그 빛을 탐착하게 되면 지옥에 떨어져서, 참고 견딜 수 없는 고통의 늪 속에서 빠져나오지 못하게 됩니다. 그것은 해탈의 길을 가로막는 장애이니, 눈으로 보려고 하지 마십시오! 성냄을 버리도록 하십시오! 그것을 탐착하지 마십시오! 애집하지 마십시오! 오로지 밝고 눈부신 그 백색 광명만을 흠앙토록 하며, 금강살타 합체존께 강렬한 희원을 일으킨 뒤, 저를 따라 다음과 같이 기원토록 하십시오!

> 아, 이 몸이 성냄의 악업으로
> 윤회의 수렁 속을 유랑할 때,
> 대원경지의 밝은 광명의 길로
> 금강살타는 앞에서 이끄시고
> 붓다로짜나는 뒤에서 미시어,
> 바르도의 험로에서 구원하소서!
> 붓다의 정등각지로 인도하소서!

【 이렇게 간절한 믿음과 흠모의 마음으로 기원드림으로써, 금강살타 합

체존의 심장 속으로 무지갯빛으로 녹아든 뒤, 동방의 정토인 아비라띠(묘희세계)에서 보신의 몸으로 성불하게 됩니다.】

셋째 날

【그와 같이 일깨워 줄지라도, 큰 아만과 죄업과 장애를 쌓은 사람들은 금강살타의 자비광선의 갈고리를 두려워하여 달아나게 된다. 그러므로 셋째 날에는 보생여래 성중들과 인간계의 악업에서 발산되는 흐릿한 청색 광명 둘이 사자를 맞이하기 위해서 나타나게 된다.

사자를 일깨워 주기 위해 그의 이름을 세 번 부른 뒤에 다음과 같이 들려주도록 하라.】

오, 고귀한 가문의 자손이시여! 산란함이 없이 귀담아 잘 듣도록 하십시오. 바르도의 셋째 날에는 청정한 물 원소의 금색 광명[17]이 나타납니다.

그때 남방의 정토인 쓰리마띠(吉祥世界)로부터 금색의 라트나쌈바와(寶生如來)께서 준마의 보좌 위에 앉아 손에 보주를 들고, 불모 마마끼

---

17 원문은 '청정한 땅 원소의 금색 광명'이나 '청정한 물 원소의 백색 광명'으로 고쳤다. 앞의 주석 12를 참고하기 바란다. 특히 여기서처럼 교리적으로 라뜨나쌈바와의 배우자인 마마끼의 본성을 땅 원소로 설정하거나, 금강살타의 배우자인 붓다로짜나의 본성을 물 원소로 배대한 경우는 단지 『릭빠랑쌰르첸뽀(覺性自現大續)』의 특수한 교설로 대부분의 딴뜨라의 교설과 맞지 않으며, 오대(五大) 원소의 은멸차례와도 어긋나게 된다. 뿐만 아니라 이렇게 배대하는 경우, 『바르도퇴돌』 전편에 걸쳐 등장하는 가르침과도 맞지 않게 된다. 예를 들면, 4장 「정맹백존의 예배를 통한 죄장의 자연해탈」에서, "청정한 땅 원소(地大)의 본성이자, 금강부족의 어머니이시며, 백월의 몸빛에 금강저와 금강령을 들고 (중략) 계시는, 불모 붓다로짜나(佛眼佛母)께 정례합니다. 청정한 물 원소(水大)의 본성이자, 보생부족의 어머니이시며, 금색 몸빛에 보주와 금강령을 들고 (중략) 계시는 불모 마마끼(有我佛母)께 정례합니다."라고 설함과 어긋나게 된다.

(有我佛母)와 교합한 모습으로 그대에게 나타납니다.[18]

권속들인 싸만따바드라(普賢菩薩)와 아까쌰가르바(虛空藏菩薩) 두 남성 보살과 말라(具鬘天母)와 두빠(具香天母) 두 여성 보살이 에워싼 모양의 여섯 명의 붓다들이 무지개와 광명과 빛살 속에서 그대에게 나타납니다.

청정한 수온(受蘊)의 광명인 평등성지(平等性智)의 찬란한 금빛의 크고 작은 빛 방울[명점(明点)]들로 꾸며진, 맑고 투명한 한 줄기 금색 광명이 라트나쌈바와 합체존의 심장에서 발산되어, 그대 심장을 향해서 꽂히듯이 세찬 눈부심을 일으키며 비춰 옵니다. 그와 함께 인간계의 흐릿한 청색 광명 또한 그 지혜광명에 붙어서 그대 심장에 꽂히듯이 나타나 옵니다. 그때 그대는 아만의 업력으로 평등성지의 눈부신 금색 광명에 대하여 두려움과 공포를 일으킨 뒤 달아나게 되고, 대신 인간계의 흐릿한 청색 광명에 호감을 갖고 집착하게 됩니다.

그때 그대는 맑고 투명하며, 찬란하고 눈부신 금색 광명을 두려워하지 말고, 그것이 지혜의 광명임을 깨닫도록 하십시오! 그 광명 위에 마음을 안치해서 무위의 상태에 안연하게 머물도록 하십시오! 또한 그것을 간절한 마음으로 그것을 믿고 흠모하여 받아들이도록 하십시오!

만약 그것이 그대 각성의 본연의 광명임을 깨닫게 되면, 간절히 믿

---

18 바르도의 셋째 날에 대하여 『맨악닝기공빠』에서 다음과 같이 설하였다. "[만다라] 남쪽의 연꽃잎에는 자기 각성의 [본질이] 비어 있음과 밝음이 둘이 아닌 [명공일여(明空一如)의 측면에서] 평등성지(平等性智)의 자기 광휘가 금색으로 빛난다. 그 과덕(果德)이 영상으로 빛나는 몸이 세존 라트나쌈바와이다. 온갖 공덕의 보석이 몸에 넘치는 상징으로 몸빛이 금색이다. 중생에게 대비를 일으키는 상징으로 시원인(施願印)을 맺는다. 각성의 자생지혜에서 공덕이 편향됨이 없이 일어나는 표시로 지물인 보주[여의주]를 들고 있다. 방편과 반야가 모이고 흩어짐이 없음을 나타내는 표시로 물 원소인 불모 마마끼와 포옹한 채 불이의 상태로 앉아 계신다. 법좌는 윤회가 법성 속에서 해탈하거나 또는 이동하는 표시로 준마 보좌이다. 번뇌의 더러움에 물들지 않는 상징으로 연화일월의 보좌이다."

고 흠앙하며 기원하지 않을지라도 붓다의 몸과 빛과 광선들이 모두 그대와 분리됨이 없이 하나로 녹아든 뒤 성불하게 됩니다. 만일 그것이 그대 마음의 본연의 광명임을 알지 못하면, '이 빛은 보생여래의 대비의 광명이다. 나는 여기에 귀의하리라!'라고 생각한 뒤, 간절한 믿음으로 기원토록 하십시오! 그 빛은 바로 보생여래의 자비광선의 갈고리입니다. 그러므로 간절히 믿고 이해토록 하십시오!

인간계의 흐릿한 청색 광명을 좋아하지 마십시오! 그것은 그대의 사나운 교만의 악업이 쌓은 습기가 그대를 맞이하기 위해서 나타난 빛의 길입니다. 그 빛을 탐착하면 인간계에 떨어진 뒤, 생로병사의 고통을 받으면서 육도의 윤회에서 벗어날 수 없습니다. 그것은 해탈의 길을 가로막는 장애이니, 그것을 눈으로 보려고 하지 마십시오! 아만을 버리도록 하십시오! 습기를 끊도록 하십시오! 그것을 탐착하지 마십시오! 애집하지 마십시오! 오로지 밝고 눈부신 그 금색의 광명만을 흠앙토록 하며, 보생여래 합체존께 강렬한 희원을 일으킨 뒤, 저를 따라 다음과 같이 기원토록 하십시오!

아, 이 몸이 교만의 악업으로
윤회의 수렁 속을 유랑할 때,
평등성지의 밝은 광명의 길로
보생여래는 앞에서 이끄시고
마마끼 불모는 뒤에서 미시어,
바르도의 험로에서 구원하소서!
붓다의 정등각지로 인도하소서!

【 이렇게 간절한 믿음과 흠모의 마음으로 기원드림으로써, 보생여래 합체존의 심장 속으로 무지갯빛으로 녹아든 뒤, 남방의 정토인 쓰리마띠(길상세계)에서 보신의 몸으로 성불하게 됩니다. 】

넷째 날

【 그와 같이 일깨워 줌으로써 근기가 아무리 하열한 자들이라도 틀림없이 해탈하게 된다. 그러나 이처럼 여러 차례 알려줄지라도 악업을 크게 쌓은 자들과 금강서언을 범하는 등의 복분이 끊어진 무리들 가운데 법성의 광명을 깨닫지 못하는 자들이 허다하다. 탐욕과 죄업과 장애에 가려서 소리와 빛에 두려움을 느끼고 달아남으로써, 넷째 날에는 아미타불 성중들과 인색과 탐욕에 생겨난 아귀계의 어두운 황색 광명 둘이 사자를 맞이하기 위해서 나타나게 된다.

사자를 일깨워 주기 위해 그의 이름을 세 번 부른 뒤에 다음과 같이 들려주도록 하라. 】

오, 고귀한 가문의 자손이시여! 산란함이 없이 귀담아 잘 듣도록 하십시오. 바르도의 넷째 날에는 청정한 불 원소의 적색 광명이 나타납니다.

그때 서방의 정토인 쑤카와띠(極樂世界)로부터 적색의 아미타바(阿彌陀佛)께서 공작의 보좌 위에 앉아, 손에 연꽃을 들고, 불모 빤다라와씨니(白衣佛母)와 교합한 모습으로 나타납니다.[19]

---

19 바르도의 넷째 날에 대하여『맨악닝기공빠』에서 다음과 같이 설하였다. "[만다라] 서쪽의 연꽃잎에는 자기 각성의 반야가 멈춤이 없는 측면에서 묘관찰지(妙觀察智)의 자기 광휘가

권속들인 아왈로끼떼쓰와라(觀自在菩薩)와 만주쓰리(文殊童眞菩薩) 두 남성보살과 기따(歌吟天母)와 알로까(明燈天母) 두 여성보살이 에워싼 모양의 여섯 명의 붓다들이 무지개와 광명 속에서 그대에게 나타납니다.

청정한 상온(想蘊)의 광명인 묘관찰지(妙觀察智)의 붉고 찬란하며, 크고 작은 빛 방울들로 장식되고, 맑고 투명하며, 찬란하고 눈부신 한 줄기 적색 광명이 아미타불 합체존의 심장에서 그대의 심장을 향해서 꽂히듯이 세찬 눈부심을 일으키며 비춰 옵니다. 그것을 두려워하지 마십시오! 그와 함께 아귀계의 흐릿한 황색 광명 또한 그 지혜광명에 붙어서 그대에게 나타나옵니다. 그 흐릿한 황색 광명을 좋아하지 마십시오! 애착을 버리도록 하십시오! 그때 그대는 강렬한 탐욕의 업력으로 묘관찰지의 눈부신 적색 광명에 두려움을 일으킨 뒤 달아나게 되고, 대신 아귀계의 흐릿한 황색 광명에 호감을 갖고 집착하게 됩니다.

그때 그대는 맑고 투명하며, 찬란하고 눈부신 그 적색 광명을 두려워하지 마십시오! 그것이 묘관찰지의 광명임을 깨닫도록 하십시오. 그 광명 위에 마음을 안치해서 무위의 상태에 안연하게 머물도록 하십시오! 간절한 마음으로 그것을 믿고 흠모하여 받아들이도록 하십시오!

만약 그것이 그대 마음의 본연의 광명임을 깨닫게 되면, 간절히 믿고 흠앙하며 기원하지 않을지라도 붓다의 몸과 빛과 광선들이 모두 그

적색으로 빛난다. 그 과덕(果德)이 영상으로 빛나는 몸이 세존 아미따바이다. 대비로 중생을 위한 이익을 탐애하는 표시로 홍옥처럼 붉게 빛난다. 진실한 의취가 법성의 상태에 머무는 상징으로 법계정인(法界定印)을 맺는다. 마음이 각성의 지혜를 깨달아 번뇌의 더러움에 물들지 않는 표시로 지물인 연꽃을 들고 있다. 방편과 반야가 모이고 흩어짐이 없는 표시로 불 원소인 불모 빤다라와씨니와 [포옹한 채] 불이의 상태로 앉아 계신다. 법좌는 중생을 위한 이타행을 사랑하는 표시로 공작의 보좌이다. 그 위에 윤회 속의 번뇌의 더러움에 물들지 않는 상징으로 연화 보좌이다. 방편과 반야가 하나인 표시로 일월의 보좌이다."

대와 분리됨이 없이 하나로 녹아든 뒤 성불하게 됩니다. 그와 같이 알지 못하면, '이 빛은 아미타불의 대비의 광선이다. 나는 여기에 귀의하리라!' 라고 생각한 뒤, 간절한 믿음으로 기원토록 하십시오! 그 빛은 바로 아미타불의 자비광선의 갈고리입니다. 그러므로 간절히 믿고 이해하도록 하십시오! 그것을 두려워하여 달아나지 마십시오! 설령 달아날지라도 그대와는 결코 분리되지 않습니다. 그러므로 그것을 두려워하지 마십시오!

아귀계의 흐릿한 황색 광명을 탐착하지 마십시오! 그것은 그대의 강렬한 탐욕의 악업이 쌓은 습기가 그대를 맞이하기 위해서 나타난 빛의 길입니다. 만약 그 빛을 탐착하면 아귀계에 떨어진 뒤, 참지 못할 처절한 기갈의 고통을 받게 됩니다. 그것은 해탈의 길을 가로막는 장애이니, 그것을 탐착하지 마십시오! 습기를 버리도록 하십시오! 애착하지 마십시오! 오로지 밝고 눈부신 그 적색 광명만을 흠앙토록 하며, 아미타불 합체존께 강렬한 희원을 일으킨 뒤, 저를 따라 다음과 같이 기원토록 하십시오!

아, 이 몸이 탐욕의 악업으로
윤회의 수렁 속을 유랑할 때,
묘관찰지의 밝은 광명의 길로
아미타여래는 앞에서 이끄시고
빤다라와씨니는 뒤에서 미시어,
바르도의 험로에서 구원하소서!
붓다의 정등각지로 인도하소서!

【 이렇게 간절한 믿음과 흠모의 마음으로 기원드림으로써, 아미타불 합체존의 심장 속으로 무지갯빛으로 녹아든 뒤, 서방의 정토인 쑤카와띠

(극락세계)에서 보신의 몸으로 성불하게 됩니다.】

다섯째 날

【 이렇게 일깨워 줌으로써 해탈하지 못함이 또한 없다. 그렇지만 그와 같이 일깨워 줌에도 불구하고 대부분의 중생들이 오랜 세월 동안 악습에 물든 영향으로 습기를 버리지 못하고, 질투와 악업의 힘에 이끌려 법성의 소리와 빛에 두려움을 일으키게 된다. 그래서 자비광선의 갈고리를 인식하지 못함으로써 다섯째 날까지 아래로 유랑하게 된다. 그때 불공성취불 성중들이 자비의 광명과 함께 사자를 맞이하기 위해서 나타나고, 번뇌와 질투로 생긴 아수라의 흐릿한 적색 광명 또한 사자를 맞이하기 위해서 나타나게 된다.

사자를 일깨워 주기 위해 그의 이름을 세 번 부른 뒤에 다음과 같이 들려주도록 하라.】

오, 고귀한 가문의 자손이시여! 산란함이 없이 귀담아 잘 듣도록 하십시오. 바르도의 다섯째 날에는 청정한 바람 원소의 녹색 광명이 나타납니다.

그때 북방의 정토인 쁘라꾸따(妙業世界)로부터 녹색의 아목가씻디(不空成就佛)께서 금시조 보좌 위에 앉아, 손에 갈마금강저[20]를 들고, 불모 싸마야따라(誓言度母)와 교합한 모습으로 나타납니다.[21]

---

20 갈마금강저(羯磨金剛杵)는 이검(利劍)과 더불어 불공성취불의 상징물이다. 여기서 갈마(羯磨)는 업을 뜻하는 까르마(Karma)의 음역이다.

21 바르도의 다섯째 날에 대하여 『맨악닝기공빠』에 다음과 같이 설하였다. "[만다라] 북쪽의

권속들인 싸르와니와라나위스깜빈(除蓋障菩薩)과 바즈라빠니(金剛手菩薩)[22] 두 남성 보살과 간다(塗香天母)와 나르띠(舞蹈天母) 두 여성 보살이 에워싼 모습의 여섯 명의 붓다들이 무지개와 광명 속에서 나타납니다.

청정한 행온(行蘊)의 광명인 성소작지(成所作智)의 눈부신 초록빛의 맑고 투명하며, 찬란하고 두려우며, 크고 작은 빛 방울들이 방출되는 한 줄기 녹색 광명이 불공성취불 합체존의 심장에서 그대 심장을 향해 꽂히듯이 세찬 눈부심을 일으키며 비춰 옵니다. 그것을 두려워하지 마십시오! 그것은 그대 각성의 본연의 지혜 활동입니다. 그러므로 탐착과 분노를 버리고, 친소를 떠난 평정한 마음으로 무위의 상태에 편안히 머물도록 하십시오! 그와 함께 수라계의 질투의 원인에서 생겨난 흐릿한 적색 광명 또한 그 지혜광명에 붙어서 그대에게 나타나옵니다. 이 빛에 대하여 탐착과 성냄이 없는 평정한 마음을 닦도록 하십시오! 지혜가 낮은 사람이면 그것을 좋아하게 됩니다. 그렇게 하지 마십시오! 그때 그대는 매서운 질투의 업력으로 성소작지의 찬란하고 눈부신 녹색 광명에 두려움을 일으킨 뒤 달아나게 되고, 대신 수라계의 흐릿한 적색 광명에 호감을 갖고 집착하게 됩니다.

연꽃잎에는 자기 각성의 [본질이] 비어 있음과 밝음이 둘이 아닌 [내외의] 모든 사물들에 걸림 없는 측면에서 성소작지의 자기 광휘가 녹색으로 빛난다. 그 과덕(果德)이 영상으로 빛나는 몸이 세존 아목가씻디이다. 대비로 중생의 이익을 구호하는 표시로 갖가지 보석으로 몸을 장식하고, 32상과 80종호로 몸을 장엄하였다. [밀의가 네 가장자리(四邊)를 여의고, 사무량(四無量)과 사지(四智)와 사업(四業)으로 중생의 이익을 남김없이 완성함으로써 마음의 자성인 십자금강저가 빛난다. 방편과 반야가 모이고 흩어짐이 없는 표시로 바람 원소인 불모 싸마야따라와 불이의 상태로 앉아 계신다.] 법좌는 번뇌의 더러움에 물들지 않는 연화 보좌이다. 방편과 반야가 합일한 일월의 보좌이다. 중생의 이익을 걸림 없이 행하는 표시로 금시조 보좌이다."

22 원문에는 두 보살의 위치가 바뀌어 나온다.

그때 그대는 맑고 투명하며, 찬란하고 눈부신 녹색 광명을 두려워하지 말고, 그것이 성소작지의 광명임을 깨닫도록 하십시오! 그 광명 위에 마음을 안치해서 무위와 무념의 상태에 안연하게 머물도록 하십시오! 또한 '이 빛은 불공성취불의 대비의 광선이다. 나는 여기에 귀의하리라!' 라고 생각한 뒤, 간절한 믿음과 존경으로 기원토록 하십시오! 그 빛은 불공성취 여래의 자비광선의 갈고리인 성소작지입니다. 그것을 믿고 받아들이도록 하십시오! 달아나지 마십시오! 설령 달아날지라도 그대와 결코 분리되지 않습니다. 그러므로 그것을 두려워하지 마십시오!

수라계의 흐릿한 적색 광명은 탐애하지 마십시오! 그것은 그대가 질투로 쌓은 악업이 그대를 맞이하기 위해서 나타난 빛의 길입니다. 만약 그것을 탐착하게 되면 수라계에 떨어진 뒤, 투쟁과 전쟁 등의 참지 못할 고통들을 받게 됩니다. 그것은 해탈의 길을 가로막는 장애입니다. 그러므로 그것을 탐착하지 마십시오! 습기를 버리도록 하십시오! 애착하지 마십시오! 오로지 밝고 눈부신 녹색 광명만을 흠앙토록 하며, 불공성취불 합체존께 강렬한 희원을 일으킨 뒤, 저를 따라 다음과 같이 기원토록 하십시오!

아, 이 몸이 질투의 악업으로
윤회의 수렁 속을 유랑할 때,
성소작지의 밝은 광명의 길로
불공성취불은 앞에서 이끄시고
싸마야따라는 뒤에서 미시어,
바르도의 험로에서 구원하소서!
붓다의 정등각지로 인도하소서!

【 이렇게 간절한 믿음과 흠모의 마음으로 기원드림으로써, 불공성취불 합체존의 심장 속으로 무지갯빛으로 녹아든 뒤, 북방의 정토인 쁘라꾸따(묘업세계)에서 보신의 몸으로 성불하게 됩니다. 】

여섯째 날

【 그와 같이 여러 차례 알려줌으로써 선업이 아무리 하찮은 사람일지라도, 앞의 하나를 깨닫지 못하여도 뒤의 하나를 반드시 깨닫게 됨으로써 해탈하지 못함이 없다. 그러나 여러 차례 알려줌에도 불구하고, 악업의 습기가 강성하고 물듦이 오래되어 법성의 청정한 광경과 오성지(五聖智)에 친숙하지 못한 까닭에, 그렇게 일깨워 줄지라도 악업의 습기에 이끌려 아래로 떨어지게 된다. 자비광선의 갈고리에 섭수되지 못한 채, 오히려 법성의 빛과 광선에 두려움과 무서움을 일으켜서 아래로 유랑하게 된다.

그래서 여섯째 날에는 오종성불[23]의 합체존이 보살권속들과 함께 일시에 나타나게 된다. 그때 육도의 여섯 광명도 함께 나타난다.

사자를 일깨워 주기 위해서 그의 이름을 세 번 부른 뒤에 다음과 같이 들려주도록 하라. 】

---

23 오종성불(五種姓佛)은 오선정불(五禪定佛) 또는 오방불(五方佛)이라고도 한다. 이것은 무상유가 딴뜨라에서 제불보살의 속성에 의거해서 다섯 가지 종성(種姓) 또는 부족(部族)으로 분류한 것이다. 다시 말해, 여래의 신·구·의 삼밀(三密)을 각각 표현하는 여래부와 금강부와 연화부 셋에 보부와 갈마부를 추가해서 오독을 오지로 전환시키려는 밀교의 목적을 구현하고 있다. 또한 각각의 부족은 주불(主佛)과 불모(佛母)와 부주(部主), 육계모(肉髻母), 명왕(明王), 사신(使臣), 보살(菩薩), 신중(神衆) 등의 팔부(八部)로 구성되어 있다.

오, 고귀한 가문의 자손이시여! 산란함이 없이 귀담아 잘 듣도록 하십시오. 어제까지 오종성불의 광명이 각각 차례로 나타났습니다. 그때마다 일깨워주었음에도 불구하고, 그대는 나쁜 습기의 힘에 이끌려 그것을 두려워하여 달아남으로써, 지금 여기까지 유랑하게 되었습니다.

만약 그대가 앞에서 오종성불의 다섯 지혜의 본연의 광명들이 자기 각성의 광명임을 깨달았다면, 다섯 부처님들 각각의 몸속으로 무지갯빛으로 녹아든 뒤, 보신의 몸으로 성불하였을 것입니다. 그러나 그것을 깨닫지 못함으로써 이제 여기까지 유랑하게 된 것입니다. 이제 산란함이 없이 잘 관찰토록 하십시오! 이제 오종성불의 전체 광경과 '사성지(四聖智)의 화합광명'[24]이 그대를 맞이하기 위해 나타나게 됩니다. 그것을 반드시 깨닫도록 하십시오!

오, 고귀한 가문의 자손이시여! 이제 [허공·땅·물·불의] 청정한 사대원소의 네 가지 색깔의 광명들이 나타나옵니다. 그때 중앙의 편만한 띨라까[일원상(一圓相)]의 밀엄찰토로부터 비로자나불 합체존이 앞서와 같이 나타납니다. 동방의 정토인 아비라띠(묘희세계)로부터 금강살타 합체존이 보살권속들과 함께 앞서와 같이 나타납니다. 남방의 정토인 쓰리마띠(길상세계)로부터 보생여래 합체존이 보살권속들과 함께 앞서와 같이 나타납니다. 서방의 정토인 쑤카와띠(극락세계)로부터 아미타불 합체존이 보살권속들과 함께 앞서와 같이 나타납니다. 북방의 정토인 쁘라꾸따(묘업세계)로부터 불공성취불 합체존이 보살권속들과 함께 무지개

---

24 이것은 '예시시조르기낭와(Ye śes bshi sbyor gyi snaṅ ba, 四智和合光明)'의 옮김이다. 여기서 사성지는 불공성취불의 성소작지를 제외한 법계체성지·대원경지·평등성지·묘관찰지 넷을 말한다.

와 광명 속에서 지금 그대에게 나타납니다.

오, 고귀한 가문의 자손이시여! 이들 다섯 부처님의 합체존들 둘레에는, 만다라의 네 문을 수호하는 분노신들인 비자야(勝利明王)와 야만따까(閻魔敵明王)와 하야그리와(馬頭明王)와 암르따꾼달리(甘露旋明王) 네 명왕[25]들과, 그들의 명비인 앙꾸싸(金剛鐵鉤母)와 빠싸(金剛絹索母)와 쓰릉칼라(金剛鐵鏈母)와 간따(金剛振鈴母) 네 수문천모들이 나타납니다.[26]

또한 천상계의 붓다인 인드라-샤따끄라뚜(帝釋王佛)와 수라계의 붓다인 웨마찟뜨라(靜心如來)와 인간계의 붓다인 싸꺄씽하(釋迦獅子)와 축생계의 붓다인 드루와씽하(獅子善住佛)와 아귀계의 붓다인 즈왈라무카(火焰口佛)와 지옥계의 붓다인 다르마라자(法王佛) 등의 여섯 붓다들 또한 나타납니다.[27]

또한 모든 붓다들의 원조인 싸만따바드라(普賢如來)와 싸만따바드리(普賢佛母)의 합체존도 역시 나타납니다. 이들 42존의 보신여래들은 그대 심장 속[불괴명점(不壞明点)][28]에서 밖으로 출현하여 그대 앞에 나타

---

25 명왕(明王)은 분노명왕(忿怒明王)의 줄임말이며, 만다라의 사문(四門)을 수호하고, 유가행자를 보호하는 여래의 변화신들이다. 예를 들면, 하야그라와는 관음보살의 화현이며, 야만따까는 문수보살의 화현인 것과 같다.

26 이들 네 명왕과 명비들은 붓다의 사무량(四無量)의 본성에서 만다라의 사문을 수호하는 네 명왕과 수문천모로 나타난 것이다.

27 이들 여섯 붓다들의 방위는 "만다라의 동쪽에 천상계의 붓다인 백색의 인드라-샤따끄라뚜께서, 서쪽에는 지옥계의 붓다인 흑색의 다르마라자께서, 동남쪽에는 수라계의 붓다인 녹색의 웨마찟뜨라께서, 남서쪽에는 인간계의 붓다인 금색의 싸꺄씽하께서, 서북쪽에는 축생계의 붓다인 흑청색의 드루와씽하께서, 북동쪽에는 아귀계의 붓다인 적색의 즈왈라무카께서 각자의 지물을 들고 연화의 자리 위에 서 계신다."라고 『시토응에된래장낙되(靜猛了義藏簡註)』에서 설하였다.

28 여기서 심장은 육체의 심장을 말하는 것이 아니며, 심장 만다라에 존재하는 불괴명점(不壞明点)을 말한다.

난 것입니다. 그들은 그대 [각성의 본연의] 청정한 광경[29]에서 출현한 것임을 깨닫도록 하십시오!

오, 고귀한 가문의 자손이시여! 이들 정토들은 다른 곳에 있는 것이 아닙니다. 그대 심장[만다라]의 사방과 중앙 다섯 곳에 존재합니다. 지금 심장[만다라] 안에서 바깥으로 나와서 그대에게 나타난 것입니다. 그 부처님들의 형상 또한 다른 곳에서 오는 것이 아닙니다. 그대 각성의 자기 활력이자, 본래로 자연성취된 것입니다. 그와 같은 것임을 그대는 깨닫도록 하십시오!

오, 고귀한 가문의 자손이시여! 그 붓다의 몸들 또한 크지도 작지도 않으며, 크기가 적당하며, 각자의 장식물과 복장, 색깔과 자세, 보좌와 수인(手印)을 가지고 있으며, 다섯 쌍의 합체상의 모습으로 [하나의 완전한 만다라의 세계로] 나타납니다. 이들 다섯 쌍의 합체상들은 하나하나마다 다섯 광명으로 이루어진 후광을 두르고 있습니다. 부존(父尊)의 [방편의] 덕성 한 면을 각각 표현하는 동족의 남성 보살들과 모존(母尊)의 [반야의] 덕성 한 면을 각각 표현하는 동족의 여성 보살[30]들과 만다라 모두가 일시에 온전하게 나타납니다. 그들이 그대 본존의 성중들임을 깨닫도록

---

29 '그대 [각성의 본연의] 청정한 광경'은 '쾌랑기닥빠낭와(Khyod raṅ gi dag paḥi snaṅ ba)'의 옮김이다. 이것은 36존의 평화로운 붓다들이 심장 만다라 가운데 인위적 조작 없이 스스로 자연성취된 각성의 본연의 대광경인 까닭에 청정한 광경이라 부른다.

30 부존과 모존의 덕성의 한 부분씩을 각각 상징하는 남녀 보살들의 위격에 대하여 『도귀린뽀체죄슉(顯密文庫)』 3권에서, "오종성불이 대각(大覺) 자체인 것과 같이, 자신의 현현인 대비의 본성에서 출현한 권속들 역시 일체의 장애가 정화되고, 모든 공덕들을 남김없이 성취함으로써 붓다 그 자체인 까닭에 대지위(大地位)에 머무는 보살들보다 수승하다."라고 설한 바처럼, 오종성불의 권속인 이들 남녀 보살들은 명칭이 보살일 뿐 여래와 동등한 세존들이다.

하십시오!

오, 고귀한 가문의 자손이시여! 이들 오종성불 각각의 합체존의 심장으로부터 사성지(四聖智)가 화합한 극도로 미세하고 투명한 광선이, 마치 태양의 빛살이 오색 밧줄[31]처럼 꼬아진 하나씩이 그대 심장에 연결되어 나타납니다.

처음, 비로자나불의 심장으로부터 법계체성지의 파랗고[32] 투명하며, 눈부시고 두려운 광선의 피륙[33]이 그대의 심장에 연결되어 나타납니다. 그 광선의 피륙 위[34]에는 마치 푸른 터키석 종지의 주둥이가 아래로 향함[35]과 같은 매우 투명하고, 찬란하며, 눈부신 빛살이 뻗치는 파란 빛 방울[명점][36]들이 발산됩니다. 그 빛 방울 또한 같은 성질의 다섯 개의 빛 방울들로 장식되고, 안과 가장자리가 없는 가운데에 크고 작은 빛방울들로 장식되어 나타납니다.

---

31 오색 밧줄의 뜻은 『닌다카조르(日月相合續)』에 따르면, "자기 심장으로부터 광명의 밧줄이 색실이 꼬아진 것과 같은 하나가 나타난다."고 하였다.

32 원문은 '하얗고'이나 법계체성지의 색깔인 '파랗고'로 고쳤다.

33 다섯 가지 광선의 피륙이 출현하는 법을 『닌다카조르』에서 설명하길, "먼저 파란 광선의 피륙 위에 하얀 광선의 피륙이 출현하고, 그 위에 금빛 광선의 피륙이, 그 위에 붉은 광선의 피륙이, 그 위에 크고 투명한 둥근 광명이 일산처럼 나타난다. 그들 또한 오성지의 광명이니, 성소작지는 [각성의] 슬기의 힘이 성숙하지 못한 탓에 나타나지 않는다."라고 하였다. 그러므로 초록색 광선의 피륙 대신 '일산 같은 투명한 둥근 광명'이 나타나게 된다.

34 어떤 판본에는 '위'를 뜻하는 '뙤(sTod)' 대신 '안'을 뜻하는 '낭(Naṅ)'으로 나온다.

35 원문은 '경면(鏡面)이 아래로 향한 구리거울과 같은'이나 법계체성지의 비유에 맞게 순서를 바꿨다.

36 빛 방울은 명점(明点)의 옮김이다. 그 크기에 대하여, "예식용 작은 손거울만 하며, 작은 빛의 방울들은 크기가 콩알만 하다."라고 하였다. Tulku Thondup, *Peaceful Death, Joyful Rebirth*, p.72.(Boston, USA.: Shambala, 2005)

금강살타의 심장으로부터 방출되는 대원경지의 하얗고[37] 투명한 광선의 피륙 위에는, 경면(鏡面)이 아래로 향한 둥근 거울[38] 같은 하얀 빛 방울이 작은 빛 방울들로 장식되어 나타납니다.

보생여래의 심장으로부터 방출되는 평등성지의 투명한 금색 광선의 피륙 위에는, 황금 종지의 주둥이가 아래로 향함과 같은 노란 빛 방울이 작은 빛 방울들로 장식되어 나타납니다.

아미타불의 심장으로부터 방출되는 묘관찰지의 투명한 적색 광선의 피륙 위에는, 붉은 산호 종지의 주둥이가 아래로 향함과 같고, 지혜의 깊은 광채가 크게 밝고 눈부신 붉은 빛 방울이 그대 심장에 연결되어 나타납니다. 그 빛 방울은 같은 성질의 다섯 개의 빛 방울들로 장식되고, 안과 가장자리가 없는 그 가운데 다시 크고 작은 빛 방울들로 장식되어 있습니다. 그 빛 방울들은 또한 그대 심장에 연결되어 나타납니다.

오, 고귀한 가문의 자손이시여! 이 빛들은 또한 그대의 각성의 자기 활력[39]에서 나타나는 것이며, 다른 곳에서 오는 것이 아닙니다. 그러므로 그것들을 집착하지 말며, 또한 두려워하지 말고, 오로지 무분별의 상태에서 안연하게 머물도록 하십시오! 그 상태에서 모든 붓다들의 몸과 빛과 광선들이 전부 그대 심장 속으로 녹아든 뒤 성불[40]하게 됩니다.

---

37 원문은 '파랗고'이나 대원경지의 색깔인 '하얗고'로 고쳤다.

38 원문은 '푸른 터키석 종지의 주둥이가 아래로 향함'이나 대원경지의 비유에 맞게 순서를 바꿨다.

39 각성의 자기활력(自己活力, Raṅ rtsal)에 대하여 『틱레꾼쌜첸뽀』의 「짼첸빼칙(活力說品九)」에서 다음과 같이 설명하였다. "각성의 활력은 오지(五智)이며, 오지의 활력은 오광명이며, 오광명의 활력은 오대원소이며, 오대의 활력이 제각기 나타난다. [이것은] 안과 밖의 둘[활력]을 보임이니, 명점의 내외의 활력이라 부른다."

40 이것은 바르도의 상태에서 마음이 지혜광명의 빛 덩어리로 해탈하는 법 가운데 광명이 자

오, 고귀한 가문의 자손이시여! [불공성취불의] 성소작지의 녹색 광명은 그대 각성의 지혜의 힘이 성숙하지 못한 탓에 나타나지 않습니다.[41] 오, 고귀한 가문의 자손이시여! 그 빛들은 '사성지의 화합광명'이라 부르며, 또한 '금강살타의 내면의 길'[42]이라고 합니다.

그때 그대는 생전에 스승님으로부터 받은 가르침들을 기억토록 하십시오! 만약 그 가르침의 요체를 기억하게 되면 일찍이 출현하였던 그 광명들을 믿고 이해하게 됩니다. 그래서 어머니와 아들이 서로 만나듯이, 옛 친구를 보는 순간 알아봄으로써 의심을 내지 않듯이, 자기 광명을 자기의 빛으로 깨달음으로써, 청정한 법성의 불변의 길을 잡아가짐

기 각성으로 들어와서 해탈하는 법을 말한 것이다. 이 뜻을 『쌍개랑채첸뽀』의 「돌출땐빠(解脫法品四)」에서 다음과 같이 설하였다. "광명이 자기 각성으로 들어옴은, 착란의 현상이 멈추고, 청정한 붓다의 정토[광경]가 미세하고 맑으며, 밝고 눈부시며, 자성이 찬란하고 두려우며, 일렁거리는 현상들 모두가 붓다의 몸과 지혜로 나타남이다. 비밀주여, 이것이 광명이 자기 각성으로 들어오는 이쪽으로 들어옴이다."

41 성소작지의 녹색 광명이 나타나지 않는 원인을 『쎔니랑돌귀끼델빠(心自解脫續註釋)』에서 다음과 같이 설명하였다. "사성지(四聖智)의 화합광명에서 성소작지의 광명이 없는 뜻은, 성소작지가 실현되면 이생에서 텍최(本淨直入)에 견고함을 얻은 뒤 확신의 상태에서 해탈의 사업을 성취하게 되며, 그것을 성취하면 법성의 바르도를 기다릴 필요가 없이 이생에서 해탈하기 때문이다."

42 이것은 '도제쎔빠콩쎙기람(rDo rje sems paḥi khoṅ gseṅ gi lam)'의 옮김이자, 바르도 상태에서 닦지 않고 성불하는 비밀의 길을 말한다. 이 뜻을 『금강살타공빠칙쑴뽀(金剛薩埵密意三句續)』의 「도제쎔빠쎅람(金剛薩埵捷路序品)」에서 다음과 같이 설하였다. "자기 각성의 본연의 광명을 깨달은 이들은 붓다의 몸과 지혜로 해탈한다. 자기 각성의 본연의 광명을 깨닫지 못한 이들은 [중생의] 몸과 습기로 착란을 일으킨다. [임종 시에] 자기 광명을 깨닫든 깨닫지 못하든 모든 유정들에게 착락의 현상이 멈춤과 동시에 [법성의] 청정한 광경이 5일간 나타난다. 그것을 깨달으면 자신이 청정한 광경과 둘이 아닌 하나로 녹아든 뒤 성불한다. 이것은 가르침의 비결로써 성불함이다. 모든 유정들에게 청정한 광경이 반복해서 나타날지라도 자기 광명임을 깨닫지 못함으로써 몸과 습기로 착란한다. 각성의 자기 광휘를 깨달으면 그것이 금강살타의 내면의 길이다."

을 확신함으로써 상주삼매(常住三昧)[43]가 일어나고, 마음이 대자연성취의 몸으로 녹아들어 보신의 몸으로 성불한 뒤, 다시는 윤회세계로 돌아오지 않게 됩니다.

오, 고귀한 가문의 자손이시여! 그 지혜의 빛들과 함께 부정한 착란의 환영들인 육도의 광명들도 동시에 나타나옵니다. 천상계의 흐릿한 하얀 빛과 수라계의 흐릿한 붉은 빛, 인간계의 흐릿한 파란 빛과 축생계의 흐릿한 초록빛, 아귀계의 흐릿한 노란 빛과 지옥계의 흐릿한 잿빛의 여섯 가지 부정한 빛들이 청정한 지혜의 빛들과 함께 붙어서 나타납니다. 그때 그대는 어떠한 빛에도 집착하지 말고, 탐착하지 마십시오! 일체를 보지 않는 상태에 안연하게 머물도록 하십시오! 만약 그대가 청정한 지혜의 빛들을 두려워하고, 부정한 육도의 윤회의 빛들을 탐착하게 되면, 그대는 육도중생의 몸을 받게 되어, 윤회의 고해로부터 영원히 벗어나지 못한 채 끝없는 생사의 괴로움을 반복하게 됩니다.

오, 고귀한 가문의 자손이시여! 만약 그대가 일찍이 스승님의 가르침을 받은 적이 없다면, 앞서 붓다의 형상들과 청정한 지혜의 빛들을 두려워하고 무서워한 뒤, 부정한 육도의 윤회의 빛들을 탐착하게 됩니다. 그와 같이 하지 말고 찬란하고 눈부신 그 청정한 지혜의 빛들을 믿고 이해토록 하십시오! 그리고 '이 빛들은 오종성불의 자비의 광선이며, 자비로 나를 섭수하고자 나타난 것이다. 나는 여기에 귀의하리라!'라고 생각한 뒤, 간절한 믿음을 일으키도록 하십시오! 부정한 육도의 환영의 빛들을 탐착하지 말며, 애착하지 마십시오! 오로지 오종성불 합체존께 강렬

43 이것은 '권기띵에진(rGyun gyi tiṅ ṅe ḥzin)'의 옮김이다.

한 희원을 일으킨 뒤, 저를 따라 다음과 같이 기원토록 하십시오!

아, 이 몸이 오독의 악업으로
윤회의 수렁 속을 유랑할 때,
사성지가 화합한 광명의 길로
오종성불은 앞에서 이끄시고
오종성불모는 뒤에서 미시어,
육도의 부정한 빛에서 구출하소서!
바르도의 험로에서 구원하소서!
오불의 청정한 세계로 인도하소서!

【 이와 같이 간절하게 기원함으로써, 최상의 근기는 그 빛들이 자기의 광명임을 인식한 뒤, 그 빛들과 하나로 녹아들어 성불하게 된다. 보통의 근기는 간절한 믿음과 이해로써 그 빛들이 자기의 빛임을 깨달은 뒤 해탈하게 된다. 낮은 근기 또한 청정한 기원의 힘에 의해서 육도에 태어나는 자궁의 문을 파괴한 뒤, 사성지(四聖智)가 화합한 광명의 뜻을 깨달아 금강살타의 내면의 통로에서 성불하게 된다. 】

일곱째 날

【 그와 같이 자세하고 분명하게 일깨워 줌으로써 대부분의 유정들이 그것을 깨닫고 해탈하게 된다. 그러나 낮은 근기 가운데서도 가장 하천한 자들로, 인간세상에서 불법을 닦은 훈습이 아예 없는 흉악한 자들과, 금강서언을 파괴한 자들 가운데 일부는 악업의 착란으로 말미암아, 비록

그렇게 일깨워 줄지라도 깨닫지 못한 채 아래로 유랑하게 된다. 그래서 일곱째 날에는 청정한 공행의 정토[44]로부터 위드야다라(持明尊) 성중들이 사자를 맞이하기 위해서 출현하게 된다. 그때 번뇌와 무지에서 생겨난 축생계의 광명도 함께 나타나게 된다.

사자를 일깨워 주기 위해서 그의 이름을 세 번 부른 뒤에 다음과 같이 들려주도록 하라.】

오, 고귀한 가문의 자손이시여! 산란함이 없이 귀담아 잘 듣도록 하십시오. 일곱째 날에는 습기가 법계에서 소멸한 청정한 오색의 반짝이는 [구생지혜(俱生智慧)의] 광명[45]이 출현하게 됩니다. 그때 청정한 공행의 정토로부터 위드야다라의 성중들이 그대를 맞이하기 위해 나타납니다.

먼저 무지개와 광명이 서려 있는 만다라의 중앙으로부터 최승의 이숙지명[46]인 빠드마나르떼쓰와라(蓮花歌舞王)가 출현합니다. 그 몸은 오색

---

44 청정한 공행(空行)의 정토는 밀교를 닦아 깨달음을 성취한 다까(空行)와 다끼니(空行母) 등이 거주하는 정토를 말한다. 예를 들면, 구루 빠드마쌈바와(蓮花生)의 정토는 남섬부주에 딸린 두 개의 작은 섬 가운데 하나이자 나찰들이 거주하는 섬 응아얍(拂州)의 중앙에 솟아 있는 적동산(赤銅山)에 존재하며, 이름은 빠드마위마나(蓮花光淨土)로 불리며, 티베트 사람들이 선호하는 정토 가운데 하나이다.

45 이 구절은 다른 판본의 '박착잉쑤닥빼외응아타오(Bag chags dbyiṅs su dag paḥi ḥod lṅa khra bo)'의 뜻 옮김이다. 부연하면, "마음이 습기를 거두어 가짐에 비하여, 지혜는 습기를 여읜다."라고 『쎙게쨀쪽(獅子大力具足續)』에서 설하였듯이, "본래 청정한 아뢰야(일체의 근원)를 깨달은 붓다는 [청정한] 몸과 지혜의 상태로 존재하고, 그것을 깨닫지 못한 중생은 [부정한] 몸과 습기의 상태로 존재하게 된다."라고 『팍람꾀빠(聖寶道安置續)』에서 설하였다. 그러므로 바르도의 상태에서 오대 원소가 법성의 상태로 은멸하여 청정한 원소[청질(淸質)]로 바뀔 때 법계의 하늘에 오지의 광명으로 나타나듯이, 부정한 습기가 법성의 상태에 녹아져 자기 본래 각성이 드러날 때, 각성에 본래 갖추어진 구생지혜의 광명이 다섯 가지 빛깔로 나타나게 된다.

46 최승의 이숙지명(異熟持明)은 '남빠르민빼릭진첸뽀라나메빠(rNam par smin paḥi rig ḥdzin

광명으로 빛나고, 명비인 홍색의 다끼니와 교합한 채, 손에는 만도와 선혈의 해골 잔을 들고 춤을 추며, 허공을 향해 응시인을 맺고 나타납니다.

만다라의 동쪽으로부터 등지의 위드야다라[47]가 출현합니다. 그 몸은 희고, 미소를 띤 모습에 백색의 다끼니와 교합한 채, 손에는 만도와 선혈의 해골 잔을 들고 춤을 추며, 허공을 향해 응시인을 맺고 나타납니다.

만다라의 남쪽으로부터 수명자재의 위드야다라[48]가 출현합니다. 그 몸은 금색이며, 상호를 갖춘 아름다운 모습에 금색의 다끼니와 교합한 채, 손에는 만도와 선혈의 해골 잔을 들고 춤을 추며, 허공을 향해 응시인을 맺고 나타납니다.

만다라의 서쪽으로부터 마하무드라(大印)의 위드야다라[49]가 출현합니다. 그 몸은 홍색이며, 미소를 띤 모습에 홍색의 다끼니와 교합한 채, 손에는 만도와 선혈의 해골 잔을 들고 춤을 추며, 허공을 향해 응시

---

chen po bla na med pa)'의 옮김이며, 사종지명(四種持明)의 하나이다. 보통 대승의 견도(見道)에 속하며, 생기차제에 견고함을 성취하여 마음이 본존의 심금강(心金剛)으로 성숙되었으나, 육체의 더러움을 미처 정화하지 못한 단계이나, 여기서 최승의 이숙지명은 여래의 지위를 말한다.

47 등지(登地)의 위드야다라에는 '쌀라내빼릭진첸뽀(Sa la gnas paḥi rig ḥdzin chen po)'의 옮김이다. 여기에는 인무아(人無我)를 증득한 유가지(瑜伽地), 심경이공(心境二空)을 증득한 유가지, 제법의 자성이 공함을 아는 체실공(諦實空)을 증득한 유가지의 셋과, 또한 유가지와 대유가지와 분별유가지와 현증유가지의 넷이 있다. 여기서는 여래의 지위를 말한다.

48 수명자재(壽命自在)의 위드야다라는 '체라왕왜릭진첸뽀(Tshe la dbaṅ baḥi rig ḥdzin chen po)'의 옮김이며, 견도(見道)에 속한다. 가행도(加行道)의 세제일법(世第一法)을 증득한 육신이 청정한 금강신(金剛身)으로 바뀌고, 마음도 견도의 지혜를 얻어 육신에 생사가 없는 경지를 증득한 지명자를 말하나, 여기서는 여래의 지위를 말한다.

49 마하무드라(大印)의 위드야다라는 '착갸첸뽀익릭진첸뽀(Phyag rgya chen poḥi rig ḥdzin chen po)'의 옮김이며, 수도(修道)에 속하는 대인지명(大印持明)을 말한다. 견도의 법성광명을 닦아 증득하여 수도위에 들어온 뒤, 유학쌍운(有學雙運)의 지혜신(智慧身)을 성취한 지명자이다. 여기서는 여래의 지위를 말한다.

인을 맺고 나타납니다.

만다라의 북쪽으로부터 임운성취의 위드야다라[50]가 출현합니다. 그의 몸은 녹색이며, 분노와 미소를 함께 띤 모습에 녹색의 다끼니와 교합한 채, 손에는 만도와 선혈의 해골 잔을 들고 춤을 추며, 허공을 향해 응시인을 맺고 나타납니다.

이들 다섯 명의 위드야다라 세존들의 둘레에는 무량한 다끼니들과 팔대시림[51]에 거주하는 다끼니들과 4부족[52]의 다끼니들과 3성소[53]의 다끼니들과 10방위의 다끼니들과 24성역[54]에 거주하는 다끼니들과 무수한 남녀의 위라(勇士)[55]와 전사[56]들과 호법 신중들이 함께 출현합니다.

그들은 모두 인골로 만든 여섯 가지 장식품[57]을 걸치고 있으며, 북

---

50 임운성취(任運成就)의 위드야다라는 '휜기둡빠릭진첸뽀(lHun gyis grub paḥi rig ḥdzin chen po)'의 옮김이며, 무학도(無學道)에 속하는 임운지명(任運持明)을 말한다. 구경의 과위인 오신(五身)을 자연성취하여 지금강불의 지위를 성취한 지명자이다. 과위의 오신(五身)은 법신(法身)·보신(報身)·화신(化身)·부동금강신(不動金剛身)·현증보리신(現證菩提身) 다섯을 말한다.

51 팔대시림(八大尸林)은 만다라의 동쪽에 있는 뚬닥(暴虐寒林) 등을 비롯한 팔방에 위치하는 화장터를 말한다.

52 사부족(四部族)은 여래부와 금강부, 연화부와 보부 넷을 말한다.

53 3성소(聖所)는 삼금강(三金剛)을 상징하는 인체의 머리와 인후와 심장의 맥륜(脈輪)을 말하는 것으로 보인다.

54 24성역(聖域)은 인도의 보드가야를 중심으로 지상에 존재하는 24곳의 성소를 말하며, 동시에 인체의 중요한 24맥이 존재하는 부위를 말한다. 더 자세한 것은 졸저인 『밀교의 성불원리』(정우서적)의 제3장 「생유(生有)의 형성차제」를 참고하기 바란다.

55 위라(Vīra, 勇士)는 사마(四魔)를 파괴하고 제압해서 구경의 실지를 가지하는 다까(空行)와 다끼니(空行母)를 말한다.

56 전사(戰士)는 사신과 차사를 뜻하는 깅(Giṅ)의 옮김이다. 이들은 주살의식(誅殺儀式)에서 실무를 담당한다.

57 여섯 가지 장식품은 밀교의 법구로써 사람의 뼈로 만든 ①보관 ②목걸이 ③귀걸이 ④팔찌

과 경골 피리와 사람의 해골로 만든 다마루[58], 십악(十惡)을 지은 원적의 사람 가죽으로 만든 승리의 보당(寶幢)과 사람 가죽으로 만든 화개(華蓋)와 화번(華幡), 인육을 태우는 푸른 향 연기와 갖가지 무수한 악기들로 세상을 가득 덮고, 요란하게 울려 대며, 흔들어 대고, 휘날리면서 나타납니다. 머리를 쪼개듯이 온갖 악기의 소리들을 쾅쾅 울려 대고, 갖가지 현란한 춤들을 추면서, 싸마야(三昧耶戒)의 서언을 지킨 자들을 맞이하고, 금강서언을 파괴한 자들을 징계하기 위해서 나타납니다.

오, 고귀한 가문의 자손이시여! 습기가 법계에서 소멸하여 청정한 구생지혜의 오광명이, 마치 오색실을 하나로 꼰 것과 같은 현란하고, 일렁이고, 흔들거리며, 맑고 투명하며, 눈부시고 두려운 한 줄기 광명이, 다섯 명의 근본 위드야다라 세존들의 심장으로부터 발산되어, 그대 심장을 향해 꽂히듯이 눈부심을 일으키며 비쳐 옵니다. 그와 함께 축생계의 흐릿한 녹색 광명 또한 그 지혜의 광명에 붙어서 나타납니다.

그때 그대는 습기와 착란의 영향으로 오색의 지혜광명을 두려워하여 달아나게 되고, 대신 축생계의 흐릿한 녹색 광명을 탐착하게 됩니다. 그때 오색의 찬란한 그 지혜의 빛을 두려워하지 마십시오! 무서워하지 마십시오! [자기 각성의] 지혜광명임을 깨닫도록 하십시오! 광명의 빛 속에서 법성 본연의 소리가 천개의 천둥소리처럼 우르릉거리며 들려옵니다. 격렬하고 사나운 소리가, 우렁찬 고함소리가, 쏘 - 쏘 - 하는 소리[59]

---

⑤어깨 끈 ⑥허리띠를 말한다.

58 다마루(Damaru, 手鼓)는 "방편의 형상은 짱떼우[장구처럼 허리가 길쭉한 다마루], 반야는 다마루의 소리"라고 『닌다카조르』에서 설하였다. 그러므로 다마루는 방편의 대락을 상징하고, 다마루의 소리는 반야의 공성을 표현한다.

59 본래는 티베트의 무속신앙인 뵌교에서 제사를 지낼 때 발출하던 소리로, 복을 부르고 증

가, 분노진언[60]의 격노한 소리가 함께 들려옵니다. 그 소리들을 두려워하지 마십시오! 달아나지 마십시오! 무서워하지 마십시오! 모두가 그대 마음의 표출이자, 각성 본연의 [지혜의] 활력임을 깨닫도록 하십시오!

축생계의 흐릿한 녹색의 빛을 탐착하지 말고, 애착하지 마십시오! 만약 그것을 탐착하면 우매한 축생계에 떨어진 뒤, 어리석고 말 못하며 노예처럼 부림을 당하면서, 벗어날 기약도 없이 무량한 고통을 받게 됩니다. 그러므로 그것을 애착하지 마십시오! 오로지 투명하고 눈부신 그 오색 광명만을 흠앙토록 하며, 위드야다라 세존들과 성중들에게 강렬한 희원으로 다음과 같이 기원토록 하십시오!

"이들 위드야다라 성중들과 위라(勇士)와 다끼니 여신들은 나를 청정한 공행의 정토에서 맞이하기 위해 온 것이다. 오, 위드야다라 성중들이시여! 복덕과 지혜의 자량도 제대로 쌓지 못한 저와 같은 불쌍한 중생을 보살펴 주소서! 오늘 이제까지 삼세의 오부종성의 부처님들께서 그만큼 진실하게 자비의 광명으로 이끌어 주었건만, 그것을 깨닫지 못한 저와 같은 가련한 자들을 보살펴 주소서! 이제 위드야다라 세존 성중들께서는 제가 더 이상 아래로 유랑하지 않도록 이끌어 주소서! 자비의 갈고리로 저를 붙들어 주소서! 청정한 공행의 정토로 이제 데려가 주소서!"라고 간절히 염원한 뒤, 다음과 같이 저를 따라 기원토록 하십시오!

아, 위드야다라의 성중들이시여!

장시키는 고성이다. 현재는 모든 종파에서 보편적으로 사용하고 있다.

60 분노진언(忿怒眞言)은 밀교에서 삿된 마귀와 흉신들을 항복시킬 때 사용하는 분노존들의 진언을 말한다.

저를 또한 호념하고 살펴주소서!
대자비로 길을 인도하여 주소서!
악한 습기로 이 몸이 윤회할 때
구생지혜의 밝은 광명의 길로,
용사와 지명은 앞에서 이끄시고
다끼니 여신들은 뒤에서 미시어,
바르도의 험로에서 구원하소서!
청정한 공행의 정토로 인도하소서!

【 이와 같이 간절한 믿음으로 기원함으로써, 위드야다라 세존들의 심장 속으로 무지갯빛으로 녹아 든 뒤, 청정한 공행의 정토에 태어나게 되는 것은 의심할 바가 없다.

모든 선지식의 종성들은 여기서 크게 깨달은 뒤 완전히 해탈하게 된다. 또한 나쁜 습기를 가진 자들도 반드시 해탈하게 된다.

임종의 바르도에서 죽음의 정광명을 알려주고, 법성의 바르도에서 적정의 붓다들의 출현을 알려주는 바르도퇴돌을 완결한다. 이티! 싸마야! 갸! 갸! 갸! 】

14장 분노의 붓다들이 출현하는 법성의 바르도[1]

【 이제 분노의 바르도가 출현하는 법을 설명코자 한다. 앞에서 적정의 바르도에는 일곱 단계의 험로가 있음을 사자에게 차례대로 일러주었다. 그래서 비록 하나를 깨닫지 못할지라도 다른 하나를 깨달음으로써 무수한 이들이 해탈을 얻었다.

그와 같이 해탈을 얻은 이들이 허다할지라도, 또한 중생들이 무변하고, 악업이 광대하고, 죄장이 심대하고, 습기에 물듦이 오래되고, 환상 같은 무명의 수레바퀴가 멎고 그침[2]이 없는 까닭에, 비록 자세히 일깨워

1 원어는 "토외바르되차르출땐빠(Thro boḥi bar doḥi ḥchar tshul bstan pa)"이며, 분노의 모습을 띤 헤루까 세존들의 바르도가 출현하는 모양을 설명해 줌이다.

2 캔뽀도제의 판본에서 인용한 이 구절은 '이 무명의 환륜(幻輪)이 다하고 줄어듦이 없음'을 뜻하는 '마릭툴코르디라쌔찡딥빠메빠(Ma rig ḥphrul ḥkhor ḥdi la dzad ciṅ ḥgrib pa med pa)'의 옮김이다. 저자의 판본에는 '다하고 늘어남이 없음'을 뜻하는 '쌔찡펠와메빠(dZad ciṅ ḥphel ba med pa)'로 나오나 글 뜻에 맞지 않는다고 본다.

줄지라도 해탈하지 못하고 대부분이 아래[낮은 단계]로 유랑하게 된다.

평화로운 붓다의 성중들과 위드야다라(持明) 세존들과 다끼니 여신들이 사자를 맞이하기 위해 나타난 다음에는, 지혜의 화염에 싸여서 선혈을 마시는 [헤루까로 불리는] 58명의 분노존들이 출현하게 된다. 이것은 앞과는 다른 [적정의 붓다들이 무서운 모습으로 변형되어 나타나는] 분노존의 바르도이다. 그래서 두려움과 무서움과 공포 세 상태에 놓이는 까닭에 사자들은 깨닫기가 더욱 어렵게 된다. 그러나 본심을 주체하지 못하고 의식을 잃음이 계속 일어날지라도, 만약 조금이라도 인식하게 되면 또한 쉽게 해탈한다. 왜냐하면, 두려움과 무서움과 공포 세 광경들이 일어남으로써, 마음이 분산되지 않고 쉽게 집중할 수 있기 때문이다.

만약 이 단계에서 이와 같은 가르침을 받지 못하면, 비록 바다와 같은 큰 학식이 있을지라도 전혀 도움이 되지 못한다. 설사 계율을 엄수하는 대율사와 논리에 정통한 대학자들일지라도 이 단계에서 착란을 일으키게 되어 빛의 참 모습을 깨닫지 못한 채 윤회에 유랑하게 된다. 범부들의 경우에는 그 혼란의 정도가 더욱 심각해서, 두려움과 무서움과 공포 셋에 의해 달아남으로써, 악도의 험난한 곳에 떨어져 고통을 받게 된다.

그러나 딴뜨라를 수행한 유가행자인 경우에는, 비록 제일 낮은 수준의 사람일지라도 헤루까 성중들을 보자마자 과거에 친숙했던 사람을 만나듯이, 그들이 자기의 이담(수행본존)임을 깨닫고 믿음으로써, 그들과 분리되지 않고 하나로 융합한 뒤 성불하게 된다. 그 이치는 그들이 인간세상에서 이들 헤루까 성중들을 [내면에 생기해서 그들과 합일을 꾀하는] 성취행법을 닦고, 공양과 찬탄을 행하고, 최소한 탱화에 그려진 형상과 소상 등을 단지 우러러보기만 하였을지라도, 여기서 그들의 모습이 출현함과 동시에 자기의 이담임을 깨달아서 해탈하는 것과 같다.

또한 인간세상에서 계율을 지키는 대율사와 논리에 정통한 대학자가 법행을 근수하고, 교리의 강설에 통달할지라도 임종 시에 영골[3]과 사리[4]와 무지개 등의 신령한 현상들이 나타나지 않는 것은, 생전에 무상요가 딴뜨라를 마음에 수용하지 못하고, 비밀진언의 법을 저주하여 훼방하고, 밀교의 성중들과 친숙하지 못한 탓에 바르도에서 그들이 출현할지라도 깨닫지 못하는 것이다. 뿐만 아니라, 일찍이 본 적이 없는 모습들을 갑자기 보게 됨으로써, 그들을 원수로 여긴 나머지 분노의 마음을 일으키게 되고, 이것이 원인이 되어 악도에 떨어지는 것이다. 또한 율사와 논사가 그와 같이 뛰어날지라도 사리와 영골과 무지개 등의 현상들이 나타나지 않는 것은, 내적으로 밀교 수행이 없다는 표시이기도 하다.

그러나 딴뜨라의 유가행자인 경우에는 비록 가장 낮은 수준의 사람일지라도, 일시적으로 행위가 조악하고, 고상하지 못하고, 해박하지 못하고, 법도에 어긋나는 등의 아름답지 못한 행동들을 범함으로써 그가 밀법을 닦을 수 없는 근기일지라도, 그들에 대하여 전도된 견해를 일으키지 않고, 의심하지 않고, 단지 밀법을 신해하는 것만으로도 이 단계에서 해탈을 얻게 되는 것이다. 그가 비록 인간세상에서 행위가 고결하지 못하였을지라도, 임종 시에 사리와 영골과 무지개 등의 현상들이 하나씩 출현하는 것은, 이 비밀진언도의 가피가 매우 크기 때문이다.

---

3 영골(靈骨)은 유골 가운데 특별히 뼈 자체가 불보살의 모습과 본존의 형상으로 변화된 것들을 말한다. 사리(舍利)도 영골의 일종이다.

4 사리(舍利)는 범어 싸리람(Śarīram)의 음역이며, 일반적으로 구슬처럼 둥근 영골을 말한다. 콩알처럼 큰 것을 사리로, 좁쌀알처럼 작은 것을 사리자(舍利子)라 부른다. 사리도 생성원인에 따라 모사리(毛舍利)와 골사리(骨舍利)가 있으며, 색상에 따라 다섯 가지가 있다.

만약 중근기 이상의 밀교 유가행자로서 생기차제와 원만차제를 닦고, 본존 만뜨라[5]를 염송하는 등의 수행을 했던 사람들은, 법성의 바르도에서 여기까지 유랑할 필요 없이 단지 숨이 끊어지는 순간, 위드야다라 세존들과 위라와 다끼니 여신들에 의해서 청정한 공행의 정토로 반드시 인도받아 가게 된다. 그러한 징표로서 하늘이 청명하고, 무지개가 뜨고, 광명이 서리고, 꽃비가 내리고, 싱그러운 향기가 감돌고, 하늘에서 천악이 울리고, 사자의 몸에서 광선이 비치고, 사리와 영골과 화골[6] 등이 나온다. 그러므로 율사와 논사와 서언을 깨트린 유가행자들과 모든 범부들에게 이 『바르도퇴돌』은 결코 없어서는 안 되는 해탈의 유일한 방편인 것이다.

생시에 마하삼빠나[7]와 마하무드라[8] 등을 수행해서 높은 체험을 얻은 유가행자들은, 임종의 바르도에서 죽음의 정광명을 인지해서 그것과 합일한 뒤 법신을 얻게 된다. 그러므로 그들에게는 이 『바르도퇴돌』

5 본존 만뜨라(本尊眞言)는 어느 본존의 행법을 닦을 때 염송하는 근본진언을 말한다. 이 근본진언은 본존의 신·구·의 세 공덕을 진언화한 것으로서 본존의 실지를 성취하도록 가지하는 효과가 있다.

6 화골(畵骨)은 영골의 일종이나 특별히 뼈에 불보살이나 본존불의 형상이 각인된 것을 말한다.

7 마하삼빠나(Mahāsampana)는 대원만(大圓滿)으로 번역되는 구루 빠드마쌈바와 등이 전수한 닝마빠(舊密)의 핵심 수행법이다. 교의의 요점을 정리하면, 마음의 본질이 공한 것이 법신이며, 자성의 광명이 보신이며, 대비가 편만함이 화신이다. 이 삼신의 모든 공덕들이 본래로 자연히 성취되어 있음으로서 원만(圓滿)이며, 이것이 제법의 진실한 이치이므로 대(大)이다. 그러므로 대원만(大圓滿)이라 부른다.

8 마하무드라(Mahāmudra, 大印)는 다양한 의미를 가지고 있으며, 구경의 과위 또는 최승실지를 말한다. 구밀(舊密)에서 설하는 대인의 뜻은, 견고하여 불변하는 대락(大樂)과 더불어 그것을 증득한 제일 찰나의 일체종색(一切種色)이 증가와 감손 없이 원초의 본성이 허공계가 다하도록 존재하여 소멸하지 않음으로써 인(印)이며, 소단(所斷)과 능증(能證)과 심덕(心德) 셋이 광대함으로 대(大)인 까닭에 대인(大印)이라 부른다.

을 읽어 줄 필요가 없다.

또한 임종의 바르도에서 정광명을 인식해서 합일하게 되면 법신을 얻고, 법성의 바르도에서 적정과 분노존의 모습이 출현할 때, 그들을 인식해서 합일하게 되면 보신을 얻게 된다. 그리고 재생[육도]의 바르도를 인식하면 화신을 얻거나, 천상과 인간에 태어난 뒤, 이 법을 다시 만나 후생에 닦게 되는 복분을 얻게 된다.

그런 이유로 이 『바르도퇴돌』은 닦음 없이 성불하는 법이며, 단지 듣는 것만으로 해탈하는 법이며, 악인을 비밀의 길로 인도하는 법이며, 한 순간에 차별을 낳는 법이며, 한 순간에 성불하는 심오한 법이다. 그렇기에 이 법을 접한 유정들은 결코 악취에 떨어지는 법이 없다. 이것과 11장 「몸에 걸침을 통한 오온의 자연해탈」[9]을 결합하는 것은, 마치 황금의 맨달(의식용 법구)[10]에다 값진 터키석을 장식하는 금상첨화와 같은 것이므로 반드시 모든 유정들에게 독송해 주도록 하라.

이와 같이 『바르도퇴돌』의 필요성을 특별히 설명한 뒤, 이제 분노존의 바르도가 출현하는 법을 알려주고자 한다. 사자의 이름을 세 번 부른 뒤 다음과 같이 들려주도록 하라. 】

---

9 본서의 11장 「몸에 걸침을 통한 자연해탈」은 흔히 '딱돌'이라고 부르는데, 이것은 본초불 싸만따바드라와 정맹백존(靜猛百尊)의 밀의를 담은 만뜨라를 도형화한 것으로 '꾼쌍딱돌' 이라고도 부른다. 이것을 죽은 자의 몸에 걸어 주면 설령 오무간의 죄업을 지었을지라도 지옥에 떨어지지 않으며, 산 자가 지니면 그 공덕이 불가사의하다고 한다. 그래서 티베트에서는 이것을 호신부적으로 몸에 지니는 풍습이 있다.

10 황금의 맨달(의식용 법구)은 티베트불교에서 복덕의 자량을 쌓기 위해서 사용하는 법구로써, 금은과 황동 등으로 만든 원판(圓板) 위에 우주를 상징하는 일월과 수미산과 사대주 등을 각인한 뒤 37가지 진귀한 보물들을 상징하는 물건들을 장식해서 스승과 삼보에 공양한다.

여덟째 날

오, 고귀한 가문의 자손이시여! 산란함이 없이 귀담아 잘 듣도록 하십시오! 그대는 앞에서 적정의 바르도가 출현하였음에도 불구하고 그것을 깨닫지 못하였습니다. 그래서 지금 여기까지 유랑하게 된 것입니다. 이제 여덟째 날에는 선혈을 마시는 헤루까 세존들이 나타나게 됩니다. 산란함 없이 그것을 인지토록 하십시오!

오, 고귀한 가문의 자손이시여! 여래부족의 상서로운 붓다헤루까(如來飮血佛)[11]께서 출현합니다. 머리가 셋에 팔이 여섯이며, 흑갈색 몸빛[12]에 네 다리를 벌리고 서 있습니다. 오른쪽 얼굴은 희고, 왼쪽은 붉고, 가운데 얼굴은 흑갈색입니다. 몸에는 지혜광명의 불길이 타오르고, 아홉 개의 눈은 분노를 가득 품고 바라보며, 눈썹은 번개처럼 꿈쩍입니다. 송곳니는 붉은 구리처럼 번득이고, 알라라 - 하하 - 하고 파안대소하며, 쓔우 - 하는 휘파람 소리를 세차게 불어 냅니다. 주황빛 머리칼은 불꽃처럼 위로 휘날리고, 해와 달과 마른 해골로 장식된 보관을 쓰고, 검은 뱀과 선혈이 뚝뚝 떨어지는 인두를 몸에 걸치고 있습니다. 여섯 개의 팔 가운데 오른편 세 손에는 차례로 법륜과 부월과 이검을 들고, 왼편 세 손에는 차례로 금강령과 쟁기와 선혈의 해골 잔을 들고, 붓다끄

---

11 붓다헤루까의 상징과 역할에 대하여 『토왜하촉착찰왜초가(忿怒尊禮拜儀式)』에서 다음과 같이 설하였다. "모든 중생들을 그와 같이 교화하고 [해탈의 경지로] 가게 만들며, 반야의 허공겁(虛空劫)으로 노쇠를 말리고, 어리석은 모습으로 어리석음을 파괴하는 붓다헤루까에게 정례합니다."

12 본서의 3장 「정맹백존의 법행을 통한 훈습의 자연해탈」에서는 체촉헤루까의 몸빛이 '검은 갈색'으로, 붓다헤루까의 몸빛은 '붉은 갈색'으로 나온다.

로데쓰와리(如來忿怒自在母)[13]와 포옹하고 있습니다. 불모께선 오른팔로 부존의 목을 껴안고, 왼손에 선혈이 가득한 해골 잔을 들고 부존의 입에 받치고 있습니다.

그는 입천장에 혀끝을 붙이고 끄르륵- 하는 거대한 파열성과 괴기한 소리를 천둥처럼 울려 대고, 불타는 금강저와 같은 몸의 털끝 사이에선 지혜의 화염이 타오르고, 가루다(金翅鳥)가 떠받치는 보좌 위에서 왼쪽 다리는 약간 구부리고, 오른쪽 다리는 뻗은 모습으로 함께 서 있습니다.

이것은 그대 뇌 속에서 나와 그대에게 실제로 그와 같이 나타나는 것이니, 그들을 두려워하지 마십시오! 무서워하지 마십시오! 겁내지 마십시오! 그대 각성의 [활력에서 나타난] 몸임을 깨닫도록 하십시오! 그대의 본존이니 두려워하지 마십시오! 실제로 비로자나불 합체존의 실질입니다. 그러므로 그들을 무서워하지 마십시오! 이것을 깨침과 동시에 해탈하게 됩니다.

【 이와 같이 일깨워 줌으로써 사자가 그것이 자신의 이담임을 깨달은 뒤, 본존과 하나로 융합하여 [보신의 몸으로] 성불하게 된다. 】

아홉째 날

【 붓다 헤루까에 대하여 두려움과 무서움을 일으킨 뒤 달아나고 깨닫지

---

13 붓다끄로데쓰와리에 대하여 『토왜하촉착찰왜초가』에서 다음과 같이 설하였다. "몸으로 누리는 갖가지 수용(受用)들을 보지 않고, 반야바라밀이 구경에 달해 어리석음이 청정하며, 수인(手印)의 형상공양으로 [부존을] 기쁘게 하시는 불모 붓다끄로데쓰와리에게 정례합니다."

못하면, 아홉째 날에는 바즈라헤루까 세존들이 사자를 맞이하기 위해서 출현한다. 그것을 알려주는 법으로, 사자의 이름을 세 번 부른 뒤 다음과 같이 들려주도록 하라.】

오, 고귀한 가문의 자손이시여! 산란함이 없이 귀담아 잘 듣도록 하십시오! 아홉째 날에는 금강부족의 세존이신 바즈라헤루까(金剛飮血佛)[14]께서 출현합니다. 머리가 셋에 팔이 여섯이며, 화염이 타오르는 검푸른 몸빛에 네 다리를 벌리고 서 있습니다. 오른쪽 얼굴은 희고, 왼쪽은 붉고, 가운데 얼굴은 암청색입니다. 여섯 개의 팔 가운데 오른편 세 손에는 차례로 금강저와 선혈의 해골 잔과 부월을 들고, 왼편 세 손에는 차례로 금강령과 선혈의 해골 잔과 쟁기를 들고, 바즈라끄로데쓰와리(金剛忿怒自在母)[15]와 포옹하고 있습니다. 불모께선 오른팔로 부존의 목을 껴안고, 왼손에 선혈이 가득한 해골 잔을 들고 부존의 입에 받치고 있습니다.

이것은 그대 뇌의 동쪽에서 나와 그대에게 나타난 것입니다. 그러므로 그들을 두려워하지 마십시오! 무서워하지 마십시오! 겁내지 마십시오! 그대 각성의 [활력에서 나타난] 몸임을 깨닫도록 하십시오! 그대의 본존이니 무서워하지 마십시오! 실제로 금강살타 합체존의 실질이니 두려워하지 마십시오! 간절히 믿고 흠앙토록 하십시오! 이것을 깨침과

---

14 바즈라헤루까의 상징과 역할에 대하여, 『토왜하촉착찰왜초가』에서 다음과 같이 설하였다. "지혜의 금강저로 번뇌와 윤회를 파괴하며, 방편을 지닌 도병겁(刀兵劫)으로 사물을 [실재로 집착함을] 파괴하고, 성난 모습으로 성냄을 파괴하는 바즈라헤루까에게 정례합니다."

15 바즈라끄로데쓰와리에 대하여, 『토왜하촉착찰왜초가』에서 다음과 같이 설하였다. "마음으로 누리는 갖가지 수용들을 보지 않고, 대비가 구경에 달해 성냄이 청정하며, 분별의 감촉공양으로 [부존을] 기쁘게 하시는 불모 바즈라끄로데쓰와리에게 정례합니다."

동시에 해탈하게 됩니다.

【 이와 같이 알려줌으로써 사자는 그것을 자신의 이담으로 깨달은 뒤, 본존과 하나로 융합하여 [보신의 몸으로] 성불하게 된다. 】

열째 날

【 업장이 무거운 자들은 바즈라헤루까의 모습에 두려움과 무서움을 일으킨 뒤 달아나고 깨닫지 못하면, 열째 날에는 라뜨나헤루까 세존들이 사자를 맞이하기 위해서 출현한다. 그것을 알려주는 법으로, 사자의 이름을 세 번 부른 뒤 다음과 같이 들려주도록 하라. 】

오, 고귀한 가문의 자손이시여! 산란함이 없이 귀담아 잘 듣도록 하십시오. 열째 날에는 보생부족의 세존이신 라뜨나헤루까(寶生飮血佛)[16]께서 출현합니다. 머리가 셋에 팔이 여섯이며, 화염이 타오르는 검누른 몸빛에 네 다리를 벌리고 서 있습니다. 오른쪽 얼굴은 희고, 왼쪽은 붉고, 가운데 얼굴은 암황색입니다. 여섯 개의 팔 가운데서 오른편 세 손에는 차례로 보주와 카땀가(骨杖)와 곤봉을 들고, 왼편 세 손에는 차례로 금강령과 선혈의 해골 잔과 삼지창을 들고, 라뜨나끄로데쓰와리(寶生忿怒自在

16 라뜨나헤루까의 상징과 역할에 대하여, 『토왜하촉착찰왜초가』에서 다음과 같이 설하였다. "여의주처럼 모든 소망을 채워주며, 무아의 사마타(止)의 방편을 지닌 수겁(水劫)으로 씻고, 교만한 모습으로 교만을 파괴하는 라뜨나헤루까에게 정례합니다."

母)[17]와 포옹하고 있습니다. 불모께선 오른팔로 부존의 목을 껴안고, 왼손에 선혈이 가득한 해골 잔을 들고 부존의 입에 받치고 있습니다.

이들은 그대 뇌의 남쪽에서 나와 그대에게 나타난 것입니다. 그러므로 그들을 두려워하지 마십시오! 무서워하지 마십시오! 겁내지 마십시오! 그대 각성의 [활력에서 나타난] 몸임을 깨닫도록 하십시오! 그대의 본존이니 무서워하지 마십시오! 실제로 보생여래 합체존의 실질입니다. 간절히 믿고 흠앙토록 하십시오! 그것을 깨침과 동시에 해탈하게 됩니다.

【 이와 같이 알려줌으로써 사자는 그것을 자신의 이담으로 깨달은 뒤, 본존과 하나로 융합하여 [보신의 몸으로] 성불하게 된다. 】

열하루째 날

【 그와 같이 알려줄지라도 나쁜 습기에 의해 아래로 이끌리고, 라뜨나헤루까의 모습에 두려움과 무서움을 일으켜 달아남으로써, 자기의 이담임을 깨닫지 못하고 염라왕으로 본 뒤 그것을 알아차리지 못한다. 그래서 열 하루째 날에는 빠드마헤루까 세존들이 사자를 맞이하기 위해서 출현한다. 그것을 알려주는 법으로 사자의 이름을 세 번 부른 뒤 다음과 같이 들려주도록 하라. 】

17 라뜨나끄로데쓰와리에 대하여, 『토왜하촉착찰왜초가』에서 다음과 같이 설하였다. "공덕으로 누리는 갖가지 수용들을 보지 않으며, 보시바라밀이 구경에 달해 교만이 청정하며, 삼매의 미각공양으로 [부존을] 기쁘게 하시는 불모 라뜨나끄로데쓰와리에게 정례합니다."

오, 고귀한 가문의 자손이시여! 산란함이 없이 귀담아 잘 듣도록 하십시오! 열 하루째 날에는 연화부족의 세존이신 빠드마헤루까(蓮花飮血佛)[18]께서 출현합니다. 머리가 셋에 팔이 여섯이며, 화염이 타오르는 검붉은 몸빛에 네 다리를 벌리고 서 있습니다. 오른쪽 얼굴은 희고, 왼쪽은 푸르고, 가운데 얼굴은 암적색입니다. 여섯 개의 팔 가운데서 오른편 세 손에는 차례로 연꽃과 카땀가와 곤봉을 들고, 왼편 세 손에는 차례로 금강령과 선혈의 해골 잔과 작은 북을 들고, 빠드마끄로데쓰와리(蓮花忿怒自在母)[19]와 포옹하고 있습니다. 불모께선 오른팔로 부존의 목을 껴안고, 왼손에 선혈이 가득한 해골 잔을 들고 부존의 입에 받치고 있습니다.

서로 입을 맞춘 합체존의 모습이 실제로 그대 뇌의 서쪽에서 나와 그대에게 나타난 것이니, 그들을 두려워하지 마십시오! 무서워하지 마십시오! 겁내지 마십시오! 환희로운 마음을 내도록 하십시오! 그대 각성의 [활력에서 나타난] 몸임을 깨닫도록 하십시오! 그대의 본존이니 두려워하지 마십시오! 실제로 아미타여래 합체존의 실질입니다. 간절히 믿고 흠앙토록 하십시오! 이것을 깨침과 동시에 해탈하게 됩니다.

【 이와 같이 알려줌으로써 사자는 그것을 자기의 이담으로 깨달은 뒤, 본존과 하나로 융합하여 [보신의 몸으로] 성불하게 된다. 】

---

18 빠드마헤루까의 상징과 역할에 대하여, 『토왜하촉착찰왜초가』에서 다음과 같이 설하였다. "윤회의 진흙 밭에서 피어나는 연꽃처럼 탄생하며, 위빠싸나(觀)의 큰 불길의 화겁(火劫)으로 일체를 태우고, 탐욕의 모습으로 탐욕을 파괴하는 빠드마헤루까에게 정례합니다."

19 빠드마끄로데쓰와리에 대하여, 『토왜하촉착찰왜초가』에서 다음과 같이 설하였다. "말씀으로 누리는 갖가지 수용들을 보지 않고, 지계바라밀이 구경에 달해 탐욕이 청정하며, 경전의 음성공양으로 [부존을] 기쁘게 하시는 불모 빠드마끄로데쓰와리에게 정례합니다."

열둘째 날

【그와 같이 알려줄지라도 나쁜 습기에 의해 아래로 이끌리고, 빠드마헤루까의 모습에 두려움과 무서움을 일으키고 달아남으로써, 자기의 이담임을 깨닫지 못한다. 그래서 열둘째 날에는 까르마헤루까 세존들과 마따라(本母)와 삐쌰찌(鬼母)와 이쓰와리(瑜伽自在母) 등의 분노의 여신들이 사자를 맞이하기 위해서 출현한다. 그러나 역시 이들을 깨닫지 못하고 두려워하게 된다. 그것을 알려주는 법으로, 사자의 이름을 세 번 부른 뒤 다음과 같이 들려주도록 하라.】

오, 고귀한 가문의 자손이시여! 산란함이 없이 귀담아 잘 듣도록 하십시오! 열둘째 날에는 갈마부족의 세존이신 까르마헤루까(羯磨飮血佛)[20]께서 출현합니다. 머리가 셋에 팔이 여섯이며, 화염이 타오르는 어두운 녹색 몸빛에 네 다리를 벌리고 서 있습니다. 오른쪽 얼굴은 희고, 왼쪽은 붉고, 가운데 얼굴은 암녹색입니다. 여섯 개의 팔 가운데서 오른편 세 손에는 차례로 이검과 카땀가와 곤봉을 들고, 왼편 세 손에는 차례로 금강령과 선혈의 해골 잔과 쟁기를 들고, 까르마끄로데쓰와리(羯磨忿怒自在母)[21]와 포옹하고 있습니다. 불모께선 오른팔로 부존의 목을 껴안고, 왼손에 선혈이 가득한 해골 잔을 들고 부존의 입에 받치고 있습니다.

---

20 까르마헤루까의 상징과 역할에 대하여, 『토왜하촉착찰왜초가』에서 다음과 같이 설하였다. "사업(事業)의 바다로 중생의 이익을 행하며, 사물에 걸림 없이 겁풍(劫風)으로 이동하고, 질투의 모습으로 질투를 파괴하는 까르마헤루까에게 정례합니다."

21 까르마끄로데쓰와리에 대하여, 『토왜하촉착찰왜초가』에서 다음과 같이 설하였다. "사업으로 누리는 갖가지 수용들을 소연하지 않고, 인욕바라밀이 구경에 달해 질투가 청정하며, 계율의 향기공양으로 [부존을] 기쁘게 하시는 불모 까르마끄로데쓰와리에게 정례합니다."

서로 입을 맞춘 합체존의 모습이 실제로 그대 뇌의 북쪽에서 나와 그대에게 나타난 것이니, 그들을 두려워하지 마십시오! 무서워하지 마십시오! 겁내지 마십시오! 그대 각성의 [활력에서 나타난] 몸임을 깨닫도록 하십시오! 그대의 본존이니 무서워하지 마십시오! 실제로 불공성취불 합체존의 실질입니다. 간절히 믿고 흠앙토록 하십시오! 이것을 깨침과 동시에 해탈하게 됩니다.

【 이와 같이 알려줌으로써 사자는 자기의 이담으로 깨달은 뒤, 본존과 하나로 융합하여 [보신의 몸으로] 성불하게 된다.

스승님의 가르침을 통해서 그들이 자기 마음의 표출이자, 각성의 본연의 활력임을 깨달음으로써, 마치 지푸라기로 만든 사자의 모습을 보는 것과 같이 즉시 해탈하게 된다. 만약 그 지푸라기로 만든 사자를 사실대로 깨닫지 못하면 두려움이 생길지라도, 어떤 사람이 그것을 사실대로 가르쳐 주면 그 실체를 깨달아서 두려움을 여의게 되는 것과 같다.

마찬가지로 선혈을 마시는 헤루까 성중들의 거대한 몸집과 흉맹한 팔다리가 허공에 꽉 찬 모습으로 나타날 때, 사자가 두려움과 공포를 반드시 일으킬지라도, 이 가르침을 받게 되면 그 즉시 자기 마음의 표출임을 깨닫거나 또는 본존임을 깨닫게 된다. 그래서 생전에 닦고 익힌 도위(道位)의 광명과 후에 자연히 출현하는 자생광명(自生光明)[법성광명] 두 가지가 모자광명(母子光明)으로 합일함으로써, 자기에게 일어나는 자발적 현현들이 스스로 해탈하게 된다. 이것은 마치 과거에 친숙했던 사람을 다시 만남과 같이, 자기 각성이 스스로 밝아져서 스스로 해탈하는 것이다.

만약 이러한 가르침을 받지 못하면 아무리 선량한 사람일지라도 여기서 타락하여 윤회에 떨어지게 된다. 그 뒤 분노의 모습을 한 여덟 명의 마따라(本母) 여신들과 갖가지 동물의 얼굴 모습을 한 여덟 명의 삐쌰찌(鬼母) 여신들이 자신의 뇌 속에서 출현하여 자기에게 나타나게 된다. 그것을 알려주는 법으로, 사자의 이름을 세 번 부른 뒤 다음과 같이 들려주도록 하라. 】

오, 고귀한 가문의 자손이시여! 산란함이 없이 귀담아 잘 듣도록 하십시오! 그대의 뇌 속에서 여덟 명의 분노하는 마따라(本母) 여신들이 나와 그대에게 나타납니다. 그녀들을 두려워하지 마십시오!

뇌의 동쪽에서 백색의 가우리(具藏忿怒母) 여신이 [시체의 보좌 위에서 윤회의 분별을 깨뜨리기 위해] 오른손에 샤와단다(尸棍)를 쥐고, 왼손에 선혈의 해골 잔을 들고 그대에게 나타납니다. 그녀를 두려워하지 마십시오!

뇌의 남쪽에서 금색의 짜우리(匪賊忿怒母) 여신이 [시체의 보좌 위에서 반야와 방편의 합일을 위해] 손에 화살 메긴 활을 들고 나타납니다.

뇌의 서쪽에서 적색의 쁘라모하(大瘍忿怒母) 여신이 [시체의 보좌 위에서 윤회에 빠뜨리지 않기 위해] 마까라(摩羯)를 장식한 승리의 깃발을 들고 나타납니다.

뇌의 북쪽에서 녹색[22]의 웨딸리(起尸忿怒母) 여신이 [시체의 보좌 위에서 불변의 법성을 상징하는] 금강저와 선혈의 해골 잔을 들고 나타납니다.

뇌의 동남쪽에서 적황색의 뿍까씨(熏香忿怒母) 여신이 [시체의 보좌 위에서 번뇌의 처소에서 건져 내기 위해] 오른손에 창자를 들고, 왼손으로 창자를 입에다 넣고 먹으며 나타납니다.

---

22 원문은 '흑색'이나 '녹색'으로 고쳤다.

뇌의 남서쪽에서 암녹색의 가쓰마리(鄙賤忿怒母) 여신이 [시체의 보좌 위에서 윤회의 세계를 삼키기 위해] 왼손에 선혈의 해골 잔을 들고, 오른손의 금강저로 저어 마시며 나타납니다.

뇌의 서북쪽에서는 담황색의 짠달리(凶猛忿怒母) 여신이 [시체의 보좌 위에서 악견(惡見)을 분쇄하기 위해] 시체의 머리와 몸뚱이를 분리하고, 오른손에 심장을 들고, 왼손으로 살을 먹으며 나타납니다.

뇌의 북동쪽에서는 암청색의 쓰마쌰니(尸林忿怒母) 여신이 [시체의 보좌 위에서 윤회의 처소를 파괴하기 위해] 시체의 머리와 몸뚱이를 분리한 뒤, 살을 먹으며 나타납니다.

이들 [여덟 알음이(八識)를 상징하는] 여덟 장소의 마따라 여신들이 다섯 명의 헤루까 합체존들을 에워싼 채, 그대의 뇌 속에서 나와 그대 앞에 나타납니다. 그러므로 그녀들을 두려워하지 마십시오!

오, 고귀한 가문의 자손이시여! 산란함이 없이 귀담아 잘 듣도록 하십시오! 그 둘레에서 여덟 처소의 삐쌰찌(鬼女) 여신들이 출현해서 그대에게 나타납니다.

뇌의 동쪽에서 사자 머리를 한 흑갈색의 씽하무키(獅面忿怒母) 여신이 [윤회의 근본을 휘젓기 위해] 팔짱을 낀 채, 시체를 입에 물고, 갈기털을 흔들며 나타납니다.

뇌의 남쪽에서는 호랑이 머리를 한 적색의 브야그리무키(虎面忿怒母) 여신이 [윤회의 집착을 절복하기 위해] 두 팔을 아래로 교차한 채, 눈을 노려 뜨고, 송곳니를 드러낸 채 분노하며 나타납니다.

뇌의 서쪽에서는 여우 머리를 한 흑색의 쓰르갈라무키(狐面忿怒母)

여신이 [번뇌의 근본을 정화하기 위해] 오른손에 계도(戒刀)를 쥐고, 왼손에 창자를 들고 씹으며, 피를 핥으면서 나타납니다.

뇌의 북쪽에서는 늑대 머리를 한 암청색의 쓰와나무키(狼面忿怒母) 여신이 [윤회의 구덩이를 부수기 위해] 두 손으로 시체[23]를 가르면서, 눈알을 부라리며 나타납니다.

뇌의 동남쪽에서는 독수리 머리를 한 백황색의 그르드라무키(鷲面忿怒母) 여신이 어깨에 시체를 메고, 손에 해골을 들고 나타납니다.

뇌의 남서쪽에서는 대머리독수리 머리를 한 암적색의 깡까무키(吃尸鳥面忿怒母) 여신이 [윤회의 구덩이에서 구출하기 위해] 어깨에 시체를 걸치고 나타납니다.

뇌의 서북쪽에서는 까마귀 머리를 한 흑색의 까까무키(烏面忿怒母) 여신이 [번뇌를 끊고 말리기 위해] 왼손에 해골 잔을 들고, 오른손에 이검을 잡고, 허파와 심장을 먹으며 나타납니다.

뇌의 북동쪽에서는 올빼미 머리를 한 암청색의 울루무키(梟面忿怒母) 여신이 [윤회의 악견에서 끄집어내기 위해] 오른손에 금강저를 들고, 왼손에 이검을 잡고, 살을 먹으며 나타납니다.

이들 [여덟 대경(八境)을 상징하는] 여덟 처소의 삐싸찌 여신들이 다섯 명의 헤루까의 합체존들을 에워싼 채, 그대의 뇌 속에서 나와 그대 앞에 나타납니다. 그러므로 그녀들을 두려워하지 마십시오! 무엇이 나타나든 전부 자기 법성의 광경[현현]이며, 각성의 [지혜의] 활력임을 깨닫도록 하

23 이것은 캔뽀도제의 『바르도되돌』에서 인용한 것이며, 저자의 대본에는 '두 손으로 시체를 입으로 옮기며'로 나온다.

십시오!

오, 고귀한 가문의 자손이시여! 만다라의 네 문을 수호하는 네 수문천모들이 그대의 뇌 속에서 나와 그대에게 나타납니다. 그녀들이 그대의 본존임을 깨닫도록 하십시오!

뇌의 동쪽에서 말머리를 한 백색의 앙꾸싸(金剛鐵鉤母) 여신이 쇠갈고리와 [왼손에 선혈의 해골 잔을] 들고 나타납니다.

뇌의 남쪽에서 돼지 머리를 한 황색의 빠싸(金剛絹索母) 여신이 손에 올가미와 [왼손에 선혈의 해골 잔을] 들고 나타납니다.

뇌의 서쪽에서 사자 머리를 한 적색의 쓰릉칼라(金剛鐵鏈母) 여신이 손에 쇠사슬과 [왼손에 선혈의 해골 잔을] 들고 나타납니다.

뇌의 북쪽에서 뱀 머리를 한 녹색의 간따(金剛振鈴母) 여신이 손에 금강령과 [왼손에 선혈의 해골 잔을] 들고 나타납니다.

이들 네 수문천모들 또한 그대의 뇌 속에서 나와 그대 앞에 나타납니다. 그대의 본존임을 깨닫도록 하십시오!

오, 고귀한 가문의 자손이시여! 이들 30명의 분노의 헤루까들 둘레에는 28명의 갖가지 동물들의 얼굴을 한 이쓰와리(瑜伽自在母) 여신들이 온갖 무기를 들고, 그대의 뇌 속[24]에서 나와 그대에게 나타납니다. 그녀들을 두려워하지 마십시오! 무엇이 나타나든 전부가 자기 법성의 광경[현현]

---

24 『맨악닝기공빠』에 의하면, 이들 28명의 이쓰와리(瑜伽自在女) 여신들이 두개골과 뇌막(腦膜) 사이에서 나온다고 하였다.

이며, 각성의 [지혜] 활력임을 깨닫도록 하십시오! 일대사가 종결되는 이 중대한 시점에서 스승께서 일러주신 그 가르침들을 온전히 기억도록 하십시오!

오, 고귀한 가문의 자손이시여! 그대 뇌의 동쪽에서 여섯 명의 요기니들이 나와 그대에게 나타납니다.

야크 머리를 한 흑갈색의 마누락사씨(牲牛面人羅刹母) 여신이 금강저를 들고, 뱀 머리를 한 적황색의 브라흐마니(蛇面梵天母) 여신이 연꽃을 들고, 표범 머리를 한 암녹색의 라우드리(豹面鄔摩天母) 여신이 삼지창을 들고, 몽구스 머리를 한 청색의 와이스나위(鼬面遍入天母) 여신이 법륜을 들고, 마웅(馬熊) 머리를 한 적색의 까우마리(馬熊面童女天母) 여신이 단창을 들고, 곰 머리를 한 백색의 인드라니(熊面帝釋天母) 여신이 창자의 올가미를 들고 각각 나타납니다. 그녀들을 두려워하지 마십시오!

오, 고귀한 가문의 자손이시여! 그대 뇌의 남쪽에서 여섯 명의 요기니들이 나와 그대에게 나타납니다.

박쥐 머리를 한 황색의 바즈라뼁갈라(飛鼠面金剛天母) 여신이 계도를 들고, 마까라(摩羯)의 머리를 한 적색의 싸우미(摩羯面寂靜天母)[쌴띠(Śānti)] 여신이 보병을 들고, 전갈 머리를 한 적색의 암르따(全蠍面甘露天母) 여신이 연꽃을 들고, 새매 머리를 한 백색의 짠드라(鷹面白月天母) 여신이 금강저를 들고, 여우 머리를 한 암녹색의 단디(狐面執棍天母) 여신이 곤봉을 들고, 호랑이 머리를 한 암황색의 락샤씨(虎面羅刹天母) 여신이 손에 선혈의 해골 잔을 들고 각각 나타납니다. 그녀들을 두려워하지 마십시오!

오, 고귀한 가문의 자손이시여! 그대 뇌의 서쪽에서 여섯 명의 요기니들이 나와 그대에게 나타납니다.

독수리 머리를 한 암녹색의 박샤씨(鷲面食呑天母) 여신이 곤봉을 들고, 말 머리를 한 적색의 라띠(馬面歡喜天母) 여신이 시체의 몸통을 들고, 금시조 머리를 한 백색의 루디라마디(金翅鳥面醉血天母) 여신이 곤봉을 들고, 개 머리를 한 적색의 에까짜라니 - 락샤씨(狗面獨行羅刹天母) 여신이 금강계도로 [시체를] 자르며, 관모조(冠毛鳥)의 머리를 한 적색의 마노하리까(冠毛鳥面奪魂天母) 여신이 화살 메긴 활을 들고, 사슴 머리를 한 적록색의 씻디까리(鹿面成就天母) 여신이 보병을 들고 나타납니다. 그녀들을 두려워하지 마십시오!

오, 고귀한 가문의 자손이시여! 그대 뇌의 북쪽에서 여섯 명의 요기니들이 나와 그대에게 나타납니다.

늑대 머리를 한 청색의 와유데비(狼面風神天母) 여신이 깃발을 날리고, 야생 면양 머리를 한 적색의 아그나이(野羊面火神天母) 여신이 쑬라(貫戟)를 들고, 돼지 머리를 한 흑색의 와라히(猪面繩亥天母) 여신이 송곳니가 달린 올가미를 들고, 작은 까마귀 머리를 한 적색의 짜문디(小烏面作老天母) 여신이 어린애의 시체를 들고, 코끼리 머리를 한 암녹색의 부자나(象面大鼻天母) 여신이 곤봉을 들고, 해골 잔의 선혈을 마시며, 뱀 머리를 한 청색의 와루나니(蛇面水神天母) 여신이 뱀의 올가미를 들고 각각 나타납니다. 그녀들을 두려워하지 마십시오!

오, 고귀한 가문의 자손이시여! 만다라의 네 문을 수호하는 네 명의 요기니들이 그대의 뇌 속에서 나와 그대에게 나타납니다.

뇌의 동쪽에서 뻐꾸기 머리를 한 백색의 바즈라[마하깔리(杜鵑面金剛大黑天母)] 여신이 손에 쇠갈고리를 들고 나타납니다.

뇌의 남쪽에서 염소 머리를 한 황색의 바즈라[마하차갈라(山羊面金剛大羱天母)] 여신이 손에 올가미를 들고 나타납니다.

뇌의 서쪽에서 사자 머리를 한 적색의 바즈라[마하꿈바까라니(獅面金剛大雜瓶天母)] 여신이 손에 쇠사슬을 들고 나타납니다.

뇌의 북쪽에서 뱀 머리를 한 녹색[25]의 바즈라[람보다라(蛇面金剛大腹天母)] 여신이 손에 금강령을 들고 나타납니다.

네 명의 수문천모들이 그대의 뇌 속에서 나와 그대에게 나타납니다. [그대의 본존임을 깨닫도록 하십시오!]

이들 28명의 이쓰와리 여신들은 분노하는 헤루까들의 자생신(自生身)의 활력에서 스스로 나타난 것입니다. 이것을 깨닫도록 하십시오!

오, 고귀한 가문의 자손이시여! 법신의 공성의 측면[활력]에서 [42존의] 적정의 붓다들이 나타나는 것임을 깨닫도록 하십시오! 법신[26]의 광명의 측면[활력]에서 분노의 헤루까들이 나타나는 것임을 깨닫도록 하십

---

25 원문에는 '암녹색'으로 나오나 '녹색'으로 고쳤다.

26 저자의 대본을 비롯한 대부분의 판본에는 '보신'으로 나오고, 캔뽀도제의 『바르도퇴돌』에는 '법신'으로 나와 그 진의를 가름하기가 어렵다. 그러나 『바르도퇴돌』의 직접적 근거가 되는 『맨악닝기공빠』에서, "법신의 공성의 측면에서 [42존의] 적정의 붓다들이 출현하고, 법신의 밝음의 측면에서 58존의 분노의 헤루까들이 출현한다."라고 하였다. 다시 말해, 법신의 본질인 공성의 활력에서 적정의 붓다들이, 법신의 자성인 광명의 활력에서 분노의 헤루까들이 나타나는 것임을 뜻한다.

시오! 그대의 뇌 안에서 선혈을 마시는 58명의 분노의 헤루까 성중들이 출현하여 그대에게 나타나는 이때, 무엇이 나타나든 전부가 자기 각성의 본연의 광휘로부터 출현하는 것임을 깨닫게 되면, 그 순간 헤루까의 몸과 하나로 녹아들어 성불하게 됩니다.

오, 고귀한 가문의 자손이시여! 만약 그와 같이 깨닫지 못하면 그대는 그들을 두려워하여 달아나게 되고, 다시 윤회의 고통 속에서 핍박 받게 됩니다. 만일 그와 같이 깨닫지 못하면 그대는 모든 분노의 헤루까들을 염라대왕으로 보게 됨으로써, 그들을 두려워하게 됩니다. 무서워하게 됩니다. 공포에 떨게 됩니다. 기절을 하게 됩니다. 그리하여 자기 법성의 광경들이 도리어 마라가 되어 그대를 윤회 속에 유랑하게 만듭니다. 그들을 두려워하지 않고, 무서워하지 않으면 윤회에 떨어지지 않습니다.

오, 고귀한 가문의 자손이시여! 적정과 분노존들의 몸체는 세 가지가 있습니다. 큰 것은 광대한 허공과 같고, 중간은 수미산만 하고, 작은 것 또한 그대 몸을 18개를 포개 놓은 정도로 큽니다. 그들을 두려워하지 마십시오! 모든 현상들이 [지혜의] 빛과 [붓다의] 몸으로 나타납니다. 빛과 몸으로 나타나는 그 모든 현상들이 자기 각성의 본연의 광휘임을 깨달음으로써, 그 빛과 몸과 둘이 아닌 하나로 녹아들어 성불하게 됩니다.[27]

---

27 이 문장의 의미를 부연하면, "마음이 허파 안을 떠난 뒤 숨은 코끝에서 끊어지고, [인위(因位) 상태의] 붓다가 심장 안에서 나온 뒤 눈에서 위로 빠져나갈 때, 윤회의 흐름이 역류한 뒤 모든 현상들이 [지혜의] 광명과 [붓다의] 몸으로 출현한다. 모든 현상들이 광명과 몸으로 나타나는 그것이 자기의 각성이 나타나는 출현법이자, 자기의 광경[현현]인 것이다. 자기의 본연의 광휘가 자기에 나타나는 것을 깨달음으로써, 자기의 광명과 몸과 둘이 아닌 하

오, 고귀한 가문의 자손이시여! 그 어떤 두렵고 무서운 광경들이 나타날지라도 그것이 자기 법성의 광경[현현]임을 깨닫도록 하십시오! 그 빛들이 자기 각성의 본연의 광휘임을 깨닫도록 하십시오! 그와 같이 깨달으면 지금 그 자리서 그대는 성불하게 됩니다. 이것은 의심할 여지가 없습니다. [『잠뺄챈죄(文殊眞實名經)』 등의] 경궤에서 "한순간에 성불한다."[28]고 설한 그것이 지금 이 순간에 일어나게 됩니다. 이것을 마음에 잘 기억토록 하십시오!

오, 고귀한 가문의 자손이시여! 만약 그대가 지금 이것을 깨닫지 못한 채 두려워하게 되면, 적정의 붓다들은 모두 무서운 마하깔라(大黑天)의 모습으로 나타나고, 분노의 헤루까들은 모두 염라대왕의 모습으로 나타납니다. 그래서 자기의 광경[현현]이 도리어 악마가 되어 그대는 윤회 속에 유랑하게 됩니다.[29]

나로 녹아든 뒤 성불하니, 가르침의 붉은 밧줄을 모든 현상들이 광명과 몸으로 출현할 때 자른다."라고 『쌍개랑채첸뽀(佛自住大續)』에서 설하였다.

28 이 문장은 『잠뺄챈죄(文殊眞實名經)』 외에도 『맨악닝기공빠(教誡極密意王續)』에서 다음과 같이 설하고 있다. "이와 같이 불세존은 지혜의 몸이며, 스스로 출생하고, 지혜의 눈에 번뇌의 더러움이 없으며, 지혜의 광명이 혁혁하고, 한순간에 성불하며, 한순간에 [윤회와 열반의] 차별을 가르고, 불이의 일미로 물에다 물을 섞음과 같으며, 소금의 맛과 같이 일체가 하나의 본질이며, 소리는 자기 소리이며, 모든 광경[현상]은 자기 광경[모습]이다. 비유하면, 과거에 크게 친숙했던 두 사람이 오랫동안 떨어져 있었을지라도 좁은 외길에서 만나면 바로 알아보는 것과 같다."

29 이 문장의 의미를 부연하면 『맨악닝기공빠』에서, "적정존의 몸과 분노존의 몸이 큰 것은 허공과 같고, 중간 정도는 수미산만 하고, 작은 것은 겨자씨만 한 것이 세간을 가득 채우며 나타난다. 5일 동안 허공과 현상계와 삼계 전체가 [지혜의] 광명과 [붓다의] 몸으로 출현한다. 모든 현상들이 광명과 몸으로 출현하는 그것을 자기 각성의 광휘로 깨달음으로써, 자신이 광명과 둘이 아닌 하나로 녹아든 뒤 성불한다. 선남자여, 지금 이것을 알려주지 않는다면 적정존의 몸은 마하깔라(大黑天)로 출현하고, 분노의 헤루까는 염라왕으로 출현함으

오, 고귀한 가문의 자손이시여! 만약 그대가 이것이 자기의 광경[현현]임을 깨닫지 못하면, 비록 모든 현밀(顯密)의 경전에 통달하고, 여러 겁 동안 불법을 닦아도 성불하지 못합니다. 자기 [각성의] 현현임을 깨닫게 되면 단지 한 번의 지시와 일언지하에 성불하게 됩니다.[30]

만일 자기 각성의 광경[현현]임을 깨닫지 못하면 죽는 그 순간 그들은 법성의 바르도에서 염라왕의 모습으로 나타납니다. 이 염라왕의 몸은 큰 것은 광대한 허공과 같고, 중간도 수미산만 하여 세상을 꽉 채우듯이 나타납니다. 또한 윗니로 입술을 물어뜯고, 눈알은 유리알처럼 번뜩거리며, 머리칼은 머리 위로 질끈 동여매고, 배는 불룩하며, 목은 가늘고, 손에는 염마장(閻魔帳)[31]을 들고, 입으론 "쳐라! 죽여라!" 하고 크게 외쳐 댑니다. 뇌수를 마시고, 머리와 몸뚱이를 분리하며, 내장과 심장을 끄집어

로써 자기의 광경[현현]이 도리어 마라가 되어 윤회에 유랑하게 된다."라고 설하였다.

30 이 문장의 뜻은 바르도의 상태에서 닦음이 없이 성불하는 가장 심오한 가르침인 족첸(대원만) 딴뜨라의 핵심이다. 그러므로 "[무명의 착락의] 현상이 스스로 역류하여 나타남으로써 악업과 습기를 정화할 필요가 없다. 지혜의 궁궐이 나타남으로써 특별히 닦을 필요가 없다. 자기의 각성이 나고 죽음이 없음으로써 윤회의 고통을 버릴 필요가 없다."라고 『쌍개랑채첸뽀』에서 설하였다. 또한 『쌍걔응오뙤빠(佛義紹介續)』에서는 다음과 같이 그 이치를 밝혀 놓았다. "자기 심장 가운데 각성이자 법신의 본질이 공성과 무위(無爲)로 머문다. 각성의 자기 본질이 겨자씨와 같이 머문다. (중략) 각성이 광명의 빛 덩어리로 마치 오색 빛 방울이 엉긴 것과 같이 머문다. 각성이 법신과 오지(五智)의 모양으로 머문다. 선남자여, 그때 지혜가 자기 심장 속에서 나온 뒤 비단 실오라기와 같은 맥도(脈道)를 타고 위로 이동한 뒤, [나가는] 문인 자기의 두 눈에서 밖으로 떠난다. 그때 마음과 지혜가 분리된다. 그때 시간이 바뀜이 없이 [지금의 부정한] 현상이 [새로운 청정한 현상으로] 바뀌어 나타난다. 흙과 돌, 산과 바위, 초목과 수풀 모두가 붓다의 청정한 정토로, 미세하고 맑으며, 밝고 눈부시며, 자성이 찬란하고 두려우며, 바깥의 바다를 보는 것과 같이 모든 세간세계가 널어놓은 상태로 나타난다. (중략) 이 청정한 현상을 깨달음으로써 성불한다. 삼계의 중생들은 지혜의 광경을 반복해서 볼지라도 그것을 깨닫지 못함으로써 윤회에 유전한다."

31 원문은 탐씽(Tham śiṅ, 木牌)이며, 죽은 자들을 소환하는 영장으로 그 위에 이름과 죄상 등을 적어 놓은 일종의 장부이다.

냅니다. 그와 같은 흉측한 모습들이 세상을 온통 뒤덮으며 나타납니다.

오, 고귀한 가문의 자손이시여! 그와 같은 모습들이 나타날 때 그것을 두려워하지 마십시오! 무서워하지 마십시오! 지금 그대의 몸은 [업의] 습기에서 생겨난 의생신(意生身)인 까닭에, 설령 죽임을 당하고 몸이 그렇게 잘릴지라도 또한 죽는 법이 없습니다. 실제로 그대의 몸은 공(空)의 본색[32]인 까닭에 두려워할 필요가 없습니다. 그 염라왕들 또한 그대 각성의 본연의 [지혜의] 광휘에서 생겨난 것으로 실재하는 존재가 아닙니다. 공(空)한 성품이 공한 성품을 해치지 못합니다. 단지 그대 각성의 본연의 활력에서 생겨난 것일 뿐, 별도로 외부에 적정과 분노의 신들과 피를 마시는 헤루까들과 동물 머리를 한 신들과 무지개와 광명과 무시무시한 염라대왕의 모습 등이 실제로 있는 것이 아님을 분명히 깨닫도록 하십시오! 그와 같이 깨달으면 모든 두려움과 공포들이 그 자리에서 소멸한 뒤, 그들과 하나로 녹아들어 성불하게 됩니다.

그와 같이 깨달으면 그대의 본존인 것입니다. "그들은 바르도의 험로에서 나를 맞이하기 위해서 나타난 것이다. 나는 그들에게 귀의하리라!"고 생각한 뒤, 간절히 믿고 흠앙토록 하십시오! 불·법·승 삼보님을 기억도록 하십시오! 그대의 본존을 상기토록 하십시오! 본존의 명호를 부르도록 하십시오! "지금 저는 바르도에 유랑하고 있습니다. 저를 구제하여 주소서! 대비로 섭수하여 주소서! 오, 지존하신 본존이시여!"라

---

32 공(空)의 본색(本色)은 '똥빠랑쑥(sToṅ paḥi raṅ gzugs)'의 옮김이다. 이것은 '공의 자색(自色)', '공의 영상(影像)', '공의 현색(顯色)' 등으로 번역되며, 깔라짜끄라(時輪續)의 똥쑥(sToṅṅ gzugs, 空色)과 구햐싸마자(秘密集會續)의 귤뤼(sGyu lus, 幻身)와 같은 의미이다.

고 간절히 기원토록 하십시오! 또한 그대 스승님의 존호를 부른 뒤에, "오, 자애로운 스승이시여! 지금 저는 바르도에 유랑하고 있습니다. 저를 구원하여 주소서! 대자비로 저를 버리지 마소서!"라고 간절히 기원토록 하십시오! 또한 헤루까의 성중들에게도 간절한 믿음으로 기원토록 하십시오! 그리고 저를 따라 다음과 같이 기원토록 하십시오!

아, 이 몸이 습기의 악업으로
윤회의 수렁 속을 유랑할 때,
공포의 환영이 없는 광명의 길로
정맹의 성중들은 앞에서 이끄시고,
정맹의 불모들과 분노의 여신들은
이 몸을 뒤에서 밀어주시어,
바르도의 험로에서 구원하소서!
붓다의 정등각지로 인도하소서!

정든 벗들을 여의고 홀로 유랑하며
마음의 현현인 공의 영상이 나타날 때,
제불께선 대비의 신력을 현시하시어
바르도의 공포가 일지 않게 하소서!

지혜의 오광명이 출현하는 이때
두려움과 무서움을 일으키지 않고
그것이 나의 빛임을 깨닫게 하소서!
적정과 분노신들이 출현하는 이때

두려움을 여읜 큰 확신과 기쁨으로
이것이 바르도임을 깨닫게 하소서!

악업의 영향으로 한없이 고뇌할 때
본존께선 이 고통을 멸하여 주소서!
법성의 소리가 천둥처럼 울려 올 때
모두가 옴마니빳메훔이 되게 하소서!
업보 따라 정처 없이 떠도는 이때
대비 관세음은 이 몸을 구원하소서!

습기와 악업으로 한없이 고뇌할 때
빛과 희열의 삼매가 출생케 하소서!
다섯 원소가 마라로 나타나지 않고
오불의 청정한 세계를 보게 하소서!

이와 같이 간절한 믿음으로 기원토록 하십시오! 모든 공포가 소멸한 뒤 반드시 보신의 몸으로 성불하게 됩니다. 이것은 매우 중요합니다. 마음이 산란해서는 결코 안 됩니다!

【 이와 같이 세 번 또는 일곱 번을 반복해서 들려주도록 하라. 그러면 그의 죄업이 아무리 클지라도, 그의 숙업(宿業)이 아무리 극악할지라도 틀림없이 해탈하게 된다. 그러나 이것을 여러 차례 읽어 주었음에도 불구하고 깨닫지 못하면, 세 번째 바르도인 재생[육도]의 바르도에 반드시 유랑하게 된다. 그때에 필요한 가르침들은 아래에서 자세히 설명하게 된다.

일반적으로 비록 수행을 해서 크고 작은 체험들이 있을지라도, 임종 시에는 소소한 많은 착란들이 있게 된다. 그러므로 이 『바르도퇴돌』이 아니고서는 달리 해탈의 방편이 없다.

또한 크게 닦아 익힌 사람들에게는 몸과 마음이 서로 분리된 뒤 법성의 광명이 활연하게 나타난다. 특별히 생시에 투명한 의식으로 그것을 인지하고, 일분의 체험을 얻은 사람들에게는 임종의 바르도에서 죽음의 정광명이 출현할 때 그 위세가 매우 혁혁한 까닭에, [그것을 확실하게 파지하기 위해서] 생시에 열심히 수행하는 것이 매우 중요하다.

생시에 비밀딴뜨라의 본존들의 생기차제와 원만차제를 수행해온 사람들에게는, 법성의 바르도에서 적정과 분노의 신들이 출현할 때 그 위세가 매우 강력하다. 그래서 특별히 생시에 이 『바르도퇴돌』을 수행해서 익히는 것이 매우 중요하다.

그러므로 이 『바르도퇴돌』을 완전히 기억토록 하라. 완전히 통달토록 하라. 정밀하게 읽도록 하라. 여실하게 사유토록 하라. 하루에 세 차례씩 끊임없이 독송토록 하라. 글 뜻을 명료하게 숙지토록 하라. 설령 100명의 악한에게 쫓기는 경우에도 그 뜻을 잊지 않도록 단련하라.

『바르도퇴돌』이라 부르는 이것은, 가사 오무간의 죄업을[33] 지은 자들도 귀로 듣게 되면 반드시 해탈을 얻게 되는 위대한 가르침이다. 그러므로 많은 사람들이 모인 장소에서 큰 소리로 낭송토록 하라. 널리 전파시키도록 하라.

비록 생시에 한 차례 접해서 그 뜻을 깨닫지 못할지라도, 바르도의

---

33 오무간(五無間)의 죄업은 부모를 죽임·아라한을 죽임·승가의 화합을 파괴함·악심으로 부처님 몸에 피를 내는 다섯 가지 악업을 말한다.

상태에서는 사자의 의식이 생시에 비해 아홉 배나 밝아지게 되므로, 그 때는 한 구절의 말이라도 듣게 되면 잊지 않고 반드시 기억하게 된다. 그러므로 생시에 모든 사람들의 귓가에 들리도록 크게 낭송토록 하라. 모든 병자들 앞에서 크게 독송토록 하라. 모든 사자의 시신 곁에서 크게 독송토록 하라. 그리고 대중들에게 널리 전파시키도록 하라.

이 『바르도퇴돌』을 만나는 것은 진실로 크나큰 행운이다. 복덕과 지혜의 두 자량을 쌓고, 죄장을 정화한 이들을 제외한 여타의 사람들은 만나기 어려운 희유한 법이며, 설령 만날지라도 또한 이해하기 어려운 법이다. 만약 누구든지 이 가르침을 듣고서 단지 삿된 소견만 일으키지 않는다면 그는 반드시 해탈하게 된다. 그러므로 이것을 극히 소중히 여기도록 하라. 이것은 일체법의 정수만을 가려서 모은 제호와 같다. 그러므로 이 『바르도퇴돌』의 가르침을 단지 듣는 것만으로 해탈하고, 단지 보는 것만으로 해탈하게 된다. 『바르도퇴돌』 중에서 법성의 바르도의 가르침을 마친다.

이 비장 경전은 성취자 까르마 링빠가 금하(金河) 강변의 감뽀다르 설산에서 발굴하여 모시다. 싸르와 망갈람! 】

15장 육도의 환영이 출현하는 재생의 바르도[1]

존귀한 스승님과 본존과 다끼니 성중들께 공손한 마음으로 예배하옵니다. [저와 모든 유정들이] 바르도에서 해탈하도록 인도하여 주소서!

【『바르도퇴돌』 가운데서 법성의 바르도는 앞에서 설명을 마쳤다. 이제 재생의 바르도를 일깨워 주는 가르침을 설하고자 한다. 앞에서 법성의 바르도를 허다하게 일깨워 주었음에도 불구하고, 불법을 크게 닦은 선근자들과 선한 업연을 타고난 소수의 사람들을 제외한, 여타의 닦고 익힘이 없거나 죄업을 크게 지은 자들은 악업과 공포의 영향으로 깨닫기

1 "육도(六道)의 환영이 출현하는 재생의 바르도"는 "씨빠바르되 응오뙤쌜뎁(Srid pa bar doḥi ṅo sprod gsal ḥdebs)"이다. 글 뜻은 '화신의 정토나 육도세계의 어느 한 곳에 새로 탄생을 구함이 임박한 바르도'이나 여기서는 편의상 육도의 환영이 출현하는 바르도로 옮겼다.

가 어렵다. 그러므로 12일째[2] 이후부터는 다음과 같이 일깨워 주도록 하라.

먼저 삼보님께 공양을 올리고 나서, 「불보살님의 구원을 청하는 기원문」을 독송하라. 그 뒤 사자의 이름을 세 번 또는 일곱 번 부르고 나서 다음과 같이 들려주도록 하라. 】

바르도의 의생신(意生身)

오, 고귀한 가문의 자손이시여! 그대는 귀담아 잘 듣고 마음에 기억토록 하십시오! 지옥과 천상과 바르도의 세 가지 몸은 [부모 등의 매개체가 없이 스스로 탄생하는] 화생[3]으로 태어납니다.

그대는 법성의 바르도에서 적정과 분노신의 모습들이 나타났을 때 그들이 자기임을 깨닫지 못하였습니다. 그래서 14일 반[4]을 유랑하며, 공포에 눌려서 기절하며 지내 왔습니다. 혼절에서 깨어나면 의식은 한층

---

2 원문은 '10일 이후부터'로 되어 있으나 문맥상 12일 이후가 옳다고 하겠다. 왜냐하면, 12일째 까르마헤루까를 비롯한 마따라(本母)와 삐싸찌(鬼母)와 이쓰와리(瑜伽自在母)들의 나머지 분노의 헤루까들이 모두 출현해서 분노존의 바르도가 종결되기 때문이다.

3 화생(化生)은 탄생에 필요한 부모와 습기 등의 조건들에 의거함이 없이 허공 속에 스스로 태어나는 범어 우빠빠두까(Upapāduka, 自現, 自生)의 옮김이다. 그러나 인간도 예외적으로 화생으로 태어나는 경우가 있다. 예를 들면, 구루 빠드마쌈바와와 부처님 당시의 한 비구가 있다.

4 저자가 가지고 있는 네 가지 판본에는 모두 '샥체당짜응아(shag phye daṅ rtsa laṅ)'로 기록되어 있으므로 정확히 24일 반이 된다. 그러나 여기서 20단위의 수를 표시하는 짜(rtsa)는 10단위를 나타내는 쪼(bco)의 오기로 여겨진다. 왜냐하면 앞 문장에서 "적정과 분노신들이 나타났을 때"라고 하고 있기 때문이다. 대략 2주간에 걸쳐 적정과 분노존의 바르도가 출현한 다음에는 육도의 바르도가 나타나기 때문에 본서에서는 문맥의 흐름을 살려서 14일 반으로 해석하였다.

더 밝아져 있고, 이전과 같은 하나의 몸[의생신(意生身)][5]이 홀연히 생겨났습니다. 이것을 딴뜨라의 경궤[6]에서는 다음과 같이 설하고 있습니다.

> 몸은 [내생의] 전유[본유]의 모습을 취하고
> 감각기관을 모두 갖추고, 걸림 없이 다니며,
> 업(業)에서 생긴 신통력을 지니며
> 동류의 중유를 보고, 청정한 하늘눈으로 본다.

여기서, "[내생의] 전유[본유]의 모습을 취한다."는 뜻은, 그대에게 전생의 습기에 의해서 피와 살로 된 몸과 같은 것[의생신]이 하나 생긴다는 뜻입니다. 그 또한 현겁[7]의 [겁초(劫初)의] 인간의 몸[8]과 같이 [여래의] 상호를

---

5 '이전과 같은 몸이 하나 생겼다'는 뜻은 바르도의 의생신(意生身)을 말하며, 전생의 몸을 말하는 것이 아니다. 이 중음(中陰)의 몸은 바르도에서 7일마다 작은 죽음을 한 번씩 겪으면서 업력으로 받는 몸을 말한다.

6 경의 이름을 구체적으로 알 수 없으나 이와 비슷한 경문들이 여러 곳에 나온다. 예를 들면, 『바르도쌍왜귀(中有秘密續)』에서는, "바르도를 지혜로 잡도리하지 못하면 49일 동안, '[내생의] 본유(本有)의 모습을 하고, 감각기관을 완전히 갖추며, [일체에] 걸림이 없는' 그와 같은 것을 하나 얻어 존재함으로써 무량한 고통이 있게 된다."라고 하였으며, 『틱레꾼쎌첸뽀』의 「바르도땐빠(中有說示品八十四)」에서는, "감각기관을 모두 갖추고, 걸림 없이 다니며, 탄생할 곳의 모습이 미리 나타난다. 각자 자기와 동류의 바르도를 [보고], 하늘눈(天眼)으로 보고, 몸과 거처를 찾는 생각을 낸다."라고 설하였다.

7 현겁(賢劫) 또는 현겁(現劫)은 '깰빠쌍뽀(bsKal pa bzaṅ po)'의 옮김이며, 지금 우리들이 살고 있는 주겁(住劫)을 달리 부르는 말이다. 이 주겁에 1,000명의 붓다들이 출현하는 까닭에 현겁 또는 광명겁(光明劫)으로 번역하며, 석가모니불은 현겁의 네 번째 부처님이다.

8 겁초의 인간의 몸의 특성과 바르도의 의생신이 비슷한 까닭에 이렇게 말한 것이다. 겁초의 인류가 지닌 일곱 가지 특징은 다음과 같다. 화생(化生)으로 태어나고, 수명이 무량하고, 몸의 기관이 완전하고, 자기의 광명이 몸을 감싸고, 여래에 버금가는 상호를 갖추고, 단식(段食)에 의지하지 않고 희열식(喜悅食)을 하고, 신통으로 하늘을 날아다니는 등이다.

조금 갖추고 몸에는 광명이 있습니다. 이것이 의생신(意生身)의 모양인 까닭에 바르도의 존재를 의생신이라 부릅니다.

그때 천상에 태어나게 되면 태어나는 그 하늘의 천인의 모습[9]을 띠게 됩니다. 그와 같이 아수라와 인간과 축생과 아귀와 지옥 등 그대가 장차 태어나게 되는 그곳의 모습을 하게 됩니다.[10]

그때 어떤 [육도의] 환영들이 나타날지라도 그것을 따라가서는 안 됩니다! 그것을 집착해서는 안 됩니다! 애착해서는 안 됩니다! 만약 그것을 애착하고 탐착하게 되면, 그대는 육도에 윤회하게 되고 무량한 고통을 받게 됩니다.

어제까지 법성의 바르도의 광경들이 출현하였지만, 그것이 [자기 법성의 현현임을] 깨닫지 못함으로써 [성불하지 못한 채] 여기까지 유랑하게 된

---

9 또는 장차 태어나게 되는 그곳의 광경이 나타난다는 뜻도 된다.

10 이 문장 다음에 "그러므로 과거(過去)는 3일 반 이전은 전생의 습기의 몸 모습을 한다고 생각하고, 미래(未來)는 3일 반 이후는 장차 태어나게 되는 내생의 몸 모습을 취함으로써 과거와 미래입니다."라는 뜻의 "데이치르나응왼셰자와니, 샥체시췬채응아매박착 씨빼싸쑥왜빠냠제라, 중셰자와니, 데친채치매내강두께왜낭와중왜나, 응왼중셰자오(Deḥi phyir na sṅon shes bya ba ni, shag phyed bshi tshun chad sṅa maḥi bag chags srid paḥi śa gzugs yod pa sñam byed la, ḥbyuṅ shes bya ba ni, de phyin chad phyi maḥi gnas gaṅ du skye baḥi snaṅ ba ḥbyuṅ bas na, sṅon ḥbyuṅ shes byaḥ)"가 나오나, 교리에 맞지 않은 관계로 생략하였다. 이것은 앞의 게송 가운데 '응왼중씨빼싸쑥짼(sṄon ḥbyuṅ srid paḥi śa gzugs can)'을 해설한 것이나, 이치에 맞지 않은 해석이므로 후대 가필된 것으로 본다. 왜냐하면, 만약 바르도에서 의생신이 누리는 7일간의 수명 가운데, 앞의 3일 반은 전생의 모습을, 뒤의 3일 반은 내생의 모습을 취하는 경우, 무색계에서 하계로 떨어진 바르도의 유정은 3일 반 동안 몸이 없게 되는 상황이 일어나게 된다. 그러므로 이 구절은 "몸은 [내생의] 전유[본유]의 모습을 취한다."라고 해석하는 것이 이치에 맞으며, 단지 바르도의 초반에는 전생의 기억과 습기가 강하게 작용하고, 후반에 갈수록 내생의 환영이 강하게 나타난다고 본다.
한 가지 부연하면, 일부 영어 번역본에서 '4일 반'으로 해석하는 경우는, 바르도의 수명이 9일이 되어 경전의 교설과 모순이 있게 된다.

것입니다. 만약 이제라도 그대가 산란함이 없이 법성의 진실[11]을 호지할 수 있다면, 생전에 스승님께서 일러주신 대로 밝고 비어 있는 각성의 생생하고 적나라한[12] 그 상태에 무집착과 무위의 상태에서 안연하게 머물도록 하십시오! 그러면 부정한 자궁의 문에 들어가지 않고 그대로 [법신의 몸으로] 해탈하게 됩니다. 만약 이것을 깨닫지 못하면 그대 본존 또는 스승님을 머리 위에 모셔서 닦도록 하십시오! 간절한 믿음과 존경으로 기원토록 하십시오! 이것은 매우 중요하고, 중대합니다! 산란함이 없이 반복해서 전심으로 닦도록 하십시오!

【 만약 사자가 이것을 깨닫게 되면 육도세계에 윤회하지 않고 해탈하게 된다. 그러나 악업의 영향으로 그것을 깨닫기가 어려우므로 다시 다음과 같이 일깨워 주도록 하라. 】

오, 고귀한 가문의 자손이시여! 산란함을 버리고 귀담아 잘 듣도록 하십시오! 위에서 "감각기관을 모두 갖추고, 걸림 없이 다닌다."는 것은, 그대가 생전에 비록 눈이 멀고, 귀가 먹고, 팔다리가 불구였을지라도, 지금 바르도의 상태에서는 눈으로 물체를 보고, 귀로 소리를 듣는 등의 모든 감각기관들이 결함이 없이 분명하고 온전합니다. 그래서 몸의 기관들이 완전하다고 말하는 것입니다. 이것은 그대가 죽은 뒤에 바르도에 유

---

11 이 구절은 '[법성의] 본질'을 뜻하는 '응오오(Ṅo bo)'의 옮김이다.

12 이 구절은 '릭빠쌜똥젠네쩨레와(Rig pa gsal stoṅ rjen ne ce re ba)'의 옮김으로, 켄뽀도제의 『바르도퇴돌』에서 인용하였다. 저자의 대본에는 '릭빠외쌜똥쌍응에와젠네쩨레와(Rig pa ḥod gsal stoṅ saṅ ṅe ba rjen ne ce re ba)'로 나온다.

랑하고 있다는 표시이기도 합니다. 이것을 깨닫도록 하십시오! [생시에 스승님께서 일러주신] 바르도의 가르침들을 상기토록 하십시오!

오, 고귀한 가문의 자손이시여! 또한 "걸림 없이 다닌다."는 것은, 지금 그대의 몸이 의생신(意生身)임을 뜻합니다. 그대 마음이 몸과 분리되어서 거친 살점의 몸뚱이를 가지고 있지 않습니다. 그래서 지금 그대에겐 수미산과 집, 땅과 바위, 산과 암벽 따위의 모든 것들을 걸림 없이 통과할 수 있는 능력이 있습니다. 단지 어머니의 자궁과 [부처님이 성도하신] 보드가야의 금강보좌[13]를 제외하고 나면, 설령 그것이 수미산[14]일지라도 막힘없이 관통할 수 있는 힘이 있습니다. 이것은 그대가 재생[육도]의 바르도에 유랑하고 있다는 표시입니다. 그러므로 생시에 스승님께서 일러주신 이러한 가르침들을 상기토록 하십시오! 대자대비하신 관세음보살님께 간절히 기원토록 하십시오!

오, 고귀한 가문의 자손이시여! "업(業)의 신통력을 지닌다."는 것은, 지금 그대의 신통력은 [깨달음의] 공덕과 삼매에서 생긴 신통이 아니며, 단지 업력에서 생겨난 것으로 업에 상응합니다. 한순간에 사대주(四大洲)와 수미산을 함께 돌 수 있으며, 원하는 장소를 단지 생각하는 것만으로

---

13 어머니의 자궁은 탄생의 업력이 응집된 장소이기에 통과하지 못하며, 보드가야의 금강보좌(金剛寶座)는 삼세의 제불들이 정등각을 이루는 성소로 진여법계의 광명이 서린 곳이기에 통과하지 못한다.

14 수미산(Meru, 須彌山)은 묘고산(妙高山)이라 옮기며, 불가에서는 우주의 중심을 이루는 산이라 말한다. 산의 동쪽 면은 은이며, 남쪽 면은 유리, 서쪽 면은 붉은 수정, 북쪽 면은 황금으로 이루어졌으며, 사면은 바다로 쌓여 있고, 산 높이가 팔만 유순이라고 한다.

그 즉시 도달하게 됩니다. 어른이 손을 폈다 오므리는 그 사이에 도달하는 능력이 있습니다. 이러한 갖가지 기이한 신통들을 기억하고 싶지 않으면 잊도록 하십시오. 이것저것 생각하는 모든 것들을 뜻대로 연출하지 못함이 없습니다. 일체를 걸림 없이 시현할 수 있는 능력이 지금 그대에게 있습니다. 이것이 바르도임을 깨닫도록 하십시오! 그대 스승님께 간절히 기원토록 하십시오!

오, 고귀한 가문의 자손이시여! 또한 "동류의 중유를 보고, 청정한 하늘눈으로 본다."에서의 동류는, 바르도에 태어난 동류의 중유들이 서로가 서로를 보는 것[15]을 말합니다. 천계에 태어나는 동류의 바르도가 서로를 보는 것과 같이, 육도세계의 어느 곳에 태어나는 그 바르도는 그와 동류의 바르도를 서로 보게 됩니다. 그러나 거기에 애착하지 마십시오! 오로지 대자대비하신 관세음보살님을 닦도록 하십시오!

또한 "청정한 하늘눈으로 본다."는 것[16]은, 천신 등과 같이 복덕에서 성취된 하늘눈(天眼)이 아니라, 바른 선정을 닦아서 얻은 청정한 하늘눈으로 [바르도의 유정들을] 봄이 또한 있습니다. 그 또한 어느 때나 보는 것이

15 『구사론석』에 따르면, "바르도의 몸은 동류를 서로 본다. 만약 극도로 청정한 하늘눈(極淨天眼)을 닦아 얻으면 또한 [바르도의 유정을] 본다."라고 하였다.

16 이것은 외부에서 바르도 유정을 볼 수 없으나 청정한 하늘눈을 얻은 사람들은 볼 수 있음을 말한다. 또 청정한 하늘눈은 11가지 결점을 여읜 극도로 청정한 천안을 말한다. 8대 까르마빠의 『죄델찌조(俱舍論廣釋)』에 의하면, "지옥의 바르도는 동류의 지옥을 보고, 천계의 바르도는 동류의 하늘을 보며, 수행으로 얻은 11가지 결점이 정화된 천안통으로 본다. 자연적으로 얻은 하늘눈은 청정하지 못하다. 그 11가지 결점이란, 의심과 부작의(不作意), 몸이 무거움(粗重)과 마음이 어두움(昏昧), 생각이 들뜸(掉擧)과 과격한 정진, 마음의 산란과 겁이 많음, 갖가지 생각과 과다한 언설, 지나친 닦음 등이다."라고 설명하였다.

아니며, 보고자 하는 생각을 일으킬 때 보게 되며, 그렇지 않으면 보지 못합니다. 또는 선정이 흩어져서 보지 못하는 경우도 있습니다.

재생의 바르도의 특성

오, 고귀한 가문의 자손이시여! 그와 같은 바르도의 몸을 가진 유정들은 자기 집과 가족과 친지들을 꿈에서 만나듯이 만납니다. 그대가 가족과 친지들에게 반갑게 말을 걸어 볼지라도 아무도 대답하지 않으며, 또 가족과 배우자가 슬피 우는 것을 보고서 생각하길, "내가 정말로 죽었구나. 이제 어떻게 해야 하지?"라고 한 뒤, 크게 절망하게 됩니다. 마치 뜨거운 모래밭에 던져진 물고기와 같이 크나큰 고통을 받게 됩니다. 그대가 그처럼 괴로워할지라도 아무런 도움이 되지 않습니다. 그러니 그대의 스승님이 계시면 스승님께 간절히 기원토록 하십시오! 또한 자신의 본존과 관세음보살님께 간절히 기원토록 하십시오! 비록 그대가 가족과 친지들에게 애착할지라도 이제는 아무런 도움이 되지 않습니다. 그러니 탐착하지 마십시오! 그 대신 대자대비하신 관세음보살님께 간절히 기원토록 하십시오! 그러면 모든 고통과 공포들이 자연히 소멸하게 됩니다.

오, 고귀한 가문의 자손이시여! 그대는 사나운 업풍에 쫓겨서 한 곳에 머물지 못하고, 속절없이 몸이 없는 마음은 바람에 날리는 깃털처럼 호흡의 말을 타고 정처 없이 떠돌게 됩니다. 또한 그대가 슬피 우는 가족과 친지들에게 "나 여기에 있으니 울지 말라!"고 말을 건넬지라도 그들이 그 말을 알아듣지 못하자, "내가 정말로 죽었구나!"라고 생각한 뒤, 극심한 고통에 빠지게 됩니다.

그러나 그렇게 괴로워하지 마십시오! 이제는 밤낮 없이 머리 위[17]에서 흐릿한 흰 빛[18]이 항시 그대를 비추게 됩니다. 그와 같은 바르도의 상태가 1주일 또는 2주, 3주, 4주, 5주, 6주, 또는 7주 등 49일[19]까지 계속되기도 합니다. 대체로 재생의 바르도에서 고통 받는 기간은 21일간[20]이라 설하였으나, 사람마다 업력의 차이로 인해 꼭 같지 않습니다.

오, 고귀한 가문의 자손이시여! 그때 또한 두려움을 견딜 수 없는 시뻘건 업풍이 등 뒤에서 사납게 불어옵니다. 그러나 두려워하지 마십시오! 그것은 그대의 착란의 환영일 뿐입니다. 또한 너무나 무서워 견딜 수 없는 시커먼 암흑이 앞에서 덮쳐 오며, 그 속에서 "쳐라! 죽여라!" 하는 온갖 고함소리가 들려옵니다. 그러나 그것들을 무서워하지 마십시오!

---

17 판본에 따라 위쪽을 말하는 '퇴(sTod)' 대신 '가을날 여명의 빛과 같은 희미한 흰 빛'을 뜻하는 '뙨남꺄외따뷔꺄탐메와식(sTon nam skya ḥod lta buḥi skya tham me ba)'으로 나온다.

18 원문은 '희미한 흰 빛'이나 이것은 바르도 유정의 머리 위에서 비치는 하얀 빛 또는 오광명을 의미한다. 이 뜻을 『도제쎔빠닝기멜롱(金剛薩埵心鏡續)』에서, "그 선남자가 열반에 들어갈 때 각성이 눈에서 떠난 뒤 바르도의 광경에 들어간다. 어떤가 하면, 5일이 지난 뒤 자기 심장에서 대비의 밧줄, 지혜의 친견, 또는 각성의 북극성이라 부르는 광선이 발사되어 말꼬리만 한 광명 하나가 계속해서 비친다. (중략) 눈을 들어 하늘을 보면 하늘 가운데 다섯 개의 작은 빛 무리가 나타나 밝게 빛나고 있음을 보게 된다. 그때 그것을 믿고 이해하는 자는 어머니의 품에 어린아이가 안김과 같은 가르침을 상기토록 하라."라고 하였다.

19 바르도의 기간은 정해진 것이 아니며, 탄생의 조건을 구비하는 경우는 바르도에 탄생하자마자 바로 육도의 몸을 받기도 한다. 그러나 바르도의 기간은 길어도 49일 이상을 넘기지 않고 어떠한 형태로든 생을 받는다고 한다.

20 법성의 바르도를 인식하지 못하는 일반 범부들은 재생의 바르도에서 21일 동안 극심한 고통을 받게 된다고 『맨악닝기공빠』에서 다음과 같이 설하였다. "'슬피 우는 모든 이들에게 '나 여기 있으니 울지 말라'고 말해 보지만, 아무도 그것을 듣지 못함으로써 '또한 내가 죽었구나' 하는 생각에 극심하게 고통을 당한다. '내가 몸 하나를 얻으면 얼마나 좋을까!' 하고 생각한 뒤, 모든 곳으로 몸을 구해 돌아다닌다. (중략) 산과 바위와 흙과 돌과 모든 곳으로 들어간다. 재생의 바르도에서 극심한 고통이 21일 동안 일어난다."

바르도에서 겪는 선악의 광경

한편 악업을 크게 지은 자들에게는 업력으로 생긴 나찰들이 손에 온갖 무기들을 들고 수없이 나타나서, "죽여라! 죽여! 쳐라! 쳐!" 하는 등의 온갖 괴성을 지르며 다투듯이 달려듭니다. 온갖 무서운 들짐승들에게 쫓기는 두려운 광경도 나타납니다. 거친 눈보라와 사나운 진눈깨비와 짙은 암흑과 수많은 군중들에게 쫓기는 광경도 나타납니다. 산이 무너지는 소리와 바닷물이 솟구치는 소리, 불길이 타오르는 소리와 폭풍이 불어오는 소리[21]들이 들려옵니다. 그것들을 두려워해서 어디론가 달아나 보지만, 앞에는 무서운 세 절벽[22]이 가로막고 있습니다. 그리고 한없이 깊은 희고 붉고 검은 세 절벽 아래로 막 추락하려는 환상이 나타납니다. 오, 고귀한 가문의 자손이시여! 그것은 실재하는 절벽이 아닙니다. 성냄과 탐욕과 무지 세 가지가 빚어낸 환영일 뿐입니다. 이것이 재생의 바르도임을 깨닫도록 하십시오! 대자대비하신 관세음보살님의 명호[23]를 부르도록 하십시오! 관세음보살님과 스승님과 삼보님께 자신의 이

---

21 이것은 바르도의 사공포(四恐怖)를 말하며, 그 발생 원인에 대하여 따라나타의 『바르되응오뙤도짬죄빠(中有紹介簡說)』에서 설명하되, "과거 생시에 사대원소의 바람을 구속하지 못하고, 바람과 분별이 범속하게 놓아짐으로써 그 습기의 힘으로 말미암아 바르도의 상태에서 그것이 발생한다."라고 하였다. 네 가지 공포는 곧 ①땅 원소의 바람이 역류하는 탓에 산이 무너지고, 집 아래 깔리는 광경, ②물 원소의 바람이 역류하는 탓에 급류에 휩쓸리거나 바닷물 속에 잠기는 광경, ③불 원소의 바람이 역류하는 탓에 거대한 불길 속에 몸이 타는 광경, ④풍 원소의 바람이 역류하는 탓에 폭풍에 날려가는 무서운 광경들을 말한다.

22 이것은 바르도에서 만나는 공포의 세 절벽으로 그 원인에 대하여 앞의 『바르되응오뙤도짬죄빠』에서 다음과 같이 설명하였다. "그와 같이 탐욕의 업이 강력함으로써 무서운 붉은 절벽을 보게 되고, 무지의 업이 강력함으로써 무서운 하얀 절벽을, 성냄의 업이 강력함으로써 무서운 검은 절벽을 보게 된다."

23 『법화경』「보문품」에서, "그의 이름을 듣고 몸을 보고 마음으로 생각하면, 헛되지 아니하여 모든 고뇌를 멸하리라!"라고 설한 것과 같다.

름을 고한 뒤 "제가 악도에 떨어지지 않게 하소서!" 하고 간절하게 기원토록 하십시오! 이것을 잊어서는 결코 안 됩니다.

한편 복덕과 지혜의 자량을 쌓고 선행을 행하고 진실하게 불법을 닦은 선량한 사람들에게는, 갖가지 상서로운 광경[24]들이 나타나서 맞이하게 됩니다. 그래서 온갖 기쁨과 행복들을 체험하게 됩니다.

한편 어떠한 선악도 짓지 않고 무관심하게 살아온 어리석은 무리들은 기쁨과 고통을 전혀 느끼지 못하며, 오로지 어둡고 무덤덤한 상태를 경험하게 됩니다.

오, 고귀한 가문의 자손이시여! 어떠한 광경들이 나타날지라도, 어떠한 즐거움과 기쁨들이 일어날지라도 그대는 그것을 탐착하지 마십시오! 애착하지 마십시오! 오로지 스승님과 삼보님께 그것을 공양하리라 생각한 뒤, 탐착과 애착을 버리도록 하십시오! 특히 기쁘지도 괴롭지도 않는 무덤덤한 생각이 일어나게 되면, 닦음도 없고 산란[25]도 없는 마하무드라(大印)의 상태에 마음을 안연하게 머물게 하십시오! 이것은 매우 중요합니다.

---

24 『씨빠바르도랑낭와(再生中有自現續)』에서, "선업을 지은 자들의 죽음의 현상들이 이와 같이 나타난다. 자기 마음속에 천신과 천녀들이 [오감(五感)을 만족시키는] 공양을 올리는 광경이 나타난다. 이와 함께 백색의 광명이 출현한다. 모든 붓다들의 정토가 나타나고, 자기의 본존께서 출현한다. 여래의 아들이 되게 하고, 천신과 다끼니 여신들과 친구가 되어 준다. 많은 죽음의 신들이 에워싸고 주인으로 우러러 보며, 팔부신중(八部神衆)들이 노복이 됨을 본다. 몸의 온기가 발바닥에서 식어서 머리의 범천혈(梵天穴)에서 거두어진다."라고 하였다.

25 이것은 티베트 불교의 중요한 수행법의 하나인 '응앙곰(Ṅaṅ sgom, 自然修)'을 말한다. 곧, 일념으로 마음의 본성을 관조하는 어느 때, 모든 대경들이 법성의 상태로 녹아들어 스스로 해탈하는 경지가 출현하고, 마음을 집중하지 않아도 삼매를 여의고 떠남이 없게 됨으로써, 닦음도 없고 산란도 없는 경지에 머물면서 닦는 무수이수(無修而修)를 말한다.

여섯 가지 부정상(不定相)[26]

오, 고귀한 가문의 자손이시여! 그때 또한 다리와 사당과 사원과 오두막과 탑 등의 장소에서 잠깐씩 머물게 됩니다. 그러나 길게 머물지 못합니다. 마음이 몸과 분리된 탓에 한 곳에 오래 머물지 못합니다. 시시로 추위를 느끼고 , 화가 치솟으며, 모골이 곤두서고, 정신이 흐릿하고, 초조하고, 불안하게 됩니다. 그때 한 생각을 일으키되, "아이고, 정말 내가 죽었구나! 이제 어떻게 하지!" 라는 생각에 마음은 침통하고 처량해집니다. 처참한 고통들이 끝없이 밀려옵니다. 한 곳에 오래 머물지 못하고 어디론가 가야 한다는 압박감에 온갖 생각들을 일으키게 됩니다. 그러나 그렇게 해서는 안 됩니다! 마음을 가라앉히고 평정한 상태에 머물도록 하십시오! 이제는 음식도 그대에게 바쳐진 음식[27] 외엔 먹을 수가 없고, 친구도 정해져 있지 않은 때가 오게 됩니다. 이것이 [새 몸을 구하는] 재생의 바르도에서 의생신이 유랑하고 있는 표시입니다.

이때의 기쁨과 고통들은 모두 그대가 지은 업력에 따라서 생겨납니다. 그대는 자기 집과 가족과 친지들과 자기의 시신 등을 보게 됩니다. 그

26 이것은 바르도의 상태에서 겪는 육부정상(六不定相)을 말한다. 곧, ①주거부정(住居不定)이니, 산꼭대기나 평원이나 빈집 등에 잠시간씩 머문다. ②처소부정(處所不定)이니, 탑과 다리 등에 잠시간씩 의지한다. ③행위부정(行爲不定)이니, 한순간에 갖가지 행동을 한다. ④음식부정이니, 육도의 갖가지 음식들을 볼지라도 얻지 못한다. ⑤친우부정이니, 천신과 귀신 등을 가리지 않고 잠시간씩 어울린다. ⑥심사부정(心思不定)이니, 갖가지 고락의 감정들이 수시로 변화무쌍하게 발생한다.

27 바르도의 몸은 극도로 미세한 탓에 거친 음식을 취하지 않는다. 대신 향기를 취해서 목숨을 영위한다. 그래서 티베트에서는 바르도의 유정을 위해서 보릿가루에 우유와 요구르트, 버터와 육류 등의 음식을 섞어서 태워 주는 '쑤르(gSur, 焦煙)'라는 풍습이 유행하고 있다.

리곤 "내가 정말 죽었구나! 어찌하면 좋지!" 하고 생각하게 되고, 그 중압감에 의생신은 심한 절망감을 느끼게 됩니다. 그래서 "새 몸을 하나 얻으면 얼마나 좋을까!" 하고 생각한 뒤, 사방으로 몸을 구해 돌아다니게 됩니다. 그래서 자기의 시신 속으로 아홉 번 들어가 볼지라도, 법성의 바르도에서 오랫동안 지낸 탓에 겨울이면 시신은 얼어붙었고, 여름이면 부패하였고, 그것이 아니면 가족과 친지들이 화장을 하였거나, 땅속에 묻어 버렸거나, 새와 짐승들에게 주어서 들어갈 곳을 얻지 못하자, 크게 낙심하여 바위와 땅과 돌 따위의 모든 틈새에 들어가는 광경이 나타납니다. 그와 같은 고통들이 일어나는 것이 재생의 바르도입니다. 그러나 그대가 몸을 그렇게 애써 구할지라도 고통밖엔 다른 것이 없습니다. 그러니 몸을 애착하는 마음을 버리고 무위의 상태에 편안히 머물도록 하십시오! 산란함이 없이 안연하게 머물도록 하십시오!

【 이와 같이 일깨워 줌으로써 바르도에서 반드시 해탈하게 된다. 만약 악업의 영향으로 이와 같이 일깨워 줄지라도 깨닫지 못하면, 그때 사자의 이름을 세 번 부른 뒤 다음과 같이 들려주도록 하라. 】

염라대왕과의 만남

오, 고귀한 가문의 자손이시여! (사자의 이름을 부른 뒤) 귀담아 잘 듣도록 하십시오! 그와 같이 고통을 받는 것은 그대의 업보에 의한 것입니다. 다른 누구의 잘못이 아닙니다. 오직 자신의 업과입니다. 그러니 이제 거룩한 삼보님께 간절히 기원토록 하십시오! 그러면 구원을 얻게 됩니다.

그대가 그와 같이 간구하지도 않고, 마하무드라(大印)도 닦을 줄 모

염라대왕의 심판

르고, 본존 또한 수습하지 않는다면, 이제 그대와 함께 태어난 구생신[28]은 그대가 지은 모든 선업들을 한데 모아 하얀 주판알로 셈하게 되고, 동시에 구생귀도 그대의 모든 악업들을 한데 모아 검은 주판알로 셈하게 됩니다.

그때 그대는 매우 두려워하고 무서워하며 공포에 떨면서, "나는 죄를 짓지 않았다!"고 거짓말을 하게 됩니다. 염라대왕이 "내가 업경(業鏡)을 보리라!" 한 뒤 업경을 들여다보자, 그대가 지은 선악의 업들이 전부 거울 속에 숨김없이 나타남으로써 거짓말을 하여도 소용이 없습니다. 염라왕의 사자들이 그대 목에다 밧줄을 걸고 끌고 간 뒤에, 목을 자르고, 심장을 도려내며, 창자를 끄집어내고, 골수를 핥고, 피를 마시며, 살을 먹고, 뼈를 우물우물 씹을지라도 또한 죽지 않으며, 몸뚱이를 조각조각 낼지라도 또한 죽지 않고 살아납니다. 그와 같이 계속해서 난도질을 침으로써 극심한 고통을 받게 됩니다.

환영의 실체와 사신불(四身佛)의 해탈

[오, 고귀한 가문의 자손이시여!] 그때 하얀 주판알로 셈할지라도 그대는 두려워하지 마십시오. 무서워하지 마십시오! 공포에 떨지 마십시오! 거짓말을 하지 마십시오! 염라대왕을 두려워하지 마십시오! 그대의 몸은 의생신(意生身)인 까닭에 설령 죽이고 몸을 동강 낼지라도 죽지 않습니다. 실제로 그대는 공(空)의 영상(影像)이므로 두려워할 필요가 없습니다. 염라

---

28 구생신(俱生神)과 구생귀(俱生鬼)는 자신과 동시에 태어난 뒤 사멸과 더불어 흩어지는 신귀(神鬼)를 말한다. 이들이 사후에 자신이 지은 모든 선악의 업을 기록하여 보고한다고 한다.

대왕과 옥졸들은 그대의 환각이자 공의 영상들입니다. 그대 습기의 의생신은 공성인 까닭에 공성인 그들이 공성의 그대를 가히 죽이지 못합니다. 상(相)이 없는 그대를 상(相)이 없는 그들이 가히 해치지 못합니다. 그대 의식의 환영을 떠나서 별도로 염라대왕과 귀신과 소머리를 한 나찰 등이 바깥에 존재하는 것이 아님을 깨닫도록 하십시오!

일체가 바르도의 환영임을 깨닫도록 하십시오. 마하무드라(大印)의 삼매를 닦도록 하십시오. 닦을 줄 모른다면 그대에게 두려움을 일으키는 그것의 본질을 여실히 관찰토록 하십시오. 실체가 전혀 없이 텅 비어 있는 것을 보게 됩니다. 그것이 바로 법신(法身)입니다. 그 텅 비어 있음은 그냥 비어서 없는 것이 아닙니다. 거기에는 텅 빈 상태를 두려워하는 또랑또랑 빛나는 의식 하나가 있습니다. 그것이 바로 보신(報身)의 의취입니다. 그 비어 있음과 투명함의 둘이 분리되지 않는, 비어 있음의 본성은 투명하고, 투명함의 본성은 텅 비어서 전혀 분리되지 않는 명공일여(明空一如)의 있는 그대로의 생생한 의식이 지금 그대에게 조작 없는 본연의 상태로 존재하고 있습니다. 그것이 바로 자성신(自性身)입니다. 또한 그것의 자기 활력이 조금도 막힘이 없이 일체에 나타나는 그것이 바로 자비의 화신(化身)입니다.

오, 고귀한 가문의 자손이시여! 산란함이 없이 그와 같이 비추어 보도록 하십시오! 단지 그것을 깨닫는 것만으로 사신(四身)을 증득해서 성불하게 됩니다. 그러므로 마음이 산란해서는 안 됩니다. 바로 여기서 붓다와 중생 둘의 경계가 갈라집니다. 지금은 더없이 중대한 시점입니다. 이 순간 산란하게 되면 윤회의 깊은 수렁에 빠져 벗어날 시절이 영원히 오지 않습니다. [『잠뻴첸죄(文殊眞實名經)』 등의] 딴뜨라 경궤에서, "한 순간에 차별을 열고, 한 순간에 성불한다."고 말하는 그때가 바로 지금입니다.

그대는 어제까지 마음이 산란함으로 인해서 바르도가 그만큼 출현하였음에도 깨닫지 못하였습니다. 그래서 바르도의 공포 또한 그만큼 생긴 것입니다. 이제 여기서 마음이 다시 산란하게 되면, 대비의 밧줄이 끊어져 해탈이 없는 괴로운 윤회세계로 들어가야만 합니다. 그러니 신중을 다해 산란하지 않도록 하십시오!

【 이와 같이 일깨워 줌으로써, 앞에서 깨닫지 못하였을지라도 여기서 깨달은 뒤 해탈하게 된다. 만약 그와 같이 닦을 줄 모르는 우둔한 사람이면 다음과 같이 일깨워 주도록 하라. 】

오, 고귀한 가문의 자손이시여! 그와 같이 닦을 줄 모르면, 불·법·승 삼보님과 대자대비하신 관세음보살님을 기억해서 그들에게 기원토록 하십시오! 두렵고 무서운 모든 환영들을 대비 관세음보살님과 그대 본존으로 닦도록 하십시오! 인간세상에서 어떤 본존의 관정의식에서 받은 그대의 비밀법명[29]과 스승님의 존명을 기억해서 염라대왕에게 통보하십시오! 설령 절벽에서 떨어질지라도 다치지 않습니다. 그러니 두려움

29 이것은 관정 시에 자기 육신을 본존 만다라로 축복하였던 스승님과 본존과 다끼니 여신들의 진리의 힘이 내재된 비밀법명을 통보함으로써, 그 축복의 힘을 회생시켜 부정한 환영들을 진리의 현현들로 인식하려는 데 있다고 본다. 이 뜻을 『바르도쌍왜귀(中有秘密續)』에서 다음과 같이 설하였다. "바르도를 지혜로써 잡도리하지 못하면 49일 동안 (중략) 무량한 고통이 있게 된다. 그때 [자신을 구원해 줄] 귀의처를 찾는 생각이 일어난다. 그러므로 본존과 스승님에게 귀의하고, 지금 비밀법명을 받은 뒤 관정을 받고 [생기차제 등을] 닦는 것을 바르도 상태에서 기억하라. 구원을 위해 그들이 찾아온다. 스승님과 [본존의] 호념이 있음으로 7일마다 천도재(遷度齋)를 지낼 때 듣게 된다."

과 무서움을 버리도록 하십시오!

【이와 같이 들려주고 깨우쳐 줌으로써 비록 앞에서 깨닫지 못하였을지라도 여기서 해탈하게 된다. 그래도 또한 깨닫지 못하고 해탈하지 못하는 자들이 허다히 있으므로 간곡하게 일깨워 주는 것이 매우 중요하다. 사자의 이름을 세 번 부른 뒤에 다음과 같이 들려주도록 하라.】

선악의 감정과 결과

오, 고귀한 가문의 자손이시여! 이제부터는 현재의 감정 여하에 따라 순식간에 안락의 장소와 고통의 장소로 나아가게 됩니다. 비유하면, 투석기에서 발사된 돌과 같이 힘차게 날아갑니다. 그러므로 지금부터 탐착과 분노의 감정들을 전혀 일으키지 않도록 하십시오!

만약 그대가 선취(善趣)에 태어나게 되어서 인간과 천상의 환영들이 나타날 때, 집에 남아 있는 가족들이 사자의 명복을 빌기 위해서 가축을 잡아서 공양하고 보시하는 것을 보게 됩니다. 그로 말미암아 그대에게 부정한 감정들이 일어나서 크게 분노하게 됩니다. 그리고 이것에 연계되어 그대는 선취에 태어나지 못하고 도리어 지옥에 태어나게 됩니다. 그러므로 남은 가족들이 그대를 위해서 어떠한 행위를 할지라도 노여움을 버리고 자애한 마음을 닦도록 하십시오!

또한 그대가 남겨 놓은 보석과 재물들에 대하여 애착하는 마음을 내거나, 또는 그대의 패물을 다른 이들이 차지하고 사용하는 것을 보고 난 뒤, 그 물건들에 대하여 애착하는 마음을 일으키거나, 가족들에게 화를 내게 됩니다. 그리고 이것에 연계되어 그대가 비록 선취에 태어날 예정이라도 도리어 지옥이나 아귀로 반드시 태어나게 됩니다. 설령 그대가 두고 온 물건들에 대하여 그렇게 애착하는 마음을 낼지라도 이제는 그것을 가질 힘이 없습니다. 그대에게 조금도 도움이 되지 못합니다. 그러므로 두고 온 재물에 대하여 욕심을 버리고 애착을 끊도록 하십시오! 단호하게 끊도록 하십시오! 그대의 물건들을 누가 사용할지라도 아까운 마음을 내지 말고 흔쾌히 버리도록 하십시오! 스승님과 삼보님께 그것을 바친다는 강렬한 염원을 일으킨 뒤 무욕의 상태에 머물도록 하십시오!

또한 그대를 위해서 승려들이 사자의 죄업을 정화하는 깜까니 의식[30]을 행하고, 악도를 정화하는 의식 등을 베풀 때, 그들이 청정하지 못하거나, 졸거나, 건성으로 하거나, 서언과 율의가 깨어졌거나, 행위가 고결하지 못한 것들을 그대는 미세한 업의 신통력으로 보게 됩니다. 그래서 그들을 불신하고, 나쁜 생각을 품거나 또는 두렵고 무서운 생각을 내서 악업 등을 짓게 됩니다. 또한 그 의식과 법행(法行)들이 부정함을 알게 됩니다. 그래서 "아, 이들이 나를 속이고 있구나! 정말로 나를 속이고 있구나!" 하고 생각한 뒤, 마음이 허탈하고 크게 언짢게 됩니다. 이와 같이 선한 감정과 존경과 믿음이 없는 상태에서 사견과 불신의 마음이 홀연히 들게 되고, 그것에 연계되어 그대는 반드시 악도에 떨어지게 됩니다. 그래서 득보다도 해가 더 크게 됩니다.

그러므로 그대 집안에서 법사들이 그대를 위해 의식을 법답게 행하

---

30 깜까니(Kaṁkani, 懺罪儀式)는 금강부동불(金剛不動佛, 阿閦佛)에 의지해서 모든 죄업과 장애를 정화하는 예식이다. 정화진언은 "나모 라뜨나 뜨라 야야 옴 깜까니 깜까니 로짜니 로짜니 뜨로따니 뜨로따니 뜨라싸니 뜨라싸니 쁘라띠하나 쁘라띠하나 싸르와 까르마 빠람빠라 니메 싸르와 싸뜨와 냔짜 쓰와하"이다. 이 진언을 깨끗한 물과 모래 등에 21번 염송한 뒤 그것을 사자에게 뿌려 준다.

지 못할지라도, "아무렴 어때! 나의 감정이 불순한 것이야, 부처님의 말씀에 부정함이 어디 있으랴! 몸의 그림자가 거울에 비침과 같이 나의 불순한 감정에서 이것들이 생긴 거야. 이들의 몸은 승가이며, 이들의 말은 달마이며, 이들의 마음은 붓다의 본성인 것이야. 나는 이들에게 귀의하리라!"고 생각하십시오. 믿음을 갖고 선한 감정을 강력하게 일으키도록 하십시오! 그러면 그대의 집안에서 어떠한 예식들을 치를지라도 전부 그대에게 도움이 됩니다. 이와 같이 선한 감정을 갖는 것이 매우 중요합니다. 결코 잊지 않도록 하십시오!

또한 그대가 악도에 태어나게 되어 삼악도[31]의 환영들이 출현할 때, 집에 남아 있는 가족들이 사자를 위해서 죄가 섞이지 않은 정결한 선행들을 쌓고, 스승님과 법사들 역시 깨끗한 몸과 말과 뜻 셋으로 선법을 행하는 것을 보고 난 뒤, 그대가 단지 기뻐하는 마음을 가질지라도 그것에 연계되어 비록 삼악도에 떨어지게 되어 있을지라도, 도리어 선취에 태어나는 효과가 있게 됩니다. 그러므로 부정한 감정들을 버리고 오로지 깨끗한 생각과 믿음과 존경을 일으키고 편견을 갖지 않도록 하십시오! 이것은 매우 중요합니다. 잘 헤아리도록 하십시오!

오, 고귀한 가문의 자손이시여! 요약하면, 지금 그대의 바르도의 마음은 몸이란 의지처가 없는 까닭에 매우 가볍고 유동적입니다. 이 상태에서는 어떠한 선악의 생각들을 일으킬지라도 그것은 매우 강력한 힘[32]을 갖게 됩니다. 그러므로 불순한 감정들을 마음에 품지 않도록 하십시

---

31 삼악도(三惡道)는 지옥·아귀·축생 세 가지 나쁜 윤회세계를 말한다.

32 이러한 이유로 인해서 임종 시에 착한 감정을 갖고 죽는 것이 무엇보다도 중요하다. 이때의 감정이 바르도의 상태에서 강하게 작용하기 때문이다.

오! 만약 그대에게 선한 행위가 있다면 그것을 기억토록 하십시오! 그러한 공덕들이 없다면 선한 마음과 믿음과 존경으로 본존과 대자대비하신 관세음보살님께 기원토록 하십시오! 강렬한 염원으로 다음과 같이 저를 따라 기원토록 하십시오!

아, 정든 벗들 여의고 홀로 유랑하며
마음의 현현인 공의 영상이 나타날 때,
제불께선 대비의 신력을 베푸시어
바르도의 공포가 일지 않게 하소서!

악업의 영향으로 크게 고통당할 때
본존께선 이 고통을 멸하여 주소서!
법성의 소리가 천둥처럼 울려올 때
모두가 옴마니빳메훔이 되게 하소서!
업보 따라 정처 없이 떠도는 이때
대비 관세음은 이 몸을 구원하소서!
습기의 악업으로 크게 고통당할 때
빛과 희열의 삼매가 출생케 하소서!

이와 같이 간절하게 기원토록 하십시오! 반드시 해탈의 길로 인도받게 됩니다. 이것은 거짓이 아닌 진실임을 확신토록 하십시오! 이것은 매우 중요합니다.

【 이와 같이 일깨워 줌으로써 사자가 기억하여 깨달음으로서 해탈하게

된다. 그러나 그와 같이 허다하게 일러줄지라도 지중한 악업의 영향으로 깨닫기 어려운 자들이 또한 있다. 그래서 다시 반복해서 여러 차례 들려주게 되면 큰 효과가 있게 된다. 사자의 이름을 세 번 부른 뒤에 다음과 같이 들려주도록 하라.】

육도세계의 부정한 광명과 퇴치법

오, 고귀한 가문의 자손이시여! 앞에서 일러준 가르침들을 기억하여 깨닫지 못하면, 지금부터 전생의 몸은 점점 희미해져 가고, 내생의 몸이 점점 밝아 옵니다. 이것을 슬퍼하여 "내가 이처럼 고통스러우니, 이제 어떤 몸이 되었든지 하나 구해야겠다!"고 생각한 뒤, 이리저리 몸을 구해 쏘다님으로써 육도세계의 빛들이 출현하게 되고, 업력에 의해 장차 태어나게 되는 그곳의 빛이 강하게 비춰 옵니다.

오, 고귀한 가문의 자손이시여! 귀담아 잘 듣도록 하십시오! [육도의] 여섯 가지 빛[33]들은 다음과 같습니다. 천상계로부터 흐릿한 하얀 빛이 나타납니다. 아수라계로부터 흐릿한 붉은빛이, 인간계로부터 흐릿한 푸

33 이 여섯 가지 빛의 색깔은 경궤마다 같지 않고 조금씩 다르게 나온다. 예를 들면,『금강살타공빠칙쑴뽀(金剛薩埵密意三句續)』에서는, "업의 바르도에서는 붓다의 자기 광명을 깨닫지 못함으로써 윤회의 흐름을 끊지 못하고 육도세계의 빛이 출현한다. 오독의 길을 6일간 배회한다. 천상계의 흐릿한 하얀빛이 출현한다. 거기에 마음이 머물면 천신으로 태어난다. 그와 같이 아수라계의 흐릿한 푸른빛이, 인간계의 흐릿한 노란빛이, 축생계의 흐릿한 붉은빛이, 아귀계의 흐릿한 초록빛이, 지옥계의 어두운 회색빛이 나타난다. 께 마 호! 육도의 빛에 마음이 머물게 되면 제2찰나에 완전한 암흑의 나라, 낮에는 햇빛이 없고, 밤에는 달빛이 없고, 아침저녁에는 불빛이 없고, 비와 폭풍과 암흑 가운데서 크게 고통을 당한다." 라고 설하였다.

른빛이, 축생계로부터 흐릿한 초록빛이, 아귀계로부터 흐릿한 노란빛이, 지옥계로부터 흐릿한 회색빛이 나타납니다. 그때 그대의 몸빛도 장차 태어나게 되는 그곳의 색깔을 띠게 됩니다.

오, 고귀한 가문의 자손이시여! 이때 가르침의 뜻은 매우 중요합니다. 어떠한 빛이 나타날지라도 그것을 관세음보살님[34]으로 닦도록 하십시오! 빛이 나타날 때마다 그 빛을 관세음보살님이라 여기고 닦도록 하십시오! 이것은 매우 심오한 비결입니다. 이것은 극히 중요합니다. 이것이 육도세계의 탄생을 막아 줍니다.

또는 그대의 본존을 닦도록 하십시오! 그 본존의 모습이 환상과 같이 나타나되, 고유한 자성이 없는 것임을 오랫동안 닦도록 하십시오! 이것을 청정환신[35]이라 부릅니다. 그 뒤 그 본존의 모습이 가장자리서부터 스러져 없어지고, 일체가 텅 빈 명공무집[36]의 상태에 일순간 들어가도록 하십시오! [37]그와 같이 본존의 모습을 닦고 익히며, 광명을 닦도록

---

34 육도세계의 빛들을 관세음보살님의 빛으로 닦음으로써 그 빛에 대한 탐착과 집착을 끊게 되므로 자궁에 들어가지 않게 된다.

35 청정환신(清淨幻身)은 '닥빼귤뤼(Dag paḥi sgyu lus)'의 옮김이다. 청정환신은 정광명과 그 자성을 분리하지 못하는 극도로 미세한 오대원소의 정화인 오광명풍(五光明風)을 질료로 삼아 생성하는 무지개의 몸과 같은 보신불의 색신을 말한다. 이것은 지·수·화·풍과 같은 외적 요인에 의해서 파괴되지 않는 불멸의 금강신이기도 하다.

36 명공무집(明空無執)은 각성의 밝음과 비어 있음이 차별 없는 하나의 의식 상태를 말한다. 다시 말해, 마음의 본성이 밝음을 여의지 않으므로 명(明)이며, 이 밝은 마음은 일체의 모양과 색깔 등을 완전히 여윔으로서 공(空)이며, 이 둘이 서로 분리되지 않으므로 쌍입무별(雙入無別)이며, 언설을 초월하므로 불가언설(不可言說)이며, 본래로 성취된 것이므로 조작을 여윔이다.

37 이것은 원만차제에서 부정환신(不淨幻身)을 청정환신(清淨幻身)으로 바꾸는 두 가지 선정의 수습방법인 릴진(Ril ḥzin, 全攝)과 제식(rJes gshig, 隨融)을 요약해서 설한 것이다. 다시

하십시오! 그와 같이 번갈아 닦고 난 뒤, 그대 마음 또한 가장자리서부터 스러져 없어지고, 허공이 충만한 곳에 마음이 편만하고, 마음이 편만한 곳에 법신이 충만합니다. 법신의 무아[38]와 무분별의 상태[39]에 허령불매[40]하게 머물도록 하십시오! 그 상태에서 탄생을 파괴한 뒤 성불하게 됩니다.[41]

【 그러나 수행이 미천해서 닦아 익힘이 없는 자들은 그것을 깨닫지 못한 채, 다시 착란을 일으켜서 자궁의 문을 찾아 유랑하게 된다. 그러므로 자궁의 문을 차단하는 가르침은 매우 중요하다. 사자의 이름을 세 번 부

말해, 『밀집오차제(密集五次第)』에서 설한 것과 같이, 거울 위의 입김이 엷어지는 비유처럼 일시에 광명과 공성으로 거두어들임이 릴진(全攝)이며, 연못의 얼음이 녹는 것과 같이 점차로 거두어들임이 제식(隨融)이다. 이 두 선정에 의해서 부정환신을 정광명에 거두어들인 뒤, 다시 정광명의 상태서 역순의 현명근득(顯明近得)으로 바뀔 때 색신의 질료가 되는 오광명풍(五光明風)을 본존의 색신으로 일으킴이 청정환신이다. 더 상세한 것은 졸저인 『밀교의 성불원리』(정우서적)를 참고하기 바란다.

38 캔뽀도제의 판본에는 '무아(無我)' 대신 '막힘이 없음'을 뜻하는 '각메(ḥGags med)'로 나온다.

39 이것은 법신에서 색신이 출현하고, 색신이 다시 법신으로 돌아가는 원리를 설명한 것이다. 마치 거울 위의 입김이 바깥에서부터 엷어져서 가운데에 모여서 사라지듯이, 본존의 모습도 심장 속에 존재하는 생사와 열반의 기반이 되는 극도로 미세한 불괴명점(不壞明点) 속으로 은멸한 뒤, 이 명점(明点)도 다시 나다(nāda, 소리) 속으로 은멸해서 허공의 법신으로 돌아가는 이치를 설명한 것이다.

40 허령불매(虛靈不昧)는 캔뽀도제의 판본에서 인용한 '참메르(Cham mer)'의 옮김이며, 저자의 판본에는 '참메(Phyam mer, 평등)'로 나온다. 이것은 일체를 가히 보고 얻지 못하는 공성의 상태를 있는 그대로 인식하는 깨어 있는 의식의 상태를 말한다.

41 이 문장은 생시에 생기차제와 원만차제를 닦은 유가행자들을 삼신의 붓다로 해탈시키기 위한 마지막 방편을 보인 것으로 『바르도쌍왜귀』에서 다음과 같이 설하였다. "재생의 바르도에서는 어둠 속에 등불을 밝힘과 같이, 비어 있음과 밝음의 명공(明空)의 이슬에 의해 신통변화가 일어난다. 그러므로 명공의 지혜 상태에 머무르며, 거기서 색신을 나투어 중생의 이익을 행한다. 그러기 위해서는 현재 생기차제(生起次第)에서 관상수행(觀想修行)에 크게 정진하라. 원인이 없이는 붓다가 출생하지 않는다."

른 뒤에 다음과 같이 들려주도록 하라. 】

육도세계의 부정한 자궁의 문을 막음

오, 고귀한 가문의 자손이시여! 앞에서 일러준 대로 깨닫지 못하면 이제부터 그대는 업력에 의해서, [천상에 태어나면 자리에서 일어나듯이] 위로 향해서 걷고, [인간과 아수라로 태어나면 몸을 수평으로 해서] 곧게 걷고, [지옥과 아귀 등의 낮은 세계에 태어나면] 머리를 거꾸로 해서 걷는 광경이 나타납니다. 그때 그대는 대자대비하신 관세음보살님을 닦도록 하십시오! 반드시 기억토록 하십시오!

그 뒤 앞에서 설명한 대로, 눈보라와 진눈깨비, 우박과 암흑, 군중들에게 쫓기는 광경이 나타나고 도망치게 됩니다. 그때 선업을 쌓지 못한 자들은 고통의 장소로 달아나는 광경이 나타나고, 공덕을 쌓은 자들은 안락한 처소에 당도하는 광경이 나타납니다.

오, 고귀한 가문의 자손이시여! 그때 "장차 사대주(四大洲) 가운데 어느 땅에 태어나게 되며, 어떠한 세계에 태어나는가?" 하는 모든 징표들이 나타나게 됩니다. 이때 탄생의 장소를 선택하는 심오한 가르침들이 많이 있습니다. 그러므로 산란함이 없이 귀담아 잘 듣도록 하십시오! 설사 앞에서 일러준 가르침들의 요체를 이해하지 못하였을지라도, 여기서 수행이 보잘것없는 사람들도 그 심요를 깨치게 됩니다. 그러므로 잘 듣도록 하십시오!

지금 여기서 자궁의 문을 막는 방법을 잘 터득하는 것이 매우 중요합니다. 자궁의 문을 막는 방법에는 두 가지가 있습니다. 하나는 들어가려는 유정을 저지하는 것과 다른 하나는 들어가는 대상인 자궁의 문을 막는 것입니다.

자궁에 들어가려는 유정을 저지함

먼저 자궁에 들어가려는 유정을 저지하는 방법은 다음과 같습니다.

오, 고귀한 가문의 자손이시여! (사자의 이름을 부른 뒤) 그대는 자기의 본존의 환상과 같은 모습을 생기하되, 마치 자성이 없는 물속의 달과 같이 또렷하게 떠올리도록 하십시오! 만약 그대에게 정해진 본존이 없으면, 관세음보살님이 나의 본존이라 생각한 뒤, 그와 같이 또렷하게 닦도록 하십시오! 그 다음 본존의 형상이 가장자리서부터 스러져 없어진 뒤, 일체를 가히 얻고 보지 못하는 [밝음과 비어 있음이 하나인] 명공일여(明空一如)를 닦도록 하십시오! [그 다음 그대 마음도 그와 같이 닦도록 하십시오.] 이것은 심오한 비결입니다. 이것에 의해서 자궁에 들어가지 않는다고 설하였습니다. 그러므로 그와 같이 닦도록 하십시오!

자궁의 문을 막는 총체적 방법

만약 이것으로도 저지하지 못해서 부득이 자궁에 들어가게 되면, 들어가는 대상인 자궁의 문을 막는 심오한 가르침이 있습니다. 그대는 귀담아 잘 듣도록 하십시오! 「여섯 바르도의 본송」에서 다음과 같이 설하였습니다. 저를 따라 다음과 같이 낭송토록 하십시오!

> 아! 나에게 재생의 바르도가
> 환상처럼 나타나 오는 이때,
> 강렬한 희원을 마음속에 품고

숙업의 선연을 굳게 이어 주며,
부정한 자궁의 문을 막은 뒤
해탈의 길로 돌아옴을 기억하리라!

지금 인내심과 순결한 생각이
나에게 절실히 필요한 이때,
남녀의 교합에 질투를 버리고
스승의 합체로 그들을 닦으리라!

이 시구를 낭랑히 읊조리고, 기억해 갖도록 하십시오! 그 의미를 잘 닦고 실천하는 것이 매우 중요합니다. 이 시구의 뜻은 다음과 같습니다.

"나에게 재생의 바르도가 환상처럼 나타나 오는 이때 (중략) 숙업의 선연을 굳게 이어주며"라는 것은, 지금 그대가 [육도에 탄생을 구하는] 재생의 바르도에 유랑하고 있다는 뜻입니다. 그 표시로 그대가 물속을 들여다볼지라도 그대의 모습을 보지 못하며, 몸에는 또한 그림자가 없습니다. 이것은 피와 살로 된 몸이 없는 의생신이 재생의 바르도에 유랑하고 있다는 표시[42]입니다.

---

42 바르도의 상태에 있음을 표시하는 결정적 증거들로 보통 다음과 같이 육결정상(六決定相)을 든다. ①과거에는 담장 등에 가로막혔으나 지금은 일체에 걸림 없이 다닌다. ②과거에는 내가 말하는 것을 다른 사람이 들었으나 지금은 듣지 못한다. ③과거에는 해와 달과 별들을 눈으로 보았으나 지금은 보지 못한다. ④과거에는 발자국 등이 생겼으나 지금은 자국이 생기지 않는다. ⑤과거에는 몸에 그림자가 생겼으나 지금은 그림자가 생기지 않는다. ⑥과거에는 신통력이 없었으나 지금이 미세한 신통력을 갖는다.

그러므로 지금은 산란함이 없이 마음에 강렬한 해탈의 희원을 일으키는 것이 필요합니다. 오로지 강렬한 해탈의 희원을 일으키는 것이 중요합니다. 그것은 마치 말고삐로 준마를 조정하듯이, 이 순간에는 무엇을 염원하든 그것을 성취하게 됩니다. 그러므로 불선의 악업들이 마음에 조금도 일어나지 않도록, 인간세상에서 배웠던 선한 법과 가르침, 관정과 교법, 그리고『바르도퇴돌』등의 인연 있는 것들을 지금 이 순간 기억토록 하십시오! 숙업의 선연(善緣)을 굳게 잇도록[43] 하십시오! 이것은 매우 중요합니다. 결코 잊어서는 안 됩니다! 마음을 팔아서는 안 됩니다! 지금 "선취로 가느냐! 악취로 가느냐!" 하는 중대한 기로에 서 있습니다. 잠깐이라도 방일에 떨어지면 영원토록 괴로움을 받게 되는 때가 바로 지금입니다. 강렬한 해탈의 희원을 일으킴으로써 영원토록 안락을 얻게 되는 때가 바로 지금입니다. 그러므로 강렬한 해탈의 희원을 마음에 품도록 하십시오! 숙업의 선연을 굳게 잇도록 하십시오!

이제 자궁의 문을 막아야 할 시기가 도래하였습니다. "부정한 자궁의 문을 막은 뒤, 해탈의 길로 돌아옴을 기억하리라! 지금 인내심과 순결한 생각이 나에게 필요한 이때"라고 설한 그때가 지금 당도하였습니

43 '숙업의 선연을 굳게 이어 주는' 것이 재생의 바르도에서 제일 중요한 가르침 가운데 하나이다. 이 뜻을『맨악닝기공빠』에서 다음과 같이 설하였다. "오, 비밀주여! [탄생을 구하는] 재생의 바르도에서 [핵심]은 숙업의 선연[복분]을 이어 주고, 끊어진 수로에 길을 내어 줌이다. 평범한 사람은 자신이 죽었음에도 스스로 그것을 깨닫지 못한 채 5일간 편히 지낸다. 그 뒤 마음이 혼절의 상태에서 깨어나니, '[내생의] 전유[본유]의 모습을 한 자'라 부르는 유정이, 자기의 부모와 가족들의 거처를 배회한다. 그때 임종의 가르침을 아는 자애로운 스승이 있어 그를 육도세계로부터 구출하고, 끌어당기고 불러오고, 위패에 녹아들게 하고, 원적으로부터 벗어나게 하고, 묵은 빚을 청산하고, 귀신들에게 또르마(食子)를 베풀고, 귀의처를 얻게 하고, 교법을 설하고, 가르침을 분명히 기억시키고, 관정을 베풀고, [본존의] 몸과 하나로 융합하고, [해탈과 선취의] 길을 열어주는 일들을 거행하면, 오, 비밀주여! 비유하면, 이것은 끊어진 수로에 길을 내서 물을 다시 흐르게 한 것과 같다."

다. 먼저 자궁의 문을 막아야 합니다. 자궁의 문을 막는 방법에는 다섯 가지가 있습니다. 마음에 잘 기억하도록 하십시오!

자궁의 문을 막는 첫 번째 방법

오, 고귀한 가문의 자손이시여! 이때 남녀가 성교하는 광경들이 그대에게 나타납니다. 그것을 볼 때 그 둘 사이에 들어가지 않도록 강렬하게 억념토록 하십시오! 대신 남녀 둘을 스승님의 합체존(合體尊)으로 닦고, 예배드리며, 마음으로 생성한 예물을 올리도록 하십시오! 간절한 믿음과 존경으로 선법을 청하는 강렬한 희원을 일으키는 이것에 의해서 자궁의 문은 반드시 닫히게 됩니다.

자궁의 문을 막는 두 번째 방법

만약 이것에 의해서 자궁의 문이 닫히지 않아 자궁에 들어가야 함이 임박하면, 두 번째는 이 스승님의 합체존을 자기의 본존이나 관세음보살님의 합체존의 모습으로 닦도록 하십시오! 그들에게 마음으로 생성한 예물을 올리도록 하십시오! 그리고 저에게 최승성취를 베풀어 주시길 간절한 믿음과 존경으로 기원토록 하십시오! 이것에 의해서 자궁의 문은 반드시 닫히게 됩니다.

자궁의 문을 막는 세 번째 방법

만약 이것으로도 자궁의 문이 막히지 않아서 자궁에 들어가야 함이 임박하면, 세 번째는 애욕과 성냄을 물리치는 가르침을 설명코자 합니다. 탄생의 방법에는 네 가지가 있습니다. 알에서 태어나는 난생(卵生)과 자궁에서 태어나는 태생(胎生), 변화로 태어나는 화생(化生), 습기에서 태어나는 습생(濕生)입니다. 난생과 태생은 서로 비슷합니다.

앞서와 같이 남녀 둘이 교합하는 것을 보게 됩니다. 그때 애욕과 성냄의 영향으로 말미암아 자궁에 들어간 뒤, 말과 새, 개와 사람 등의 어떤 모습으로 태어나게 됩니다. 남자로 태어나게 되면 그때 자신에게 남성의 감정이 일어나 내생의 아버지에게 성난 감정을 크게 품게 되고, 내생의 어머니에게는 강한 질투와 애욕을 일으키게 됩니다. 만약 여자로 태어나게 되면 자신에게 여성의 감정이 일어나 어머니에게 강한 질투와 시기심을 품게 되고, 아버지에게는 강한 애욕과 연정을 일으키게 됩니다. 이것이 원인이 되어 자궁의 문에 들어간 뒤, 아버지의 하얀 보리심[정자]과 어머니의 붉은 보리심[난자][44]이 화합한 그 점액 가운데, 구생의 희열을 맛보면서 편안한 상태에서 의식을 잃고 졸도하게 됩니다.

이때부터 태중의 다섯 단계[45]인 1주의 깔랄라(凝酪), 2주의 아르부다(膜疱), 3주의 뻬씨(血肉), 4주의 가나(堅肉), 5주의 빠라쌰라와(支節) 등을 거쳐서 몸이 성숙한 뒤, 어머니의 자궁에서 몸 밖으로 나와 눈을 뜨게 됩니다. 그리고 강아지로 변해 있는 자신의 모습을 보게 됩니다. 처음에는 인간이었지만 이제는 강아지가 되어 무진한 고통을 받게 됩니다. 또

44 밀교에서는 남성의 정액(白精)을 하얀 보리심으로, 여성의 난자(赤精)를 붉은 보리심으로 부른다.

45 태중의 다섯 단계에 대한 자세한 설명은 졸저 『밀교의 성불원리』(정우서적)를 참고하기 바란다.

는 돼지우리거나 개미집 또는 벌레의 소굴 또는 소와 양과 염소 등의 짐승의 새끼로 태어난 뒤, 다시는 인간계로 돌아올 수 없게 됩니다. 그리고 크나큰 어리석음과 무지의 상태에서 온갖 처참한 고통들을 받게 됩니다.

그와 같이 지옥과 아귀 등의 육도세계를 윤회하면서 무량한 고통에 짓눌리고 억압받게 됩니다. 이것보다 더 처참한 것은 없습니다. 이것보다 더 무서운 것은 없습니다. 아, 두렵고 두려운지고! 아, 딱하고 딱한지고! 스승님의 가르침을 받지 못한 자들은 그와 같이 윤회의 나락에 떨어져서, 끝없는 고통에 억눌리고, 벗어날 길도 없이 참지 못할 괴로움들을 당하게 됩니다. 그러므로 제가 하는 말을 귀담아 잘 듣도록 하십시오! 제가 일러주는 이 가르침들을 가슴 깊이 새기도록 하십시오! 이제 애욕과 성냄을 파괴하여 자궁의 문을 막는 심오한 가르침을 설명코자 합니다. 귀담아 잘 듣고 마음 깊이 간직토록 하십시오!

앞에서, "부정한 자궁의 문을 막은 뒤, 해탈의 길로 돌아옴을 기억하리라! 지금 인내심과 순결한 생각이 나에게 절실히 필요한 이때, 남녀의 교합에 질투를 버리고, 스승의 합체로 그들을 닦으리라!"고 설하였습니다. 그와 같이 남자로 태어나게 되면, 어머니에게 애욕을 품고, 아버지에게는 성냄을 일으키게 됩니다. 여자로 태어나게 되면, 아버지에게 애욕을 품고, 어머니에게 성내고 질투하는 감정을 일으키게 됩니다. 그때에 필요한 심오한 가르침이 있습니다.

오, 고귀한 가문의 자손이시여! 애욕과 성냄이 일어날 때 다음과 같이 닦도록 하십시오! "아, 나와 같은 중생들이 일찍이 악업으로 윤회에 유랑하는 것은 모두 이와 같은 애욕과 성냄 둘에 의거해서 유전하는 것이다. 이제 또 이와 같은 애욕과 성냄을 일으킨다면, 끝없는 윤회세계를 떠돌며 가없는 고통의 바다에서 한없는 세월을 보내는 위험이 있게 된다. 이제는 결코 다시 애욕과 성냄을 일으키지 않으리라! 참으로 가련하도다! 이제는 이와 같은 애욕과 성냄을 다시는 범하지 않으리라!"는 강렬한 희원을 마음속에 깊이 새김으로써, "그것에 의해서 자궁의 문이 닫힌다."고 딴뜨라의 경궤에서 설하였습니다.

자궁의 문을 막는 네 번째 방법

오, 고귀한 가문의 자손이시여! 산란하지 마십시오! 강렬한 희원을 마음에 품도록 하십시오! 그와 같이 행할지라도 자궁의 문이 닫히지 않아서 자궁 속에 들어감이 임박하면, [네 번째의] 환상과 비실재의 가르침에 의해서 자궁의 문을 닫도록 하십시오!

이와 같이 닦도록 하십시오! "아, 내생의 아버지와 어머니, 거친 눈보라와 어둠, 사나운 비바람과 천둥소리, 무서운 광경과 온갖 현상들 일체는 자성이 없는 환상과 같다. 비록 그렇게 나타날지라도 실재가 아니며, 그들 모두는 진실이 아닌 허상들이다. 이들은 신기루와 같으며, 영원하지도 않으며, 견고불변하지도 않다. 그러니 어찌 이것을 내가 집착하랴! 어찌 이것을 내가 두려워하랴! 본래 없는 것을 실재하는 것으로 착각한 것이다. 이들 모두는 내 마음의 현현들이다. 이 마음 또한 환상과 같아서 애초부터 없는데, 그와 같은 것들이 어떻게 바깥에서 오겠는가? 내가 일찍이 그와 같음을 깨닫지 못한 까닭에, 없는 것을 있는 것으로 어리석게 집착하였고, 진실하지 못한 것을 진실한 것으로 오인하였다. 환영 같은 것을 실재로 애착함으로써 한없는 세월을 윤회 속에 유전한 것이다. 이제 다시 이것들을 환상으로 깨닫지 못한다면, 또 다시 윤회에 떨어져 끝없는 세월을 유랑하며, 온갖 고통의 늪 속에서 헤매게 됨은 자명한 일이다. 이제 이들 모두는 꿈과 같고, 환상과 같고, 메아리와 같고, 공중의 누각과 같고, 아지랑이와 같고, 그림자와 같고, 허수아비와 같고, 물속의 달[46]과 같아서 한 순간도 실재하지 않는다. 결단코 진실이 아닌 거짓이다!"라는 강렬한 확신을 가짐으로써, 바르도의 환영들을 실재로 인식하는 어리석은 집착을 파괴하게 됩니다. 딴뜨라의 경궤에서도 그와 같이 견고한 확신을 가짐으로써 자아의 집착을 끊게 된다고 설하였습니다. 그러므로 그와 같이 결단해서 거짓임을 알게 되면 반드시 자궁의 문을 파괴하게 됩니다.

또한 그와 같이 행할지라도 실재의 집착을 끊지 못해서, 자궁의 문을 닫지 못한 채 자궁에 들어가야 함이 임박하면, 그때 필요한 심오한 가르침이 있습니다.

자궁의 문을 막는 다섯 번째 방법

오, 고귀한 가문의 자손이시여! 그와 같이 행할지라도 자궁의 문이 닫히

---

46 이 여덟 가지 환상의 비유[여환팔유(如幻八喩)]는 제법의 실상이 공성임을 알지 못하고 그릇되게 분별하는 여덟 가지 희론에 대한 일깨움이다. 직메링빠(1729~1798)의 저서인 『왼땐죄(功德藏)』를 주석한 『덴니쌜제다왜된마(二諦明燈釋)』에 따르면, "①꿈과 같음은 생함이 없는 불생(不生)을, ②환상과 같음은 멸함이 없는 불멸(不滅)을, ③물속의 달과 같음은 끊어짐이 없는 부단(不斷)을, ④아지랑이와 같음은 영원하지 않는 무상(無常)을, ⑤허수아비와 같음은 옴이 없는 불래(不來)를, ⑥메아리와 같음은 감이 없는 불거(不去)를, ⑦공중의 누각과 같음은 다수가 아닌 무이(無異)를, ⑧변화와 같음은 하나가 아닌 불일(不一)을 말한다."라고 설명하였다.

지 않으면, 이제 다섯 번째 광명을 닦아서 자궁의 문을 닫도록 해야 합니다. 이것을 닦는 법은 다음과 같습니다. "아, 모든 사물들은 내 마음의 현현이며, 이 마음은 생멸을 여읜 공성이다."라고 사유한 뒤, 마음을 조작함이 없이 그대로 놓아두십시오. 예를 들면, 물에다 물을 붓듯이 마음을 본래 상태에 자연스럽게 놓아둠으로써, 그 스스로 안연하고, 투명하고, 자적하게 됩니다. 조작함이 없이 그대로 안연하게 머물게 함으로써, 네 가지 자궁의 문들이 모두 막히게 됩니다. 이것은 결정적 사실입니다. 이와 같이 자궁의 문이 막힐 때까지 반복해서 닦도록 하십시오!

【 이제까지 자궁의 문을 막는 심오하고 올바른 가르침들을 많이 설하였다. 이 가르침에 의해서 상중하의 근기를 막론하고 누구나 해탈하지 못함이 또한 없다. 왜냐하면,

첫째, 바르도의 의식은 유루의 신통력[47]을 가지고 있기 때문에, 내가 무엇을 설할지라도 듣지 못함이 없기 때문이다.

둘째, 생전에 귀가 먹고 앞을 보지 못하였을지라도, 바르도의 상태에서는 감각기관들이 완전해서 내가 무엇을 설할지라도 듣지 못함이 없기 때문이다.

셋째, 두려움과 공포에 항상 쫓겨서 "어찌하면 좋을까?" 하는 생각에, 마음이 집중된 상태에 있기에 내가 무엇을 설할지라도 따르지 않음이 없기 때문이다.

넷째, 바르도의 의식은 몸이란 의지처가 없어서 생각이 향하는 곳

---

47 유루(有漏)의 신통력은 번뇌가 소멸하지 못한 세간의 천신들이 소유한 다섯 가지 신통력을 말한다.

에 순식간에 도달함으로서 인도하기가 쉽기 때문이다.

다섯째, 바르도의 의식은 생시에 비해 아홉 배[48]나 밝아져서 바보일지라도, 이때 업력에 의해 마음이 크게 밝아져서 무엇을 가르치든 모두 닦을 수 있는 능력과 모두 그와 같은 상태에 있기 때문이다. 그래서 사자를 위한 천도의식을 행하면 효과가 있는 것도 그와 같은 이유이다.

그러므로 49일 동안 이 바르도퇴돌을 정성껏 읽어 주는 것이 매우 중요하다. 비록 한 차례의 독송을 통해서 해탈하지 못할지라도 다음번에는 해탈하기 때문이다. 이렇듯 한 번에 그치지 않고 허다하게 반복해서 읽어 주는 뜻도 여기에 있다.

또한 그럴지라도 선업을 닦아 익힘이 보잘것없거나, 악업을 애초부터 닦고 익힌 습기가 고강하거나, 죄장을 짓고 쌓은 힘과 정도가 크고 센 탓에, 앞서의 일깨워 줌을 그만큼 보고 듣고서도 해탈하지 못하는 무리들이 부지기수이다. 그래서 앞에서 자궁의 문을 파괴하지 못하였으면, 지금부터는 자궁의 문을 선택하는 심오한 가르침들을 설하고자 한다. 먼저 「불보살님의 구원을 청하는 기원문」을 읽고, 스승님과 삼보님께 귀의와 발심을 행한 뒤, 사자의 이름을 세 번 부르고 다음과 같이 들려 주도록 하라.】

---

48 바르도에서 사자의 의식이 평소에 비해 아홉 배 밝아진다고 하였으나, 꼭 일률적인 것이 아니다. 『씨빠바르도랑낭와(再生中有自現續)』에 의하면, “현재와 미래의 둘을 분명히 본다. 그 밝고 미세한 지혜가 [생시보다] 세 배 밝아진다.”라고 하였으며, 『맨악닝기공빠』에서는, “재생의 바르도에서 감각기관을 갖추고, 마음이 지금보다 일곱 배나 밝아진다.”라고 해서 꼭 일치하는 것은 아니다.

육도세계에 태어나는 상징과 표시

오, 고귀한 가문의 자손이시여! (망자의 이름을 부름) 귀담아 잘 듣도록 하십시오! 앞에서 그만큼 많은 가르침들을 일러주었지만 그대는 그것을 이해하지 못하였습니다. 이제 자궁의 문을 막지 못하면 어쩔 수 없이 육도세계의 몸을 받아야 하는 때가 도래하였습니다. 자궁의 문을 선택하는 심오하고 올바른 가르침이 하나만이 아니라 여러 가지가 있습니다. 그것을 잘 기억하도록 하십시오! 산란함을 버리십시오! 강렬한 염원으로 잘 경청한 뒤 마음에 간직토록 하십시오!

오, 고귀한 가문의 자손이시여! 이제 그대가 어떤 대륙에 태어나게 되면 또한 그 상징과 표시가 나타나게 됩니다. 그것을 잘 이해하도록 하십시오! 어느 곳에 태어나게 되는가를 잘 관찰한 뒤 그곳을 선택토록 하십시오!

만약 동쪽 대륙인 위데하(동승신주)[49]에 태어나게 되면, 암수의 오리들이 떠 있는 호수를 보게 됩니다. 그곳으로 가지 말고 돌아올 것을 기억하십시오! 그곳에 태어나면 비록 안락과 행복이 있을지라도 불법이 성행하지 않는 땅입니다. 그러므로 그곳에 들어가서는 안 됩니다!

만약 남쪽 대륙인 잠부위빠(남섬부주)[50]에 태어나게 되면, 마음에 드는 아름다운 저택을 보게 됩니다. 원하면 그곳으로 들어가도록 하십시오!

---

49 위데하(Videha)의 사람은 남섬부주인보다 몸체가 두 배나 크고, 욕심과 성냄이 섞여 있고, 수명이 250세나 되는 뛰어난 대륙인 까닭에 동승신주(東勝身洲)라고 한다.

50 남섬부주(南贍部洲, Jambudvīpa)의 사람은 갖가지 성품에 갖가지 행위에 갖가지 믿음과 견해를 갖고 있으며, 수명이 100세에 이르고, 잠부나무 열매가 바다에 떨어지는 소리가 '잠부' 하고 들림으로 잠부위빠(南贍部洲)라 한다.

만약 서쪽 대륙인 고다니야(서우화주)[51]에 태어나게 되면, 암수의 말들이 노는 호수를 보게 됩니다. 그곳으로 가지 말고 이쪽으로 돌아오도록 하십시오! 그곳은 물질이 풍족한 땅일지라도 불법이 성행하지 않는 곳입니다. 그러므로 그곳에 들어가서는 안 됩니다!

만약 북쪽 대륙인 꾸루(북구로주)[52]에 태어나게 되면, 소들이 있는 호수나 또는 나무들이 서 있는 호수를 보게 됩니다. 그곳에 태어나는 상징임을 알도록 하십시오. 그곳으로 들어가지 마십시오! 비록 장수와 복덕을 누릴지라도 불법이 성행하지 않는 땅입니다. 그러므로 그곳에 들어가서는 안 됩니다!

만약 천상에 태어나게 되면, 갖가지 보석으로 건립된 아름다운 높은 신전을 보게 됩니다. 그곳은 들어가도 좋으니 원하면 들어가도록 하십시오!

만약 아수라로 태어나게 되면, 아름다운 숲이나 빙글빙글 도는 불바퀴와 같은 것을 보게 됩니다. 그곳에는 절대 들어가지 않도록 돌아올 것을 기억하십시오!

만약 축생으로 태어나게 되면, 동굴과 개미구멍과 초막들이 엷은 안개에 쌓여 있는 것을 보게 됩니다. 그곳에는 절대로 들어가서는 안 됩니다!

만약 아귀로 태어나게 되면, [검게 그을린] 나무토막과 검고 긴 물건,

---

51 고다니야(Godānīya)의 사람은 모두 성냄이 크고, 욕심도 많고, 수명이 500세이며, 소에서 나오는 산물과 보배들을 풍족히 누리는 대륙인 까닭에 서우화주(西牛貨洲)라 한다.

52 꾸루(Kuru)는 의역하면 악음주(惡音州)이다. 사망하기 1주일 전에 "그대는 죽는다."는 불쾌한 소리가 공중에서 들림으로써 북구로주(北俱盧洲)라 한다. 수명은 1,000세에 사대주 가운데 가장 복락이 큰 땅이며, 사람들이 성냄이 적고, 근성도 갖가지라고 한다.

깊고 음산한 막다른 골짜기와 흔들거리는 검은 물체들을 보게 됩니다. 그곳에 들어가면 아귀로 태어나 배고픔과 갈증 등의 온갖 고통들을 받게 됩니다. 그곳에 절대 들어가지 않도록 돌아올 것을 기억하십시오! 전력을 다해야 합니다.

만약 지옥에 태어나게 되면, 악업에 의해서 노랫소리[53]를 듣거나, 어쩔 수 없이 끌려들어 가거나, 또는 암흑의 땅과 검은 집, 붉은 집과 검은 흙구덩이, 시꺼먼 길 등으로 들어가는 광경이 나타납니다. 그곳에 들어가면 지옥에 태어나게 됩니다. 정녕 참지 못할 처절한 한열의 고통들을 벗어날 기약도 없이 받게 됩니다. 그 속으로 절대 들어가서는 안 됩니다! 신중에 신중을 다해야 합니다. 자궁의 문을 막고 돌아올 것을 기억도록 하십시오! 지금 이것이 절대로 필요합니다.

오, 고귀한 가문의 자손이시여! 비록 그대가 가지 않기를 원해도 어쩔 수가 없습니다. 뒤에서는 업력에서 생긴 살인자들이 쫓아오기 때문에 꼼짝 없이 가게 됩니다. 앞에서는 살인자와 망나니가 끌고 가서 따라가지 않을 수가 없습니다. 또한 짙은 암흑과 붉은 모래바람, 고함소리와 진눈깨비, 거친 우박과 사나운 비바람에 쫓기고 도망치는 광경이 그대에게 나타납니다. 그것을 두려워한 나머지 피할 곳을 찾게 됩니다. 그래서 앞에서 말한 아름다운 집 또는 바위굴, 흙구덩이와 숲속, 연꽃 등의 둥근 구멍 속으로 들어가 안도의 숨을 쉬게 됩니다.

그곳에 숨어서 밖으로 나옴을 무서워하여, "지금 여기서 밖으로 나

---

53 판본에 따라서 '악업에 의해서 노랫소리 듣거나' 또는 '악업의 노랫소리를 듣거나'로 나온다.

가는 것은 옳지 않다."고 생각하게 됩니다. 그래서 그곳을 떠나는 것을 두려워하여 크게 집착하게 됩니다. 바깥에 나가게 되면 바르도의 공포들과 만나게 됨을 우려하고, 그것들을 두려워하고 무서워한 나머지 그 안에 꼭꼭 숨게 됩니다. 그래서 가장 비천한 몸을 얻은 뒤에 온갖 처참한 고통들을 받게 됩니다. 이것은 비천한 사귀들이 그대에게 마장을 일으키는 표시입니다. 이때를 위한 심오한 가르침이 있습니다. 그대는 잘 경청하여 마음에 간직토록 하십시오!

업의 환영을 파괴하는 방법

그때 살인자들에게 속절없이 쫓기고, 두려운 공포가 치할 때, 곧바로 그대는 거룩하신 체촉헤루까(최승음혈불) 또는 하야그리와(마두명왕)[54], 바즈라빠니(금강수보살)[55] 등과 만일 그대에게 본존불이 계시면 그들의 모습을 온전하게 관상토록 하십시오! 그들의 거대한 몸집과 팔다리와 온갖 마군들을 짓밟아 뭉개는 무섭고 분노에 찬 모습을 일순간 떠올리도록

---

54 하야그리와(馬頭明王)는 관세음보살의 분노의 화현이다. 이 명왕의 모습은 종파에 따라 여러 가지가 있다. 이 중에서 닝마빠(舊密)에서 전승하는 모습은, 얼굴은 분노의 모습에 머리털은 위로 휘날리고, 정수리에는 말머리를 장식하고, 오른손엔 불타는 지혜의 검을, 왼손은 마군을 위협하는 수인을 맺고, 연화의 보좌 위에서 두 발로 마군을 밟고 있다.

55 바즈라빠니(金剛手菩薩)는 밀교에서 비밀주(秘密主)로 불리는 밀법의 결집자(結集者)이자 수호자이다. 그는 제불여래의 의밀(意密)를 대표하는 금강살타의 밀의(密意)를 상징하는 보살이기도 하다. 이 뜻을 『예시쌍와쌔빠(秘密智慧講續)』에서 다음과 같이 설하였다. "그 뒤 금강살타 세존께서 보배로운 마음의 길상결(吉祥結)을 열어젖히고 가슴에서 금강수보살을 뽑아낸 뒤, 윤회를 부수는 지혜의 화염이 타오르는 금강저를 손에다 건네주고 이와 같이 말씀하셨다. '무이지(無二智)의 비밀스런 큰 뜻과 행함이 없고 애씀이 없는 무위의 큰 지혜와 큰 중도(中道)의 바른 길을, 운집한 대중들에게 열어 주고자 한다.'"

하십시오! 그들의 가피와 자비[56]에 의해서 살인자들의 공포로부터 벗어나게 되고, 자궁의 문을 바르게 선택할 수 있는 힘을 얻게 됩니다. 이것은 매우 심오하고 진실한 가르침입니다. 마음에 잘 간직토록 하십시오!

오, 고귀한 가문의 자손이시여! 또한 색계의 천신 등은 삼매의 힘으로 탄생[57]하고, 아귀 등의 대부분 귀신의 부류들은 바르도의 상태에서 생각(想, Samjñā)이 전도되어, 의생신(意生身)이 아귀와 이매망량 등의 갖가지 신통을 부리는 몸들로 변화하는 것입니다. 해변[호수]에 사는 아귀와 허공을 나는 아귀와 8만 가지에 이르는 마물들 전부가 바르도의 의생신이 생각이 전도되어 변화된 것입니다. 이때 공성(空性)의 마하무드라(大印)의 심오한 본질을 사유하는 것이 최상의 법입니다. 그와 같이 할 수 없다면 일체를 환상과 같이 여김을 전적으로 닦도록 하십시오! 또한 그렇게 할 수 없다면, 일체에 집착하는 마음을 버린 뒤에 오로지 본존과 대자대비 관세음보살님을 닦도록 하십시오! 그렇게 함으로써 바르도에서 보신의 몸으로 성불하게 됩니다.

오, 고귀한 가문의 자손이시여! 만약 업력에 의해서 부득이 자궁에 들어가게 되면, 자궁을 선택하는 가르침을 설명코자 합니다. 귀담아 잘 듣도

---

56 이것은 『바르도쌍왜귀』에서, "본존과 스승님에게 귀의하고, 지금 비밀법명을 받은 뒤 관정을 받고 [생기차제 등을] 닦는 것을 바르도 상태에서 기억하라. 구원을 위해 그들이 찾아온다."라고 하였듯이, 관정의 서약에 의해서 본존과 스승님이 나타나서 반드시 구원하기 때문이다.

57 같은 하늘이라도 욕계의 천신과는 달리 색계에 탄생하는 천신들은 초선(初禪)과 제사선(第四禪) 가운데 어느 하나를 생시에 얻어야 하고, 무색계에 태어나는 천신들은 네 가지 무색정(無色定) 가운데 하나를 얻어야만 그곳에 태어나게 된다.

록 하십시오!

아무 자궁이나 함부로 들어가서는 안 됩니다! 만약 살인자들이 나타나서 들어가지 않을 수가 없게 되면 하야그리와(마두명왕)를 관상토록 하십시오! 지금 그대에게는 미세한 신통력이 있습니다. 그래서 모든 탄생 장소들을 차례대로 알 수가 있습니다. 그러므로 올바르게 자궁을 선택토록 하십시오!

정토에 태어나는 방법

또한 여기에는 부처님의 정토에 태어나는 의식전이와 부정한 윤회계의 자궁을 선택하는 두 가지 가르침이 있습니다. 그러므로 이와 같이 행하도록 하십시오!

먼저 상근의 유정이 다까(空行)의 정토에 태어나는 포와(의식전이)의 행법이 있습니다. 그대는 다음과 같이 발원토록 하십시오!

아, 무시이래 헤아릴 수 없는
긴 세월이 그렇게 흘러갔건만,
나는 아직도 윤회의 수렁에서
헤어나지 못하고 맴돌고 있으니
이 얼마나 슬픈 일이 아닌가!

과거세에 그렇듯 많은 이들이
그와 같이 붓다가 되는 동안,
나만은 해탈하지 못하였으니

이 얼마나 슬픈 일이 아니랴!

이제부터 지겨운 윤회의 삶을
쉰 음식 토하듯이 뱉어 내리라!
참으로 두렵고 무서워하리라!
오물을 버리듯 던져 버리리라!

이제 탈출의 시기가 도래하였다!
나는 서방의 극락정토에 계시는
지존하신 아미타불의 면전에서
한 송이 연꽃 속에 화생하리라!

이렇게 서방의 극락정토를 향해서 강렬한 희원을 발하고 집중하고 정진토록 하십시오!

또한 달리 그대가 선망하는 정토거나 [동방의 환희세계인 아축불의] 아비라띠(묘희세계) 또는 [중앙의 정토인 비로자불의] 아까니스타(밀엄찰토) 또는 [금강수보살의 정토인] 알라까와띠(양류궁)[58] 또는 [관세음보살의 정토인 남해의] 뽀딸라(보타낙가)[59] 또는 [위대한 화신불 구루 빠드마쌈바와(연화생)의 정토인] 빠드마

58 알라까와띠(Alakāvatī, 楊柳宮)의 위치는 북쪽의 어느 곳에 있다고 알려졌으나 자세하지는 않다.

59 티베트의 전승에 따르면, 뽀딸라(Potala, 普陀山)는 인도의 라메쓰와라에서 남쪽 바다로 항해하면 쓰리랑카 섬에 다다르고, 여기서 다시 남쪽으로 항해하면 뽀딸라에 도달한다고 하였다.

위마나(연화광)[60] 등등, 그대가 원하는 정토를 향해서 강렬한 희원을 발출한 뒤, 산란함이 없이 일념으로 집중하고 정진토록 하십시오! 그 즉시 그곳에 태어나게 됩니다.

또한 도솔천(兜率天)에 계시는 미륵부처님의 회상에 왕생하기를 염원하면, 다음과 같이 기원토록 하십시오!

아, 나는 바르도의 상태에서
도솔천 내원궁(內院宮)에 계신,
불패의 법왕 미륵불 발아래
연꽃에서 화생하는 때가 왔다!
나는 이제 그곳을 향해 가리라!

이렇게 강렬하게 희원토록 하십시오! 그 즉시 미륵부처님의 회상에 왕생한 뒤 연꽃 속에서 태어나게 됩니다.

좋은 자궁을 선택하는 방법

만약 그와 같지 않고 자궁에 들어가기를 바라거나, 또는 반드시 들어가야 할 필요가 있으면, 이때 부정한 윤회계의 자궁을 바르게 선택하는 가르침이 있습니다. 이것을 귀담아 잘 듣도록 하십시오!

---

60 빠드마위마나(蓮華光)는 응아얍(남섬부주에 딸린 섬으로 나찰들의 거주지)의 적동산(赤銅山)에 있는 공행모의 정토이다. 여기서 구루 빠드마쌈바와는 미래세가 다할 때까지 법을 설하면서 중생을 구제한다.

또한 앞에서 설명한 대로 탄생할 사대주를 선택하되, 먼저 신통력으로 잘 살펴본 뒤 불법이 융성하는 땅으로 들어가도록 하십시오!

만약 불결한 오물 속에 화생(化生)으로 태어나게 되면, 그 오물 덩어리를 향기롭게 여기는 전도된 생각이 일어나서 그것을 애착하게 됩니다. 그래서 거기에 태어나게 됩니다. 그러므로 그것들에 대하여 어떠한 느낌이 일어날지라도 그것을 진실한 것으로 집착함이 없이, 탐착과 성냄을 버린 상태에서 좋은 자궁을 선택토록 하십시오! 그 또한 강렬한 희원을 일으키는 것이 매우 중요합니다. 그러므로 다음과 같이 발원토록 하십시오!

아, 나는 일체중생의 이락을 위해서
가장 지복한 인간인 전륜성왕이거나,
사라수왕[61] 같은 바라문 자손이거나
딴뜨라를 성취한 씻다의 후예이거나,
불법을 신봉하는 명가의 후손이거나
신심 깊은 부모의 자식으로 태어나,
모든 유정들의 이익과 안락을 행하는
큰 복덕을 지닌 사람 몸을 얻으리라!

이렇게 강렬한 희원을 품고서 자궁 속에 들어가도록 하십시오! 그때 들

---

61 불설에 의하면, 금구암(金鳩岩)에서 20유순을 북쪽으로 가면 안주(安住)라고 부르는 일곱 층으로 된 거대한 나무가 있는데 그것을 사라수왕(娑羅樹王)이라 한다. 이것은 거대한 나무에 비유해서 광대한 덕을 지님을 비유한 것이다.

어가는 자궁을 신들의 궁전[62]으로 축복한 다음 들어가도록 하십시오! 시방세계의 제불보살님과 본존의 성중들과 특별히 대자대비하신 관세음보살님께 기원을 올린 다음, 그들이 베푸는 관정의 축복을 사유하면서 자궁에 들어가도록 하십시오!

한편 자궁을 선택하는 데에는 또한 착란의 위험이 있습니다. 업력에 의해서 좋은 자궁을 나쁘게 보고, 나쁜 자궁을 좋게 보는 위험이 도사리고 있습니다. 그때 가르침의 요체를 이해하는 것이 매우 중요합니다. 이와 같이 하도록 하십시오! 비록 좋은 자궁의 느낌이 들지라도 거기에 애착하지 말고, 나쁜 자궁의 느낌이 들지라도 거기에 성내지 마십시오! 좋고 나쁨을 분별하지 않으며, 취하고 버림을 행하지 않고, 애착과 분노를 여읜 지극히 평정한 상태에 머무는 것이 참된 비결입니다.

【여기서 수행의 체험이 있는 소수의 사람을 제외하고는 나쁜 습기의 여독에서 벗어나기가 어렵다. 그러나 그와 같이 애착과 성냄에서 가히 벗어날 수가 없을지라도, 하근 가운데서도 최하의 말류인 짐승같이 사악한 자들 또한 삼귀의(三歸依)[63]를 통해서 벗어나는 법이 있다. 사자의 이

---

62 이것은 밀교에서 탄생을 화신으로 전용하는 법을 말한 것이다. 예를 들면, 댄마잠양의 『까르마빠재남(歷代嘎瑪巴傳)』에서, "4대 까르마빠 롤빼도제(1340~1383)는 입멸한 뒤 도솔천에 가서 머물렀다. 그러자 미륵세존께서 [세간의 교화를 계속할 것을] 권유함으로 다시 어머니 자궁 속에 들어올 때, 그 자궁을 청정한 수정궁전으로 변화시키는 등의 불가사의한 신력을 보였다. 자궁에 머물 때 [관음보살의] 육자진언을 염송하는 소리가 들려오고, 요가 자세를 취함으로써 어머니의 몸이 떨리고 흔들리는 일들이 발생하였다."라고 한 것과 같은 것이다.

63 이것은 삼보(三寶)의 공덕에 의해서 윤회에서 벗어나는 길을 말한다. 삼보의 공덕에 대하

름을 세 번 부른 뒤에 다음과 같이 일곱 번을 들려주도록 하라.】

삼귀의를 통한 윤회의 해탈법

오, 고귀한 가문의 자손이시여! 그대가 자궁의 문을 선택하는 법을 알지 못하고, 애착과 성냄에서 벗어날 수 없다면, 앞서의 광경들이 그렇게 나타날지라도 또한 삼보의 명호를 부르고[64] 귀의토록 하십시오! 대자대비하신 관세음보살님께 기원토록 하십시오! 머리를 위로 향해서 걷도록 하십시오! 바르도임을 깨닫도록 하십시오! 집안의 가족들과 자녀들과 친척과 친지들에게 애착하는 마음을 버리도록 하십시오! 이제 그들은 더 이상 도움이 되지 않습니다. 지금 인간계의 푸른빛과 천상계의 하얀 빛 속으로 들어가도록 하십시오! 보석의 궁전과 아름다운 정원 속으로 들어가도록 하십시오!

【이렇게 일곱 번을 읽어 준 다음에 「불보살님의 구원을 청하는 기원문」

여 뻴망 빤띠따(1764~1853)는 『깝되티익툽땐고제(歸依敎授佛敎開門)』에서 다음과 같이 설명하였다. "불·법·승 삼보에게는 [악도와 윤회의] 그것으로부터 중생을 구제하는 능력이 분명하게 있다. 부처님의 말씀대로 십선(十善)의 [옳고 그름을] 바르게 간택하여 행함이 불법의 닦음이자 승가의 실천이니, 그 힘에 의해서 악도에서 구제되고, 그와 같이 계·정·혜 삼학(三學)에 의해서 윤회에서 구제되고, 육바라밀의 닦음에 의해서 [번뇌와 소지의] 이장(二障)에서 구제되고, [생기(生起)와 원만(圓滿)의] 이차제(二次第)에 의해서 금생에서 [번뇌와 소지의] 이장에서 구제되기 때문이다. 두 번째, 불세존은 스스로 [사마(四魔)의 공포 등을 비롯한] 모든 두려움에서 해탈하시고, 타인을 일체의 두려움에서 구제하심에 뛰어나고, 모든 이들을 친소를 버리고 대비로 평등하게 대하시며, 자신에게 이롭고 이롭지 않음을 따짐이 없이 중생의 이락(利樂)을 한길로 행하는 까닭에 마땅히 귀의하는 것이다."

64 이것은 "나무불, 나무법, 나무승"을 세 번, 일곱 번, 108번을 간절히 낭송하는 것을 말한다.

과 「여섯 바르도의 본송」과 「바르도의 공포에서 구원을 청하는 기원문」과 「바르도의 험로에서 구원을 청하는 기원문」 들을 일곱 번을 반복해서 읽어 주도록 하라. 그 다음 「몸에 걸침을 통한 오온의 자연해탈」과 「법행을 통한 훈습의 자연해탈」을 또한 명확하게 읽어 주도록 하라.

이와 같이 여법하게 행함으로써 높은 깨달음을 얻은 유가행자들은, 임종 시에 의식전이(포와)를 통해서 바르도를 통과할 필요가 없이 위대한 초월의 길을 통해서 해탈하게 된다. 이보다 낮은 단계의 체험을 얻은 사람은, 임종의 바르도 아래서 법성광명을 인식해서 위대한 초월의 길을 통해서 성불하게 된다. 이보다 더 낮은 단계의 사람들은 법성의 바르도에서 2주간에 걸쳐 적정과 분노존의 붓다들이 차례로 출현할 때, 각자의 선업과 근기의 차별에 의하여 앞의 하나를 통해서 해탈하지 못하면 뒤의 다른 하나를 통해서 해탈하게 된다. 비록 높고 낮음의 단계가 많이 있을지라도 적절한 하나를 인식해서 해탈하게 된다.

선업이 보잘것없고, 죄장과 악업을 크게 쌓은 사람들은 이것을 깨닫지 못한 채, 아래로 퇴타하여 재생의 바르도에 유랑하게 된다. 이때 그들을 일깨워 주는 많은 종류의 가르침들이 사다리의 디딤널처럼 순서대로 있다. 그래서 하나를 깨닫지 못하여도 다른 하나를 깨달아서 해탈하게 된다. 그러나 선업이 메말라 버린 자들은 앞서의 환영들을 인식하지 못하고 두려움과 공포에 사로잡히게 된다. 비록 그러할지라도 자궁의 문을 막고, 자궁의 문을 선택하는 여러 가지 가르침들이 차례대로 있음으로 해서, 하나를 인지하지 못할지라도 다른 하나를 깨달아 해탈하게 되고, 하나의 가르침을 반연하여 깨달음으로써 상계(上界)의 무량한 공덕을 얻게 된다. 또한 가장 하천한 인간들인 짐승 같은 무리들 역시 삼귀의를 행한 공덕에 의해서 악취에서 벗어난 뒤, 보배와 같이 귀중한 가만[65]을 갖춘 사람 몸을 얻은 뒤에, 내생에서 좋은 스승과 선지식들을 만나서 그 가르침을 듣고 해탈하게 된다.

또한 재생의 바르도에서 이 법을 만나는 것은, 사자에게 선업의 흐름을 이어줌이 끊어진 수로에 배수관을 연결해 줌과 같은 것이다. 그러므로 아무리 극악한 자들도 이 법을 듣게 되면 해탈하지 못함이 없다. 왜냐하면, 바르도의 상태에서 모든 적정과 분노의 성중들이 출현하는 대비의 내영(來迎)과 함께, 마군과 업장이 맞이하는 응접(應接) 두 가지가 동시에 나타나는 그때, 이 법을 단지 듣는 것만으로도 사자의 의식이 변화되어 해탈하게 되고, 또한 바르도에서는 거친 몸뚱이가 없는 의생신인 까닭에 인도하기가 용이하기 때문이다. 또한 바르도에서는 아무리 먼 거리를 유랑하고 있을지라도, 미세한 업의 신통력에 의해서 즉시 보고 듣게 되므로, 이 가르침을 기억하여 지니면 한 순간에 생각을 바꾸게 되는 큰 효과가 있다. 예를 들면, 투석기에 발사된 돌이 목표물을 향해 곧장 날아가는 것과 같고, 백 명의 사람들이 가히 움직이지 못하는 거대한 원목도 물 위에 띄우면 잠시간에 원하는 곳으로 옮길 수가 있는 것과 같고, 달리는 준마를 고삐로써 조정하는 것과 같다.

그러므로 목숨이 다한 사자들 곁에서 이 가르침을 읽어 주되, 만약 시신이 있으면 코에서 피와 황수가 나올 때까지 또렷한 음성으로 반복해서 읽어 주어 사자의 기억을 일깨워 주도록 하라. 이때 시신이 움직이지 않게 잘 안치토록 하라. 이 가르침의 서약을 사자에게 회향하기 위하

---

65 2장「심신 정화를 위한 여명유가」의 주석 10을 참고바람.

여 산 짐승들을 죽이지 않도록 하라. 또한 시신 곁에는 나와 남을 비롯한 어떤 사람들이 있어도 무방하나, 가족과 친지들이 슬피 울거나, 시끄럽게 떠들거나, 통곡하지 않도록 하라. 그리고 쌓을 수 있는 모든 선업들을 닦도록 하라. 또한 이 『바르도퇴돌』을 다른 법들과 함께 설해 주는 것은 매우 좋으니, 여타의 법들로 사자를 인도한 다음 『바르도퇴돌』을 읽어 주면 매우 유익하다.

또한 이것을 항시 독송해서 글 뜻과 문장들을 완전히 숙지토록 하라. 어느 날 죽음이 확실시 될 때, 죽음의 징표들을 정확히 살핀 다음 기력이 충분하면 자신이 읽고, 그것을 사유토록 하라. 만약 그렇지 못하면 도반에게 대신 읽어 주도록 부탁한 뒤, 그것을 명확하게 기억함으로써 추호의 의심도 없이 반드시 해탈하게 된다. 이것은 수행이 필요 없는 법으로, 단지 보는 것만으로 해탈하고, 단지 듣는 것만으로 해탈하고, 단지 읽는 것만으로 해탈하는 심오한 가르침인 것이다.

아무리 극악한 죄인도 비밀의 길로 인도하는 이 심오한 가르침을, 가사 일곱 마리의 사나운 개들에게 쫓기는 극한 상황에서도 글 뜻과 문장들을 잊지 않는다면, 설령 임종 시에 성불하는 가르침을 삼세의 붓다들이 찾아 나설지라도 이 바르도퇴돌보다 더 위대한 법을 구하지 못한다. 이것으로 바르도에서 유정들을 해탈시키는 최고로 심오한 가르침인 바르도퇴돌을 완결한다. 이티!

이 비장 경전은 성취자 까르마 링빠가 중부 티베트의 감뽀다르라 부르는, 마치 천녀가 춤을 추는 것과 같은 설산에서 발굴하여 모셔온 것이다.】

4
편

바르도퇴돌의 후행

죽음의 표상 관찰과 기만

16장 죽음의 표상 관찰을 통한 자연해탈[1]

각성이 스스로 투명하신 정맹의 삼신불께 정례하옵니다.

적정과 분노존의 심오한 밀의의 자연해탈 가운데서
바르도에서 들음을 통한 자연해탈의 법을 보충하는
죽음의 표상 관찰을 통한 자연해탈을 열어 보이나니
이것을 시시로 읽고 숙지토록 하라, 선남선녀들이여!
싸마야!

아! 유위의 업과 인연의 화합으로 생겨난
환상과 같은 이 연약한 색온(色蘊)의 몸은,

1 원제는 "치때챈마랑돌(ḥChi ltas mtshan ma raṅ grol)"이다.

견고하지 못함이 바람 속의 등불 같아서
죽음의 재앙을 입지 않음이 하나도 없다.

언제 죽음이 찾아올 지 기약조차 없으니, 평소에 죽음의 표상을 관찰하고, 선업의 공덕을 힘써 닦도록 하라.

죽음의 종류

모든 사람들의 죽음의 원인에는 두 가지가 있으니, 때 아닌 때에 죽는 돌연사와 수명이 다해 죽는 자연사가 그것이다. 때 아닌 때에 갑자기 죽는 죽음은 죽음을 기만하는 예식을 통해서 물리칠 수 있으며, 수명이 다해 죽는 자연사는 기름이 다해 꺼지는 등불처럼 예식을 통해서도 물리칠 수 없으니 마땅히 떠날 차비를 하라.

여섯 가지 죽음의 표상

누구나 다음과 같이 죽음의 관찰을 실행하라. 그것을 여섯 가지 범주로 나누어 열어 보이니, 외적 표상, 내적 표상, 비밀표상 셋과 원격표상, 근접표상, 각종 표상 셋으로 설명코자 한다.

처음 죽음의 표상을 관찰할 때, 먼저 스승님과 본존과 다끼니 성중들께 공양을 올리고, 호법신들께 또르마(食子)를 올려서 그들을 기쁘게 하라. 진리의 형제들에게 향연을 베풀고, 아래로는 유정들에게 보시를 행하라. 그 뒤 죽음의 표상을 관찰토록 하라.

죽음의 외적 표상

첫 번째, 죽음의 외적 표상이 몸에 나타나니 잘 관찰토록 하라. 지·수·화·풍 네 가지 원소에 귀속되는 이 몸은 그 붕괴의 전조가 이와 같이 미리 일어난다.

이전에 비해서 식사량이 줄어들고, 감각기관이 둔해지며, 몸·말·뜻으로 노여움을 일으키고, 마음이 슬퍼지고 갈피를 잡지 못하며, 꿈이 어지럽고, 마음씨가 바뀌고, 안색이 시시로 변해 일정치 않은 것들은 모두가 수명에 장애가 발생하는 징조들이다.

특히 몸에 나타나는 결정적 죽음의 징조가 있으니, 손발톱에 피가 돌지 않고 광채가 없어지면 아홉 달 반나절 뒤에 사망하고, 눈의 흰자위가 흐려지면 다섯 달이 지나서 사망하며, 침골 부위의 머리털이 위로 뻗치면 석 달이 지나서 사망한다.

소변과 방귀와 재채기 셋이 동시에 발생하면 죽음의 징조이다. 오줌이 두 갈래로 갈라져 내리거나, 살들이 모두 탄력을 잃고 늘어지거나, 대변과 소변과 정액이 동시에 배출되거나, 과거에 없던 냄새가 몸에서 나거나, 예전과 다른 행동을 하거나, 핏기가 없고 안색이 죽거나, 목소리가 죽고, 눈의 모양이 꺼지거나, 인당에 때가 끼거나, 물체의 모습이 눈에 흐릿하게 보이거나 또는 잘못 보이는 따위와, 소리를 못 듣거나 또는 잘못 듣거나, 냄새를 못 맡거나 또는 잘못 맡거나, 맛을 알지 못하거나 또는 잘못 알거나, 촉감이 없거나 잘못 느끼거나, 눈썹이 빠지거나, 정수리에 수증기가 나지 않거나 하면, 이것들은 죽음의 신 야마(Yama)의 손아귀에 떨어진 표상이다.

또한 질병이 없는 건강한 때, 두 눈을 식지(食指)로 세게 누르면 빛 고리가 발생하며, 그 빛 고리가 왼쪽 눈 아래서부터 없어지면 여섯 달이 지나서 사망하고, 위에서부터 없어지면 세 달이 지나서 사망한다. 코 부위부터 없어지면 한 달이 지나서 사망하고, 귀 부위부터 없어지면 두 달이 지나서 사망한다. 오른쪽 눈 아래서부터 없어지면 10일이 지나서 사망함을 알도록 하라. 위에서부터 없어지면 5일이 지나서 사망하며, 귀 부위부터 없어지면 3일이 지나서 사망하고, 코 부위부터 없어지면 이틀이 지나서 사망하니, 병이 없을지라도 죽는 것임을 알라.

두 귀를 식지로 꽉 막았을 때, 하루 동안 웅- 하는 소리가 들리지 않으면, 6년이 지나서 사망함을 알도록 하라. 이틀 동안 웅 - 하는 소리가 들리지 않으면, 6년 두 달 안에 사망하며, 그와 같이 하루마다 세 달씩이 추가되고, 그 안에 사망한다. 또한 삼사일 동안 들림이 없으면 세 달 [또는 여섯 달] 안에 사망한다. 그렇지만 반드시 일수에 따라서 정해진 것은 아니라고 하였다.

여타의 죽음의 징조는 다음과 같다. [까닭 없이 계속] 분노와 노여움을 일으키고, 어디에 있건 두려움과 공포에 떨고, 정결한 생각과 믿음과 이해와 공손함이 사라지고, 덕망 있는 사람에게 화를 내며, 어디에 있건 슬퍼하고, 어디론가 떠나고자 하며, 진리의 도반들과 헤어지길 바라며, 세상의 놀이와 어지러운 일들을 즐거워하고, 탐욕과 성냄, 교만과 질투, 시기들을 크게 일으키면, 이것은 죽음의 신 야마의 손아귀에 붙잡힌 표상이다.

이상은 죽음의 외적 표상이며, 죽음을 기만하는 예식을 통해서 물리친다고 하였으니, 이들을 물리치는 방법은 본서 17장 「죽음의 기만을 통한 공포의 자연해탈」의 가르침을 보도록 하라.

죽음의 내적 표상

두 번째, 죽음의 내적 표상의 관찰에는 호흡을 통한 관찰과 꿈을 통한 관찰의 두 가지가 있다.

호흡을 통한 관찰

처음 호흡을 통한 관찰은 다음과 같이 행하라. 밤낮의 길이가 같아지는 [춘분과 추분의] 시기에, 그 달의 초하룻날 날이 밝아올 때 바로 앉아 몸을 곧게 세워서 비로자나불의 좌법[2]대로 앉은 다음, 숨이 어느 쪽에서 흐르는가를 관찰하라.

만약 숨이 왼쪽 콧구멍에서 흐르면, 3일 동안 숨도 역시 왼쪽 콧구멍을 통해서만 흐르게 된다. 그 뒤 4일째에 흐름이 바뀌어, 오른쪽 콧구멍에서 3일간을 흐르게 된다. 이렇게 3일씩 왼쪽과 오른쪽 둘을 번갈아 바꿔 가며 흐르는 그 기간에, 날짜를 틀리지 않게 숨의 흐름을 잘 계산토록 하라.

그처럼 어김없이 차례대로 흐르다가, 한 달 반 뒤부터 불규칙하게 흐르기 시작하면, 여섯 달이 지나서 죽는다고 하였다. 만약 한 달부터 불규칙하게 흐르면, 큰 재앙이 찾아온다고 하였다. 반달부터 불규칙하게 흐르면 중병이 생기고, 5일[3]부터 불규칙하면 중상모략 등이 생기며, 10일에 이르도록 숨의 흐름이 바뀜을 듣지 못하면 그 흐름이 바뀌는 순간 사망한다고 하였다. 두 콧구멍과 입 세 곳으로부터 동시에 숨이 흐르

---

2 비로자나불의 좌법은 ①두 발은 가부좌를 맺고, ②두 손은 법계정인을 맺고, ③척추는 곧게 펴서 세우고, ④목은 바르게 하고, ⑤어깨는 펴서 기울지 않게 하고, ⑥눈은 코끝을 바라보고, ⑦혀는 윗니에 가볍게 붙이는 좌선할 때의 자세를 말한다.

3 캔뽀도제의 『바르도퇴돌』의 구절이며, 저자의 대본에는 그냥 며칠을 뜻하는 '가(dGaḥ)'로 표기되어 있다.

면 반나절이 지나서 죽으며, 코로 숨이 흐르지 않고 입안에서 흐르면 그 순간 사망한다고 하였다.

꿈을 통한 관찰

다음 꿈을 통한 죽음의 표상 관찰은 다음과 같다. 초저녁과 자정 무렵의 꿈은 불확실하니, 새벽에서 해가 뜨는 사이에 꾸는 꿈을 자세히 관찰토록 하라.

쥐나 붉은 얼굴의 흰 원숭이를 타고 동쪽으로 멀리 멀리 가는 꿈은 왕[4]에게 죽음을 당하는 징조라고 하였다. 호랑이와 여우와 시체를 타거나, 물소와 돼지와 낙타를 타거나, 노새를 타고 남쪽으로 멀리 멀리 가는 꿈은, 염라왕의 수중에 떨어진 죽음의 징조이다. 또한 음식으로 오물[똥]을 먹거나, 검은 옷을 입고 아래로 내려가거나, 덫과 우리에 갇히거나, 손발에 족쇄 등을 차거나, 검은 형상과 짐승의 모습을 한 자들과 시시로 교접하는 꿈도 죽음의 징조이다.

시커먼 여인이 크게 분노해서 배를 째고 내장을 꺼내 보이거나, 시커먼 사람이 철봉을 들고 자기 앞에 찾아와 가자고 소리치거나, 목에다 검은 밧줄을 걸고 끌고 가거나, 주변을 해자와 담장으로 둘러싸인 길고 붉은 성채 안에 있거나, 내 목을 잘라서 타인이 가져가거나, 권속으로 까마귀와 아귀, 천민들에게 둘러싸이거나, 그들에게 끌려가거나 신부가 되어 가거나, 맨몸에 머리털을 자르고 수염을 깎거나, 죽은 친구와 어울리거나, 죽은 사람들 여럿이 자기를 끌고 가거나, 물속에 뛰어 들거

---

4 규르메 도제의 *The Tibetan Book Of The Dead*에서는 마왕의 일종인 '갤공(rGyal ḥgoṅ)'으로 번역하였다.

나, 진창에 빠지거나, 고기가 삼키거나, 자궁 속에 들어가 잠을 자거나, 전쟁에서 자기가 지고 남이 이기거나, 붉은 옷을 입고 붉은 목걸이를 두르거나, 붉은 꽃을 자주자주 채집하거나, 붉은 자편(紫楩) 나무[5]가 서식하는 산에 올라가거나, 머리에 붉은 두건을 매거나, 머리 위에 잔가지가 생기고 새가 집을 짓거나, 으스스한 화장터에서 자주 자거나, 자기가 늙어서 감당 못할 짐을 운반하거나, 어둠이 쌓이거나, 해와 달이 평원에 떨어지거나, 구덩이 속에 머리를 거꾸로 해서 떨어지거나, 나찰의 무리와 함께 춤을 추거나, 낯선 땅과 먼 나라로 돌아올 생각 없이 가거나 하는 등의 꿈들이 그치지 않는 것은 죽음의 징조이다. 그러나 병이 없으면 죽음이 확정적이지 않고, 죽음의 기만의식을 통해서 벗어날 수 있으며, 만약 그치지 않고 꿈이 계속 이어지면 1년 안에 사망한다. 또한 해와 달이 라후에 가려지고,[6] 땅에 떨어지거나, 반복해서 해와 달이 지는 꿈을 꾸면 부모님과 스승님이 죽고, 병자는 반드시 죽는다고 하였다.

이상은 죽음의 내적 표상이며, 위의 외적 표상에 비하여 물리치기가 조금 어렵다.

죽음의 비밀표상

세 번째, 죽음의 비밀표상은 다음과 같다. 죽음의 외적 표상과 내적 표상이 발생할 때 죽음의 기만의식을 반복해서 닦음으로써 물리칠 수 있다. 만일 안과 밖의 죽음의 표상들을 물리치지 못하면, 다음과 같은 죽

5 자편(紫楩)은 붉은 안료와 기생충 등을 없애는 약재로 사용하는 수목의 일종이다.

6 이 구절은 일식(日蝕)과 월식(月蝕)이 일어나는 현상을 말한다.

음의 비밀표상들을 관찰하라.

먼저 정등각을 얻기 위하여 발심한 뒤, 제불보살님들께 귀의와 기원을 행한 다음, 초하룻날 아침에 정액을 사출하여 관찰하라. 남자의 정액이 검은 빛깔이거나, 여자의 경수가 흰색이면 두 달 후에 사망한다고 설하였다. 만약 남자의 정액이 붉은 빛이면 여섯 달 뒤에 죽거나 또는 중상모략이 발생하고, 본래대로 흰색이면 생명에 지장이 없다. 그 정액의 온기가 식기 전에 코로 흡입하라. 이것이 죽음을 기만하는 의식이다.

또한 정액이 아무 느낌도 없이 나오거나, 그 가운데 깨알 크기의 수은 방울과 같은 것이 여기저기 섞여 있으면 죽는다고 하였다. 여자의 경수가 나오되 그치지 않고, 그때 붉은 꽃을 채집하는 꿈을 꾸면 사망한다고 하였다.

혹은 번뇌에 의해서 성교하지 않을지라도 정액이 계속해서 새어나오면 네 달 후에 죽는다고 하였다. 자기 성기 끝의 구멍에 이전에 없던 검은 점이 갑자기 생기거나, 번뇌의 욕정과 성욕이 끊어지지 않고, 오로지 마음에 여인만을 생각하게 되는 것은 세 번째 관정[반야관정(般若灌頂)]의 서언을 어겨서 죽는 상징이며, 그 뒤 금강지옥(金剛地獄)에 떨어지는 표상이다. 참회를 법답게 행해서 서언의 어김을 회복하지 않으면, 영원히 지옥의 고통을 받게 된다. 그것을 참회하기 위해서 비밀스런 죽음의 기만의식을 행하라. 이것은 죽음의 외적 표상이나 내적 표상에 비해서 죽음을 기만하기가 어렵다. 이상을 죽음의 비밀표상이라 한다.

죽음의 원격표상

네 번째, 죽음의 원격표상은 다음과 같다. 많은 연월일이 지나서 발생하는 죽음의 표상 관찰이라 부르는, 허공에 생기는 수명의 그림자를 관찰하는 법을 실행하라. 그러면 죽거나 죽지 않거나, 물리치거나 물리치지 못함을 알 수 있다.

먼저 스승님과 삼보자존께 공양을 올리고, 다끼니와 호법신들께 또르마(食子)를 공양하고, 귀의와 발심을 행한 뒤에 다음과 같이 죽음의 표상을 관찰하라.

하늘이 보이는 고요한 장소에서 초하룻날 오전과 오후, 보름날 해거름과 동틀 무렵, 하늘이 청명하고 바람이 없을 때, 편안한 장소에 나체로 앉아서 강렬하게 기원을 올린 다음, "옴 아유셰 쌈하라 께쓰와레 훔 펫!"을 낭송하라. 이 진언을 100번을 외우고 나체로 일어난 뒤, [여덟] 방위의 수호신[7]들께 각각 일곱 번씩 절을 하고, 사지를 힘껏 쭉 뻗치고, 손에다 염주 또는 [금강저나 금강령과 같은] 어떤 법구를 하나 잡은 뒤, [허공에 생기는] 그림자의 심장에다 아(阿)[8] 자를 그리고 나서, 그 심장의 아(阿) 자에다 시선을 모으되 두 눈을 감지 말고 주시한 채 정신을 집중하라. 두 눈이 마비되고 눈물이 흐르면 구름 없는 하늘 가운데를 바라보라. 그 때 자기의 몸 그림자가 허공 속에 나타나고 그림자의 머리와 몸체가 온전하고 엷은 회색이면, 수명의 장애가 없고 죽지 않는 길조임을 알라.

만약 허공 속에 몸 그림자가 생김을 보지 못하면, 그림자를 출현시키는 의식[9]을 금강가부좌에 선정인을 맺고서 앞서와 같이 행한 뒤 관찰

---

7 여덟 방위의 수호신(八護方神)은 동방의 제석천, 남방의 염마천(焰摩天), 서방의 수천(水天), 북방의 야차(藥叉), 동남간의 화천(火天), 서남간의 나찰(羅刹), 서북간의 풍천(風天), 동북간의 자재천(自在天)들이다.

8 여기서 아(阿) 자를 그리는 것은 범어의 아 자가 불멸의 문자인 까닭이다. 『쌍와닝뽀』에서, "아(阿, A)는 무생(無生)의 진여법계이다."라고 하였다.

9 원문은 '뽁빼초가(sPog paḥi cho ga)'이다.

하라. [만약 그림자가 회색으로 생기면 어떠한 장애도 없는 것이다.][10] 또한 허공에 몸의 그림자가 생기지 않아도 무방하다. 하늘의 구름과 바람이 장애를 일으킨 것이니, 후에 하늘이 맑을 때 다시 관찰토록 하라.

그림자의 관찰에는 지체(肢體)의 결손과 모양과 색상 세 가지가 있다.

그림자의 지체의 관찰

처음엔 지체의 결손을 관찰하라. [이것을 통해서] 생존 햇수의 여분을 아는 법은, 손에 잡은 법구가 없으면, "의지하는 신과의 이별"[11]이라 부르니 7년이 지나서 사망한다. 오른손이 없으면 5년이 지나 사망하며, 왼손이 없으면 3년이 차면 사망한다. 오른쪽 다리의 무릎 아래가 없으면 2년이 지나 사망하며, 왼쪽 다리가 없으면 1년이 지나 사망한다.

남은 월수(月數)의 여분을 아는 법은, 머리의 오른쪽 부분이 없으면 아홉 달이 지나 사망하며, 머리의 왼쪽 부분이 없으면 일곱 달이 지나 사망하며, 목 위가 없으면 다섯 달이 지나 사망하며, 목과 함께 없으면 세 달이 지나 사망하며, 가슴 위가 없으면 두 달이 지나 사망하며, 가슴 아래가 없으면 한 달이 지나 사망한다.

남은 일수(日數)의 여분을 아는 법은, 몸의 우편이 없으면 29일이 지나 사망하며, 몸의 왼편이 없으면 21일이 지나 사망한다.

---

10 이 구절은 캔뽀도제의 『바르도퇴돌』에서 인용하였다.

11 원문은 '뗀빠하당댈와(brTen paḥi lha daṅ bral ba)'이며, 다른 목판본에서 인용하였다. 저자의 대본을 비롯해 대부분의 판본에는 '뗀빠(brTen pa)' 대신 '견고함'을 뜻하는 '땐빠(brTan pa)'로 나온다.

그림자의 모양 관찰

그림자의 모양을 관찰하라. 몸 그림자가 사각형이면 다섯 달이 지나 사망하며, 그림자가 둥글면 네 달이 지나 사망하며, 반월 모양이면 세 달이 지나 사망하며, 달걀 모양이면 두 달이 지나 사망한다. 이들은 죽음의 기만의식을 통해서 물리칠 수가 있다.

만약 삼각형이면 한 달이 지나 사망하며, 묶은 시체처럼 둥글면 반 달이 지나 사망하며, 머리가 거꾸로 되면 10일이 지나 사망하며, 이 셋은 물리치지 못하며 반드시 죽는다.

그림자의 색상 관찰

마지막엔 그림자의 색깔을 관찰하라. 흰 그림자가 가운데부터 엷어지면 용과 왕과 아수라[12]가 즐거워하는 표상이며, 검은 그림자가 오른쪽부터 엷어지면 마라와 마녀(魔女, Ma mo)에게 잡혀서 해악을 입는 표상이며, 붉은 그림자가 왼쪽부터 엷어지면 요괴(妖怪, bTsan)와 자기의 수사신[13]에게 붙잡힌 표상이니, 상처를 입거나 질병이 생긴다. 노란 그림자가 머리부터 엷어지면 용과 마왕(魔王, rGyal ḥgoṅ)에게 붙잡힌 표상이며, 푸른 그림자가 발에서부터 엷어지면 용과 호수의 요귀(妖鬼, mTsho sman)에게 붙잡힌 표상이며, 그림자가 모호하고 흔들리면 마녀(魔女)와 염라왕에게 붙잡힌 표상이며, 그림자가 노랗고 희소하면 지신(地神)에게 붙

---

12 어떤 판본에는 '아수라' 대신 '신(神)'으로 나오고, '즐거워하는' 대신 '싫어하는'으로 나온다.

13 수사신(守舍神, ḥGo lha)은 사람의 몸을 평생 동안 지켜 주는 일종의 신귀(神鬼)를 말한다. 여기에는 삶을 영위케 하는 지신(地神), 의지처가 되는 남신(男神), 반려가 되어 주는 여신(女神), 방패가 되어 주는 전신(戰神), 목숨을 지켜 주는 명신(命神) 다섯 종류가 있다.

잡힌 표상이며, 잡다하고 불규칙하고 갖가지이면, 팔부귀중(八部鬼衆)과 각종의 죽음의 신들에게 붙잡힌 표상이다.

이것이 갖가지 색깔의 그림자의 표상을 감별하는 법이다. 이와 같이 어떠한 죽음의 표상들이 나타날 때, 죽음의 기만의식들을 근수토록 하라.

또한 앞서와 같이 그림자를 관찰할 때, 사지가 완비되면 죽음을 기만한 것이다. 만약 세 차례나 기만의식을 행하여도 기만하지 못하면, 수명이 소진하여 죽음에 당도한 표상이다. 그러므로 상근의 수행자는 심오한 공성의 정견을 견지하고, 중근은 본존의 생기차제와 원만차제를 수습하고, 하근은 유위의 선업을 닦음에 힘쓰도록 하라. 이상이 허공에 생긴 수명의 그림자를 관찰하는 법이다.

죽음의 근접표상

다섯 번째, 죽음의 근접표상은 다음과 같다. 앞의 것들은 질병이 없을 때의 관찰인 죽음의 원격표상들로, 죽음의 기만의식을 통해서 충분히 물리칠 수 있다. 죽음의 근접표상은 병든 사람에 대한 죽음의 상징을 관찰하는 것으로 다음과 같은 표상들이 나타난다.

이뿌리에 검은 치태가 끼면 "원소의 자기 거역마(拒逆魔)의 모임"[14] 이라 부르며, 9일 뒤에 사망한다. 콧방울이 꺼지고 밋밋해지면 "바람의 문이 막힘"이라 부르며, 9일 뒤에 사망한다. 사지를 시시로 폈다 오므렸다 하면 "원소의 산에 오름"이라 부르며, 5일 뒤에 사망한다. 두 눈을 깜

14 '원소의 자기 거역마(拒逆魔)의 모임'은 '중왜랑뒤뒤빠(ḥByuṅ baḥi bdud ḥdus pa)'의 옮김이다.

빡임이 없이 주시하면 "바람의 어머니가 흩어짐"이라 부르며, 3일 뒤에 사망한다.

양쪽의 볼이 안으로 꺼지면 "땅 가장자리의 무너짐"이라 부르며, 10일째 새벽에 사망한다.

숨이 시시로 헐떡거리면 "바람과 마음의 들어 올림"[15]이라 부르며, 6일[16] 뒤에 사망한다. 코끝이 좌우의 한쪽으로 기울면 "콧마루의 끊어짐"[17]이라 부르며, 7일 뒤에 사망한다. 눈에서 눈물이 주체하지 못하게 흐르면 "장애"라 부르며, 5일째 사망한다. 오른쪽 또는 왼쪽 볼[18]이 꺼지면 "억센 근육의 끊어짐"[19]이라 부르며, 하루 뒤에 사망한다. 위아래의 치아[20]가 붙어 버리면 "원소의 길이 끊어짐"이라 부르며, 이틀 반 뒤에 사망한다. 혀에 검은 점이 생기면 이틀 뒤에 반드시 사망한다. 귀가 납작하게 머리에 붙으면 "귀의 사다리가 끊어짐"이라 부르며, 반나절 뒤에 사망한다. 가슴의 명치가 함몰하면 "물 원소의 다리가 끊어짐"이라 부르며, 보름 뒤에 사망한다. 앉고 서고 할 때 장시간 손을 흔들어대면 빨리 죽는 것임을 알라.

---

15 이 구절은 '룽쎔덱빠(rLuṅ sems, ḥdegs pa)'의 옮김으로 캔뽀도제의 『바르도퇴돌』에서 인용한 것이며, 저자의 대본에는 '심다, 행하다'를 뜻하는 '뎁빠(ḥDebs pa)'로 나온다.

16 본문은 6개월 뒤이나 6일의 오기로 보인다.

17 "콧마루의 끊어짐"은 '나이맨뾔까니채(sNa yi man poḥi ka ni chad)' 또는 '나이맨씨까니채(sNa yi man si ka ni chad)'의 옮김으로 정확한 것은 아니다.

18 이것은 캔뽀도제의 판본에서 인용한 것이며, 저자의 대본에는 왼쪽으로 되어 있다.

19 다른 판본에는 '사이의 근육'이란 뜻의 '바르쌰채빠(Bar śa chad pa)'로 나온다.

20 이것은 캔뽀도제의 판본에서 인용한 것이며, 저자의 대본에는 '위아래의 문이 붙으면'을 뜻하는 '뗑옥고니탐빠르규르빠니(sTeṅ ḥog sgo ni ḥtham par gyur pa ni)'로 나온다.

여타 죽음의 표상 관찰

또 다른 죽음의 표상 관찰들을 다음과 같이 행하라.

정오에 남쪽을 향해 앉아서, 무릎 위에 팔꿈치를 올려놓은 뒤, 손을 위로 올려서 미간에 대고 두 눈으로 그것을 보라. 그때 손의 모양이 매우 가늘게 보이다 사라지면 "하늘과 땅의 연결의 끊어짐"이라 부르며, 19일이 지나서 사망한다.

동이 틀 때 동쪽에 있는 호수나 연못가의 서쪽에 있는 담장을 향해서 앉았다 일어나면서 보라. 벽면에 두 개의 그림자가 포개져 나타나고, 만약 위쪽 그림자가 사라지면 "수미산의 경사면에서 흰 사자를 탄 사람이 떨어짐"이라 부르며, 보름하고 반나절이 지나서 죽는다.

번뇌의 성교도 하지 않고, 술도 마시지 않고, 말도 많이 하지 않은 다음날 아침 해가 뜰 때, 자기의 첫 오줌을 대접에다 가득 받아서 관찰하라. 푸르거나 붉은 김이 오르는데, 만약 그것이 없으면, "바다의 거품막이 사라짐"이라 부르며, 9일 뒤에 반드시 사망한다. 만약 검고 부패한 김이 오르면 하루 지나서 사망하며, 김이 붉고 둥근 점들이 박혀 있으면 9일 뒤에 사망한다.

해가 뜰 때 대변을 본 뒤 김이 없으면 "땅의 마을에 비구의 모임[21]이 끊어짐"이라 부르며, 9일 뒤에 반드시 사망한다.

두 눈을 세게 누를지라도 빛 고리가 생기지 않으면, "수미산 정상에 불변의 태양이 짐"이라 부르며, 3일 또는 7일 뒤에 사망한다. [빛 고리가 작

21 이 구절은 '싸이동케르닥뚜겔롱기두와채빠(Sa yi groṅ khyer dag tu dge sloṅ gis ḥdu ba chad pa)'의 옮김이다. 어떤 판본에는 '비구의 연기의 끊어짐'으로 나온다.

으면 질병이 생긴다.][22]

두 귀를 식지로 막으면 웅 - 하는 소리가 들리는데, 만약 이것이 없으면, "수미산 골짜기로부터 다끼니의 음성이 끊어짐"이라 부르며, 7일 또는 13일 뒤에 사망한다. [소리가 적으면 질병이 생긴다.][23]

아침에 햇살이 따뜻이 비칠 때 해를 등지면 그림자가 생기고, 그 그림자의 머리 위에 생기는 김이 없으면, "수미산 꼭대기에서 여의수(如意樹)가 쓰러짐" 이라 부르며, 5일 뒤에 사망한다. [김이 적으면 질병이 생긴다.][24]

침골의 마문(魔門)의 부위에 털 뭉치 하나가 다른 것과 달리 위로 솟으면, "여의수(如意樹)에 죽음의 흑신(黑神), 외발의 야와띠(Yavati)[25]가 적으로 일어남"이라 부르며, 7일 뒤에 사망한다. [숱이 미미하면 질병이 생긴다.][26]

이들 죽음의 징조들 가운데 어떤 것이 생기든, 그것은 죽음의 시간이 결정됨과 같은 것이기에, 죽음의 기만예식을 세 차례에 걸쳐서 잘 거행하라. 그와 같이 행하면 때 아닌 때의 죽음을 물리칠 수 있다. 17장「죽음의 기만을 통한 공포의 자연해탈」의 가르침처럼 용기를 갖고 그것을 힘써 닦도록 하라. 이 예식을 세 차례를 거행해도 죽음을 기만하지 못하면, 수명이 다하여 죽음이 당도한 것이므로 반드시 죽는다.

---

22 캔뽀도제의 판본에서 인용하였다.

23 위와 같다.

24 위와 같다.

25 야와띠(Yavati)는 담쩬최갤(Dam can chos rgyal, 閻魔護法神)의 권속으로 여덟 명의 남성 염마왕들이 있으며, 백색의 야와띠(Yavati)도 그중의 하나이다.

26 이것은 캔뽀도제의 『바르도퇴돌』에서 인용한 것이다.

죽음의 각종 표상

여섯 번째, 죽음의 갖가지 단편적 표상들은 다음과 같다.

죽음의 단편적 표상

몸에 질병이 있건 없건 상관없이 눈으로 코끝을 보지 못하면 다섯 달 뒤에 사망한다.

자기의 혀끝을 보지 못하면 비록 질병이 없을지라도 3일 뒤에 사망한다. 깨끗한 거울 속을 들여다 볼 때, 왼쪽 눈이 보이지 않으면 일곱 달 뒤에 사망한다.

자기의 손바닥에 '하-' 하고 가볍게 입김을 불면 온기를 느끼고, '푸-' 하고 세게 입김을 불면 냉기를 느끼는데, 그것이 거꾸로 되면 10일 뒤에 사망함을 알도록 하라.

물이 채워진 구리 단지에 자기의 몸을 비추어 볼 때, 그림자 등이 없으면 죽음의 징조이다. 몸을 씻을 때 심장 부위에 물이 붙지 않거나 심장 주위의 물이 마르지 않으면[27] 죽음의 징조이다.

손가락을 튕길 때 소리가 나지 않으면 사망한다고 하였으며, 발의 복사뼈가 튀어나오면 한 달 뒤에 사망한다. 부드러운 흙 위에 발자국이 생기지 않으면 사망한다.

영양가 높은 음식을 먹어도 점점 체력이 고갈되거나, 몸의 그림자가 [이상하게] 변화하면 사망한다. 이와 서캐가 몸에 끓거나 사라지면 사망한다.

온순하거나 불같던 이전의 성격이 거꾸로 바뀌거나, 과거의 좋고

27 다른 판본에는 "마르면"으로 되어 있다.

나쁜 행실들이 뒤바뀌거나 하면 죽음의 징조이다. 물 또는 거울 속의 그림자에 머리가 없거나, 사지가 없으면 죽음의 징조이다.

남자의 성기가 오므라들고 불알이 늘어지거나 그 반대거나, 또는 기침과 재채기 등의 일찍이 듣지 못했던 소리가 나거나, 버터 등불[촛불]이 꺼지는 냄새를 맡지 못하거나 하면, 이러한 것들은 확실한 죽음의 징조라고 하였다.

여타 죽음의 표상들

이러한 징조들 외에도 다음과 같은 여러 가지 상징들이 있다.
항시 의식이 어둡고 혼란스러우며, 전에는 음식에 대하여 식욕이 있었으나 지금은 식욕이 없거나, 선행을 닦을 때 짜증을 내거나 감당하지 못하거나, 한곳에 머물지 못하고 기어코 가고자 하거나, 잠자리가 편치 않고 잠을 못 이루거나, 계속 기억이 없거나 망령을 떨거나, 과거의 친척들을 상기하거나 만나기를 원하거나, 죽기를 바라거나 자살하기를 갈구하거나, 친구도 없이 혼자 떠돌거나 가기를 바라거나, 게을러지고 의욕을 상실하는 등의 이전의 성격이 바뀌거나, 몸에 안 좋은 일들이 많이 일어나거나, 꿈이 어지럽고 악몽을 자주 꾸거나, 마음에 큰 공포가 생기거나, 오독의 번뇌가 치성하거나 멋대로 행동하거나, 가르침이 불명해지고 불신이 생기거나, 정액이 항시 누설되거나 하면, 이것은 죽음의 근접표상들이다. 지혜로 잘 관찰하고 심신을 정화하며, 그리고 [죽음이 닥치면] 의식전이를 실행하라!

죽음의 임박표상

죽음이 임박한 표상들은 다음과 같다. 눈 등의 다섯 감각기관들이 차례로 소멸함이니, 최초의 외적 표상은 음식물을 소화하지 못하고 토해 내며, 체온이 떨어지고, 목이 머리를 받치지 못하고, 머리가 아래로 떨어지는 느낌이 든다.

그 뒤 땅 등의 다섯 원소가 소멸하는 광경[28]은 다음과 같다. 몸 안의 땅 원소는 살과 뼈 등이며, 그것이 바깥의 땅 원소로 은멸하는 표상은, 몸이 무겁고 살가죽이 땅으로 떨어지는 느낌이 일어난다. 내적 표상은 땅의 틈새로 떨어지고 침몰하는 느낌이 든다. 땅 원소의 힘이 물 원소로 은멸함으로써 몸을 지탱하지 못하고, 체력이 고갈되고 의식이 혼미하게 된다.

몸 안의 물 원소는 피와 연액 등이다. 그것이 바깥의 물 원소로 소멸하는 표상은, 침과 콧물이 흐르고 목구멍과 혀가 마른다. 물 원소의 힘이 불 원소로 은멸함으로써 몸의 온기가 건조해지고, 의식이 한때는 명료하고 한때는 불명하게 된다.

몸 안의 불 원소는 열기이며, 그것이 바깥의 불 원소로 소멸하면 두 눈이 뒤집히고 사람을 알아보지 못한다. 불 원소의 힘이 바람 원소로 은멸함으로써 몸의 열기가 거두어진다.

몸 안의 바람 원소는 호흡이다. 그것이 바깥의 바람 원소로 소멸하는 표상은, 숨이 헐떡거리고, 사지를 떠는 것이다. 내적인 표상은 의식이 거칠어짐 등이 발생하고, 촛불의 타오름과 같은 마치 촛불이 꺼지려 할 때 불꽃의 떨림과 같은 광경[29]이 나타나며, 이와 서캐들 모두가 몸 밖으로 도망간다.

---

28 상세한 해설은 졸저인 『밀교의 성불원리』(정우서적)의 제1장 「죽음의 은멸차제」를 참고하기 바란다.

29 원문은 "봄날의 아지랑이와 같이 일렁일렁 거리는 광경"이나, 이것은 지대와 색온이 소멸할 때 의식 위에 일어나는 현상이다.

몸 안의 바람 원소가 바깥의 바람 원소로 소멸한 뒤, 두개골 속에 있는 아버지로부터 얻은 하얀 보리심(白精)이 심장을 향해 아래로 내려오면서, "하얀 광명의 길"이라 부르는 하얀 [달]빛이 떠오르는 광경이 의식 위에 나타난다. 그때 80자성의 분별의 마음(八十自性分別)이 현명(顯明)의 마음으로 은멸함으로써, 성냄에서 생긴 33자성의 분별들이 소멸한다.

그 뒤 어머니로부터 얻은 혈액[배꼽에 있는 적정(赤精)]이 위로 올라가며, "붉은 광명의 길"이라 부르는 붉은 [태양]빛이 떠오르는 광경이 의식 위에 나타난다. 그때 현명(顯明)이 현명증휘(顯明增輝)의 마음으로 은멸함으로써, 탐욕에서 생긴 40자성의 분별들이 소멸한다.[30]

그때 호흡도 밖으로 점점 길어진다. 몸의 혈액들 전부가 심장의 명맥(命脈) 안으로 수렴되고, 한 방울의 혈액이 심장 가운데서 발출됨으로써, "검은 광명의 길"이라 부르는 의식이 캄캄한 현명근득이 출현하니, 마치 어둠 속에서 절벽 아래로 떨어짐과 같음이 일어난다. 그때 현명초득[31]이 현명근득(顯明近得)으로 은멸함으로써, 우치에서 생긴 7자성의

---

30 이 구절은 원문에 나오는 의식의 은멸과정이 순서가 바뀐 까닭에 필자가 의식의 은멸과정을 정확히 이해할 수 있도록 서술한 것이다. 본문은 "어머니로부터 얻은 혈액[적정(赤精)]이 위로 올라가며, '붉은 광명의 길'이라 부르는 붉은 빛의 광경이 의식 위에 나타난다. 그때 현명(顯明)이 현명증휘(顯明增輝)로 은멸함으로써, 탐욕에서 생긴 40자성의 분별들이 소멸하고, 아버지로부터 얻은 백정(白精)이 아래로 내려오며, '하얀 광명의 길'이라 부르는 하얀 빛의 광경이 의식 위에 나타난다. 그때 현명증휘가 현명근득(顯明近得)으로 은멸함으로써, 분노에서 생긴 33자성의 분별들이 소멸한다."이다.

31 현명초득(顯明初得)의 원어는 '톱빠(Thob pa, 得)'이며, 현명증휘(顯明增輝)의 마음이 현명근득으로 은멸하는 초반의 의식을 잃지 않은 상태의 마음을 뜻한다. 여기서 초득(初得)은 최초의 깨달음인 '공(空)'을 증득한 현명(顯明)의 마음이 비로소 완전한 깨달음인 '일체공(一切空)'의 '죽음의 정광명'의 마음에 처음으로 가까워진 까닭에 그렇게 부르는 것이다. 또 근득(近得)은 아주 가까워짐을 뜻하는 '녜르톱(Ñer thob)'이며, 현명증휘의 마음이 현명근득으로 은멸한 후반의 의식을 잃은 상태에서, 우치에서 생긴 7자성의 분별마저 소멸되고 청정한 법성의 광명인 죽음의 정광명이 곧바로 발생하는 까닭에 근득이라 부르는 것이다.

분별들이 소멸한다.[32]

그래서 입은 벌어지고, 두 눈이 뒤집히고 흰 자위가 드러난다. 외적인 표상은 태양이 지듯이 감각기관과[33] 기억과 지각(知覺)들이 소멸한 뒤, 모든 현상들이 어둠 속으로 흡수된다. 그때 내쉬는 숨은 한 자 반 정도에서 끊어지고, 내적 광경으로 황혼의 어둠과 같은 것이 발생한다.

그 뒤 심장 가운데서 혈액 두 방울이 발출되고, 머리는 아래로 떨어지고, 내쉬는 숨이 화살 길이쯤에서 끊어진다. 그 뒤 심장 가운데서 혈액 세 방울이 발출됨으로써, 익(Ig) - 하고 내쉬는 숨이 두 팔을 벌린 거리쯤에서 끊어진다. "검은 광명의 길"이 발생하여 기억을 잃고, 외호흡[34]이 끊어짐과 더불어, 하얀 보리심(白精)과 붉은 보리심(赤精)이 심장 가운데서 만날 때, 안락한 상태에서 정신을 잃고, 의식이 죽음의 정광명 속으로 은멸함으로써 구생의 희열을 맛보게 된다.

의식이 심장 가운데 법성의 모자광명(母子光明) 속으로 은멸하여 내호흡이 끊어지고, [극도로 미세한 원초의] 생명의 바람과 마음(風心)이 아와두띠(中脈) 안에 머물 때 인위의 정광명이 모든 유정들에게 출현한다. 깨달음이 있는 소수의 유가행자들은 이때 도위의 광명과 [인위의 정광명을 화합하는] 모자광명의 합일을 이룬다. 그래서 한순간에 초월의 길을 통해서

---

32 이것을 좀 더 서술하면 다음과 같다. "그 뒤 아버지로부터 얻은 백정(白精)과 어머니로부터 얻은 적정(赤精)이 심장 속으로 들어가 서로 만남으로써, '검은 광명의 길'이라 부르는 [밤중의] 어두운 빛의 광경이 의식 위에 나타난다. 그때 현명증휘(顯明增輝)가 현명근득(顯明近得)의 마음으로 은멸함으로써, 우치에서 생긴 7자성의 분별들이 소멸하게 된다."

33 여기서의 감각기관은 단지 뜻 감관(意根)을 말하는 것으로 본다. 왜냐하면, 이미 오대원소가 은멸할 때 눈 등의 다섯 감관이 소멸하였기 때문이다.

34 여기서의 외호흡은 밖으로 나가는 호흡이지 안으로 들어오는 호흡이 아니다. 외호흡은 바람 원소가 소멸할 때 이미 단절되기 때문이다.

무생(無生)의 법신을 실현하고, 보신과 화신을 현시해서 무량한 중생의 이익을 널리 행하며, 삼신(三身)을 자연성취해서 성불하게 된다. 그러므로 모든 유정들은 사람 몸을 얻은 큰 뜻을 이해하고, 심오한 가르침을 근수해야 한다. 이것을 깨닫지 못한 유정들은, 비록 승의광명[죽음의 정광명]이 출현해도 그것을 인식하지 못하고, 무량한 생사를 끝없이 반복하게 된다.

비록 이 정광명의 출현이 언설로 표현조차 못할 만큼 많았지만, 두터운 구생무명(俱生無明)에 가림을 입음으로써 끝도 없는 생사 속을 윤회하였다. 그러므로 지금 이생에서 안락의 성채를 얻도록 노력하라.

윤회와 해탈의 표상

그와 같이 외호흡이 끊어지려 할 때, 어디에서 다음 생을 받는가 하는 탄생의 징표 또한 이와 같이 나타난다.

온기의 거두어짐에 의한 재생의 표상

만약 오른팔을 흔들고 입에서 헛소리를 해대고, 오른쪽 겨드랑이에서 온기가 거두어지면 수라계에 태어난다.

왼쪽 콧구멍에서 콧물과 숨이 흐르고, 왼쪽 눈에서 온기가 거두어지면 인간계에 태어난다.

입에서 짐승의 소리를 내고, 요도에서 오줌이 흐르고, 성기에서 온기가 거두어지면 짐승으로 태어난다.

몸빛이 누렇고 광채가 없으며, 침을 흘리고, 배고파 하는 모양을 보이고, 정액이 흘러나오면 아귀계에 태어난다.

오른발을 두드리고, 똥오줌을 지리고, 성을 내고, 발바닥에서 온기가 식으면, 그 사람은 지옥에 태어난다.

교만을 내고, 귀에서 온기가 거두어지고, 귀에서 의식이 떠나면 야차로 태어난다.

임종의 환경이 좋고, 죽음의 단말마[35]의 고통도 적고, 기억과 의식이 명료하고, 스승님과 진리의 형제들이 모이고, 청정한 광경[36]이 나타나고, 정수리에서 황수(黃水) 등이 나오고, 정수리에서 의식이 떠나면 해탈과 선취(善趣)에 탄생한다. 이것은 『닌다카조르(日月相合續)』에서 설한 것이다. 그러므로 임종 시에 좋은 환경을 조성해 주는 것이 매우 중요하다.

날씨에 의한 선악표상

사람이 임종한 뒤에 상계와 하계에 태어나는 징표와 상징들은 다음과 같다. 며칠간 하늘의 기후변화를 관찰하라.

하늘에 검은 운무가 끼고, 어둡고 침침하며, 수증기가 일고, 바람과 냉풍과 진눈깨비가 일어나면, 지옥에 태어나는 징표이다.

하늘에 누런 안개가 끼고, 해와 달이 죽고, 바람이 없고, 해가 나타나지 않고, 비가 온 흔적이 있거나, 해거름에 비가 내리면, 아귀로 태어나는 징표이다.

하늘에 안개가 끼고, 검은 구름이 흩어지지 않거나, 또는 안개와 하

---

35 단말마(斷末魔)는 해지절(解支節)이라고도 하며, 임종 때에 신체의 각 부위가 분해되는 고통을 말한다. 자연사인 경우는 기식(氣息)에 의해서 신체의 근육과 지체가 분해되고, 횡사인 경우는 부기 등에 의해서 신체가 찢어지는 경우를 말한다.

36 여기서 '청정한 광경'은 '닥낭(Dag snaṅ)'의 옮김이니, 예를 들면, 임종자의 의식에 출현하는 정토의 광경과 불보살님이 찾아온 광경이거나, 외적으로 무지개나 천상의 음악 등이 출현한 광경으로 생각된다.

늘이 어둡고 침침하여 기분이 안 좋으면, 축생으로 태어나는 징표이다.

하늘의 구름이 어두운 밤색에 무서운 형상을 띠고, 어지럽고 사나운 바람이 일어나며, 번개와 천둥이 울리고, 해와 달이 숨으면, 수라로 태어나는 징표이다.

하늘이 맑고, 해와 달이 밝게 빛나고, 바람과 냉풍이 없고 크게 청명하면, 하늘에 태어나는 징표이다.

하늘이 맑고, 구름이 흰 비단처럼 엷게 걸리고, 해와 달에 빛 무리가 둥근 담장처럼 걸리면, 인간에 태어나는 징표이다.

이와 같이 일어나는 징표들은 모두가 육도의 어느 한곳에 태어나는 상징이다. 임종한 뒤 이삼일에서 칠일 사이에 발생한다. 이것은 『꾸둥바르와(靈骨熾盛續)』에서 설한 것이다.

삼신의 성취와 해탈의 표상

청정한 탄생인 삼신(三身)의 성취와 공행(空行)의 모습으로 해탈을 성취한 징표들은 『꾸둥바르와』와 11장 「몸에 걸침을 통한 오온의 자연해탈」에서 설하였으니, 그것을 자세히 보도록 하라.

부촉의 말

중생들은 언제 죽음이 일어날지 모른다. 그러므로 이 죽음의 표상들을 반복해서 자세히 관찰토록 하라. 만약 결정적인 죽음의 표상들이 나타나면 소유물들을 다 버리고 초연한 마음을 갖도록 하라. 스승님과 진리의 도반들이 운집해서 이 가르침을 분명하게 기억시켜 주고, 특별히 포와(意識轉移)를 힘껏 닦도록 하라. 또한 『바르도퇴돌』의 가르침을 잘 듣고 사유토록 하라.

안과 밖과 비밀의 세 가지 죽음의 표상들이 나타날 때, 그것을 물리치는 죽음의 기만의식을 행하지 않으면, 자기의 육신 속에 내재하는 적정과 분노존의 성중들이 몰락하도록 방치하는 대죄를 범하고, 서언을 어겨서 지옥에 떨어지게 된다. 이것은 오무간(五無間)의 죄업보다도 크다고 경에서 설하였다. 그러므로 전심으로 죽음의 기만의식을 행하도록 하라.

안과 밖과 비밀의 세 가지 죽음의 표상들이 단지 하나둘 정도만이 나타났을 때 성급하게 의식전이를 행하면, 이것은 "붓다를 죽임"이라 부르며, 그 죄업이 실로 지중한 것이니 의식전이를 행하지 말라. 죽음의 표상들이 완전히 나타나고, 죽음의 기만의식을 행해도 물리치지 못하면, 그때 의식전이의 가르침을 실행하라. 적시에 시행하는 포와의 공덕은, 설사 오무간의 죄업을 지은 사람일지라도, 상계와 선취에 태어나고 해탈을 얻는다고 밀전(密典)에서 설하였다.

【 에마! 『적정과 분노존의 심오한 밀의 중에서 바르도에서 법을 듣고 크게 해탈하는 법』을 보충하는 이 「죽음의 표상 관찰을 통한 자연해탈」을 열어 보이니, 이와 같이 잘 통달하라. 후대의 유가행자들이여! 싸마야! 갸! 갸! 갸!

큰 행운과 선근과 반야의 총지를 지니고, 믿음과 정진과 자비를 갖춘 선근자와 조우하여지이다! 이 「죽음의 표상 관찰을 통한 자연해탈」의 법은 윤회의 세간이 빌 때까지 끝나지 않는다. 싸마야!

이것은 성취자 까르마 링빠가 발굴한 비장 경전이다. 길상원만! 】

17장 죽음의 기만을 통한 공포의 자연해탈[1]

범어 끄로따아무까베라(Krodhaamukabhela)[2]는 티베트어로 죽음의 기만이다.

길상하신 세존 금강분문동자[3]님께 정례합니다.

---

1 원제목은 "족빠첸뽀로귀도장뽀띠묵충래치루쌉모(rdZogs pa chen poḥi lo rgyus mdo byaṅ po ti smug chuṅ las ḥchi blu zab mo)"이며, 저자는 아사리 쓰리씽하(吉祥獅子)이다. 다른 판본에는 "쌉최시토공빠랑돌래치루직빠랑돌(dZab chos shi thro dgoṅs pa raṅ grol las ḥchi bslu ḥjigs pa raṅ grol)"로 되어 있다.

2 이것은 혼성(混成) 싼쓰끄리뜨이며, 므리뜌스타빠까(Mṛtyuṣṭhāpaka, 誘死) 또는 므리뜌완짜나(Mṛtyuvañcana, 誘死)로 읽는다. 또 다른 죽음의 기만법(欺瞞法)으로는 아사리 와기쓰와라끼르띠(Vāgīśvarakīrti, 語自在稱)의 『므리뜌완짜노빠데싸(Mṛtyuvañcanopadeśa, 死避優波提舍)』(데게판: 논장 No.1748)가 있다.

3 금강분문동자(金剛忿紋童子)는 '도제슈누토녜르짼(rDo rje gshon nu khro gñer can)'의 옮김이자, 제불여래의 사업을 담당하는 화신불이다.

중생들의 모든 괴로움을 소멸하기 위해
정녕 참지 못할 죽음의 극심한 고통을,
대자비로 그것들을 남김없이 없애고자[4]
죽음의 유예와 퇴치법을 설하고자 한다.

오, 선남선녀들이여! 중생들의 죽음의 고통을 바르게 단멸하기 위해서, 또한 일부의 사람들 경우 앞에서 설한 죽음의 표상들이 나타난 가운데서, 가까운 연월(年月)에 일어나는 죽음들을 물리치는 가르침에는, 전체를 하나로 묶어서 물리치는 총괄적 퇴치법과 하나하나 물리치는 개별적 퇴치법 두 가지가 있다.

죽음의 총괄적 퇴치법

죽음의 총괄적 퇴치법은 다음과 같다. 수명의 장애를 일으키는 악귀와 몸의 원소들의 실조에 의해서 죽음이 일어난다. 한 중생의 몸은 다섯 원소(五大)의 의존처소이니, 머리와 사지의 오체(五體), 다섯 감관(五根)과 다섯 장부(五臟), 오맥(五脈)[5]이 본래로 존재한다. 이들 부위 가운데 어느 한 곳에 장애가 발생해서 죽거나, 내적으로 다섯 원소가 실조해서 합병증으로 죽거나, 사귀의 심각한 장애를 입음으로써 죽게 된다. 그러한 징표로 이들 부위들이 먼저 쇠약해짐으로써 죽음을 감지하게 된다.

---

4 저자의 대본에는 '붙잡음'을 뜻하는 '쑹와(bZuṅ ba)'로 나오나, 멸함을 뜻하는 '쎌와(bSel ba)'의 오기로 본다.

5 여기서의 오맥(五脈)은 오대맥륜(五大脈輪)을 뜻하는 것으로 보인다.

그 부위들이 쇠약해지기 시작하면 곧바로 적절한 예식과 공양과 소재작법(消災作法) 등을 통해서 물리친다. 한 해에는 열두 달이 있으며, 이 열두 달 중에서 오대의 각각 원소가 두 달씩을 장악하고, 나머지 두 달은 오대원소가 함께 장악한다. 또한 한 달 중에서는 오대의 각각 원소가 5일씩을 장악하고, 나머지 5일은 오대원소가 함께 장악한다. [실조된] 원소와 마라가 몸에 자리를 잡으면 죽음을 물리치지 못한다. 예를 들면, 높은 성채에 화재가 나면, 처음 아래층에서 불이 나면 끄기가 쉬우나, 만일 꼭대기에서 불이 나면 끄지 못하는 것과 같다. 그러므로 처음 그러한 죽음의 상징들이 나타난 사람은 먼저 자기 스승님과 삼보님[6]께 공양을 올려서 공덕 쌓는 일을 전심으로 행하라. 그리고 원소들의 호부(護符)와 종자진언(種子眞言)에 의해서 죽음을 물리치도록 한다. [그 방법은] 인도산 딱지나 패엽(貝葉)에다 원소들의 원륜(圓輪)을 그리도록 하라.

원소의 호부에 의한 물리침

바람 원소의 원륜은 초록색에 바퀴살이 넷이며, 바퀴살과 중심에다 종자진언인 다섯 개의 얌(Yaṃ) 자를 그려 넣으라. 그리고 바깥 테두리에는 범어의 아(Ā)와 까(Ka)로 시작하는 16모음[7]과 34자음[8]들을 그려 넣어라.

---

6 저자의 판본에는 '삼보(三寶)'를 뜻하는 '꾄촉(dKon mchog)' 대신에 '도반'을 뜻하는 '체독(mCed grogs)'으로 나온다.

7 아(Ā)로 시작하는 16모음을 모음주(母音呪)라 부르며 다음과 같다. "아 아- 이 이- 우 우- 리 리- 리 리- 에 아이 오 아우 암 아(A Ā I Ī U Ū Ṛ Ṝ Ḷ Ḹ E Ai O AU AṂ AḤ)"이다.

8 까(Ka)로 시작하는 34자음이 자음주(子音呪)이며 다음과 같다. "까 카 가 가 응아, 짜 차 자 자 냐, 따 타 다 다 나, 따 타 다 다 나, 빠 파 바 바 마, 야 라 라 와, 쌰 샤 싸 하 끄샤 (KA KHA GA GHA ṄA, CA CHA JA JHA ÑA, ṬA ṬHA ḌA ḌHA ṆA, TA THA DA DHA NA, PA PHA BA BHA MA, YA RA LA VA, ŚA ṢA SA HA KṢA)"

불 원소의 원륜은 적색이며, 나머지는 위와 같다. 람(Raṃ) 자를 그려 넣으며, 바깥 테두리에도 범어의 모음과 자음들을 위와 같이 그려 넣어라.

땅 원소의 원륜은 황색이며, 나머지는 위와 같다. 람(Laṃ) 자를 그려 넣고, 바깥 테두리도 위와 같이 하라.

물 원소의 원륜은 백색이며, 나머지는 위와 같다. 캄(Khaṃ) 자를 그려 넣고, 바깥 테두리도 위와 같이 하라.

허공 원소의 원륜은 청색이며, 나머지는 위와 같다. 에(E) 자를 그려 넣고, 바깥 테두리도 위와 같이 하라.

그렇게 그려진 원륜들 위에, 각자의 색깔과 같은 원소의 본성을 상징하는 원소의 신들을 하나하나 관상으로 생기하여 안치한 뒤, 그들에게 다섯 가지 공양물을 올리고, 죄업을 참회하고, 자기의 소원을 기원토록 하라. 각각의 종자진언을 그 사람의 나이 숫자만큼 낭송한 뒤, 원소의 신으로 녹아들게 하라.

그 뒤 원륜들을 뚜껑이 있는 작은 종지 안에 넣고 오색실로 십자형으로 묶으라. 그 다음 나무와 물, 불, 흙 각각 몇 가지와 말, 코끼리, 물소 등의 여럿 짐승들의 입김을 쏘인 보릿가루를 함께 반죽해서 한 자 반 정도의 인형을 하나 만든 뒤, 다섯 감각 기관을 상징하는 인형의 부위에다 [종이 위에 쓴] 다섯 종자진언[눈에는 람(Raṃ), 귀에는 캄(Khaṃ), 혀에는 람(Laṃ), 코에는 얌(Yaṃ), 목에는 에(E)]를 각각 끼워 넣는다.

마라를 기만하는 예식에 쓰는 인형의 재료는 붉은 흙[9]으로 만들거나 또는 보릿가루 반죽에 색깔을 입혀서 만든 대용물을 사용한다. 개수

9 이것은 소상(塑像)을 만드는 재료인 붉은 점토이다.

는 병자의 나이 숫자와 같게 하고, 크기는 손가락 넓이와 같고, 종류는 검은색[악귀를 위한 것], 붉은색[요괴와 악룡과 여귀를 위한 것], 노란색[독룡과 독각귀(獨脚鬼)를 위한 것], 흰색[귀왕(鬼王)을 위한 것], 초록색(마녀와 지신을 위한 것), 잡색(땅에 사는 나찰을 위한 것) 다섯 가지를 만든다.

이들 하나하나는 본인의 몸의 체취와 옷 조각, 콧물, 침, 눈물, 머리카락, 손발톱 등과 보석가루들을 함께 섞어서 만든다. 그리고 오색의 털실과 갖가지 비단들로 꾸미고, 갖가지 흉조(凶鳥)의 깃털들도 장식한다. 또 이들에게 각자의 색깔과 같은 또르마[10]를 하나씩 만들어 올리고, 이들 각자에게 보릿가루 반죽해서 만든 덩어리인 창부[11]를 본인의 나이 숫자와 같게 만들어 일일이 안치한다.

이들을 여섯 진언과 여섯 수인(手印)으로 가지한[12] 다음, "가져가시오! 가져가시오! 대력을 갖춘 신들이여! 그대의 갈애와 그대의 욕망과

---

10 또르마(食子)는 짬빠(보릿가루)에 버터와 꿀 등을 섞어서 만든 일종의 신찬(神饌)으로 불보살과 수호신에게 올리는 공양물품의 하나이다.

11 창부(Chaṅs bu, 粉團)는 반죽한 보릿가루 덩어리를 손바닥 위에 올려놓고 주무른 뒤 손가락 사이로 뽑아 낸 것으로 귀신들에게 주는 일종의 헌식이다. 창부진언은 다음과 같다. "옴 하리떼 쓰와하(OṂ HARITE SVĀHĀ). 옴 하리떼 마하 바즈라 약시니 하라 하라 싸르와 빠빰 막심[멕심] 쓰와하(OṂ HARITE MAHĀVAJRAYAKṢIṆI HARA HARA SARVAPĀPAṂ MAKṢIṂ [ME KṢIṂ] SVĀHĀ). 옴 아그라삔다 아씨뱌: 쓰와하(OṂ AGRAPIṆḌA AŚIBHYA: SVĀHĀ). 옴 웃치스따삔다 아씨뱌: 쓰와하(OṂ UCCIṢṬAPIṆḌA AŚIBHYA: SVĀHĀ)"

12 본문에는 여섯 진언과 수인(手印)이 구체적으로 나오지 않아서 알 수 없으나, 대신 『꾼켄롱첸랍잠쑹붐(隆欽饒隆智表威賽文集)』 8/26권의 「사망관찰기만교계(死亡觀察欺瞞敎誡)」에서 다음과 같이 설하였다. "옴 아- 훔 셋으로 각자의 소원이 이루어지도록 가지하고, '나마(NAMA:) 싸르와(SARVA) 따타가따(TATHĀGATA) 뵤(BHYO) 비쓰와 무케뱌:(BIŚVA MUKHE BHYA) 싸르와(SARVA) 따뜨(TAT) 캄(KHAṂ) 우뜨가떼(UTGATE) 쓰파라나(SPHARAṆA) 히맘(HIMAṂ) 가가나(GAGANA) 캄(KHAṂ)'으로 허공과 평등하게 산포한 뒤, 모든 마귀(魔鬼)들의 진언으로 염라왕을 우두머리로 하는 마라와 비나야까(象鼻天)들에게 회향한 뒤, '가져가시오! 가져가시오! 대력을 갖춘 신들이여! 갈애와 원한과 애착과 기억과 붙잡음과 생각과 접촉을 놓아 주고, 평안하게 하고, 풀어주시오!'라고 축송한다."

그대의 집착과 그대의 기억과 그대의 붙잡음과 그대의 생각과 그대의 접촉들 전부를 가져가시오! 그를 놓아주고, 풀어 주고, 평안하게 만들어 주시오!"하고 축송을 한다. 그 뒤 원소의 원륜이 든 종지와 함께 강으로 가져가 강물에 띄워 보내면 3년 동안 죽음을 물리치게 된다. 또한 죽음의 표상들이 나타나기 전에 3년에 걸쳐서 한 해에 한 번씩 거행하면 대단히 좋다.

죽음의 개별적 퇴치법

옴! 대락(大樂)의 수호본존이신 대비세존들께 정례하옵니다!

죽음의 상징들을 물리치는 개별적 퇴치법을 설명한다. 죽음의 징표가 나타난 모든 사람들에게 자기 스승님이 계시면 제일 좋고, 만약 없으면 뜻 맞는 도반 한 사람이 오대원소[13]의 종자진언 [눈에는 람(Raṃ), 귀에는 캄(Khaṃ), 혀에는 람(Larṃ), 코에는 얌(Yaṃ), 목에는 에(E)]로 병자의 다섯 감각기관에 관정을 행하도록 하라. [서언이 깨어짐을 참회하고 되살리는 수보의식(酬補儀式)을 행하라.][14]

만약 병자의 손발톱에 광택이 없으면, 일곱 명의 비구에게 향연을 베풀고, 갖가지 공양물을 올리고, 황색 옷을 입고 계율을 받도록 하라.

---

13 여기서 '오대원소(五大元素, ḥByuṅ ba lṅa)'는 『꾼켄롱첸랍잠쑹붐(隆欽绕隆智表威賽文集)』 8/26권의 「사망관찰기만교계(死亡觀察欺瞞教誡)」에서 보유한 것이며, 저자의 대본을 비롯하여 대부분 판본에는 그냥 '원소(元素, ḥByuṅ ba)'로 나온다.

14 이 구절은 위의 「사망관찰기만교계(死亡觀察欺瞞教誡)」에서 보유한 것이다.

이미 수계하였을지라도 다시 받도록 하라. 이것으로 죽음을 물리친다.

눈의 각막에 광택이 없어지면, 백토(白土)로 빚은 차차[15]를 본인의 나이만큼 만든 뒤, 그 주위를 일곱 번 돈 다음 강물 속에 던져 넣으라. 그 뒤 연기장진언[16]을 외우며 자기의 나이만큼 걷되, 뒤를 돌아보지 말라.

침골의 머리털이 위로 솟구치면, 검은 곡식을 갈아서 반죽한 뒤, 한 자 반 크기의 인형을 하나 만든다. 그 인형의 심장 속에 자기의 나이 숫자만큼의 모감주나무 열매와 자기 이름표를 넣고, 본인의 머리털을 잘라서 인형의 머리에다 심는다. 본인의 몸에서 피를 내어 인형의 얼굴에 바르고 나서, 옷 조각으로 인형을 감고, 검은 색을 칠한 뒤에, 자기 집에서 21보[17]의 거리의 땅에다 검은 삼각형 구덩이를 판다. 그리고 불 원소의 종자진언인 람(Raṃ)을 본인의 나이만큼 외운 다음, "검은 흉신이여! 이것을 가져가시오! 매우 중요한 것이요! 매우 중요한 것이요!" 하고 세 번을 외우고 나서, 그 구덩이 속에 던져 넣고, 그 위에 본인의 대변을 끼얹고, 흙으로 덮은 뒤에 달아난다. 그 뒤 다시 관찰하되, 예전과 다름없이 그대로라면 효과가 없는 것이다. 다른 것도 마찬가지로 한 차례 예식으로 물리치지 못하면, 세 차례에 걸쳐서 행하면 반드시 물리치게 된다.

발의 복사뼈가 튀어나오면, 태양이 기우는 무렵에 얼굴을 지는 해를 향한 뒤, 옷을 벗고 알몸이 돼라. 엉덩이 아래는 개꼬리를 놓고, 앞에는 대변을 놓는다. 약간의 음식을 먹으면서, 개 짖는 소리를 세 번 내라.

---

15 차차(tSha tsha, 神塔小像)는 제불보살의 형상과 탑 등의 모양을 진흙으로 빚은 일종의 법구로서, 복덕과 질병의 소멸과 죄업참회 등을 위한 예식의 목적으로 사용한다.

16 연기장진언(緣起藏眞言)은 "예 다르마 헤뚜 쁘라바와 헤뚬 떼샴 따타가또 흐야와다뜨 떼샴 짜 요 니로다 에왐 와디 마하쓰라마나 쓰와하"이다.

17 다른 판본에는 1백 21보로 나온다.

타인이 저주해서 몸에 병이 생긴 사람들은, 치근에 검은 이똥이 생긴다. 염소 가죽을 걸치고, 얼굴을 떠오르는 태양을 향한 뒤, 염소 울음소리를 세 번 내라.

콧방울이 꺼지고 밋밋해지면, 코끝에 아(阿) 자를 떠올린 뒤, 아(阿) 하고 21번 낭송하고, 아홉 가지 계곡물을 떠서 씻으면 효과가 있다.

사지를 폈다 오므렸다 하면, 자편(紫梗) 나무의 붉은 진액으로 네 바퀴살의 윤륜을 사지에 하나씩 그려라. 그 뒤 다라니와 진언[18]을 많이 염송하여 축복한 진언수(眞言水: 眞言洗淨水)로 본인의 나이만큼 그곳을 씻

---

18 위의 「사망관찰기만교계(死亡觀察欺瞞敎誡)」에서, "금강최파다라니(金剛摧破陀羅尼, rDo rje rnam ḥjoms gzuṅs)의 세정수(洗淨水, Khrus chu)로 씻으라."고 하였다. 금강최파다라니(金剛摧破陀羅尼)는 다음과 같다. "나모 라뜨나 뜨라야야, 나마스짠다 바즈라 빠나예, 마하약샤 쎄나 빠따예, 따댜타, 옴 뜨루따 뜨루따, 뜨로따야 뜨로따야, 쓰푸따 쓰푸따, 쓰포따야 쓰포따야, 구르나 구르나, 구르나 빠야 구르나 빠야, 싸르와 싸뜨와니, 보다야 보다야, 쌈보다야 쌈보다야, 브라마 브라마, 쌈브라마야 쌈브라마야, 싸르와 부따 보다니, 꾸따 꾸따, 쌈꾸따야 쌈꾸따야, 싸르와 샤뜨루나, 가따 가따, 쌈가따야 쌈가따야, 싸르와 위드야 바즈라 바즈라, 쓰포따야 바즈라 바즈라, 까따 바즈라 바즈라, 마따 바즈라 바즈라, 마타 바즈라 바즈라, 앗따하싸 바즈라, 닐라 바즈라 쑤 바즈라야 쓰와하, 헤푸루 니루푸루, 그리하나 꿀루, 미리쭈루, 꾸루꿀루, 바즈라 삐자야야 쓰와하, 낄리낄라야 쓰와하, 까따까따, 마따마따, 라따라따, 모따나 브라모따야 쓰와하, 짜라, 니짜라, 하라하라, 싸라싸라, 마라야, 마라야, 바즈라 비다라나야 쓰와하, 쯔친다 쯔친다, 빈다빈다, 마하 깔리낄라야 쓰와하, 반다반다, 끄로다끄로다, 바즈라 낄리낄라야 쓰와하, 쭈루쭈루 짠다 낄리낄라야 쓰와하, 하라하라 바즈라다라야 쓰와하, 쁘라하라 쁘라하라, 바즈라 쁘라반자나야 쓰와하, 마띠 쓰티라 바즈라, 쓰루띠 쓰티라 바즈라, 쁘라띠 쓰티라 바즈라, 마하 바즈라, 아쁘라띠하따 바즈라, 아목가 바즈라, 에헤히 바즈라, 쓰리그리 바즈라다라예 쓰와하, 다라다라, 디리디리, 두루두루, 싸르와 바즈라 꿀라마 와르따야 쓰와하, 작해(作害)·마귀(魔鬼) 마라야 팻, 나마: 싸만따 바즈라 남, 싸르와 람 아 와르따야 마하 발레, 까다 베따 딸레, 아짤레 만달레 마예, 아띠 바즈라, 마하 발라 바이 가라나, 아지띠, 즈와라 즈왈라, 띠띠띠띠, 빙갈레, 다하다하 데조와띠, 띨리띨리, 반다반다, 마하발레, 바즈라 앙꾸싸 즈왈라예 쓰와하, 나모 라뜨나 뜨라야야, 나마쓰짠따 바즈라 와나예, 마하약샤 쎄나 바따야, 따댜타, 옴 하라하라 바즈라, 마타마타 바즈라, 두나두나 바즈라, 다하다하 바즈라, 빠짜빠짜 바즈라, 다라다라 바즈라, 다라야 다라야 바즈라, 다루나 다루나 바즈라, 쯔친다 쯔친다 바즈라, 빈다빈다 바즈라 훔 팻, 나마 쓰짠따 바즈라 끄로다야, 훌루훌루, 띠스타 띠스타, 반다반다, 하나하나, 암리떼 훔 팻"

어 내면 효과가 있다.

눈알을 깜박이지 않고 바라보면, 스님들께 크게 향연을 베풀고, 자기 나이만큼의 어린아이들에게 음식을 공양하고, 붉은 옷을 입어라.

오른쪽 불이 꺼지면, 흙으로 차차(小塔)를 만들되, 본인의 나이 숫자만큼 빚어라. 물 원소[캄]의 진압의식으로 본인의 나이만큼 물을 뿌리고, 불 원소[람]의 진압의식으로 본인의 나이만큼 호마(火供)를 행하고, 바람 원소[얌]의 진압의식으로 본인의 나이만큼 깃발을 꽂고, 허공 원소[에]의 진압의식으로 본인의 나이만큼 에(E)를 낭송하라. 틀림없이 죽음을 기만한다.

숨을 크게 헐떡거리면, 붉은 설탕으로 만든 잼에 바람의 정수인 얌(Yaṃ)을 [본인의 나이 숫자만큼] 낭송한 뒤 불으면 죽음을 물리치게 된다.

코가 오른쪽이나 왼쪽으로 기우러지면, 코끝에 백색의 훔(Hūṃ)- 자를 관상하라. 눈물이 주체하지 못하고 흘러내리면, 눈에 브룸(Bhruṃ) 자를 관상하라. 왼쪽 불이 꺼지면, 꺼진 쪽에 끄샴(Kṣaṃ)[19] 자를 관상하라. 위아래 치아가 서로 붙으면, 치아 위에 훔-(Hūṃ) 자를 관상하라. 혀에 검은 둥근 점이 생기면, 짧은 훔(Huṃ) 자를 관상하라. 귀가 납작하게 머리에 붙으면, 귀 위에 맘-(Māṃ) 자를 관상하라. 가슴의 명치가 꺼지면, 그곳에 뭄(Muṃ) 자를 관상하라. 목의 경동맥이 뛰지 않으면, 훔-(Hūṃ) 자를 관상하라.

이상의 종자진언들을 본인 나이 숫자만큼 낭송하고, 각각의 해당 부위에다 주사(朱砂)와 향수(香水)로 각각의 종자진언을 그리도록 한다.

---

19 저자의 대본에는 '끄샴(Kṣaṃ)'으로 나오나, 다른 판본에는 '끄사(Kṣa)'로 나온다.

죽음의 원격표상의 퇴치법

만약 허공 속에 생긴 자기 그림자의 손에 법구가 없으면, 자기 영적 스승님께 108개의 공양물을 올리도록 하라.

오른손이 없으면, 일곱 가지 곡물을 가루를 내어 한 자 반 크기의 인형을 하나 만들라. 머리는 입을 크게 벌린 사자 머리 모양으로 만들고, 구두조(狗頭雕)[20]의 털을 본인 나이 숫자만큼 꽂은 뒤, 대낮에 북쪽에 있는 왕궁의 큰 거리[21]로 끌어다 놓아라.

왼손이 없으면, 족제비의 완전한 가죽 속에 검은 반점의 호랑이의 송곳니와 검정개의 송곳니 두 개를 넣으라. 그 주둥이에 자기 오줌으로 반죽한 보릿가루 덩어리를 물린 뒤, 강물에다 버려라.

오른쪽 다리의 무릎 아래가 없으면, 해질 무렵 어두울 때, 붉은 전단나무 또는 측백나무의 등불을 자기 나이 숫자만큼 올리면 죽음을 물리치게 된다.

왼쪽 다리가 없으면, 백토로 한 자 반 크기의 인형을 하나 만들라. 그 인형의 심장에다 네 손가락 넓이의 자작나무로 만든 한 개의 검은 나무판에다 자기 나이 숫자만큼 금을 그어서 넣은 뒤, 새벽에 동이 틀 무렵 사원 주변의 인적이 없는 순환도로에다 갖다 놓으라.

머리의 오른쪽 부위가 없으면, 상서롭지 못한 흙 아홉 가지와 검은 나무의 열매들을 함께 섞어서 검은 가우[22]를 하나 만들라. 그 안에다 본

---

20 몸집이 큰 독수리의 일종이다. 다른 판본에는 흑색 갈매기 또는 참새로 되어 있다.

21 위의 「사망관찰기만교계(死亡觀察欺瞞教誡)」에는 '왕궁의 큰 거리' 대신 그냥 '큰 거리'로 나온다.

22 가우(Gaḥu, 小匣)는 본래 부적이나 차차 또는 여타의 성물을 넣어 보관하기 위해 은이나 구리로 만든 작은 상자를 말한다.

인의 머리털과 옷 조각을 넣고, 높은 산의 버드나무로 만든 목패에다 12간지(干支)의 이름을 적어 넣는다. 그것의 입구를 봉한 다음 그 위에 종류가 다른 아홉 가지의 가시를 자기 나이 숫자만큼 꽂으면 아주 좋고, 그렇지 못하면 구한 만큼 꽂으라. 날이 샐 무렵 본인이 검은 옷을 입고 화장터에 가져다 놓아라.

머리의 왼쪽 부위가 없으면, 25가지의 곡물을 갈아서 인형을 하나 만들라. 그 인형의 심장에 사람과 말과 개의 뼈를 각각 넣은 뒤, 자기 헌옷으로 싸서 음력 열하루날 밤 술시(戌時)에, 다른 한 사람에게 들려서 집에서 남쪽으로 110보 떨어진 곳에다 구덩이를 파서 묻어라. 그때 자기의 고통을 알리는 뜻으로 크게 세 번 울고 나서 묻으면 죽음을 물리치게 된다.

목 위가 없으면, 동남간에서 자기 나이 숫자만큼의 가시나무를 태워서 공양하라. 그것을 차례로 불태우되 하나하나 태울 때마다 불 원소의 진언인 람(Raṃ) 자를 본인 나이 숫자만큼 낭송한 뒤 태워라.

목이 함께 없으면, 시체를 태운 숯덩이를 가루내서 몸에다 검게 칠하고, [머리털을 틀어서 위로 묶으라.][23] 네 손가락 넓이의 사각 종이에다 본인 나이와 그 해[24]의 이름을 적고, 네 귀퉁이에 사대원소의 종자진언을 각각 그려서 자기 코에 붙이고, 음력 아흐렛날 정오[25]에 사방으로 각각 달리면서 입으로, "이것을 가져가시오. 가져가시오" 하고 계속해서 외친 뒤에, 그 종이를 화장터에 파묻으라.

몸의 그림자에 상반신이 없으면, 나무를 태운 뒤 12간지의 이름표

23 캔뽀도제의 판본에서 인용하였다.

24 이것은 본인이 태어난 해의 이름을 의미하는 것 같다.

25 캔뽀도제의 판본에서 인용하였다. 저자의 대본에는 '자정'으로 나온다.

를 하나씩 만들어서 태워라.

몸의 그림자에 하반신이 없으면, 화장터에 가서 갖가지 뼈들을 태워서 연기를 내면 된다.

몸의 그림자의 우측의 반이 없으면, 존승불모(尊勝佛母)의 다라니[26]를 본인의 나이만큼 염송하고, 차차를 나이만큼 만들어 안치하면 된다.

몸의 그림자의 좌측 반이 없으면, 다라니와 진언[27]을 무수히 염송하고, 붉은 옷을 입으면 물리친다.

죽음의 근접표상의 퇴치법

하늘과 땅을 연결하는 밧줄의 끊어짐[28]이 발생하면, 경전을 널리 독송

---

26 존승불모의 다라니는 몇 가지 종류가 있으며 심주(心呪)는 "옴 브룸 쓰와하 옴 아미리따 아유르다데 쓰와하"이다.

27 수명을 연장하는 다라니들 가운데 하나인 백도모(白度母)의 진언은, "옴 따레 뚯따레 뚜레 마마 아유르 뿐녜 즈냐나 뿟딤꾸루 쓰와하!"이다. 이것을 많이 낭송하면 무병장수한다. 또한 위의 「사망관찰기만교계(死亡觀察欺瞞敎誡)」에는 "다라니와 진언을 무수히 염송하고" 대신에 "오부다라니(五部陀羅尼, gZuṅs grava lṅa)를 자기 나이 숫자만큼 염송한다."고 하였다. 참고로 대아사리 아띠쌰(Atiśa)가 전승하는 오부다라니(五部陀羅尼)는 다음과 같다. "그 불모의 가지인 금강피갑(金剛被甲)으로, 모든 역경들을 식별하고 지켜주시며, 이락(利樂)의 풍요를 풍성케 하시는 모존, 명주(明呪)의 여왕 다섯 불모님께 예배하옵니다. ①옴 마니 다리 바즈리니 마하 쁘라띠 싸레 훔 훔 팻 팻 쓰와하[수행불모다라니(隨行佛母陀羅尼, So sor ḥbraṅ maḥi gzuṅs)]. ②옴 암리떼 암리따 바레 바레 비쑛데 훔 팻 쓰와하[대천최파불모다라니(大千摧破佛母陀羅尼, sToṅ chen rab ḥjoms maḥi gzuṅs)]. ③옴 암리떼 비로끼니 가르바 쌈락샤나 아까르샤니 훔 훔 팻 팻 쓰와하[대공작불모다라니(大孔雀佛母陀羅尼, rMa bya chen moḥi gzuṅs)]. ④옴 비말레 비뿔레 자야 와레 자야 와띠 암리따 무리자 훔 훔 팻 팻 쓰와하[밀주수지불모다라니(密呪隨持佛母陀羅尼, gSaṅ sṅags rjes ḥdzin maḥi gzuṅs)]. ⑤옴 바라 바라 쌈바라 쌈바라 인드라야 발라 비쑈다니 루루 짜레 훔 훔 팻 팻 쓰와하[대한림불모다라니(大寒林佛母陀羅尼, bSil baḥi tshal chen moḥi gzuṅs)]."

28 정오에 남쪽을 바라보고 무릎 위에 팔꿈치를 올려놓은 뒤에, 손을 위로 올려서 미간에 대

하거나, 선한 공덕을 쌓을 수 있는 만큼 닦도록 하라.

흰 사자를 탄 사람의 떨어짐[29]이 발생하면, 본인 나이의 숫자만큼 만다라 의식을 행하면 된다.

수미산 꼭대기의 여의수(如意樹)의 쓰러짐[30]이 발생하면, 오장육부 각각의 치료법을 알도록 하라.

아침의 첫 오줌에서 바다의 거품막이 푸르고 붉게[31] 나타나면, 적황색 흙으로 12지신(支神)의 동물상을 각각 만들라. 색상은 각자 원소의 색으로 칠하고, 하나하나마다 차차를 하나씩 올리고, [물을 한 번씩 뿌리고],[32] 보릿가루로 만든 인형을 하나씩 올리고, 자작나무로 호마(火供)를 한 번씩 행하라. 그 뒤 아침 해의 붉은 기운이 가시면, 그것을 동북간에 있는 화장터로 가져다 놓아라.

첫 오줌에서 검고 부패한 수증기[33]가 발생하면, 쇳가루와 구리가루와 갖가지 곡물들을 섞어서, 네 방향에다 뿌리면 목적을 성취한다.

첫 오줌에서 김이 붉고 둥근 점들이 박혀 있으면, 보릿가루에 본인의 체취를 섞어서 인형을 나이 숫자만큼 만들라. 거기에 붉은 비단 깃발 하나씩과 고슴도치의 가시를 하나씩 꽂은 뒤, 갖가지 뼈들과 함께 동쪽

고 두 눈으로 그것을 볼 때, 그 손의 모양이 매우 가늘게 보이다 끊어지는 것을 말한다.

29 동이 틀 때 동쪽의 호수나 연못가의 서쪽에 있는 담장을 향해서 앉았다 일어날 때, 벽면에 두 개의 그림자가 포개져 나타나는데, 그 그림자의 상부가 없는 경우를 말한다.

30 아침에 햇살이 비칠 때 해를 등지면 그림자가 생기는데, 그 그림자의 머리에 김이 없으면 '수미산 꼭대기의 여의수(如意樹)의 쓰러짐'이라 부르며, 5일 뒤에 사망한다고 하였다.

31 해가 뜰 때 받은 첫 오줌에서 푸르고 붉은 수증기가 없으면, '바다의 거품막의 사라짐'이라 부르며, 9일 뒤에 반드시 사망한다고 하였다.

32 다른 판본에 나온다.

33 해가 뜰 때 받은 첫 오줌에서 검고 부패한 수증기가 생기는 것을 말한다.

의 큰 길에다 갖다 놓으면 죽음을 물리치게 된다.

해가 뜰 때 본 대변에서 수증기가 나지 않으면, 태양이 창(槍) 길이만큼 남아 있을 때 얼굴을 서쪽으로 향하고 서라. 말의 해골 안에다 [오대] 원소의 종자진언을 그린 다음, 최대한으로 말 울음 소리를 많이 내면 죽음을 물리치게 된다.

귓속에서 웅- 하는 소리가 나지 않으면, 갖가지 음식들로 자기 나이 숫자만큼 또르마(食子)를 만들고, 거기에다 12간지의 이름표를 일일이 붙인 다음에, 그것을 사라수[34] 뿌리에다 가져다 놓으면 뜻을 성취한다.

여의수(如意樹)에 죽음의 흑신(黑神), 외발의 야와띠(Yavati)가 적으로 일어나면,[35] 공양을 올리고 선행을 부지런히 쌓으면 벗어난다.

이상과 같은 죽음의 상징들을 물리치는 예식을 알려준 대로 행한 뒤에 징조들을 시시로 관찰하라. 만약 이전과 다름이 없으면, 다시 일곱 번이나 21번 또는 자기 나이 숫자만큼 행하라. 그러면 의심할 여지없이 반드시 죽음의 표상들을 물리치게 된다.

【 이 죽음을 기만하는 비밀스런 가르침들은 대아사리 쓰리씽하(吉祥獅子)[36]가 편찬한 것이다. 모든 중생들의 고통을 해탈시키는 방편을 완결하

---

34 사라수(沙羅樹)는 용뇌향과의 상록 교목이며, 높이 30m 정도, 잎은 얇은 혁질(革質)로, 담황색 다섯잎꽃이 핀다. 히말라야·인도 중서부에 분포하며, 담갈색인 목재는 단단하여 건축재·기구재로 쓴다.

35 침골의 마문(魔門)의 부위에 머리털들이 위로 솟는 것을 말하며, 7일 뒤에 사망한다.

36 어떤 판본에는 아사리 구루 빠드마쌈바와(蓮花生)로 되어 있어 일정하지 않다.

다. 큰 법연을 타고난 선근자와 조우하여지이다! 싸마야! 갸! 갸! 갸!

이것은 성취자 까르마 링빠가 발굴한 비장 경전이다. 길상원만! 】

18장 바르도의 선악의 본색을 보이는 교계[1]

무생의 법신 싸만따바드라(普賢如來) 부모양존과
불멸의 보신 연화부의 적정과 분노의 세존들과,
자생의 화신 구루 빠드마쌈바와(蓮花生) 존자님께
경건히 예배하오니 바르도에서 해탈하게 하소서!

『연화정맹바르도퇴돌(蓮花靜猛中有解脫)』 가운데 관정과 소개는, 통돌첸모(現見大解脫)의 「법성의 바르도」의 설명에 앞서 이미 열어 보였다. 이제 여기서는 재생의 바르도의 실상을 알려주고자 한다. 앞서의 소개들을 마친 뒤에 이것을 설한다.

1 원문은 "씨빠바르돼게딕랑쑥땐빼담빠씨빠바르도랑돌(Srid pa bar doḥi dge sdig raṅ gzugs bstan paḥi gdams pa srid pa bar do raṅ grol)"이다.

염라법정의 모습

스승님께서 다르마라자(Dharmarāja, 閻羅法王)의 복장을 하고 나타나시니, 얼굴에는 분노의 화염이 타오르는 야마(죽음의 신)의 가면을 쓰고, 오른손에는 커다란 염마장(閻魔帳)[2] 하나와 왼손에는 커다란 둥근 업경(業鏡)을 하나 들고, 몸에는 화려한 무늬의 비단 망토를 걸친 채 커다란 법상 위에 앉아 계신다.

그 권속으로 얼굴에 소 가면을 쓰고, 검은 망토를 걸친 소 머리의 락샤(Rākṣa, 羅刹)가 검은 오랏줄을 하나들고 오른쪽에 시립하고, 원숭이 가면을 쓰고, 저울을 들고 있는 원숭이 머리의 부따(Bhūta, 鬼魔)와 손에 염마장을 든 화장터에 사는 멧돼지 머리의 염라차사, 손에 업경을 들고 있는 독사 머리의 염라차사, 손에 가죽 풀무를 든 사나운 곰 머리의 염라차사, 손에 망치를 들고 있는 분노하는 사자 머리의 염라차사, 손에 톱을 들고 있는 금시조 머리의 염라차사 등을 비롯하여, 갖가지 동물 머리에 야마의 복장을 한 법의 집행자들이 염라법왕의 좌우에 열을 지어 서 있다.

평화로운 모습의 흰 탈을 쓴 [사자의] 구생신[3]은 하얀 비단 관복을 입고, 손에 하얀 주판알이 든 자루를 들고 서 있으며, 분노하는 모습의 검은 탈을 쓴 [사자의] 구생귀(俱生鬼)는 검은 비단 관복을 입고, 손에 검은 주판알이 든 자루를 들고 서 있다.

염라법왕의 면전의 오른쪽에는 선한 자들이 가는 하얀 길의 상징으

---

2 원문은 탐씽(Tham śiṅ, 木牌)이며, 사자의 혼을 소환하는 나무판으로 그 위에다 이름과 죄상 등을 적는 일종의 장부이다.

3 구생신(俱生神)의 임무에 대하여 『약사여래본원경(藥師如來本願經)』에서, "그의 구생신(俱生神)도 그 뒤를 따라가 뒤에 있으면서, 그가 지은 선악의 모든 업들을 다 적어서 염라왕에게 바친다."라고 설하고 있다.

로 흰 양탄자 하나가 펼쳐져 있고, 그 끝자락에는 아름다운 장신구로 몸을 꾸미신 일면사비(一面四臂)의 대비관음보살의 모습을 한 두 사람이 커튼으로 가려진 보좌 위에 앉아 있다. 왼쪽에는 악한 자들이 가는 어두운 길의 상징으로 검은 양탄자 하나가 펼쳐져 있고, 그 끝자락은 컴컴한 암실로 들어가는 문에 닿아 있다.

그때 [동인도의 땀룩 마을의] 어떤 가정에서 명을 마친 쓰리자따(Śrījāta, 吉生)라 부르는 사람이 천에 씌워서 [무대의 귀퉁이에] 놓여 있고, 또 한 귀퉁이에는 명을 마친 하천한 종성의 악업자 락샤나락까(Lākṣanāraka, 十萬地獄)가 역시 천으로 가려져 놓여 있다.

그때 염라왕이 염마장에다 탐리[4]를 그린 다음, "여봐라! 소 머리의 염라차사여, 인간세상의 어떤 집에서 한 사람이 목숨을 마친 것 같다. 여기에 그것을 알리는 표시가 있다."고 말하자, 곧바로 소 머리의 염라차사가 독사 머리의 차사를 불러서, "오! 독사 머리의 차사여, 지금 업경을 들여다보라. 죽은 자의 장소가 어디며, 종성은 무엇이며, 이름은 무엇이라 하는지를 살펴보라."고 말하자, 독사 머리의 차사가 "지금 수명이 다한 그 자의 처소는 동인도의 땀라드위빠(Tāmradvīpa, 銅洲)[5]에 있으며, 마을은 백정의 동네로 쌴띠깔라(Śāntikāla, 黑平和)에 있고, 종성은 네 종성

---

4 탐리(Tham ris, 牌紋)는 염마장을 열어보기 위해 써넣는 일종의 수결(手決)로 보인다.

5 이곳은 오늘날 땀룩(Tamluk, 銅洲) 또는 땀랄리쁘띠(Tāmralipti)로 불리는 작은 도시로 동인도 벵골 해안에 있다. 예전 이곳은 동천축의 관문이자 불교가 성행하였던 탐나립티국(耽羅立底國)을 말한다. 자세한 정보는 다정 김규현의 『혜초따라 5만리』(여시아문, 2005) 상권을 참고하기 바란다.

가운데 도살을 업으로 하는 백정의 종성입니다. 이름은 악행자 락샤나 락까(십만지옥)이며, 수명이 다해 염마장에 올라와 있습니다."라고 대답하자, 염라법왕이, "지금 달려가서 데려오라!" 고 명령하였다.

악업자의 단죄

소 머리의 염라차사와 멧돼지 머리의 염라차사와 [사자의] 구생귀 셋이 그를 압송하러 달려가자, [사자의] 구생신 또한 그들과 합세해서 인간세상으로 달려갔다.

그들이 인간세상의 십만지옥의 집에서 그 흉악무도한 자를 발견하자마자 목에다 검은 오랏줄을 건 다음, 소 머리의 염라차사와 돼지 머리의 차사가 손으로 끌고 앞에서 가고, 구생귀는 검은 주판알이 담긴 자루 하나를 메고 뒤에서 쫓아갈 때, 구생신은 하얀 주판알 여섯 개가 담긴 그릇 하나를 들고 부끄러워하면서, 그 악업자를 위해 애쓰는 모양으로 손에다 하얀 비단 목도리를 들고 합장한 채 소 머리의 염라차사에게 놓아주길 간청하였지만 소용이 없었다. 그들은 욕설을 내뱉으며 염라왕의 법정으로 그를 끌고 갔다.

염라법왕이 "음, 악업자여, 그대는 누구냐? 저울은 가져왔는가? 어디에서 왔는가? 나를 똑바로 쳐다보지 못함은 무슨 까닭인가? 그대는 인간의 몸을 얻었던 것과 같다. 하얀 선업의 복분이 다하지 않고 남아 있는 것이 있는가? 검은 악업을 두려워한 적은 있는가? 이것에 대하여 어떤 할 말이 있는가? 지금 바로 크게 말하라!"고 물었다.

그 악업자가 말하였다. "슬프고, 슬프옵니다! 염라법왕의 면전에 아립니다. 제가 하찮은 인간의 몸을 얻었으나 재물은 보잘것없고, 음식과 의복은 열악하고, 여자 식솔들이 많이 딸려서 먹을 것이 없었습니다. 그래서 많은 짐승들의 목숨을 잡아먹었습니다. 쌀을 먹지 못한 지가 여러 해가 되었으며, 음식으로는 갓 잡은 뜨끈한 고기밖엔 다른 것이 없고, 쌀로 빚은 술과 소주를 못 마셔 본 지가 여러 해가 지났습니다. 목이 마르면 물과 피를 마셨습니다. 현재 저의 마을에 여러 선지식들이 있으며, 그들이 죄업을 지은 과환(過患)과 선업을 지은 이득에 대하여 설하며 살고 있을지라도, 저는 그들 앞에 나아가 설법을 듣지 않았습니다.

모든 사람들이 저에게 '그와 같은 죄업을 그대는 짓지 말라. 어느 날 문득 죽음이 찾아오면 그때 그대는 지옥에 가게 된다. 그러므로 악업을 버리고 선업을 닦으라.'고 말하고, 그렇게 하도록 충고하였을지라도 저는 생각하길, '지옥이 있다는 것이 사실인지 아닌지를 나는 알지 못하겠다. 지옥에 갔다가 돌아온 사람이 아무도 없지 않은가?'라고 한 뒤, 그들에게 '지옥에 갔다가 돌아온 사람이 누가 있는가? 지옥이 있다면 어디에 있는가? 지옥이란 다 영리한 자들이 꾸며댄 헛소리일 뿐이다. 이 땅 밑에는 흙과 돌만이 있을 뿐 지옥은 없고, 위로는 빈 하늘만 있을 뿐, 붓다라는 것은 애초부터 없다. 지금 살아 있을 때 짐승을 잡아서 먹는 것은 아무 문제가 없다. 죽으면 몸뚱이는 화장터로 옮겨지고, 새나 짐승이 파먹고 나면 없어진다. 마음은 흩어져 사라지니 그때 누가 지옥에 가는 것인가? 하! 하! 가소로울 뿐이다!'라고 말한 뒤 많은 죄업을 지었습니다. 또한 '지옥이 실제로 존재한다고 해도 그것은 후생의 저편에 있으니, 만약 지금 의식주가 풍족하면 후생도 그와 같으리라!'고 생각하였습니다. 그처럼 바로 알지 못하고 생각이 밝지 못한 어리석은 탓에 죄업을 지었습니다. 염라법왕과 소 머리의 염라차사들이 실제로 존재한다는 것을 제가 알지 못한 탓입니다. 당신들께서 이 바르도(中有)의 세계에 있다는 것을 알면서도 당신들을 경멸해서 죄업을 자행한 것은 아닙니다. 단지 모르고 믿지 않는 어리석은 탓에 지은 결과입니다. 그러니 이제 염라법왕님과 차사들께서는 저를 처벌하지 않으시길 청원합니다. 제가 인간 세상에 있을 때 이와 같은 사실들이 실재함을 알았다면 죄업을 짓지 않았을 것입니다. 이제 나쁜 생각들이 없어진 상태입니다.

오, 염라법왕이시여! 저에게 자비를 베풀어 주소서! 저의 의지처가 되어 주소서! 만약 이 지하에 큰 고통의 세계가 있다면 염라법왕께서는 저를 그리로 보내지 마시옵고, 위의 인간세상으로 보내주소서! 거기서 다시는 죄업을 짓지 않고 선업만을 짓겠습니다. 아, 불쌍한지고! 불쌍한지고!" 하면서 애원하였다.

[사자의] 구생신 또한 하얀 비단 목도리를 염라법왕의 손에 바치고 나서 간청하였다. "오, 염라법왕이시여! 해량하소서! 땀룩에서 온 하천한 종성의 이 백정은 선악을 구별 못하는 어리석고 무지한 탓에 죄업을 지었습니다. 알면서 고의로 죄를 지은 것이 아니니, 이 사람을 벌하지 마십시오. 비록 작은 선업이지만 귀중한 목숨을 구한 적이 있습니다. 한 때 여섯 명의 사람이 강물에 빠져 죽게 될 때 선한 마음으로 그들을 물에서 건져 주었습니다. 이 여섯 개의 하얀 주판알이 그 증거입니다. 그 밖에도 부수적인 선업들을 쌓았습니다. 그러니 염라법왕께서는 관대함을 베풀어 주십시오!" 하고 청원한 뒤, 큰 절을 세 번 하였다.

[사자의] 구생귀가, "하! 하! 그대 구생신이여, 그것이 그대가 말한 전부인가? 그대는 빈 그릇을 들고 있는 것이 부끄럽지 않은가? 이 하천한 종

성의 백정은 온 생애를 악업에 바쳤으며, 선업의 종자가 끊어져 아예 없다. 눈에 뜨이는 짐승들은 모두 죽였고, 음식으론 뜨뜻한 생고기를 먹었으며, 목마르면 뜨끈한 피를 마셨고, 더러운 욕설을 항시 내뱉었다. 산 위의 죄 없는 짐승들을 죽였고, 산 아래의 죄 없는 물고기들을 죽였으며, 가운데 사는 죄 없는 거지들을 두들겨 팼다. 모든 선지식들을 훼방하고, 절을 불태우고, 호수에 독을 풀고, 산림을 불태우고, 부모를 때리고, 사리탑을 부수었다. 현재 인도의 땀룩 지방에서 그보다 죄업이 무거운 자가 없다. 이 검은 주판알의 무더기를 보라!

악업자여, 내가 너를 모를 줄 아는가? 너의 고향은 인도의 땀룩이며, 마을은 쌴띠깔라이다. 아버지는 백정의 우두머리로 8년 전에 이곳에 왔고, 어머니는 백정의 여인 뻴끼(祥慶)로 5년 전에 이곳에 왔으며, 그대는 천한 백정의 아들로 지금 여기에 와 있지 않은가? 태어난 해는 계해년(癸亥年)이며, 금년에 명수가 다했다. 동인도의 사람들은 너를 붉은 손의 칼잡이라 부르고, 남인도의 사람들은 흉악자 십만지옥(十萬地獄)이라 부르고, 서인도의 사람들은 천한 종성의 검은 백정이라 부르고, 북인도의 사람들은 닥치는 대로 죽이는 검은 도살자라 부른다. 종성은 검은 천민의 카스트이며, 가문은 악덕한 백정의 집안이다. 아버지와 아들 손자의 세대들 모두가 지옥의 악취에 들어간다.

살육에 통달한 자여! 생명을 죽일 때 크게 희열하였고, 생살을 씹을 때 크게 맛있었을 것이다. 지금도 맛있다고 느껴지는가? 잘 둘러대는 꾸임 말이 무슨 소용이 있는가? 네가 해친 백만에 달하는 짐승의 목숨의 대가가 익어서 그 고통을 받아야 하는 때가 도래하였다. 네가 고통을 받지 않는다면 백만의 생명들이 크게 좌절하고, 너 십만지옥 또한 크게 우쭐하리라! 네가 받을 응보에 대하여 염라법왕의 권세가 비록 클지라도 너의 죗값을 깎지 못한다. 사원을 불태운 큰 죄에서부터 작게는 이와 서캐를 죽인 죄들을 검은 주판알로 셈한 것이 이것이다. 너는 지옥에 갈 준비를 하는 것이 마땅하다. 이 어둠의 길로 신속히 들어가라!

뚜껑 달린 구리 솥은 넓고 깊으며, 벌건 구리물은 사납게 끓어오르고, 업보의 불길은 맹렬히 타오르며, 염라왕의 옥졸들은 냉정하고, 염라왕의 얼굴은 무시무시하며, 업보의 병장기는 날카롭고, 업보의 흑풍이 맹렬하게 불어오는 그러한 곳으로 이제 들어가는 것이 마땅하도다! 측은하고 또 측은한 생각이 들지라도, 그럼에도 불구하고 또 한편 만족스럽고 만족스럽도다! 저울눈을 속인 그 저울을 등에 지고 가는 것이 마땅하다. 생명을 죽인 그 무기를 곁에다 달고 가는 것이 마땅하다. 결코 이러한 것들을 부정하고 거짓이라 말하지 못하리라! 이제 18지옥으로 가야 할 때가 도래하였다."고 말한 뒤, 끌고 가려 하였다.

염라법왕이, "아, 참으로 가련한지고! 참으로 두려운지고! 소중한 사람 몸을 얻었을 때 선행을 닦음은 실로 의미가 심장하도다. 악도를 버리고 해탈의 길로 들어가며, 안락과 행복이 영원히 다하지 않는데, 그대는 금생에 사람의 몸을 얻었음에도 선행은 흙처럼 여겨서 버리고, 악업을 짓는 데만 몰두하였다. 얻기 힘든 소중한 사람 몸을 악업을 쌓는 데에 탕진한 뒤, 빈손으로 돌아오되 하나의 선업조차도 짓지 않고, 죄업의 짐만을 잔뜩 지고 왔으니 참으로 불쌍한지고! 제가 지은 업이 제 몸에서 익을 때 천명의 부처님들 힘으로도 그것을 구제할 길이 없다. 나 또한 이것에 대하여 전혀 응답하지 않는다. 살아서 자유로울 때 잘못된 욕망으로 저지른 죄업의 과보가 제 몸에서 익어 터질 때, 설령 고통의 절규를 토할지라도 불쌍히 여기는 사람은 단 하나도 없다! 지금 나에게 희망을 가져볼지라도 어찌할 방법이 없다. 만상을 환히 비추는 이 업경 속에 선악의 본색이 그대로 나타날 때, 악인들에게 하나의 업조차 드러나지 않음이 없다. [사자의] 구생신과 구생귀 둘이 선악의 주판알을 헤아릴 때, 선업을 크게 쌓은 사람은 기뻐할지라도, 악업을 쌓은 사람인 그대는 실로 후회가 막급하도다. 모든 이들이 통과하는 이 붉은 험로에서 업보의 지옥차사가 염라왕의 법정으로 끌고 갈 때, 비록 한 때 위세가 드높았을지라도 여기서는 아무 소용이 없다. 악행을 자행한 모든 자들의 허파와 심장은 잘려서 분리되고, 불선을 저지르고 쌓은 이 업보의 문초는 하늘의 천둥번개보다 빠르고 강력하다. 비록 도망쳐 보아도 벗어나지 못하고, 후회해 보아도 소용이 없다.

남섬부주의 인간들은 부처님의 법을 제대로 닦지 않으니, 가련한들 나 또한 어찌하지 못한다. 선악의 업들을 자세히 계산하는 이 법칙이 작고 미세한 죄들 또한 셈하지 않는다면, 죄업을 두려워하지 않는 인간들은 내키는 대로 행하리라. 그러므로 해탈의 길로 가는 백업의 안락한 도리와 악도로 가는 흑업의 고통을 헤아리도록 하라. 남섬부주의 인간들은 죄업을 버리지 않고 선업도 닦지 않는다. 비록 좌절하고 후회할지라도 업은 바뀌지 않는다. 업이란 몸의 그림자와 같아서 언제나 몸과 함께 한다. 백도(白道)의 선업에 대한 보은도 내가 행하며, 흑도(黑道)의 죄업에 대한 단죄도 내가 행한다. 옳고 그름을 정확히 판별하고, 선과 불선을 바르게 판단하여 처리함으로써, 그대가 비록 후회할지라도 내게는 변화가 없다. 지금 비록 마음이 크게 아플지라도 또한 어찌할 방도가 없다. 지옥의 방옥으로 통하는 암흑의 길로 들어가라. 거룩한 자들이 대비로 섭수하여도 또한 거두지 못하였으니, 나에게는 그대를 구원할 방편이 있지 않다. 중생들은 자기의 업을 자기가 감수해야 한다고 불세존께서는 말씀하였다. 이제 소머리의 차사는 이 죄인을 데려가라. 악업자인 그대의 죄장이 하루 속히 벗겨지고, 최후에는 여래의 지위를 성취하게 하소서!" 하였다.

소 머리의 차사가, "이것은 그대의 죄업의 결과이니 후회할지라도 아무 소용이 없다. 우리들이 응징함이 전혀 없다. 단지 진실과 거짓을 바로 가려낸 것뿐이며, 그대에게 원한을 품음도 없으며, 우리들은 그대에게 해악을 끼칠 뜻이 전혀 없다. 이것은 그대의 업보이니 속히 가자!"라고 말한 뒤, 검은 오랏줄을 악업자의 목에 걸고 끌고 갔다. [사자의] 구생귀도 뒤쫓으며 검은 양탄자의 길로 그를 데려갔다. 지옥의 어두운 암실에서 두드리고 죽이는 소리가 들려오고, 고통에 절규하는 온갖 비명들이 낭자하였다.

이에 스승이신 염라법왕이, "오, 선남선녀들이여! 죄업을 지음에는 이와 같은 판결과 고통이 뒤따른다. 우리들에게도 역시 그와 같은 것이 반드시 있게 된다. 그때 그러한 곤경에 처하고 처하지 않음[6]은 모두 자기 자신에 게 달린 것이다. 그러므로 지금부터 선업을 즐겨 닦으며, 죄업의 지음을 두려워하는 것이 무엇보다도 중요하다. 선남선녀들이여!……" 하는 말씀을 널리 설하였다.

---

6 '그때 그러한 곤경에 처하고 처하지 않음'은 '데이뒤쑤포랍랑된기도된외메(Deḥi dus su pho rab raṅ don gyi mdo don yod med)'의 의역이다.

선행자의 보응

그때 또한 염라법왕이 염마장을 들여다보고 나서, "오, 소 머리의 차사여! 인간세상의 어느 가정에서 한 사람이 명이 다해 숨을 거두었다. 그 표시가 나의 염마장에 기록되었다."고 말하였다. 이에 소 머리의 염라차사가 독사 머리의 차사를 불러서, "아, 독사 머리의 차사여! 그대의 업경을 들여다보라. 수명을 마친 자가 어디에 있는지를 알아보도록 하라" 고 말하자, 독사 머리의 차사가, "예, 그 수명을 마친 자의 거처는 인도의 동북지방에 있습니다. 까마루빠[7]라는 마을에 있으며, 종성은 네 카스트 가운데 귀족이며, 이름은 장자(長者) 쓰리자따(吉生)이며, 타고난 수복이 다해서 명을 마쳤다고 장부에 올라와 있습니다."라고 답하였다.

염라법왕이 지금 가서 데려오라고 말하자, 즉시 소 머리의 염라차사와 멧돼지 머리의 염라차사와 [사자의] 구생귀 셋이 그를 데리려 달려갔다. 그 뒤를 쫓아서 [사자의] 구생신 또한 그들과 합세해서 인간세상으로 달려갔다. 그들이 까마루빠에 있는 한 집에서 장자 쓰리자따를 발견하여 소 머리의 염라차사가 앞에서 인도하고, 멧돼지 머리의 염라차사가 손을 잡고, [사자의] 구생귀는 뒤에서 쫓아가고, [사자의] 구생신도 그들과 함께 염라대왕의 어전으로 데려갔다.

염라법왕이, "오, 생명을 마친 선남자여! 그대는 인간세상의 가정에서 오지 않았는가? 그대는 받기 어려운 가만(暇滿)의 귀한 사람 몸을 얻었

---

7 까마루빠(Kāmarūpa, 愛色)는 현재 인도 동부의 아쌤 지방에 있는 마을이며, 밀교에서 설하는 24성역(聖域) 가운데 하나이다.

으며, 만나기 어려운 부처님의 법을 만났으며, 태어나기 어려운 남섬부주에서 남자의 몸을 받았다. 그대는 백도의 선업을 얼마나 쌓았는가? 인간세상의 가정에 살 때, 마음을 선하게 가지고, 몸은 재계를 지니고, 생각을 불법을 닦음에 두었는가? 어떠한 유위의 선업을 지었으며, 악도를 물리치는 공덕은 어떤 것이 있는가? 제불보살님의 몸· 말·뜻의 상징인 불상과 경전과 탑들을 조성하여 봉안하였는가? 경전을 사경하고 독송을 하였는가? 차차를 만들어 안치하였는가? 수식자[8]는 올렸는가? 길바닥의 돌들을 치운 적이 있는가? 길 위의 가시덤불을 없앤 적이 있는가? 위로 공양을 올리고, 아래로 보시를 행하였는가? 개미집에 먹이와 곡식을 주는 등의 작고 미세한 선행들은 어떤 것이 있는가? 그밖에 문사수(聞思修) 셋을 닦고, 팔관재계(八關齋戒)와 금식재계(禁食齋戒)를 지키고, 본존의 행법과 관정과 가르침들을 청해서 받는 등의 선업을 쌓은 것이 어떤 것이 있는지를 지금 즉시 이실직고하라. 또한 흑도의 악업은 얼마나 쌓았는가? 몸으로 크게는 부모를 죽인 것에서부터 작게는 이와 서캐 등의 생명을 해치고, 주지 않은 물건을 취하고, 부정한 음행을 행하는 등의 육신의 죄업을 쌓은 것이 얼마나 있는지? 입으로 무의미한 말을 지껄이고, 욕설을 하고, 이간질하고, 거짓말을 하는 등의 나쁜 구업을 쌓은 것이 얼마나 있는지? 뜻으로 남의 물건을 뺏으려는 탐심과 남을 해치려는 악심과 사견 등의 의업을 통해서 죄업을 쌓은 것이 얼마나 있는지? 그 밖에 오무간(五無間)과 근오무간(近五無間)의 죄업 등의 신·구·

---

8 수식자(水食子)는 '추또르(Chu gtor)'의 옮김이며, 동이나 은으로 만든 쟁반에다 청수와 우유와 볶은 쌀 등을 담아서 신불(神佛)께 올리는 공양으로 지금도 네팔과 인도에서 행하고 있다.

의 셋을 통해서 저지른 불선의 악업들이 얼마나 있는지? 자세하고 분명하게 지금 당장 이실직고하라."고 명령하였다.

이에 사자가 두려워하고 부들부들 떨면서, "염라법왕님 면전에 아뢉니다. 저는 인도의 동북쪽에 있는 마을 까마루빠에 살던 장자 쓰리자따(吉生)입니다. 처자식들도 있으며, 제 집의 음식만을 먹고 산 겸손한 사람입니다. 삼보를 믿고, 저의 마을을 찾아온 모든 선지식들에게 또한 풍족하게 공양을 낱낱이 올렸습니다. 타인에게 선한 일을 권유하였고, 저 또한 선한 마음을 일으켜서, 사원을 보수하고, 죽어가는 많은 생명들을 건졌으며, 관정과 심오한 가르침들을 자주 받았으며, 외출할 때는 험한 길을 고쳤고, 집에 있을 때는 관음보살의 육자진언을 염송하였으며, 팔관재계와 금식재계를 지키고, 위로는 삼보님께 공양을 올리고, 아래로는 거지들에게 보시를 행한 거사이자 보살이기도 합니다. 그렇게 행한 덕으로 모든 사람들이 저를 장자 락스민(Lakṣmin, 慶福)이라고 불렀습니다. 저의 선업의 이어짐은 이와 같습니다.

흑도의 악업을 쌓음은, 비록 한 중생의 목숨일지라도 다치게 해서는 안 된다고 생각은 하였지만, 전도된 윤회의 세상에 침몰한 탓에 하나뿐인 아들의 혼례식을 치르기 위해서 열 마리 가축의 목숨을 해쳤으며, 그 죄업을 씻기 위해서 금강경을 100번 독송하였습니다. 마을 사람에게 부과된 세금을 지불하기 위해서 많은 가축들을 해쳤으며, 그것을 크게 뉘우치고 또한 죄업을 참회하였습니다. 그 밖에도 마을 집들을 오감으로 해서 발아래에 깔려죽거나 손아래에 치여 죽은 생명들이 얼마나 많을까 생각하여 허다히 뉘우쳤습니다. 이것으로 선악의 업들을 지은 사유를 밝힙니다. 그 정황을 해량하시어 자비를 베풀어 주십시오!" 하고 대답하였다.

이에 염라법왕이, "만약 그대의 말이 진실이라면, 그대는 선악의 인과에 대하여 잘 사유한 것이다 그렇지만 그대 인간의 종성들은 거짓말 하는데 통달하였다. 그대는 어떠한 거짓말과 사기를 쳤는가? 내가 업경에 물어보겠다."고 말한 뒤, 업경을 열어 들어다보고는, "행운의 선남자여! 이 거울을 들여다보라. 삼라만상을 환히 비치는 이 업경은 삼세를 다 아는 천안보다도 밝아서, 온갖 선악의 업들의 본색을 거짓 없이 드러내 보인다. 그대가 인간세상에서 지은 선악들 전부를 생생하게 보여 준다. 지금 그대가 말한 선악의 업들을 지은 정황들이 거짓이 아니구나. 선남자로다! 즉시 하얀 선업의 길로 가도록 하라"고 하였다.

[사자의] 구생귀가, "여보세요! 염라법왕님 면전에 아룁니다! 나쁜 인간 쓰리자따는 일생을 죄업에 바쳤으며, 자기의 욕심만을 채웠습니다. 이름은 장자 쓰리자따이고, 별명이 원숭이 머리입니다. 신심 없는 가장인 락스민은 소(丑) 해에 태어났으며, 고향은 까마루빠이고, 종성은 귀족의 가문입니다. 죄업을 많이 지었으니, 윗동네에 가서는 애비를 죽이는 획책을 꾀했고, 아랫동네에 가서는 마을사람들에게 분란을 일으켰습니다. 이웃사람 쓰리바드라(吉賢)의 낙타에게 돌을 던져 죽여 놓고도 안 죽였다고 거짓말을 하였으며, 필경사 쁘라즈냐마띠(聰慧)의 코끼리의 새끼를 절벽에 떨어뜨려 죽여 놓고도 아니라고 거짓말을 하였습니다. 지금 당장 검은 주판알을 세어 보면 압니다. 어떻게 백도로 갈 수 있습니까? 흑도로 보내야 마땅합니다."라고 말한 뒤, 검은 주판알을 세 개를 가져다 바쳤다.

[사자의] 구생신도, "염라법왕님 면전에 아룁니다! 이 장자 락스민은 믿음이 신실하고, 불법을 잘 이해하고 죄업을 두려워했습니다. 언젠가 대략 오백 명의 악인들이 법에 걸려 국왕의 면전에서 죽임을 당할 때, 황금 500량을 바치고 그들을 구명하였습니다. 인도의 까마루빠 고을에서 장자 락스민만이 오직 믿음이 큽니다. 지금 제가 주판알을 세어 보이겠습니다. 흑도로 가야 할 이유가 전혀 없습니다. 지금 백도로 인도해서 보내야 합니다."라고 말한 뒤, 하얀 주판알 여섯 말을 가져다 바쳤다.

원숭이 머리의 염라차사가, "구생의 신귀(神鬼) 둘은 서로 다툴 필요가 없다. 내게 있는 지옥의 저울에 올려서 달아보면 선악의 크고 작음을 판결할 수 있다. 지금 달아보면 분명하다."고 말한 뒤, 그 선악의 주판알을 달자, 하얀 주판알이 세 배쯤 더 무거웠다.

이에 염라법왕이 말하되, "에 마 호! 인간의 몸을 얻은 뒤 법을 즐겨 닦은 자들은 자기의 소망을 스스로 잘 성취한다. 이것은 타인이 훔치지 못하고 빼앗아가지 못한다. 자기의 선업에 의해서 그 스스로 안락을 성취한다. 이 장자 락스민의 선행처럼 모든 중생들이 그와 같이 행한다면 얼마나 좋겠는가! 지금 대비 관세음보살님께 신속하게 기원을 올리도록 하겠다. 지금 바로 하얀 선도로 인도하라"고 하였다.

그리고 남방의 보타낙가의 산정에 계시는 거룩한 본존이신 대비관음보살님께, "한마음이 법신임을 깨닫도록 가피를 내리소서!" 하며 기원하고, 또한 「불보살님의 구원을 청하는 기원문」을 낭송하고, 바르도의 자궁의 문을 막는 법과 좋은 자궁을 선택하는 법을 알려준 다음, 부처님의 청정한 국토에 태어나는 법을 설명해 주었다.

그와 동시에 하얀 휘장이 걷히면서 대비관음보살의 모습이 선명히 나타났다. 하얀 양탄자의 선도로 그를 인도한 뒤, 좋은 의복을 입혀 주고 아름다운 장신구를 달아준 뒤에, "오, 선남자여! 사람의 몸을 얻은 큰 의미가 이와 같음을 아는 것이 필요하다. 기뻐하라!"고 염라법왕이 칭송하였다. 그리고 대비관음보살님께 올리는 기원문을 다음과 같이 세 번 발하고, 육자진언을 염송토록 권청하였다.

옴 마니 빳메 훔 흐리!
그대 쓰리자띠(吉生)를 위주로 한 일체의 중생들이
이 육자진언의 신력으로 길을 인도받아 가옵소서!
삼계윤회의 불구덩이에서 영원히 벗어나게 하소서!
지옥의 괴로운 세계가 영원히 다하여 비게 하소서!

그 뒤 스승님께서는, "오, 선남선녀들이여! 악행을 일삼은 붉은 손의 백정 락샤나락까(十萬地獄)와 믿음을 쌓은 장자 쓰리자따(吉生)가 각자 지은 선악의 업보에 의해서 고락이 갈리는 이것을 잘 관찰하라. 우리들에게도 역시 이와 같은 것이 신속하게 닥쳐오니 선업에 힘쓰며, 악업을 버리는 것이 매우 중요하다."고 설한 뒤, 정맹 100존의 관정을 행하고, 길상게(吉祥偈)를 낭송하고, 공덕을 돌리는 회향의식을 간략하게 행하였다.

[길상게는 다음과 같다. "예 다르마 헤뚜 쁘라바와 헤뜸 떼샴 따타가또 흐야와 다뜨 떼샴 짜 요 니로다 에왐 바디 마하 쓰라마나 쓰와하! 불세존께서 사바세계에 강림하시니, 여래의 교법이 정오의 태양처럼 빛나고, 불법을 전승하는 아사리와 제자와 교법의 강설과 수

행이 흥성하여, 불법이 영원토록 이어지는 길상이 있게 하소서!”][9]

【 에 마! 나 빠드마쌈바와가 지옥세계를 실제로 보고 나서, 미래의 중생들의 이익과 안락을 위하여 『바르도퇴돌』을 보유하는 법으로 이것을 편찬하다. 선근을 심은 유정들과 조우하여지이다!

바르도의 선악의 본색을 보이는 교계인 육도[재생]의 바르도의 자연해탈을 완결하다. 쌰밤! 바완뚜! 】

---

9 원문에는 없으나 독자를 위해서 삽입한 것이다.

19장 바르도의 선악의 본색을 보이는 교계보결[1]

싸만따바드라와 적정과 분노의 세존들께 정례하옵니다!

재생[육도]의 바르도를 일깨우는 바르도의 선악의 본색을 열어 보일 때, 죄악의 인간 십만지옥(十萬地獄)이 지옥에 들어가는 광경이 있었다. 그가 어둠의 길로 들어가자 업(業)에서 생겨난 염라차사들이 "죽여라! 때려라!" 하고 크게 외치는 고함소리가 끊임없이 들려왔다.

염라법왕이 거기에 모인 회중들에게 죄업의 허물을 설명함과 동시에, [사자의] 구생신(俱生神) 또한 절망의 상태에서 모인 대중들에게 관음보살의 육자진언의 낭송을 권청하였다. "수명이 다한 사악한 인간 십만지옥의 행복을 위해서 육자진언을 한 번씩 낭송해 주시길 간청합니다.

1 원문은 "씨빠바르돼게딕랑쑥땐빼핸탑(Srid pa bar doḥi dge sdig raṅ gzugs bstan paḥi lhan thabs)"이다.

옴 마니 빳메 훔 흐리! 바르도의 세계에서 방황하는 모든 유정들의 이락을 위하여 이 육자진언을 낭송해 주길 간청합니다."

또한 그곳에 모인 대중들에게, "아, 슬프도다! 귀담아 잘 들으십시오. 나는 [사자와 함께 태어난] 구생신입니다. 사악한 인간 십만지옥이 불선의 악업들을 너무나 많이 지은 까닭에, 온 세상을 뒤져 보아도 그가 선업을 행한 표시로 지금 여섯 개의 작은 하얀 주판알 밖에는 얻지 못했습니다. 불선의 악업을 지은 표시인 검은 주판알은 셀 수도 없이 많아서, 악업의 힘에 이끌려 악취의 지옥 속으로 업에서 생긴 염라차사들이 끌고 갔습니다. 선취로 인도할 생각을 낼지라도 아무런 방도가 없습니다. 남섬부주의 사람들로 지금 인간 세상에서 살고 있는 모든 이들과 지금 여기에 모인 대중들은 이제부터라도 죄업을 짓지 말고, 선업을 반드시 쌓도록 하십시오. 여러분께 전하는 나의 메시지는 이와 같으니, 이 정맹백존의 만다라의 둘레를 돌며, 아름다운 곡조로 육자진언을 낭송토록 하십시오!"라고 하였다. 또한 슬픈 마음으로 다음과 같이 노래하였다.

에마! 삼세제불의 사업을 한 몸에 거두신
거룩한 분, 중생의 이락을 위해 화현하신
은혜로운 염라법왕께 일심기원 하옵니다!

아, 들으소서! 들으소서! 여기 모인 이들이여!
소중한 사람 몸은 참으로 얻기가 지난하니,
불선의 악인은 고해에서 벗어날 기약 없고
이 세상 중생들은 누구도 영생하지 못하니,
문득 찾아오는 야마의 손아귀에 붙잡히면

후회도 소용없고 슬피 울며 가야만 한다네!

고인이 영생을 구해 자손과 재물을 쌓았지만
무상한 죽음이 덮치자 모두 외롭게 떠났으니,
이생의 친지들은 저잣거리에 모인 상인들처럼
정답고 화목해 보여도 그 마음을 믿지 못하니
거래가 끝나면 상인들은 사방으로 흩어진다네!

이 환영의 몸은 밭 위의 허수아비가 넘어지듯이
뼈와 살은 각각 흩어지니 몸은 믿지 못할 물건,
피고름 흐르는 육신은 사랑해도 끝내 헤어지고
그렇게 아껴 보아도 결국 새와 개들이 파먹으며
그처럼 보양해도 결국 죽음의 신이 파괴한다네!

사대육신이 땅에 버려지면 혼은 바르도를 떠돌고
악업과 습기는 몸 그림자처럼 언제나 따라붙으니,
불선의 악인들은 가련하도다! 구생의 신귀(神鬼)가
선악의 주판알을 셈하고 염라왕이 업경을 비출 때
악한 인간에겐 고통과 불행이 파도처럼 밀려온다!

악업은 비록 작아도 짓지 말라!
남섬부주인은 죄업으로 망하니,
선업을 지어서 선취에 태어나고
악업을 지어서 지옥에 들어간다!

소중한 사람 몸 한번 얻은 지금
빈손으로 결코 돌아가지 말라!
악업의 자루를 맨 자들에겐
고통이 분출하니 가련하도다!

산과 시내에서 사냥하고 낚시하고 가축을 살해한
잔인한 인간들은 명이 다하면 18지옥에 태어나고,
되질과 저울눈을 속이고 사기치고 기만을 일삼고
남의 것을 훔치고 빼앗고 공갈치는 셋을 자행한
간악한 인간들은 죽고 나면 삼악도에 길이 떠돈다!

자기 재물에 눈이 어두워서 인색의 그물에 걸리고
타인의 재물을 질투해 탕진시키고, 삼보의 재물을
착복한 인간들은 굶주린 아귀가 되어 길이 떠돈다!

악업의 추궁은 하늘의 벼락처럼 준엄해서
후회해도 소용없고 도망쳐도 못 벗어나니
악업의 단죄를 염라법왕이 엄중히 행한다!

만인이 통과하는 이 험관을 지나서
누구나 염라왕의 법정으로 향하니,
죄악을 두려워 않는 자들은 가련하다!
그들에게는 구원의 길조차 없도다!

염라왕의 얼굴은 진노에 불타고
구생의 신귀는 선악을 계산하니,
사악한 자들은 후회가 막심하고
선을 닦은 자들은 선취로 향한다!

아, 육신은 날마다 늙어가고
수명은 찰나마다 줄어들어,
하나 둘씩 차례로 죽어가니
오탁악세의 중생들의 수명은
짧은 양 꼬리보다도 짧도다!

궁한 살림에 식솔 많은 가장들의
생전에 저지른 악업의 씨앗들이,
사후에 곳곳에서 싹터 자라나고
정겹던 일가친척은 원수가 되니
말세의 가장은 비탄이 절로 인다!

가만(暇滿)의 사람 몸을 얻은 이때
전심으로 자기의 본성을 관조하라!
골자는 해탈의 정법에 진력함이니
금생에 안락하고 투생에 행복하다!

또한, 장자 쓰리자따(吉生)가 선취로 향해 가는 광경을 보일 때, 대비관음보살님의 발아래 기원을 드리고, [염라법왕이 쓰리자따를 위해] 관음보살님의 기원문을 낭송해 마친 다음, 장자 쓰리자따에게 아름다운 장신구를 걸어 주고 보좌 위에 앉혔다. 그리고 다섯 부족의 많은 다끼니 여신들이 음악을 연주하고 노래하며, 그를 영접하려 내려오는 사이, [사자의] 구생신이 기쁨을 감추지 못한 채 죄업을 버리고 선업을 닦는 공덕을 설한 다음, 다음과 같이 기원문을 노래하였다.

색구경천의 법계의 적멸궁에 계시는
싸만따바드라 부모양존께 기원하옵니다!
중앙의 밀엄찰토(密嚴刹土)에 계시는
여섯 번째 붓다 바즈라다라께 기원하옵니다!
동방의 아비라띠(묘희세계)에 계시는
바즈라씨뜨와(금강살타불)께 기원하옵니다!

무지개가 걸린 만다라 궁전에 계시는
대지명 가랍도제(極喜金剛)께 기원하옵니다!
호수 다나꼬샤의 보궁(寶宮)에 계시는
대학자 쓰리씽하(吉祥獅子)께 기원하옵니다!
적동산의 연화광전(蓮華光殿)에 계시는
구루 빠드마쌈바와(蓮花生)께 기원하옵니다!
청정한 공행(空行)의 정토에 계시는
다끼니 예시초걀(智海王)께 기원하옵니다!

화신(化身)의 청정한 국토에 계시는
성취자 까르마 링빠께 기원하옵니다!

진리의 궁전에서 유희하며 계시는
구루 닌다최제(日月法主)께 기원하옵니다!
이타행위의 자연성취의 궁전에 계시는
무비의 닌다외쎄르(日月光)께 기원하옵니다!

성지 맨모의 따시링(吉祥寺)에 계시는
남카 최끼갤뽀(虛空法王)께 기원하옵니다!
자기 심장 만다라의 무량궁에 계시는
적정과 분노의 세존들께 기원하옵니다!
붓다의 교법과 서언의 궁전에 계시는
수호여신의 자매(姉妹)들께 기원하옵니다!

에 마!
가만(暇滿)의 사람 몸 얻은 이때
백도의 선업을 쌓음은 놀라워라!
다섯 감각기관들이 온전한 이때
법을 신해하고 닦음은 놀라워라!

희유한 붓다의 법을 만난 이때
불선의 악업을 버림은 놀라워라!
물거품 같은 재물을 가진 이때
공양과 보시를 행함은 놀라워라!

죄업을 버리면 악도도 없음이니

장자 쓰리자따(吉生)는 놀라워라!
선업을 닦으면 선취에 태어나니
장자 쓰리자따(吉生)는 놀라워라!

재생의 바르도가 없이 바로 가니
장자 락스민(慶福)은 놀라워라!
선업의 결과는 행복의 성취이니
락스민의 희원이 구경에 달했네!

이때 장자 쓰리자따를 환영하기 위해서 다끼니 여신들이 무리지어 출현하니, 여섯 가지 아름다운 해골 장신구를 몸에 걸치고, 해골 다마루와 금강령을 흔들며, 청아한 목소리로 노래하고 춤추면서 휘장을 열고 나타났다. 아름다운 목소리로 옴 마니 빳메 훔!을 낭송하며, 환영의 축가를 다음과 같이 불렀다.

우리들은 다끼니의 정토에서 왔다네!
장자 락스민을 맞이하기 위해 왔다네!
우리들은 오디야나의 땅에서 왔다네!
장자 락스민을 맞이하기 위해 왔다네!
우리들은 짜마라(拂洲)에서 왔다네!
장자 락스민을 맞이하기 위해 왔다네!
우리들은 적동산(赤銅山)에서 왔다네!
장자 락스민을 맞이하기 위해 왔다네!
우리들은 관음의 보타낙가에서 왔다네!

장자 락스민을 맞이하기 위해 왔다네!
우리들은 다끼니의 정토에서 왔다네!
장자 락스민을 맞이하기 위해 왔다네!
그대 락스민은 붓다의 정토로 가소서!

이렇게 노래하며 장자 락스민의 주위를 둥글게 돌자, 장자 락스민도 악기를 연주하고 춤을 추면서, 다끼니의 무리들과 함께 부처님의 정토로 날아갔다.

【「정맹백존의 심오한 밀의를 통한 자연해탈」 중에서 "바르도의 선악의 본색을 보이는 교계의 보결인 천신의 징소리"를 완결하다. 이것으로 일체의 유정들이 싸만따바드라의 지위에 오르게 하소서! 길상원만!

[이것은 남카 최끼갸초(Nam mkhaḥ Chos kyi rgya mtso, 虛空法海)가 변방 사람들이 출몰하는 지역인 쌍개린뽀체(佛寶)의 은둔처 앞에 있는 카르라뗑(Kharlateng)의 동굴에서 양(羊)의 해 9월 초삼일에 편찬하다.] 】[2]

2 이 구절은 규르메 도제의 *The Tibetan Book Of The Dead*에서 인용하였다.

20장 바르도퇴돌 전승 법계의 기원문[1]

에 마 호!
법신불 꾼뚜쌍뽀(보현)의 부모양존께
애절한 마음으로 곡진히 기원하오니,
법 · 보 · 화 삼신의 본래면목을 증득하여
무지개의 몸을 성취토록 가지하소서!

보신불 바즈라싸뜨와(금강살타)세존께
애절한 마음으로 곡진히 기원하오니,
법 · 보 · 화 삼신의 본래면목을 증득하여

1 원문은 "쌉최시토공빠랑돌기귀빼쏠뎁(dZab chos shi thro dgoṅs pa raṅ grol gyi brgyud pahi gsol ḥdebs)"이며, 캔뽀도제의 『바르도퇴돌』에서 보유하였다. 이 전승 법계는 티베트에서 "쩰레 하룽의 법계"라 불리며, 쩰레 나촉랑돌(雜現自脫, 1608~1681)로부터 지명자 니마닥빠(日稱, 1647~1710)로 전승되는 계파이다.

무지개의 몸을 성취토록 가지하소서!

화신불 가랍도제(극희금강) 스승님께
애절한 마음으로 곡진히 기원하오니,
법·보·화 삼신의 본래면목을 증득하여
무지개의 몸을 성취토록 가지하소서!

아사리 쓰리씽하(길상사자) 스승님께
애절한 마음으로 곡진히 기원하오니,
법·보·화 삼신의 본래면목을 증득하여
무지개의 몸을 성취토록 가지하소서!

불사의 빠드마쌈바와(연화생) 스승님께
애절한 마음으로 곡진히 기원하오니,
법·보·화 삼신의 본래면목을 증득하여
무지개의 몸을 성취토록 가지하옵소서!

대공행모 예시초걀(智海王) 스승님께
애절한 마음으로 곡진히 기원하오니,
법·보·화 삼신의 본래면목을 증득하여
무지개의 몸을 성취토록 가지하소서!

역경사 쪽로 루이걀첸(龍幢) 스승님께
애절한 마음으로 곡진히 기원하오니,

법 · 보 · 화 삼신의 본래면목을 증득하여
무지개의 몸을 성취토록 가지하소서!

떼르뙨 까르마 링빠(業遍知) 스승님께
애절한 마음으로 곡진히 기원하오니,
법 · 보 · 화 삼신의 본래면목을 증득하여
무지개의 몸을 성취토록 가지하소서!

법의 아들 닌다쌍개(일월불) 스승님께[2]
애절한 마음으로 곡진히 기원하오니,
법 · 보 · 화 삼신의 본래면목을 증득하여
무지개의 몸을 성취토록 가지하소서!

성취자 닌다최제(일월법주) 스승님께[3]
애절한 마음으로 곡진히 기원하오니,
법 · 보 · 화 삼신의 본래면목을 증득하여
무지개의 몸을 성취토록 가지하소서!

대화신 괸뽀도제(依怙金剛) 스승님께

---

2 본명이 '릉씬응외둡(教證悉地成就)'이며, 『바르도퇴돌』의 두 번째 전승자로 까르마 링빠의 친아들이다.

3 본명이 '남캐쌍개(虛空佛)'이며, 『바르도퇴돌』의 세 번째 전승자로 『바르도퇴돌』의 가르침을 공개적으로 전파하였다.

애절한 마음으로 곡진히 기원하오니,
법·보·화 삼신의 본래면목을 증득하여
무지개의 몸을 성취토록 가지하소서!

지명자 하왕남갤(帝釋尊勝) 스승님께
애절한 마음으로 곡진히 기원하오니
법·보·화 삼신의 본래면목을 증득하여
무지개의 몸을 성취토록 가지하소서!

대학승 꾼가뒨둡(慶喜天成) 스승님께
애절한 마음으로 곡진히 기원하오니,
법·보·화 삼신의 본래면목을 증득하여
무지개의 몸을 성취토록 가지하소서!

지명자 쬘레나촉(雜現自脫) 스승님께
애절한 마음으로 곡진히 기원하오니,
법·보·화 삼신의 본래면목을 증득하여
무지개의 몸을 성취토록 가지하소서!

족첸빠 쏘남린첸(福德珍寶) 스승님께
애절한 마음으로 곡진히 기원하오니,
법·보·화 삼신의 본래면목을 증득하여
무지개의 몸을 성취토록 가지하소서!

자큥와 응악왕빼마(蓮花語王) 스승님께
애절한 마음으로 곡진히 기원하오니,
법·보·화 삼신의 본래면목을 증득하여
무지개의 몸을 성취토록 가지하소서!

족첸빠 쏘남왕뽀(福德妙王) 스승님께
애절한 마음으로 곡진히 기원하오니,
법·보·화 삼신의 본래면목을 증득하여
무지개의 몸을 성취토록 가지하소서!

빤디따 빼마렉둡(蓮花善成) 스승님께
애절한 마음으로 곡진히 기원하오니,
법·보·화 삼신의 본래면목을 증득하여
무지개의 몸을 성취토록 가지하소서!

역경사 샌팬도제(利他金剛) 스승님께
애절한 마음으로 곡진히 기원하오니,
법·보·화 삼신의 본래면목을 증득하여
무지개의 몸을 성취토록 가지하소서!

꾼캔 출팀도제(全知律儀金剛) 스승님께
애절한 마음으로 곡진히 기원하오니,
법·보·화 삼신의 본래면목을 증득하여
무지개의 몸을 성취토록 가지하소서!

땐진 규르메도제(不動金剛) 스승님께
애절한 마음으로 곡진히 기원하오니,
법·보·화 삼신의 본래면목을 증득하여
무지개의 몸을 성취토록 가지하소서!

지명자 오갠최갤(烏杖法王) 스승님께
애절한 마음으로 곡진히 기원하오니,
법·보·화 삼신의 본래면목을 증득하여
무지개의 몸을 성취토록 가지하소서!

지명자 니마닥빠(持明日稱) 스승님께
애절한 마음으로 곡진히 기원하오니,
법·보·화 삼신의 본래면목을 증득하여
무지개의 몸을 성취토록 가지하소서!

법왕자 오갠땐진(烏杖掌教) 스승님께
애절한 마음으로 곡진히 기원하오니,
법·보·화 삼신의 본래면목을 증득하여
무지개의 몸을 성취토록 가지하소서!

텍촉 땐빠갤챈(妙乘教法寶幢) 스승님께
애절한 마음으로 곡진히 기원하오니,
법·보·화 삼신의 본래면목을 증득하여
무지개의 몸을 성취토록 가지하소서!

정맹의 밀의를 통한 자연해탈 대법에
애절한 마음으로 곡진히 기원하오니,
법·보·화 삼신의 본래면목을 증득하여
무지개의 몸을 성취토록 가지하소서!

금강도반인 동문의 형제와 자매에게
애절한 마음으로 곡진히 기원하오니,
법·보·화 삼신의 본래면목을 증득하여
무지개의 몸을 성취토록 가지하소서!

42존의 적정(寂靜)의 제불세존님들께
애절한 마음으로 곡진히 기원하오니,
법·보·화 삼신의 본래면목을 증득하여
무지개의 몸을 성취토록 가지하소서!

58존의 분노(忿怒)의 헤루까세존들께
애절한 마음으로 곡진히 기원하오니,
법·보·화 삼신의 본래면목을 증득하여
무지개의 몸을 성취토록 가지하소서!

청정한 위드야다라(持明)의 성중들께
애절한 마음으로 곡진히 기원하오니,
법·보·화 삼신의 본래면목을 증득하여
무지개의 몸을 성취토록 가지하소서!

바다와 같은 호법서언의 신중님들께
애절한 마음으로 곡진히 기원하오니,
법·보·화 삼신의 본래면목을 증득하여
무지개의 몸을 성취토록 가지하소서!

호법의 수호여신과 그들의 자매들께
애절한 마음으로 곡진히 기원하오니,
법·보·화 삼신의 본래면목을 증득하여
무지개의 몸을 성취토록 가지하소서!

법계의 스승님과 정맹의 무량성중과
삼보와 삼근본과 용사와 다끼니들과,
바다와 같은 남녀호법의 신중들께서
근본스승의 몸속에 빛으로 녹아들고,

스승의 삼륜에서 세 광명이 방사되어[4]
제자와 육도중생을 빛으로 정화하여,
악도와 윤회의 고통에서 해탈시킨 뒤
삼신의 큰 과위를 얻도록 가지하소서!

【이 전승 법계의 기원문은 화신의 떼르뙨(伏藏大師)인 지명자 니마닥빠

4 이 구절의 뜻은 붓다의 삼금강(三金剛)을 상징하는 정륜(頂輪)·인후륜(咽喉輪)·심륜(心輪)의 삼륜(三輪)에서 발사되는 백색 광명과 적색 광명, 청색 광명을 각각 말한다.

(日稱, 1647~1710)가 뒤둘응악빠링(降魔眞言寺)에서 짓다.

이 기원문 또한 무궁하여 다함을 모르는 갠지스의 강물처럼 장구히 세상에 전파되어지이다! 싸르와 망갈람!】

21장 바르도의 유정에게 베푸는 훈연회향[1]

거룩한 다보여래(多寶如來)께 정례하옵니다.

거룩한 묘색신여래(妙色身如來)께 정례하옵니다.

거룩한 광박신여래(廣博身如來)께 정례하옵니다.

거룩한 이구여래(離懼如來)께 정례하옵니다.

아, 다섯 가지 묘욕(妙欲)을 갖춘 이 향기로운 연기를 일체의 유정들에게 회향하고 널리 베푸옵니다! 특별히 오늘 아침에 목숨을 마쳤거나, 죽임을 당했거나, 자진을 하였거나, 전생의 몸을 버리고 아직 내생의 몸을 얻지 못한 채, 바르도(中有)의 어둠 속에서 방황하는 모든 유정들에게 베

1 이것은 떼르뙨(伏藏大師)인 쌍개링빠(Saṅs rgyas gliṅ pa, 1340~1396)의 쌉떼르(深奧伏藏)에서 발췌한 디쑤르(Dri gsur, 熏煙)의 번역이다. 이것은 티베트에서 중유의 유정들의 기갈을 달래 주기 위해서 보릿가루에다 향, 우유, 요구르트, 마른 치즈, 버터 등을 섞어서 태워 주는 풍습이다.

푸옵니다!

바르도가 바르도임을 깨달은 뒤에 바르도에서 보신의 몸을 성취해 성불하소서! 그와 같지 못할지라도 가만(暇滿)이 없는 비천한 자궁과 부정한 악취의 자궁의 문을 막은 뒤, 서방의 극락세계에 왕생하여 한 송이 연꽃 속에 화생으로 태어나서, 복혜를 갖춘 대장부의 몸을 얻도록 하옵소서!

거룩한 금강부동불(金剛不動佛)께 정례하옵니다.

나모 라뜨나 뜨라야야, 옴 깜까니 깜까니, 로짜니 로짜니, 뜨로따니 뜨로따니, 뜨라싸니 뜨라싸니, 쁘라띠하나 쁘라띠하나, 싸르와 까르마 빠람빠라니메 싸르와 싸뜨와 냔짜 쓰와하!

바르도의 모든 유정들이 이 향기로운 연기를 흡족히 향수한 뒤, 배고픔과 목마름의 고통을 말끔히 씻도록 하옵소서! 모든 유정들이 허공과 같은 보배창고로, 무량무변한 즐거움을 누리게 하옵소서! 다툼도 없고 뇌란도 없는 대자유와 대자재를 누리도록 하옵소서!

— 이상으로 바르도퇴돌(중유문법해탈)을 완결한다. —

5
편

바르도퇴돌의 보유

해탈왕생의 기원문

1 바르도의 삼신해탈(三身解脫) 기원문[1]

께마 끼휘! 대위드야다라 빠드마쌈바와여!
저와 같이 악업이 두터운 말세의 중생들은
행복을 갈망해도 되레 고통의 길을 닦으니
거꾸로 애쓰는 저희들은 누구에게 기댑니까!
대비로 살피옵소서! 응아얍의 일체지자여!
지금 곧 저희들을 적동산으로 인도하소서!

대비를 지니신 지존하신 붓다인 당신께서
티베트 군민을 버리고 응아얍으로 가시니,

1 원제목은 '붓다의 삼신의 정토를 닦는 기원문'을 뜻하는 "꾸쑴싱캄종왜쏠뎁묀람(Ku sum shiṅ kham sbyoṅ baḥi sgol ḥdebs mon lam)"이며, 저자는 닝마빠의 고승 직메링빠(ḥjigs me gliṅ pa)이다. 『닝매섈된꾼창(寧瑪派念誦及儀軌經集)』(西藏, China: 서장인민출판사, 1997)에서 발췌하다.

붉은 얼굴의 원숭이 자손인 티베트인들은
금생 후생의 귀의처로 누구에게 기댑니까!
대비로 살피옵소서! 응아얍의 일체지자여!
지금 곧 저희들을 적동산으로 인도하소서!

덧없는 생명은 벼랑 끝의 새 새끼처럼
오늘밤 죽지 않는다는 보장 또한 없으니,
영원히 살려함은 마라의 유혹에 홀림이니
염왕의 사자가 닥치면 누구에게 기댑니까!
대비로 살피옵소서! 응아얍의 일체지자여!
지금 곧 저희들을 적동산으로 인도하소서!

윤회 속 중생들은 괴로운 세속 일에 빠져
불법 닦으려는 생각은 여명의 별처럼 엷고,
잡사에 분주한 노예가 되어 삶을 탕진하니
원수인 죽음이 닥치면 누구에게 기댑니까!
대비로 살피옵소서! 응아얍의 일체지자여!
지금 곧 저희들을 적동산으로 인도하소서!

어린아이 성품 같은 개개의 모든 범부들의
문·사·수 셋을 수행할 나이는 자꾸 늙어 가고,

눈이 있어도 육바라밀의 법을 보지 못하니[2]
사대가 은멸을 시작하면 누구에게 기댑니까!
대비로 살피옵소서! 응아얍의 일체지자여!
지금 곧 저희들을 적동산으로 인도하소서!

십선의 길을 믿고 이해하며 또 행할지라도
속속히 파헤치면 팔풍[3]과 위선이 섞였고,
악행의 익음은 낌새도 모르게 슬쩍 덮치니
바르도에서 지옥 갈 때 누구에게 기댑니까!
대비로 살피옵소서! 응아얍의 일체지자여!
지금 곧 저희들을 적동산으로 인도하소서!

께마! 문득 어느 날 나의 수한이 다해
몸의 광채는 시들고 거친 숨이 쌓이고,
몸을 받치던 풍대가 흩어져 슬픔 속에
시신이 가족들과의 업 끈이 끊어질 때,
단말마의 극심한 고통이 일어나지 않고
다끼니의 영접광경이 출현하게 하소서!

---

2 이 구절의 원문은 '육바라밀의 눈은 보아도 보지 못함'을 뜻하는 '파르친둑기덴제쩨레롱(Phar phin drug gi ḥdren byed ce re loṅ)'이다.

3 팔풍(八風)은 마음의 평정을 깨트리는 이익(利)·손해(損)·영예(譽)·훼손(毁)·칭찬(稱)·비방(誹)·고통(苦)·안락(樂)의 여덟 가지 감정을 말한다.

끼휘! 땅과 물과 불, 바람과 허공 등의
오대원소가 은멸하는 상징들인 연기와
아지랑이와 반딧불, 촛불의 떨림 뒤에는
미세한 은멸차제인 현명·증휘·근득 셋,[4]

이같이 의식이 현명으로 은멸함으로써
창문 안으로 하얀 달빛이 비침과 같이
백광이 출현하고 백정(白精)은 하강하며,[5]

그 뒤 현명이 증휘(增輝)로 은멸함으로써
구름 없는 하늘에 일월식이 일어남처럼
적광이 출현하고 적정(赤精)은 상승하며,

그 뒤 증휘가 근득(近得)으로 은멸함으로써
구름 없는 하늘에 저녁 어둠이 내리듯이
흑광이 출현하고 아뢰야 속으로 혼절한다.

---

4 미세한 은멸차제는 80자성의 거친 식온(識蘊)이 원초의 정광명의 마음으로 은멸하는 과정을 말한다. 자세한 것은 12장 「법성의 바르도: 임종의 정광명의 바르도」 가운데 "첫 번째 임종의 정광명의 바르도"를 참고하기 바란다.

5 원문에는 "창문 안으로 (중략) 하강하며"까지의 두 구절과 다음 시구의 "구름 없는 하늘에 태양이 비침과 같이 (중략) 혼절한다."는 두 구절이 순서가 바뀌어서 나오나, 여기서는 일반적 은멸차제와 일치하게 고쳤다. 직메링빠의 또 다른 바르도 기원문인 "바르되뫼람공찍갸초(Bar doḥi smon lam dgoṅs gcig rgya mtsho)"에서도 이와 같이 나온다.

다시 팔식을 감싸던 지명풍이 떠남으로써[6]
잠시 혼절하다 깨어나면 원초의 정광명이[7]
출현하고, 해맑고 탁 트인 가을 하늘처럼
밝고 텅 비고 가림 없는 상태에 머무르는,
그때가 지금 사유가 끊어진 본정의 법계인[8]
조작 없이 머무는 천진한 평상의 마음이니,[9]

이것에 확신을 얻어 삼매에 머무는 힘으로
원초 법계의 투명하고 비밀스러운 공간이자,[10]
여섯 특점의 꾼뚜쌍뽀의 마음의 내계에서[11]

---

6 이 구절의 원문은 '쏙진룽걔게빠이(Srog ḥdzin rluṅ brgyad gyes pa yis)'이다. 이것은 여덟 번째 의식인 아뢰야식을 지탱하던 지명풍(持命風)이 소멸됨을 뜻한다고 본다. 참고로 쏘걀 린뽀체의 *A Great Treasure of Blessings*(RIGPA, 2004)에서는 "with the eight-fold separation of the life-supporting wind"로 옮겼다.

7 여기서 원초의 정광명은 '원초의 본래 광휘'를 뜻하는 '되매예당(gDod maḥi ye mdaṅs)"의 옮김이다.

8 이 구절은 '데체다때까닥로댈잉(De tshe ka dag lbo bral dbyiṅs)'의 옮김이다. 『족첸냥렌맨악(大圓滿道修證敎誡)』에서, "닦음을 집착하는 생각을 여읨으로써 로댈(絶慮)이며, (중략) 착란과 해탈을 여읨으로써 까닥(本淨)이다."라고 설명하였다.

9 이 구절은 '타맬쎼빠쌍까갸앤라(Tha mal śes pa zaṅ ka rgya yan la)'의 옮김이다. 『뢴쌜틱레꾼쌜(除過普明明点續)』에서, "쌍까(放下)는 상태가 조작됨이 없이 본래대로 머무름이다. 행함이 없이 갖가지로 출생함이다."라고 설명하였으며, 『족첸냥렌맨악』에서, "각성이 안을 구속하지 않음으로써 갸앤(放下)이다."라고 설하였다. 참고로 위의 같은 책에서는 "As ordinary awareness, fresh, vast and boundless"로 옮겼다.

10 이 구절은 '되매시잉낭쌜쌍왜붑(gDod maḥi gshi dbyiṅ naṅ gsal gsaṅ baḥi sbubs)'의 옮김이다.

11 이 구절은 '캐최둑댄꾼쌍공빼롱(Kyad chos drug ldan kun bzaṅ dgoṅs paḥi kloṅ)'의 옮김이며, 여섯 특점은 다음과 같다. "①아뢰야(일체의 바탕)보다 뛰어남이니, 오광명이 자연성취의 원륜(圓輪)으로 출현함으로써 아뢰야 비해 뛰어나다. ②자기에게 나타남이니, 오광명이 각성의 면전에 나타남으로써 자기에게 출현한다. ③차별을 엶이니, 오광명을 자기의 광명

한순간 견고한 해탈의 성채를 얻게 하소서!

첫 번째 정광명의 바르도에서 해탈 못하면
법성광경이 자연성취의 광명으로 은멸하여,
소리와 빛과 광선, 오불여래의 만다라 등의
여덟 은멸차제[12]의 현상이 각각 출현할 때,
법성의 바르도가 자기 현현임을 깨달은 뒤
모자광명의 합일[13]을 통해 해탈하게 하소서!

그때 소리에 놀라고 광선을 두려워하고
붓다의 형상에 겁먹고 해탈하지 못하면,
법성의 진실과 스승님의 가피에 의해서
착란의 광경들이 꿈 깨듯이 깨지는 그때[14]

으로 인식함으로써, 착란과 해탈의 갈림길을 엶으로써 차별을 엶이다. ④차별을 연 상태에서 해탈함이니, [착란과 해탈의 차별을] 열은 상태에서 확신을 얻은 뒤 성불한다. ⑤여타에 의뢰하지 않음이니, 25가지 과위법 등의 지혜와 공덕 일체가 각성 자체에 갖춤으로써 여타로부터 얻지 않는다. ⑥스스로 출현해서 머묾이니, 실제로 본지에 존재하는 붓다가 실현됨으로써 붓다가 자기 본지에 머문다."

12 여기서의 여덟 은멸차제는 의식이 은멸하는 미세한 과정을 말한다. 다시 말해, 거친 의식이 은멸하는 현명·증휘·근득 셋과 정광명의 출현을 말하는 ①의식이 허공에 은멸함, ②허공이 광명으로 은멸함, ③광명이 합일로 은멸함, ④합일이 지혜로 은멸함, ⑤지혜가 자연성취로 은멸함의 다섯을 더한 것이다. 다시 말해, 죽음의 정광명에서부터 분노존의 출현하는 법성의 바르도의 전개과정을 말한다.

13 모자광명(母子光明)의 합일은 '아이가 어머니 품에 안기듯이'를 뜻하는 '마빵부죽(Ma paṅ bu ḥjug)'의 옮김이다.

14 이 구절의 원문은 '바르도의 착란의 광경이 꿈에서 깨어남과 같은 분상에서 소멸하고'를 뜻하는 '툴빠밀람쌔빼차짬래(ḥThrul pa rmi lam sad paḥi cha tsam las)'의 옮김이다.

자연적 화신의 정토에 연꽃 속에 화생해
큰 위안과 안식을 얻고 해탈하게 하소서!

아홉 수레의 가르침을 초월하는 묘법인
외쌜족첸(광명대원만) 길에 진입한 힘으로
어느 날 원초의 법계자궁에 들어갈 때,
해탈의 상징들인 소리와 빛과 땅울림과
오부족 사리와 정맹의 존상과 화골들의
여합부절의 표상들을 성취하게 하소서!

위드야다라(持明)인 나의 충정어린 마음과
일체가 아닌[15] 법성 자체의 진리 힘으로
삼계유정과 특별히 내 인연의 뭇 생명들이,
경이롭고 환희로운 사신(四身)의 정토에서
한 무리의 붓다로 동시에 해탈하게 하소서!

15 이것은 '찌양마인빠(Ci yaṅ ma yin paḥi)'의 옮김이니, 모양과 언설 등으로 가히 그려 낼 수 없는 일체를 초월한 법성의 상태를 말한다고 본다.

2 바르도 정념해탈(正念解脫)의 기원문[1]

나모 마하무드라야!

일체법이 환상(幻相)과 같음을 통달해서
부정한 환상에서 해탈하여 진구를 여읜,
청정한 몸을 얻어 환상 같은 중생들을
인도하는 환상 같은 불신에 귀의합니다!

환상의 몸을 가진 구원자인 당신께선
환상에 홀려 사는 저와 같은 중생들이,

---

1 이 기원문의 원제는 "바르돼쏠뎁(Bar doḥi sgol ḥdebs)"이며, 저자는 까귀빠의 고승 꾼가뺀조르(Kun dgaḥ dpal ḥbyor)이다. 『까귀섈된꾼창(噶居派念誦及儀軌經集)』(西藏, China: 서장인민출판사, 1997)에서 발췌하다.

환상의 광경에 홀림을 당하지 않으며
환상의 참모습을 깨닫도록 가지하소서!

덧없는 환상의 이 육신을 벗어던질 때
탐욕과 분노, 애착의 넝쿨을 모두 끊고,
마음을 조작 없는 본래 상태에 안치하여
죽음을 해탈의 길로 삼도록 가지하소서!

임종 시 외적 현상들이 소멸하는 법인
눈 등의 다섯 감관이 차례로 은멸하여,
색 등의 다섯 대경에 하나씩 소멸할 때
은멸차제의 실상을 깨닫도록 가지하소서!

지·수·화·풍 사대원소가 의식으로 은멸하고
몸의 원기가 고갈하고 입과 코가 마르며,
온기가 흩어지고 숨이 차고 거칠어질 때
단말마를 해탈의 길로 삼도록 가지하소서!

의식이 광명으로 은멸하여 호흡이 끊기고
내호흡이 남아 있는 네 찰나의 시간 동안,
현명과 증휘, 근득과 정광명이 출현하는
은멸과정의 실상을 깨닫도록 가지하소서!

현명의 내적 현상은 푸른 연기 외적 표상은

하얀 달빛의 비침 같고, 분노에서 생겨난,
33자성분별(自性分別)의 마음이 소멸할 때
밝은 억념과 희원을 잊지 않게 가지하소서![2]

증휘의 내적 현상은 반딧불에 외적 표상은
붉은 해가 떠오름 같고, 탐욕에서 생겨난,
40자성분별(自性分別)의 마음이 소멸할 때
정지정념으로 그것을 인식토록 가지하소서!

근득의 내적 현상은 불꽃의 타오름 같으며
외적 표상은 라후에 가린 어두운 하늘 같고,
우치에서 생겨난 7자성분별이 소멸할 때
바른 억념으로 그것을 인식토록 가지하소서!

네 번째 죽음의 정광명이 문득 밝아올 때
내적 현상은 구름 없는 가을하늘과 같고,
외적 표상이 여명의 하늘처럼 밝아올 때
모자광명의 합일을 실현토록 가지하소서!

정광명에 안주 못해 의식이 떠나게 되면
배꼽과 미간과 정수리, 콧구멍과 귓구멍,

---

2 이 구절은 '쌜당댄뒨톡빠르진기롭(gSal daṅ dran ḥdun thogs par byin gyis rlob)'의 옮김이다.

눈과 요도, 항문과 입의 아홉 문을 막고
정수리의 한 문(門)만 열도록 가지하소서!

욕계와 색계, 무색계와 야차와 인비인과
인간과 축생, 지옥과 아귀 등에 태어나는,
자궁의 문을 막고 공행의 정토로 떠나게
위라와 다끼니가 맞이하도록 가지하소서!

혹여 의식이 바르도의 상태에 떠돌게 되어
자신의 죽음을 알지 못하고 가족과 친구와,
접촉하길 원하여도 대답이 없어 낙심할 때
탐착과 분노의 넝쿨을 끊도록 가지하소서!

감각기관이 완전하고 업보의 신통을 지니고
금강보좌와 어머니 자궁을 제외한 수미산과,
세상의 모든 사물들을 걸림 없이 통과할 때
그들 모두가 환상임을 깨닫도록 가지하소서!

해와 달은 뜨지 않고 몸에는 그림자가 없고
생각과 동시에 삼천대천을 휙 돌 수 있으며,
마음을 못 가누고 깃털처럼 바람에 날릴 때
마음을 스스로 다스릴 수 있도록 가지하소서!

음식으로 향기를 먹고 마음은 모호하고

갖가지 어지러운 생각들이 솟아나올 때,
두렵고 비통한 마음에 분노가 솟구치면
그 망상의 본색을 깨닫도록 가지하소서!

때론 기억이 극도로 또렷하게 들지라도
한순간에 몽롱해져 자신이 살아 있는지,
죽었는지 구분 못해 의심이 일어날 때
내가 죽었음을 바로 알도록 가지하소서!

3일하고 반나절이 지나간 이후부턴
자신이 죽었음을 사실대로 깨달으며,
절망 끝에 새 몸을 찾아서 방황할 때
각성에 귀의함을 깨닫도록 가지하소서!

바르도를 바르도로 여실히 깨달을 때
자신을 본존으로 닦은 뒤 광명을 닦고,
다시 그 몸과 광명의 합일을 수증하여
청정한 환신이 출생하도록 가지하소서!

산이 무너지고 바다가 솟구치며 수풀이
불타고 겁풍이 몰아침과 같은 굉음들이,
천개의 벼락이 때리듯 작렬해서 놀랄 때
법성의 소리임을 깨닫도록 가지하소서!

오색광선이 현란하고 불타듯 방사하며
광명과 함께 크고 작은 빛 방울 속에서,
분노신들이 때려라! 죽여라! 소리칠 때
자기 광경과 본존임을 깨닫도록 가지하소서!

탐욕과 분노, 어리석음 셋에서 생겨난
희고 붉고 검은 빛의 험준한 절벽에서,
자신이 추락하는 환영에 깜짝 놀랄 때
착란의 자기 광경임을 깨닫도록 가지하소서!

장차 탄생하는 그곳의 몸 모습을 하고
백색과 청색, 초록과 노란색과 회색의,[3]
천상과 인간, 축생과 아귀와 지옥 등의
다섯 길을 차례로 깨닫도록 가지하소서!

아름다운 궁전에서 행복을 향수함과
오리와 소와 말들이 떠 노는 호수와,
좋은 저택과 부모님의 교합을 볼 때
탐욕과 분노, 질투가 쉬도록 가지하소서!

붉은 업풍과 비구름과 한열에 쫓겨서

---

3 원문은 '희고 붉고 노랗고 푸르고 회색 빛깔'이나, 법성의 바르도에서 출현하는 육도의 빛과 통일하였다.

굴과 바위틈, 구덩이와 나무뿌리 등에,
숨기 위해 들어가는 광경이 일어나면
비천한 자궁임을 깨닫도록 가지하소서!

살생과 불과 쇠로 된 좋은 집을 보고
기쁜 마음에 들어가려는 생각이 나면,
그 실체를 깨닫고 두렴 없는 마음으로
부정한 그곳에서 돌아오게 가지하소서!

태생과 난생은 시기와 질투를 일으키고
습생(濕生)은 냄새와 맛에 탐착을 하고,
화생(化生)이 처소에 애착을 일으킬 때
탐욕과 분노, 애착이 없도록 가지하소서!

부모 등의 탄생의 장소를 보게 될 때
탐착과 분노가 없고 환상으로 여기며,
공성을 아는 정념으로 애착함이 없이
부정한 자궁 문을 막도록 가지하소서!

자궁 문을 닫지 못해 태어나게 되면
극락세계와 도솔천궁과 동방정토나,
전륜성왕이나 바라문 등의 명문가에
염원하는 대로 태어나게 가지하소서!

탄생과 동시에 과거전생을 기억하고
대승의 큰 법을 닦는 선근을 갖추며,
대비로 이타심을 일으키고 정진해서
대보리를 신속히 얻도록 가지하소서!

불보살님의 지극한 가피의 힘과
법성의 본질이 본래로 청정함과,
또한 나의 정결한 의지의 힘으로
발원한 그대로 성취되게 하소서!

3 바르도 멸환해탈(滅幻解脫)의 기원문[1]

지존하신 스승님과 제불보살님의 발아래 정례합니다!

크고 다함없는 연민의 마음으로 저희들을 언제나 섭수하여 주시며, 금생과 후생, 바르도의 모든 착란의 환영과 두려움과 공포들이 일어날 때 해탈의 큰 안위를 베풀어 주시며, 바르도의 실상을 여실히 통달하고, 부처님의 정토에 태어나도록 가피를 내려주소서!

생사윤회의 모든 번뇌의 고통에서 구원하여 주시며, 단지 당신을 상기하는 것만으로 악도에 태어나는 비천한 자궁의 문이 닫히게 하시며, 해탈의 길을 열어 주는 은혜로운 법왕이시며, 모든 귀의처가 하나로

---

1 원제목은 "바르돼뫼람댄빼쐬뎁툴낭둥쎌(Bar doḥi mon lam dran paḥi gsos ḥdebs ḥkhrul snaṅ gduṅ sel, 中有祈願正念回生幻相衆苦消滅)"이며, 저자는 싸꺄빠의 고승 최끼로되(Chos kyi blo gros)이다. 『싸꺄샐된꾼창(薩迦派念誦及儀軌經集)』(西藏, China: 서장인민출판사, 1997)에서 발췌하였다.

모아진 최상의 인도자인 대비지존께선 저희들을 살피옵소서!

저희들이 강렬한 신해와 공손한 마음으로 몸과 마음이 하나가 되어 곡진하게 기원하오니, 금생과 후생, 바르도의 일체에서 대비로 저희들을 호념하여 주시며, 거짓 없는 진실한 귀의처인 스승님께서는 저희들을 살피옵소서!

임종 시에 사대가 흩어지는 단말마의 고통이 일어나지 않고, 투명한 의식이 각성의 본자리를 지키고, 견고한 신해와 비통한 마음으로 간절하게 기원한 그대로, 임종의 가르침을 해탈의 길로 삼도록 가피를 내려 주소서!

그와 같이 선정과 출정 뒤의 모든 때에 정지와 정념의 쇠갈고리로 보호하여 지키며, 이들 착란의 환영들이 모두 바르도의 현상임을 아는 밝은 생각으로, 삶과 죽음 그리고 바르도를 [법보화 삼신을 성취하는] 해탈의 길로 삼도록 가피를 내려 주소서!

세간의 현상계와 유정들이 그와 같이 나타날지라도 실제는 공의 본질임을 깨달은 뒤, 그것을 본존의 몸과 지혜로 변화시킴으로써, 꿈의 바르도를 해탈의 길로 삼도록 가피를 내려 주소서!

금생의 광경이 사멸하려 하면, 몸 안의 다섯 생명의 바람[2]은 차례로 은멸하고, 다섯 짜끄라[3]는 무너지고, 몸의 기력은 쇠퇴하고 말소리는 불명하고, 기억은 희미해지고 마음은 산란하고 불안하며, 몸의 감각기관

---

2 다섯 생명의 바람(五風)은 오종성불(五種姓佛)의 속성을 나타내는 지명풍(持命風)과 하행풍(下行風), 상행풍(上行風)과 등주풍(等住風), 편행풍(遍行風) 다섯을 말한다.

3 다섯 짜끄라(五脈輪)는 중맥과 좌우의 두 맥이 만나는 곳에 형성된 일종의 신경총(神經叢)으로 오풍이 머물며 각자의 역할을 수행하는 장소이다.

과 의식들이 소멸하여 오욕의 맛을 인식하지 못함과, 연기와 아지랑이, 반딧불과 촛불의 타오름 등의 사대원소가 은멸하는 현상들을 깨닫고, 임종의 세 가지 가르침[4]을 해탈의 길로 삼도록 가피를 내려 주소서!

미세한 은멸차제는 현명과 증휘, 근득 셋이니, 이와 같이 [80자성분별의] 거친 의식이 현명(顯明)으로 은멸할 때, 정수리의 하얀 보리심(白精)이 [심장을 향해] 아래로 내려감으로써 하얀 빛의 길이 [의식 속에] 출현하고, 분노에서 생긴 33가지 분별의 마음이 소멸하면[5], 그때 [사공(四空) 가운데 공(空)에 해당하는] 현명의 지혜광명을 인식해서 잡도록 가피를 내려 주소서!

그 뒤 현명이 증휘(增輝) 속으로 은멸할 때, 배꼽 속의 붉은 보리심(赤精)이 [심장을 향해] 위로 올라감으로써 붉은 빛의 길이 [의식 속에] 출현하고, 탐욕에서 생긴 40가지 분별의 마음이 소멸하면, 그때 [사공 가운데 극공(極空)에 해당하는] 증휘의 지혜광명을 인식해서 잡도록 가피를 내려 주소서!

그 뒤 하얀 보리심과 붉은 보리심이 [심장 속에서] 만나는 사이 의식을 잃어버리니, 어리석음에서 생긴 일곱 가지 분별의 마음이 소멸하여, [의식 속에 출현하는] 어두운 흑광 속에 혼절하는 그때, [사공 가운데 대공(大空)에 해당하는] 근득(近得)의 지혜광명을 인식해서 잡도록 가피를 내려 주소서!

그 뒤 근득이 죽음의 정광명으로 은멸할 때, [사공 가운데 일체공(一切空)에 해당하는] 사유를 초월한 인위(因位)의 정광명이 구름 없는 청명한 가을하늘처럼 [의식 속에] 출현할 때, 아들광명이라 부르는 도위(道位)의

---

4 임종의 세 가지 교계는 임종의 정광명을 법신으로, 바르도의 미세한 풍신(風身)을 보신으로, 탄생의 인신을 화신으로 전용하는 가르침을 말한다.

5 원문은 "탐욕에서 생겨난 40가지 분별의 마음이"이나 순서에 맞게 고쳤다.

광명[6]과 어머니의 광명으로 부르는 인위의 정광명이 만나는 모자광명(母子光明)의 합일을 이루도록 가피를 내려 주소서!

만약 그때 닦고 익힘이 부족하여 실상을 제대로 깨닫지 못하면, 곧이어 육도에 태어나는 재생의 바르도가 출현해서, [지수화풍이 실조하여 일어나는] 두렵고 무서운 네 가지 공포의 소리와 소름끼치는 험준한 세 절벽과 바르도의 여섯 가지 부정상(不定相) 등의 속절없이 겪어야 하는 갖가지 현상들이 출현할 때, 스승님과 본존과 [공성과 무아의] 정견과 수념(隨念)[7]을 통해서 청정한 다끼니의 정토에 태어나도록 가피를 내려 주소서!

만약 육도세계에 부득이 태어나게 되면, 부정한 자궁의 문을 막은 뒤 불법을 갖춘 좋은 사람 몸을 찾은 뒤, 육계(六界)[8]를 구비한 사람 몸을 받으며, 또한 탄생하자마자 곧바로 선지식을 만나고, 정법을 잘못됨이 없이 바르게 수행할 수 있도록 가피를 내려 주소서!

요약하면, 태어나는 모든 생애마다 부처님들께서 찬양하는 상사도(上士道)에 입문하여, 두 대승인 바라밀승과 진언승의 묘법들을 배우고 닦아서, 사신불(四身佛)의 과위를 실현토록 가피를 내려 주소서!

---

6 도위(道位)의 광명은 생시에 수행을 통해서 진여의 광명을 분증(分證)한 지혜를 말한다.

7 수념(隨念)은 불교도가 잊지 않고 기억해야 하는 스승님과 불·법·승 삼보 등의 여섯 가지 생각을 말하나, 여기서는 바르도에서 잊지 않고 기억해야 할 여섯 가지 생각으로 『닌다카조르』에서 다음과 같이 설하였다. "①본존을 수념함으로써 그곳[바르도]에서 본존의 존안을 친견하고, ②[생시에 닦았던 수행의] 도(道)를 수념함으로써 바르도의 법들을 제어하고, ③탄생처를 수념함으로써 하근기들이 자연적 화신의 정토에서 위안을 얻으며, ④선정들을 수념함으로써 [바르도에서] 5일간 선정에 머무르며, ⑤스승의 가르침을 수념함으로써 자기의 현현들과 불이가 됨을 누리고, ⑥견해를 수념함으로써 과거에 친숙했던 사람을 뒷날 만나자마자 알아봄과 같이 [법성의 현상들을 깨닫는] 것이다."

8 인간의 몸을 구성하는 여섯 가지 요소를 말하며, 여기에는 지·수·화·풍 사대(四大)에 맥(脈)과 명점(明点)을 더한 것을 말한다. 또는 아버지로부터 받은 뼈와 골수와 정액 셋과 어머니로부터 받은 살과 피부와 피 셋을 합한 여섯을 육계로 설하기도 한다.

4 관음보살 육자진언의 공덕과 자구 해설[1]

가. 육자진언의 의미

옴 마니 빳메(빠드메) 훔!

이 여섯 글자는 모든 부처님들의 대비의 본색이신 성관자재보살의 명주(明呪)이다. 불법의 정수인 이 육자진언은 팔만사천법문의 핵심들이 하나로 집약된 진언이며, 오종성불(五種性佛)과 비밀진언승의 모든 딴뜨라들의 정수이며, 모든 공덕의 근원이자, 모든 성취의 근본이다.

옴은 진언을 여는 창도이며, 마니는 여의보주를, 빳메(빠드메)는 연꽃을, 훔은 심금강(心金剛)의 진언종자이니, 저를 섭수하여 주소서! 라고 권청하는 말이다. 실제로 관세음보살께서 손에 여의보주와 연꽃 또는

1 원문은 "마니이게둑매팬왼(Maṇi yi ge drug maḥi phan yon)"이며, 직메타르친(Jigme Tharchin)의 『마니익둑마당바즈라구뤼팬왼라쏙(六字明呪和金剛上師呪功德等)』(Nepal, 2004)에서 요약 발췌한 것이다.

연꽃과 여의보주를 들고 계심으로써 저를 구호하소서! 라고 일컫는 것이다.

다시 말해, 성관자재보살의 오른손에는 여의보주를, 왼손에는 연꽃을 들고 계심으로써, "여의주와 연꽃을 손에 드시고"라 부르는 것이다. "아! 여의주와 연꽃을 들고 계시는 성관자재보살이시여! 저희들 모든 유정들이 각자의 마음 속에 자비와 고귀한 보리심을 일으킬 수 있도록 가피를 내려주소서!" 라고 권유하고 간청하는 것이다.

나. 육자진언 글자의 의미

옴 마니 빳메(빠드메) 훔!
이 명주를 염송하면 매우 유익하며, 염송할 때 그 의미를 잘 사유함이 필요하다. 왜냐하면, 이 진언의 여섯 글자에 내재된 뜻이 매우 심오하고 광대한 까닭이다.

옴은 아(A)·우(U)·마(Ma) 셋이 조합된 글자로서, 진언을 수습하는 수행자의 부정한 몸·말·뜻 삼문(三門)과 여래의 청정한 몸·말·뜻 삼밀(三密)을 각각 표현한다.

범부의 부정한 몸·말·뜻 셋이 여래의 청정한 몸·말·뜻 세 본질로 과연 바뀔 수가 있는가? 아니면, "이 둘이 근본적으로 서로 다른 것이 아닌가?" 하고 묻는다면, 모든 부처님들도 과거에는 지금의 우리들과 같았으며, 그 뒤 도를 닦음으로써 정각의 지위를 얻은 것이다. 불교의 가르침에서는 처음부터 모든 과실의 여윔과 모든 공덕의 갖춤을 인정하지 않는다. 이 청정한 몸·말·뜻 셋은 부정한 체성들이 점차로 버려진 뒤에 청정한 본성으로 바뀜으로써 발생하는 것이다.

또한 "이것을 어떻게 성취하는 것인가?" 하면, 이것을 닦아 얻게 만드는 길을 마니 빳메(빠드메) 훔으로 표현하고 있다.

마니는 여의보주의 뜻이니, 이것은 방편의 지분이 되는 보리심과 대비와 대자 등을 의미한다. 여의주가 빈궁을 없애는 위력을 지님과 같이, 보리심 또한 윤회와 열반의 모든 쇠락을 없애는 큰 힘을 가지고 있다. 그와 같이 여의주로 중생의 희원을 채워줌과 같이 보리심도 역시 중생의 심원을 채워 주는 것이다

빳메(빠드메)의 두 글자는 연꽃을 의미하니, 이것은 반야의 지혜를 표현한다. 연꽃이 비록 진흙 속에서 자라날지라도 진흙의 더러움에 물들지 않듯이, 반야의 지혜 또한 그 스스로 모순이 없는 절대의 경지로 들어가는 큰 힘을 가지고 있다. 만약 반야의 지혜가 없다면 일체의 모순이 일어나게 된다.

이 반야의 지혜에는 만물의 무상함을 깨닫는 지혜, 자아의 독립적 주체 또는 실체가 비어 있음을 깨닫는 지혜, 경(境)과 유경(有境) 두 가지 본질이 공한 이공(二空)을 깨닫는 지혜, 자상(自相)의 실질이 비어 있음을 깨닫는 지혜 따위의 여러 가지가 있다. 그 가운데서 근본은 공성을 깨치는 반야의 지혜인 것이다.

마지막의 훔은 마음의 본성과 별개가 아닌 불이임을 표시하니, 이것은 자심(自心)의 청정무구함을 얻는 바른 길이 반야와 방편이 둘이 아닌 하나임에 의지해서 반드시 얻게 됨을 나타낸다. 현교(顯敎)에 의하면, 이와 같은 반야와 방편의 불이는, 곧 방편으로 섭수하는 반야와 반야로 섭수하는 방편을 말하며, 비밀진언도(秘密眞言道) 또는 밀승(密乘)에 따르면, 이것은 방편과 반야의 본질이 무이무별(無二無別)함을 완전히 갖

춘 하나의 의식(意識)을 말한다. 또한 오종성불의 종자진언에 따르면, 훔은 어떤 것에 의해서도 마음이 흔들리지 않고 여여부동(如如不動)하는 아축불의 종자진언이다.

그러므로 옴 마니 빳메(빠드메) 훔 여섯 글자는 방편과 반야가 분리됨이 없는 합일의 도를 닦고 익힘에 의지해서, 자기의 부정한 몸·말·뜻 삼문이 여래의 청정한 몸·말·뜻 삼밀의 본질로 바뀜을 표시한 것이다.

이 여래의 경지는 힘들게 밖으로 추구할 필요가 없이 그것을 성취하는 원인 또는 능력이 자기 마음 가운데 내재한다고 하였다. 미륵보살께서 지은 『보성론(寶性論)』에서, "모든 유정들의 마음에는 본래로 여래의 종성이 존재한다."고 설하였다. 그러므로 붓다의 본성을 완전히 성취하는 청정한 종자인 여래장(如來藏)이 우리들 각자의 마음속에 본래 존재하는 것이다.

다. 육자진언의 염송공덕

옴 마니 빳메(빠드메) 훔!

이 육자대명주(六字大明呪)를 여법하게 염송하면, 그 이득이 무량하다고 『마니까붐(Maṇi bkaḥ ḥbum)』 등에서 누누이 설하였다. 여기서 법왕 쏭짼감뽀(Sroṅ btsan sgam po)께서 설명한 것을 요약하면 다음과 같다.

1) 육자대명주를 염송하면 육바라밀의 모든 법들을 원만히 성취한다

옴에 의해서 보시바라밀의 법들을 온전히 갖춘다. 마에 의해서 지계바라밀의 법들을 온전히 갖춘다. 니에 의해서 인욕바라밀의 법들을 온전히 갖춘다. 빳(빠드)에 의해서 정진바라밀의 법들을 온전히 갖춘다. 메에 의해서 선정바라밀의 법들을 온전히 갖춘다. 훔에 의해서 반야바라밀의 법들을 온전히 갖춘다.

2) 육자대명주를 염송하면 여섯 가지 실지(悉地)를 성취한다

옴에 의해서 최승실지(最勝悉地)를 얻는다. 마에 의해서 공통실지(共通悉地)를 얻는다. 니에 의해서 병마를 소멸하는 식멸업(息滅業)을 성취한다. 빳(빠드)에 의해서 수명과 복덕을 증장하는 증익업(增益業)을 성취한다. 메에 의해서 인간과 재물과 양식 셋에 자재하는 회유업(懷柔業)을 성취한다. 훔에 의해서 원적과 마군을 제복하는 주살업(誅殺業)을 성취한다.

3) 육자대명주를 염송하면 여섯 가지 근본번뇌를 멸한다

옴에 의해서 번뇌의 무명이 정화된다. 마에 의해서 분노가 정화한다. 니에 의해서 인색함이 정화된다. 빳(빠드)에 의해서 탐욕이 정화된다. 메에 의해서 질투가 정화된다. 훔에 의해서 교만의 장애가 정화된다.

4) 육자대명주를 염송하면 여섯 가지 공덕을 성취한다

옴에 의해서 관자재보살의 미묘한 색신을 얻는다. 마에 의해서 관자재보살의 미묘한 어음(語音)을 얻는다. 니에 의해서 관자재보살의 미묘한 마음을 얻는다. 빳(빠드)에 의해서 관자재보살의 미묘한 공덕을 얻는다. 메에 의해서 관자재보살의 미묘한 사업을 얻는다. 훔에 의해서 관자재보살의 모든 사업을 성취한다.

5) 육자대명주를 염송하면 오도(五道)와 일체종지(一切種智)를 성취한다

옴에 의해서 자량도(資糧道)의 공덕을 얻는다. 마에 의해서 가행도(加行

道)의 공덕을 얻는다. 니에 의해서 견도(見道)의 공덕을 얻는다. 빳(빠드)에 의해서 수도(修道)의 공덕을 얻는다. 메에 의해서 무학도(無學道)의 공덕을 얻는다. 훔에 의해서 일체종지(一切種智)의 공덕을 얻는다.

이와 같이 육자대명주를 염송함으로써, 수명을 마치자마자 극락정토에 왕생하여 연꽃 속에 태어나고 불퇴전지(不退轉地)를 얻는다고 경에서 설한 것처럼, 마음이 산란함이 없이 성대비관세음을 일념으로 생각한 뒤, 가슴과 골수에서 우러나는 간절한 마음으로 육자진언을 염송하면, 위에서 설한 바의 공덕들이 어김없이 나타나게 된다.

만약 마음을 딴 곳에 팔고 육자진언을 염송하면, 설령 그렇게 무수히 행할지라도 단지 염송의 공덕이 있다는 정도에 그칠 뿐 위에서 설한 공덕들을 가히 얻지 못한다. 그러므로 마음을 딴 곳에 팔지 않고 일심으로 염송하는 법을 닦아 익혀야 한다.

5

구루 빠드마쌈바와의 자생관정문[1]

귀의

스승이며 제불여래가 집성된 화현이시며
불법승 삼보의 본질이신 연화금강존자께,
제자와 더불어 육도의 중생들은 영원토록
위없는 보리를 이룰 때까지 귀의하옵니다!(3번)

보리심의 생기

중생의 이락을 위해 보리심을 일으킨 뒤

1 이 "구루 빠드마쌈바와(蓮花生)의 자생관정문(自生灌頂文)"의 원문은 "오갠린뽀체쏠뎁찌뗀께빠(Orgyan rin po choḥi gsol ḥdebs sPyiḥi rten bskyed pa)"이며, 『빼마까탕(蓮花遺敎)』의 「부록2, 찌뗀께빠(本尊生起)」(성도, China: 사천민족출판사, 1993)에서 발췌하였다.

스승님과 붓다의 정등각을 닦아 얻은 뒤,
언제라도 일체에 수순하는 교화사업으로
모든 유정들을 해탈시키길 서약하옵니다!

칠지공양

스승과 본존과 다끼니 성중께선
청정한 이 도량으로 강림하시여,
연꽃과 일월로 아름답게 장엄한
사자의 법좌 위에 자리하옵소서!

저는 몸·말·뜻 셋을 다해 공경히 예배하옵니다!
안과 밖과 비밀의 세 공양을 풍성하게 올리옵니다!
서언의 어김과 죄장들을 숨김없이 참회하옵니다!
진언밀교의 교법을 닦고 배움을 함께 기뻐하옵니다!
중생을 성숙해탈 시키는 밀륜을 굴리길 청하옵니다!
열반에 들지 않고 길이 세상에 머무시길 청하옵니다!
깨달음의 공덕을 중생의 이락을 위해 회향하옵니다!
금강의 진실한 이취를 모든 이들이 깨치게 하옵소서!

본존의 생기

앞쪽 허공 속 오색광명의 빛 무리 속에
사자가 떠받드는 연화일월의 보좌 위에,

삼세의 모든 붓다들이 모아진 현존이자
본사이신 빠드마쌈바와(연화금강)[2]께옵서,

적정과 분노를 뜻하는 적백의 존안에
금시조 깃털을 꽂은 연화모를 쓰시고,
비단 주의(呪衣)[3]에 법복을 입으시고
오색 비단망토로 법체를 장엄하신 채,
오른손엔 불괴의 오고금강저를 들고
왼손엔 불사의 감로수 보발을 드시고,
왼쪽 팔꿈치엔 카땀가(骨杖)를 끼고서
금강 가부좌를 단엄하게 맺고 계시네!

스승님의 몸·말·뜻 삼륜(三輪)[4]에서
구루와 본존과 다끼니의 수행삼존과
무량무변한 호법과 수호성중 일체가,
나타나고 회래하는 광경이 일어난 뒤
실제처럼 나의 앞쪽에 머물러 계시네!

【 [위와 같이 관상한 뒤에 쏠뎁리우뒨마(蓮師自作七種祈願文)와 쌈빠휜둡마(心願自然

---

2 연화금강(蓮花金剛)은 구루 빠드마쌈바와의 별호로 연꽃에서 자생하신 바즈라구루(金剛上師)라는 존칭이다.

3 주의(呪衣)는 예전 진언사들이 예식을 행할 때 입던 법복의 일종이다.

4 삼륜(三輪)은 붓다의 신밀(身密)을 상징하는 정륜(頂輪)과 붓다의 어밀(語密)을 상징하는 인후륜(咽喉輪)과 붓다의 의밀(意密)을 상징하는 심륜(心輪) 셋을 말한다.

成就願文) 등을 독송한다. 그 뒤 스승의 마음을 자극하여 움직이기 위해 구루 린뽀체의 12음절 만뜨라인 '옴 아 훔 바즈라 구루 빼마 씻디 훔!'을 힘닿는 대로 염송한 뒤] 】

구루의 삼륜의 세 종자진언에서[5]
차례로 한 번씩 광명이 방사되어[6]
내 몸의 삼처(三處) 속에 녹아들어,[7]
사관정을 획득하고 사장을 정화해[8]
사도(四道)를 닦는 법기를 이루고,[9]
최후엔 성중들이 빛으로 용해되어
내 심장 속으로 녹아들고 나 또한,
빛으로 융화되어 불이를 이룬 뒤에
사유를 초월한 법신의 모습을 본다.

---

5 세 종자진언(種子眞言)은 세 맥륜 속에 있으며, 붓다의 몸과 말과 뜻 셋을 각각 상징하는 진언인 백색의 옴(Oṃ), 적색의 아(Āḥ), 청색의 훔(Hūṃ)을 말한다.

6 이 구절의 뜻은 먼저 정륜의 옴 자에서 눈부신 백색 광명이 발사된 뒤, 인후륜의 아 자에서 눈부신 적색 광명이, 심륜의 훔 자에서 눈부신 청색 광명이 차례로 발사됨을 말한다.

7 내 몸의 삼처(三處)는 곧 삼륜과 같은 곳이나 삼륜으로 부르지 않는 것은 아직 몸과 마음이 부정한 상태에 있기 때문이다.

8 여기서 사관정(四灌頂)은 보병관정(寶瓶灌頂)과 비밀관정(秘密灌頂),반야관정(般若灌頂)과 구의관정(句義灌頂)을 말하며, 사장(四障)은 업장(業障)과 번뇌장(煩惱障), 소지장(所知障)과 정장(定障)을 말한다.

9 사도(四道)는 보병관정의 도인 생기차제와 비밀관정의 도인 해탈도(解脫道)와 반야관정의 도인 방편도(方便道)와 구의관정의 도인 심밀도(深密道)의 넷을 말한다. 다시 말해, 보병관정의 도는 조분(粗分)과 세분(細分)의 두 가지 생기차제를, 비밀관정의 도는 풍금강(風金剛)의 염송과 환신(幻身)을, 반야관정의 도는 공성의 정광명을, 구의관정의 도는 쌍운(雙運)의 지금강불(持金剛佛)을 각각 닦는 것을 말한다.

회향

이러한 선근으로 저 또한 신속하게
오갠의 연화금강 존자를 성취한 뒤,
단 하나의 유정조차도 버림이 없이
당신의 경지로 속히 인도케 하소서!

【 이것은 대복장대사인 촉규르 데첸링빠(mChog ḥgyur bde chen gliṅ pa, 1829~1870)의 본존의 염송으로 행함을 이와 같이 기록하라고 말씀하셨음으로, 구루 연화금강 존자를 우러러 사모하는 시종인 지비(智悲)의 법주 빼마외쌜·도응악링빼데(Padma ḥod gsal mDo sṅags gliṅ paḥi sde, 蓮花光顯密主軍)가 기록하다. 길상원만! 】

6 바즈라 구루 만뜨라의 공덕과 자구 해설[1]

옴 아 훔 바즈라(벤자) 구루 빠드마(뻬마) 씻디 훔!
아 나자 싸마와 샤마르 가르마 바즈라 구루 데와 다끼니 훔!

스승님과 본존과 다끼니의 수행삼존께 정례하옵니다!

범속한 여인인 나 예시초걀(智海王)은 안과 밖과 비밀의 세 만다라를 성대하게 올리옵고 다음과 같이 간청하옵니다.

"오! 대아사리 구루 빠드마쌈바와(蓮花生)시여! 저희들 티베트의 모든

1 이것은 까르마 링빠의 비장 문헌 속에 들어 있으며, 원문은 "뚤꾸까르마링빠떼르죈바즈라구뤼팬왼당두델(sPrul sku karma lgiṅ paḥi gter byon Vajra guruḥi phan yon daṅ ḥbru ḥbrel)"이다. 직메타르친의 『마니익둑마당바즈라구뤼팬왼라쏙(六字明呪和金剛上師呪功德等)』에서 발췌하였다.

유정들에게 금생과 후생의 이익과 행복을 광대하게 베푸시니 참으로 그 은혜가 막중하옵니다. 당신보다 더 큰 은혜로운 자는 과거에도 없었고 미래에도 있지 않을 것입니다. 당신께서 수행의 심요를 내려 주심에 대하여 비록 저같이 소견 좁은 아녀자일지라도 또한 의심이 없습니다.

미래세의 중생들은 심사가 어지럽고 성정이 난폭하며, 정법을 바로 알지 못하고 곡해하며, 특히 지고한 비밀진언의 가르침을 훼방하게 됩니다. 그때 모든 중생들에게 질병과 기근, 도병(刀兵)의 세 가지 액란이 만연하고, 특히 인도와 티베트, 중국 세 나라는 마치 개미집이 무너지듯이 허물어지고, 티베트 민중들이 도탄에 빠지는 시절이 오게 되고, 또 그것을 방지하는 갖가지 방책들도 허다히 설하였습니다.

미래의 중생들은 수행할 여가도 없으며, 설사 좀 닦고자 마음을 낸 자들은 또한 커다란 장애를 만나게 됩니다. 유정들은 서로 화합하지 못하고, 필요한 재물과 행실들을 갖추지 못하니, 그와 같이 악한 세상은 진실로 물리치기가 쉽지 않습니다. 만약 그러한 혼탁한 세상에서 지존한 당신의 심법인 12음절의 바즈라 구루 만뜨라를 일심으로 닦으면 어떠한 공덕들이 있습니까? 미래세의 하열한 유정들의 이익을 위해서 당신께서 직접 설하여 주시길 간청합니다."

대아사리 구루 빠드마쌈바와(蓮花生)께서 대답하였다.
"아, 믿음을 갖춘 여인이여! 그대의 물음은 참으로 진실하도다! 미래의 그와 같은 시절에 [바즈라 구루 만뜨라를] 닦는 중생에게는 현생에서뿐만 아니라 구경에 이르기까지 반드시 공덕이 있게 된다. 이미 나는 무량한 수행의 구결들과 행법들을 지복장(地伏藏)과 수복장(水伏藏)과 암복장(岩伏藏)과 허공복장(虛空伏藏) 등을 통해서 허다하게 은닉하였으니, 그와 같은 악세에는 법연을 지닌 자들 또한 방편의 인연을 갖추기가 지극히 어려우니, 그것은 중생들의 복덕이 소진한 표상이다.

그렇지만, 그러한 시절에도 나 바즈라구루(金剛上師)의 정수인 이 진언을, 성지와 사원, 산정과 강변이나, 신귀(神鬼)와 이매(魑魅) 등이 출몰하는 길거리 등지에서, 서언을 준수하는 진언사나 율의를 수호하는 출가자나 또는 신심이 돈독한 거사나 현숙한 여인 등이 크게 보리심을 발한 상태에서, 백번 천번 만번 또는 십만 번 천만번 일억 번 등을 힘닿는 대로 염송한다면, 그 공덕과 증험이 불가사의하다.

그 지역 전체에 질병과 기근, 도병의 셋과 전쟁과 흉년, 흉조와 이변 등의 일체가 소멸하고, 비와 바람이 유순하고 풍년이 들고, 가축이 번성하며 길상하고 태평하게 된다. 또 금생과 후생과 바르도(中陰)의 세 험로에서 상근은 실제로, 중근은 마음의 느낌 속에, 하근은 꿈속에서 나와 자주지주 만나게 되며, 십지(十地)와 오도(五道)를 차례로 섭렵한 뒤, 짜마라(拂塵洲)의 적동산(赤銅山)에 있는 빠드마위마나(蓮花光)의 정토에서 남녀의 위드야다라(持明)의 대열에 참여하게 됨은 의심할 여지가 없다.

만약 날마다 100회씩 끊임없이 염송하면 또한 타인이 즐거워하게 되고, 재물과 식량 등의 가산이 어려움 없이 모여든다. 천 번 또는 만 번을 염송하면 타인의 위세를 제압하고, 가피와 주력 등을 막힘없이 성취한다. 십만 번과 천만 번을 염송하면 삼계를 제복하고, 천상과 인간, 용들의 세계를 조복하고, 신귀(神鬼)를 복종시켜 부리고, 사업(四業)의 일체를 걸림 없이 획득하고, 모든 유정들을 위하여 발원하는 바대로 무량한 이타의 선행들을 행할 수 있게 된다.

만약 3천만 번 또는 7천만 번 등을 염송하면 삼세의 붓다들과 분리됨이 없고, 또한 나와 분리됨이 없어서 천룡팔부의 일체가 복종하고 찬양하며, 무엇을 분부하던 그 일들을 성취하게 된다. 또한 상근은 이생에서 무지개의 몸을 얻고, 중근은 임종의 순간에 모자광명(母子光明)의 합일을 이루며, 하근은 바르도의 상태에서 나의 모습을 본 뒤 바르도의 환상들이 자연히 소멸하고, 응아얍의 정토에 태어난 뒤 무량한 이타의 사업을 행하게 된다."

예시초걜이 다시 여쭈었다. "대아사리시여! 그와 같은 무량한 공덕과 증험을 널리 설하여 주시니 은혜가 참으로 크옵니다. 미래세의 유정들의 이익을 위해서 바즈라구루 진언의 자구(字句)를 해설한 공덕과 신력이 무량할지라도, 그것을 간략하게 설명해 주시길 간청하옵니다."

아사리께서 다음과 같이 답하였다. "오, 착한 여인이여! 이 바즈라 구루의 진언은 나 혼자만의 정수가 아니니, 이것은 모든 본존들과 사부(四部) 딴뜨라와 구승(九乘)의 교법과 팔만사천법문의 생명이자, 삼세의 모든 여래들과 스승과 본존과 다끼니와 호법과 수호신들의 정수가 여기에 모두 갈무리되어 있다.

그 이유가 어떤 것인가 하면, 이제 그것을 설하고자 하니 그대는 잘 경청해서 마음에 기억도록 하라! 염송토록 하라! 서사토록 하라! 미래의 유정들에게 열어 보이도록 하라!

1) 삼밀(三密)과 오불(五佛)의 정화임

옴 아 훔 바즈라 구루 빠드마 씻디 훔!

옴 아 훔은 여래의 신밀(身密)·구밀(口密)·의밀(意密) 세 가지의 정수이며, 바즈라(벤자)는 금강부족(金剛部族)의 정수이며, 구루는 보생부족(寶生部族)의 정수이며, 빠드마(빼마)는 연화부족(蓮花部族)의 정수이며, 씻디는 갈마부족(羯磨部族)의 정수이며, 훔은 여래부족(如來部族)의 정수이다.

2) 삼신(三身)과 이담(本尊)과 위드야다라(持明)의 생명임

옴 아 훔 바즈라 구루 빠드마 씻디 훔!

옴은 오불(五佛)의 원만한 수용의 갖춤을, 아는 법신의 불변성을 갖춤을, 훔은 화신이 구루에게 갖춰짐을, 바즈라(벤자)는 헤루까(飮血金剛)의 성중들의 갖춤을, 구루는 스승과 위드야다라(持明)의 성중들의 갖춤을, 빠드마(빼마)는 다까(空行)와 위라(勇士)의 성중들의 갖춤을, 씻디는 재신(財神)과 복장물(伏藏物)을 수호하는 모든 선신들의 생명을, 훔은 모든 호법 성중들의 생명을 뜻한다.

3) 삼장(三藏)과 모든 딴뜨라들의 생명임

옴 아 훔 바즈라 구루 빠드마 씻디 훔!

옴 아 훔은 삼부(三部) 딴뜨라의 생명을, 바즈라(벤자)는 율장(律藏)과 경장(經藏) 두 가지의 생명을, 구루는 아비달마(對法藏)와 끄리야딴뜨라(事續) 두 가지의 생명을, 빠드마(빼마)는 우빠딴뜨라(行續) 와 요가딴뜨라(瑜伽續) 두 가지의 생명을, 씻디는 마하요가(大瑜伽)와 아누요가(隨類瑜伽)

두 가지의 생명을, 훔은 대원만(大圓滿)의 아띠요가(最極瑜伽)의 생명을 뜻한다.

4) 삼독(三毒)과 오독(五毒)을 정화함

옴 아 훔 바즈라 구루 빠드마 씻디 훔!

옴 아 훔은 삼독(三毒)에서 생겨난 장애가 깨끗하게 됨을, 바즈라(벤자)는 분노에서 생긴 장애가 깨끗하게 됨을, 구루는 교만에서 생긴 장애가 깨끗하게 됨을, 빠드마(빼마)는 탐욕에서 생긴 장애가 깨끗하게 됨을, 씻디는 질투에서 생긴 장애가 깨끗하게 됨을, 훔은 번뇌에서 생긴 장애가 깨끗하게 됨을 뜻한다.

5) 삼신(三身)과 오지(五智)를 성취함

옴 아 훔 바즈라 구루 빠드마 씻디 훔!

옴 아 훔은 법·보·화 삼신의 성취를, 바즈라(벤자)는 대원경지의 성취를, 구루는 평등성지의 성취를, 빠드마(빼마)는 묘관찰지의 성취를, 씻디는 성소작지의 성취를, 훔은 지혜에서 형성된 일체[법계체성지]의 성취를 뜻한다.

6) 선악의 신귀들을 제압함

옴 아 훔 바즈라 구루 빠드마 씻디 훔!

옴 아 훔은 선신과 악신과 인간 셋을 제압함을, 바즈라(벤자)는 건달바와 화신(火神)의 귀물들의 제압을, 구루는 염라왕과 나찰의 귀물들의 제압을, 빠드마(빠마)는 수신(水神)과 풍신(風神)의 귀물들의 제압을, 씻디는 야차와 왕댄(dbaṅ ldan, 自在天)의 귀물들의 제압을, 훔은 요성(妖星)과 지신(地神)의 귀물들을 제압함을 뜻한다.

7) 육바라밀과 사업(四業)을 성취함

옴 아 훔 바즈라 구루 빠드마 씻디 훔!

옴 아 훔은 육바라밀의 성취를, 바즈라(벤자)는 모든 식멸업(息滅業)의 성취를, 구루는 모든 증익업(增益業)의 성취를, 빠드마(빠마)는 모든 회유업(懷柔業)의 성취를, 씻디는 모든 사업의 성취를, 훔은 모든 주살업(誅殺業)의 성취를 뜻한다.

8) 세간의 모든 저주를 물리침

옴 아 훔 바즈라 구루 빠드마 씻디 훔!

옴 아 훔은 사문과 뵌교도의 저주를 물리침을, 바즈라(벤자)는 지혜의 신중들의 저주를 물리침을, 구루는 팔부신중들의 저주를 물리침을, 빠드마(빠마)는 세속신귀들의 저주를 물리침을, 씻디는 용과 지신의 저주를 물리침을, 훔은 신귀와 인간 세 가지의 저주를 물리침을 뜻한다.

9) 오독(五毒)의 마군을 파괴함

옴 아 훔 바즈라 구루 빠드마 씻디 훔!

옴 아 훔은 오독(五毒)의 마군을 파괴함을, 바즈라(벤자)는 분노에서 생긴 마군의 파괴를, 구루는 교만에서 생긴 마군의 파괴를, 빠드마(빼마)는 탐욕에서 생긴 마군의 파괴를, 씻디는 질투에서 생긴 마군의 파괴를, 훔은 신귀(神鬼)와 인간 세 가지의 마군의 파괴를 뜻한다.

10) 삼근본(三根本)의 실지를 얻음

옴 아 훔 바즈라 구루 빠드마 씻디 훔!

옴 아 훔은 몸·말·뜻 삼업의 실지(悉地)를 성취함을, 바즈라(벤자)는 정맹(靜猛)의 본존들의 실지를 성취함을, 구루는 위드야다라(持明)와 스승의 실지를 성취함을, 빠드마(빼마)는 다까(空行)와 호법신의 실지를 성취함을, 씻디는 최승과 공통 두 가지 실지를 성취함을, 훔은 모든 심원의 실지를 다 얻음을 뜻한다.

11) 오불(五佛)의 정토에 왕생함

옴 아 훔 바즈라 구루 빠드마 씻디 훔!

옴 아 훔은 본초의 법계정토로 왕생함을, 바즈라(벤자)는 동방의 환희세계로 왕생함을, 구루는 남방의 길상세계로 왕생함을, 빠드마(빼마)는 서방위 극락세계로 왕생함을, 씻디는 북방의 묘업세계로 왕생함을, 훔은 중앙의 부동세계[밀엄찰토(密嚴刹土)] 로 왕생함을 뜻한다.

12) 위드야다라(持明)를 성취함

옴 아 훔 바즈라 구루 빠드마 씻디 훔!

옴 아 훔은 삼신(三身)의 위드야다라(持明)의 성취를, 바즈라(벤자)는 보살지(菩薩地)에 머무는 위드야다라의 성취를, 구루는 수명자재의 위드야다라의 성취를, 빠드마(빠마)는 마하무드라(大印)의 위드야다라의 성취를, 씻디는 임운성취의 위드야다라의 성취를, 훔은 이숙(異熟)의 비드야다라의 성취를 뜻한다.

옴 아 훔 바즈라 구루 빠드마 씻디 훔!

이 바즈라 구루의 만뜨라를 1회 염송하는 공덕은, 만일 이것에 형상이 있다면 남섬부주도 오히려 그릇이 작아서 담지 못한다. 이것을 보고 듣거나 기억하는 모든 유정들은 남녀의 지명자(持明者)의 대열에 반드시 참여하게 된다. 거짓과 기만이 없는 이 바즈라 구루의 진언을 염송해서 무엇을 소망하든 설한 바대로 성취하지 못한다면, 나 빠드마쌈바와(蓮花生)가 중생을 기만한 것이 아니겠는가? 결단코 속임이 없으니 설한 바대로 성취하리라!

가히 염송하지 못하면 [지붕 위의] 당간(幢竿)의 꼭대기에 매어 달도록 하라! 바즈라 구루 만뜨라의 진실한 성음의 바람을 쏘이는 유정들은 반드시 해탈하게 된다. 여기에는 어떠한 추호의 의심도 없다! 또는 흙과 나무와 바위 위에다 진언을 새긴 뒤 축복가지를 행한 뒤 길가에 놓도록 하라! 단지 그것을 보는 것만으로도 질병과 마장과 장애가 소멸하며, 그 땅에 거주하는 귀신들이 횡행하지 못한다.

또한 깨끗한 푸른 딱지(紺紙)에다 금물로 서사해서 몸에 지니면, 사귀와 이매가 해악을 끼치지 못하고, 임종한 뒤 시신에서 떼어내지 않고 화장을 하면 무지개가 현란하게 뜨고, 극락정토에 반드시 왕생하게 된다.

이 바즈라 구루 만뜨라를 서사하고 독송하는 공덕은 한량이 없다. 미래의 중생들을 위해서 기록한 뒤 은닉하라! 또한 법연 깊은 선근자와 만나지이다! 싸마야! 갸! 갸! 갸! 사견을 품은 자들에겐 비밀로 봉인하라! 갸! 갸! 갸! 서언을 지키는 자들에겐 부촉하라! 갸! 갸! 갸!”

7 해탈을 위한 다라니들의 모음[1]

1) 들음과 접촉을 통한 해탈 다라니

거룩한 무명의 어둠을 멸하는 보살님께 정례하옵니다!

미래의 중생들의 이익을 위하고, 현재의 티베트 국왕과 신민들이 문사수(聞思修) 셋을 닦는 등의 각고정진이 필요 없이, 악도에 들어가는 자궁의 문을 파괴한 뒤, 제불의 정토에 태어나 해탈하는 신묘한 방편이 있다. 이것을 나 빠드마쌈바와(蓮花生)가 보타낙가의 궁전에서 대비 관자재보살님께 청하여 들었다. 지금 이 법회의 수습을 마치는 산회의 법연에서, 단지 들어서 해탈하고 접촉해서 해탈하는 법을 설하고자 한다. 그

1 원명은 "툭제첸뽀마릭문쎌래퇴돌초르와랑돌(Thugs rje chen po ma rig mun sel las thos grol tshor ba raṅ grol)"이다. 글 뜻은 '대자대비[관세음보살]의 무명의 어둠을 멸함 가운데서 들어서 해탈하고 접촉해서 스스로 해탈하는 법'이다.

러므로 티베트의 군신과 백성들은 잘 경청토록 하라. 이 해탈의 법에는 추호의 의심도 없도다!

옴 아 훔 흐리 옴 마니 빳메 훔 옴 바이로짜나 훔 악쇼브야 라뜨나쌈바와 아미데와 아목가씻디 훔 빠드마하 마하 아목가 빠쌰 싸하얌 싸마야 흐리 얌 짜라짜라 훔 나모 바가와떼 아르야 아왈로께쓰와라야 보디싸뜨와야 마하싸뜨와야 마하까루니까야 씻디만따야니 쓰와하.

곡조가 미려하고 소리가 청아한 이 가송을, 발심을 마친 유가사가 모든 사람들이 들을 수 있는 장소에서 낭송하면, 이 가송을 듣는 모든 유정들이 의심할 바가 없이 해탈하게 된다고 설한 이것을, 나 예시초걜(智海王)이 문자로 기록해서 비장하다. 뒷날 법연을 갖춘 선근자와 만나지이다! 싸마야! 갸! 가! 갸! 떼르갸! 배갸! 때갸! 싸마야! 갸! 갸! 갸! 따 타 다 둘!

【 나 캄(Kham) 지방의 사람 니마닥빠(Ñi ma grags pa, 日稱)가 서부 티베트의 망윸(Maṅ yul) 지방의 잠띤쭉락캉(慈雲寺)에서 발굴하여 모시다. 또한 캄(Kham)의 구루 빠드마쌈바와(蓮花生)의 수행처소인 씬모종(Srin mo rdzoṅ)의 검은 동굴에서, 감지(紺紙)에 금자로 기록된 원본에서 경신(庚申)년 장력(藏曆) 6월에 옮겨 적다. 】

2) 악취와 죄장을 정화하는 다라니들

일체악취정화왕불(一切惡趣淨化王佛)의 모든 악취를 정화하는 다라니

옴 나모 바가와떼 싸르와 두르가띠 빠리 쇼다나 라자야 따타가따야 아르하떼 삼약쌈붓다야.

따댜타, 옴 쑈다네 쑈다네 싸르와 빠빠 비쑈다네, 쑷데 비쑷데, 싸르와 까르마 아와라나 비쓔데 쓰와하.

【이 진언을 일곱 번 염송하면 모든 유정들의 죄장과 습기가 깨끗하게 된다.】

금강부동불(金剛不動佛)의 모든 악취를 정화하는 다라니

나모 라뜨나 뜨라야야 옴 깜까니 깜까니 로짜니 로짜니 뜨로따니 뜨로따니 뜨라싸니 뜨라싸니 쁘라띠하나 쁘라띠하나 쌀와 까르마 빠람빠라니메 싸르와 싸뜨와 난짜 쓰와하.

【이 진언을 정수와 모래 등에 21번 염송한 뒤 사자에게 뿌려준다.】

모든 죄장을 정화하는 다라니

옴 꾸마라 루빠 다라니 비쓰와 쌈바와 아갓차 아갓차, 라구라구 바룸바룸 훔훔, 지나지가 만주쓰리예 따라야맘 싸르와 두케 뱌 팻팻 싸마야 싸마야 아미뜻바와 빠빰 메나싸야 쓰와하.

【이것을 염송하면 죄업의 쌓임이 수미산과 같을지라도 깨끗하게 된다.】

육식의 죄업이 생기지 않게 하는 다라니

쌈바라 옴 쁘라바라 쓰와하 옴 아비라 케짜라 훔

【이것을 일곱 번 염송한 뒤 살과 뼈에다가 진언을 불어넣으면 죄가 생기

지 않는다고 『문수사리근본의궤경』에서 설하였다.】

발에 밟혀 죽은 모든 생명들이 해탈하는 다라니

옴 케짜까나 옴 아비라 훔 카짜람.

【이것을 108번 염송하면 발아래 밟혀 죽은 모든 생명들이 해탈의 종자를 얻는다고 『문수사리근본의궤경』에서 설하였다.】

회향다라니

옴 쓰마라 쓰마라, 비마나 쓰까라 마하자와 훔.

【이것을 염송하게 되면 법계에 회향된다.】

모든 다리니들이 일억 배가 되게 하는 진언

옴 두루 두루 자야 무케 쓰와하.

【이것을 먼저 일곱 번 염송하게 되면, 그 날 무엇을 염송하든 그것이 일억 배로 늘어난다고 짜끄라쌈바라와 깔라짜끄라 딴뜨라에서 설하였다.】

옴 흐리 빠드마 니르띠 쓰와리 훔훔 펫 하누 바싸빠라 흐리다.

【무엇을 염송하든 그 끝에 이것을 염송하면, 그것이 일억 배로 늘어난다고 『연화환망경』과 『빠드마무꾸따』 딴뜨라에서 설하였다.】

8 육도윤회도의 해설

1) 개요

육도윤회도(六道輪廻圖)는 티베트어로 "씨빠콜로(윤회의 수레바퀴)"이다. 모두 네 겹의 원으로 구성된 생사윤회의 수레바퀴를 죽음의 왕이라 부르는 염라대왕이 커다란 입과 쇠갈퀴 같은 양손과 두 발로 꽉 움켜잡고 있다. 이것은 삼계육도의 중생들이 윤회에서 해탈하지 못하면 나고 죽는 길 밖에 다른 길이 없음을 표시하고, 중생들이 업과 번뇌의 힘에 의해서 수레바퀴처럼 육도세계를 끝없이 돌고 도는 것을 나타낸다.

2) 성립 배경

이 육도윤회도가 그려지게 된 역사적 배경은 다음과 같다. 석가모니 부처님께서, "비구들이여, 이것은 괴로움의 진리인 고제(苦諦)이며, 이것은 괴로움을 일으키는 원인인 집제(集諦)이며, 이것은 괴로움이 소멸한 진리인 멸제(滅諦)이며, 이것은 괴로움을 없애는 길인 도제(道諦)이다."라고 말씀하셨듯이, 부처님께서 친히 사부대중에게 사성제(四聖諦)의 가르침을 누누이 가르쳐 보이심과 후세의 중생들 또한 사성제의 가르침을 알고 알지 못함의 차이를 바르게 인식하는 것이 매우 중요함을 관찰하시고, "법당의 문 입구와 승방 등에 그려 놓고 또한 널리 전파하도록 하라."고 말씀하심에 따라서, 사제의 진리를 순차와 역순으로 표현하여 윤회와 해탈의 길을 드러내 보인 것이다.

3) 내용 설명

이 육도윤회도는 모두 네 겹의 동그라미로 이루어졌다.
첫 번째, 중앙에 있는 작은 동그라미 가운데 그려진 비둘기와 뱀, 돼지 셋이 서로의 꼬리를 입에 물고 있는 것은, 차례로 탐·진·치 삼독의 번뇌를 표시함과 동시에, 이 삼독이 서로를 의지해서 일어나고, 생사윤회를 일으키는 근본임을 나타내 보였다.

두 번째, 흑백의 동그라미는 먼저 좌우로 구분한 뒤, 오른쪽은 흰색으로, 왼쪽은 검은 색으로 그렸다. 이것은 각각 선업과 악업 둘을 표시하고, 선악의 두 가지 업이 앞의 삼독과 동무가 되어 윤회를 낳는 것임을 표시하였다. 오른쪽에 그려 놓은 아름다운 남녀의 모습과 왼쪽에 그려놓은 흉한 모습의 남녀와 동물들은 선취와 악취에 태어나는 바르도의 중생들 모습을 각각 나타낸다.

세 번째, 육도를 표시하는 동그라미는 크게 위아래로 구분한 뒤, 위쪽은 선취를, 아래쪽은 악도를 표시하였다. 위쪽은 다시 셋으로 구분하여, 가운데 공간은 천상세계를, 오른쪽은 아수라세계를, 왼쪽은 인간세계를 표시하였다. 본래 인도에서 전승되는 육도윤회도에는 천신과 아수라 세계를 하나로 묶어서 표시하였으나, 뒷날 티베트에서 이 둘을 각각 구분하게 되었다.

아래쪽 역시 셋으로 구분하여, 가운데 공간은 지옥세계를, 오른쪽은 아귀세계를, 왼쪽은 축생세계를 각각 표시하였다. 또한 각 세계마다 그 세계를 교화하는 여섯 부처님들을 안치하고, 각 세계의 특징들을 그려놓았다. 그러나 오늘날 대부분의 육도윤회도와 마찬가지로 이 윤회도에서는 그 내용이 제대로 표현되지 않고 있다.

참고로 육도세계를 구제하시는 여섯 부처님들의 명호는 다음과 같다. 천상계의 붓다는 사성제를 설법하는 상징으로 손에 비파를 들고 계시는 인드라 샤따그라뚜(帝釋王佛)이며, 아수라계의 붓다는 전쟁의 고통을 막아주는 상징으로 손에 갑옷과 칼을 들고 계시는 웨마찟뜨라(淨心如來)이며, 인간계의 붓다는 탐욕의 버림을 상징하는 표시로 손에 발우와 석장을 들고 계시는 싸까씽하(釋迦獅子)이며, 축생계의 붓다는 무명과 우치를 없애는 상징으로 손에 경전을 들고 계시는 두르와씽하(獅子善住佛)이며, 아귀계의 붓다는 기갈의 고통을 없애는 상징으로 손에 보함을 들고 계시는 즈왈라무카(火焰口佛)이며, 지옥계의 붓다는 한열의 고통을 없애는 상징으로 손에 불과 물을 들고 계시는 다르마라자(法王佛)이다.

네 번째, 바깥의 동그라미는 생사윤회의 근본인 12연기를 상징하는 12개의 공간으로 구획한 뒤에 시계방향으로 12연기의 지분들을 상징하는 그림들을 각각 그려 놓았다.

첫 칸에는 눈먼 늙은이를 그려 놓아서 순차의 12연기의 시초가 되는 무명(無明)을 표시하였다. 이것은 앞을 보지 못하는 장님이 갈 곳을 모르고 헤매듯이 무명에 덮인 중생들도 해탈의 길을 모르고, 삼계 속을 방황하며 온갖 생사의 괴로움을 받는 것을 장님에다 비유하였다. 그러한 까닭에 첫 칸은 무명을 상징하는 축생계 곁에서 시작한다.

둘째 칸에는 도공을 그려서 행(行)을 표시하였다. 도공이 흙으로 갖가지 그릇들을 만들어내듯이, 중생들 역시 갖가지 선악의 업을 지어서 삼계에 윤회하면서 갖가지 몸을 받는 것을 도공에 비유하였다.

셋째 칸에는 창문이 여섯 개 달린 집 안에 한 마리 원숭이를 그려서 알음이(識)를 표시하였다. 이것은 원숭이가 여섯 창문을 통해서 바깥을 내다보듯이 알음이도 눈 코 등의 여섯 감각기관을 통해서 바깥의 여섯 대경을 인식함으로써 알음이를 원숭이에 비유하였다. 그러나 이 그림에서는 침상에서 잠자는 사람을 그려 놓았다.

넷째 칸에는 뗏목을 그려서 명색(名色)[1]을 표시하였다. 뗏목의 운행에 필요한 노(櫓) 등의 도구들이 완비되면 물을 건너갈 수 있듯이, 명색을 갖춤으로써 세상에 태어나게 되고, 그렇지 못하면 윤회세계에 태어나서 삶을 영위하지 못함으로 명색의 갖춤을 뗏목에다 비유하였다.

다섯째 칸에는 빈집을 그려서 여섯 감관을 뜻하는 육입(六入)[2]을 표시하였다. 빈집을 밖에서 보면 안에 사람이 있는 것처럼 보여도 실제로는 아무도 없듯이, 비록 육입인 여섯 감각기관이 성립되면 그 속에 마음

---

1 명색(名色)은 정신과 물질이 하나로 결합한 몸을 말한다. 명(名)은 곧 느낌(受)·헤아림(想)·궁굴림(行) 등과 눈 알음이(眼識)에서 말나식(末那識)에 이르는 일곱 가지 알음이(識)들을 포함하는 정신적 요소들인 식온(識蘊)을 말하며, 색(色)은 땅·물·불·바람 등의 물질 요소들인 색온(色蘊)을 말한다. 여기서는 임신 첫 주의 상태인 흡사 끓인 우유에 생기는 엷은 까풀 같은 모양의 응락(凝酪)이라 부르는 태위(胎位)의 깔랄라(Kalala)가 색온이 된다.

2 육입(六入)은 감촉을 받아들이는 눈 감관(眼根) 등의 몸의 여섯 감관인 육근(六根)을 말한다. 이 여섯 감관은 감촉을 받아들이는 뜻에서 입(入)으로, 알음이(識)를 일으키는 장소인 까닭에 처(處)로 번역하기도 한다. 그래서 쫑카빠의 『람림첸모(보리도차제광론)』에서, "명색(名色)이 이루어지면, 몸의 근본이 성취된 것이며, 육입(六入)이 이루어지면, 몸의 특성이 성취돼서 [바깥 대경을] 받아 누리는 자가 이루어진다."고 설명하였다.

이 존재하는 것처럼 보일지라도, 제일의의 분상에서는 마음이 성립하지 않는다. 그래서 여섯 감각기관들을 갖춘 몸이 실제로는 빈집과 같음을 비유하였다.

여섯째 칸에는 포옹하고 있는 남녀를 그려서 촉(觸)[3]을 표시하였다. 남녀가 포옹하고자 하면 서로 만남이 필요하고, 만약 만나지 못하면 접촉이 생기지 않듯이, 촉도 여섯 대경(六境)과 여섯 감관(六根), 여섯 알음이(六識) 셋이 서로 만남으로써 발생한다. 그래서 촉을 남녀의 포옹에 비유하였다.

일곱째 칸에는 눈에 화살을 맞은 사람을 그려서 수(受)를 표시하였다. 눈에 화살을 맞으면 곧바로 느낌이 생겨서 아픔을 받듯이, 느낌도 좋고 나쁘고 좋지도 나쁘지도 않은 셋 가운데 어느 하나를 만나면 바로 그것을 느끼게 된다. 그래서 수를 화살 맞은 눈에 비유하였다.

여덟째 칸에는 술 마시는 사람을 그려서 애(愛)를 표시하였다. 술을 좋아하면 아무리 마셔도 만족을 모르고 계속 술 생각이 나듯이, 갈애(渴愛)도 그와 같아서 아무리 즐겨도 채워지지 않고 계속 일어난다. 그래서 애를 술 마시는 사람에 비유하였다.

아홉째 칸에는 원숭이가 과일을 따는 것을 그려서 취(取)를 표시하였다. 이것은 나무에 올라가 과일 맛을 보고 나면 그 맛에 끌려서 모든 과일을 따서 가지려고 한 것과 같이, 어떤 대상을 사랑하게 되면 마침내는 그것을 가지려고 노력하게 된다. 그래서 취를 과일을 따는 것에 비유하였다.

열째 칸에는 아이를 잉태한 산모를 그려서 유(有)[4]를 표시하였다.

---

3 촉(觸)은 몸 감관(根)과 바깥 사물(外境)과 몸 알음이(識) 셋이 만나서 일으키는, 좋고 나쁨과 좋지도 나쁘지도 않은 세 가지 경계를 가려내는 작용을 말한다.

4 유(有)는 취(取)의 영향으로 몸·말·뜻 셋을 통해서 다음 생(後生)을 실제로 일으키는 업의

비유하면, 9개월 10일이 지난 산모가 출산의 조건을 갖추면 실제로 아이를 낳음과 같이, 유의 인연이 다음 생을 낳는 업력이 되고, 다음 생을 실제로 성립시킨다. 그래서 유를 산모에 비유하였다.

열한 번째 칸에는 출산하는 모습을 그려서 생(生)을 표시하였다. 달수가 차면 자연히 아이를 낳듯이 유의 업력이 충족되면, 반드시 후생에 태어나서 업에 상응하는 몸을 얻음으로써 생을 출산에 비유하였다.

열두 번째 칸에는 노인과 화장터를 그려서 12연기의 마지막인 노사(老死)를 표시하였다. 늙은이가 무거운 짐을 지고 고통을 받다가 마침내 죽어서 화장터에 버려지듯이, 사람의 몸도 업력에 의해서 생겨난 유위법인 까닭에, 결코 생로병사의 괴로움을 벗어날 수 없음을 일깨워 주고자 늙은이에 비유하였다.

이와 같이 육도세계를 염라대왕이 입과 손발로 꽉 움켜잡고 있는 모양으로 그린 것은, 업과 번뇌의 힘에 의해서 윤회세계에 태어난 모든 생명들은 최후에 죽음의 신인 염라대왕의 손아귀에 떨어지지 않음이 없으며, 또 삼계에 윤회하는 모든 중생들은 삼고(三苦)[5]에 의해서 끊임

힘을 갖는 것이다. 『람림첸모』에서, "과거의 행(行)에 의해서 아뢰야식에 업의 습기가 전염되고, 애(愛)와 취(取)에 의해 길러짐으로써, 다시 후유(後有)를 불러오는 큰 세력이 된다. 이것은 인(因)에다 과(果)의 이름을 붙인 것이다."라고 하였다.

5 삼고(三苦)는 육도의 모든 중생들이 받는 갖가지 고통들을 총괄하는 세 가지 고통인 고고(苦苦)·괴고(壞苦)·행고(行苦) 셋을 말한다.
고고(苦苦)는 그 자체가 고수(苦受)인 까닭에 고고(苦苦)라고 한다. 다시 말해, 고통의 느낌과 그것을 일으키는 대상을 접촉하는 즉시 몸과 마음을 괴롭게 만드는 것으로, 예를 들면, 가시에 찔린 것과 같이 곧바로 전신에 고통이 생기는 것과 같다.
괴고(壞苦)는 일시적인 즐거움을 주는 낙수(樂受)를 뜻하며, 시간이 경과하면서 몸과 마음에 새로운 고통을 일으킴으로서 괴고라고 한다, 예를 들면, 추울 때 태양을 쬐는 것과 같이 처음은 좋으나 나중에는 두통을 야기하는 것과 같다.
행고(行苦)는 유루(有漏)의 비고비락(非苦非樂)의 평등한 느낌을 말하며, 이것을 일으키는

없이 고통을 받음을 표현한 것이다.

이 12연기는 중생의 세계가 만들어지는 원리를 표시한다. 무명(無明)·행(行)·식(識) 셋은 나머지 여덟 가지 지분들을 일으키는 근본이자, 명색(名色)을 낳는 직접적 원인이 되는 까닭에 삼능인지(三能引支)라 한다. 명색(名色)·육입(六入)·촉(觸)·수(受) 넷은 그 결과인 까닭에 사소인지(四所引支)라 한다. 애(愛)·취(取)·유(有) 셋은 생(生) 등을 실제로 일으키는 까닭에 삼능성지(三能成支)라 부르며, 생(生)·노사(老死) 둘은 그 결과인 까닭에 이소성지(二所成支)라 부른다.

끝으로 윤회를 소멸하는 것은 도제(道諦)이다. 이 도제의 내용을 요약한 게송을 소개하면 다음과 같다.

> 선업의 길을 열고 악업을 멈추고
> 부처님의 가르침을 따라서 배우라!
> 늪 위에서 편히 쉬는 코끼리 같이
> 염라왕의 죽음의 군대를 무찌르라!
> 만약 어떤 이가 게으름을 버리고
> 이 비나야(율의)의 법을 근수하면,
> 윤회의 수레바퀴가 굶음을 멈추고
> 금생이 마지막 괴로움이 되리라!

대상과 함께 신구의(身口意)의 부정함에 의지해서 육도중생에게 균등하게 고통을 야기함으로 편행고(遍行苦)라 부른다.

부록

정토를 간택하는 가르침
까르마착메

참고문헌
찾아보기

정토를 간택하는 가르침[1]

까르마착메

에 마 호! 총명한 아들 제자 정진해(精進海)가, "수명이 설령 그렇게 길지라도 100세를 채우지 못하니, 임종의 요결을 가르쳐 달라."고 물어왔다. 이것은 불법을 닦는 모든 수행자들에게 큰 관두(關頭)가 아닐 수 없다. 이생에서 복혜의 자량을 쌓고, 죄장을 정화하는 것은 준마에다 멋진 안장과 재갈을 물리는 것과 같고, 회향과 발원의 고삐를 당겨 방향을 정한 뒤, 자신이 소망하는 정토에 갈 수 있는 것이다.

보통 제불여래의 여실한 지견(知見)의 광경과 육도중생의 착란의 광경으로 말미암아 무량한 정토(淨土)와 예토(穢土)가 존재한다. [먼저 여래의 보는 법이니,] 색구경천(色究境天)에 있는 법계정토(法界淨土)는 통상 그 크기가 허공이 주편하는 크기이다. 청정한 업을 소유한 자들의 인식에는 외부의 기세간(器世間: 物質界)이 본존의 무량궁전으로,

---

1 원명은 "싱캄담빠대뾘노르렌(Shiṅ khams ḥdam pa ded dpon nor len, 淨土揀擇船主寶取)"이며, 캐둡·까르마착메(mKhas grub Karma chags med, 1613~1678)의 저술인 『리최참끼섈담(Ri chos mtshams kyi shal gdams, 山房法談)』의 제42품에 해당한다. *Ri chos mtshams kyi shal gdams*, Vajra Vidya Library, 2003, Varanasi, India.

내부의 유정들은 본존으로 각각 보이고, 그곳에는 윤회의 괴로움이란 이름조차 또한 없다. 보통 허공이 주편하는 곳의 윤회와 열반의 일체에는 여래의 몸·말·뜻 셋이 두루 미치니, 그것이 여래의 몸·말·뜻 셋의 비밀(三密)이다. 이것을 『여래비밀경(如來秘密經)』에서 설하였다.

한 티끌 위에 무진수의 티끌이 있고, 그 티끌마다 불가설의 정토가 존재하고, 그곳에서 제불이 보살과 함께 법륜을 굴리니, 하나가 다른 하나를 장애하지 않는다. 예를 들면, 삼천대천세계가 한 알의 겨자씨에 들어가되, 그 삼천대천세계가 작아진 것도 아니며, 바깥의 겨자씨가 커진 것도 아니다. 이것이 제불여래의 신통변화이니, 정토가 허공이 주편하는 모든 곳에, 예를 들면, 참깨의 꽃봉오리가 열리는 것과 같이 그곳에 제불보살님이 항시 머무신다. 이것이 부처님들이 보는 법이다.

[다음 중생들이 보는 법이니,] 유정들의 인식에는 육도세계의 고통을 각각 본다. 예를 들면, 지옥과 아귀, 축생들이 단지 꿈과 같은 존재가 아니라, 지금 우리들 사람과 같이 각자의 인식에는 혈육의 실체를 지닌다. 현재 이 삼천대천세계는 인간들에게는 [인간의 수명이 10세까지 줄어드는] 하강겁(下降劫)으로 보이고, 일부의 유정들의 인식에는 이 겁(劫)이 무너진 뒤 비어 있는 공겁(空劫)으로 보인다. 일부의 유정들에게는 겁(劫)이 형성되는 성겁(成劫)으로 보인다. 비록 땅과 하늘을 보는 유정들이 많을지라도, 그들 일부는 하늘을 땅으로 보고, 일부는 아래쪽을 위쪽으로 보고, 또 일부는 위쪽을 아래쪽으로 본다. 이와 같은 별개의 의식이 무변하고, 각자의 의식 위에 그 실질이 실재로

성립한다. 자세한 것들이 『보적경(寶積經)』에 나와 있다. 이것은 유정들의 인식이 각기 다름을 말한 것이다. 이 삼천대천세계에서 사바세계의 인간들은 모두가 업이 동류이고 인식이 동일하다. 이것이 윤회와 열반의 두 가지 세계이다.

에 마 호! 이곳에서 동쪽으로 가면 동방의 환희세계(歡喜世界)가 있으니, 그 정토에는 부동여래(不動如來)가 상주한다. 금강살타(金剛薩埵)와 부동불(不動佛)과 아촉불(阿閦佛)은 하나이다. 또 동쪽의 정유리세계(淨琉璃世界)에는 약사유리광불(藥師琉璃光佛)이 상주한다. 그와 같이 일곱 약사여래(藥師如來)들이 각자의 정토에 계신다.

이곳에서 남쪽으로 가면 남방의 길상세계(吉祥世界)가 있으니, 그 정토에는 보생여래(寶生如來)가 상주한다. 그 부처님의 명호는 보정(寶頂)으로 알려졌다. 이곳에서 북쪽으로 가면 북방의 묘업세계(妙業世界)가 있으니, 그 정토에는 불공성취여래(不空成就如來)가 상주한다. 그 부처님의 명호는 화성(花盛)으로 알려졌다. 그들의 국토는 정토이며, 작은 보신불의 정토로 논설하나, 실제는 화신불의 대정토(大淨土)로 간주한다. 보살의 초지(初地) 이상을 증득하지 못한 이들은 그들 정토에 태어나지 못한다. 이것은 성취녀인 마찍랍된(Ma gcig lab sgron)이 설한 것이며, 실제로 『아촉여래장엄경(阿閦如來莊嚴經)』의 내용과 일치한다.

또한 색구경천(色究境天)의 밀엄찰토(密嚴刹土)는 면적의 크기가 우리의 사유를 초월하고, 장신구의 장엄과 수용이 화려하고 두터움으로써, 밀엄찰토라는 이름으로 알려졌다. 이 정토의 중앙에는 보석으로 된 무량궁전이 있으니, 크기를 가늠조차 할 수 없다. 그 궁전의 가운데 사자좌(獅子座)에는 연화와 일월로 장식된 법좌(法座)가 있다. 그 법좌에는 통상 제불이 하나로 집적된 몸이자, 오결정(五決定)의 완전한 보신여래인 비로자나불이 상주한다. 오결정이란, ①처결정(處決定)은 색구경천의 밀엄찰토이며, ②신결정(身決定)은 32묘상(妙相)과 80종호(種好)를 구족함이고, ③시결정(時決定)은 윤회의 세간이 빌 때까지 존재함이고, ④권속결정(眷屬決定)은 십지(十地)의 보살성자들뿐이며, ⑤법결정(法決定)은 대승과 밀교만을 설함이다. 그 부처님은 입으로 설하지 않으며 단지 몸짓으로 뜻을 보일 뿐이다. 이 부처님의 하나하나의 모공 속에는 무량한 화신불의 정토가 있고, 그곳에서 일체를 교화하는 변화신이 유정의 이익을 행한다. 이것은 보신불의 대정토이며, 『대일경(大日經)』에서 설한 것이다.

이 비로자나불의 손바닥 위의 발우 속에는 연꽃 줄기가 무량하게 자라고, 하나하나의 연꽃 위에는 허다한 정토들이 있다. 그 정토의 중앙에 한 연꽃 줄기에는 25개의 연꽃이 포개어 피어나고, 그 하나하나의 연꽃 위에는 또한 무수한 정토들이 있다. 그 열세 번째 연꽃 속의 부드러운 꽃술 하나하나 속에는 또한 무량한 세계가 있다. 그 중앙의 꽃술 하나 속에 이 국토의 삼천대천세계가 형성되고, 여기에 백억의 수미산과 백억의 사대주(四大洲)가 있다. 이것이 하나의 화신불이 교화하는 땅이니, 백억의 석가모니불과 백억의 구루 빠드마쌈바와(蓮花生)가 현교와 밀교의 법륜을 굴린다. 이 땅에 태어남에는 높고 낮음의 두 가지가 있으니, 그 뜻을 『화엄경(華嚴經)』과 법왕쏭짼감뽀(Soṅ btsan sgam po)와 구루 빠드마쌈바와(蓮花生) 등이 설하였다.

이 밀엄찰토에는 팔지(八地) 이하의 보살들은 태어나지 못한다고 지혜의 다끼니 마찍랍된이 설하였다. 실제로 오도(五道)와 십지(十地)를 해설한 논설들 전부와 일치한다.

또한 대원만속부(大圓滿續部)에서는 화염산시림(火焰山尸林)을 설하였으며, 귀괸뽀탁초콜첸(大血海沸騰續)에서는 길상비로자나시림(吉祥毘盧遮那尸林)을 설하였다. 대비로자나불의 전면의 허공 가운데 한 정토가 있으니, 땅 전체에 사나운 독 가시가 자라고, 낮에는 사나운 폭풍이 불고 밤에는 불길이 치성하며, 산 전체가 뼈로 뒤덮인 해골산이다. 초목과 수풀이 날카로운 병기로 자라고, 물은 전체가 피고름의 물결로 솟구치고, 사나운 짐승들이 어지럽게 쏘다닌다.

그 정토의 중앙에 해골의 무량궁전이 있으니, 그것은 [생기차제에서 행하는] 분노존의 만다라의 현관(現觀)과 같다. 그곳에는 [본심이 평안의 상태에서 움직임이 없을지라도 몸이 분노의 형상을 나타내는] 대력용맹동자(大力勇猛童子, gShon nu dpaḥ bo stobs ldan)라 부르는 세존이 계신다. 실제는 체촉헤루까(最勝飮血佛)와 오부(五部)의 헤루까(飮血佛)의 여섯 부족 외에 다름이 아니다. 본존과 분노신과 다끼니(空行母) 무리들이 그곳에서 무상유가(無上瑜伽)의 법륜을 굴린다. 이 정토는 불변하고 영원히 존재한다. 지명(持明)의 경지를 성취한 자들을 제외하고는 이 정토에 태어나지 못하니, 그 밖의 범부들은 더 말할 필요가 없다. 만약 진언행자가 그곳에 가면 또한, 크게 놀라고 두려워한 뒤 혼절하고 도망치게 된다. 현생에서 지명의 경지를 얻고, 주살업(誅殺業)으로 중생들을 인도하는 요기들이 이 정토에 태어난 뒤, 비밀진언을 수행한다. 이것은 대지명(大持明)의 정토이다.

이곳에 지혜와 [밀주(密呪)의] 사업을 성취한 호법의 수호신들 모두가 거주한다. 이 정토에서 발산되는 광명의 빛살을 받는 것만으로도 청량시림(淸凉尸林)과 팔대한림(八大寒林)의 장신구를 걸치는 표식이 있다고 하였다. 이곳에 화신의 호법신들 모두가 거주한다. 현생에서 비밀진언을 여실하게 수행하였을지라도 서언을 크게 어기게 되면, 팔대한림과 청량시림에 거주하는 비천(非天)의 호법신장의 권속으로 태어난다. 현생에서 호법신의 사업으로 주살(誅殺)을 당한 악독한 자들 또한 모두가 정토에 태어나지 못하여도, 하계(下界)의 악도에 떨어지지 않고 호법신장의 권속으로 각자 태어난다. 이것은 『수기밀인서(授記密印書, Luṅ bstan bkaḥ rgya ma)』 등에 분명히 나와 있다.

이제 이 삼천대천세계를 기준하면, 위쪽의 도솔천의 내원궁(內院宮)에는 미래불 미륵보살님이 계신다. 현생에서 계율을 청정하게 지니고, 오로지 법을 듣고 사유하고 부지런히 닦은 이들이 미륵정토에 왕생하기를 기원하면, 어느 때 바깥 숨이 끊어지는 그 순간, 미륵세존의 이마의 백호(白毫)에서 백색의 광명이 엷은 면사를 펼치듯이 방사되어, 그 사람의 머리 위에 무지개처럼 박힌다. 그 빛이 망자의 의식을 감싸서 위로 맞이함으로써, 내원궁의 연화의 보좌 위에서 태어난다. 일곱 명의 천녀들이 번갈아 시종을 들고 공양을 올린다. 미륵자존께서 법을 설할지라도 또한 즐거운 놀이와 환희로운 가무에 탐닉한다. 미래세에 미륵자존께서 지상에 강림할 때, 그들 또한 전부 사멸한 뒤 인간으로 태어나고, 다시 출가하여 불법을 듣고, 미륵자존의 교법이 소멸할 때까지 인간으로 태어나서 교법을 호지한다.

그와 같이 현겁(賢劫)에 출현하는 1천 명의 부처님들을 모두 친견하고 불법을 청문한다. 그들은 1천의 부처님들의 교법이 존속하는 동안 항상 인간으로 태어나서 불법을 수지한다. 그 현겁의 1천의 부처님들이 입멸한 뒤, 미래세에 겁명(劫名)을 성수전개(星宿展開)라 부르는 겁(劫)이 형성되고, 그 정토에서 8만 명의 부처님들이 출현한다. 그 부처님들을 전부 친견하고 법문을 듣고, 그 모든 부처님들의 교법을 호지한 뒤, 그때부터 차례로 성불한다. 이것은 『미륵수기경(彌勒授記經)』에서 설한 것이다.

지금 현재 도솔천에 태어나는 관문인 회향 발원을 행하는 이들이 많다. 실제로 무변한 유정의 교화 사업을 성취하고, 부처님의 교법을 호지하기 위해서 억만 번의 나고 죽는 것을 싫어하지 않으면, 도솔천에 왕생하길 기원하라. 미륵발원(彌勒發願)의 서원이 깨어짐이 없도록 하라. 나 또한 그와 같이 7년 동안 행하였다. 그러나 나는 이 윤회세상의 고통을 생생히 봄으로써, 이제는 나고 죽는 괴로움에 몸서리치게 되었다. 그래서 미륵발원을 접어두고, 아미타불의 발원을 행하고 있다. 도솔천의 내원궁은 화신불의 작은 정토이다.

이곳에서 태양이 걸려 있는 남서쪽 사이의 남섬부주의 소주(小洲)이자 나찰들의 땅인 응아얍(拂塵洲)의 적동산(赤銅山) 산정에는 빠드마위마나(蓮花光宮殿)가 있으며, 여기에 구루 빠드마쌈바와께서 상주한다. 권속으로 위드야다라(持明者)와 다끼니의 무리 십만이 위요한다. 닝마(舊密)의 법을 닦는 사람들 가운데 이 정토에 태어나길 기원하는 이들이 아주 많다. 길상하신 구루 빠드마쌈바와를 강렬하게 앙모함으로써, 나도 아사리가 계시는 그곳에 들어갔다. 나 또한 어린 시절 그곳에 태어나길 기원하였다. 태어남이 쉽기에 태어나지 못한다는 의심이 전무하다.

하지만 이제 잘 사유토록 하라. 그 땅에 태어나는 법에는 좋고 나쁨의 둘이 있다. 최상은 위드야다라와 위라(勇士)와 다끼니의 부류이니, 여섯 가지 뼈 장식물과 한림팔식(寒林八飾)으로 몸을 꾸미고, 몸이 원하는 대로 변화하는 신통을 소유한 자들로 구루 빠드마쌈바와의 권속과 시종이 됨이다. 범속한 자들이 보지 못하니 혈육의 거친 몸이 아니다. 그곳에 태어나면 비밀진언을 수행하고, 현생에서 행복하고 최후에는 반드시 성불한다.

실제로 그와 같이 성취하면 좋을지라도 그렇지 못하면, 몸이 부정하고 살을 먹는 나찰의 아들도 나찰인 까닭에 오독(五毒)이 치성한다. 비록 구루 빠드마쌈바와의 존안을 보고 법문을 들을지라도, 나찰의 왕이라는 생각에 믿음과 존경이 돈독하지 못하다. 그가 명령한 대로 이행하지 않고 역행하면, 처벌을 받음으로써 불신하는 경우도 있다.

총결하면, 행복과 고통이 있고, 수명의 길고 짧음 등의 존재하니, 그곳이 소주(小洲)인 까닭에 그와 같은 것이다. 만약 적게라도 복분이 있으면 구루 빠드마쌈바와께서 가피와 관정을 내린 뒤, "그대는 이곳에 머물지 말고, 티베트 땅으로 돌아가라. 법을 닦고 유정의 이익이 생긴다."고 말씀하신다. 비록 그곳에 머물길 원할지라도 머무를 힘이 없다. 나는 나고 죽는 이것을 극히 염오하나, 그대는 생사를 혐오하지 않고, 길상하신 구루 빠드마쌈바와를 크게 경신하니, 실제로 무엇을 말씀하든 분부대로 이행할 수 있으면 응아얍에 태어나길 발원하라. 그곳은 화신불의 작은 정토이다.

그곳에 태어난 모든 유정들은 현겁의 기간 동안 처소가 정해짐이 없이 어떤 곳이라도 마음대로 태어날 수 있으며, 최후에는 극락세계에 태어난다. 이러한 의미들이 구루 린뽀체의 비밀전기(秘密傳記)와 랑도(Laṅ gro) 역경사(譯經師)의 문답집(問答集)에 분명히 나와 있다.

또한 현재 육자진언(六字眞言)을 염송하는 사람들 모두는 성지 보딸라(Poṭala, 補陀落迦山)에 태어나길 발원한다. 몇몇의 본존행법(本尊行法) 등에서 설한 바에 의하면 다음과 같다. 범어 보딸라는 티베트 말로 리오두진(Ri bo gru ḥdzin, 持舟山)이니, 그곳은 정토가 아니라 하나의 성산(聖山)이다. 청정한 업을 지닌 사람들의 인식 위에는 산정에 보석의 무량궁전이 있고, 그 안의 연화일월의 보좌 위에는 성관자재보살이 계신다. 무수한 위드야다라와 다끼니와 천룡(天龍) 등의 권속들이 에워싸고 있다. [관자재보살은 보신의 일부이다.]

산허리에 있는 보석의 무량궁전에는 분문불모(忿紋佛母)와 마두명왕(馬頭明王) 등이 거주하고, 산 아래의 보석의 무량궁전에는 녹도모(綠度母)와 백도모(白度母) 등이 계신다.

부정한 업을 지닌 자들의 착란의 인식에는 전단나무가 우거지고, 사암(沙岩)으로 이루어진 큰 산이다. 산정에는 돌로 만들어진 자생의 신전과 관음보살의 변화신의 하나인 자생의 카싸르빠니(Khasarpaṇi)의 존상이 있으니, 크기가 8세 동자만 하다. 뒤쪽의 유리로 된 암벽에는 은이 녹아서 생긴 자생의 육자진언이 있을 뿐이다. 실제로 답사해도 또한 그것을 만날 수가 있다. 이것들은 철족거사(鐵足居士) 라뜨나 링빠(Ratna gliṅ pa)의 전기에 분명히 나와 있다.

또한 승락금강(勝樂金剛)과 금강해모(金剛亥母)를 본존(本尊)으로 모시는 이들은 서쪽의 오디야나(Oḍḍiyāna, 五仗那國)의 땅에 태어나길 기원한다. 그곳은 정토가 아닌 성산(聖山)이다. 청정한 업을 지닌 사람들에게는 시림(尸林)의 무량궁전 가운데 승락금감(勝樂金剛)의 부모양존이 실제로 머물고, 권속으로 십만억의 위라와 다끼니들이 위요함을 본다. 부정한 업을 지닌 이들의 착란의 인식에는 돌로 된 자생의 신전 안에 현밀(顯密)의 모든 전적들이 은닉되어 있고, 사람 하나조차 없는 여인의 땅으로 보인다. 그들 전부는 다끼니의 부류라고 말한다. 이곳에 태어나는 법은 응아얍과 같다.

또한 동방의 성지인 중국의 오대산(五臺山)과 남쪽의 성지인 티베트의 짜리(Tsa ri)와 서쪽의 설산의 왕인 띠쎄(Ti se)[성산 카일라시]들은 청정한 업을 지닌 사람들의 인식에는 무량궁전과 무수한 위라와 다끼니들이 거주한다. 위라와 다끼니의 몸을 얻은 뒤, 길게는 겁(劫)이 다할 때까지, 짧게는 부처님 한 분 한 분의 거주 기간 동안 머문다. 자기가 무지개의 몸을 얻으면 위라과 다끼니로 태어난다. 이곳들은 공행(空行)의 작은 정토이며, 비밀진언도(秘密眞言道)를 닦은 대부분의 성취자들이 그와 같이 머문다. 부정한 업을 지닌 자들은 비록 그곳에 갈지라도 천신들은 보이지 않고, 산림과 설산만이 보인다. 그대가 또한 갈지라도 대체로 그들을 보지 못함으로써 의심하게 된다. 사실 그래서 나 또한 그곳에 태어나길 바라지 않는다. 그대 정진해(精進海)는 어떻게 생각하는가?

또한 북쪽의 쌈발라(Śambhala)라 부르는 그곳은 실제로 인도와 같은 인간의 땅이다. 그곳에는 화신의 법왕들이 단절되지 않는다. 깔라짜끄라(時輪續)의 법이 성행할지라도, 수명의 길고 짧음과 고통과 안락이 이곳과 같다. 또한 토속종교인 본교의 사람들이 [쌈발라로 믿고서] 기원을 올리는 법은 성지인 샹슝(Shaṅ shuṅ) 땅에 태어나고자 기원한다. 그곳은 성산 카일라시의 뒤편인 티베트 땅이다. 비록 본교가 흥성할지라도 고락이 이곳과 같다. 그러므로 정토의 간택에 잘못이 없도록 하라.

또한 서방의 극락세계이니, 이 땅에서 서쪽으로 갠지스의 모래알만큼 많은 세계를 지난 그곳에 이곳보다 훨씬 수승한 땅인 극락세계가 있다. 그곳은 경이로운 즐거움과 안락이 완전히 갖추어져 있고, 부정한 업과 괴로움의 이름조차 또한 있지 않다. 과거세에 아미타불의 서원의 힘에 의해서 건립되었다. 그곳에 태어나길 기원하면 오무간(五無間)의 죄업과 불법을 버린 자들을 제외하고는 누구나 또한 태어난다고 하였다.

성불의 원인인 위없는 보리심을 발하고, 성불의 길인 십선(十善)과 복덕을 광대히 쌓고, 그 일체를 그 정토에 태어나기 위해서 회향하고, 믿음과 존경으로 산란함이 없이 일념으로 그곳에 왕생하길 회향하고 발원하면, 단지 십념(十念)을 행하는 것으로 그곳에 태어난다고 하였다. 만약 그것이 진실이 아니라고 생각해서 의심을 일으키면, 비록 그곳에 탄생할지라도 500년 동안 연꽃이 열리지 않는다. 그 속에서 안락과 즐거움과 수용을 풍족히 누리고, 아미타불의 음성을 들을지라도 500년간 존안을 보지 못하는 허물이 있게 된다. 그러므로 작은 의심조차 버리도록 하라. 그대 또한 이 정토에 태어나길 기원하라. 임종 시에 그대의 생각을 그곳에다 전념토록 하라. 그대가 그곳에 대하여 의심이 생긴다면, 대보적경(大寶積經)의 한 품인 『무량광장엄경(無量光莊嚴經)』과 『묘법연화경(妙法蓮華經)』, 『반주삼매경(般舟三昧經)』과 『불사고음다라니경(不死鼓音陀羅尼經)』 등등의 경전들을 열람토록 하라. 지금 [해탈의 도를 닦음에] 크게 자유로운 이때 자신이 원하는 정토를 잘 간택토록 하라. 그곳에 가는 노자를 준비할 때가 도래하였다. 그곳에 태어남에 걸림이 없게 하라.

에 마 호! 이 서방의 극락세계는 형성됨은 있어도 괴멸됨은 있지 않다. 지난 과거 그곳에 무량한 부처님들이 오셨고, 지금 현재 아미타불이 머무신다. 영원토록 전변함이 없고 흥망성쇠가 있지 않다. 면적은 가히 사유하지 못하고 헤아림을 벗어났다. 그곳에는 [불법을 닦지 못하는] 여덟 가지 무여가(無餘暇)가 있다는 말을 들은 적이 없다. 그곳에는 고통이라는 것이 있지 않다. 항상 어느 때나 안락과 즐거움이 완전하게 갖추어져 있다. 그래서 극락세계라 부른다.

자리는 연꽃의 꽃술의 방석이고, 잠시간에 몸을 이루니, 어린아이 몸이 아니고 젊은 몸이다. 머리에는 육계가 있고, 발바닥에는 수레바퀴 등이 있으며, 32묘상과 80종호를 갖춘다. 그곳에 태어나는 이들은 모두가 동일하다. 몸이 황금빛이고, 비구의 복장을 하고, 마음은 다섯 가지 신통을 지니고, 마음에는 오독(五毒)의 번뇌가 없다. 그곳에는 늙음과 질병의 고통이 없고, 수명이 무량겁(無量劫)이다. 그곳에는 때 아닌 때 죽는 죽음이 있지 않다.

어느 때 이곳에서 사멸한 뒤, 그곳에 태어나는 것을 타인이 장애하지 못하고, 그곳에서 성불하지 못함이 있지 않다. 그것은 지금의 발원과 업과(業果)에 의해서, 자기가 사유하고 왕생하는 뜻이기 때문이다. 그곳에 태어나는 것을 제외하고는 윤회에 다시 떨어지지 않음이 불가하고, 생을 받지 않음도 불가능하다. 무량궁전과 음식 따위들은 단지 그것을 생각하는 것만으로 자연적으로 생겨나니, 그곳에서는 힘들여 노력하고, 농사짓는 따위가 필요치 않다. 그것을 먹음으로써 흡족하고, 몸에 광채가 빛나고, 잔재와 부정한 대소변이 있지 않다. 그곳에는 범속한 여인이 있지 않으나, 자기에게 공양하는 무량한 천녀들이 항상 자기를 공경하고 받든다. 언제나 부처님을 여의지 않고, 공경하고 받들고, 공양구름이 무량하다. 무엇을 원하든 자기 손바닥에서 일체가 생겨난다. (중략)

또한 아들 제자 정진해(精進海)여, 어느 날 사멸할 때 아미타불의 정토에 가는 것을 결단하라. 지금 생각을 잘 하라. 아래로는 악도의 고통은 사유로 가히 헤아리지 못하고, 위로는 하늘의 안락과 즐거움은 꿈과 같다. 오탁악세의 시절 불법이 쇠멸하는 때, 그대가 사람에서 사람으로 태어남이 가능할지라도, 때 아닌 때 죽은 역연 등의 장애들이 허다하다. 열 살 미만의 어릴 때는 생각도 없고, 항상 음식과 의복에 대한 산란으로 정신을 빼앗긴다. 수명의 절반은 밤에 자는 것으로 보낸다. 지금 인간의 수명이 40세에 다다른 시절, 불법을 닦을 여유조차 없음을 보지 못하였는가? 모든 사람에게 오독의 번뇌가 강고하다. 이로움을 준 대가로 해코지를 한다. 모든 사람에게 나 까르마착메(Karma chags med)를 훼방한다. 열 가지 불선업(不善業)을 앞 다투어 행한다. 부처님이 직접 강림한 이들조차도 오늘날 유정의 이익을 행하기 어려울진대, 자기가 유정의 이익을 이루지 못함은 고통의 원인이 된다. 친척과 제자와 도반들 모두가 자기가 죽고 난 뒤 오래지 않아 태어날지라도 또한 만나지 못하는 것임을 가슴에 간직하라.

또한 아미타불의 수명이니, 십만(十萬) 구지(俱胝: 千萬) 나유타(那由他: 千億)의 겁(劫)이다. 그것을 누구도 또한 사량하지 못한다. 어느 때 열반의 모습을 보이니, 그의 교법이 이항하사겁(二恒河沙劫)에 이르기까지 머문다. 그때 관자재보살이 보처불(補處佛)이 되고, 그가 교법을 호지한다. 그 기간 동안 자신 또한 정법을 행한다. 그곳에 태어나는 모두는 신통이 걸림이 없기에, 동방의 환희세계와 약사여래의 정유리세계와 남방의 길상세계와 북방의 묘업세계와 남방의 보딸라(補陀落迦山)와 응아얍과 서쪽의 오디야나 등의 모든 정토에 자기의 신통력으로 걸림이 없이 들어간다. 그곳에서 공양을 올리고, 관정과 가르침을 청해서 듣는다. 오래 걸리지 않고 신속하게 극락세계로 돌아온다. 그러므로 그곳에 태어나면 모든 정토에 태어나는 것과 차이가 없다. 여기서는 놀이를 보고자 하는 욕망이 일어나도 무방하다. 이 땅에서 미륵불과 사자불(獅子佛) 등의 1천의 부처님들이 차례로 출현할 때, 자기가 여기에 와서 공양하고 가르침을 청해 듣고, 하루가 되지 않아 극락세계로 돌아간다.

또한 두 번째 항하사겁(恒河沙劫)이 끝나갈 때, 아미타불의 정법이 저녁에 소멸하고, 새벽녘에 관자재보살이 성불한 뒤, 명호를 길상광적왕(吉祥光積王)이라 부르는 부처님이 된다. 그의 수명은 960십만(十萬) 나유타와 3십만(十萬) 구지의 겁(劫)이다. 그 기간 동안 대세지보살이 시봉한다. 그가 입멸한 뒤 그의 정법이 8억겁 동안 머문다. 그 뒤에 대세지보살이 보처불이 되고, 그 기간 동안 자신 또한 삼매를 닦는다. 업장과 번뇌와 소지의 이장(二障)과 습기장(習氣障)이 정화된다. 어느 때 그 부처님의 정법이 소멸하면, 곧바로 대세지보살이 성불하니, 명호를 공덕보주적왕(功德寶珠積王)이라 부르는 부처님이 된다. 그의 수명과 정법의 기간은 관자재보살과 같다고 하였다. (중략) 아들 제자여, 그곳의 공덕들을 명심하라. 오로지 미타발원(彌陀發願)을 핵심으로 행하라. 오직 아미타불과 관자재보살을 앞장서서 수행하라.

참고문헌

1 『까귀샐된꾼창(噶居派念誦及儀軌經集)』, 서장 인민출판사, 1997, 서장, China.

2 『까르마빠재남(歷代嘎瑪巴傳)』, 댄마잠양, 감숙 민족출판사, 1997, 청해, China.

3 『갑되티익툽땐고제(sKyabs ḥgroḥi ḥkhrid yig thub bstan ḥgo brjoed, 歸依教授佛教開門)』, 뻴망·꾄촉갤챈(dPal maṅ dKon mchog rgyal mtshan, 稀寶勝幢, 1764~1853).

4 『꾄쌜틱레꾼쌜(除過普明明点續)』, 닝마권붐(舊密十萬續, Tha pa), 참닥괸빠(mTsham brag dgon pa)의 목판 영인본, Butan.

5 『꾼제갤뽀(普作王續)』, 닝마권붐(Ka pa).

6 『닌다카조르(日月相合續)』, 닝마권붐(Pa pa).

7 『닝매샐된꾼창(寧瑪派念誦及儀軌經集)』, 서장 인민출판사, 1997, 서장, China.

8 『도귀래중왜쑹악똘와(顯密眞言解說)』, Central Institute of Higher Tibetan Studies, Sarnath, 2003, India.

9 『도귀린뽀체죄숙3(顯密文庫三卷)』, 사천 민족출판사, 2000, 성도, China.

10 『도제쎔빠공빠칙쑴뽀(金剛薩埵密意三句續)』, 닝마권붐(Pa pa).

11 『도제쎔빠규툴다와(金剛薩埵幻網續)』, 데게 대장경, 古怛特羅.

12 『도제쎔빠닝기멜롱(金剛薩埵心鏡續)』, 닝마권붐(Na pa).

13 『디메쌱귀(一切懺悔無垢王續)』, 단행본, 출판사 미상.

14 『땐빠탐째끼부찍(一切教法獨子續)』, 닝마권붐(Pa pa).

15 『덴니쌜제다왜된마(二諦明燈釋)』, 직메링빠의 문집 CD-2.

16 『따라나태델빠나촉(覺囊答羅那塔頌詞釋)』, 북경 민족출판사, 2006, China.

17 『롱쌜(虛空淸海界明續)』, 닝마귄붐(Tha pa).

18 『릭빠랑쌰르첸뽀(覺性自現大續)』, 닝마귄붐(Da pa).

19 『린뽀체된마바르와(寶燈熾燃續)』, 닝마귄붐(Na pa).

20 『마니익둑마당바즈라구뤼팬왼(六字明呪和金剛上師呪功德)』, 2004, Nepal.

21 『바르도퇴돌(中有聞法解脫)』, 셰랍디메 편집, Chos spyod Publication, 2007, New Delhi, India

22 『바르도퇴돌(中有聞法解脫)』, 캔뽀도제 편집, 샹깡텐마 출판사, 2002, 청해, China.

23 『바르도쌍왜귀(中有秘密續)』, 닝마귄붐(Ṅa pa).

24 『바르되응오뙤도참죄빠(中有紹介簡說):조낭따라나태쑹붐69』, 중국장학출판사, 2008, 북경, China.

25 『분노금강권속총집(忿怒金剛眷屬總集續)』, 데게 대장경, 古怛特羅 NO.831.

26 『빠마까탕(蓮花遺敎)』, 떼르첸 우갠링빠 발굴, 사천 민족출판사, 1993, 성도, China.

27 『시토응에된래장낙되(靜猛了義藏簡註)』, 필사본.

28 『시퇴로귀뒤빠(Shi khroḥi lo rgyus bsdus pa, 中陰法彙編7卷:祈願篇)』, 북경 민족출판사, 2011, China.

29 『싸까샐된꾼창(薩迦派念誦及儀軌經集)』, 서장 인민출판사, 1997, 서장, China.

30 『쌍개냠조르(諸佛平等和合續)』, 닝마귄붐(Tsha pa).

31 『쌍개랑채첸뽀(佛自住大續)』, 닝마귄붐(Pa pa).

32 『쌍개응오뙤빠(佛義紹介續)』, 닝마귄붐(Pa pa).

33 『쎔니랑돌귀델예시낭제(心自解脫續智燈釋):캉싸르땐빼왕축쑹붐4』, 북경 민족출판사, 2005, China.

34 『쎙게짼쪽(獅子大力具足續)』, 닝마귄붐(Na pa).

35 『쌍닝뀐쪽델(秘密心髓王續寶註: 롱쏨최쌍기쑹붐)』, 사천 민족출판사, 1999, 성도, China.
36 『쌍델촉쭈뮌셀(秘密藏十方暗黑除滅論)』, 닝마까매쵀데렉밤쏘찍빠(寧瑪法藏第三十一篇).
37 『쌍와닝뽀(秘密藏續)』, 닝마귄붐(Va pa).
38 『씨빠바르도랑낭와(再生中有自現續)』, 닝마귄붐(Ṅa pa).
39 『약사여래본원경(藥師如來本願經)』, 단행본.
40 『예시쌍와쌔빠(秘密智慧講續)』, 닝마귄붐(Khi pa).
41 『응악림첸모(密宗道次第廣論)』, The Corporate Body of the Buddha Educational Foundation, 2001, Taipei, Taiwan.
42 『족첸남렌맨악(大圓滿道修證教誡)』, 사천 민족출판사, 2007, 성도, China.
43 『착첸다외(大印月光釋)』, 청해 민족출판사, 2001, 서녕, China.
44 『최남꾼뛰(數稱詞釋義大全)』, 중국장학출판사, 2008, 북경, China.
45 『토왜하촉착찰왜초가(忿怒尊禮拜儀式)』, 닝마귄붐(Ma pa).
46 『툭쌍와첸뽀(諸佛大密心續)』, 닝마귄붐(Pa pa).
47 『틱레꾼쌜첸뽀(大普光明点續)』, 닝마귄붐(Pa pa).
48 『틱레쌍와데코니(秘密眞性明点續)』, 닝마귄붐(Pa pa).
49 『팍람꾀빠(聖寶道安置續)』, 닝마귄붐(Ka pa).
50 *The Tibetan Book Of The Dead*, Gyurme Dorje, Penguin Books, 2005, London, UK.
51 *The Tibetan Book Of The Dead*, A.F. Thurman, Harper Collins Publishers, 2004, India.

찾아보기

㉠

- 가랍도제 • 29, 92, 506
- 가만 • 76, 434, 489, 500, 502, 515
- 각성 • 67, 81~83, 320
- 갈마금강저 • 113
- 감뽀다르 • 38, 55, 56
- 갑옷과 투구 • 115
- 거울 • 110
- 겁화와 겁수 • 77
- 경전 • 113, 116
- 공행의 정토 • 354, 528
- 광선의 피륙 • 349
- 구루 린뽀체 • 15
- 구루 빠드마쌈바와 • 7, 12, 70, 429, 479, 543
- 구생귀 • 402, 480
- 구생신 • 402, 480
- 구업서언 • 205
- 규르메 도제(Gyurme Dorje) • 14, 190, 228, 251, 268, 300, 320, 445, 504
- 근본서언 • 205, 324
- 금강령 • 104, 108, 109, 110, 113
- 금강보좌 • 393, 528
- 금강부동불 • 406
- 금강살타(불) / 바즈라싸뜨와 • 86, 92, 103, 104, 106, 109, 144, 192, 227, 279, 301, 333, 334
- 금강살타의 내면의 길 • 351
- 금강의 빛 고리 • 269
- 금강저 / 오고금강저 • 109, 113, 130, 333, 334, 545
- 금색 광명 • 336, 337
- 까르마 링빠 • 3, 55, 71, 93, 141, 166, 208, 249, 387, 436, 463, 478, 501, 507, 548
- 깜까니 의식 • 406
- 꿈의 바르로 • 251
- 끄리야 요가 • 212

㉡

- 나신해탈 • 276
- 남녀의 교합 • 255, 414, 418
- 내적 귀의처 • 79
- 내호흡 • 312, 314~316, 459, 526
- 냐리람 • 273

- 넷째 날 • 339
- 넨둡 • 172, 205
- 녹색 광명 • 96, 342~344

ⓓ

- 다섯째 날 • 342
- 대락관정 • 69
- 대명점 • 103, 170
- 대원만 • 214
- 도위광명 • 313, 324
- 두 번째 [법성 광명의] 바르도 • 321
- 둘째 날 • 333
- 등불 • 112
- 딱돌 • 10, 12, 279, 304, 364
- 또르마 • 441, 448, 468, 477

ⓡ

- 라뜨나헤루까 • 124, 122, 292, 368
- 루드라 • 132, 192, 194
- 렉돌 • 305
- 릭빠 • 67, 209

ⓜ

- 마이뜨레야 • 109, 283, 334
- 마하무드라 • 17, 120, 215, 233, 318, 355, 363, 398
- 마하요가 • 213, 552
- 만다라[맨달] 공양 • 88
- 명공무집 • 410
- 명공일여 • 104, 403, 413
- 명맥 • 115, 458
- 명점 • 106, 337, 349
- 명지여량상 • 275
- 모자광명 • 324, 372
- 묘각신 • 170
- 무념무생 • 271
- 문·사·수 • 250, 490
- 문공일여 • 94
- 물과 불 • 281, 521

ⓑ

- 바가법계 • 201
- 바르도의 사공포 • 397
- 바르도의 환영 • 327, 403, 420
- 바르도퇴돌 • 4, 12, 13, 15, 24, 108, 310, 312, 313, 364, 387, 435
- 바즈라다라 • 5, 69, 92, 451
- 바즈라헤루까 • 124, 367
- 반야관정 • 94, 447
- 백색 광명 • 333, 512
- 백자진언 • 85, 105, 209, 301
- 법계와 각성 • 213
- 법륜 • 108, 184, 331
- 법성의 바르도 • 253, 310, 325, 326, 329, 360, 364
- 변제 • 228, 252
- 보병관정 • 94, 95, 546
- 보주 • 110, 125
- 보함 • 116
- 본정관정 • 67
- 본존 • 322
- 본존 만뜨라 • 363
- 본존의 근수 • 213
- 분노의 헤루까 • 15, 137, 288

- 분노존 • 122, 183, 361, 364
- 불괴신 • 170
- 불퇴지 • 273, 289, 290
- 붉은 보리심 • 417, 459, 535
- 붓다헤루까 • 123, 154, 365
- 브라흐마의 황금문 • 316
- 비밀관정 • 94, 546
- 비밀법명 • 205, 404
- 비밀의 귀의처 • 81
- 비파 • 112, 115
- 빠드마헤루까 • 125, 155, 290, 370, 371
- 빤짜람 • 274, 279
- 빼마까탕 • 17
- 빼마중내 • 92

ⓢ

- 16모음주 • 301, 466
- 34자음주 • 302, 466
- 42적정존 • 175, 176, 278, 279
- 49일 • 396, 404, 422
- 사경사시 • 177
- 사관정 • 94, 546
- 사대주 • 89, 90, 364, 393
- 사도 • 193, 546
- 사리 • 362
- 사성지 • 114, 116, 349, 353
- 사성지의 화합광명 • 346, 351
- 사소인지 • 568
- 사시 • 78, 99
- 삼귀의 • 432, 433
- 삼능성지 • 568
- 삼능인지 • 568
- 삼독 • 70, 553, 563
- 삼륜 • 512
- 삼문 • 73, 538, 540
- 삼문의 선행 • 73
- 삼악도 • 248, 407
- 삼업서언 • 206
- 삼종공양 • 101
- 삼처 • 546
- 상주삼매 • 352
- 새싹 • 109
- 생기차제 • 213, 322, 323, 363, 451, 546
- 생명의 바람 • 314, 534
- 생즉탈 • 69
- 석장 • 115
- 선정의 바르도 • 252
- 세 번째 [법성 광명의] 바르도 • 325
- 셋째 날 • 336
- 수공의식 • 205
- 수미산 • 88, 393
- 수행삼존 • 93, 548
- 숙업의 선연 • 254, 414, 415
- 시방과 사시 • 56
- 신업서언 • 204
- 쌉떼르 • 46, 93, 514
- 쌰리람 • 273, 280, 362
- 쎄르리람 • 274, 280
- 쎼랍디메 • 13, 46

ⓞ

- 아누요가 • 213
- 아띠요가 • 268, 270, 553
- 아집과 이집 • 76
- 아홉째 날 • 366
- 업의 환영 • 325, 426
- 에반스 웬츠 • 14, 15, 251, 320

- 여덟 마따라 • 127, 157, 292, 373
- 여덟 뽀르제마 • 138, 160
- 여덟 삐싸찌 • 129, 158, 293
- 여덟째 날 • 365
- 여섯 가지 부정상 • 399, 536
- 여섯 지혜의 지물 • 184
- 여섯째 날 • 345
- 여환팔유 • 420
- 연기장진언 • 303, 470
- 연꽃[백련] • 110, 111
- 열 가지 선업 • 99
- 열둘째 날 • 371
- 열째 날 • 368
- 열하루째 날 • 369
- 염마장 • 382, 480
- 영골 • 278, 362, 363
- 예시초갤 • 249, 501, 548, 559
- 오감로 • 189
- 오광명 • 119, 257, 277, 281
- 오대원소 • 106, 146, 350, 466, 469
- 오독 • 117, 160, 331, 553, 554
- 오무간의 죄업 • 139, 386
- 오불보관 • 104
- 오색 밧줄 • 349
- 오육 • 189
- 오정 • 106
- 오종성불 • 143, 257, 345, 534, 537
- 외적 귀의처 • 78
- 용목 • 109
- 원륜 • 466, 467, 469, 471
- 원만차제 • 322, 323, 386, 410, 451
- 위드야다라 • 118, 119, 355, 358, 555
- 위라 • 120, 356
- 육도세계 • 153, 286, 392, 409, 412, 422
- 육도윤회도 • 562~564
- 육불 • 153, 177, 179
- 육신 만다라 • 106, 118, 122, 127, 129, 131, 132
- 육자대명주 / 육자진언 • 537, 538, 540, 542
- 은멸 / 은멸차제 • 521, 523, 535
- 음식 • 113
- 의생신 • 324, 435
- 의업서언 • 205
- 이검 • 123
- 이담 • 80, 99, 322, 361
- 이삭 • 111
- 이소성지 • 568
- 이숙지명 • 116, 354
- 이쓰와리 • 132, 162~164, 298
- 인위의 정광명 • 313, 315, 319
- 일곱째 날 • 353
- 일원상의 명점 • 199
- 일체종지 • 184, 247, 541
- 임종의 바르도 • 253, 313, 326, 363, 364

ㅈ

- 자궁의 문을 막는 방법 • 313, 412, 413, 416, 419, 420
- 자궁의 문을 선택 • 422, 423, 433, 434
- 자성분별 • 527
- 자탈관정 • 68
- 재생의 바르도 • 254, 388, 395, 399
- 적멸궁 • 66, 501
- 적색 광명 • 339, 340, 342, 512
- 적정존 • 106
- 정맹백존 • 98, 100, 103, 140, 142, 167
- 제4관정 • 96

- 족첸 / 족첸 딴뜨라 • 12, 36, 67, 92
- 종자진언 • 31, 279, 252, 284~286, 289, 292~295, 300
- 좋은 자궁 • 430, 432, 493
- 주만 • 111, 137, 150
- 죽음의 내적 표상 • 442
- 죽음의 외적 표상 • 439
- 죽음의 정광명 • 313, 329, 459
- 죽음의 퇴치법 • 465, 469, 473, 476
- 죽음의 표상 • 441, 444, 446, 447, 451, 455
- 증식사리 • 303
- 증오증장상 • 275
- 지분서언 • 205
- 지혜관정 • 96
- 짜끄라 • 106, 115, 534
- 짜르야 요가 • 212

ⓒ

- 천성관정 • 67
- 첫 번째 [법성 광명의] 바르도 • 324
- 첫째 날 • 329
- 청색 광명 • 95, 331, 336~338
- 청정환신 • 324, 410
- 체촉헤루까 • 72, 184, 365
- 초르돌 • 305
- 추리람 • 273, 280

ⓔ

- 태중의 다섯 단계 • 417
- 퇴돌 • 305
- 통돌 • 305

ⓕ

팔변 • 233
팔풍 • 520
푸른 연꽃 • 112

ⓗ

- 하늘눈 • 394
- 하얀 보리심 • 417, 458, 459, 535
- 한마음 • 210, 211, 215, 216, 218, 220, 222, 231, 235, 240
- 해라 • 113
- 해탈의 표상 • 460, 462
- 향로 • 111, 151
- 향수해 • 88
- 현공일여 • 104
- 화골 • 363
- 환신 • 324
- 황금의 맨달 • 364
- 황색 광명 • 339~341
- 회색 광명 • 333~335

개정 완역

티베트 사자의 서

2020년 7월 3일 개정판 1쇄 발행
2024년 7월 6일 개정판 5쇄 발행

지은이 빠드마쌈바와 • 역주 중암 선혜
발행인 박상근(至弘) • 편집인 류지호 • 편집이사 양동민
책임편집 김소영 • 편집 김재호, 양민호, 최호승, 하다해, 정유리 • 디자인 쿠담디자인
제작 김명환 • 마케팅 김대현, 김선주, 이선호 • 관리 윤정안
콘텐츠국 유권준, 정승채, 김희준
펴낸 곳 불광출판사 (03169) 서울시 종로구 사직로10길 17 인왕빌딩 301호
대표전화 02) 420-3200 편집부 02) 420-3300 팩시밀리 02) 420-3400
출판등록 제300-2009-130호(1979. 10. 10.)

ISBN 978-89-7479-823-9 (03220)

값 25,000원